天

Borderless

下

天下，在乎正义和你

天
Borderless
下

博观

重点講義民事訴訟法

（下）

民事诉讼法重点讲义

（导读版）

[日]高橋宏志 著

张卫平 许 可 译

张卫平 导读

法律出版社 LAW PRESS · CHINA

JUTENKOGI MINJISOSHO–HO (Vol. 2) revised and expanded version, 2006

by TAKAHASHI Hiroshi

Originally published in Japan by YUHIKAKU PUBLISHING CO., LTD., Tokyo.

Chinese (in simplified character only) translation rights arranged with

YUHIKAKU PUBLISHING CO., LTD., Japan

through THE SAKAI AGENCY

著作权合同登记号

图字：01–2017–7280

导读版序

原日本东京大学教授高桥宏志先生是日本民事诉讼法学界的知名学者,拥有很高的学术声望。本书是高桥教授民事诉讼理论研究之大成,也是他民事诉讼理论研究的顶峰。在他之后,日本民事诉讼法学界所讨论的绝大多数问题都无法绕开他的相关理论阐述。高桥教授的理论观点常常被日本学术后辈称为"高桥说"。

2007 年,法律出版社出版了本书的第一个译本(《重点讲义民事诉讼法》),我和许可老师是译者。正是基于本书对于民事诉讼理论研究的重要价值,所以我们翻译并积极推荐高桥先生的这本书。本书出版之后,受到了我国学界的好评,对于我国学界认识、借鉴日本民事诉讼制度和理论起到了很大的作用。

同时,在本书中文版出版之后十余年里,我也注意到,人们在阅读本书时,常常会遇到一些认识和理解上的障碍,阅读和理解往往不得要领,甚至存在理解上的偏差。这必然对我们准确地认识、理解和借鉴日本民事诉讼制度和理论,尤其是民事诉讼法的原理产生消极影响。之所以会如此,我想主要有以下几个方面的原因:

其一,因为在诉讼制度、概念内涵方面,日本与我国存在诸多差异,导致读者容易简单地从我们既有的含义上去理解。例如,关于诉讼要件与案件受理、裁判的关系。如此一来,就容易在理解上出现偏差。因此,我在导读中特别强调注意制度和概念含义上的差异,避免为概念的文字所左右。

其二,没有充分注意相关观点在制度和理论上的语境。特定的制度和理论都有其相应的语境。日本民事诉讼制度与我国民事诉讼制度及理论在语境上存在较大差异,因此,在阅读和理解时需要注意其语境差异。其中包括司法制度、诉讼价值追求、法治发展阶段、诉讼理念、诉讼文化、相关配套制度、法系归属、实体法规定等。例如,关于自由心证原则的理解,如果不注意相应的语境,阅读时就不易得其要领。

其三,日本学者在学术阐述的表达方式和习惯与国内有所不同,如果没有注意,就容易忽视其言说的重点和实质。例如,对有些问题的看法,日本学者常常会在注释中去讨论,并提出自己的看法,特别是作者的一些设想、还不成熟的想法、疑问等。因此,在阅读时,我们应当特别注意书中的注释部分,注释中往往也具有相当学术价值含量的内容,并非单纯的观点或资料的出处。

最后,就我的观察而言,日本学者更注意对问题细节的讨论和分析,相较而言,我国学者似乎更注重制度和理论架构的宏观问题,不太注重细节的讨论和分析,由此,在阅读时也容易忽视其细节问题。如果我们在阅读高桥先生及其他日本学者的理论阐述时,能够更多地注意相关的细节问题,也许能够发现更多有学术价值的东西,对问题的认识也就更加深入,对我国的学术发展也将产生积极意义。

基于我在相对较长时期里,对日本民事诉讼理论有着更多的关注,在自己的学术研究中也比较注意中国与日本民事诉讼制度和理论的比较,我的一些学术文章也受到本书理论的启发,同时我也是本书的译者之一,因此,对于高桥先生的理论、研究方法和表达方式也许有更多的了解。故此,为了提高读者阅读的有效性,在本书再版之际,我们修改了书名,使之更符合中文表述习惯,为本书的每一讲都写了导读,对原来的译文也进行了再次修订,希望对广大读者阅读本书有所帮助。如导读有误,还望读者谅解。

张卫平

2020 年 3 月 5 日

于成都三道堰水乡石隐园

译者序

2005年高桥宏志教授以东京大学法学部部长的身份应北京大学的邀请第一次来到了中国,来到了北京。尽管高桥先生在北京仅逗留两天,但北京大学法学院还是见缝插针地安排高桥先生举办了一次学术讲座——“日本民事证据制度”。与日本的情形有很大不同,在日本举办学术讲座通常不会有多少人,能有几十人就算多的了,一些学术讲座也就是十几个人而已。相较而言,高桥教授的这次讲座可谓“人山人海”,一个大教室里坐满了听众,这让高桥教授有些吃惊。听众虽有慕东京大学法学部部长、日本著名民事诉讼法学家之名而来,但更多的是希望零距离接触日本民事诉讼的大家,直观地感受日本民事诉讼的理论前沿。讲完之后的提问也同样让高桥教授有些惊讶,北京大学法学院学生的提问在内容上相当“专业”,均是日本民事诉讼理论中的重点、难点问题,这也让高桥教授感到十分高兴。也许在讲座之前,高桥教授还为自己所讲的内容是否过于艰涩,是否能为受众所理解而担心。对于提问者学者最怕的不是批评,而是没有理解。讲座结束后当不少同学拿着书让高桥教授签名之时,高桥教授方知同学们的提问何以如此“专业”的原因了,因为一些北大的同学已经研读过高桥教授撰写的有关民事诉讼法的专著——《民事诉讼法——制度与理论的深层分析》。该书的日文版书名为「重点講義民事訴訟法」,由当时清华大学法学院的博士研究生林剑锋翻译(林剑锋博士现也在东京大学法学部学习,高桥教授又成了林博士的指导教官),法律出版社出版。该书在将日本复杂的民事诉讼理论介绍给中国学人的同时,也将日本学者的研究分析方法一并介绍了过来,不仅为学界了解最新的民事诉讼理论打开了一个窗口,也为中国学人的民事诉讼法研究提供了可资借鉴的方法。

不过,《民事诉讼法——制度与理论的深层分析》只是高桥教授体系化研究成果——「重点講義民事訴訟法」的一部分,2004 年高桥先生又出版了「重点講義民事訴訟法」(下)[原来的「重点講義民事訴訟法」再版后更名为「重点講義民事訴訟法」(上)],该书的出版意味着高桥教授最终完成了自己对日本民事诉讼法宏大体系的理论勾画和阐述,应当说「重点講義民事訴訟法」(上、下)是高桥教授民事诉讼理论之大成,也是他民事诉讼理论研究的顶峰。高桥教授很庆幸自己在做法学部部长之前就完成了这项宏大的工程,否则法学部部长繁重的行政事务将可能“阻止”他实现自己的学术宏愿。

高桥教授在「重点講義民事訴訟法」(下)一书中对诉讼要件、证据调查、共同诉讼、诉讼参加、控诉、再审等民事诉讼中最重要的制度和理论问题进行了分析,依然如「重点講義民事訴訟法」(上)一样,将深刻入微的分析、客观冷静的评断,毫不犹豫地进行到底。如果本书能够在中国翻译出版,则能向中国学人完整地展示高桥教授民事诉讼理论的全貌,亦能使中国学人更全面地了解日本民事诉讼理论最新发展动态和学术论争。这不仅有助于解答当下中国民事诉讼理论争议中存在的某些似是而非的问题,而且对于胎动中的民事诉讼法修改亦有理论上的参考意义。基于这些想法,在法律出版社的支持下,我和许可老师(也是清华大学法学院的在读博士研究生)分工翻译了高桥教授的「重点講義民事訴訟法」(下),并最终完成了此书的翻译工作。翻译虽是辛劳之事,但通过翻译也进一步加深了对高桥教授民事诉讼理论的了解,获益匪浅。

在本书中文版出版之际,我们再次对高桥宏志教授对本书翻译、出版的支持表示诚挚的谢意;并真诚感谢日本江草基金会对本书翻译提供的资助;还要感谢法律出版社学术分社对本书出版的大力支持。

张卫平

2007 年 2 月 7 日

于清华大学明理楼

序　言

本书是拙著《重点讲义民事诉讼法》的续篇，也是由连载于《法学教室》杂志上的文章编辑而成，本书的中心内容包括证据调查、多数当事人诉讼、控诉以及再审。

本书的目的没有发生丝毫变化，与当初选择杂志连载的方式一样都是试图传播关于民事诉讼法的若干思考，同时在言说的方式上依然选择了综述的方法。不过本书并未涵盖所有的领域，至少还遗漏了未经判决而终了的诉讼（处分权主义）、上诉总论、上告等部分，容后再补。

与全国的法学教育者一样，笔者也是在忙忙碌碌之中见缝插针、终成此书，今日能够得以付梓，端赖有斐阁杂志编辑部的田中朋子、渡边真纪两位女士以及有斐阁学术中心的稼势政先生;此外,对于在连载期间即多加督促的各位读者朋友以及参加民事诉讼法研习的诸位同学,笔者在此也表示深深的谢意。一人之力无所成,诚哉斯言。

平成十五年(2003 年)初冬

高桥宏志

文献略语

单行本	
伊東・研究	伊東乾・民事訴訟法研究〔新版〕(昭四三、酒井書店)
	伊东乾,《民事诉讼法研究》(新版)(1968 年版,酒井书店)
伊藤(滋)・認定	伊藤滋夫・事実認定の基礎(平八、有斐閣)
	伊藤滋夫,《事实认定的基础》(1996 年版,有斐阁)
伊藤(滋)・要件事実	伊藤滋夫・要件事実の基礎(平一二、有斐閣)
	伊藤滋夫,《要件事实的基础》(2000 年版,有斐阁)
伊藤	伊藤眞・民事訴訟法〔補訂第二版〕(平一四、有斐閣)
	伊藤真,《民事诉讼法》(修订第 2 版)(2002 年版,有斐阁)
井上・法理	井上治典・多数当事者訴訟の法理(昭五六、弘文堂)
	井上治典,《多数当事人诉讼之法理》(1981 年版,弘文堂)
井上・訴訟	井上治典・多数当事者の訴訟(平四、信山社)
	井上治典,《多数当事人诉讼》(1992 年版,信山社)
井上・手続	井上治典・民事手続論(平五、有斐閣)
	井上治典,《民事程序论》(1993 年版,有斐阁)
井上・実践	井上治典・実践民事訴訟法(平一四、有斐閣)
	井上治典,《实践民事诉讼法》(2002 年版,有斐阁)

续表

井上・実践と理論	井上治典・民事手続における実践と理論(平一五、信山社)
	井上治典,《民事程序的实践与理论》(2003 年版,信山社)
井上=伊藤=佐上	井上治典=伊藤眞=佐上善和・これからの民事訴訟法(昭五九、日本評論社)
	井上治典、伊藤真、佐上善和合著,《未来之民事诉讼法》(1984 年版,日本评论社)
上田	上田徹一郎・民事訴訟法〔第三版〕(平一三、法学書院)
	上田徹一郎,《民事诉讼法》(第 3 版)(2001 年版,法学书院)
上田・判決効	上田徹一郎・判決効の範囲(昭六〇、有斐閣)
	上田徹一郎,《判决效之范围》(1985 年版,有斐阁)
右田	右田堯雄・上訴制度の実務と理論(平一〇、信山社)
	右田尧雄,《上诉制度的实务与理论》(1998 年版,信山社)
梅本	梅本吉彦・民事訴訟法(平一四、信山社)
	梅本吉彦,《民事诉讼法》(2002 年版,信山社)
エキサ民訴	井上治典=高橋宏志編・エイキサイティング民事訴訟法(平五、有斐閣)
	井上治典、高桥宏志合编,《exciting 民事诉讼法》(1993 年版,有斐阁)
太田・証明論	太田勝造・裁判における証明論の基礎(昭五七、弘文堂)
	太田胜造,《裁判证明论之基础》(1982 年版,弘文堂)
春日・証拠	春日偉知郎・民事証拠法研究(平三、有斐閣)
	春日伟知郎,《民事证据法研究》(1991 年版,有斐阁)
春日・論集	春日偉知郎・民事証拠法論集(平七、有斐閣)
	春日伟知郎,《民事证据法论集》(1995 年版,有斐阁)
加藤・裁量	加藤新太郎・手続裁量論(平八、弘文堂)
	加藤新太郎,《程序裁量论》(1996 年版,弘文堂)
加波・再審	加波眞一・再審原理の研究(平九、信山社)
	加波真一,《再审原理之研究》(1997 年版,信山社)
河野・行為	河野正憲・当事者行為の法的構造(昭六三、弘文堂)
	河野正宪,《当事人行为之法律构造》(1988 年版,弘文堂)

续表

兼子・体系	兼子一・民事訴訟法体系(昭二九、酒井書店)
	兼子一,《民事诉讼法体系》(1954 年版,酒井书店)
兼子・研究	兼子一・民事法研究第一卷、第二卷(昭二五〔一卷は再版〕、酒井書店)
	兼子一,《民事法研究》第 1 卷(再版)、第 2 卷(1950 年版,酒井书店)
兼子・判例	兼子一・判例民事訴訟法(昭二五、弘文堂)
	兼子一,《判例民事诉讼法》(1950 年版,弘文堂)
木川・重要問題	木川統一郎・民事訴訟法重要問題講義(上、中、下)(平四－五、成文堂)
	木川统一郎,《民事诉讼法重要问题讲义(上、中、下)》(1992～1993 年版,成文堂)
小林・証拠	小林秀之・新証拠法(平一〇、弘文堂)
	小林秀之,《新证据法》(1998 年版,弘文堂)
小林・審理	小林秀之・民事裁判の審理(昭六二、有斐閣)
	小林秀之,《民事裁判的审理》(1987 年版,有斐阁)
小林・プロブ	小林秀之・プロブレム・メソッド新民事訴訟法(平一四、判例タイムズ社)
	小林秀之,《方法新民事诉讼法》(2002 年版,判例 times 社)
小山	小山昇・民事訴訟法〔第五版〕(平一、青林書院)
	小山升,《民事诉讼法》[1989 年版(第 5 版),青林书院]
小山・著作集	小山昇著作集第一巻『訴訟物の研究』(平六)、第二巻『判決効の研究』(平二)、第三巻『訴訟行為・立証責任・訴訟要件の研究』(平六)、第四巻『多数当事者訴訟の研究』(平五)、第五巻『追加請求の研究』(平六)、第七巻『民事調停・和解の研究』(平三)、第八巻『家事事件の研究』(平四)、第十巻『判決の瑕疵の研究』(平六)、第十三巻『余録・随想・書評』(平六)(信山社)
	小山升著作集第 1 卷《诉讼标的的研究》(1994 年版)、第 2 卷《判决效之研究》(1990 年版)、第 3 卷《诉讼行为、举证责任与诉讼要件之研究》(1994 年版)、第 4 卷《多数当事人诉讼之研究》(1993 年版)、第 5 卷《追加请求之研究》(1994 年版)、第 7 卷《民事调停与和解之研究》(1991 年版)、第 8 卷《家事案件之研究》(1992 年版)、第 10 卷《判决瑕疵之研究》(1994 年版)、第 13 卷《余录・随想・书评》(1994 年版)(信山社)

续表

小室・監修	小室直人監修(小室直人＝若林安雄＝三谷忠之＝波田野雅子)・新民事訴訟法講義(平一〇、法律文化社)
	小室直人监修(小室直人、若林安雄、三谷忠之、波田野雅子合著),《新民事诉讼法讲义》(1998年版,法律文化社)
斎藤	斎藤秀夫・民事訴訟法概論〔新版〕(昭五七、有斐閣)
	斋藤秀夫,《民事诉讼法概论》(新版)(1982年版,有斐阁)
坂原・既判力	坂原正夫・民事訴訟法における既判力の研究(平五、慶應通信)
	坂原正夫,《民事诉讼法之既判力研究》(1993年版,庆应通信)
佐上	佐上善和・民事訴訟法〔第二版〕(平一〇、法律文化社)
	佐上善和,《民事诉讼法》(第2版)(1998年版,法律文化社)
新堂	新堂幸司・新民事訴訟法〔第二版〕(平一三、弘文堂)
	新堂幸司,《新民事诉讼法》(第2版)(2001年版,弘文堂)
新堂・旧	新堂幸司・民事訴訟法〔第二版補正版〕(平二、弘文堂)
	新堂幸司,《民事诉讼法》(第2版补正版)(1990年版,弘文堂)
新堂・訴訟物	新堂幸司・訴訟物と争点効(上、下)(昭六三・平三、有斐閣)
	新堂幸司,《诉讼标的与争点效》(上、下)(1988年版、1991年版,有斐阁)
新堂・民訴制度	新堂幸司・民事訴訟制度の役割(平五、有斐閣)
	新堂幸司,《民事诉讼制度的作用》(1993年版,有斐阁)
新堂・判例	新堂幸司・判例民事手続法(平六、弘文堂)
	新堂幸司,《判例民事程序法》(1994年版,弘文堂)
新堂・基礎	新堂幸司・民事訴訟法学の基礎(平一〇、有斐閣)
	新堂幸司,《民事诉讼法学的基础》(1998年版,有斐阁)
新堂・展開	新堂幸司・民事訴訟法学の展開(平一二、有斐閣)
	新堂幸司,《民事诉讼法学的展开》(2000年版,有斐阁)
新堂・権利実行	新堂幸司・権利実行法の基礎(平一三、有斐閣)
	新堂幸司,《权利实行法之基础》(2001年版,有斐阁)

续表

新堂・特別講義	新堂幸司編著・特別講義民事訴訟法(昭六三、有斐閣)
	新堂幸司,《特别讲义民事诉讼法》(1988 年版,有斐阁)
高橋・重点講義	高橋宏志・重点講義民事訴訟法〔新版〕(平一三、有斐閣)
	高桥宏志,《重点讲义民事诉讼法》(新版)(2001 年版,有斐阁)
高橋・論考	高橋宏志・新民事訴訟法論考(平一〇、信山社)
	高桥宏志,《新民事诉讼法论考》(1998 年版,信山社)
谷口	谷口安平・口述民事訴訟法(昭六二、成文堂)
	谷口安平,《口述民事诉讼法》(1987 年版,成文堂)
谷口・紛争	谷口安平・民事紛争処理(平一二、信山社)
	谷口安平,《民事纠纷的处理》(2000 年版,信山社)
中田・判例	中田淳一・民事訴訟判例研究(昭四七、有斐閣)
	中田淳一,《民事诉讼判例研究》(1972 年版,有斐阁)
中野・推認	中野貞一郎・過失の推認(昭五三、弘文堂)
	中野贞一郎,《过失之推认》(1978 年版,弘文堂)
中野・現在	中野貞一郎・民事手続の現在問題(平元、判例タイムズ社)
	中野贞一郎,《民事程序之现实问题》(1989 年版,判例 times 社)
中野・論点	中野貞一郎・民事訴訟法の論点 I、II(平六・一三、判例タイムズ社)
	中野贞一郎,《民事诉讼法之论点 I、II》(1994 年版、2001 年版,判例 times 社)
中野編・科学裁判	中野貞一郎編・科学裁判と鑑定(昭六三、日本評論社)
	中野贞一郎,《科学裁判与鉴定》(1988 年版,日本评论社)
中野・解説	中野貞一郎・新民事訴訟法解説(平九、有斐閣)
	中野贞一郎,《新民事诉讼法解说》(1997 年版,有斐阁)
中野編・入門	中野貞一郎編・現代民事訴訟法入門〔新版〕(平一〇、法律文化社)
	中野贞一郎,《现代民事诉讼法入门》(新版)(1998 年版,法律文化社)

续表

中野＝松浦＝鈴木・旧	中野貞一郎＝松浦馨＝鈴木正裕編・民事訴訟法講義〔第三版〕(平七、有斐閣)
	中野贞一郎、松浦馨、铃木正裕合编,《民事诉讼法讲义》(第3版)(1995年版,有斐阁)
中野＝松浦＝鈴木	中野貞一郎＝松浦馨＝鈴木正裕編・新民事訴訟法講義〔補訂版〕(平一二、有斐閣)
	中野贞一郎、松浦馨、铃木正裕合编,《新民事诉讼法讲义》(修订版)(2000年版,有斐阁)
中村・ローマ法理	中村英郎・民事訴訟におけるローマ法理とゲルマン法理(昭五二、成文堂)
	中村英郎,《民事诉讼中之罗马法法理与日耳曼法法理》(1977年版,成文堂)
荻原	荻原金美・訴訟における主張・立証の法理(平一四、信山社)
	荻原金美,《诉讼中主张举证之法理》(2002年版,信山社)
林屋	林屋礼二・新民事訴訟法概要(平一二、有斐閣)
	林屋礼二,《新民事诉讼法概要》(2000年版,有斐阁)
松本・証明責任	松本博之・証明責任の分配〔新版〕(平八、信山社)
	松本博之,《证明责任的分配》(新版)(1996年版,信山社)
松本・自白	松本博之・民事自白法(平六、弘文堂)
	松本博之,《民事自认法》(1994年版,弘文堂)
松本＝上野	松本博之＝上野泰男・民事訴訟法〔第3版〕(平一五、弘文堂)
	松本博之、上野泰男合著,《民事诉讼法》(第3版)(2003年版,弘文堂)
三ヶ月・全集	三ヶ月章・民事訴訟法〈法律学全集〉(昭三四、有斐閣)
	三月章,《民事诉讼法》(法律学全集)(1959年版,有斐阁)
三ヶ月・双書	三ヶ月章・民事訴訟法〈法律学講座双書〉〔第三版〕(平四、弘文堂)
	三月章,《民事诉讼法》(法律学讲座丛书)(第3版)(1992年版,弘文堂)

续表

三ヶ月・研究	三ヶ月章・民事訴訟法研究第一巻(昭三七)、第三巻(昭四一)、第四巻(昭四一)、第五巻(昭四七)、第六巻(昭四七)、第七巻(昭五三)、第八巻(昭五六)(有斐閣)
	三月章,《民事诉讼法研究》第1卷(1962年版)、第3卷(1966年版)、第4卷(1966年版)、第5卷(1972年版)、第6卷(1972年版)、第7卷(1978年版)、第8卷(1982年版)(有斐阁)
三ヶ月・判例	三ヶ月章・判例民事訴訟法(昭四九、弘文堂)
	三月章,《判例民事诉讼法》(1974年版,弘文堂)
三谷・再審	三谷忠之・民事再審の法理(昭六三、法律文化社)
	三谷忠之,《民事再审之法理》(1988年版,法律文化社)
山木戸・論集	山木戸克己・民事訴訟法論集(平二、有斐閣)
	山木户克己,《民事诉讼法论集》(1990年版,有斐阁)
山木戸・判例	山木戸克己・民事訴訟法判例研究(平八、有斐閣)
	山木户克己,《民事诉讼法判例研究》(1996年版,有斐阁)
山本(和)・基本問題	山本和彦・民事訴訟法の基本問題(平一四、判例タイムズ社)
	山本和彦,《民事诉讼法的基本问题》(2002年版,判例times社)
吉村=竹下=谷口	吉村徳重=竹下守夫=谷口安平編・講義民事訴訟法(平一三、青林書院)
	吉村德重、竹下守夫、谷口安平合编,《讲义民事诉讼法》(2001年版,青林书院)
竜嵜・証明責任	竜嵜喜助・証明責任論(昭六二、信山社)
	竜嵜喜助,《证明责任论》(1987年版,信山社)
研究会新民訴	竹下守夫=青山善充=伊藤眞編・研究会新民事訴訟法(平一一、有斐閣)
	竹下守夫、青山善充、伊藤真合编,《研究会新民事诉讼法》(1999年版,有斐阁)
一問一答	法務省民事局参事官室編・一問一答 新民事訴訟法(平八、商事法務研究会)
	法务省民事局参事官室编,《新民事诉讼法 一问一答》(1996年版,商事法务研究会)

续表

注釈民訴	新堂幸司＝鈴木正裕＝竹下守夫編集代表・注釈民事訴訟法第一巻－第九巻(平三－九、有斐閣)
	新堂幸司、铃木正裕、竹下守夫编集代表,《注释民事诉讼法》(第1卷～第9卷)(1991年版～1997年版,有斐阁)
注解民訴	斎藤秀夫＝小室直人＝西村宏一＝林屋礼二編・注解民事訴訟法〔第二版〕第一巻－第一一巻(平三－八、第一法規出版)
	斋藤秀夫、小室直人、西村宏一、林屋礼二合编,《注解民事诉讼法》(第2版,第1卷～第11卷)(1991年版～1996年版,第一法规出版)
菊井＝村松	菊井維大＝村松俊夫・全訂民事訴訟法Ⅰ〔補訂版〕Ⅱ、Ⅲ(平五・元・昭六一、日本評論社)
	菊井维大、村松俊夫合著,《全订民事诉讼法》Ⅰ(修订版)、Ⅱ、Ⅲ(1993年版、1989年版、1986年版,日本评论社)
条解	兼子一/松浦馨＝新堂幸司＝竹下守夫・条解民事訴訟法(昭六一、弘文堂)
	兼子一/松浦馨、新堂幸司、竹下守夫合著,《条解民事诉讼法》(1986年版,弘文堂)
小室ほか・基本法コンメ	小室直人＝賀集唱＝松本博之＝加藤新太郎・基本法コンメンタール・新民事訴訟法1－3(平九－一〇、日本評論社)
	小室直人、贺集唱、松本博之、加藤新太郎合著,《基本法注释・新民事诉讼法1～3》(1997年版～1998年版,日本评论社)
法律実務講座	岩松三郎＝兼子一編・法律実務講座 民事訴訟 第四巻 第一審手続(3)(昭三六、有斐閣)
	岩松三郎、兼子一合编,《法律实务讲座 民事诉讼》(第4卷)《第一审程序(3)》(1961年版,有斐阁)
実務民訴	鈴木忠一＝三ヶ月章監修・実務民事訴訟講座第一巻－第一〇巻(昭四四－四六、日本評論社)
	铃木忠一、三月章监修,《实务民事诉讼讲座》(第1卷～第10卷)(1969年版～1971年版,日本评论社)

续表

新実務民訴	鈴木忠一＝三ヶ月章監修・新・実務民事訴訟講座第一巻－第一四巻(昭五六－五九、日本評論社)
	铃木忠一、三月章监修,《新・实务民事诉讼法讲座》(第1卷~第14卷)(1981年版~1984年版,日本评论社)
講座民訴	新堂幸司編集代表・講座民事訴訟①－⑦(昭五九－六〇、弘文堂)
	新堂幸司编集代表,《讲座民事诉讼①~⑦》(1984年版~1985年版,弘文堂)
講座新民訴法	竹下守夫編集代表・講座新民事訴訟法Ⅰ－Ⅲ(平一〇－一一、弘文堂)
	竹下守夫编集代表,《讲座新民事诉讼法Ⅰ~Ⅲ》(1998年版~1999年版,弘文堂)
新民訴大系	三宅省三＝塩崎勤＝小林秀之編・新民事訴訟法大系1－4(平九、青林書院)
	三宅省三、塩崎勤、小林秀之合编,《新民事诉讼法大系1~4》(1997年版,青林书院)
百選	中田淳一＝三ヶ月章編・民事訴訟法判例百選〔初版〕(昭四〇、有斐閣)
	中田淳一、三月章合编,《民事诉讼法判例百选》(初版)(1965年版,有斐阁)
続百選	新堂幸司編・続民事訴訟法判例百選(昭四七、有斐閣)
	新堂幸司,《续民事诉讼法判例百选》(1972年版,有斐阁)
百選〔二版〕	新堂幸司＝青山善充編・民事訴訟法判例百選〔第二版〕(昭五七、有斐閣)
	新堂幸司、青山善充合编,《民事诉讼法判例百选》(第2版)(1982年版,有斐阁)
百選Ⅰ・Ⅱ	新堂幸司＝青山善充＝高橋宏志編・民事訴訟法判例百選Ⅰ・Ⅱ〔新法対応補正版〕(平一〇、有斐閣)
	新堂幸司、青山善充、高桥宏志合编,《民事诉讼法判例百选》Ⅰ、Ⅱ(新法对应修订版)(1998年版,有斐阁)

续表

争点〔旧版〕	三ヶ月章＝青山善充編・民事訴訟法の争点〔旧版〕(昭五四、有斐閣)
	三月章、青山善充合编,《民事诉讼法之争点》(旧版)(1979年版,有斐阁)
争点〔新版〕	三ヶ月章＝青山善充編・民事訴訟法の争点〔新版〕(昭六三、有斐閣)
	三月章、青山善充合编,《民事诉讼法之争点》(新版)(1988年版,有斐阁)
争点〔3版〕	青山善充＝伊藤眞編・民事訴訟法の争点〔第3版〕(平一〇、有斐閣)
	青山善充、伊藤真合编,《民事诉讼法之争点》(第3版)(1998年版,有斐阁)
小山ほか・演習	小山昇＝中野貞一郎＝松浦馨＝竹下守夫編・演習民事訴訟法(昭六二、青林書院)
	小山升、中野贞一郎、松浦馨、竹下守夫合编,《演习民事诉讼法》(1987年版,青林书院)
鈴木ほか・演習	鈴木正裕＝井上治典＝上田徹一郎＝谷口安平＝福永有利＝吉村徳重・演習民事訴訟法(昭五七、有斐閣)
	铃木正裕、井上治典、上田徹一郎、谷口安平、福永有利、吉村德重合著,《演习民事诉讼法》(1982年版,有斐阁)
新堂ほか・演習2	新堂幸司＝伊藤眞＝井上治典＝梅本吉彦＝小島武司＝霜島甲一＝高橋宏志・演習民事訴訟法2(昭六〇、有斐閣)
	新堂幸司、伊藤真、井上治典、梅本吉彦、小岛武司、霜岛甲一、高桥宏志著,《演习民事诉讼法2》(1985年版,有斐阁)
鈴木＝上田・基本問題	鈴木正裕＝上田徹一郎編・基本問題セミナー・民事訴訟法(平一〇、一粒社)
	铃木正裕、上田徹一郎合编,《基本问题 seminar・民事诉讼法》(1998年版,一粒社)
石川・古稀	石川明先生古稀・現代社会における民事手続法の展開(上・下)(平一四、商事法務)
	《石川明先生古稀纪念文集・现代社会中民事程序法之展开》(上、下)(2002年版,商事法务)

续表

兼子・還暦	兼子一博士還暦記念・裁判法の諸問題(上・中・下)(昭四四・四五、有斐閣)
	《兼子一博士花甲纪念文集・裁判法之诸问题》(上、中、下)(1969年版、1970年版,有斐阁)
小室＝小山・還暦	小室直人＝小山昇先生還暦記念・裁判と上訴(上・中・下)(昭五五、有斐閣)
	《小室直人、小山升先生花甲纪念文集・裁判与上诉》(上、中、下)(1970年版,有斐阁)
木川・古稀	木川統一郎博士古稀祝賀・民事裁判の充実と促進(上・中・下)(平六、判例タイムズ社)
	《木川统一郎博士古稀祝贺文集・民事裁判的充实与促进》(上、中、下)(1994年版,判例times社)
吉川・追悼	吉川大二郎博士追悼論集・手続法の理論と実践(上・下)(昭五五・五六、法律文化社)
	《吉川大二郎博士追悼论文集・程序法的理论与实践》(上、下)(1980年版、1981年版,法律文化社)
佐々木・追悼	佐々木吉男先生追悼論集・民事紛争の解決と手続(平一二、信山社)
	《佐佐木吉男先生追悼论文集・民事纠纷的解决与程序》(2000年版,信山社)
新堂・古稀	新堂幸司先生古稀祝賀・民事訴訟法理論の新たな構築(上・下)(平一三、有斐閣)
	《新堂幸司先生古稀祝贺文集・民事诉讼法理论之重构》(上、下)(2001年版,有斐阁)
鈴木・古稀	鈴木正裕先生古稀祝賀・民事訴訟法の史的展開(平一四、有斐閣)
	《铃木正裕先生古稀祝贺文集・民事诉讼法之历史展开》(2002年版,有斐阁)
竹下・古稀	竹下守夫先生古稀祝賀・権利実現過程の基本構造(平一四、有斐閣)
	《竹下守夫先生古稀祝贺文集・权利实现过程的基本结构》(2002年版,有斐阁)

续表

中田・還暦	中田淳一先生還暦記念・民事訴訟の理論(上・下)(昭四四・四五、有斐閣)
	《中田淳一先生花甲纪念文集・民事诉讼的理论》(上、下)(1969年版、1970年版,有斐阁)
中野・古稀	中野貞一郎先生古稀祝賀・判例民事訴訟法の理論(上・下)(平七、有斐閣)
	《中野贞一郎先生古稀祝贺文集・判例民事诉讼法的理论》(上、下)(1995年版,有斐阁)
中村・古稀	中村英郎教授古稀祝賀・民事訴訟法学の新たな展開(上)(平八、成文堂)
	《中村英郎教授古稀祝贺文集・民事诉讼法学的新发展》(上)(1996年版,成文堂)
原井・古稀	原井龍一郎先生古稀祝賀・改革期の民事手続法(平一二、法律文化社)
	《原井龙一郎先生古稀祝贺文集・改革年代的民事程序法》(2000年版,法律文化社)
三ヶ月・古稀	三ヶ月章先生古稀祝賀・民事手続法学の革新(上・中・下)(平三、有斐閣)
	《三月章先生古稀祝贺文集・民事程序法学的革新》(上、中、下)(1991年版,有斐阁)
山木戸・還暦	山木戸克己教授還暦記念・実体法と手続法の交錯(上・下)(昭五三、有斐閣)
	《山木户克己教授花甲纪念文集・实体法与程序法之交错》(上、下)(1978年版,有斐阁)
吉村・古稀	吉村德重先生古稀記念論文集・弁論と証拠調べの理論と実務(平一四、法律文化社)
	《吉村德重先生古稀记念论文集・辩论与证据调查的理论与实务》(2002年版,法律文化社)
<雑誌>	
重判	重要判例解説(ジュリ臨時増刊)
	《重要判例解说》(Jurist临时增刊)

续表

<table>
<tr><td rowspan="2">ジュリ</td><td>ジュリスト</td></tr>
<tr><td>Jurist</td></tr>
<tr><td rowspan="2">曹時</td><td>法曹時報</td></tr>
<tr><td>《法曹时报》</td></tr>
<tr><td rowspan="2">判時</td><td>判例時報</td></tr>
<tr><td>《判例时报》</td></tr>
<tr><td rowspan="2">判タ</td><td>判例タイムズ</td></tr>
<tr><td>《判例 times》</td></tr>
<tr><td rowspan="2">判評</td><td>判例評論</td></tr>
<tr><td>《判例评论》</td></tr>
<tr><td rowspan="2">法教</td><td>法学教室</td></tr>
<tr><td>《法学教室》</td></tr>
<tr><td rowspan="2">法協</td><td>法学協会雑誌</td></tr>
<tr><td>《法学协会杂志》</td></tr>
<tr><td rowspan="2">法時</td><td>法律時報</td></tr>
<tr><td>《法律时报》</td></tr>
<tr><td rowspan="2">法セ</td><td>法学セミナー</td></tr>
<tr><td>《法学 seminar》</td></tr>
<tr><td rowspan="2">民訴雑誌</td><td>民事訴訟雑誌</td></tr>
<tr><td>《民事诉讼杂志》</td></tr>
<tr><td rowspan="2">民商</td><td>民商法雑誌</td></tr>
<tr><td>《民商法杂志》</td></tr>
</table>

目录

第一讲 诉讼要件

导 读

诉讼要件又称实体判决要件，是大陆法系国家民事诉讼理论中的一个重要概念，也是大陆法系国家民事诉讼审理的程序和制度。在我国现有的民事诉讼制度中，还没有相应的程序和制度安排。诉讼要件，是指受诉法院对案件实体争议有权作出判决的前提条件。应当特别注意的是，诉讼要件或实体判决要件并不是本案民事诉讼开始的要件。正如本书作者高桥先生所言，诉讼要件的说法容易引起误解，因此，实体判决要件相比诉讼要件，其表达才是准确的，但无论是国外还是国内，诉讼要件这一表达已经成为学者的习惯用语。

诉讼要件（实体判决要件）的具体构成，因人们的认识不同而略有差异。在日本的通说理论中,一般包括以下内容:(1)当事人实际存在;(2)具有当事人能力;(3)当事人适格(正当当事人);(4)当事人实施起诉行为;(5)实施了有效送达;(6)不属于重复诉讼;(7)具有诉的利益;(8)属于法院裁判权范围;(9)属于审理本案的法院管辖。由于只有满足了起诉条件,诉讼才能开始,因此可以认为起诉条件等同于诉讼开始的要件。在德国的通说理论中,当事人适格并不作为诉讼要件,而是本案要件。

如果将我国民事诉讼中的起诉条件与国外实体判决要件加以比较,则可以发现,在我国的民事诉讼法中,实际上是将大陆法系国家民事诉讼中的诉讼要件(实体判决要件)植入了起诉的条件之中。这样一来也自然就提高了起诉的台阶,形成了所谓起诉的“高阶化”。这种制度安排使得法院对某些作为诉讼要件的审理前置于起诉审查阶段。例如当事人适格问题、法院主管问题、重复诉讼问题、诉的利益的问题。

按照日本的诉讼要件制度,对于当事人的诉不具备诉讼要件的,以裁判驳回诉。由于诉讼要件不是起诉要件,因此不是驳回起诉,而是驳回诉,其裁判形式为诉讼判决。对于当事人的诉讼请求不具备实体请求要件的,法院以实体判决驳回其诉讼请求。这就构成了驳回起诉(不符合起诉条件)、驳回诉(不具备诉讼要件)、驳回诉讼请求(不具备实体要件)这种的三阶结构。由于我国民事诉讼中没有诉讼要件制度,因此对于缺失类似国外诉讼要件的,就只能以裁定驳回起诉予以处理。问题在于,被告的适格并没有作为起诉的条件,因此在被告不适格时依然驳回起诉,在理论上就会存在缺陷。

一、定义

无论是支持或驳回原告的诉讼请求，为作成本案判决所需的要件被称为诉讼要件（新堂第203页）。[1] 如果欠缺诉讼要件，原则上将驳回诉。

"诉讼要件"的表述在字面上是一种误导，它让人以为是指诉讼成立所需的要件，其实不然。诉讼要件只是指为了作成本案判决所需的要件；即使欠缺诉讼要件，也不妨碍诉讼的成立和审理的开始。

但是，历史上也有一个时期是将诉讼成立的要件作为诉讼要件的。[2] 在古罗马的民事诉讼中，虽然因时代的不同而有所差异，但诉讼基本上是由两个阶段构成的。在第一个阶段中，法官对该诉是否具备诉权，也就是对诉是否具备应在本案程序上进行审理的要件进行审查，若具备该等要件则可确定争点，制订审理计划，在征得当事人同意之后将案件送由第二阶段的判决法院审理。在罗马前期，判决法院的法官由不懂法律的人来担任，到后期就由受严格的法定证据法则拘束的国家法官来担任，但他们都须对本案作出审理判决。总之，在罗马法中，第一阶段和第二阶段

---

〔1〕 伊藤第130页也把诉讼要件称作本案判决的要件。注釈民訴（5）第305页（福永有利执笔）认为，可以把诉讼要件看作本案判决的要件，并且对本案审理的合法要件说持否定态度。

〔2〕 柏木邦良「訴訟要件の研究」（1994，リンパック）第249页以下［初载民訴雑誌19号（1973）第66页］、中山幸二「訴訟要件の性格について」早稲田大学大学院法研論集37号（1986）第183页。

(本案审理)是截然分开的。第一阶段审理的要件大体对应今天所说的诉讼要件。因此,罗马法中的诉讼要件如果从它是由第一阶段诉讼转向第二阶段诉讼的要件的意义上来说,是指第二阶段诉讼(本案诉讼)成立并且开始的要件(也称单层阶段诉讼)。在此意义上的“诉讼要件”当时是被作为本案判决当然无效的原因来对待的,也就是说,欠缺“诉讼要件”而开始审理的本案程序是无效的,由此作成的判决也是无效的,因此“诉讼要件”受到相当的重视。〔3〕 但自那以后,判决的当然无效受到批判,诉讼法开始向尽量使判决得以安定的方向发展,只有通过特别程序(如再审)才能宣告判决无效。比如,在德国普通法末期,判决并不是当然无效,而是通过无效抗告的程序宣布判决无效之后才丧失其效力。判决的当然无效和诉讼要件的直接联系从此被切断了。这样一来,对“诉讼要件”的审理比重不断下降,法定序列主义、同时提出主义也因追求审理的效率而土崩瓦解,对诉讼要件的审理逐渐与本案审理并行,诉讼的二阶构造就此消失。现行日本法彻底地采用了这种形式(被称为“复式平行诉讼”)。考虑到这样的历史变迁,有必要确认诉讼要件在现行法上的定位。〔4〕

---

〔3〕 这里所说的判决无效按照今天的术语就是不产生判决内容上的效力,即既判力、形成力等。参见新堂第568页。判决如果在程序上是有效的则可成为上诉与再审的对象;但是,此处所指判决的当然无效不仅指程序法上的无效,甚至也不产生判决内容上的效力。

〔4〕 柏木·前引注〔2〕第323页以下指出,尽管如此依然存在诉讼要件纷争的独立性,其具有与本案审理不同的色彩,而且对独立的中间上诉制度持肯定态度。此外,同书第262页附有与诉讼构造的变迁相关的插图,颇有助益。

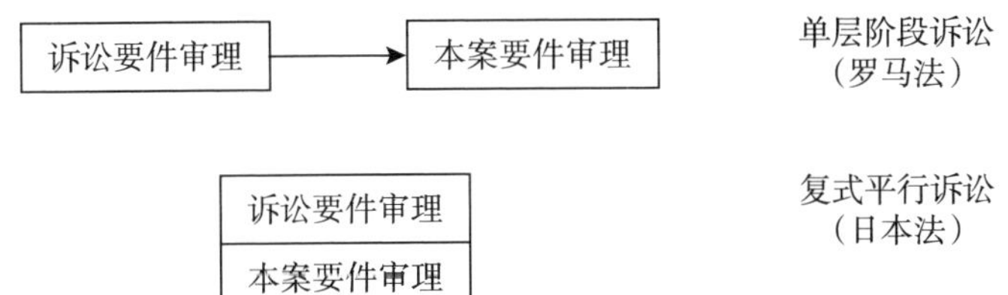

如上所述，在现行法中，诉讼要件是指本案“判决”要件。但是，在判明欠缺诉讼要件的时候，法院应作出驳回诉的判决，停止对本案的审理。判明欠缺要件以后，就不应该继续审理本案，在此意义上，诉讼要件也属于本案“审理”的次要要件（新堂第 203 页）。〔5〕 虽然是这样，在对是否欠缺诉讼要件产生疑问的时候，也并不一定必须停止本案审理而对诉讼要件是否存在进行集中审理，因为是所谓的“复式平行诉讼”结构，所以没有要求必须首先对诉讼要件进行审理，无论是对本案进行审理，还是对诉讼要件进行审理都没有关系。也就是说，对是否欠缺诉讼要件产生疑问时，继续

---

〔5〕 具体而言，就新堂的观点来说，在作为诉讼要件的形成之诉的利益方面，诉讼要件是指是否应该继续审理程序的要件或者是不使程序的进行陷于徒劳境地的要件。因为新堂认为，在事实审口头辩论终结前判明欠缺要件时，也可以继续进行审理。参见新堂第 245 页。

柏木・前引注〔2〕第 246 页指出，诉讼要件含有这样的功能：如果不具备诉讼要件则无法进行本案判决所需的程序，正因为有了诉讼要件才使得程序的合法性获得承认，因此诉讼要件也是程序合法的要件。也就是说，一旦发现欠缺诉讼要件，除非存在明显的补正治愈的可能性，否则应立刻作出驳回诉的判决，继续进行本案审理程序则是不合法的。高木敬一「訴訟要件の意義に関する一考察」法学研究（爱知学院大学论丛）28 卷 1～2 号（1985）第 147 页也对德国的学说史进行了考察并主张诉讼要件就是本案审理要件。中野貞一郎「当事者が訴訟能力を欠く場合の手続処理」中野・論点Ⅰ第 81 页以下，特别是第 83 页也认为，当事人之存在、当事人能力以及裁判权等属于起诉行为的要件，或者是本案审理的要件。

进行本案审理并非不合法。[6] 对审理对象的选择交由法院根据迅速、经济的观点进行合目的性的裁量。

如果考虑到这些内容,所谓本案"审理"的要件的说法就稍嫌夸张了吧。[7]

二、种类

现行法对诉讼要件并未作出统一的规定,而是分散各处,一般认为以下所列各项属于诉讼要件(新堂第240页):

1. 我国具有国际裁判管辖权;

2. 法院具有管辖权(但是,该诉讼要件无论在时间方面还是效果方面都具有特殊性,详见后述);

3. 构成诉讼系属的行为有效(指诉讼能力方面);

4. 当事人实际存在且具备当事人能力;

5. 提供了诉讼费用担保;

6. 如果是合并之诉或者是诉讼内之诉,应具备相关要件;

7. 具有诉的利益、当事人适格、不存在仲裁协议等。

关于诉讼要件的趣旨与性质有多种内容:既有像国际

---

〔6〕 高島義郎「訴訟要件の類型化と審理方法」講座民訴②第105页以下,特别是第124页注〔24〕认为,对是否具备诉讼要件产生怀疑的情况下,有的法院停止了本案审理而专心调查诉讼要件,并且认为这样做是适当的。从认为本案审理违法的意义上来说,也有的学说认为诉讼要件并非本案审理的要件,而是将之作为本案审理的要件予以重视;但是,既然本案审理是不适当的,那么从不合法的意义上来说上述观点就是错误的。中山·前引注〔2〕第199页把诉讼要件作为本案审理要件来理解,但是因其主张诉讼要件属于一种行为规范,因此与高岛说较为接近。

〔7〕 兼子·体系第148页批判了审理要件说,兼子认为,既然发现了欠缺诉讼要件,法院就没有必要进入本案审理或者继续本案审理程序,因此也可以说诉讼要件就是本案的审理辩论要件;但由于对诉讼要件的审查与本案审理在程序上并没有明确的阶段区分,所以这种分类就缺乏实际的意义。与此不同,佐上善和「訴訟要件とその審理」井上=伊藤=佐上第203页则对通说持批判态度。

裁判管辖权这样的国家所关心的要件，也有像诉讼费用担保这样的从被告的利益角度出发所认可的要件。〔8〕如果从形式上而不是依据趣旨与性质进行分类的话，上述诉讼要件首先可以划分成积极要件（积极的诉讼要件）和消极要件（消极的诉讼要件），其次还可以划分为职权调查事项和抗辩事项。所谓积极要件，是指该等要件之存在始具备本案判决的要件，如国际裁判管辖、当事人能力、诉的利益；所谓消极要件，是指该等要件之不存在始具备本案判决的要件，如仲裁协议、双重起诉，消极的诉讼要件又称诉讼妨害。第二种分类更为重要一些，所谓职权调查事项的诉讼要件，是指即使当事人没有提出法院也必须依职权斟酌的要件（须指明且提出之意）；所谓抗辩事项的诉讼要件，是指只要被告没有主张就不能作为审查对象的要件事项。〔9〕大多数诉讼要件属于职权调查事项，但仲裁协议、不起诉的合意、提供诉讼费用担保等属于抗辩事项的诉讼要件。如果将上述两种分类叠加，则仲裁协议既是消极的诉讼要件又是抗辩事项的诉讼要件。顺便提及的是，围绕仲裁协议是否真实存在的争议，可参见最判 1980・6・26 判時第 979 号第 53

---

〔8〕竹下守夫「訴訟要件をめぐる二、三の問題」司研論集 65 号（1980）第 1 页，条解第 772 页（竹下守夫执笔）将诉讼要件作出如下分类：①为了确保本案判决的程序或者实体正当性的诉讼要件（诉讼能力、管辖等）；②司法权界限来源的要件（国际裁判管辖、审判权的界限、仲裁协议等）；③为排除没有实际意义的诉讼的要件（当事人实际存在、诉的利益、当事人适格等）；④为保护被告利益的诉讼要件（管辖、诉讼费用的担保等）；⑤源于特殊制度目的的要件，比如诉讼内的合并要件。虽然作者本人认为该分类较为粗疏且有重复之处，但笔者认为仍具有相当意义。

〔9〕松本 = 上野第 225 页、松本・自白第 116 页、中野 = 松浦 = 铃木第 349 页（松本博之执笔）并未将抗辩事项作为诉讼要件，而是作为诉讼妨害事由加以区别。据此区别，在理论上就可以贯彻诉讼要件均属职权调查对象这一性质。

页,百選Ⅰ第72号案例。

正如新堂第204页所述,[10]妨诉抗辩的概念本来是指有权拒绝本案辩论的抗辩;而这种含义上的妨诉抗辩,在现行法中只存在于提供诉讼费用担保的申请(第75条)中。但也有不少人将仲裁协议的抗辩称作妨诉抗辩。不过即使提出了仲裁协议的抗辩,对于被告而言也并不意味着其有权拒绝本案审理。法官通过合目的性的裁量并不会妨碍先行进行本案审理,因此,仲裁协议的抗辩并不是本来意义上的妨诉抗辩。法官通过合目的性的裁量集中审理仲裁协议的存在与否在实务中确实常见,但由于抗辩人无权拒绝本案审理,因此将仲裁协议的抗辩作为妨诉抗辩实际上属于一种误用,但可能已经成为一种习惯性的表述方式了。

三、职权调查

如前所述,所谓职权调查事项,是指即使当事人没有提出主张、申请,法院也必须依职权予以斟酌,提出并调查该等事项,[11]其要点在于不以当事者提出主张和申请为必要条件。大部分诉讼要件都属于职权调查事项,但根据我国的通说,所谓职权调查仅仅是依职权斟酌之意,至于提出调查的事项之后如何收集相关资料则是另一个问题,与职权调查不同。在资料收集的方式上,无论是职权探知主义还是辩论主义都是妥当的。大多数职权调查的事项应该采用

---

〔10〕 兼子・体系第199页、条解第770页(竹下执笔)、注釈民訴(5)第40页(福永执笔)、梅本第283页、注解民诉(6)第99页亦持相同见解。

〔11〕 新堂幸司「裁判所の調査義務と釈明義務」新堂・展開第301页,小室直人「民事訴訟における職権調査の諸問題」(初出1985)同「訴訟物と既判力《民事訴訟法論集(上)》」(1999,信山社)第231页,吉村 = 竹下 = 谷口第335页,谷口第201页,注解民诉(6)第101页等。

职权探知的方式来收集资料，但在任意管辖、诉的利益、不具有对世效的当事人适格等方面，则应采用辩论主义的方式来收集资料（新堂第205页、第399页）。

与此不同的是，母法国德国在资料收集方面却采取了独特的方式。如果法院对于是否存在诉讼要件存有疑问，法院可以行使释明权催促当事人提交相关资料，但不允许法院依职权自行收集（这一点与辩论主义相同）；另一方面，法院的判断并不受自认的拘束，也不妨碍法院可以通过证据调查认定与自认事实不同的事实，而且当事人提交相关资料的时期也不受限制，不会存在攻击防御的方法因错过时机而被驳回的情况（这一点又与职权探知主义相同）。即德国对于资料的收集采用了一种处于职权探知主义和辩论主义之间的审理方式。[12] 甚至有一种在我国影响很大的观点（有力说）认为，不要按照德国法意义上的职权调查（该观点主张将其称为"职权审查"，以区别于对事项进行斟酌时的职权调查）来处理所有的诉讼要件，资料收集的方式应分为职权探知主义、辩论主义以及上述的职权审查三类，对具有不同内容的诉讼要件分别采用不同的方式。也就是说，基本形式是职权审查，由于排除了自认和拟制自认的拘束力，因此对于诉的利益亦应采用职权审查，但对于可能导致

〔12〕 但柏木·前引注〔2〕第278页认为，职权调查"否定了当事人的处分权，而赋予了法院证据调查的权能以及促使当事人积极能动地主张和证明的权能"，在第327页中指出，"收集资料的责任在根本意义上是由当事人承担的，但所谓的'职权调查主义'则缓和了当事人的主张责任，不承认诸如放弃与认诺、和解、裁判上的自认以及合意的效力，而且允许法院依职权进行证据调查"。从职权证据调查的角度来说，其对职权调查主义的理解似乎有些不同。

判决无效以及再审的诉讼要件,适用职权探知主义较为妥当,而任意管辖等则可适用辩论主义。〔13〕

确实,由于不同的诉讼要件具有不同的内容,因此在资料收集方面应采用不同的规置方法也是理所当然的。但是,职权探知主义、辩论主义和职权审查这三种不同的方式如何在各个诉讼要件中进行分配呢?相关的讨论并不深入,这也是今后研究的方向。〔14〕〔15〕

---

〔13〕 该观点首见于铃木ほか・演習第25页(铃木正裕执笔),高島・前引注〔6〕第110页、染野義信=森勇「職権調査」小山ほか・演習第399页则进一步展开论述,三ヶ月・全集第167页,三ヶ月・双書第200页亦有类似观点。

〔14〕 松本・自白第115页以下指出:职权调查这一概念意味着,法院必须提出该等事项并进行法律上的判断,而与当事人的态度如何没有关系;但职权调查的概念并未包含判断资料收集方法的问题,也并不意味着应适用职权探知,提出判断资料(事实和证据)是当事人的责任。法院仅限于为当事人指明方向,催促其进行主张和证明。因为是促使当事人进行主张证明,所以对于判断诉讼要件所需的基础性事实不可以成立自认与拟制自认,但对于否定具备诉讼要件的事实则不妨认可自认与拟制自认的成立。不过任意管辖是当事人可以处分的诉讼要件,所以还是承认自认和拟制自认的效力为佳。也有学说认为当事人适格、诉的利益也可成立自认,但是不应强求法院审理没有实际意义的案件,所以就不应当承认自认的效力。这样的话,对于诉讼要件的基础事实所适用的较为妥当的审理原则既不是辩论主义的也不是职权探知主义的。

上述考察虽然颇具启示意义,但注釈民訴(5)第44页(福永有利执笔)对此亦有批判。比如在判决作出以后,主张不具备诉讼要件的自认成立,那么就应驳回诉,而判决原有的禁止再诉的效力也就因此消失。此外,虽然法院认为自己具有国际裁判管辖权,但如果当事人做出的自认否定了国际裁判管辖的事实,按照松本的上述观点应当是驳回诉,但这样的处理明显有失当之嫌。

另一方面,即使在通说内部,对于哪些诉讼要件应适用职权探知主义也没有达成共识。参见注釈民訴(5)第42页(福永执笔),小室・前引注〔11〕第231页。

〔15〕 通说认为诉讼要件可以采取自由证明的方式。新堂・展開第306页也持此种见解。但笔者认为自由证明这个概念值得怀疑。参见本书第二讲“证据调查”之“一、证据法的理念和用语”部分,小室・前引注〔11〕第240页。诉讼要件的证明责任原则上应由提起诉讼的原告承担,但禁止重复起诉等要件的证明责任则由被告承担较好。参见小室・前引注〔11〕第242页。

四、诉讼要件的审理顺序

首先,对于不同的诉讼要件应当按照怎样的顺序进行审理呢?兼子理论认为,当然是从抽象的一般要件向具体案件涉及的特殊要件这样的顺序进行审理。具体的顺序是:起诉与诉状送达是否有效、合并之诉或诉讼内的诉讼是否具备相应的要件、当事人是否实际存在以及是否具备当事人能力、我国是否具有国际裁判管辖权、法院是否具有国内管辖权、是否提供了诉讼费用的担保、是否具有诉的利益以及当事人是否适格。新堂第206页也认为,诉讼要件的调查顺序并非法定,合理的做法应当是原则上先调查容易得出结论的要件,如果欠缺该要件则应停止调查工作。所谓是否容易得出结论的顺序,一般来说,应从与本案内容关系不大的抽象的要件着手,逐渐向与本案相关的具体要件推进,其具体顺序为:我国是否具有国际裁判管辖权、法院是否具有管辖权、构成诉讼系属的行为是否有效(与诉讼能力相关)、当事人是否实际存在而且是否具备当事人能力、是否提供了诉讼费用担保,如果是合并之诉或诉讼内之诉是否具备其特殊要件、是否具有诉的利益、当事人是否适格等。这与兼子理论在顺序上有所差异。

上述关于调查顺序的学说认为,诉讼要件原则上属于职权调查事项,因此即使当事人没有提出,法院也应当依据这样的顺序调查诉讼要件之有无。[16] 但是,当发现可能欠缺

---

〔16〕 兼子·体系第151页认为,上述审理顺序具有实质内涵,比如不具有管辖权的法院也能以起诉无效或不具有裁判权为由作出驳回诉的判决,因为这些事项在调查顺序上是先于管辖权这一要件的,但如果以欠缺诉的利益为由驳回诉,则只

某一诉讼要件时,法院应当依据民事诉讼审理的一般原则,从有可能使该案迅速、经济地得出结论的诉讼要件着手进行审理。比如,当原告的当事人适格与否以及被告的当事人能力都受到怀疑时,是否必须先对被告的当事人能力进行调查,而不应当先对原告的当事人适格进行调查呢?应该说,上述调查顺序并不具有类似的拘束力(主张先对容易得出结论的要件进行调查的新堂说恐怕也是这一立场)。[17]不仅如此,如果审理并未遵循调查顺序也不违法,那么调查顺序并不引起违法与否的问题,而仅仅是适当与否(当不当)的问题。[18]

其次,诉讼要件的审理和本案要件的审理(实体权的审理)应当按照怎样的顺序进行呢?当然,现行法属于复式平行诉讼,因此审理顺序这一表述方式并不准确。正确的表达方式应该是,虽然得出本案结论的时机已经成熟,但对于诉讼要件的判断还未确定,在这种情况下法院应当如何处

能由具有管辖权的法院作出。然而当明显欠缺排序在管辖以后的某一诉讼要件的时候,如果受诉法院必须移送案件并且只能由受移送的法院作出驳回诉的判决,岂不是有些不切实际吗?

关于德国在这方面的争论,详见高木敬一「訴訟要件相互の調査順序について」早稲田法学23号(1981)第167页。无论在德国还是在日本,学者对于调查顺序还没有达成共识。

〔17〕 梅本·第285页认为,主张先对容易得出结论的要件进行调查的新堂说在理论上是不妥当的;但对新堂说的理解应当采取本书立场。

〔18〕 三ヶ月·全集第301页,松本=上野第227页认为,不能因作出判决的审理或者调查顺序错误而认定其违法。柏木·前引注〔2〕第239页引用了德国哈尔姆斯的论文,一针见血地指出:即使明显欠缺后顺位的诉讼要件,法官也必须从先顺位的诉讼要件开始审理,这不仅加重了法官的负担而且迟延了诉讼,事实上即使违反了审理顺序也不会产生任何相应的法律效果,这样的争论原本就缺乏实际意义。

理呢？[19]但习惯的说法都是本案要件和诉讼要件之间的审理顺序问题。通说认为，诉讼要件属于本案判决的要件，所以应当在认定诉讼要件存在之后再作出本案判决。[20] 逻辑上确实应当如此，必须对诉讼要件进行审理，在确定诉讼要件存在之后再作出本案判决。但在支持原告诉讼请求的场合下可以这样做，而在请求被驳回的情况下又将如何呢？铃木正裕「訴訟要件と本案要件との審理順序」民商57卷第4号(1968)第507页提出了如下观点：诉讼要件的内容多种多样，其中审判权的界限、国际裁判管辖、职务管辖、诉讼能力、民事诉讼事项(非属行政案件和人事诉讼案件)等诉讼要件一旦欠缺，将导致判决无效或者成为再审事由(第338条)，这涉及能否推进诉讼的根本性问题，所以应当在确认该等诉讼要件是否存在之后再作出本案判决。但是，有些诉讼要件意在保护被告(或者司法)免予无谓的诉讼，为了作出驳回原告请求的判决先要对该等诉讼要件进行审理，这实际上是强迫法院进行毫无意义的审理，不正是本末倒置了吗？代表性的例子是诉的利益。当诉的利益是否存

---

〔19〕 上田第201页。

〔20〕 大判1935・12・17民集14卷第2053页所载判例表明：如果法院首先判明本案无理由，那么即使尚未查明原告是否具有权利保护的必要性，也可以立刻以此为由作出驳回原告诉讼请求的判决，理由在于这种做法可以起到防止原告再诉的作用，因此作为例外当予允许；但兼子・判例第20号案件对该判旨持反对意见。兼子认为，如此一来，即使在原告胜诉的情形，法院也可以在未对权利保护必要性进行审查的情况下就作出支持原告诉讼请求的判决。

通说认为在确认诉讼要件存在之后才可以作出本案判决，参见菊井＝村松Ⅱ第11页，伊藤第131页，梅本第285页等。山木户・論集第139页也认为，当被告对诉的利益存有争议之时，法院不予理会而作出驳回请求的判决，这种做法从诉的利益作为诉讼要件的角度来说是无法被认同的。

在尚未明了时,虽然必须对之进行审理,但一旦查明原告的请求明显无理由就可以立即作出驳回诉讼请求的判决,此时不应当对诉之利益继续进行审理。所谓诉的利益,是考虑到被告的利益以及法院司法运营的基本情况,为了排除毫无意义的诉讼所设置的诉讼要件。因此,当法院已经可以作出驳回原告诉讼请求判决的时候,反而要求法院继续审理该诉讼是否存在实际利益,这种做法与试图排除无益之诉的诉之利益的目的是自相矛盾的。就结论而言,即便某些诉讼要件之存否尚未明确,法院也可以作出驳回原告诉讼请求的本案判决。[21] 铃木的上述观点应值赞同;以保护被告的利益为主要目的(抗辩事项的诉讼要件、诉的利益等),意即以排除无益诉讼为目的的诉讼要件当属例外。(新堂第 205 页)[22]

---

〔21〕 铃木正裕「訴訟要件と本案要件との審理順序」民商 57 卷第 4 号(1968)第 507 页列举了如下诉讼要件可照此方式处理:管辖、当事人能力、提起诉讼期间、二重起诉之禁止、诉讼内起诉的要件、撤诉后的再诉禁止、权利保护要件的资格和利益(诉之利益)、抗辩事项。

但铃木说也认为,作出支持原告诉讼请求判决的时候不能省略对诉的利益等的调查。确实,在支持原告诉讼请求的情况下,如果欠缺诉的利益法院将驳回诉,结果是原告败诉,省却或不省却关于诉讼要件的判断将导致原告诉讼结果的逆转。无论是驳回请求还是驳回起诉结果同样是原告败诉,并没有多大的差异,但支持请求或驳回起诉将导致胜负之逆转,因此不能省略对诉之利益的审理。但是,兼子・前引注〔20〕的评释批判了铃木以驳回请求与支持请求来划界处理的观点,认为在理论上是不透明的。有力说则与铃木的观点类似,其立足点主要放在了对实际效果的考虑上,因为驳回请求与驳回起诉在结果上都是原告败诉,所以对于双方当事人来说,没有多大的差别。

〔22〕 对于上述诉讼要件,有力说有将之同时理解为本案判决要件和本案审理要件之嫌,因为对于诉的利益的调查背后隐藏着进行无益审理程序的判断。新堂第 206 页也认为有些诉讼要件,比如任意管辖和抗辩事项之所以要制约本案判决的作成都是为了保护被告的利益,因为这些要件一方面可以省去被告进入本案审理后亲

但可做如此处理的诉讼要件的范围如何,有力说对这一问题的认识有过于宽泛之嫌。比如该说认为,即使违反任意管辖也可以用这种处理方法,但我们必须考虑上诉的关系。例如,居住在札幌的 X 在札幌法院对居住在福冈的 Y 提起诉讼,Y 虽然就札幌地方法院是否享有管辖权提出异议,但如果原告之请求应予驳回至为明显,则一审法院无需触及管辖的问题直接作出驳回请求的判决。一方面应予驳回诉讼请求,另一方面还要审理法院是否具有任意管辖权,这确实是既无意义又白费工夫。如果对于驳回诉讼请求的

自参加诉讼的诸多麻烦,另一方面也可以将被告因参加本案审理而遭受到的损失最小化。在被告已经接受驳回原告诉讼请求的本案判决的情况下,还要因为调查诉讼要件之存否投入更多的时间与费用实际上是在做无用功,并不符合上述诉讼要件的目的。从该论述中我们可以看到诸如亲自参加诉讼(诉讼追加)以及继续诉讼程序之类的措辞。中山·前引注〔2〕第 183 页以此问题意识为契机提出,诉讼要件不是本案判决的要件而是本案审理的要件。

但从定义来讲,诉讼要件是本案判决的要件,不是为了避免无谓的程序,而是为了避免作出无谓的判决。如果从避免作出对于纠纷解决不具有必要性和时效性的本案判决的角度来把握诉的利益的话,这一诉讼要件的意义在于防止本案判决毫无价值地空转。即使本案判决是驳回请求的判决也将引起风波,导致纠纷的扩大化和复杂化,所以法院不应当作出这种没有必要性和实效性的本案判决,而应作出驳回诉的诉讼判决。如果考虑到既判力的两面性,我们就可以理解为什么即使是驳回请求的判决亦不可轻易地作出。但如果考虑到驳回请求的判决和支持请求的判决会牵涉到会否出现后续的强制执行,则很清晰的事实是,这两种不同的判决在引发新的纠纷方面具有阶段性的差异。由此可见,如果法院作出了驳回请求的判决,则可以省略对于诉之利益的审理,但如果作出了支持请求的判决,则不能省略这一审理环节。

但如果考虑到对确认之诉作出驳回请求的判决(比如判决原告没有所有权)有可能发展为一个给付判决(比如判决前诉原告履行注销登记的手续),那么上述说明也缺乏一定的说服力。因此,一如前引注〔21〕中所述,有力说并非要求在理论上应当如此,而是将重点置于多种利益衡量——驳回请求与驳回起诉都是原告败诉,对于双方当事人而言没有大的差别。无论对双方当事人还是对法院来说,作出驳回请求的判决都是有利的,以及以此为基础的实务操作上的方便。

一审判决提出控诉的话,控诉审法院当然是札幌高等法院;而根据第299条之规定,一审违反任意管辖在控诉审中不能作为问题提出,因此Y必须对札幌高等法院进行的本案审理应诉。假如控诉审法院亦可直接作出驳回请求的判决倒也无妨,而一旦X在控诉审中提出新的主张、举出新的证据,进入本案实质审理的时候,Y就必须在札幌高等法院应诉。这恰恰是对意图通过任意管辖所保护的被告利益的莫大冲击。因此,受第299条之规定的影响,即使法院已经直接判明应驳回原告诉讼请求时,也应该对有无管辖权进行审理。〔23〕

如果是这样,除去那些在控诉审中不能主张的事项、为保护被告的利益与排除无益诉讼的诉讼要件,具体包括诉的利益、判决效力不及于第三人的当事人适格、〔24〕当事

〔23〕 竹下・前引注〔8〕司研論集第1页以下,特别是第12页。该文指出,当驳回请求至为明显的时候,可以省却对诉的利益与判决效力不发生扩张的当事人适格等诉讼要件的审理。条解第472页以下以及第772页(竹下守夫执笔)认为,可以省却对诉的利益、判决效力不发生扩张的当事人适格、诉讼中提起诉讼的要件(伴随当事人合并的场合除外)等诉讼要件的审理,对于判决效力不发生扩张的当事人适格,该书第478页上的表述给人的感觉是不可省却审理环节,但第772页则明确表示可以省却。此外,中山・前引注〔2〕第204页注53中主张,如果原告在控诉审中改变态度,出于保障被告审级利益的考虑或者排除第299条的适用,控诉审法院应当裁量将案件发回一审重审,这样一来,一审就不必对是否违反任意管辖进行审理了。这一主张确实有理,但从解释论上排除第299条的适用是很困难的(一旦原告在控诉审中追加主张和证据,那么被告一般都会提出违反任意管辖的主张,这种情况实际上并非经常出现。虽然如此,就本质而言要想区分适用第299条和不适用该条的情形是很困难的),依裁量发回重审在解释论上虽然是可能的,但既然是依法院裁量则不一定必须发回重审,而且把没有发回重审作为上诉受理的理由也比较困难。因此采纳竹下说,将任意管辖作为一审本案判决的要件是无可非议的。

〔24〕 竹下说列举的典型事例是关于撤销股东大会决议的诉讼,虽然在诉讼中应当驳回原告的诉讼请求至为明显,但原告是否为股东这一事实尚未查明,而对该事项的审理是很花费时间的;另一方面,当判决效力及于第三人时,当事人是否适格事关第三人的利益,而且一旦欠缺该要件可能导致判决的无效,因此应当在确认该诉讼要件存在与否之后再作出本案判决。

人能力〔25〕以及撤诉后的再诉禁止等就应进入例外处理的

〔25〕 关于当事人能力也存有争议，不是自然人的当事人能力，而主要集中在当事人是否满足成为无权利能力社团与财团的条件上。铃木正裕的观点是，如果法院可以直接作出驳回请求的判决则不必顾忌该要件。因为要认定当事人是否属于无权利能力的社团和财团是有不少困难的，而直接作出驳回请求的判决从法院的角度来看则较为方便。即使从被告的立场来看，如果原告或者被告欠缺当事人能力，即使法院作出了驳回起诉的判决，而一旦原告满足了要件则有可能再次起诉，所以还是获得一个驳回原告诉讼请求的判决更为有利。忽略当事人能力所作出的本案判决也是有效的，处理上是认为仅于该案中当事人具备当事人能力与权利能力，所以驳回请求的判决对被告最为有利。如此，法院就可以直接作出驳回请求的判决。

另一方面，竹下・前引注〔8〕司研論集第19页指出，单纯的自然人之集合体（笔者认为纯属民法上的合伙也应归于此类。参见高橋・重点講義第151页）由于不属于无权利能力社团和财团，也就无法满足《民事诉讼法》第29条规定之要件，假设其成员A僭称自己是团体之代表人，以团体之名义进行诉讼，如果法院未审查其当事人能力遂作出驳回请求的判决，则其他成员B与C在诉讼程序上正当地维护自己利益的权利将受到侵害。竹下以此来反对铃木的学说。

应当如何看待这一问题呢？首先讨论被告方的当事人能力。原告主张由A、B、C组成的自然人之集合体具有当事人能力，而将该团体（代表人为A）诉至法院。假设该诉讼请求明显应予驳回，但是否满足第29条的要件尚未明确，此时法院不是可以直接作出驳回请求的判决吗？如果不考虑既判力的两面性（一般不考虑亦可），那么由于B与C获得了一个胜诉判决，就不能认为其在诉讼程序上正当维护自己利益的权利受到了侵害，而且也无此必要。那么原告方的情形又如何呢？假设A主张团体具有当事人能力，并以代表人之身份提起诉讼，但该诉讼请求明显应予驳回，法院在审查之后认为原告不具有当事人能力而驳回起诉，那么A、B、C可以主张民法上合法之权利再次提起诉讼。如果作出的是驳回诉讼请求的判决，那么即使其实际上欠缺当事人能力，仅就该案而言也认为其具有当事人能力与权利能力，因此A、B、C不得主张民法上合伙之权利再行起诉（笔者以该通说为讨论之前提。新堂一方面承认《民事诉讼法》第29条也适用于民法上之合伙，但同时认为对不具有当事人能力的人作出的判决是无效的，其不具有实体上的效力，因此其前提有所不同。参见新堂第125页。）尽管在事实上并不具有当事人能力，但一旦法院作出了驳回请求的判决，B和C在程序上主张自己的实体权利与地位的机会就被剥夺了。确实，原则上B和C都享有应值保护的程序地位，即可作为民法上之合伙进行诉讼，但鉴于其与被告或法院之间的关系，该程序地位应否予以维持是有疑问的。这样看来，应当说竹下说在理论上有所长，而铃木说在实务方面亦有得分。那么，究竟把哪一个学说作为解释论更为妥当呢？从着眼于实务操作方便的角度来说，应当说，如果应作出驳回请求之判决至为明显之时，可以省却对于诉讼要件的审查环节，而且A、B、C

三者并不是完全没有关系,B、C 的管理与注意有时未及于 A 而导致 A 以无权利能力社团之名进行诉讼,因此原告的程序权利应当作出让步。鉴于此,铃木说似乎更为妥当。

根据片野三郎「訴訟要件の審理順序」争点〔新版〕第 172 页的介绍,对于哪些要件无需审查即可作出驳回请求判决,学者存在很大分歧。有的学说只承认诉的利益,比如松本 = 上野第 203 页,上村明広「上告審における訴訟要件」小室 = 小山・還暦(中)第 198 页以下,特别是第 209 页;有的学说则认为诉的利益、判决效力不发生扩张情形下的当事人适格以及抗辩事项等方面应作为例外处理,比如高島・前引注〔6〕第 105 页以下,特别是第 119 页;有的学说则认为大多数要件均可如此处理,比如铃木说、新堂说以及林屋第 145 页。如果再涉及仲裁协议以及当事人能力等要件的话,则讨论更趋复杂。笔者认为对于仲裁协议的调查不可省却,因为当事人的这一主张将排除国家裁判权的作用空间。

另一方面,也有的学者主张改变对诉讼要件的理解方式。比如坂口裕英「訴訟要件と訴訟阻却(抗弁)事由」兼子・還暦(中)第 223 页就认为,民事诉讼的首要目的在于确定当事人实体法上的权利关系,诉讼要件之存否仅具有第二次性的甚至第三次性的意义。只要被告没有将之作为抗辩主张某一要件不存在,或者法院自己没有发现某一要件不存在,法院即可宣告本案判决。由此可见,该学说主张原则上应省却对诉讼要件的调查环节。但笔者认为,有些诉讼要件,比如审判权的界限,当其还处于存否不明的阶段时就作出本案判决是不适当的;而且在诉讼要件存否不明的情况下,除了驳回请求的判决之外,如果认为也可以作出支持请求的判决的话,大概就有点行之过激了吧。相反,上北武男「訴えの利益にかんする一考察」民訴雜誌 21 号(1975)第 113 页认为,从保障国民利用诉讼制度的旨趣来讲,即使查明原告欠缺诉的利益也应该继续进行本案审理,如果本案无理由则作出驳回诉讼请求的判决,如果本案有理由则再以不具有诉之利益为由作出驳回起诉的判决,在此意义上诉的利益就是原告获得胜诉判决的要件。但笔者认为在已查明不存在诉的利益的情况下还继续审理程序则有过分之嫌。

尽管如此,学说对制度的根本理解还存在差异,有多种不同的解释论,这种情况同样见于既判力领域,所以不足为奇。这也许有强词夺理之嫌,但笔者认为学问就是如此,正因如此,才能呼唤起知性的关心。此外,宫川聪「訴訟要件の審理」铃木・古稀第 145 页不辞劳苦,对德日两国相关的学说做了一番梳理。

顺便提及的是,当驳回请求的判断与驳回起诉的判断同时成立的情况下,是作出驳回请求的判决呢?还是作出驳回起诉的判决或者是同时作出两种判决?铃木・前引民商第 525 页主张同时作出两种判决,具有两种效力。但法院作出驳回请求的判决可以理解为是一种出于利益衡量的方便做法,而笔者一直主张应防止驳回请求判决的无谓空转,因此此时应当作出驳回起诉的判决,在法院同时作出两种判决的情况下,应当只承认驳回起诉判决的效力。

范围。[26]

五、诉讼要件的效果

如果具备诉讼要件,就可以作出本案判决,既可能是支持原告诉讼请求的判决,也可能是驳回原告诉讼请求的判决。在当事人之间有争议的情况下,法院应当通过判决理由或者中间判决(第 245 条)来反映法院的相关判断。如果判明欠缺诉讼要件,则命令补正,如果未予补正则作出驳回诉的判决。如果没有可能补正,也可以未经口头辩论直接作出驳回诉的判决(第 140 条)。但是,如果违反了国内管辖,其结果不是驳回诉而是将案件移送给有管辖权的法院(第 16 条)。大多数诉讼要件应当具备的时限以口头辩论终结时为限,但管辖则属例外,根据管辖恒定的原则,应在起诉之时确定法院具有管辖权(第 15 条)。此外,对于合并之诉与诉讼内的起诉,如果不具备该等要件并不导致该诉被驳回,例如,某诉并不满足独立当事人参加的条件,但此时不是驳回该诉,而是使之作为另诉产生诉讼系属的效果(铃木正裕·前引民商論文第 519 页,注〔13〕)。

对于忽略或者错误认识诉讼要件的欠缺而作出的本案

---

〔26〕　片野三郎「訴訟要件の審理順序(2)(3)」爱知大学法経論集 108 号第 35 页、109 号第 39 页(1985)同氏「訴訟要件」小山ほか・演習第 359 页主张,在讨论省却诉讼要件审理环节的可能性时,应分析各诉讼要件的功能,而且还应考虑当事人的意思(特别是被告的同意)被追认的比率,例如对于国际裁判管辖,如果经被告同意,即使该要件存否不明也可以作出驳回诉讼请求的判决(因为不可能作出支持原告诉讼请求的判决,所以与应诉管辖不同)。片野说不辞辛劳,对各种利益情形进行了详细的考量,但给人的感觉似乎过于强调个别判断;而且该观点与当事人的意思相关,当然这是为了方便实务操作,虽然颇具魅力,但在理论上与诉讼要件属于职权调查事项的性质并不吻合。

判决,当事人可以提起上诉要求驳回诉,如果是驳回请求的判决则是原告,如果是支持请求的判决则是被告。但如果原告主张自己提起的诉讼欠缺要件而上诉的话就有些太自私自利了;原告以诉讼要件欠缺为由可以提起上诉的情况只限于公益性很强的诉讼要件。逆言之,对于那些前文提到的即使无法确认也可作出驳回请求判决的诉讼要件,原告则不能提起上诉(新堂第 208 页)。其次,对于驳回请求的判决,被告能否提起上诉要求驳回诉呢?因为驳回请求对被告更为有利,所以一般情况下被告并不具有相关利益。但审判权之界限、国际裁判管辖、裁判权的免除、仲裁协议的存在等问题均属于能否进行诉讼的根本问题,所以与驳回请求相比,驳回诉更具有意义,因此应允许被告提起上诉以驳回诉。〔27〕 至于忽略了诉讼要件之欠缺而已获确定效力的本案判决,则只有具备像诉讼能力这样的再审事由时(第 338 条第 1 款第 3 项)才能提起再审。由于诉讼要件性质的不同,有些判决也会因此而不产生实体法效力,比如,前述新堂第 125 页对于当事人能力就是做此理解的;另一方面,有时虽然具备诉讼要件,但由于法官的误认而作出了驳回诉的判决,此时无论是谋求支持诉讼请求的原告,还是谋求驳回请求的被告均可提起上诉。

通说认为,应当具备诉讼要件的时限为事实审的口头辩论终结之时。如果起诉之时具备某一要件,但是在口头

---

〔27〕 伊藤眞「訴訟判決の機能と上訴の利益」法政論集(名大)73 号(1977)第 1 页,竹下・前引注〔8〕司研論集第 28 页,エキサ民訴第 159 页所载上野泰男的发言,参见本书“第九讲控诉”之“二、控诉的利益”部分。

辩论终结时却又不具备，则应驳回诉；相反，如果起诉时不具备要件，只要在口头辩论终结时具备，就可以作出本案判决。这是从复式平行诉讼结构得出的当然结论，因此对诉讼要件的审理终结期与对本案要件的审理终结期是重合的。但也不应拘泥于这一结论。事实上，法律对于管辖的规定就不是口头辩论终结时，而是起诉之时（第15条），因此应根据不同的诉讼要件的内容加以修正。如果这样的话，莫不如原则上也可以把上告审中的变动考虑进去呢？（新堂第207页）

以下区分不同情形予以讨论：〔28〕第一，原判决属于忽略了诉讼要件之欠缺所作出的本案判决，在上告审阶段该诉讼要件始得具备，例如，一直欠缺的法定代理权直到上告审时才获得追认；忽略了重复起诉之禁止而作出本案判决后，原告在上告审阶段撤回了提起的第一起诉讼，那么就不再构成重复起诉情形。如果考虑到在上告审阶段具备了这些诉讼要件，那么妥当的做法应当是维持原判（本案判决）。如果以一审时欠缺诉讼要件为由撤销原判并驳回诉，因原告已经具备诉讼要件而使其再行起诉，只是随意地让原告

---

〔28〕　竹下・前引注〔8〕司研論集第13页以下有相当精密详细的论述，本书亦从之。注釈民訴(5)第51页（福永有利执笔）也赞同竹下说，希望尽可能不要把问题留至以后。上田第229页亦持相同见解。松本＝上野第229页主张，对于那些一旦欠缺就将导致判决无效的诉讼要件（当事人的实际存在、裁判权、当事人能力、诉讼能力、法定代理权），可以上告审审理终结时为准。

顺便提及的是，上村・前引注〔25〕第214页指出，就程序法理而言，诉讼要件在上告审中始得具备也是妥当的，因此诉讼要件判断的基准不应以事实审口头辩论终结时为准，而应以上告审口头辩论终结时为准。该说的理解有些失之宽泛。

承担再诉的负担。[29]

第二,原判决是本案判决,因具备诉讼要件,所以在判决时是正当的,但如果在上告审阶段该要件出现缺失该如何处理呢?这恐怕就要视诉讼要件的内容而定了。例如,进入上告审以后诉的利益或当事人能力等要件出现缺失,如果原判决是支持原告诉讼请求的本案判决,那么考虑到情况的变化就应当撤销原判并驳回诉,因为一个毫无价值的支持请求的判决是很危险的;但如果原判决是驳回请求的本案判决,那么类推前文"四"中所述情形,此时法院无需拘泥于诉的利益以及当事人能力,维持原判即可(驳回上告)。

第三,口头辩论终结时因为欠缺诉讼要件而作出了诉讼判决,但在上告审阶段该诉讼要件已经具备,此时又该如何处理呢?如果考虑到情况的变化而撤销原判决,重新开始进行一审程序对原告来说可能较为有利;如果不考虑情况的变化,那么即使是驳回上告,因为驳回起诉的效力已获确定,原告只需证明已经具备诉讼要件即可再行起诉。但是,再诉将增加原告在时间与费用方面的负担,因此考虑情况的变化而维持程序的做法可能更为妥当。

第四,原判决属于虽已具备诉讼要件但法院错误地作出驳回诉的诉讼判决,但在上告审阶段该诉讼要件又发生缺失,此时又该如何处理呢?考虑到情况的变化,原判决在

---

〔29〕 当然,代理权的瑕疵在上告审阶段通过追认可以获得"治愈",追认的行为并可溯及原判决使其获得正当性,因此所谓诉讼要件在上告审阶段始得具备的说法未必合适。

最终的结果上是正当的，因此驳回上告维持原判的做法更为妥当。因为即使以原判决不当为由撤销原判发回重审，重审法院还是会作出相同的驳回诉的判决。

总之，应综合考察不同的诉讼要件所具有的不同内容以及撤销原判决之后的利弊再做决定。不过多数情况下还是应考虑到诉讼要件在上告审阶段发生变化这一事实。

六、诉权的滥用

本节的内容与诉讼要件论似乎没有太大的关系，与诉的利益相同，法院视个案情形可以作出驳回诉的判决，这就是已经被判例所认可的一种被称为诉权滥用的现象。

在此之前首先介绍一下诉权。所谓诉权，是指将个人提起诉讼并能够得到裁判的关系看作个人的权能并加以概念化的产物。诉权论所选取的考察角度是把私人可以对国家法院提起诉讼的关系称作权利，该理论自19世纪的德国民事诉讼法学开始逐渐发展壮大，并先后经过私法诉权说和公法诉权说两个阶段。私法诉权说将诉权看作私权的附属物和属性，有私权就会派生出诉权；而公法诉权说则克服了私法诉权说的上述观点，将诉权作为公法上的权利，从而使诉权从私权中独立出来。公法诉权说又分化为以下学说（新堂第209页）：抽象诉权说主张，对于私人提起的诉讼无论如何都得作出一定形式的判决（驳回起诉的判决亦可）；具体诉权说主张，私人（原告）有求得胜诉判决的权利；本案判决请求权说认为，私人所享有的权利是求得本案判决的权利；司法行为请求权说认为，私人可以要求法院根据具体状况与不同的发展阶段做出法律上必要的行为（将《宪法》

第32条规定的求得裁判的权利称作诉权)。诉权论之所以能得到如此繁荣的发展,是因为诉权论被看作民事诉讼法理论体系化的枢轴,比如具体诉权说中的权利保护请求权说,其作为诉权的权利保护请求权的要件是由私法和诉讼法要素构成的,它将原告享有的私权作为实体性权利保护要件,将诉的利益、当事人适格等作为诉讼性权利保护要件,借此构筑了庞大的体系。但是,正如大多数庞大的体系所具有的特点一样,权利保护请求权说也有其理念化和空洞化的一面。如此一来,也就产生了诉权否定论,该理论认为,国民与诉讼制度之间的关系并不是严格意义上的权利义务关系,所谓诉权不过是19世纪权利意识过剩的产物。不过诉权否定论也认可诉权论所带来的学问上的意义以及由此深化了诉讼法理论的功绩,比如,该理论对德国的本案判决请求权说就给予了很高的评价,认为该说对于作为本案判决要件的诉讼要件论起到了深化的作用。相反,我们也可以认为诉权论已经融入了诉讼要件论的发展过程中。[30] 铃木正裕「訴権論の現状とその現代的意義」法教(第二期)1号(1973)第67页指出,当我们观察诉权论的过去和现在的时候,不由得产生这样的疑问,这一理论值得我们倾力打造吗?目前需要我们全身心投入的并不是这一投

〔30〕 三ヶ月·全集第8页以下,三ヶ月章「裁判を受ける権利」小山ほか·演習第3页[收于三ヶ月·研究第7卷第1页]。

另一方面,也有学者认为应当重拾诉权论,比如伊東乾「訴権論の現状」『学説展望』(ジュリ300号)(1974)第238页。人们经常将罗马法以来的"Actio"翻译为诉权,但此处的"诉权"是指将"Actio"分解为"请求权"与"诉权"两种含义之后的"诉权"。

入与产出不成比例的毫无建设性意义的诉权论，而是更为具体的诉权理论的构筑和提示。[31] 就结论而言，笔者也倾向于诉权否定论。

不过，习惯上依然把滥诉的现象称作诉权的滥用，因为容易使人联想到权利滥用所以使用起来比较方便，今后也许会继续沿用下去吧。这一表述方式也散见于判例之中。较为著名的案件当属最判 1978・7・10 民集 32 卷 5 号第 888 页，百選Ⅰ第 7 号案例（山本和彦解说）。该案是一起要求确认 Y 有限公司股东大会决议不存在的确认之诉，X 是原来的经营者，因为经营不善将所持份额让予 C、D 夫妇二人，自己则退出经营。当公司的经营状况有所好转之后，X 又主张该转让行为未经股东大会决议，因此提起了要求确认决议不存在的确认之诉。一审支持了原告的诉讼请求，控诉审亦驳回了控诉，但最高法院撤销了原判并驳回了原告之诉。该判旨认为，X 转让其股份已取得对价，其亦应致力于获得公司对该转让行为之承认，对于实际控制 Y 有限公司的 X 来说，召开股东大会得到相关决议是非常容易的。尽管如此，在 Y 有限公司的经营权转给 C、D 夫妇多年之后

〔31〕 但铃木本人并非赞同诉权否定论。他认为，从民事法院作为国民（市民）的服务机关的角度来看，诉权是一种具有极大威力的武器和工具。也就是说，当法院对于国民（市民）提交的纠纷缺乏热心，服务不到位的时候，我们就可以强烈指责这是对诉权的侵害，所以轻易地否认诉权是不正确的。新堂第 214 页也认为，为了克服无视诉讼制度利用者的解释论与立法论的不足，今后的解释与立法中应当将利用者的利益放在第一位，而诉权这一理念恰恰可以作为一种指针，因此依然存在实际的意义。

确实存在这样的问题，但应注意的是，上述所谓的诉权并不是在法技术上具有精密内容的权利，而是一种标语口号式的话语。

又要求确认相关决议不存在,并以此企图恢复对 Y 有限公司的支配权,这种做法毫无信用,在道义上亦是不允许的;而且确认该决议不存在的判决具有对世效力,该判决效力将及于 C、D 夫妇,因此 X 提起的本案诉讼属于对诉权的滥用。

首先,在类似的案件中,法院都运用了滥用诉权这样的观念并驳回了原告之诉讼;但也有人提出批评意见,即如果本案不运用这一观念就不能作出驳回诉的判决吗?山本和彦在评述该案时也指出,现实中使用滥用诉权的大多数情况在理论上都可以还原为起诉期间、实体权的滥用、不法行为的违法性、判决的效力等其他制度和要件的问题,为了修补制度漏洞以及顾及说明的妥当性才使用了这一表述。具体到本案,即使法院可以确认该决议不存在,但由于 X 不能对 Y 有限公司主张社员权,所以其不具有确认之诉的利益,同样可以驳回起诉。其次,笔者认为,当诉讼标的是股东大会决议不存在的确认请求时,认为其起诉本身就是滥用诉权以及认为其于诉讼中提出某一主张就是滥用诉权并没有多大的差别。作为理论构成,该行为属于实体法上的权利滥用(主张的滥用)也并非说不过去。[32] 总之,判例引用了滥用诉权的法理,但并不意味着不引用该法理就无法解决问题。

---

〔32〕 不过也有不少学者对滥用诉权这一理论构成持赞成态度,参见新堂幸司·判批判评·244 号(判時 922 号)(1970)第 30 页[收于新堂·判例第 15 页],谷口安平·判批·判タ第 390 号(1979)第 256 页。

另一方面,福永有利·判批·判タ第 375 号(1979)第 57 页,吉川義春·判批·民商 80 卷第 50 号(1979)第 594 页则赞成以其他理由驳回起诉,本間義信·1978 年度重判第 150 页,林屋礼二·百選(第二版)第 106 页则认为应以本案请求属于滥用权利为由驳回原告的诉讼请求。

第二讲　证据调查

导　读

在本讲中,高桥先生首先明确了民事证据法上的若干基本概念,例如,什么是证据法、证据法的基本理念、证据方法、证据资料、证据能力、证明力(证据力、证据价值)、直接证据与间接证据、本证与反证、证明与疏明等,了解这些概念的确切含义有助于中国读者正确地理解日本证据法的规定、理论与实践。有些概念的使用有助于丰富民事证据法的理论,如疏明概念。

自由心证原则不仅是日本,也是大陆法系国家证据法中的一项原则,但如何理解和认识自由心证原则以及该原则的制度条件,国内不少人依然不是十分清楚,且存在某些误识。在本讲中,作者对自由心证原则进行了比较清晰地阐述。特别指出,所谓确信并非指法官个人的全部主观性确信。自由心证主义(原则)也并非是把事实认定工作全部交由法官自由地甚至恣意地加以判断。心证形成(事实认定)必须具有能够让人信服的合理性。法官在撰写判决书时,必须在判决理由部分明示心证形成的过程。因此,从这个意义上来说,因为自由心证主义要受到经验法则、逻辑法则的内在制约,所以,自由心证主义(原则)的核心在于拒绝法定证据主义,而非强调心证自由。

另外,关于证明度与证明标准的阐述和讨论也是本讲的一个重要内容。这一内容对我们认识我国民事证据法中的证明度与证明标准也有借鉴意义,能够使我们更加深入地理解和把握证明标准这一实践和理论问题,尤其是法官的心证与证明度确认的关系问题。证明度的认定同样具有其客观性。还应当特别注意的是,证明度虽然设定为高度的盖然性,并不意味着任何情况下都必须墨守这一设定。如果存在合理的理由也可以降低对证明度的要求(轻减)。日本学者认为,在满足了三要件的前提下,可以降低对证明度的要求,这三要件分别是:(1)从待证事项的性质上来看该事实的证明是困难的;(2)从实体法的规范目的、旨趣来看,证明困难的结果将导致明显的不公平;(3)找不到可能的替代手段来完成与所需证明度具有相等价值的证明。在阅读这一部分内容时,务必请注意注释中提到的各种观点和认识。从这些观点中我们可以比较充分地了解日本学者看待和分析这些问题的思路、视角和方法。

本讲中重点阐述和讨论的另一个问题是违法收集的证据的证据能力问题。这一问题也是我国证据法实践中经常遇到的问题。日本学者关于这一问题的讨论也非常激烈。

从实践的情形来看，基本认同这一基本标准，即只要收集方法不具有明显的反社会性，原则上就可以肯定其证据能力。

文书提出义务制度对我国民事证据制度的完善同样具有重要价值。本讲中作者对该制度的制度构成、适用条件等基本问题进行了清晰、明确的阐述。这些阐述能够让我们更清楚地了解该制度的建构原理。尤其是文书提出义务条件的设定，对于合理运作该制度具有关键意义，也有助于完善我国初建的类似证据制度。

一、证据法的理念和用语

1. 证据法的理念和意义

司法裁判，就是利用所谓法的三段论方法，通过对事实适用法律的方式来完成的。因此，揭示事实真相的工作就非常必要，这叫作事实认定[与认定不同，通过自认等方式也可以确定待证事实。关于认定与确定的关系，伊藤(滋)・認定第127页的论述颇有助益]。而关于事实认定的规则就是广义的证据法。

证据法的理念在于：第一，应尽可能地查明事实真相，以发现真实为目标，[1]而且要做到低成本高效率。根据第

---

[1] 也有些学者对强调发现真实这一观点持坚决的怀疑态度。论者认为，与刑事诉讼不同，民事诉讼以形式真实而不是以实体真实为满足条件。意即，刑事诉讼是利用国家权力来尽可能地查明案件事实，民事诉讼则与之不同。就像对当事人不予争执的事实(自认)不能进行证据调查的规定一样，民事诉讼中追查案件真实的色彩并不浓厚。相反，如果过于追求真实则会妨碍当事人之间自主地解决纠纷。井上治典「民事訴訟の役割」井上・手続第1页以下，特别是第16页对强调发现真实的观点提出了质疑。即便如其所论，也不能把发现案件真实从民事诉讼的目的中排除出去。在很多情况下按照事实的本来面目寻求法律解决的做法是稳妥的。防止过分强调发现真实的重要性是对的，但作为证据法(甚至是民事诉讼法)的理念来说，发现真实(妥当正确)应该是其内容之一。参见伊藤第19页、小林・証拠第8页。

181 条第 2 款关于不定期障碍的规定,对调查构成妨害的事项可以不予调查,这意味着那种无论支付多少成本也要接近事实真相的做法并不是民事诉讼法的初衷,这一规定可以说是低成本高效率要求的象征。第二,应牢记对公正性的要求。证据调查并不是说只要以低成本迅速地发现真实就可以了,同时还必须保证其公正性。在未通知一方当事人的情形下进行的证据调查,无论其结果如何符合客观真实、成本如何低廉和迅速,都不能算作民事诉讼法上的证据调查。法律必须保障调查证据时当事人在场,〔2〕而且必须保障当事人对证据调查的结果有权发表意见。〔3〕 下文(本讲之"一、证据法的理念和用语"之"3. 证明的对象"部分)会讲到,禁止法官将私下了解的情况作为裁判的依据,这一

〔2〕《德国民事诉讼法典》第 357 条第 1 款规定,"当事人有权参与证据调查。"我国法律虽未有明文规定,但亦应作相同理解。我国法律中的期日传唤制度也为当事人提供了相应的保障(第 94 条),可将之解读为当事人有权亲临证据调查之现场。此外,该权利也可扩大至证据调查期日之笔录阅览权;但是,如果该笔录涉及个人隐私或企业秘密,阅览权将会受到限制(第 91 条)。

另外,参与证据调查的权利也是可以放弃的。因此,即使双方当事人都未出席,法院依然可以进行证据调查(第 183 条)。

〔3〕 即使是奉行职权探知主义的人事诉讼法,也在其第 20 条规定,必须给予当事人对法院依职权探知到的事实进行陈述的机会。此外,按照《民事诉讼法》第 205 条的规定,虽然允许书面询问,但仅限于当事人没有异议的情形,可以说当事人与证人直接对峙的权利获得了保障。

上述权利可以概括为当事人的证明权或者与证据相关的当事人权。请参见小島武司「当事者権の要としての証明権」法セ258 号(1978)第 86 页,石川明「証拠に関する当事者権」講座民訴⑤第 1 页。然而,尽管前者在诸如证据保全的权利、证据的提出权、强制提出证据的权利、决定取证合理范围的权利、保障当事人的自主行为以及法官心证形成的合理化方面具有较大的启示意义,但是各个权利并未具体化;后者则论述了从不负担证明责任的对方当事人处收集证据资料、当事人的调查参加权以及反对询问权等诸多方面,虽然具体但深度不够,有待后续研究。

规定就是上述理念的体现(新堂第462页)。但是,恰当(发现真实)、低成本、高效率、公正这些要求有时也会产生对立,这种矛盾在民事诉讼的其他领域也同样存在,司法实践中经常会面临对上述价值进行取舍的痛苦选择。

广义的证据法,除了所谓的证据规则以外,亦涉及事实认定和确定的一般规则,因此还包括证据评价(自由心证主义)、事实认定的排除(自认),以及无法进行事实认定情形下的措施(证明责任)等方面。自认和证明责任的问题已如前述,因此本书将不予涉及(参见高橋·重点講義第401页、第436页)。

2. 证据法诸概念

在民事诉讼的课堂教学中,关于证据的概念划分是较为细致的(新堂第455页)。虽然有人批评这一做法并不像一直以来所认为的那么重要(荻原第350页就批评这种做法毫无用处甚至是有害的),但是作为民事诉讼法的常识来说,还是应该了解到底有哪些概念。

(1)证据方法。它指的是法官凭借其五官的作用所能调查的有形物。〔4〕 总之,证据方法是证据调查的对象。虽然这一概念和日常用语中的"证据"相近,但是也有不一致的地方,比如证据方法除了物之外还包括人,证人也是证据方法之一。人证包括证人、鉴定人和当事人本人;物证包括文书和勘验物。

(2)证据能力。某一有形物能够作为证据方法来使用

〔4〕 证据方法这一日式术语是很有意思的,该语译自德文,原意是指证明的媒介。参见谷口第443页。

的资质叫作证据能力。[5] 对没有证据能力的证据方法不能进行合法的证据调查,即使错误地进行了证据调查,也不能作为认定事实的材料。与刑事诉讼法不同,在民事诉讼中,原则上来说对证据能力是没有限制的。但是也存在违法收集证据的问题,详见后文(本讲之“二、自由心证主义”之“3. 证据调查的结果”部分)。

(3)证据资料。通过调查证据方法所获得的内容叫作证据资料,包括证人的证言内容、文书的记载内容和勘验的结果等。与证据资料不同,诉讼资料则是辩论主义的第一命题(高橋・重点講義第346页)。

(4)证据力(证明力、证据价值)。证据资料对待证事实所起的认定作用的大小,叫作该证据资料的证据力或证明力、证据价值,比如当某一证人与当事人的关系较为亲密时,我们就说该证言的证据力较弱。[6]

(5)证据原因。构成法官心证形成(事实认定)原因的资料或情况叫作证据原因。与刑事诉讼法不同的是,证据

---

〔5〕 引自兼子・体系第240页、条解第926页(松浦馨执笔)。与此相对,三ヶ月・全集第380页认为,将一定的证据“资料”用于事实认定时所具备的资格叫作证据能力(所谓传闻证言也具备证据能力的说法就是在这一意义上使用的)。按照兼子的观点,具备作为证据方法来使用的资格(所谓不适格的证人或者被申请回避的鉴定人没有证据能力的说法就是在这一意义上使用的)叫作证据适格,应该在概念上予以区别;但是笔者觉得不必过分拘泥于概念之争,采纳兼子的概念是可以的。小室ほか・基コンメ2第121页采纳的是三ヶ月的说法,伊藤第281页、注解民訴(7)第154页、上田第338页采纳的是兼子的定义。

〔6〕 当一方当事人提出证据申请时,对方当事人以该证据违法或无意义请求法官驳回该申请;或者对证据调查结果所作的否定其证明力的陈述,叫作证据抗辩(兼子・体系第241页)。证据抗辩和证明责任没有任何关系。在我国的民事诉讼实务中,证据抗辩向来都不十分充分,如何解决这一问题也是1996年《民事诉讼法》修订的课题之一。

原因不单单指证据资料，也包括辩论全趣旨（第247条）。

（6）直接证据和间接证据。能够直接证明主要事实的证据叫作直接证据（比如合同文本）；能够间接证明主要事实，也就是能够证明间接事实或辅助事实的证据叫作间接证据。

（7）本证和反证。由负担证明责任的一方提出的证明该事实的证据或实施的证明活动叫作本证；为了否定由对方负担证明责任的事实而提出的证据或实施的证明活动叫作反证（新堂第461页）。

由于本证是由己方负担证明责任，所以必须要让法官对该事实形成确信，其证明活动的要求较高；与之相反，如果能够使该事实进入一个真伪不明的状态，就不能对该事实进行认定，反证的目的也就达到了，因此从理论上来说，反证的证明活动达到该程度即可（高橋・重点講義第445页）。

3. 证明的对象

证明的对象，一般说来就是事实；但经验法则，甚至是法律规定也会在一定程度上成为证明的对象。鉴定作为对法官所欠缺的某种专业知识的补充，也是证据调查的一种手段，这就意味着经验法则也会成为证明的对象。“证明”或者“证据调查”一般用于指复原、再现过去发生的某一事实；但是在此应予注意的是，我们还在更广泛的意义上使用着这两个术语（参见本讲之“二、自由心证主义”之“5. 损害额的认定”部分）。

民事诉讼是围绕权利存在与否产生的纷争，它将权利的发生、变更、消灭都凝缩成是否具备实体法的要件事实。因此,证明也可以归结为各种事实是否存在,这包括了把要件事实具体化的主要事实是否存在、推认主要事实的间接事实是否存在、事关证据证明力的辅助事实是否存在等。事实就是证明的对象,我们可以从演绎的角度充分理解这一点。

但是,证明的对象不仅仅限于事实。经验法则是从经验中归纳得出的关于事物的知识或法则。在事实认定(以及法规的解释)方面,它和逻辑规则发挥着同样的作用。从一般性的常识到高度专业化的科学领域,其适用范围十分广泛。不管怎么说,虽然经验法则是在对事物作出判断时的前提性知识或法则,很难说是某一具体事实(新堂第462页),但是也会成为证明的对象。运用鉴定的方法也可以进行证据调查,这一说法本身就意味着鉴定有别于其他证据调查方法。一如上述(参见本讲之"一、证据法的理念和用语"之"1.证据法的理念和意义"部分),司法裁判中的事实认定必须具备公正性。因此,在事实认定中所使用的经验法则必须能够被法官和双方当事人了解,具有可视性。这样的话,如果属于一般常识性的经验法则,就没有必要在诉讼中加以证明(因为这有违诉讼效率的要求);如果该经验法则属于非常识性,且能够左右事实认定的结果,则必须要在诉讼中加以证明;如果运用了与当事人一方或双方预期相违背的经验法则,就会造成事实认定突袭,难谓公正。

以下将较为详细地论述禁止法官利用私知裁判案件的要求:这一要求不仅适用于经验法则,也同样适用于事实。

法官不得利用自己偶然得知的经验法则或者事实情况进行裁判，无论其如何恰当、如何确实可信，如果其未被当事人所了解、不符合可视化的要求，从公正的角度来看，是不能允许以之为裁判的。《民事诉讼法》第 23 条规定了法官回避的情形，按照该条第 1 款第 4 项之规定，在具体的案件中，法官不得兼任证人或鉴定人。从禁止利用私知的角度也可以理解该条之规定。法官在个人场合偶然得知的经验法则，也必须呈现在诉讼之中，且符合可视化的要求（新堂第 462 页）。[7]

---

〔7〕 可视化的方法通过鉴定的方式可以得到最为切实的体现。当事人就无法了解的事项可以向鉴定人提出质疑（第 215 条之 2）；但是，如果法官具备医师资格或建筑师资格的时候，按照《民事诉讼法》第 20 条之规定，就某些事项，法官也可以将其私知呈现于诉讼中，成为法庭讨论批评的对象。参见木川統一郎 = 生田美弥子「民事鑑定と上告審の審理範囲」判タ878 号（1995）第 4 页，特别是第 7 页；木川統一郎「専門部と鑑定」判タ1091 号（2002）第 16 页。在具有工科、医学、经济学等多种教育背景的法官人数不断增加的情况下，从诉讼的低成本高效率的要求来说，该做法值得借鉴；但也应该仅限于诉讼上非重要的事项，并且不能简单地驳回当事人提出的鉴定申请。另外，条解第 929 页（松浦馨执笔）一方面认为这种做法从现行法的解释论来说也是可能的，另一方面又认为应该注意该经验法则的运用不要对当事人造成突袭；但是，"当法官偶然经由个人研究或是个人经验获得某种专业性的经验法则时，法官可以将之直接运用于事实认定，也可以经由自由证明获得对该法则的运用"。三ヶ月・全集第 385 页也认为，经验法则可以自由证明（松本 = 上野第 315 页虽然认为应该有所限制，但实际上与三ヶ月的观点类似）；但如果将之一般化，则又有过分之嫌。法官不得兼任鉴定人，这一点和可以利用私知判断案件的仲裁员又有所不同。请参见兼子・体系第 243 页。上田第 342 页，加藤・裁量第 253 页（但是有所限制），注释民诉（4）第 62 页（加藤新太郎执笔），中野・现在第 146 页，梅善夫「科学裁量と鑑定」讲座民诉⑤第 251 页（收于中野編・科学裁判第 93 页）也都认为，经验法则是严格证明的对象。

关于将专业知识引入民事诉讼程序的问题，请参见加藤新太郎 = 畔柳達雄 = 前田順司 = 春日偉知郎 = 山本和彦「（座談会）民事訴訟における専門的知見の導入」判タ1010 号（1999）第 4 页［收于加藤新太郎編『民事訴訟審理』（2000，判例タイムズ社）第 247 页］。

通晓法规是法官的职责,所以可以依其所知进行裁判,法规不是证明的对象。当然,即使暂时不讨论法官是否负有法律观点的指出义务(高橋·重点講義第381页),我们也希望在法官和双方当事人之间就法律观点展开交锋;但这一交锋属于辩论,而非证据调查。不过因为外国法、地方条例、习惯法并非法官当然知道的事项,所以它们依然属于证明对象(新堂第463页),[8]这可以通过鉴定或委托调查(第186条)的方式来解决。

4. 证明与疏明

通过证据调查查清某一事实的作业叫作广义上的证明,在诉讼法上可区分为狭义的证明(或称完全证明。参见松本=上野第311页)和疏明。

我们把法官对事实做出的内心判断叫作心证;判断某一事实是否存在的过程叫作心证形成;某一事实要获得诉讼法上的肯定,需要达到一定程度的心证,这叫作证明度。狭义的证明,其证明度要求较高,疏明则不然(新堂第456页)。

一般认为,证明和疏明的区别着眼于法官的心理状态,有必要使法官对该事实的存在抱有确信态度的就是证明;大体确定即可的就是疏明。用比喻性的数字来说明的话就

---

〔8〕《德国民事诉讼法典》第293条规定,"外国法、习惯法以及定款·规约等,只要并非法院所知均须证明。调查该等法规之时,法院不应受当事人所提证据之限制,有权使用其他证据方法,且有权命令因使用该方法所必要之事项"。其后段表明法官可以进行自由证明。

关于外国法之查明,请参见山木克己「外国法の探查·適用に伴う民事手続上の諸問題」法学論叢130卷1号(1991)第1页。

是,证明必须获得80%以上的心证;疏明则达到55%左右即可。虽然这一区别着眼于主观的心理状态,但这并不是指个别法官的全部主观确信,而是应理解为是以普通人或普通法官为标准形成的客观确信。也有学者建议,今后不应继续使用“确信”等表示心理状态的用语(参见加藤·裁量第132页),而应该使用“盖然性”等表示客观概率的术语。[9] 这一建议虽然很有道理,但关键不在于概念表面的文字,而在于概念的内容,因此“确信”也罢、“盖然性”也罢,均无不可。

无论如何,依通说和判例,证明和疏明是按照确认待证事实存在所需证明度的不同要求来予以区分的。[10]

5. 严格证明和自由证明

按照第179条以下的法定证据调查程序进行的证明是严格证明;不以法定程序进行的调查是自由证明。

---

〔9〕 太田·証明論第1页,特别是第65页以下认为,盖然性并不是所谓客观的盖然性(多次实验中出现的频率),而应该是关于一次性事件的主观的盖然性。春日·証拠第63页以下以德国法为参考对确信这一概念进行了分析,颇有助益,其认为确信并非纯粹的主观性确信。

关于利用概率论模型进行裁判的分析,参见田尾桃二 = 加藤新太郎编『民事事実認定』(1999,判例タイムズ社)第181页以下、第294页以下。

〔10〕 关于狭义的证明和疏明的区别,近来也出现了颇受瞩目的不同学说。该说认为,狭义的证明和疏明的区别并不在于证明度的不同,而在于“审理结果的确实性(解明度)”。所谓“审理结果的确实性(解明度)”,是指此前的证据调查结果被新证据推翻的可能性很小。狭义的证明其解明度很高(被推翻的危险小),疏明的解明度则较低(被推翻的危险大)。见太田·証明論第105页。按照这一说法,第188条之规定(疏明须以可即时调查之证据为之)也是该定义的当然命题。另请参见本书注〔21〕。虽然应该进一步发展这一理论,但为方便起见,本书依然遵从通说和判例的概念规定。

关于审理结果的确实性(解明度),亦请参见太田勝造「『訴訟ガ裁判ニ熟スルトキ』について」新堂·特別講義第429页。

这一组概念源于刑事诉讼法。对于诉讼要件的基础性事实也可以通过自由证明的方式加以证明。所谓诉讼要件的基础性事实,是在诉讼中可以较为容易掌握的事实或者是形式上的事实。因此无论是从审理的简易迅速的要求还是从公正的要求来看,都没有必要要求严格证明(新堂第460页)。前述外国法等事项的证明也可以是自由证明(新堂第463页);但是,严格证明和自由证明的区别仅在于是否按照法定程序来进行,与证明度无关。也就是说,自由证明也是证明,而不是疏明,因此也有确信或盖然性的要求。

确实,如果要求所有的事实认定都要按照法定的程序来进行,灵活性和诉讼成本就会成为一大问题,自由证明虽然不存在这样的问题,但如何保障公正则是其弱点。比如,在自由证明中当事人的反对询问权得不到保障;又如,如果法官以打电话的方式询问相关人员则当事人对这一证据调查可能会毫不知情。总之,某些自由证明的方式可能会带来法官利用私知裁判案件的危险。因此也有学者认为,即使是自由证明,也应该保障当事人陈述意见的机会,而且在裁判中法官必须要清楚表明自由证明的过程。[11] 对这一问题的讨论应该更进一步深入下去,但现阶段还没有出现较为集中的论述。与刑事诉讼法不同,民事诉讼中的严格证明本身就较有弹性,再加上责问权的放弃和丧失制度的设置,可以在很大程度上“治愈”未按照严格证明所带来的瑕

---

〔11〕 小室直人「自由な証明」菊井維大編『現代法律学演習講座全訂民事訴訟法(下)』(1969,青林书院)第92页。

疵，因此还很难说有必要承认自由证明这一方式。[12]

二、自由心证主义

1. 意义和界限

对于在法官心证形成过程中使用到的证据方法的种类（是否需要书面形式还是有证人即可等）、证据资料的证据力（推认待证事实的力量）以及从事实（间接事实）推认事实（主要事实）等事项，[13]如果法律作出了具体规定且对法官有拘束作用的就是法定证据主义；如果法律没有作出具体规定而是交由法官自由判断的就是自由心证主义。

从历史的发展过程来说，法定证据主义在先。比如，就

---

〔12〕 高田昌宏「民事訴訟における自由証明の存在と限界」早稲田法学65卷1号(1989)第1页的论述颇有助益。伊藤第284页，注釈民訴(6)第31页（谷口安平執筆）虽然认为还不能完全排除自由证明这一概念，但同时表示了怀疑的态度。小室ほか・基本法コンメ2第122页（松本博之執筆）也持批判性态度。中野・現在第145页认为这一概念没有任何意义。佐上第173页认为，在民事诉讼中，原则上来说这一做法是被禁止的。

比如，外国法的证明可以通过委托外国使领馆调查的方式（第186条）来进行，这和通过外交人员的报告书进行自由证明之间的差异很小。参见高橋宏志「自由な証明」新堂ほか・演習2第208页。至少还不能认为外国法的证明和诉讼要件一样，属于可以在诉讼中较为容易掌握的事实或者是形式上的事实（除了外国法条文外，还包括外国判例的调查），因此，把它作为允许自由证明的一项根据是不妥当的。不过，如果认为委托调查并不属于第190条以下规定的各种法定证据调查方法的话，那么委托调查就不是严格证明而是属于自由证明了。因此，也可以说这种情形下的外国法的证明是按照自由证明的方式进行的（松本＝上野第313页）。不过这一说法也无非表明尽快廓清自由证明概念的外延和内涵是多么必要。

〔13〕 证据方法的评价（证据资料的总结）中的自由心证主义和从间接事实推认主要事实时的自由心证主义是否同一？恐怕还存在不少问题。前者包括诸如证人的表情等极其个别化的因素，必须在证据现场才能做出判断；而后者主要针对相当程度上已经类型化和定型化的东西，在法官的办公桌上即可完成。伊藤滋夫「経験則の機能」争点［3版］第198页在讨论经验法则的时候，也是将之区分为评价证据方法的经验法则和与事实推认相关的经验法则。

不过由于无法明确两者的具体差异，所以本书不予区分。

某一事实的证明,须有同一地域的5名成年男性的证言,且其证言必须一致;而且如果该5人的证言一致,法官就必须认定该事实。在这里,法定的证据方法是5个人的证言,而且证言一致的时候必须认定该待证事实也是由法律规定的。法定证据主义在社会关系比较单纯、法官的资质及能力较为低下(比如法官的职位可以买卖)的时代,具有其存在的合理性;而在现代社会中,法官的资质得到了大幅提高且社会、法律关系日趋复杂,因此民事诉讼法改采自由心证主义[倾向于刑事诉讼,请参照松尾浩也·演習·法教165号(1994)第138页]。我国法亦不例外(第247条)(新堂第476页)。〔14〕

一如前述,所谓确信并非指法官个人的全部主观性确信(参见本讲之"一、证据法的理念和用语"之"4. 证明与疏明"部分),自由心证主义也并非是把事实认定工作全部交由法官自由地甚至恣意地加以判断。心证形成(事实认定)必须具有能够让人信服的合理性。〔15〕在撰写判决书时,也

〔14〕 由于依然保留了有非专业人员参与的陪审制度,所以英美法的情况要稍微复杂一些,其证据法的规定相当严格复杂,限定证据方法的倾向也十分严重,可以说英美法中的自由心证主义较弱。

不过,职业法官虽非外行,但他们是否就是事实认定方面的"专家"呢?也有学者对此表达了强烈的质疑。参见荻原金美「民事証明論覚え書き」民訴雑誌44号(1999)第1页以下[收于荻原第375页],特别是第24页。

〔15〕 近藤完爾「自由心証と自由裁量」『心証形成過程の説示』(1985,判例タイムズ社)第160页认为,自由心证并非自由裁量。这可谓意味深长。

裁判实务中的情形又是怎样的呢?西野喜一「証拠外の事実認定」判タ833号(1994)第10页,同氏著『裁判の過程』(1995,判例タイムズ社)第84页记述了某位前法官的反省之言。此外,賀集唱「民事訴訟における事実認定の諸問題」民訴雑誌16号(1970)第72页的论述也颇有助益。

必须在判决理由部分明示心证形成的过程。从这一意义上来说，由于自由心证主义要受到经验法则、逻辑法则的内在制约，因此自由心证主义的核心在于拒绝法定证据主义，而不是强调自由。[16]

自由心证主义只是大的原则，当然也就存在例外。较具代表性的是第160条第3款之规定——口头辩论方式中，仅以口头辩论之笔录具有证明力。[17] 法律上的推定也是自由心证主义的例外。

2. 证明度

即使法官通过自由心证主义巩固了心证，但是判定事实所需的心证要达到何种程度才可以呢？可以作出事实认定的心证程度叫作证明度[该用语因人而异，参照伊藤（滋）·認定第161页]，这是一个证明度应该如何设定的问题。

最判1975·10·24民集29卷9号第1417页（所谓的

---

〔16〕 春日偉知郎「自由心証主義の現代的意義」講座民訴⑤第27页以下，特别是第55页认为，自由心证主义同口头主义、公开主义、直接主义等民事诉讼原则有着内在的关联。自由心证主义也是以发现真实为目标的；公开主义则提高了防止伪证和发现潜在证据的可能性；口头辩论和证据调查因为要直接在法官面前进行，所以法官判断事实的基础是其获得的较为新鲜的印象，从而有利于法官更好地发现案件真实。不过，在德国民事诉讼法形成的历史过程中，自由心证主义和上述原则之间并没有如此直接的联系。

另外，也有学者认为对法官的信任促进了自由心证主义的建立。对此，荻原·前引注〔14〕第25页持怀疑态度，他指出，自由心证主义始于法国大革命，而那时人们对法官的信任程度是极其低下的。

春日说和荻原说都具有相当的说服力。历史认知本身和法解释学中的教义学式的理解之间多少有些不同，倒也并不罕见。

〔17〕 不过，名古屋高判1997·6·18判タ1011号第272页表明，根据一审口头辩论的笔录记载，一审法院是依照判决原件进行的宣判；但二审法院却认定宣判并未依照判决之原件，这一做法突破了法定证据主义。从解释论的角度来看，法院的这一认定是否适法，恐将引起较大争议。

ルンバル事件)、百選Ⅱ第109号案例(铃木俊光解说)中认为,诉讼中因果关系的证明并不是一点疑义都不允许存在的自然科学式的证明,而是特定事实产生特定结果的高度盖然性的证明,能够作出认定的必要条件是普通人毫无疑义地确信其真实性,这也是充分条件。该判旨稍显抽象,然而我们可以把证明度看作真实性的高度盖然性,其程度可以比严密的科学(多种意义上的)证明低;但高于证据优越的程度(在德国,高度盖然性与确实性用法相近)。[18] 这也是通说。[19]

---

〔18〕 对该判决的解读未必一致。虽然可以依通说认为证明度概念本身就意味着其预设的心证程度要求较高,但也可以将其解读为预设程度较低。持前一见解的学说可参见中野・推認第124页、森島昭夫・判批・判評209号=判時813号第130页等;持后一见解的学说则可参见野村好弘・医事判例百選(1976)第128页。畔柳達雄「判決における抽象論」判タ400号(1980)第14页指出,虽然不能认为该判决在因果关系方面降低了对证明度的要求,但可以认为在病因论方面却降低了对证明度的要求;同时作者还讨论了判旨进行抽象论述所带来的危险,饶有兴味。

另外,本判决还存在另一问题,即最高法院逾越了上告审的界限而介入了事实认定。关于此点的讨论可参见木川=生田=前引注〔7〕第4页。田尾=加藤編・前引注〔9〕第267页,三木浩一的发言也表达了其对上级审造成的控制所具有的强烈的警惕感。

〔19〕 虽然没有学说认为民事判决中应该要求极高的证明度(确实性),但较有说服力的学说认为应该要求证据优越(可能性超过50%的证明)。太田・証明論第147页认为,证明度的标准应该是事实认定出现错误时给原被告带来的损失效用;而损失效用应该按照实体法的旨趣和目的来评价,一般说来,由于原告和被告是平等的,因此证明度的大小应该是证据优越(可能性超过50%的证明)。石田穣『証明法の再構成』(1980年,東京大学出版会)第143页、村上博巳『民事裁判における証明責任』(1980,判例タイムズ社)第8页等也持证据优越论。近来,伊藤真「証明・証明度および証明責任」法教254号(2001)第33页、「証明度をめぐる諸問題」判タ1098号(2002)第4页也改持证据优越论,其他如判タ1086号(2002)第4页之座谈会记录。

但是,通说持高度盖然性说(可能性为80%)。见松本=上野第323页等。伊藤(滋)・認定第173页从作为民事裁判对象的权利性质(非如刑事裁判一般涉及人权)

和双方当事人的公平角度对之加以论述；加藤・裁量第133页指出，民事裁判中的证据收集不会做得十分充分，如果以证据优越作为标准的话，事实认定就有可能被偶然的因素所左右；诉讼制度的价值取向在于保护现状；作为凭借公权力强制实现权利的根据，判决的基础应该确实、充分。笔者赞成加藤说，尤其认为后两点理由更为重要。支持一方诉讼请求的判决会带来强制执行的效果（即使是确认判决，由于其后往往伴随着给付之诉，因此也就具有了强制执行的色彩），因此我们都希望其误判率越低越好（相反，应该支持某一诉讼请求，而最后很有可能是作出了驳回诉讼请求的判决，这和刑事诉讼中的无罪判决一样，应该是不得已而为之），请参见田尾＝加藤編・前引注〔9〕第275页以下。松本博之「民事証拠法の領域における武器対等の原則」講座新民訴法Ⅱ第1页，特别是第24页，加藤新太郎「確信と証明度」鈴木・古稀第549页也是站在通说的角度进行的论证，颇有助益。总之，通说以高度盖然性为原则，某些例外情形下可以降低对证明度的要求，这种做法从制度整体上来说有助于其稳定运行；反对说以证据优越为原则，例外情形下要考虑实体法的旨趣或解明度的要求，两说的根本分歧在于对诉讼中被告的照顾程度的差异。

在瑞典法和德国法中，证明度被设定为确凿、充分、相当、大体等不同的层次，不同的事实对应不同的证明度，这一做法在瑞典是通说，在德国是有力说。参见荻原金美「主張・証明責任論の基本問題」神奈川法学29卷2号（1994）第89页、前引注〔14〕第6页（收于荻原第259页、第337页）、ベンダー「証明度」アーレンス編（小島武司編訳）『西独民事訴訟法の現在』（1988，中央大学出版社）第264页。关于美国法的情况请参见小林・証拠第71页。新堂第456页也认为，证明度应该由待决事项、问题的性质和价值所决定，比如授受金钱的证明度和不法行为的因果关系的证明度是不同的。上述主张颇具魅力，对确定今后研究的方向也具有较大的启示意义；但就现在的情况来说，由于不同事项和证明度之间的一一对应关系还不明确，所以要做到这一点还很困难。参见加藤・裁量第135页。

但是，将证明度设定为高度的盖然性，并不意味着任何情况下都必须墨守这一设定。如果存在合理的理由，也可以降低对证明度的要求（轻减）。加藤・裁量第144页、注釈民訴(4)第55页（加藤新太郎執筆）认为，在满足了三要件的前提下可以降低对证明度的要求，这三要件分别是：①从待证事项的性质上来看该事实的证明是困难的；②从实体法的规范目的、旨趣来看，证明困难的结果将导致明显的不公平；③找不到可能的替代手段来完成与所需证明度具有相等价值的证明。伊藤（滋）・認定第188页也认为，待证事项的性质也包括证明所需的费用和时间，对降低证明度要求的情形应该有所限制，即如果无法避免由其所带来的证明困难，而且在对与该案件相关的法律制度的旨趣、适用以及应该类推适用的实定法的旨趣进行综合性考虑之后，以该案中之证明不充分为理由判决该当事人败诉，那么这一判决会造成当事人之间明显的不公平。笔者赞同这一见解。另外，证明度轻减仍然意味着待证事实得到了证明，因此就损害额来说，还应该是全额赔偿。在此应予注意的是，这与所谓的比例认定（法官依其心证程度适当减少赔偿额）非指一物（不过，加藤・裁量第145页认为，在证明度轻减的情形下，也存在减少赔偿额的情形。这一看法多少给人一些不和谐的感觉）。松本＝上野第325页也肯定了降低证明度要求的做法。

即使证明超过了所需的证明度而法官仍认为该证明不成立时,又该如何?如果认为自由心证主义是法官的主观性确信,那么既然该法官不能形成主观性确信,也就毫无办法了。上述案件的判决却否定了这种看法。最高法院认定原审没有肯定因果关系的成立是错误的,因此撤销了原判而发回重审。因此,应该说法官的事实认定(自由心证主义)并非纯粹的主观性确信,而是客观性或间主观性确信。[20] 不能认定某一证明成立时,而作出了成立的认定,则该判决将被撤销;必须认定某一证明成立时,却认定该证明不成立,[21] 也会导致撤销原判的后果[不过,应以满足受理

---

〔20〕 伊藤(滋)·認定第164页认为,证明度的标准是普通人而非法官。由于法官就某一事项具有丰富的专业知识,因此会比普通人作出更为慎重的判断。即使法官自身对待证事实的证明没有达到确信的程度,但如果法官认为普通人对此已经可以形成确信的话,就已经达到了证明度的要求。这一论述可谓意味深长,同时也表明法官的事实认定并非法官个人纯粹的主观性确信。加藤·裁量第133页也持相同意见。另外,一如前述,田尾=加藤編·前引注〔9〕第267页三木浩一在发言中也强调了主观性,但在实践中,要警惕因上级审带来的控制。

〔21〕 这其中的原因既包括没有达到证明度的要求,比如仅依靠现有证据法官还迟迟不能认定待证事实的情形;也包括因解明度不足而想寻找其他证据的情形。证明度和解明度只是在理论上进行的区分,在很多法官的主观认识中对两者是不作区分的。

所谓解明度,是指证据调查的结果被新证据推翻的可能性小,换言之,就是"审理结果的确实性"。总之,是指已经调查了大多数证据。参见太田·証明論第105页。伊藤(滋)·認定第165页称之为审理实施的必要度。三木浩一「確率的証明と訴訟上の心証形成」慶應義塾大学法学部法律学科開設百周年記念論文集[法律学科篇](1991,慶應通信)第631页,特别是第666页中,借助统计学中的区间推定这一概念将之定型化为"信赖度"。这一概念是指法官对自己心证所持的信赖性,一般说来,如果证据调查得充分,信赖度就高,反之则低。不过,严格说来,这是较为纯粹的心理学概念,与外在的证据数量没有关系,与解明度这一概念也存在微妙的差异。比如说,虽然调查了所有可能的证据方法,然而依然没有形成确切的心证,这种情况下,因为已经调查了尽可能多的证据,所以解明度高;但又因为不能获得确信,所以信赖度低。参见田尾=加藤編·前引注〔9〕第279页以下。另外,关于统计学上证明的可否问题,请参见最判1989·12·8民集43卷11号第1259页、百選Ⅱ第111号案例(上原敏夫解説)。

上告申请(第318条)之要件为必要条件]。[22]

另外,竜寄喜助在对该判决的评述(百選〔二版〕第182页)中指出,医生为了出席某一会议,匆忙之间对患者施行穿刺手术,数次均告失败。从这些事实出发就会产生对该医生的责难,而这一价值判断对于肯定该案中因果关系之

---

〔22〕 新堂第457页提到所谓证明点基准领域,该领域涵盖了从可以确信这一较低的证明度到必须确信,否则将违反经验法则这一较高的证明度。前者为下限,后者为上限。

上告审是法律审,因此能否以事实认定违反了经验法则作为上告理由(受理上告申请的理由)呢?这一问题曾经引起较大的争论,不过现在一般都是予以肯定的。比如最判1961·8·8民集15卷7号第2005页所载案件中上告人指出,原审法院对时价151万日元的不动产借地权仅以10万日元之价格卖出的事实做出了认定,因此该认定违反经验法则,并以此为由提起上告。上告审法院支持了这一上告理由。另请参见百選Ⅱ第192号案例(加藤哲夫解説)、新堂第480页。关于违法的事实认定和上诉的关系,请参见注釈民訴(4)第87页(加藤新太郎執筆)。

流行病学上的证明作为诉讼上的证明,其适法性如何也有争论。学者认为,流行病学关乎集团现象,而诉讼则关乎个案;因此流行病学上的证明并不适合诉讼,不能满足诉讼上对证明度的要求,参见稲垣喬「医事訴訟における因果関係の認定」判タ475号第42页[牧山市治＝加藤和男編『民事判例実務研究第三巻』(1983,判例タイムズ社)第147页],『医療過誤訴訟の理論』(1985,日本評論社)第87页,「疫学的手法による因果関係の認定」ジュリ981号第107页,『医学訴訟理論の展開』(1992,日本評論社)第129页,新美育文「疫学的手法による因果関係の証明(上)·(下)」ジュリ866号(1986)第74页、871号第89页。但是,既然诉讼上的证明并非一点疑义都不允许的自然科学式的证明,那么将流行病学上的证明预设性地排除在外就有些过分了。太田·証明論第116页认为,流行病学和一般的经验法则并没有差别。不过流行病学的证明方法则有若干类型,而且流行病学在该诉讼中是否被正确地应用也是另外一个问题。瀬川信久「裁判例における因果関係の疫学的証明」加藤一郎古稀『現代社会と民法学の動向上』(1992,有斐閣)第149页的分析较有助益。

另外也有学者认为,流行病学式的证明是通常性证明(超越证明度的证明),参见加藤·裁量第146页,注釈民訴(4)第56页(加藤新太郎執筆),新堂第458页,伊藤第283页,小林·証拠第75页,松本＝上野第346页,吉田克己「疫学的因果関係論と法的因果関係論」ジュリ440号(1969)第104页,内田貴『民法Ⅱ債権各論』(1997,東京大学出版会)第365页等。

成立是有巨大作用的。也就是说,普通人不会摒弃价值观念的影响来进行因果关系的判断,往往是掺杂着价值判断来评判事实之有无。总之,似乎是肯定了法律评价对事实认定的作用,但应该说这是一个大问题。与竜寄的评述不同,[23] 賀集唱「損害賠償訴訟における因果関係の証明」講座民訴⑤第183页,特别是第190页指出,竜寄的观点会造成事实认定过于简单、宽松,应该严格区分对事实的认识和对事实的评价。对于实务情形的讨论可以暂放一边,单从法律论的角度来看,还是应该像贺集先生那样思考问题。[24]

---

〔23〕 从松本博之「損害賠償請求における因果関係の立証にかんする若干の考察」民訴雑誌24号(1978)第75页以下,特别是第97页的内容来看,作者似乎多少肯定了违反义务的行为对认定因果关系的作用。桜井節夫·判批·1975年度重判第65页认为,法官的法律价值判断不可避免地会进入事实认定的环节。西野·前引注〔15〕第117页也论述了法官的积极性。

最高法院推翻了原审鉴定的判例。可参见最判1997·2·25民集51卷2号第502页,该判例似乎也得到了普通民众在主观感受上的支持。

〔24〕 伊藤(滋)·認定第253页做出了如下分析:在事实认定的过程中,原则上来说,不应该掺杂法律价值的判断。案情也不能决定事实认定的方向。例外的是,法律价值判断可以进入法律上的事实推定、证明度的决定以及选择性认定等领域。此外,为了进一步说明为何不能以案情来简单地进行事实认定,作者在第265页特举下例,殊值重视。原告X要求被告Y履行其对债务人A的保证债务。该案中较为确凿的事实有:①Y与A均为自然人,共同经营事业,两人在过去的十几年中均从X处融资,且互为保证人;②本案中A所负之债务,系为了经营A和Y的共同事业而由A从X处贷款,数额与此前相同;③Y知晓A从X处贷款一事,且将之用于两者的共同事业;④Y曾十几次以A的名义对X偿还债务的利息;⑤在本案消费借贷契约书中的保证人署名一栏中,Y的名字并非Y的亲笔签名,但印章却是Y本人的印章。伊藤认为,本案中,支持X的诉讼请求与本案的情节是一致的,也较为妥当;但应该认真讨论一下到底是依据什么理由作出的该判决。这里涉及的问题有:在保证债务中,是认定Y的明示承诺还是认定Y的默示承诺?是否适用表见法理或追认法理?如果对这些问题不予充分讨论,只是从结论上认为Y应该承担保证责任,而且与案情吻合(以结论无误为前提),但实际情况却是,没有一件事实是可以认定Y曾经做出过明示的承诺;那么法院的事实认定虽然从结论上来说是妥当的,但是并不能够使当事人信服。

3. 证据调查的结果

按照第247条之规定,证据调查的结果属于证据原因之一。与刑事诉讼不同,民事诉讼中的证据调查规则是较为宽松的。

(1)对证据能力的限制

民事诉讼中的证据调查规则是较为宽松的,其表现之一就是在民事诉讼中,原则上不存在对证据能力的限制。判例和通说均认为,传闻证据也有证据能力,起诉以后对系争事实所作的文书也有证据能力(最判1949·2·1民集3卷2号第21页)。[25] 只要在以后的诉讼程序中,将之作为证据力的问题来处理就可以了。一般说来,此类证据的证据力较低。

但最近也有学者主张,民事诉讼中也应该对证据能力有所限制。一种情况是,通过侵犯他人隐私——他人的日记或书信——而得到的证据,只要未征得本人的同意就没有证据力。虽然目前还没有相应的判例,[26] 但第220条(文书提出义务)第4款第4项规定,专供文书持有人个人使用的文书除外。从这一点来说,上述主张在理论上应予肯定。这是从信息的内容方面加以限制。

---

〔25〕 条解第517页(竹下守夫執筆)对此持反对意见。其理由为,这种做法既剥夺了对方当事人的反对询问权,又改变了询问证人的方式。

另外,民訴規第115条第1款第6项规定,禁止传闻证言。通说和判例对此的理解是,民訴規属于规则,仅具示范意义。

〔26〕 依大判1943·7·2民集22卷第574页所载案例,为了证明被告(养子)曾对原告(养父)实施过重大人身侮辱,原告向法院提交了被告的日记。法院肯定了该日记的证据能力,该日记是被告放在原告住处的。参见高橋宏志「証拠排除の法理」新堂ほか·演習2第196页。

另一种情况是所谓的违法收集证据的问题,其规范对象是信息收集的过程。下级审中经常出现的问题——未征得说话人同意私自录制的录音带的证据能力以及偷来的文书——为其适例。关于擅自录制的录音带问题,东京高判1977・7・5判時867号第60页、百選Ⅱ第11号案例(小島武司解说)认为,“如果该证据的采集是通过严重的反社会手段,或者存在诸如限制人的精神自由或肉体自由等侵害人格权的情形;则该证据采集行为本身即为违法,其证据能力亦应否定”。该案中的证据采集方式是,将他人在隔壁房间酒桌上的承诺擅自录制了下来。法院认为此举并未达到严重的反社会程度,从而肯定了该录音的证据能力。只是该证据的证据力较低,还不足以据此认定待证事实。[27] 关于偷来的文书,其证据能力也得到了判例的肯定,参见名古屋地判1991・8・9判時1408号第105页。[28]

---

〔27〕 类似案件中否定证据能力的下级审判决则有大分地判1971・11・8判時656号第82页;肯定证据能力的有东京地判1971・4・26下民集22卷3・4号第454页,以及盛岡地判1984・8・10判タ532号第253页。但是,在盛岡地判的案例中,擅自录制的内容是对方当事人承认了16年前肇事逃逸的一段对话。法院认为,“应该在综合考量对话内容本身是否值得作为个人秘密予以保护、特别是其内容所涉事实是否与公共利益相关以及该证据在诉讼中的重要性等各种因素之后,再决定该证据是否具有证据能力”。该自认的内容事关肇事逃逸,稍显特别(同时也缺乏其他替代性证据)。

〔28〕 名古屋地判在1991年曾经处理过一个原告向被告(原告丈夫的婚外恋对象)请求精神抚慰金的案件。该案中作为书证的信件是原告擅自从丈夫向被告提供的一套公寓的邮箱中取得的。法院认为,该书信的收集方法和形态不具备否定其证据能力的违法性。另外,名古屋高决1981・2・18判時1007号第66页(该案中,人事部长在会议室和劳方代表会面时将笔记本遗忘在书桌上,后来该笔记本被人擅自带走,几天后才归还。诉讼中,该笔记本的复印件被作为证据提交给法庭)、神户地判1984・5・18判時1135号第140页(该案中,保管在被告公司劳务课专用橱柜中的文件落入原告劳方之手。何人所窃,无从查证)在结论上都未否定相关文书的

在此可以简单地提出几个问题:法院是重视从证据中探求真实(肯定证据能力)呢?还是重视对违法活动的抑制、法秩序的保障和司法的廉正(否定证据能力)呢?学说在此产生的分歧大体可分为四种:第一,民事诉讼关乎私人间利益的分配问题,应肯定证据能力;〔29〕但这种无限制的肯定在今天已经沦为少数说。第二,侵害人格权是违反宪法的,因此只要不存在正当防卫等情形,就应否定其证据能力。〔30〕第三,以诚实信用原则为根据,有条件地承认其证

证据能力。在前一个案例中,法院从证据内容的角度出发认为,仅仅以劳方擅自复印笔记本的行为还不能认定该行为违法,而且笔记本的内容均涉及公司公务,并未涉及个人私生活。在后一个案例中,法院认为,从诚实信用原则的角度出发,如果是当事人本人或当事人唆使第三人窃取对方当事人文件的话,该文件是不能作为证据来使用的;如果该文件只是被第三人所盗,还不足以否定该证据的证据能力。

判例之所以较为倾向于肯定该类证据的证据能力,恐怕还有更为实际的考量。如果否定其证据能力,法院还要面对提出证据的一方当事人的不满和对抗,因此如果发生纠纷的话,法院的诉讼指挥将变得非常困难;相反,即使肯定其证据能力,法院也完全能够削弱其证据力,从而避免给诉讼指挥带来不必要的困难。当然,这种推测不可能作为理论上的根据,而且一般说来,与在酒桌上擅自录制的录音带不同,窃取的笔记本等证据的证据能力要高。

〔29〕 法律実務講座第154页。

〔30〕 森勇「民事訴訟における違法収集証拠の取り扱い」判タ507号(1983)第18页、「証拠調べの手続」小山ほか·演習第542页、「証拠能力」争点〔新版〕第256页、松本=上野第319页以及春日·証拠第159页。

森勇说和松本=上野说认为,如果法官在法庭上对违法收集的证据进行证据调查的话,法官的这一行为已经构成了违宪。这种说法稍显夸张,其本意应该接近于前述从证据内容加以规范的见解(对个人隐私的保护),应按此思路加以处理。

顺便提及的是,德国有学说认为,不从违宪的角度,就是从普通的违法角度也可以否定其证据能力。日本似乎没有这种见解。参见春日·証拠第165页。

据能力。[31] 在该诉讼行为违反诚实信用原则时,否定其证据能力。第四,从发现真实、程序公正、法秩序的统一性(比如,在民事诉讼法中把刑法和民法中视为违法的行为认定为合法就违反了法秩序的统一性)以及防止诱发违法收集证据的行为(防止侦探所等违法收集证据的行为)等理念出发,并且综合考量该证据在诉讼中的重要性和必要性、法庭审理的待证事实的性质、收集行为的形态以及被侵害的利益等诸多因素以后再做决定。[32] 确如第四种学说所言,应当以综合性的比较考量为基础(诚实信用说也是如此)。不过这种考量较为抽象,难以作为解释论的基础;但作为原则来讲,该学说还是指明了肯定或否定证据能力的思考方向。这样看来,在没有必要重视搜查当局滥用权力的民事诉讼中,一如东京高判所言,只要收集方法不具有明显的反社会性,原则上可以肯定其证据能力。[33] 当事人窃取的文书,从

---

〔31〕 山木戸・論集第 65 页、渡辺武文「証拠に関する当事者行為の規律」講座民訴⑤第 159 页、上村明広「違法収集証拠の証拠適格」岡山法学 32 卷 3・4 号(1983)第 371 页、注釈民訴(6)第 23 页(谷口安平執筆)、条解第 517 页(竹下守夫執筆)等。

另外,井上治典「違法収集証拠の証拠能力」鈴木ほか・演習第 112 页主张依照当事人之间的争论规则来处理。从大的分类来说,这应该属于诚实信用说。井上・实践第 127 页提出一个较为独特的问题,即如果证人询问中的证人是擅自参加该集会的人,那么该证人询问是否合法。

〔32〕 伊藤真「違法収集証拠・証言拒絶権」井上 = 伊藤 = 佐上第 175 页,伊藤第 301 页,小林・証拠第 135 页,注釈民訴(4)第 73 页(加藤新太郎執筆)以及小島武司・百選Ⅱ第 272 页等。

〔33〕 上田第 358 页也持同样见解。持反对意见的有間渕清史「民事訴訟における違法収集証拠(一)・(二)・完」民商 103 卷 3 号(1990)第 453 页、4 号(1991)第 605 页,作者从严格的解释论的角度认为,作为证明权的内在制约因素,原则上应该否定其证据能力;但颇值重视的是,作者本人对此尚犹豫不决。另外,德国一般也是采取较为严格的解释论,可参见该论文。我国与德国不同,采取的是交叉询问制度,因此是否可以采取较为宽容的做法,可参见船越隆司「民事訴訟における証拠の証拠能力」争点〔旧版〕第 236 页。

这一标准来看可以否定其证据能力，不过由于在该案中（判决稍有姑息之嫌）当事人本人并未承认窃取文书的事实，因此肯定该文书证据能力的做法也是妥当的。[34]

（2）证据共通原则

所谓证据共通原则，是指一旦法院对当事人申请的某一证据进行调查后，无论该证据在事实认定中对提出申请的当事人一方有利还是不利，均会发生作用。也就是说，按照辩论主义的第三命题，法官在认定事实时，只能调查当事人提出的证据方法。只要满足了这一条件，法官就可以自由地（亦有内在制约因素）认定事实，证据调查的结果并不受当事人的制约。当事人的辩论或援用对证据调查结果是不起作用的，即使当事人进行辩论或援用，法官也不受其约束，至多是起到提醒法官注意的作用（新堂第 478 页）。该原则的目的在于保障法官可以在综合各种证据的基础上合理自由地认定事实。这样一来，在对立的当事人之间，己方提出的证据方法成为对他方有利的证据资料时，也不能阻止该证据方法成为证据原因。[35]

---

〔34〕 东京地判 1998 · 5 · 29 判タ1004 号第 260 页所载案例中，法院否定了妻从夫处窃取的大学笔记本的证据能力。该案类型与名古屋地判几乎相同，结论之所以不同，恐怕还在于该文书并非书信而是丈夫因诉讼的缘故而做成的笔记。比如说，看到了对方当事人和委托律师之间的通信或者是律师的诉讼策略笔记之后，将之作为证据提交法庭，这种行为违背了当事人对立这一民事诉讼的根本构造。因此，可以将法院的做法理解为对证据内容的限制。美国法中有所谓 work product 理论（诉讼准备活动成果保密法理），指的是律师和委托人之间的通信保密特权以及律师或他人在准备诉讼的过程中完成的一定成果原则上都是保密的。东京地判的做法与此类似。

〔35〕 井上 · 手続第 51 页对此持反对意见。当原告提出的证据对被告有利的时候，作者认为应该这样解释，即只能说原告不能凭借该证据对其主张的事实进行充分的证明；但笔者认为，事实认定是一种综合判定，因此原告提出的证据对被告有利的时候，也可以将之作为证据资料来使用。

另外,证据共通原则在普通共同诉讼中也有适用的余地。共同诉讼人中一人提出的证据方法,可以用于对全体共同诉讼人的事实认定。这种情形意味着证据资料不单单是提出该证据方法的当事人所专有,这也可以说是证据共通原则的一种表现。不过也有学者怀疑,证据共通原则果真和共同诉讼独立原则相协调吗?关于这一部分的讨论,参见本书第三讲“共同诉讼”之“三、普通共同诉讼”部分。

4. 辩论全趣旨

按照第 247 条之规定,口头辩论的全趣旨也是证据原因之一,简称为辩论全趣旨。

所谓辩论全趣旨,是指除证据资料以外的在口头辩论过程中出现的一切资料和信息。其涉及范围较广,按照大判 1928·10·20 民集 7 卷第 815 页所载,当事人主张的内容和主张的态度自不必言,其他如根据诉讼形势的发展而提出某一新的主张、应该提出某一证据而没有提出或者虽然提出了但错过了最佳时机、对诉讼初始未有争议的事项其后产生争执以及回避法院或对方当事人的提问而不予解释,几乎囊括了口头辩论中出现的一切积极或消极的事项。[36]

辩论全趣旨并不是作为证据调查结果的补充,而是法官形成心证的、独立的、对等的证据原因。在某些案件的事

---

〔36〕 关于辩论全趣旨在实务中的表现形式,详见西野·前引注〔15〕第 16 页以下。

另外,谷口第 444 页的定义为“在口头辩论终结时,回顾整个口头辩论的过程所能感知到的事项”,作者认为,该定义无法详细说明的部分恰恰是这一定义的高明之处。

实认定中，辩论全趣旨可能比证据调查的结果更受重视。〔37〕

而且，在依据辩论全趣旨进行事实认定的判例中，法院认为不必在判决理由中说明辩论全趣旨的具体内容。最判1961・4・7民集15卷4号第694页、百選Ⅱ第115号案例（山本和彦解说）即是如此。判旨认为，与诉讼记录相对照不言自明的事项，当事人不得以判决理由不充分而提出上告；然而笔者认为，不能在判决理由中进行具体的描述是辩论全趣旨的性质使然，在一定程度上也是不得已而为之，但从事实认定的透明化和防止法官恣意裁判的角度出发，应该将辩论全趣旨的内容概要予以明示。〔38〕 总之，赋予辩论

---

〔37〕 加藤・裁量第173页认为，比如某一抗辩事实被认为是较难证明的，从抗辩提出的整个过程来看，当事人所提供的证人证言虽然还不能断定为假；但从整体上看也不能认定该证明成立，这可以说是辩论全趣旨比证据调查的结果更受重视的适例。

当然，作者也进一步指出，严格说来，在对证据调查结果进行证据价值判断（心证形成）的过程中，应该斟酌辩论全趣旨。因此，判决理由中可以说“证人的证言虽有与抗辩的事实相吻合的部分，但是（参酌辩论全趣旨）其证言并不可信，因此没有足够的证据可以认定该抗辩之成立”；而不能说“从辩论全趣旨来看，抗辩事实没有理由”。笔者认为，从判决书的制作方法来看，这一观点是合适的，但多少有一些文字游戏的味道。

〔38〕 山本和彦・百選Ⅱ第266页认为，在判决之前，应该把辩论全趣旨的内容向当事人开示，并给予当事人发表意见的机会（上田第356页也持同样见解）；否则就应该在判决理由中载明辩论全趣旨的具体内容，保障当事人在上诉审中能够展开攻击。假设判决只是单纯列举证据，然后将辩论全趣旨附于其后，对事实认定的过程进行概括而非详细的说明，如果事关核心争点，原则上当事人可以以判决理由不充分提出上诉。

作为学说，采取这样严格的标准固然可取，虽然有核心争点这一限制条件，但以判决理由不充分而提出上诉的做法，从实务的角度来看，也许过于严厉了。佐々木吉男・百選第128页是将行为规范和评价规范相区别的；加藤・裁量第177页也认为，在心证形成的过程中证据调查的结果或有疏漏，而辩论全趣旨具有填补这种漏洞的功能，所以即使诉讼记录中存在具体的无法特定的事项也是允许的。笔者认为这可能是作者从实务中得来的感觉吧。西野・前引注〔15〕第75页也持相同见解。

全趣旨如此大的作用,会削弱当事人对事实认定的控制力,而且会助长法官的恣意妄为,这是不能令人满意的。在司法实践中,法官应该自省自戒(西野·前引注〔15〕第78页)。

辩论全趣旨这一概念不仅出现在第247条,而且也出现在规定拟制自认制度的第159条第1款的但书中。后者是关于诉讼行为的解释问题;而作为心证形成资料的辩论全趣旨是将口头辩论一体视之,观察当事人在整个口头辩论过程中的态度(不能理解为就某一主张争执的态度),两者的侧重点有所不同。[39]

5. 损害额的认定(第248条)

第247条规定了自由心证主义;第248条则对损害数额的认定作出相应规定,依据该条之规定,在认定发生损害的事实以后,若具体的损害数额因该损害的性质难以得到证明时,法院可以认定与损害事实相当的损害数额。本条是1996年修订《民事诉讼法》时的新增条文,因此该条与自由心证主义以及证明之间的关系如何,学说不一。

在此笔者借用三种案件类型加以说明。这三种案件类型分别是抚慰金的计算、幼儿(未满就业年龄之年少者)逸失利益的计算、火灾对家庭财产器具造成的损失数额的计算。

第一种学说认为,第248条只是表明立法者认可了与抚慰金的计算、幼儿逸失利益的计算相关的判例(后者见最判

---

〔39〕 条解第519页(竹下守夫執筆)、菊井＝村松Ⅰ第1008页等。

1964・6・24民集18卷5号第874页)。[40] 在关于抚慰金的判例中,法院在考虑了各种具体的因素以后确定了一个较为妥当的数额;在关于幼儿逸失利益的判例中,法院设计了一个逸失利益的计算公式:逸失利益 = 预计总收入(预计年收入×预计就业年限) - 预计生活费。该说认为,立法者正是参照上述判例才设计了第248条,而且第248条也是减轻证明度的规定。在关于火灾损失数额计算的判例中,法院按照受灾家庭所属家庭类型在普通情形下的火灾保险金来认定其损失的具体数额。对此做法,该说明确指出其并不在第248条的预设范围之内。[41]

第二种学说见伊藤真「損害賠償額の認定」原井・古稀第52页。该说认为,第248条是关于减轻证明度的规定。抚慰金的计算并非通常意义上的证明对象,所以不受第248条的规范(只是法院的裁量判断)所限;幼儿的逸失利益只能依照统计学上的经验法则来进行推认,舍此无他,因此属于第248条的规范对象;在火灾损失数额的计算中,分别且具体地证明受灾前财产的存在虽于理论上可行,但一般是无法证明的。因此,有必要以火灾保险为参照来认定损失数额,这也属于第248条的规范范围。伊藤说的特色在于分类考察:第一种类型是理论上可以个别证明的家庭财产器具的火灾损失;第二种类型是不可能个别证明的幼儿逸失利益。对于第248条规定的所谓"损害性质"的解释,伊藤

〔40〕 一問一答第288页。明确指出证明度轻减的是同书第287页。研究会新民訴第319页柳田的发言也持相同见解。

〔41〕 明确表达这一见解的可参见研究会新民訴第322页柳田的发言。

说认为其含义有二:一是指第二种类型中损害本身的性质;二是指第一种类型中个别证明的现实困难性(证明损害数额时证据方法方面的制约)。

第三种学说见山本克己「自由心証主義と損害額の認定」講座新民訴法Ⅱ第301页。该说认为,抚慰金的计算属于法律评价,可以由事实审自由裁量,这并非第248条所指;判例设定的幼儿逸失利益的计算公式“预计年收入-预计年生活费×预计就业年限”(同书第307页)属于实体法规则,与减轻证明度并无关系,也不属于第248条的范围;〔42〕关于家庭财产器具的火灾损失的计算,其前提是每一物均有客观唯一准确的价格,由于降低了证明该事实所需的证明度,因此该类损失的计算属于第248条的规范对象。由此可见,该说所认可的适用对象比伊藤说更为狭窄。

第四种学说认为,第248条并非关于减轻证明度的规定,而是关于法律评价(法院的自由裁量)的问题。竹下说认为,损害数额的认定本来就属于评价的问题。某些损害的评价方法已经确立了,比如成年劳动者逸失利益的计算;

〔42〕 山本克己说认为这属于实体法规则。果真如此的话,一旦采用其他方式来计算损害数额就属于违反实体法规范了。

与此相反,如果将之视为证明问题,即使法院采用其他的计算方式也并不违法。是否违法要视其合理性而定,因为存在多种证明规则本身并不是不可思议的事情。但是,如果将之理解为实体法规则,那么认为证明规则可以多种多样的观念就有违法理了,而是应该尽快将之统一到实体法规则之下。不过从另一个角度来看,法院采用新的计算方式也可以视为对判例的修改。因此,实体法规则也好,证明问题也罢,在实务当中并没有大的不同。

另外,如果将之理解为实体法规则,也会产生国际私法上的问题(如果理解为证明问题的话,由于程序适用法院地法,将不会产生矛盾)。也许山本说并未注意到这一点。

而对于那些评价方法尚未确立的损害，法律允许裁量性评价，这就是第248条的规范意旨。[43]

如上所述，学说对于第248条的性质（证明度的轻减抑或法律评价）和适用对象（抚慰金或幼儿的逸失利益是否受其规范）的解释有较大分歧。立法者、伊藤说和山本克己说均将之理解为减轻证明度的规定；但适用对象稍有不同，立法者认为包括抚慰金和幼儿逸失利益，伊藤说则认为包括幼儿逸失利益和家庭财产的火灾损失，而山本克己说则仅限于家庭财产的火灾损失。法律评价说也是在适用对象这一问题上与其他学说产生了分歧。

民事诉讼法的证明以及证据调查制度中包括了非常丰富的内容。学说的上述分歧恐怕也正源于此。（1）证明中的首要类型是再现过去发生的某一事实，这也是证明这一概念的最狭义表现。授受金钱的事实和酒后驾驶的事实等即属此例。此外，还包括不法行为产生的积极损害，比如向医院支付的治疗费用和住院费用。（2）虽然也是再现过去发生的某一事实，但这一再现存在实际的困难而无法达成。

---

〔43〕　研究会新民訴第320页竹下的发言。另外，法律评价说可参见春日偉知郎「『相当な損害額』の認定」ジュリ1098号（1996）第73页、坂本恵三「損害賠償の金額」法教192号（1996）第20页、「判決③——損害賠償額の認定」新民訴大系3第271页以及「新民訴法二四八条をめぐる諸問題」民訴雑誌45号（1999）第228页。

但多数学者还是认为第248条是关于证明度轻减的规定。除伊藤説、山本克己説之外，尚有中野・解説第59页，松本＝上野第327页，中野＝松浦＝鈴木第296页（青山善充執筆），上田第357页，木川統一郎＝中村英郎編『民事訴訟法〔新版〕』（1998，青林書院）第258页等。不过，对于第248条的适用对象范围，学者则意见不一。新堂第487页将其理解为证明度轻减的规定，同时也是证明责任的规定。

这种情况下,只能按照一般性的评价来推算大致的数额。关于火灾中损失的家庭财产器具的计算即属此类。(3)虽然某一事项已经发生或正在进行中,但并非再现过去发生的某一事实,其中既包括非诉讼事项也包括诉讼事项。前者如非上市股份价值的计算,后者如在房屋租金诉讼中请求增加合理的租金数额。在计算所谓合理的房屋租金的时候,一般采用比例增减法、差额分配法、累积法或者比准法等。当然,在审判实践中,法官一般是综合运用上述方法来计算合理的数额。很明显,这种综合运用的方式并非事实的再现,而应该称为"评价";但这种评价也属于鉴定,而鉴定是民事诉讼法中"证据调查"之一种,属于一种证明方式(参见本讲之"一、证据法的理念和用语"之"3. 证明的对象"部分)。(4)该事实非属过去和现在,而是将要发生的某一事实。逸失利益的计算即属此例。由于关系到将来发生的事实,因而不可避免地含有评价的因素。〔44〕 (5)最后一种是很难称得上事实的事实,比如抚慰金的计算。〔45〕

另一方面,证明度的要求只适用于事实的再现,当涉及

〔44〕 有地亨·1964最判(幼児の逸失利益)評釈·民商52卷2号第242页认为,"逸失利益的赔偿并非填补被害人职业能力等抽象价值的丧失,而是填补因职业能力丧失导致将来收益丧失所生之损害。因此,计算被害人利用自己的职业能力所能获取的财产利益,只有以被害人遭受不法行为侵害时所拥有的收益作为基础进行个案斟酌,才能最终确定一个较为恰当的数额。逸失利益的计算与所谓的格式化本来就不沾边。不过,法院针对没有收入的幼儿设计的较为保守的所谓客观性数额,并不是对因可得利益的丧失所生之损害的评价,而是对其丧失职业能力本身的评价"。笔者认为这一见解殊值重视。

〔45〕 关于抚慰金的性质,请参见伊藤·前引论文第59页,斎藤修「慰謝料額の決定」石田=西原=高木·還暦(中)『損害賠償法の課題と展望』(1992,日本評論社)第301页等。

评价领域时,证明度或者心证程度并无适用的余地。针对租金数额的计算,综合运用比例增减、差额分配等方式进行的鉴定,并不是事实盖然性的问题;抚慰金的计算也属于评价问题,与超过或没有达到证明度的要求无关(类似的问题,比如关于法的诸多解释中哪一个最为妥当?在此涉及的也是哪一种解释更有说服力而非证明度的问题。鉴定这种证据调查方式也涉及和证明度无关的事项;但在实务中,似乎也将说服力视为证明度或心证程度,笔者认为这终究只是一种虚拟的、心理现象的反映)。

综上所述,应该如何解释第 248 条呢?考虑到该条系 1996 年修订时的新增条文,为时尚短,因此在解释论上宜采立法者的观点。立法者明确表达了两种观点:其一,该条立法考虑到了与抚慰金和幼儿逸失利益相关的判例;其二,该条是减轻证明度的规定。但一如上述,几乎没有一家学说包含这两种观点(承认减轻证明度的伊藤说将抚慰金排除在第 248 条之外;山本克己说则认为抚慰金和幼儿逸失利益均非第 248 条之本义;而承认抚慰金和幼儿逸失利益属于第 248 条适用对象的学说,又认为该条规定的是法律评价问题而非减轻证明度的问题)。实际上就本质而言,立法者的这两个观点是很难同时成立的,那么就存在应该舍弃哪一个观点的问题。笔者认为,法律评价说在理论上似乎更有发展的空间。[46] 如此一来,依据损害保险计算火灾损失也应该

---

〔46〕 对于立法者的说明,一如山本克己在前引论文第 302 页中所指出的那样,如果立法者在立法初始就明确该条为法律评价的话将引起争论。因为立法者后来又转向支持证明度轻减说,但是并没有明确转向的理由。也许是立法者认为承认

法律评价说的时机还不成熟,因为法律评价说和判例采纳的差额说无法实现整合。畑郁夫「新民事訴訟法二四八条について」原井・古稀第493页、特别是第505页指出,实务中是以差额说为基础的,因此从实务的感觉出发,证明度轻减说较为妥当。这样的话,如果立法者只是表明证明度轻减说是与现实相妥协的产物,而没有在理论上明确支持证明度轻减说,学者也就没有必要过分拘泥于立法者的说明。

从条文的位置来看,第248条位于自由心证主义(第247条)之后,有利于证明度轻减说的成立;但春日・前引注〔43〕第75页第一段中指出,该条文所处章节是"判决",而非"证明",因此第248条与自由心证主义并无关系。笔者认为这一反论并没有抓住问题的要害。如果认为该条是关于减轻证明度的规定,那么以一个课堂教学设例来看,在不能用发票或收据来证明治疗费、入院费等所谓的积极损害(假设入院接受治疗这一事实是可以证明的)的时候,依据该规定,这一损害并不涉及价值几何的评价方法,法院也可以仅靠亲属、熟人的证言来认定该损害之事实,这种做法会不会有些过头了呢?在家庭财产遭受火灾损失的情形下,假设原告以预备性或选择性的方式提供了两种证明途径——家庭财产的具体证明(哪一年、什么型号的高清晰度电视机、冰箱等)和损害保险的资料。如果采纳证明度轻减说,尽管这两种证明属于同一性质(假设教学设例中的金额与实际没有大的误差),为什么只有一种证明属于证明度轻减?如何解释这一问题(不过,研究会新民訴第322页伊藤真在发言中认为,由于证明方法的关系,第248条认可了证明度的相对性)?而按照法律评价说的观点,由于两种证明方式性质不同,因此可以同时使用。藤原弘道「損害及びその額の証明」判タ733号(1992)第4页,特别是第10页指出,在审判实践中,积极损害的认定也是由法官自由裁量的。另外,从西野・前引注〔15〕第96页对实务的写实性说明中也可以看出,赔偿额是由法官依自由裁量确定的。畑・前引第511页也指出,在人身伤害逸失利益的判例中,法院认定损害额的基础是把丧失的劳动能力本身视为损害。由此可见,实务中的做法更接近于法律评价说。民法学者内田貴・前引注〔22〕第352页也对所谓的确定差额说提出了批评。另外,伊藤滋夫「民事訴訟法二四八条の定める『相当な損害額の認定』(中)」判時1793号(2002)第5页指出,过去那些不能达成有效证明的方法,现在也可以按照第248条的规定认可其证明了。从这一意义上来说,第248条所涉及的问题已经不仅仅是单纯的减轻证明度了。

虽然如此,第248条所谓的"以证据调查结果和辩论全趣旨为基础"的措辞对法律评价说还是不利的。当然,我们也可以辩解说,在抚慰金案件中,法院也是在证据调查结果和辩论全趣旨的基础上来评价原告到底遭受了多大的伤害,这与第248条的条文并没有产生正面的冲突;而且,从法律评价说的角度出发,"以证据调查结果和辩论全趣旨为基础"也表明禁止法官利用私知裁判案件,这一积极意义应该得到肯定。此外,这里也包含了希望法官采用合法的形式加强与当事人的沟通交流的意思。

学说之所以产生分歧,不单是因为学者在理论上有不同的理解,还与学者在解属于第248条的规范意旨。

实际上,上述所谓性质论、适用对象范围论等只具理论上而非实践上的意义。[47]因为对于抚慰金、幼儿逸失利益已形成相当稳定的判例,家庭财产火灾损失也已经有了下

释论实践中各自不同的战略意图有关系。在证明度轻减说的阵营中,我们可以从研究会新民訴第324页青山的发言中得出如下结论:该阵营的学者不仅希望在涉及损害额的认定时可以适用减轻证明度的规定,还意图将这一成果扩大到损害的认定、过失和因果关系的认定甚至损害赔偿请求以外的更为宽广的领域。这实际上不是从理论而是从政策的角度出发讨论问题了。另一方面,法律评价说的学者们认为(至少是笔者一家之见),即使不仰仗第248条,减轻证明度的规定也可以独自成立,因此没有必要将战略性的意图渗透到对该条的解释中。坂本·前引注〔43〕民訴雜誌45号第232页也持相同见解。

笔者虽然倾向于法律评价说,但在证明的第二种类型家庭财产火灾损失的案例中,由于过去存在的事实属于证明和心证的范畴,所以法律评价和减轻证明度均有适用的余地。使用损害保险资料的做法属于从一般性角度出发的评价;同时,从证明和心证的观点来看,一般性资料由于和实际损失的关联性较差,其能够证明的程度(心证度)也较低。比如某一年龄层人群的平均剩余寿命是30年,并不能因此就"证明"该年龄层的某一特定人可以再生存30年。因此,使用损害保险资料这一做法的性质可以认为是评价,同时也可以认为是降低证明度要求的事实认定。如前所述,如果认为利用流行病学的统计资料来认定因果关系的做法属于普通证明的话,就存在一个如何与上述结论相整合的问题。即使都是利用统计方法处理过的数据,和实际情况之间也还存在着一定的误差;因此在火灾案例中,将允许使用损害保险资料的做法看作减轻证明度也并非不可能。

另外,在民事诉讼法修订之前,也有判例利用损害保险的资料来认定家庭财产水灾损失的数额,参见東京地判1979·1·25判時913号第3页、岐阜地判1982·12·10判タ499号第231页。虽然不是最高法院的判例,但毕竟是修订之前出现的,不是也可以和抚慰金、幼儿逸失利益一样纳入第248条的规范范围吗?

此外,也有学说认为轻减说抑或评价说在能否提起上告方面是存在差异的(坂本·前引注〔43〕民訴雜誌45号第231页强调了其重要性),不过因为两者都涉及上告受理申请程序,应该不会存在太大差异。

〔47〕 清水正憲「損害額の認定」滝井＝田原＝清水編『論点新民事訴訟法』(1998年,判例タイムズ社)第399页以下,特别是第401页提出质疑:不同理论的差异能给实务的现实结论带来多大不同呢?中野＝松浦＝鈴木第296页(青山善充執筆)也认为不会造成实务处理结果上的差异。

级法院的判例。[48] 实践中更为重要的是,如何建构当事人的证明活动以及如何防止法院轻易地作出不负责任的认定。以抚慰金案件中当事人的证明活动为例,诉讼代理人应该在各项证明方面多做工作,比如委托人受到了何种程度的打击,原告属于容易受到刺激的性格,而且现实中代理人也是这么做的。至于如何防止法院作出不负责任的认定这一方面,法院也许受到迅速处理案件的诱惑,但也不应该动辄引用第 248 条的规定,比如在处理火灾损失类型案件的时候,如果当事人要求对财产损失进行个别证明,原则上应该准许。[49] 另外,在判决理由中也应该载明(作为评价前提

---

〔48〕 东京地判 1999・8・31 判タ1013 号第 81 页(三洋电机产冰箱的自燃事故诉讼)。不过,法院认为保险公司(本案中的农协)的估价因为考虑到保险金额的上限而较为保守,并在损害额认定的时候以此为由将保险公司的估价增加了一成。这一做法正属于法律评价。

此外,也有学者从立法过程的角度讨论第 248 条的类推适用问题,见鹤冈灯油案最判 1989・12・8 民集 43 卷 11 号第 1259 页、百選Ⅱ第 111 号案例(上原敏夫解説)。学者们坚持认为,虽然最高法院并没有支持原告的诉讼请求,但也依照第 248 条认定了损害数额;但本案实际上连损害的事实都没有得到认定,又如何认定损害额?这和适用第 248 条的前提不符。有学者误解为,法院之所以驳回了原告的诉讼请求是因为对损害额的心证没有达到证明度的要求。至于产生该误解的原因,可参考白石忠志「独禁法関係事件と損害額の認定」『競争秩序と民事法』(日本経済法学会年報 19 号,1999)第 123 页的相关分析,颇为有益。

不过,也有学者认为,损害和损害额的区分是很困难的,见藤原・前引注〔46〕第 12 页注(2)。比如,一家刚开张的咖啡店,因为空调安装的问题使冷气流向室外而不是室内,导致客人减少产生损害。如果将这一损害额认定为零是否合适(该设例出自福永有利教授)?在计算该损害额之前,实际上还交织着因过失行为导致的损害的认定问题,能否在这两个问题的处理上采取更为宽松的政策呢?也许证明度轻减说正是要达到这样的目的。

〔49〕 目前,在住院护理费用的计算方面,法院只是认定一个固定的数额,还不允许当事人主张具体的护理费用;但由于该类损失属于周边损害,与法院的定额并没有大的出入,因此勉强允许法院如此处理,而对于核心损害则应尊重当事人的意向。与此稍有不同,交通事故诉讼则实现了赔偿数额的定额化,川端和治「弁護士離れ」判タ417 号(1980)第 38 页对此提出批评,认为这一做法削弱了律师的代理行为。

的)事实认定的主要内容以及评价的主要内容。与辩论全趣旨有所不同,这一做法应该通过立法加以明确。〔50〕

三、证据契约

在广义上,当事人之间就事实的确定方法达成的合意都属于证据契约,比如承认某一事实而不加争执的自认契约、将某一事实的确定交由第三人判定的仲裁鉴定契约、〔51〕关于证明责任的契约、〔52〕当事人之间关于证据方法

畑・前引注〔46〕第507页站在证明度轻减说的立场上指出,自由裁量说恐怕会造成法官的恣意裁判。同第509页对第248条的适用要件(损害额的证明极为困难)不是从一种先验的角度予以解释,而是认为,在具体的证明实践中,首先应该抱持一种个案均有可能得到证明的思想,然后努力地予以证明,在这种能动的证明活动的过程中,再去判断证明是否极为困难。换言之,首先应该确立让当事人主动举证的行为规范。

〔50〕 研究会新民訴第324页竹下和福田的发言。坂本・前引注〔43〕第234页、春日・前引注〔43〕第76页也持相同见解。

公刊判例第一号东京高判1998・4・22判时1646号第71页是适用第248条作出的判例,但其仅载明"综合考虑以上认定的事实……"

关于第248条的解释论,参见伊藤滋夫「民事訴訟法二四八条の定める『相当な損害額の認定』」判時1792号第3页、1793号第3页(2002),其中也包含对判例的分析,富有启示意义。

〔51〕 飯塚重男『契約的仲裁の諸問題』(1998,有斐閣)第17页以下有较详尽的研究。其典型事例为,当事人双方约定将保险事故的原因或损害额交由第三人判定并遵从其判定结果。由于这一判定并非权利义务的终局性判定,因此与仲裁协议(《仲裁法》第2条称之为仲裁合意)不同。

〔52〕 金洪奎『証拠契約の研究』(1975,法律文化社)一书对证据契约进行了广泛的研究。该书第35页指出,立证责任契约(证明责任契约)在广义上也属于自认契约,但是证明责任契约免除了对某一事实负有证明责任的一方当事人的证明责任,而是允许对方证明相反的事实。由于自认契约不允许证明相反的事实,所以两者在这一点上又有所区别。如果没有证明相反事实,或者证明失败,法院将按照自认的事实来认定案件,自认的一方将败诉。其败诉的原因并不在于他负有证明责任,而是其作出的自认。从外观来看,似乎是证明责任转移到了对方当事人。具体的事例有:债务人保留相反事实的证明来确定缔结买卖契约的事实。只要债务人(被告)没有证明买卖契约没有成立这一相反的事实,法院就可以依据自认的结果来确定买卖契约缔结事实的有效性。

提出的合意(证据限制契约)——某一事实只能通过书证来证明。狭义上的证据契约单指证据限制契约,虽然这一区别缺乏特殊的必要性。

新堂第 482 页认为,证据契约具有以上广泛的效力并对法院有拘束力。确定权利关系的存否要以一定的事实或证据方法为前提,是对权利关系的间接处分,所以当事人针对可以自由处分的权利关系设立证据契约是有效的。又因为新堂说肯定了对间接事实的自认(新堂第 467 页),所以自认契约已经不仅仅限定为主要事实了。〔53〕在辩论主义的原则下,提出证据是当事人的权利,因此也应该肯定证据限制契约的效力。其结果是,如果证据限制契约将证据限定为书证,而一方当事人申请法院进行证人询问的话,法院将驳回该申请。

以上是关于证据契约的大致情况,如果某一证据契约限制了自由心证主义,则该契约不合法。〔54〕

证明责任的契约在归责事由存否不明的情形下改变了证明责任的分配。也就是说,当事人约定在归责事由真伪不明的时候不能请求履行债务,而把这样的契约简单地视为转移了证明责任的契约也没有什么大的问题。

〔53〕 通说否认当事人对间接事实的自认,所以关于间接事实的自认契约也是不合法的。参见条解第 941 页(松浦馨執筆),三ヶ月・全集第 404 页,上田第 360 页,中野 = 松浦 = 鈴木第 287 页(青山善充執筆)。

〔54〕 三ヶ月・全集第 404 页、上田第 360 页、小室・監修第 140 页认为,当事人之间确定某一特定证据证明力的合意以及由某一事实推定其他事实的合意(事实推定契约)侵害了自由心证主义,因此该类契约不合法。同样,当事人也不能合意排除法官依职权可以进行的当事人询问(第 207 条)。

此外,如果当事人主张且能够证明存在仲裁鉴定契约的话,那么在仲裁鉴定的结果出来之前,法院应该中止诉讼程序(新堂第 483 页)。但是,如果原告非因正当事由而拒绝实施仲裁鉴定的话,又该如何处理?德国学者有两种观点,一是暂时驳回该请求(可以再诉);二是给仲裁鉴定的提出设定期限,如果原告逾期提出该请求的话,则驳回该请求,并且这一驳回是终局性的(不可再诉)。因为仲裁鉴定属于原告可为而不为的事项,所以后一种处理方法更为妥当。参见高橋宏志「既判力と再訴」三ヶ月・古稀(中)第 521 页以下,特别是第 541 页。

四、信息收集的手段

事实和证据的提出是当事人的责任和权利,而提出某一事实或证据的前提是当事人必须知晓该事实或证据的存在。为此,当事人必须掌握与该事实或证据相关的一切信息。法律规定了两种获得信息的手段,即当事人照会与律师协会照会。

1. 当事人照会

在诉讼系属中,就主张立证的必要事项,当事人有权要求对方予以书面回答(第163条),此即当事人照会(新堂第501页)。2003年修订后的《民事诉讼法》规定,当事人也可以在起诉前行使这一权利,参见第十一讲"之2003年民事诉讼法之修改"之"二、证据法——诉前证据收集、鉴定及其他"部分。

(1)理念与根据

当事人为何能向对方发出照会呢?学说不一。有人认为这是当事人之间一种沟通的礼节;[55]有人认为这是在证据不均匀分布(证据偏在)时为了确保当事人诉讼武器平等的一种方法;[56]有人认为这是基于当事人之间的诚实信用

---

〔55〕 井上治典「当事者照会制度の本質とその活用」講座新民訴法Ⅰ第267页以下。

〔56〕 事实上也许该说并不存在。秋山幹男「証拠収集手続(2)——当事者照会」塚原=柳田=園尾=加藤編『新民事訴訟法の理論と実務上』(1997,ぎょうせい)第421页是从证据偏在的视角来理解这一制度的,并且最终将该制度的目的多元化。即由于证据偏在等原因,负担主张和证明责任的一方当事人难以接近的事实对对方而言则较为容易。在这种情况下,从"当事人实质的平等、公平以及从诉讼中发现真实的目的"出发,例外的课以对方当事人回答的义务(同第426页)。森脇純夫「当事者照会②——照会する側の代理人として」新民訴大系2第165页上也从争点整理的公平与效率以及证据偏在的角度加以说明。竹下守夫「新民事訴訟法と証拠収集制度」法教196号(1997)第10页也明确指出,1996年修改民事诉讼法证据收集制度的时候,确实考虑到实际存在的证据结构性偏在问题;但他并没有直接将当事人照会和证据偏在的现象相联系。

原则(参照《民事诉讼法》第2条);[57]有人认为这是充实争点和证据的需要;[58]还有人认为这是真实裁判的需要;等等。以当事人沟通的礼节为根据的学说令人耳目一新,并且该说的视角已经超越了民事诉讼法学狭窄的领域;但实定法的条文是以诉讼系属为前提的,因此该说与这一前提未必吻合。[59] 此外,与当事人沟通礼节这一意义上的信息开示相比,第163条规定的当事人照会制度更为刚性,且范围更广,因此作为制度根据论来说,其基础似乎不太稳固。[60] 证据偏在情形下的武器平等说与实定法也未必吻

---

〔57〕 研究会新民诉第166页柳田(立法负责人)的发言(以当事人一般的审查合作义务和诉讼上的诚实信用原则为根据)、清水正憲「当事者照会制度」ジュリ1098号(1996)第48页、小室ほか・基本法コンメ2第93页(園尾隆司執筆)、小室・監修第123页等,该说属于多数说。西村健「当事者照会」滝井＝田原＝清水共編『論点新民事訴訟法』(1998,判例タイムズ社)第128页以下,特别是第143页以及竹田真一郎「当事者照会③——照会を受けた側の代理人として」新民訴大系2第199页指出,诚实信用原则的具体内容未必明确,因此单以该原则为依据是否充分尚值探讨。

〔58〕 实际上不仅仅是当事人照会制度,整个证据开示程序都可以起到这个作用。伊藤真「開示手続の理念と意義(上)(下)——民事訴訟法改正への導入をめぐって」判タ786号第6页、787号第11页(1992)指出,通过证据开示,双方当事人对案件事实达成共识,这样一来争点会逐步缩小,而且有利于促进和解。此外,作者将真实义务和完全陈述义务作为开示制度的根据。河野正憲「当事者照会①——その目的」新民訴大系2第159页也极为重视促进诉讼进程的立法政策。

〔59〕 井上治典也意识到其观点和实定法的整合问题,他对此做出的解释是,实定法中的当事人照会制度是诉讼系属中(2003年修法后虽以预告通知为必要,但仍以诉讼系属为前提)的制度,因此,在以相互作用为主要形式的裁判程序中处于辅助性的地位,参见前引注〔55〕第272页。井上的这一说明虽然没有什么漏洞,但是否充分还有疑问。

〔60〕 不过,井上(治)说并没有肯定其观点是为了回答这一问题而提出的(也就是说,并没有特别针对当事人照会制度而提出这一观点),因此作为学说来讲,并不存在什么内在矛盾。笔者只是假定任何学说都有回答某一问题的义务,也就是在这个层面的意义上,笔者认为井上(治)说提出的根据与实定法未能实现整合。

合，因为法律设立当事人照会制度并未限定在证据偏在的情形。而且，为什么在证据不均匀分布的情况下就一定要公开自己掌握的信息呢？所谓当事人之间的诚实信用原则说，给人的感觉更像是为了回答问题而给出的一个答案；但诚实信用原则本身在旧法下是适用于民事诉讼的，不过这并不意味着学者以旧法下的诚实信用原则为依据来要求如此程度的信息开示。〔61〕 因此，并不能从诚实信用原则当然推导出当事人照会制度，这其中存在一个逻辑上的跳跃。争点和证据充实说也存在同样的问题，旧法也很重视争点整理的工作，因此设置了准备程序，但还不能认为一方当事人必须应对方当事人的要求开示某些信息。真实裁判的要求说也存在类似的问题。多数学者也认为，即使在《民事诉讼法》修订之前，真实裁判也是民事诉讼的目标，当事人的

---

〔61〕 比如松本博之「民事訴訟における証明責任を負わない当事者の具体的事実陳述＝証拠提出義務について」曹時49卷7号(1997)第1611页，特别是第1643页虽然主张当事人负有具体事实陈述的义务和证据提出义务的根据在于诚实信用原则，但也附加了四项限制条件：①事发过程中负担证明责任的当事人不在场；②不具有自行澄清事实的可能性；③对方当事人给予必要的事实说明并没有太大的困难；④能够期待对方当事人作出具体的事实说明。从诚实信用原则当中并不能无限制地推导出某些具体的制度。这四项条件与后述第163条的内在制约条件表面上看来是重合的，但作者在第1644页明确指出，当一方当事人在某一具体事实的陈述上所面临的困难要明显大于对方时，就要求对方负担具体的事实陈述义务和证据提出义务，其依据是不充分的，因此需要一个与对方当事人之间的特别连接点。然而根据第163条之规定，照会并不以特殊情形为必要，因此两者依然存在差异。

此外，河野·前引注〔58〕第159页指出，推进诉讼进程的立法政策要求当事人尽早作出意思决定，为了平衡该立法政策才选择从诚实信用原则推导出当事人照会制度。这样一来，当事人照会制度的依据已经不单单是诚实信用原则，还包括了推进诉讼进程的需要。

真实义务和完全陈述义务至少作为一种行为规范是被认可的;但这并不意味着《民事诉讼法》修订之前的学说也认为真实裁判的要求、真实义务和完全陈述的义务是今天信息开示制度的设置依据。

经过以上观察,似乎应该认为,立法者是将上述各种根据论综合衡量(特别是以诚实信用原则和真实裁判的要求为杠杆)来考虑当事人照会制度的根据的。也就是说,以1996年《民事诉讼法》修订为契机,立法者的思想发生了转变。现在的观念是,当事人借对方信息匮乏之机竟然可以赢得诉讼是不妥当(不公正和不公平)的。[62] 从这一思路出发,我们就可以把文书提出义务的一般化(第220条第4项)、禁止单纯的否认而要求积极的否认(《民事诉讼规则》第79条第3款)等制度规定结合起来,全面理解1996年《民事诉讼法》修订后的信息(证据)开示制度的精神。

传统的民事裁判实务中,人们的潜意识是,当事人因为对方信息匮乏而获得胜诉没有什么违法或不当之处,于是也就没有必要让对方知道对其有利的信息;但是当事人照会制度让人们的这一思想观念发生了转变——不管该信息有利还是不利,当事人都必须提供给对方。这样一来,是不是说保障当事人(不向法院提出事实和证据的)自由的辩论主义发生了变化呢?这可能涉及如何理解辩论主义的问

〔62〕 研究会新民诉第176页竹下的发言也指出,对所谓的隐匿信息的自由这一既有观念进行适当修正已经迫在眉睫。椎橋邦雄「当事者照会」西口元編『現代裁判法大系13 民事訴訟』(1998,新日本法規)第96页也谈到了民事诉讼基本构造的变化。高橋·論考第206页也谈到思想观念的转变。

题。如果说辩论主义的基本命题是不能将当事人没有主张的事实(笔者认为是主要事实和重要的间接事实)作为判决的基础,不允许法院以职权调查证据等,总之是禁止法院的过度介入。这样的话,应该说辩论主义原则的本质并未因当事人照会制度而发生任何改变。上述命题即使在现行的民事诉讼法中也同样是妥当的。主张责任、证明责任的概念和证明责任的分配也没有发生变化。但是,由于当事人之间要进行信息开示活动,对方当事人现在可能会得到以前根本无法得到的事实和证据,而该当事人又会主动地将通过信息开示得来的某一事实和证据呈现在诉讼中。这样一来,诉讼中出现的事实和证据无论是在质的方面还是在量的方面都和以往不同。因此,与以前的诉讼形态相比,现在的诉讼形态应该说是异质的。在这个意义上,也可以认为辩论主义原则的内在由于其外表的改变也发生了某种程度的变化。[63]

(2)要件

首先,当事人照会的内容限于主张立证所需的必要事项,而且禁止当事人发出如下照会:①不具体的或非个别的照会;②侮辱对方或令对方感到困惑的照会;③重复照会;④要求对方陈述意见的照会;⑤须花费对方金钱或时间且不存在正当理由的照会;⑥涉及拒绝作证权的照会。

---

〔63〕 高橋·重点講義第680页。

伊藤第255页也认为,在争点整理程序中,以完全陈述义务为根据要求对方开示信息的做法与辩论主义并不矛盾。

由于不得发出要求对方陈述意见的照会,因此照会的事项仅限于事实(新堂第503页);涉及对方对案件意见、案件评价甚至是关于诉讼策略的照会也是被禁止的。这是充实诉讼所需的当然之举。因为对于客观事实,应该推动双方做到信息共享,但是对如何评价和使用该信息,则需要对立的双方当事人智慧的较量,从而不断地充实诉讼。如果暴露了诉讼策略,那么当事人之间就不会形成竞争关系;也正是基于这一理由,1996年《民事诉讼法》修订的时候依然维持了当事人的调查义务(《民事诉讼规则》第85条)。如果一方当事人的诉讼策略是无原则地依赖对方所掌握的信息,那么这一诉讼策略亦为法所不容。因此,如果发出照会的一方通过简单的调查即可查明该照会的内容,这样的照会也是被第163条(或者涉及第2项所指侮辱对方或令对方感到困惑的照会)所禁止的。美国法中有所谓work product理论(诉讼准备活动成果保密法理[64]),这一法理也通行于日本,因此对于已经超出了单纯的事实和信息的范围而涉及案件评价和诉讼策略的照会,原则上应予禁止(井上·前引注〔55〕第280页

〔64〕 该法理是指,律师或会计师针对特定的诉讼所收集的事实和信息以及诉讼策略等可免予开示。如果不这样规定的话,"搭便车"的现象就会增加,而且当事人对立这一诉讼构造的基础就会崩溃;但是,如果对方当事人因收集该事实或信息而需要花费不合理的时间和金钱以及在没有替代证据的情形下,该当事人就可以提出证据照会。在这一意义上当事人的开示拒绝权是相对的,其效力不如绝对的开示拒绝权(律师和委托人之间的通信保密权)那么强。关于此点,本讲"一般义务文书"部分有较详细的论述。

亦持相同见解)。[65]

其次,照会的内容应关乎事实,话虽如此,但对涉及主要事实的照会又该如何理解呢?这可以分成两部分来讨论。第一,对主要事实的承认与否(否认或自认)应该在辩论中予以明确,因此将之在当事人照会中提出是否合法?比如,原告以被告不贞为由起诉离婚,那么原告是否可以向被告发出照会,要求对方说明其是否在某日某时与某异性在宾馆同宿的事实呢?在被告还没有于辩论中明确该事实存否的时候,原告能否发出照会?如果被告答复说,是否承认该事实将在辩论中予以明确,这样的答复是允许的,因为当事人有权选择承认还是不承认该事实的具体日期(只要在口头辩论期日之前作出相关决定即可)。学说在这一点上没有什么争议,

---

〔65〕　秋山・前引注〔56〕第428页也认为,如果照会内容涉及以下事项则应予禁止:①照会方较易调查的事项;②从事项的性质来看,该事项并不在对方当事人的控制范围内;③对方当事人尚未掌握的事项或者难以调查的事项。

按照第163条第4项的规定,征求对方意见的照会在禁止之列,那么要求对方自认的照会是否不合法呢?该类型的照会在美国法中属于discovery程序中的一项内容。就日本的情形而言,争点整理程序的目的在于明确双方的争点,因此确认对方是否自认的照会也是合乎制度目的的。但作为解释论,由于自认不仅仅涉及单纯的事实,还涉及事实评价或诉讼策略,因此也应该视为第163条第4项的规范内容。而且,就解释论而言,即使对方当事人在照会的答复中作出了自认,由于该自认并非在诉讼内或是在辩论准备程序中于法官面前所为,因此应属于裁判外自认。自认契约的要约和承诺则不同于当事人照会。不过,研究会新民诉第174页上的伊藤发言以及伊藤・第230页中认为,要求对方作出自认的照会是合法的。井上・前引注〔55〕第279页虽然没有直接讨论自认的问题,但作者指出,事实和评价的区别是很模糊的;关于行为动机和目的的照会应予认可;不同情形下涉及法律评价或事态的发展预测等意见和评价的提问亦应允许。

对于第163条第5项之规定,如果由发出照会的一方负担费用的时候是否可以排除在除外事由之外?很多解释对此持肯定态度,但秋山・前引注〔56〕第433页认为不能排除(意即在这种情形下对方当事人也没有答复照会的义务)。笔者认为,如果只涉及费用问题似乎可以排除在除外事由之外,而涉及时间问题则不能排除。

问题是,如果允许对方做出如此形式的答复,是否就意味着照会本身也是合法的呢?或者说,由于这种形式的答复并非答复,因此在照会初始只能期待得到如此答复的照会在本质上并不是当事人照会,该照会本身是不合法的呢?另外,对于被告在辩论中已经否认的事实能否再次发出照会?按理说,既然已经在辩论中加以否认,那么即使再次发出照会也还会得到否定的答复,因此照会的行为是没有意义的。但能因此而得出该类照会不合法的结论吗?甚至原告并不是直接在照会中询问是否与该异性同宿,而是问当天在什么地方过的夜。对于这种照会,已经不是单纯的否定就可以答复的了(当然,这不是主要事实而是间接事实)。另外,在辩论中否认,而在照会中直率承认的情况也并非完全不存在。〔66〕以主要事实为内容的照会涉及的第二个问题是,对于己方负担主张责任的主要事实,能否向对方发出照会?一般人都认为,就辩论中应该由己方主张的事项反而企图从对方当事人处获得相关信息是很滑稽的,己方负担主张责任的事实应该由己方去调查和主张;但这正是信息(证据)观念已经发生了转变的地方。现在的观念是,自己负担主张责任而且又打算在辩论中予以主张的主要事实,越是欠缺与该事实相关的信

〔66〕 如果真实的情况是被告确实在当天与该异性同宿,而被告在辩论中对该事实予以否认的话,被告就违反了真实义务。另外,如果不允许单纯否认而要求积极否认的话,被告就必须回答当天在何处过夜。被告即使在辩论中违反了上述义务,也有可能在原告穷追猛打的照会中对真实情况予以坦率承认。山本和彦在「当事者照会に関する諸問題」判タ965号(1998)第16页,特别是第20页末尾处指出,即使是对被告不利的真实情况,被告也应该予以承认;而这正是1996年《民事诉讼法》修订时的理念。

息才越能体现照会制度的必要性。〔67〕 综上,当事人照会的内容即使与主要事实相关,也应该认为是合法的。〔68〕 对于还没有主张的主要事实(抗辩中有可能出现),允许发出照会是理所当然的。否认也不仅仅限于主要事实,亦可涉及间接事实。这样看来,就没有必要对主要事实采取特殊的处理方式。

当事人照会须于诉讼系属中为之。这意味着在诉讼系属之前是不能利用该制度的(不过,在发出预告通知的前提下,也可以在诉前发出照会)。原告能够发出当事人照会的时间应该是诉状送达被告以后。〔69〕 另外,当事人照会是对当

---

〔67〕 井上治典教授在某次研讨会上曾提出如下设例:破产管理人起诉追讨破产公司的债权,该债权虽然从账簿上可以得到反映,但是缔约时的具体情况却不甚清楚。这种情况下原告能否向被告发出照会询问缔约时的具体情况呢? 与此类似的问题是,在债权人代位诉讼中,代位权人能否向次债务人发出照会询问缔约的具体情况呢?

另外,在继承被继承人债权的诉讼中,由于原告继承人很有可能不了解实际情况,这种情形下就很有必要向对方发出照会予以询问。

〔68〕 山本(和)·前引注〔66〕第20页认为不合法。意即如果被告答复说将在随后的辩论中对照会的内容予以回答,这种答复无视照会方要求的答复日期,很难说是对照会的答复,其实质是否定了答复的义务,而不称其为当事人照会。

不过,山本说接下来认为,在涉及诸如过失一类的一般条款的主要事实时,对方依然有义务对要求其说明具体事实的照会作出答复。比如,在学校事故中,受害人(原告)可以发出照会,要求被告说明学校教师指导学生的具体情形以及学校的安全保障措施。总之,山本说也并非单纯地否定与主要事实相关的照会。

〔69〕 原告应该斟酌诉状送达被告的日期以便向被告发出照会,如果照会在诉状送达前发出,那么该照会的不合法性将随着其后诉状的送达而自动"治愈"。

西村·前引注〔57〕第136页指出,在与法院受理起诉状的同时发出当事人照会也是可能的。不过这种情形下被告的答复期间应该从诉状送达被告之后开始计算。井上·前引注〔55〕第276页认为,如果原告在起诉之前发出照会,应该将起诉状的复印件同时寄出,并向对方说明照会的必要性,对这种照会的合法性也应该予以承认。

顺便提及的是,在1996年修法之前律师也会采用内容证明信函的方式要求对方提供相关信息,诉前亦可。自2003年《民事诉讼法》修订以后,上述做法已经转化为第132条之2中规定的诉前当事人照会制度,但这一规定并不意味着否定了内容证明信函的合法性。

事人而言的,辅助参加人也属于当事人,因此也涵盖在该制度范围之内;但共同诉讼人内部不是对立的当事人关系,因此不能利用该制度。〔70〕照会应采用书面照会而不是记载于准备书面的方式。如果对方当事人有诉讼代理人(律师)的,可以对该诉讼代理人为送达(《民事诉讼规则》第 84 条第 1 款)。因为普通百姓有可能因不知道除外事由的存在而遭受不利益。

当事人照会中的事项一般会涉及:产品责任诉讼中,产品设计图和制造工程表的有无、零配件的来源地、以前的事故例;交通事故诉讼中,同车人的姓名、速度、事故发生前的行驶路线;契约关系诉讼中,契约书制作人的姓名;医疗过失诉讼中,责任医师的姓名;借款返还请求诉讼中,还债资金的筹措方法等。〔71〕〔72〕

---

〔70〕 井上・前引注〔55〕第 277 页认为,共同诉讼人之间也可以发出照会,其理由是潜在的诉讼系属亦可。不过井上说原本就是从当事人沟通这一角度来看待当事人照会制度的,因此也不令人感到意外。

〔71〕 上述举例参见秋山・前引注〔56〕第 430 页,小室ほか・基本法コンメ2 第 94 页(園尾隆司執筆),塚原朋一『新民訴法実践ノート』(1999,青林書院)第 103 页,森脇・前引注〔56〕第 171 页等。另外照会也可以要求对方开示其掌握的文件目录。

应予注意的是,当事人照会收集的并不是证据本身,而是与事实、证据相关的信息。美国法也同样区分证据本身和与证据相关的信息,并在此基础上于 1938 年开启了 discovery 制度之门,相关内容详见高橋宏志「米国デイスカバリー法序説」法協百年論集三卷(1983,有斐閣)第 527 页。伊藤・前引注〔58〕判タ787 号第 25 页也特别强调了于辩论中提出证据和证据探索之间的区别。当事人照会可以要求对方说明证人的姓名和住址,但不允许照会证言内容,参见秋山・前引注〔56〕第 431 页,前述 work product 理论(诉讼准备活动成果保密法理)为其适例。美国最近也通过立法,将供述(证言)的内容排除在早期信息披露制度(disclosure)之外。

(3)效果

第163条当中的用语是“得”发出照会,这意味着立法者课以对方当事人答复的义务。〔73〕只要不存在除外事由就必须予以答复。不过,法律并没有规定违反这一义务的制裁措施。也就是说,立法者创设了一个即使不予答复也不会受到直接制裁的当事人照会制度。正因为这一立法属于随着思想观念转变的革命性立法,因此没有规定制裁措施也是一种

关于美国的最新立法情况参见笠井正俊「民事訴訟における争点及び証拠の早期整理とデイスクロージャー」方角論叢142卷5~6号(1998)第132页,同「デイスカバリと当事者・裁判所の役割」民訴雑誌48号(2002)第236页,同「アメリカの民事訴訟における二〇〇〇年のデイスカバリ制度改正をめぐって」新堂・古稀(下)第1页,大村雅彦「アメリカ民訴における事件情報の早期開示の動向」木川・古稀(下)第321页,伊藤・前引注〔58〕論文等。

在美国,保险证券也属于早期信息披露制度(disclosure)的适用对象,那么在我国是否可以将之作为当事人照会的对象呢?如果强调为主张立证做准备这一要件的话,因为保险证券只是在和解方面具有重要的价值,而在诉讼中主张立证的准备过程中,其必要性并不那么突出,所以从解释论的角度看,不应该将保险证券作为当事人照会的对象这一说法还是有说服力的。不过实务中的惯例是,为了促进当事人和解还是希望对方能够予以开示。

〔72〕 似乎没有人认为当事人照会越多越好。竜嵜喜助「事例で考える弁護士活動」法時68卷11号(1996)第32页中有如下设例:某案件涉及朋友之间的资金流动问题,争论的焦点是该资金的性质究竟属于贷款还是共同事业的投资。原告代理人(律师)提交的诉状主张构成准消费借贷契约,资金的性质是贷款。同时向对方发出当事人照会,询问事业的具体内容(销售、经费的明细等)。被告代理人据此认为,既然原告就事业内容发出照会,就意味着原告认为该资金属于对共同事业的投资,因此提出反论,并将该当事人照会作为证据提交法庭。作者指出,原告最后搬起石头砸了自己的脚,当事人照会也会变成对方攻击自己的武器。确如所言,当事人照会是一把“双刃剑”。

另外,原告就自己负担主张责任的事实一并向对方发出当事人照会的做法,到头来也会成为原告不当起诉(没有根据的起诉)的证据。

〔73〕 但是,井上・前引注〔55〕第272页认为,因为当事人照会是一种当事人之间沟通的方式,因此被照会一方并没有答复的义务,如何对待该照会是当事人的自由。

稳妥的立法选择。

而且,当事人照会制度是在当事人之间自发进行的,法院并不参与其中。对于个案是否符合第163条第1项以下所列的除外规定,法院也没有判断的权力。围绕该制度产生的争执属于裁判范围之外的当事人之间的争执,而且虽说是为准备主张立证活动所必要,但毕竟不是主张立证活动本身,法院应该避免卷入其中。但从法制的发展来看,这一规定是令人遗憾的。没有规定制裁措施,也不允许法院的参与(判断),这可能不利于要件规范的法制发展,容易造成恶性循环。[74]

当然,拒绝答复也并不是全然没有意义。拒绝答复这一事实如果在口头辩论中得到明确的话,至少说明该当事人的态度不友善。如果在实体法问题(本案的审理)上违反了说明义务的话,这一态度就有可能带来较严重的后果。不过,拒绝答复毕竟是发生在辩论程序之外的事实,因此在概念上并不构成辩论的全趣旨(新堂第504页)。[75]

---

〔74〕 美国的discovery程序允许法院的参与。研究会新民诉第172页竹下在发言中指出,希望法院能够起到棒球比赛中裁判的作用。伊藤·前引注〔58〕判タ787号第23页也强调了法院参与的重要性。

〔75〕 因为并不是在口头辩论中拒绝回答,并不构成辩论全趣旨,参见山本(和)·前引注〔66〕第21页。拒绝答复这一诉讼外的事实如果在诉讼程序中得到证实的话,也会产生相应的效果。关于法官如何处理当事人照会,请参见園尾隆司「当事者照会④——当事者照会に不適切な対応をした場合」新民訴大系2第200页的论述,颇有助益。

此外,在当事人询问中拒绝回答或者虚伪作答都可能对法官的自由心证产生影响。「座談会民事弁護実務は変わるか——民事訴訟改善運動と新民事訴訟法」判タ923号(1997)第24~25页上北尾哲郎的发言殊值重视。比如,X在照会中询问Y是否存在这样的契约书,Y答复说正在调查;而在本人询问中X又询问Y是如何保管契约书的,当事人本人(Y)有可能不知道该怎么回答。这样一来就会影响法官的心证形成。

总之,希望在将来的立法中规定法院有权参与照会,而且也可从中派生出制裁的方法;否则(在新的立法出台之前)只能寄希望于律师界的行业规范了。[76]

由于拒绝回答或虚伪作答可能会与要求释明或文书提出命令相联系,因此当事人甚至会将之作为一种诉讼策略来使用,当然其前提是具备要求释明或文书提出命令的要件,单纯地拒绝回答并不会产生这样的直接效果。松本博之「民事証拠法の領域における武器対等の原則」講座新民訴法Ⅱ第1页,特别是第13页指出,在没有作出合乎法律规定的答复时,法院应该基于证明妨害法理课以该当事人不利益。当然,这一结论与如何理解证明妨害的构成有很密切的联系。

井上·前引注〔55〕第285~288页指出,拒绝回答或不合适的回答会带来如下效果:照会一方可以进行摸索的或概括的主张立证,同时也加重了对方的具体的主张立证负担。也就是说,在被告拒绝回答当事人照会的时候,原告可以进行后述(参见本讲之"四、信息收集的手段"之"3.摸索证明论"部分)的摸索证明。该解释论虽然较为引人瞩目,但是要实现上述主张立证的过程[此处所指并非井上(治)说而是传统学说],就必须要求法院的诉讼指挥能够提供一定的保障;而这就会遇到法院不能参与当事人照会的巨大障碍。因为立法的方针是法院无权判断被告的回答是否合适。同理,虽然多数学说都认为当被告的拒绝回答导致了不必要的诉讼行为或者诉讼迟延的时候,法院应该在诉讼费用方面予以制裁(第62条、第63条),但问题是,法院也无权判断被告的拒绝回答是否属于除外事由。实际上规范论面临的巨大障碍就是法院无权参与当事人照会的规定。因此,从解释论上来说应该从其他方向探索解决问题的途径——法院虽然不能对当事人照会的要件进行事前审查,但通过其他制度(如诉讼费用的承担)也可以做到事后审查。这一做法从解释论的角度来说也并非不可能。

〔76〕 曾有学者建议通过律师协会的仲裁来审查当事人照会的要件,参见前引「座談会民事弁護実務は変わるか——民事訴訟改善運動と新民事訴訟法」判夕923号第26页上那须的发言。笔者对此表示赞成。

顺便提及的是,当事人照会在两个方面涉及律师的行为,甚至是律师的伦理。第一,律师没有按照委托人的意向回答当事人照会是否违反了律师的伦理,甚至是否应该受到惩罚。如果当事人照会符合第163条规定的范围,律师予之答复在诉讼法上并不违法,律师按照诉讼法的规定行事是合(诉讼)法的行为。问题是,在当事人本人并不希望律师作出答复的时候,律师仍然予以答复又该如何处理。打个比方来说,第55条规定了诉讼代理人的代理权,但该规定只是诉讼法上的规定,与律师和委托人的内部关系无关。比如律师和委托人之间内部约定不得设定抵押权,而律师违反了这一约定与对方达成了包含设定抵押权的和解,判例(最判1963·2·21民集17卷1号第182页)认为这种情况下的和解是有效的,而学说却一致认为律师应负担损害赔偿义务(也就是肯定了惩罚的可能性),参见高橋·重点講義第188页。

这样一来,如果委托人嘱咐律师说,即使败诉也不能把该信息透露给对方。即使律师认为委托人所指的信息并不重要,也不应该将该信息透露给对方当事人。《律师伦理》(弁護士倫理)第18条规定,在和委托人的关系上,律师应保持自由和独立;同法第19条规定,律师应当尽量实现委托人的正当利益,即使这里有一个"正当"的限定,但案件的最终处理决定权还是在委托人一方。尽管律师应当尽量说服委托人,但一旦无法说服的时候,或者遵从委托人的意愿或者辞去代理一职。另外,虽说并没有违反委托人明示的意愿,但律师在没有确认委托人意见的情形下就想当然地认为应该回答而予以答复,这种情况又该如何处理?虽然在很大程度上律师应该免责,但律师在这种临界事例中的做法恐怕还是违反了律师的伦理。

第二,对应该答复的照会不予答复是否违反了律师的伦理?一如前述,如果违反的是诉讼法上的义务,理论上来说就会影响法官的心证。但这里的问题是,律师的做法是否违反了律师的伦理?是否应该受到惩罚?一般说来,这种情况下对律师做出惩戒是没有道理的。可资比较的是,文书提出命令通过法院可以转化为具体的诉讼法义务,但没听说过因为违反了这一义务就应对律师作出惩罚。因此笔者认为,即使对应该答复的照会而没有答复,原则上也不应对律师作出惩罚。然而是否就可以据此断言不会产生任何后果呢?首先,与文书提出命令相比,如果违反了该命令没有提出文书的话,将受到诉讼法上的直接制裁(第224条)。而一如前述,当事人照会制度中并没有规定直接的制裁措施,完全依赖于当事人和诉讼代理人的守法精神。这样的话,我们就可以将《民事诉讼法》第2条(当事人应该按照诚实信用的原则进行诉讼行为)的规定和律师的伦理联系起来,并作为第一论据。当然这样的论证依然显得很薄弱,因此我们还将求助于律师协会。如果律师协会制定了一些关于当事人照会的指导意见或规则,而律师又违反了这些规定的话,律师协会该如何处理?照会一方的当事人恐怕会向自己的委托律师提出这样的问题——我们已经按照律师协会的规定向对方律师发出了照会,可为什么对方律师不答复呢?委托律师可能会这样回答,律师协会的规定就那么回事。这样一来,委托人甚至是普通百姓又将如何看待律师协会呢?实际上,这个问题已经在《律师法》(弁護士法)第23条之2(律师协会照会,详见后述)中存在了;但律师协会照会只是规定在律师法中,一般人难以见到,而当事人照会却规定在民事诉讼法中,普通百姓很熟悉。如果认为律师遵守律师协会的规定是律师的伦理要求,同时也是惩戒律师的一项事由的话,那么律师对当事人照会违法地不予答复也就可以作为惩戒的事由了;而且,如果律师协会仲裁的结果要求律师答复当事人照会,而律师并没有遵守仲裁决定就更可以作为惩戒的事由了。山本(和)·前引注〔66〕第21页第3段也持惩戒说。不过,上述只是从理论上探讨惩戒的事由,并未涉及具体的要件。一如竹田·前引注〔57〕第183页、森脇純夫「当事者照会制度の意義と課題」自由と正義48卷10号(1997)第38页所指出的那样,当事人照会的义务首先是当事人本人的义务,而并不是身为诉讼代理人的律师的义务。笔者据此认为,抽象的惩戒要件应该是"律师的言行严重损害了普通民众对律师协会的信任"。要件的具体化将是今后的课题。

另外,滥用当事人照会的行为也是惩罚的对象,当然这还要看滥用的程度和内容[東京弁護士会法友会『実践新民事訴訟法』(1998,ぎょうせい)第188页]。滥用内容证明的行为也是一样。

2. 律师协会照会

《律师法》第23条第2款规定,律师可以就受托案件要求所属律师协会向公务所以及公私团体发出照会,调查必要事项。律师通过律师协会可以进行信息收集的工作,这叫作律师协会照会。

律师协会照会和当事人照会在功能上有相似的地方,但在制度层面则存在若干差异。第一,律师协会照会和律师受托的案件相关,因此不以诉讼为前提。当然也可以在起诉前发出照会。实务中经常利用律师协会照会调查一些起诉的必要信息(比如确认建筑物、外国人登记)。第二,律师协会照会是由律师而不是诉讼当事人提出申请;因此在本人诉讼中,当事人本人是不能要求律师协会照会的。这是基于律师职务以及律师活动的公共性质而作出的规定。第三,律师协会照会的对象仅限于公务所或公私团体。其理由在于,公务所或公私团体的报告信用程度较高,在资料保管以及答复程序方面也较为完备,因此法律课以该类团体报告的义务也是合理的。[77] 第四,照会的对象不包括受托案件的对方当事人(新堂第505页)。从对方当事人处收集信息应该由民事诉讼法加以规定,律师协会照会的对象仅限于案

〔77〕 但是这一规定的结果是,可以向医院发出照会,而对私人经营性质的医师就不能发出照会。这样的规定是不合理的。实务中向医师、会计师、律师以及司法书士发出照会的情形并不少见。正确的思路是,立法的旨趣在于排除纯粹的私人性质,因此对于履行职务的医师等进行照会也是可以的。東京弁護士会総務委員会編『弁護士会照会制度』(1998,商事法務研究会)第10页。1996年曾经尝试对这一规定进行修改,但是由于条文用语处理的困难,最后还是放弃了(伊藤第384页)。

外的第三人。[78] 第五,律师协会照会可以要求对方发表意见,要求行政机关对某一情况进行解释说明。[79] 第六,照会主体不是律师而是律师所属的律师协会,由律师协会对照会内容是否适当进行审查。如果律师协会认为内容不合适,将拒绝律师的申请;而当事人照会制度则没有相应的审查程序。[80]

《律师法》第 23 条第 2 款的用语为"得为要求",这就产生了向被照会一方报告(答复)的义务。但是,与当事人照会制度一样,法律并没有规定对违反义务的制裁措施(即使拒绝答复,拒绝一方也不会向申请的律师提出承担损害赔偿责任,参见岐阜地判 1971・12・20 判時 664 号第 75 页、大阪地判 1987・7・20 判時 1289 号第 94 页),法院也不会命令对方予以答复;另一方面,有判例[最判 1981・4・14 民集 35 卷 3 号第 620 页、百選Ⅱ第 135 号案例(井上正三 = 井上治典解说)]认为,被照会一方必须自己来判断作出答复(报告)是否合适。该案大体内容如下:原告就被解雇一事与劳动委员会在法院系争过程中,公司一方的代理律师向区政府发出照会调查原告的前科,区长报告了原告的犯罪前科。因此,该劳动者以名誉、信用和个人隐私受到侵害为由要求市政府予以损害赔偿。一审法院认为,区长有答复的义务,不存在过失,因此驳回了原告的请求。控诉审认为,犯罪人名单的使用仅

〔78〕 日本弁護士連合会調査室編『条解弁護士法』(1993,弘文堂)第 162 页、飯畑正男『照会制度の実証的研究』(1984,日本評論社)第 68 页。但是,似乎允许通过"单位会"向对方当事人发出照会。東京弁護士会総務委員会編・前引注〔77〕第 10 页。

〔79〕 前引注〔78〕『条解弁護士法』第 164 页。

〔80〕 当然,律师协会的审查根本谈不上什么严密。一般都会接受律师提出的照会申请。另外,即使律师协会拒绝了申请,在律师协会内部律师也没有渠道可以提出不服申请,也不能够向法院起诉。这种情况都是由律师协会自行解决的。

限于被选举权资格的调查，而本案中的照会属于一般性照会，对之答复是有过失的。因此撤销了一审判决，支持了原告的部分诉讼请求。最高法院认为，当犯罪前科的有无成为诉讼中重要的争点，而除了向市区町村的行政长官发出照会进行调查以外，不存在其他证明方法时，被照会一方可以进行答复，但必须格外慎重。本案中，照会文书的照会理由一栏只是说明要向中劳委和法院提出照会结果，区长就不假思索地作出了报告，这是违法的。最高法院最终也支持了原告的损害赔偿请求。所以说，判断是否对律师协会照会进行答复（报告）是被照会一方的责任。如果是法院的照会就可以免除被照会一方的责任，但律师协会照会并没有被赋予类似于法院照会的权威性和正当性（另请参照広島高岡山支判2000・5・25判時1726号第116页）。法律论上如此解释也有不得已的苦衷，但被照会一方应该格外慎重地处理律师协会照会也是显而易见的道理。实务中也有一些公务所和公私团体规定，对律师协会照会一律不予答复（报告）。[81]

---

〔81〕　税务署对调查税金的照会、邮局对调查邮件和电讯的照会、银行对调查存款的照会通常都会以保密义务为由拒绝回答。某些公务所或公私团体的上述做法并没有对保密义务的趣旨和照会的必要性、正当性进行个案的比较衡量。克服这一现象的途径是，律师协会对申请进行严格的审查，不断提高照会的权威性和正当性。

另外，与律师协会照会具有类似功能的还有法院的委托调查（第186条）。两种制度虽然功能类似，但性质不同——法院委托调查的结果可以作为证据资料，而律师协会照会显然是不可以的（新堂第506页）。通过律师协会照会得到的信息是否作为证据提交法庭由律师进行判断；而在委托调查制度中，于口头辩论程序中出示答复（报告）并赋予当事人发表意见的机会以后，就可以将之作为证据资料（最判1970・3・26民集24卷3号第165页）。也就是说，委托调查属于证据调查（证据收集），而非信息收集。证据保全制度也是一样，其虽然在事实上能够起到信息收集的作用，但在性质上属于证据调查（先行实施），而非信息收集手段，详见后述（本讲“证据保全”部分）。

另外,2003 年《民事诉讼法》修订时也规定了起诉前的证据收集制度,详见第十一讲之“二、证据法——诉前证据收集、鉴定及其他”部分。

3. 摸索证明论

民事诉讼中,当事人双方提出各自的主张,然后就不一致的方面声请证据,进入证据调查程序。这是一种正常的、良好的状态。提出主张的前提是能够进入证据调查程序,不应提出没有证据佐证的主张;但实际上也存在这样的现象,当事人把在证据调查阶段获得的信息用于补充自己的主张,也就是存在以获得信息为目的的证据申请现象。这种以获得相关信息为目的的证据申请或证据调查叫作摸索证明(也叫作探知证明、证据搜索之旅)。这也有可能成为获得信息的一种手段。

然而,这种摸索证明是否合法呢?这一问题在德国,特别是在有关身份关系的诉讼中十分明显。实践中多发的案例有,例如,在父子血缘关系的诉讼中,被告(男性)虽然没有任何证据线索,也没有特定的对象,但依然主张除了自己以外原告的母亲尚与多名男性保持关系(以存在多名相关人员为抗辩理由)。被告为了证明自己的主张,申请对原告的母亲进行证人询问。被告的这一申请构成了对证人(原告的母亲)人格的攻击,也对原告施加了较大的精神压力。多数德国法院的判决认为,在这一领域里的摸索证明是不合法的。法院在这一问题的处理上没有什么不妥之处。从法律论的角度看,如果证明事项并未特定化,则该证据提出行为(第 180 条第 1 款)是不合法的(如果证明事项没有特定化,对方当事人就有可能遭受意外打击,从而侵害了该对方当事人的防御权;而且法院也无法判断是否采纳该证据,又或者进入证据调查程序以后也无法查明目标,那么诉讼的效率就会受到影响)。如果被告随意推测原告的母亲还与A、B甚至C保持关系,并且为了证明这一主张要求对原告的母亲进行证人询问,这种情形下又该如何处理?虽然被告粗劣的推测并没有具体的证据线索,但毕竟在形式上满足了证明事项特定化的要求,还不能够断言其不合法。不过,这种随意推测性质的证据提出属于脱法行为,应该认为不合法。德国法院的判决认为,这种做法也属于摸索证明,是不合法的;甚至德国还有判例认为,不以证明主张而以获得相关信息为目的的证据提出,作为摸索证明也是不合法的,因为当事人并没有义务向对方提供能够帮助其赢得诉讼的资料。因此,体现在德国判例中的摸索证明论中有一部分是含混不清的,而且性质上多少有些不同。

不过,在所谓的现代型诉讼(公害诉讼、产品责任诉讼以及医疗过错诉讼等)中,由于存在证据偏在的现象,原告在没有掌握充分证据的情况下提出主张也是迫不得已的做法。为了解决这一问题,学者提出了案情说明义务、具体事实的陈述以及证据提出义务等理论,今后也应继续发展这些理论。这样一来,过分强调摸索证明不合法这一命题就会矫枉过正,难谓妥当。德国判例认为,当事人没有义务向对方提供能够使其胜诉的资料,这种观点在旧的民事诉讼法下如何姑且不论,在引进了当事人照会制度的我国现行民事诉讼法中可以说并不很妥当(问题不在于当事人照会这种形式,而在于以证据调查的形式所进行的当事人照会)。所谓摸索证明不合法这种断然的结论,正因为其缺少细致的梳理,所以才更应慎重对待。[82]

在没有具体的证据线索,对方又不特定的情况下,被告以存在多名相关人员为抗辩并申请对证人进行询问,对于被告的这一申请,法院可以证明事项不特定为由判定其不合法。对于仅在形式上满足了证明事项特定化要求的证人询问申请,法院可以以该主张没有具体线索为由,不认可其证据调查的必要性。相反,在对方当事人有义务说明案件情况的时候,摸索证明论就必须向案情说明义务作出让步。总之,在某些情况下否定那些意图通过证据调查获得相关信息的做法是可以的,因为这不是本来意义上的证据调查,但不顾个案的具体情况一概予以否定也难谓妥当。[83] 因

---

〔82〕 关于德国学者对这一问题的讨论以及我国学者的解释论,参见佐上善和「民事訴訟における模索的証明について」末川追悼『法と権利3』民商78卷臨時増刊号(3)(1978)第200页,注釈民訴(6)第147页(佐上執筆),畑瑞穂「民事訴訟における主張過程の規律」法協112卷4号(1995)第488页、114卷1号(1997)第1页。

〔83〕 条解第959页(松浦馨執筆)认为,如果原告的主张所指向的事实发生在对方当事人(或案外第三人)控制的领域内,而原告又可以出示充分的证据线索证明一旦进入证据调查程序,事实主张的具体化、特定化甚至对该主张的证明就都会实现。这种情况下,原告提出抽象的、不特定的事实主张甚至是单纯的权利主张都是可以的。上述观点的实质是否定了既有的摸索证明的概念,可以说是一种摸索证明合法论的观点。佐上·前引末川追悼第210页以下,佐上第175页,上田第378页,伊藤第320页,中野編·入門第215页,小林·プロブ第309页基本也持同样立场。另请参见竹下守夫「模索的証明と文書提出命令違反の効果」吉川·追悼(下)第163页,谷口第242页,佐上善和「事案解明義務と模索的証明」小山ほか·演習第464页。

松本=上野第350页认为,摸索证明是不合法的,不负担证明责任的当事人承担的具体事实陈述义务与摸索证明是性质不同的两个问题。这种观点恐怕也属于一种概念整理。

此,所谓摸索证明这种一般意义上的讨论,由于缺乏较细致的梳理,不具建设性,把摸索证明概念化的做法在民事诉讼法理论上恐怕也是不必要的。〔84〕

五、证据调查各论

1. 证据的提出与采信

在辩论主义原则下,证据调查的对象仅限于当事人提出的证据方法。〔85〕旧的民事诉讼法中关于补充性质的法官职权调查的规定(第 261 条)于"二战"后的 1948 年被删除;〔86〕但现行法依然存在若干职权调查的规定,比如当事人询问(第 207 条)、委托调查(第 186 条)、委托鉴定(第 218 条)、公文书真实性的查证(第 228 条第 3 款)、查证时的鉴

---

〔84〕 当然,从证据调查中获得信息并不是一种正常的现象。在对医师进行的证人询问中,探听护士的姓名就不是正常的。另外,把集中证据调查程序中获得的信息当场加以利用也几乎是不可能的(必须申请证据调查期日的顺延)。打探护士的姓名应该利用当事人照会这一形式。不过,正如井上(治)说所指出的那样,现实情况是,在对方不予答复当事人照会的情形下(作为一种原则论则先另当别论),当事人只能被迫利用证据调查程序。

另外,虽然同为证据调查,但涉及书证的文书提出命令是在争点和证据整理程序中进行的,因此即使当事人把它作为一种获得信息的手段加以利用也较少有争议。

〔85〕 谷口第 197 页认为,应该把关于证据调查的第三命题从辩论主义中删除,该命题属于举证方面的当事人主义或证据当事人提出主义,即使没有第三命题,辩论主义也是成立的。应当说,辩论主义自始就包含了众多复杂的内容,即使在禁止职权调查证据的原则中也存在例外的情形,考虑到这一点的话,谷口说也可以算作一种自成体系的理解方式。但最近,以山本和彦「弁論主義の根拠」判タ971 号(1998)第 60 页[收于山本(和)·基本問題第 127 页]为代表,对"按照辩论主义的概念去理解哪些问题"展开了讨论,希望从不同的角度来理解辩论主义,因为讨论尚未结束此处暂从通说。

〔86〕 该条内容为"依当事人提出的证据不能形成心证之时,法院认有必要可以职权进行证据调查"。删除该条的目的据说是彻底贯彻当事人主义。奥野健一 = 三宅正雄『改正民事訴訟法の解説』(1948,海口書店)第 49 页。

定(第 233 条)、证据保全(第 237 条)、商业账簿的提出(《商法》第 35 条)。另有少数学者认为,由于鉴定一般都能起到对法官某一专业知识和判断能力的补充,所以法官可以依职权进行鉴定。[87]

当事人提出的证据必须能够证明特定化的事实(第 180 条第 1 款)。当事人必须通过提出相关的证据方法——证人询问中证人的具体情况、作为书证使用的某一文书[88]——来明确待证事实(实务中称为立证事项或立证命题)以及该证据方法和该待证事实之间的关系(实务中称为立证旨趣)(《民事诉讼规则》第 99 条)。比如,债务已经偿还属于待证事实,证人 A 当时在场因此可以证明偿还的事实,这属于立证旨趣。实务中也经常利用证据说明书[89]这种方式。是否进行证据调查,法院要在当事人发表意见以后作出决定,因此立证事项和立证命题就具有很大的意义。另外,当事人必须预交证据调查的费用。该费用本来应该由提出证据的一方当事人负担,但这里的关键问题是费用

---

〔87〕 三ヶ月・全集第 418 页,条解第 1022 页(松浦馨執筆),栂善夫「科学裁判と鑑定」中野編・科学裁判第 89 页,特别是第 94 页,林屋第 337 页。从立法论的角度当然另说,但作为解释论来讲,现行法不允许职权鉴定,参见新堂第 519 页,兼子・体系第 262 页,小室・監修第 141 页等。另外,即使法院依职权作出鉴定的命令,以目前实务操作为前提,一般也是由当事人预交鉴定费用。

〔88〕 不过,鉴定人是由法院指定的(第 213 条),因此当事人在鉴定申请上不能写明鉴定人的名称,否则在当事人对立十分激烈的诉讼中,该鉴定人就有可能被对方申请回避。

〔89〕 指列明证据方法的目录。当事人须写明该证据方法的标题,比如说是"被告的书信",还须写明是原件还是复印件、书信的年月日、作者、立证内容等。《民事诉讼规则》第 137 条规定了关于书证的证据说明书的格式要求。塚原朋一執筆代表『新民訴法実践ノート』(2000,青林書院)第 171 页记载了用假名书写的方式。

的交纳而不是负担费用的主体，所以由对方当事人预交也是可以的（最判1957·6·25民集11卷6号第1143页、百選Ⅱ补遗第35号案例）。

证据的提出于口头辩论期日为之固然可以，此前为之亦可（第180条第2款）。是否进行证据调查的决定也可于期日外作出。但在作出决定之前，法官必须保障当事人有机会对对方提出的证据发表意见，也就是保障当事人能够提出所谓的证据抗辩（比如，不具有证据能力、违反证据契约、证据提出不合法等）。不过，如果法院没有赋予当事人陈述意见的机会，这一瑕疵就会成为放弃或丧失责问权的对象（第90条）。裁判长有权决定举证期间（第162条），如果当事人在争点和证据整理程序终了后提出证据，那么应对方当事人的要求，其有义务说明迟延举证的理由（第167条）。

当事人可以在提出的证据进入证据调查程序之前撤回该证据。如果对方不同意撤回，那么可以由对方自己提出该证据；但是在证据调查终了的时候，如果形成了对对方当事人有利的证据资料（证据共通原则），则不允许撤回该证据。如果对方同意撤回的话，又该如何处理呢？从证据共通原则来看，如果得到了对方的同意，法院是没有理由拒绝撤回的。问题是，这会不会对法官的自由心证造成损害？通说认为，妄图消除法官通过证据调查得到的心证，会强迫法官形成不自然的心证，因此即使得到了对方当事人的同意，也不应该允许撤回（新堂第520页。判例也持相同见解，前引最判1957·6·25）。不过反对意见也较有说服力。

其理由为,职业法官有能力做到消除已经形成的心证,而且从辩论主义的精神来看,法院不认可双方当事人的共同意思表示,仍然将该证据作为诉讼资料的做法是不合适的。[90] 不过,证据评价具有相互关联性,因此也不可能完全做到消除由某一证据形成的心证,和自认不同的是,在这种情形下强迫法官作出与心证相反的事实认定是不必要的,因此采纳通说的意见并无不妥之处。不过实务中存在的问题是,在得到对方同意的前提下似乎法院允许其撤回书证。[91] 如果当事人是在证据调查开始以后结束之前要求撤回证据,

---

〔90〕 飯原一乗「証拠申出と証拠決定」実務民訴 1 第 235 页、特别是第 241 页,中野貞一郎・判批・民商 36 卷 6 号(1958)第 903 页,注釈民訴(6)第 146 页(佐上善和執筆)等。

另一个问题是,如果当事人没有援引由受命法官或受托法官在法院外进行的证据调查结果(第 185 条),该调查结果是否就不能作为证据资料?当事人是否有援用或不援用的自由?多数说对此持肯定态度,参见注解民訴(7)第 344 页。个别学者也将上述观点引为佐证认为,即使对该证据已经进行了证据调查,当事人依然有权不将其作为证据资料,在得到对方同意的时候,也有权撤回该证据申请[注釈民訴(6)第 146 页(矢吹徹雄執筆)、飯原・前引第 242 页]。但这一观点似乎对多数说作出了修正,因为证据调查已经结束了,参见条解第 973 页(松浦馨執筆),菊井 = 村松Ⅱ第 440 页,伊藤第 324 页,林屋第 324 页。

〔91〕 菊井 = 村松Ⅱ第 415 页。其论据是 1948 年以前的《民事诉讼法》第 350 条的规定,在得到对方同意的前提下,法院允许当事人撤回其提出的文书。但司法实践的情形是怎样的呢?宣读书证(文书证据)原则上要求须于法庭上为之,但实际的情况是,法官可能在办公室或其他地方进行查看,而且也并不一定是在当事人举证之后立刻查看,有可能是在判决之前才认真阅读。因此,在心证还没有充分形成的时候即使撤回该文书,对自由心证主义来说,也无关痛痒。这一点恐怕也正在影响允许当事人自由撤回书证的实务操作。

但是,现行法则希望不断充实争点和证据整理程序,因此在现行法下,对这种实务中的倾向应该予以否定,而且也应该否定当事人撤回书证的自由。其实法院在实务中几乎无限制地允许当事人提出书证(文书证据)也是存在问题的。请参见倉田卓次「書証実務の反省」『民事実務と証明論』(1987,日本評論社)第 160 页以下,特别是第 168 页。

又该如何处理？多数学说认为，如果对方当事人同意，可以撤回（新堂第521页）。证据调查开始以后心证正处于形成的过程之中，因此从自由心证主义的角度来看，允许当事人撤回证据是不合理的。也许我们应该从另外的角度来理解这一问题，虽然不能剥夺已经形成的证据调查结果（心证），但如果对方当事人同意，今后就不再对其进行证据调查。[92]

对当事人提出的证据，由法院决定是否采信（第181条第1款）。1948年以前的民事诉讼法要求须采用具备一定形式的证据决定方式，而现行法对此已经不作要求；但对当事人来说，还是希望法院对是否采信的决定予以明示。特别是决定驳回某一举证的时候更应予以明示，因为这意味着当事人有机会提出其他的证据。不过判例通常的做法却是，即使驳回某一证据也不作出明示的驳回决定，而是直接作出终局判决。这种做法固然不妥，但却是实务中的一种处理方式。[93] 对当事人的举证是否采信，属于诉讼指挥的一项内容，由法院裁量作出。法院也可以取消已经作出的决定。法院对于不必要的证据调查以及调查存在障碍——比如证人下落不明——而且又无法预测该障碍何时才能消除的情况下，可以决定不予调查（第181条第2款）。关于裁量权行使的界限问题，判例认为，对于唯一的证据方法不

〔92〕 伊藤第321页也认为，在证据调查程序开始以后不应允许撤回。

〔93〕 证据调查的计划（立证计划）在现行法的争点和证据整理程序中也会成为当事人讨论的对象，因此默示驳回这种现象应该会有所减少；但是，法院暂时先不决定采信与否而转入其他证据的调查程序并不是违法行为，在围绕证据的采信发生纠纷的案件中，这种做法又可以说是一种较为妥当的处理方式。一旦法院决定不再处理先行搁置的证据问题而是直接作出终局判决的时候，默示的驳回决定将会起到比较大的作用，可以说这种处理方式体现了实务界的智慧。

予调查是违法行为(最判 1978・3・23 判時 885 号第 118 页,百選Ⅱ第 125 号案例)。但既有的法理认为,即使是唯一的证据方法,只要存在正当理由也可以驳回。不过从实际情况来看,应该说所谓唯一的证据方法并非上述法理中的含义。[94] 证据调查将决定诉讼的胜败,因此必须保障当事人到场参加证据调查。法院会在证据调查期日传唤当事人到庭(参见本讲之"一、证据法的理念和用语"之"1. 证据法的理念和意义"部分)。当然只要对当事人发出传唤通知即可,双方当事人都出庭并不是进行证据调查的要件。即使双方都不出庭,法院也可以进行证据调查(第 183 条)。因为考虑到证人和鉴定人已经到庭,如果什么都不做而要求他们再次出庭的话,显然是不合适的。由于当事人是进行证人询问的主体,如果当事人不到庭,那么将由法院进行证人询问。保障当事人亲自参加证据调查的要求亦适用于法院委托调查的情形。一如前述,虽然法院可依职权进行

---

〔94〕 所谓"唯一的证据方法"这一概念源于对 1948 年以前的《民事诉讼法》第 274 条第 1 款的解读结果,该款规定,"若当事人提出若干证据,由法院决定可予调查之限度",但这一规定说明法院只能限制进入调查程序的证据数量,因此以之作为根据并不具有特别强的说服力。另外,所谓"唯一"的标准是什么?既可以是诉讼整体,也可以是主要事实,还可以是待证事实,因此标准较为模糊(判例一般是把主要事实作为标准)。从这一点上来看,不能把所谓的唯一证据方法法理作为绝对的标准。参见三ヶ月・全集第 423 页,兼子・体系第 264 页,注釈民訴(6)第 156 页(矢吹徹雄執筆),松本 = 上野第 350 页,佐上第 176 页。不过,新堂第 521 页,上田第 383 页则把该法理视为了解判例法的实际情形的重要线索。

顺便提及的是,在母法德国法中,并没有与第 181 条第 1 款相对应的规定。当事人提出的证据,只要不存在不适当或不相当的情形,均应予以调查。不过德国法中的争点和证据整理过程是非常严格的,没有实际意义的证据自然而然地会被排除在外,参见木川統一郎「敗訴見込の当事者の証拠申請の採否」『民事訴訟法改正問題』(1992,日本評論社)第 95 页。我国自 1996 年修法以后应该也是这种情况。

委托调查,但在把委托调查的结果作为证据使用的时候,必须要在口头辩论程序中予以开示,并给予当事人发表意见的机会(最判1970·3·26民集24卷3号第165页)。这和《人事诉讼法》第20条的立法趣旨是一样的。

在国外进行证据调查属于司法协助问题,详细的论述可参见关于国际民事诉讼法的讲义,笔者在此不再赘述。[95]

现行民事诉讼法所确定的五类证据调查方法是:证人询问、当事人询问、鉴定、书证、勘验。从"严格证明"(参见本讲之"一、证据法的理念和用语"之"5.严格证明和自由证明"部分)的角度来看,不允许采用其他方法进行证据调查。另外,证据调查必须集中进行(第182条)。

2. 证人询问

奉法院之命,就自己过去所知的事实向法院报告的第三人是证人。[96] 通过证人的供述来进行事实认定的证据调

〔95〕 福部寿重「民事事件における国際司法共助」新実務民訴7第161页、小林秀之「国際司法共助」澤木敬郎＝青山善充編『国際民事訴訟法の理論』(1987,有斐閣)第285页等。

〔96〕 通说关于证人的定义是,就过去发生的事实,应于诉讼中供述自己认识的第三人。但为了与鉴定人相区别,反对说认为,证人向法院报告的认识和判断,其形成的时间点是进入诉讼之前,而且该认识或判断的形成与法院的命令无关;与之相反,鉴定人报告的认识和判断,其形成的时间点是进入诉讼之后,而且是因法院的命令形成的,参见注釈民訴(6)第237页(藤原弘道執筆),野田宏「鑑定をめぐる実務上の二、三の問題」中野編・科学裁判第1页以下,特别是第4页。比如在交通事故诉讼中,医生在事故发生后立即对被害人进行了诊治。在询问该医生被害人初诊时的受伤程度时,一并询问伤害原因、康复前景和后遗症的可能性等。对于这种情形,通说认为,该医生属于证人兼鉴定人(正确的说法应该是第217条所指的鉴定证人兼鉴定人),而反对说认为该医生属于证人(鉴定证人)。反对说颇具魅力,而且方便实务操作(按通说,这种情形下须采用证人程序和鉴定程序,而按反对说,只须证人程序这一种程序)。与反对说注重形式上的区别不同,通说着眼于内容的实质性区别,因此在理论上还是应该采纳通说的见解,参见新堂第527页。

查方法就是证人询问(旧法中使用的是证人“讯”问,1996年改为证人“询”问)。

一般说来,服从于日本裁判权的人有作证的义务(第190条)。意即,证人有义务到庭、宣誓并提供证言。没有诉讼能力的幼儿也可以成为证人。对于没有正当理由不到庭的证人,可以处以10万日元以下的过失罚款(第192条),或者科以10万日元以下的罚金甚至拘留(第193条第1款)。而且由于证人不具替代性,因此法院还可以强制证人到庭(第194条)。不过,如果证人属于公务员,则必须得到所属监督机关的认可。除有害公共利益,或者对执行公务有可能构成明显障碍的,该监督机关必须予以认可(第191条)。[97] 在申请证人询问的时候,当事人必须明确询问所需

〔97〕 在1996年修订《民事诉讼法》的过程中,关于询问公务员证人时应得到其所属监督机关之认可的规定曾经引起了较大的争议,参见研究会新民诉第238页以下,山本和彦「公務員の職務上の秘密と証拠調べ」講座新民訴法Ⅱ第159页等。

首先引起争议的是,当证人询问是否涉及第191条第1款所谓的公务员“职务上的秘密”时,该问题判断权的归属。在这个问题上有两种对立的观点。一种观点认为,当公务员认为这属于职务上的秘密时,法院理所当然地须就该询问征得公务员所属监督机关的同意;另一种观点认为,是否属于职务上的秘密应由法院来判断,如果法院认为不属于职务上的秘密则不必征得相关监督机关的同意,径直命令该公务员作证即可。伊藤眞「証言拒絶権の研究——公務員の証言拒絶権を中心として(1)~(3・完)」ジュリ1051号(1994)第88页、1052号(1994)第93页、1053号(1994)第59页的观点属于后者,应值赞同。注釈民訴(6)第312页(坂田宏執筆)、春日偉知郎「証言拒絶権」講座新民訴法Ⅱ第132页也持相同见解。

第二个问题是,当监督机关拒绝认可的时候,法院是否有权判断其行为是否符合第191条第2款所列要件?如果认为法院有判断权,那么当法院认为监督机关的行为并没有满足拒绝认可所须要件的时候,就可以命令该公务员作证。但对于公务员是否有义务提供文书这一问题,立法设置了不公开审查程序(第223条第3款),而证人询问并不在该范畴之内,因此在解释论的立场上,判断权应该属于监督机关,参见注釈民訴(6)第263页(藤原弘道執筆),伊藤第329页。

时间(《民事诉讼规则》第 106 条),并提交个别、具体的询问事项书(《民事诉讼规则》第 107 条)。

另一方面,在某些特殊情形下,证人有权拒绝提供证言(拒绝作证权)。首先,是以《宪法》第 38 条第 1 款为基础的、当自己或一定范围内的他人(如配偶、四亲等内的亲族、三亲等内的姻族、具有监护关系的人)受到刑事追诉的情形,或者是自己的名誉有可能受到损害的情形(第 196 条)。其次,从不得背叛他人对自己的信赖的角度,以及应该保守自己因技术或职业关系所得知的秘密的角度出发,医生、律师等因职务关系有可能得知他人秘密的从业人员也享有拒绝作证权(第 197 条。公务员的拒绝作证权见第 197 条第 1 项)。在涉及企业秘密的情形下,证人可以拒绝提供关于直接劳务费和销售额等的证言,相关判例见大阪高决1973·7·12 下民集 24 卷5 ~8 号第455 页,百選Ⅱ第 126 号案例,应予赞同。〔98〕 在涉及报社记者新闻来源秘密的情形下,除可提供较为概括的证言外,也没有必要提供过细的证言,相关判例参见札幌高决 1979·8·31 下民集 30 卷 5 ~8 号第 403 页,百選Ⅱ第 127 号案例(野坂泰司解说)。虽然札幌高等法院的这一决定体现了利益衡量的结果,但解读起来未

---

〔98〕 民事诉讼和企业秘密的关系是今后重大的研究课题。法律规定了对阅览笔录的限制(第 92 条),在涉及技术秘密的时候,从一般公开的角度进行保护的同时,从当事人公开的角度对对方提供保护也很重要,参见田边誠「訴訟手続における企業秘密の保護」民訴雑誌 37 号(1991)第 135 页。

关于民事诉讼中信息保密的开拓性论文有,坂田宏「民事訴訟における証人義務と証言拒絶権」横浜経営研究 15 卷 1 号(1994)第 33 页、同「民事訴訟における情報秘匿の自由と限界」早稲田法学 75 卷 1 号(1999)第 339 页、田村陽子「職業上の理由に基づく証拠の秘匿特権」山形大学法政論集 24·25 合併号(2002)第 1 页等。

必如此单纯。报社记者不得为了阻止毁损名誉的主张成立而滥用拒绝作证权。[99] 证人必须说明拒绝提供证言的理由(第198条),没有理由的,将依法受到制裁(10万日元以下的过失罚款、罚金或拘留)(第200条)。[100]

原则上,证人在作证之前必须宣誓,如果有特殊事由——比如是否有宣誓的义务尚不明确——也必须在作证后(《民事诉讼规则》第112条第1款)宣誓(第201条第1款)。[101] 未成年人或无法理解宣誓意义的人没有宣誓的义务(第201条第2款)。另外,某些情况下可以免除证人的宣誓义务,或者证人可以基于拒绝自己归罪的权利而拒绝宣誓(第201条第3款、第4款)。应该令其宣誓而没有令

---

〔99〕 这一决定体现了对实现公正裁判的利益和新闻素材来源保密的利益进行比较衡量的结果。从实现公正裁判的角度来看,涉及作为审理对象的案件的性质、形态以及轻重(案件的重要性);从素材来源保密的角度来看,涉及对今后自由寻找新闻源造成的影响及其程度、与报道自由的相关问题等。但该决定是否应用了上述一般性的观点还是有疑问的,比如伊藤第332页就对比较衡量本身产生了怀疑。住吉博·判批·判タ411号(1980)第264页也提出质疑,拒绝作证权的主体范围并不明确,也没有区分相关新闻从业人员作为被告和作为第三人证人的不同,本案中报社记者开示了新闻素材的来源,其实质则体现了反询问环节的相当性和关联性。对法院的这一决定可谓仁者见仁智者见智。笔者认为(虽然还不成熟),正如注釈民訴(6)第323页(坂田宏執筆)、春日·前引注〔97〕第146页、菊井=村松Ⅱ第503页所指出的那样,法院的决定正是基于利益考量而不得不作出的判断(从该决定适用的条文上来说,我们应该将第2项要素和第3项要素综合起来加以理解,参见春日·前引注〔97〕第154页)。

〔100〕 注釈民訴(6)第333页(坂田宏執筆)站在解释论的立场认为,从保护拒绝作证的证人的角度出发,按照第199条第1款的规定,接受法官询问的只是请求进行证人询问的当事人,而并非证人本人(证人一方可以对拒绝提供证言的理由进行补充说明),可以说法律降低了对证人说明的要求(只要有说明即可)。一如坂田所指,如果对证人的说明提出过细的要求,就很有可能造成泄密,应值赞同。

〔101〕 关于我国宣誓效果的不充分性以及从立法论的角度对裁量性宣誓的建言,可参见藤原弘道「宣誓の効用」判タ697号(1989)第27页。

其宣誓的瑕疵,将因责问权的丧失得到"治愈"。

证人询问的方式,在"二战"后从大陆法系方式转变为英美法系方式。大陆法系中,证人询问的主体是法官,证人作证可以采取一种自由的、类似于叙事的方式;英美法系中,证人询问的主体是当事人(律师),主询问和反询问交叉进行,即采取一问一答的方式。日本在"二战"后改采这种交叉询问方式(法官可以在询问过程中进行介入询问,或者在询问结束后进行补充询问),但产生了很多让人思考的问题,比如是否允许与证人事先进行面对面的接触。[102] 按照现行法的规定,裁判长在适当的时候可以听取当事人的意见而改变询问的顺序。意即,这种情况下采取的不是交叉询问方式,而是只允许连续进行主询问,甚至变为法官进行的询问(第202条第2款),但这并不意味着在原则上否定

〔102〕 木川統一郎「交互訊問制度の運用と将来」以及「交互訊問に関する法改正の必要性」前引注〔94〕第63页以下、第80页以下之论述最为有名。作者认为,在德法两国,法官是证人询问的主体,而且从伦理上禁止诉讼代理人(律师)事先和证人面对面的接触,因为这将造成所谓的证人污染;另一方面,在美国,律师事先和证人面对面的接触属于作证演练,是律师的业务,而且作为discovery程序的一环,对方律师也可以事先与我方证人进行接触,从而防止对证人造成污染。但在我国,法律虽然鼓励律师事先和证人进行接触(《民事诉讼规则》第85条),但没有相应的discovery程序,因此对方律师无法接触我方证人。从这一意义上说,我国几乎没有防止证人污染的任何措施,这是一个重大的缺陷,作者发表在判タ400号(1980)第96页的论文,就采用了「戦後最大のエラー・交互尋問の導入」这一立场鲜明的标题(《战后最大的错误——交叉询问制的引入》——译者注)。

但交叉询问制在我国已经根植于律师的业务之中,即使从立法论的角度否定交叉询问制也不是一件容易的事情。正如福永有利「証人尋問と当事者尋問の改革」講座新民訴法Ⅱ第219页所指,第202条之规定也并非全面否定交叉询问制。因此,随着证人询问技术的不断完善,应该致力于证人污染以及其他问题的解决。此一方面的研究有加藤新太郎編著『新版民事尋問技術』(1999,ぎょうせい)。

了交叉询问制。[103]

不管怎样,日本采用了交叉询问制,而且还对当事人的反询问权提供了一定保障。由此产生的问题是,没有经过反询问的证言是否具有证据能力。按照最判 1957·2·8 民集 11 卷 2 号第 258 页、百選Ⅱ第 116 号案例(本間義信解说)所载,该案涉及当事人询问而非证人询问,由于主询问进行了很长时间,而且又基于出庭医生的建议,因此法官没有给予反询问的机会而直接结束了当事人询问程序。判旨认为,在因不得已的事由未能进行反询问的情形下,不得仅以法官没有赋予反询问的机会为由否定证据的证据能力。这里涉及的问题是,是否应该在自由心证主义的框架下由法官判断其证据力(证据价值)。学者对该判例的解读出现了两种倾向。一种倾向是把重点放在所谓"不得已的事由"上,认为如果不存在该类事由就应否定其证据能力(重视程序保障的倾向);另一种倾向是,通说和判例均肯定传闻证据(指不是证人亲身经历的事实,因此该类证据欠缺对亲历人的反询问)的证据能力,因此即使没有进行反询

---

〔103〕 超过必要限度的证人询问可能造成对证人人格和感情的伤害。法庭上出现的这种暴力现象,最近已经成为法社会学的一项研究课题。

无论如何,对证人询问进行内在性规范也是很有必要的。《民事诉讼规则》第 115 条规定,禁止对证人进行侮辱性的或令其感到困惑的询问(第 1 项);禁止诱导性询问(第 2 项。所谓诱导性询问,是指不是由证人陈述作证内容而是对询问者的询问只作出肯定或否定的回答。诱导性询问无法完整体会证言的内容所以为法律所禁止,但法律允许在反询问中使用诱导性询问);禁止与争点无关的询问(第 4 项);禁止要求证人陈述意见的询问(第 5 项)等。此外,如果证人在特定的旁听人面前难以作证的话,法官也可以令该旁听人退庭(《民事诉讼规则》第 121 条)。虽然有这些规定,但实际上在询问过程中当事人积极提出异议的现象在我国仍不多见。

问也不得不肯定其证据能力。后一种倾向作为解释论更具整合性,但应该认为,在故意妨害当事人行使反询问权等极端情形下,因其行为的违法性而应否定该证据的证据能力。〔104〕〔105〕

3. 当事人询问

所谓当事人询问,是指把当事人本人作为一种证据方法,就其见闻之事实进行询问,并将其供述内容作为证据资料使用的证据调查方法(第 207 条以下)(新堂第 536 页)。实务中多称为本人询问。

---

〔104〕 中務俊昌 = 鈴木正裕・判批・民商36 卷2 号(1957)第207 页、注釈民訴(6)第 244 页(藤原弘道執筆)等。

〔105〕 证人询问到底是不是一种有效的证据调查方法呢(即使在如实作证的情形下,证人的证言也受到人类知觉、记忆以及再现等能力的限制,其可信赖性难谓乐观)? 关于这一问题,注釈民訴(6)第 245 页(藤原執筆)的论述简洁俊逸,颇值一读。另外,菅原郁夫『民事裁判心理学序説』(1998,信山社)第 63 页以下在吸收心理学研究成果的基础上对证人询问进行了考察,这种跨学科的研究意义深远,亦值一读。

一如新堂第 532 页以下所述,现行民事诉讼法也进行了一些制度创新,比如借由电视会议系统进行的证人询问(第 204 条)、书面询问(第 205 条)、利用录音带和录像带进行笔录(《民事诉讼规则》第 68 条)等。最近,陈述书的使用在实务中较为普遍,也开始使用对质(《民事诉讼规则》第 118 条)这种方式,参见西口元「対質尋問の実証的研究」中村・古稀第 265 页。民事裁判中证人询问的形态正在发生很大的变化。关于实务中的这些变化,可参见古屋忠彦ほか・シンポジウム「21 世紀における証拠調べの課題——裁判官の心証の採り方と真実発見」判タ1019 号(2000)第 4 页、1021 号(2000)第 15 页、特别是 1019 号第 10 页以下(西口発言),西口元 = 太田朝陽 = 河野一郎「チームワークによる汎用的訴訟運営を目指して——事前準備、争点整理及び集中証拠調べの一つのモデル(1)~(5・完)」判タ846 号(1994)第 7 页、847 号(1994)第 11 页、849 号(1994)第 14 页、851 号(1994)第 18 页、858 号(1994)第 51 页,高橋宏志「書面尋問——研究者の視点から」判タ1006 号(1999)第 40 页,中本和洋「陳述書のガイドライン」判タ937 号(1997)第 54 页,北尾哲郎「陳述書の運用準則」同第 57 页,高橋・論考第 107 页,塚原・前引注〔71〕第 121 页以下,大阪地裁新民诉法研究会『実務 新民事訴訟法』(1998,判例タイムズ社)第 130 页以下以及第 193 页以下等。

在供述自己见闻之事实这一点上当事人询问和证人询问是相同的,但证人是第三人,而当事人却是诉讼的主体,其个人利害体现在诉讼标的之中,并且须在诉讼过程中提出主张和证据。由于是将当事人本人作为证据方法来进行询问,因此(一如后述)该制度规范与证人询问制度多少有些不同。总之,当事人在诉讼中具有两面性,一方面是作为诉讼主体进行辩论活动,另一方面是作为证据方法向法院提供证据资料。[106] 在前一方面,当事人主张的本身并不能成为证据资料,只是作为辩论全趣旨(第 247 条)的一部分

---

〔106〕 历史上,法律一般都规定作为诉讼主体的当事人不能成为证人。自罗马法以来,当事人于宣誓程序中宣誓的内容均为其所主张的事实是真实的,而非其所供述的见闻事实。关于罗马法中的当事人宣誓制度,可参见野村秀敏「ローマ法における当事者宣誓制度」三ヶ月・古稀(中)第 451 页。

当事人也可成为证人的近代立法始于 1843 年的英国法。英国在此前也不允许当事人成为证人,但此次改革之后直至今日,英美法系依然没有承认把当事人和证人同样对待的当事人询问这种特殊的范畴。美国的民事诉讼由于受到陪审制度的影响,把当事人作为首要的证人进行询问是普遍的做法(也就是说,并不存在后文所述的补充性质),参见田辺公二「英米型事実審理と大陸型事実審理」同『民事訴訟の動態と背景』(1964,弘文堂)第 129 页。德国法系的民事诉讼在当事人宣誓这一大潮中,率先由奥地利民事诉讼法于 1873 年、继之德国民事诉讼法于 1933 年创设了当事人询问这一特殊的范畴。关于这一制度的沿革和比较法上的相关论述,参见河野信夫「当事者の尋問」講座民訴⑤第 297 页以下、萩原金美「当事者尋問の補充性にかんする一考察」法学新報 80 卷 2 号(1973)第 1 页以下。顺便提及的是,在 1980 年,当时的荷兰民事诉讼是不承认把当事人作为证据方法进行询问的。但此时却发生了这样一个案件。该案中密室商谈成为诉讼的争点。商谈的一方是某法人的理事,由于视同当事人所以不得对其进行询问;商谈的另一方是某公司的代理人,由于其不是当事人而是第三人所以对其进行了询问。接受询问的一方就商谈的内容提供的证言仅对一方当事人有利,因为这违反了诉讼武器对等原则,另一方当事人就此向欧洲人权法院起诉。欧洲人权法院于 1993 年肯定了这一点(违反武器对等原则)。可以说该案意义深远。参见永井博史「民事訴訟における武器平等」近畿大学法学 45 卷 3・4 号(1998)第 83 页。其后,荷兰承认了对当事人进行询问的做法。可以说,这一做法是世界诉讼法的潮流,至少其沿革没有如此简单。

成为证据原因；在后一方面，当事人询问中作出的供述，因为不是辩论因此即使与对方当事人的主张事实一致，也不能算作自认（第179条），因此也不以诉讼能力为必要。这样一来，即使是对未成年人等也可进行当事人询问。另外，当事人询问中作出的供述，因为不属于辩论所以当事人也没有更正权（更正权与事实"主张"相关，第57条），按照辩论主义第一命题的要求也不成其为判决基础的"主张"。如此，诉讼资料（主张）和证据资料（当事人询问）在民事诉讼中是截然分开的，这是民事诉讼的原则之一。

作为诉讼主体的当事人本人是当事人询问的对象，另外作为实际的诉讼实施过程中的主体——法定代理人甚或法人代表——也相当于当事人本人，因此也可成为当事人询问的对象（第211条）。在对法定代理人进行当事人询问的时候，也可以对当事人本人（如未成年人）进行当事人询问（同条但书）。另一方面，诉讼担当中的被担当者虽是权利义务的直接归属主体，但因为不是诉讼的当事人，因此不得作为当事人询问的对象，但可考虑使之成为证人询问的对象。[107] 不过，对本该进行当事人询问的法定代理人错为证人询问的时候，一般说来，这一混淆当事人询问和证人询问的瑕疵，将因责问权的丧失（第90条）而"治愈"（这一做法在行政诉讼中较为多见，参见最判1955・6・24民集9卷

〔107〕 小室ほか・基本法コンメ2第185页（鈴木重勝執筆）。但从后述当事人询问的制度根据来看，由于被担当者自身的利害关系与诉讼标的直接相关，因此对被担当者亦有适用当事人询问之余地。将形式上的当事人概念一以贯之本来就是颇有疑问的做法。参见高橋・重点講義第210页。虽说如此，但把作为释明处分对象的准当事人（第151条第1款第2项）作为当事人询问的对象还为时尚早。

7号第930页)。

根据第210条,关于证人询问的多数规定也准用于当事人询问,因为二者在供述自己亲历的事实这一点上是相同的;也可进行对质(《民事诉讼规则》第126条),但是二者也存在如下诸多差异。比如,当事人有没有宣誓的义务而由法官裁量决定(第207条第1款后段[108]);虽有出庭的义务,但即使不出庭也不会被强制到庭。不过如果当事人没有正当理由不出庭、不宣誓或不作出供述的话,法院可以将对方当事人主张的事实拟制为真实(第208条)。即使供述的是虚伪的事实,当事人也不会像证人那样被处以伪证罪,只是被处以10万日元以下的过失罚款(第209条第1款[109])。此外,当事人询问也可由法官依职权为之,

---

〔108〕 不过实务中当事人基本上还须进行宣誓。参见注釈民訴(7)第261页(河野信夫執筆)、注解民訴(8)第296页(林屋礼二・宮本聖司執筆)等。这可以看作实务并不重视当事人询问特殊性的一种表现。

〔109〕 在当事人作出了虚假陈述的情况下,如果其于诉讼中对此加以承认,则法院可根据情况撤销罚款决定(第209条第3款)。虽然制裁有所缓和,但这也是与当事人询问制度的根据,即当事人容易于涉及自己利益的诉讼中作出虚假陈述相适应的。

就解释论而言,所谓诉讼系属中,有的认为至事实审终结之时,有的则认为包含上告审。如果当事人承认了虚假供述的事实,那么在当事人撤回上告申请(或上告受理申请)的情形下,法院也可以撤销罚款的决定。虽然实务中很少发生,但为了尽可能地囊括所有可能的情形,应当把上告审也包括其中。参见小室ほか・基本法コンメ2第184页,新・判例コンメンタール民訴法5(1994,三省堂)第276页(加藤新太郎執筆),注解民訴(8)第308页,条解第1096页(松浦馨執筆)。此外,由于罚款决定也是再审的要件之一(第338条第2款),因此是否应当承认对方当事人的罚款申请权利,在解释论上也是一大问题。但是,因证据不足之外的其他理由而无法获得关于罚款的确定裁判的时候,当事人也可以提出再审申请,因此不应承认上述之申请权利。此外法院也并非一定要作出罚款的裁判。参见菊井=村松Ⅱ第706页,新・判例コンメンタール民訴法5第274页,注解民訴(8)第307页。

这也与证人询问不同。[110] 如上所述,当事人询问制度与证人询问制度之间多少存在一些差异;[111] 另一方面,也不能夸大二者之间的差异,一如前述,混淆当事人询问和证人询问的瑕疵,会成为责问权丧失的对象(当然,如果因此错误地对当事人处以伪证罪则有其他的救济方式)。

立法将当事人询问和证人询问区别规范有两大根据:其一,当事人与诉讼标的有着直接的利害关系,诉讼的胜负对其有着重大影响,因此其供述的真实性较弱。当事人受到作伪证的诱惑是很正常的,即便不会作出伪证,其对事实的理解和记忆也会带有主观的歪曲倾向,这是人性的特点。其二,如果对当事人提出和证人供述一样的强制性要求,那么对当事人就过于苛刻了。当事人是为了胜诉而进行诉讼的,在因陈述某事实而很有可能招致败诉的情形下,如果强制其如实作出供述将是十分苛刻的。由于这两个原因,德国法系的民事诉讼法一般都是把当事人询问作为一种补充

---

〔110〕 法院可依职权进行当事人询问的规定似乎可以与大正年间修改《民事诉讼法》时作出的补充性的职权证据调查规定相对应(旧法第 261 条规定"当事人申请之证据无法使法院获得心证,或法院认为有其他必要之情形,可依职权为证据调查")。两法的制度内容都是一样的,即依职权进行补充性的当事人询问;但旧法的该条规定于"二战"后 1948 年被删除,因此法院依职权进行当事人询问的做法应当也被取消了。如果对于当事人询问的补充性不予以严格要求而是不断向证人询问靠拢的话,那么从立法上还需要更为充分的理由来否定依职权进行当事人询问的做法。参见中野貞一郎「当事者尋問の補充性」中野・現在第 203 页。

〔111〕 立法并未明文规定拒绝作证权可准用于当事人询问(第 210 条)。应当如何理解这一点呢?比如,律师作为当事人受到询问的时候,其能否供述委托方的秘密?秘密是委托方的秘密,律师并不能加以处分。如果当事人询问制度连宪法明文规定的拒绝自我归罪权利都要否定的话,那将是十分奇怪的事情。从解释论的角度来看,拒绝作证权的核心在于无正当理由而拒绝供述这一要件中的正当理由。参见菊井 = 村松Ⅱ第 712 页,新・判例コンメンタール民訴法 5 第 270 页。

此外,在供述该事实将可能导致败诉的情形下,这种于己不利的事实当然不能成其为正当理由。

性质的证据调查手段,只有在无法通过其他证据获得心证的情况下才可以为之。如果通过其他的证据调查(书证、证人询问等)可以获得心证,那么就无需进行当事人询问。当事人询问一般是在进行了其他的证据调查之后作为最后的一种证据调查方式存在的。旧法第 336 条明文规定(对原文稍有修正),“法院在通过证据调查无法获得心证之时,可依申请或依职权对当事人本人进行询问”。当然,当事人询问这种补充性质的证据调查方法,在解释上并没有那么严格,甚至有学者认为第 336 条属于训示性质的规定,[112] 但无论如何,补充性还是当事人询问的最大特点。[113] 但 1996 年

---

〔112〕 在法院已经获得心证的前提下不得对当事人进行询问,无论该询问是作为本证还是反证,这是持严格说学者的观点(兼子・体系第 282 页),但即便如此,严格说也认为在没有其他证据的情形下,一开始就对当事人进行询问也是合法的。此外,法律実務講座第 246 页认为,在进行了当事人询问以后,对该询问结果所涉及的必要的其他证据方法也可以展开证据调查。

将旧法第 336 条视为一种积极的训示性规定的观点参见中野・現在第 211 页,大判 1935・2・4 法学 4 卷第 923 页。不过注釈民訴(7)第 257 页(河野信夫執筆)认为,从旧法的解释论角度来看,训示性规定说是毫无道理的,实务中较为妥当的做法应当是在取得双方当事人同意的情况下使其放弃责问权。

〔113〕 这是德国法系的特点。将当事人询问定位为补充性质的证据调查方式始于 1873 年的奥地利小额诉讼,并于 1895 年扩大到一般性质的案件中。德国法对于当事人询问的要件规定得较为严格,虽然在立证不充分的情况下可以从本证的角度申请对对方当事人进行询问,但该申请须得到对方当事人的同意(《德国民事诉讼法》第 445 条)而在实务中能够获得这种同意是十分罕见的。然而奥地利于 1983 年废除了当事人询问的补充性,其具体情形可参见中野・現在第 205 页、第 211 页。

对于当事人询问的补充性这一特点,还有学者提出了第三个依据,即如果不坚持这一补充性质,那么法院就会依职权尽早地进行当事人询问,而这一获得心证的方式恰恰牺牲了对审理的充实性的要求。也就是说,法院为了尽早作出判决而有可能省略或压缩证据调查的环节,为了避免这一现象的出现,有必要坚持当事人询问的补充性这一特点。参见中野・現在第 190 页。不过这种观点主要是针对德国国内的情形,虽然日本也不大可能完全杜绝这一现象,但这种观点毕竟过于强调对法官的不信任,欠缺作为论据的说服力。

修订后的日本现行法没有明文规定当事人询问在法官形成心证方面所具有的补充性质。《民事诉讼规则》第 100 条也规定证人询问的申请和当事人询问的申请应当同时提出，这一规定至少废止了当事人询问在申请阶段的补充性（当事人询问的申请应当在证人询问之后提出）。另一方面，现行法增设了第 207 条第 2 款，即在对证人和当事人进行询问的时候，应当首先询问证人；但该条第 2 款但书部分也规定，“若法院认为适当，可在听取当事人意见的基础上先进行当事人询问”。但书的这一规定与第 202 条第 2 款缓和交叉询问制度的规定具有相同的性质，淡化了当事人询问的补充性，那么当事人询问的补充性这一特点在现行法中还存在吗？应当说，该制度在法官形成心证方面的补充性已经基本消失，仅仅在询问顺序方面还存在补充性。能否继续称为“补充性”是一个如何定义的问题，但原则上当事人询问不能置于证人询问之前，似乎也可将之称为（缓和了的）补充性。[114][115]

---

〔114〕 按照《民事诉讼规则》第 100 条的规定，证人询问和当事人询问的申请必须同时提出，因此法官在决定是否进行当事人询问的时候就无法将之与证人询问后的心证状态相联系，因此可以说与心证形成相关的补充性已经消失了。福永有利「証人尋問と当事者尋問の改革」講座新民訴法Ⅱ第 219 页以下，特别是第 237 页也持同样观点。当然，实务中也可以采取一些变通的做法。比如先不决定是否进行当事人询问，而是在证据调查期日当天先进行证人询问。如果不能获得心证再决定进行当事人询问，有时也可以让当事人本人再次出庭当庭接受询问；但实际上并不存在积极的理由要求法官必须采取这些变通的做法。另一方面，在同时申请证人询问和当事人询问的时候，至少从现行法条文上来看，并不禁止法官仅仅采用当事人询问的方式。第 207 条第 2 款只是规定了当法官决定同时采用这两种询问方式的时候应该先进行证人询问。在时间分配的问题上，如果给证人询问 20 分钟，而给当事人询问一小时，这种做法也并不违法，即便通过证人询问得到的证据资料被其后从当事人询问环节中得到的证据资料所推翻也并不违法。因此我们不得不说当事人询问

在询问顺序上的补充性并不具有多大的意义。但是,正如我们在下一个注解当中看到的一样,既然我们无法赞同补充性否定论者们提出的论据,那么较为妥当的办法还是继续维持当事人询问所具有的补充性,虽然这一性质已经大为缓和。

现行民事诉讼法教科书或法条注释一类的著作在补充性问题上也是煞费苦心。比如小室ほか・基本法コンメ2第180页以下(鈴木重勝執筆)认为,虽然废止了补充性这一条件,但第207条第2款未必就彻底废除了当事人询问所具有的补充性质。研究会新民诉第267页伊藤真教授在发言中指出,"作为证据方法的补充性被废止了,但作为程序意义上的询问顺序的补充性依然存在",同书第268页铃木正裕教授在发言中指出,"新法废止补充性的做法值得赞赏,但依然要求与证人之间存在一个先后顺序,这种做法并没有彻底解决问题"。伊藤第380页也认为,新法废止了补充性原则,只是在证据调查的先后顺序上依然以证人询问优先。福永・前引講座新民訴法Ⅱ第232页以下以"当事人询问之补充性的缓和"为标题,第238页上认为补充性的要件已经被删除,因此法律并不禁止作为反证的当事人询问。专门记载立法者态度的一問一答一书在第237页也明确表示补充性已经被废止了。石川=小島編『新民事訴訟法』(1997,青林書院)第200页,小林・証拠第17页也都认为该原则已经被废止。

与上述观点不同,中野・解説第48页、中野=松浦=鈴木第269页则认为,新法并未全面排除补充性这一原则,只是在相当大的程度上做了缓和处理。持相同观点的还有新堂第537页,日弁連民訴法改正問題委員会編『改正のポイント新民事訴訟法』(1997,别冊NBL42号,商事法務研究会)第130页,木川=中村編『民事訴訟法』(1998年,青林書院)第266页,中村英郎『新民事訴訟法講義』(2000,成文堂)第211页,林屋=吉村=中島=松尾『民事訴訟法入門』(1999,有斐閣)第133页。认为补充性受到削弱的观点可参见中野編・入門第222页,上田第390页,小室・監修第145页则认为新法在询问的顺序上依然维持了补充性的原则。

〔115〕 在旧法时代,实务界就对补充性原则提出了强烈的批评。他们认为补充性原则的两大依据是没有说服力的。首先,从实务的角度来看,他们认为当事人的供述距离真实情况并没有那么遥远,甚至在很多情况下是可以感受到其供述的真实性的;其次,他们认为强制供述对于当事人而言过于苛刻的观点也是站不住脚的,因为在很多情况下当事人都主动要求发言,丝毫感受不到所谓的苛刻;此外,在诉讼早期就对当事人进行询问反而会起到很大的作用,比如能够把握案件全貌、明确争点。参见河野・前引注〔106〕第110页等。实际上在诉讼初期就进行当事人询问是实务中普遍的做法。从学界来看,以前引・中野論文为代表的立法论一直主张取消当事人询问的补充性原则。

但只要对上述两大依据作一些抽象性的思考,就会发现其并非是无的放矢。松本=上野第361页也认为,虽然新法废除了旧法第336条规定的补充性要件,但在法院应当谨慎评价当事人供述这一点上却丝毫没有发生变化。因此对补充性原则的批评仅仅意味着严守这一原则将丧失一定程度的灵活性。一贯在实务中重视当事人询问的吉井直昭「当事者本人の供述の役割」新実務民訴2第93页以下，特别是第111页也认为，在所有的案件中都废除补充性原则的观点有急功近利之嫌，而且补充性原则否定说也潜在地存在一些问题。第一，否定说认为当事人询问在把握案件全貌和明确争点方面具有很大的作用，这与作为证据调查方式的当事人询问之间是存在矛盾的。确实，无论是辩论还是当事人询问，陈述主体都是当事人本人，因此陈述内容不会存在较大的差异。但诉讼法对辩论和证据调查作出了明确的区分（参见福永・前引注〔114〕第236页，小室ほか・基本法コンメ2第183页），法院必须在进行证据调查之前组织当事人交换各自的诉讼主张，因此在交换主张阶段（争点和证据整理阶段）就进行属于证据调查性质的当事人询问是一种错位的做法。从实定法的规定来看，当事人在主张阶段出场只存在于作为释明处分的当事人陈述环节（第151条第1款第1项）。实际上，德国民事诉讼对于释明处分性质的当事人陈述作出了灵活处理，称为听取当事人陈述的环节。参见木川統一郎「民事訴訟における当事者本人の利用」『民事訴訟法改正問題』（1992，成文堂）第111页，同「民事事件における当事者本人の利用」判タ703号（1989）第36页。我国之所以没有采取类似的做法，恐怕与我们在争点证据整理环节没有涉及间接事实有着内在的联系。总之，尽管把握案件全貌、明确争点是很重要的事情，但这应该通过辩论环节，而不是证据调查环节，即当事人询问来实现的。不过，像德国那样在通过充分的准备书面交换当事人各自的主张之后，在进入证据调查之前听取当事人陈述的做法是否可行呢？正如西口元＝太田朝陽＝河野一郎「チームワークによる汎用的訴訟運営を目指して（2）」判タ847号（1994）第11页以下，特别是第22页所指出的，这里实际涉及一个立法选择的问题，即也可以采取在诉讼的开始阶段在当事人之间进行自由讨论（free discussion）（该论文称为"准备期日"）。笔者认为，西口模式确实有相当魅力，即自由讨论的方式比书面记录的方式更能有效地消除当事人之间的误解，鼓励当事人说出内心真实的想法；但这一方式的关键在于实际操作。总之，相较于陈述书这一方式，在把握案件全貌的问题上，自由讨论或听取当事人陈述的方式可以避免一些弊端，作用还是很大的。

第二，实务中确实出现过当事人积极主动表达观点的情况，法官倾听当事人的全部想法也会给当事人带来满足感。但有时当事人的发言并非法言法语，由此导致原本有利的事实也变成了不利的陈述，律师（诉讼代理人）是不会欢迎当事人在法官面前做这种自由发言的。而在当事人询问的环节中，由于已经在某种程度上了解到对方当事人的主张，因此在接受询问之前会做一定的准备工作，甚至会进行某种形式的实战演习。这多少也会使律师感到比较放心，这也是当事人询问这种方式比较受欢迎的一个原因。而听取当事人的全部意见本来就属于辩论环节的内容，并非对当事人所主张的事实进行证据调查的内容。因此，最为适当的方式应该是自由讨论或者听取当事人陈述甚至最终辩论等方式。如果仅仅把属于证据调查性质的当事人询问作为当事人陈述自己观点的场合，从诉讼法的角度来看是相当不自然的，而且一旦把自由陈述的内容作为对其不利的证据加以使用一如上述,现行法中的当事人询问制度依然保持了(软化了的)补充性的特点,这也是与证人询问的区别之处。但与证人询问相比,当事人询问在现行法中体现出来的独立性更多地表现在没有宣誓义务、不能强制到庭、对其制裁仅体现为对对方当事人主张事实的真实拟制、不会被判处伪证罪只是被处以10万日元以下的罚款等方面。从解释论的角度来看,之所以会存在这些区别,其依据在于对当事人供述的真实性存在疑虑,强制当事人作出供述是十分苛刻的做法。因为其真实性较弱,所以没有必要强制到庭;因为强制供述的做法过于苛刻,所以不会处以伪证罪。[116]

上述区别只存在于普通的民事诉讼中,人事诉讼则另当别论。出于发现实体真实的要求,人事诉讼采用了职权探知主义,因此该类诉讼中的当事人询问不会存在所谓的补充性

对当事人也是比较苛刻的(所谓辩论全趣旨确实也可以成为证据原因,因此和这里提到的情况只有一个程度上的差别,但笔者认为这是一个如何思考制度原则层面的问题)。濱口浩「実務からみた当事者尋問の問題点」判タ1070号(2001)第121页的论述颇有助益。

总之,强调当事人询问的补充性可能过于僵化,难谓妥当,但否定说也存在混淆诉讼资料和证据资料的问题(木川・前引论文也持相同观点);而软化这一原则虽是立法妥协的产物,但也可能有歪打正着、恰到好处的效果。当然,正如竹下守夫教授所指出的(研究会新民诉第268页),补充性原则在集中证据调查环节中已经大为弱化了。

〔116〕 从立法论的角度也可以设想借鉴英美法的做法,将当事人询问吸收到证人询问之中。单就询问的顺序而言确实如此。但还存在一些未决的问题,比如不得强制到庭、制裁仅仅是真实拟制。笔者认为将当事人询问全面吸收进证人询问的做法并非上策。

当然,就我国的情况而言,证人和当事人之间总是存在某种关系,并非毫不相干的第三人,因此也有人批评说,严格区分当事人询问和证人询问并维持当事人询问的补充性原则。这些学说(也包括笔者的观点)从实务的角度看来,不过是一种纯粹观念性的产物,但笔者认为这只是不同的思考方式而已。

原则。作为第一次性的证据,法院可以命令当事人到庭接受询问(《人事诉讼法》第 21 条第 1 款),如果拒绝出庭,则可处以罚款甚至强制到庭(《人事诉讼法》第 21 条第 2 款);但另一方面,如果当事人拒绝宣誓或供述也不会受到制裁。

4. 鉴定

(1)鉴定的一般性规定

为了弥补法院的知识、判断能力之不足,而由专业人士就特殊的学识经验、专业知识以及专业意见作出报告,这一证据调查方式称为鉴定。该证据方法即所谓的鉴定人(新堂第 538 页[117])。

---

〔117〕 从弥补法院知识、判断能力之不足的角度来说,鉴定人的角色类似于法官,因此需要其保持中立性;另一方面,鉴定人也属于一种证据方法,当事人也可以提出申请,只有当事人认为对己有利才会提出这种申请,因此这里又表现出鉴定人的党派特征。鉴定就是由这种中立性和党派性的要素构成的,并在其中摇摆不定。从比较法的角度来看,大陆法系强调鉴定人对法院知识、判断能力的补充作用,因此重视其中立性,而英美法系强调其证据方法的属性,即当事人可以提出申请,因此重视从其党派特性的角度加以规范。英美法系中的鉴定人并不是一个特殊的范畴,只是作为证人规范的一部分,即使在某些场合下需要将鉴定人和其他一般证人加以区别,也不过是称之为专家证人罢了。而大陆法系中的鉴定人类似于调查官(地方法院为处理工业产权或租税案件而设置的一种职务,参见《法院法》第 57 条第 2 款),在某些方面与简易法院设置的司法委员(第 279 条)也有相似之处。但调查官或司法委员与鉴定的区别在于其不具有当事人角度的可视性。日本法将鉴定作为一种特殊的范畴加以规范,而且鉴定人也适用回避,这些都体现了鲜明的大陆法系特点,但最近也有学者呼吁重视鉴定作为攻击防御方法的特征,并应当重视保障当事人相应的程序权利,这些解释论也是很有说服力的,参见加藤新太郎「民事鑑定の今日的課題」加藤・裁量第 242 页以下。关于大陆法系的鉴定人制度与英美法系专家证人制度的考察,见中野貞一郎「鑑定の現在問題」中野・現在第 141 页以下,特别是第 148 页(据作者的考察,在德国普通法时代的诉讼中,法官要受到鉴定意见的拘束。打个比方的话,鉴定人是某一事实的法官,而法官则是法律方面的鉴定人。见该书第 152 页)。另请参见小島武司「専門家証人の中立化」同『裁判運営の理論』(1974,有斐閣)第 285 页,特别是第 291 页,木川統一郎 = 生田美弥子「ドイツ・フランスの民事鑑定から学ぶ」判タ841 号(1994)第 6 页,中村也寸志「ドイツにおけ

る専門訴訟の実情」判時1696号(2000)第32页,北村一郎「フランス民事訴訟における鑑定人の役割」法協110卷1号第1页、2号第179页(1993),椎橋邦雄「アメリカ民事訴訟における専門家証人の証人適格」内田武吉先生古稀祝賀『民事訴訟制度の一側面』(1999,成文堂)第231页等。关于医疗事故诉讼中鉴定人定型化的问题,可参见畔柳達雄「医療事故訴訟と鑑定」中野編・科学裁判第167页以下,特别是第185页[收于畔柳『医療事故訴訟の研究』(1987,日本評論社)第97页]。另外还有学者在这一领域展开了非常浩繁的研究工作,见杉山悦子「民事訴訟と専門家」法協120卷4号第637页、8号第1550页、9号第1806页、10号第2031页(2003,未完)。

法官能否依职权命令鉴定呢?这与弥补法院知识和判断能力之不足的问题相关,学界有很大争议,见本讲注[87]。有些学者从鉴定对法院能力的弥补角度对此问题持肯定态度,比如三ヶ月・全集第418页,条解第1022页(松浦馨執筆),栂善夫「科学裁判と鑑定」中野編・科学裁判第89页、特别是第94页,畔柳・前引书第169页,中野・現在第154页,林屋第337页。母法国德国在《民事诉讼法》第144条中对职权鉴定进行了明确的规定,而且对鉴定人也没有采用交叉询问的方式;而日本法却没有类似规定,而且从辩论主义的第三个命题(禁止职权调查证据)来看,解释上应当认为不允许职权鉴定。参见新堂第519页,兼子・体系第262页,小室・監修第141页等。

从三段论法的角度一般可以把鉴定分为相当于大前提的鉴定和相当于小前提的鉴定,参见岩野徹「鑑定」岩松三郎還暦『訴訟と裁判』(1956,有斐閣)第285页以下、注釈民訴(6)第403页(太田勝造執筆)等。对外国法或国内习惯法的鉴定属于前者,被称为"大前提鉴定"。鉴定人运用专业知识对某一具体的待证事实作出判断则属于后者,被称为"小前提鉴定";而对于日本国内法,由于法官应当知法,所以其能否成为鉴定的对象还是存在争议的,目前通说对此持否定态度,参见伊藤第343页,注解民诉(8)第11页。那么国内法的解释问题能否成为鉴定的对象呢?虽然其必要性并没有那么强,但对其持否定态度的理由并不充分,参见加藤・裁量第250页。此外,国内法的鉴定,与所谓的立法事实相关。关于立法事实和辩论主义的关系,可参见山本克己「民事訴訟における立法事実の審理」木川・古稀(下)第21页,其论述颇为有趣。

在我国裁判实务中鉴定的利用率从整体看并不高,参见注釈民訴(6)第410页(太田勝造執筆)以下。只有不动产鉴定和亲子关系鉴定的利用率比较高。最近实务上正在着力探索医疗过失中的医生鉴定以及建筑瑕疵纠纷中的建筑师鉴定,关于这方面的情况可参见东京地方法院民事裁判实务研究会编「〈シンポジウム〉医療過誤訴訟の審理について」判タ1023号(2000)第4页,大阪地方法院建筑施工案件课题组编「建築関係訴訟の審理の在り方について」判タ1029号(2000)第4页,大阪部分医生参与的「〈シンポジウム〉医療事故訴訟の審理について」判タ1032号(2000)第4页,「大阪地方裁判所における付調停事件への取組み」判タ1035号(2000)第4页,西口元「民事訴訟における専門家の関わり」前引内田古稀『民事訴訟制度の一側面』第167页等。

鉴定的方式原则上准用证人询问的方法(第216条)。[118] 鉴定义务和作证义务都属于公法上的一般性义务,具体而言包括出庭、宣誓、陈述意见(报告鉴定意见)的义务。在受到法庭传唤而非因正当理由拒绝出庭的时候,准用证人询问的相关规定,即可以处以罚款甚至刑罚的制裁(不过很难在实务中设想这种情况),但并不准用拘传的规定(第194条)。虽然是特殊的专业领域,但专家一般而言是具有可替代性的,这也是鉴定人和证人的区别。鉴定也不准用书面询问(第205条):一是因为鉴定人也可以采取书面形式陈述鉴定意见(第215条);二是因为如果准用书面询问的规定就会出现一种略式鉴定,而这种简易方式的鉴定在地方法院以上的程序中是不合适的。[119] 另一方面,由于鉴定人的作用类似于法官,因此根据第196条规定而具有拒绝自我归罪权利的人不得成为鉴定人(第212条第2款),此外如果存在妨碍鉴定人诚实鉴定的情形,那么当事人可以申请其回避(第214条)。[120] 根据第197条的规定,

---

〔118〕 木川統一郎=清水宏「鑑定人と証人尋問の規定が準用されるのは何故か」白川和雄古稀『民事紛争をめぐる法的諸問題』(1999,信山社)第239页严厉批判了混同证人和鉴定人的做法。另外有学者对于2003年修订《民事诉讼法》之前对鉴定人采用的交叉询问方式提出质疑,参见畔柳·前引注第180页、第195页。

〔119〕 一問一答第240页。关于书面询问,可参见高橋宏志「書面尋問——研究者の視点から」判タ1006号(1999)第40页,小山稔「書面尋問——弁護士の視点から」同第44页。

〔120〕 鉴定人回避在所谓的SMON病诉讼(SMON: subacute myelo optic neuropathy. 亚急性脊髓视神经病——译者注)中成为一大问题。即能否允许以前给患者(原告)采用统一诊断方式进行治疗的SMON病专科医生(SMON病调查研究协议会或特定疾患SMON病调查研究班的成员)作为鉴定人?这一问题由于该病的专科医生十分缺乏而成为一个棘手的难题。下级审法院的决定并不统一,菊井=村松Ⅱ第568页,注解民訴(8)第50页认为这应该成为回避的原因。因为有理由怀

如果涉及职务上的秘密证人有权拒绝作证,这一规定也同样准用于鉴定,即在上述情况下鉴定人有权拒绝作出鉴定。〔121〕

具体的程序是,申请人向法院提交载有鉴定事项的书面申请,并直接送交对方当事人。如果对方当事人对该鉴定申请有意见,则可向法院提出书面异议。法院根据上述书面材料确定鉴定事项,将载有鉴定事项的书面送达鉴定人(《民事诉讼规则》第129条)。决定鉴定人是法院的职权(第213条),在证人询问程序中,当事人可以申请特定的证人,而在鉴定程序中则没有这个必要。当事人申请特定的鉴定人属于推荐的性质,而在对抗比较激烈的案件中,一方当事人推荐的鉴定人要想得到对方当事人的同意是非常困难的。即使双方当事人合意推荐鉴定人,在理论上也不会对法院产生拘束力。〔122〕

疑鉴定人囿于曾经作出的诊断而无法诚实地进行鉴定,而且当事人也有权拒绝该鉴定。另一方面,也有学者认为在鉴定人缺乏可替代性的情况下,不应支持当事人提出的回避申请,至于其回避事由可以在评价证据价值的时候予以斟酌,而且通过两人以上的共同鉴定方式也可以避免鉴定结论的偏颇倾向。参见石川明·判評246号=判時928号第174页(不过该说认为在个案中可以驳回回避申请,笔者对此存疑),中野·現在第148页,伊藤第344页,注釈民訴(6)第414页(太田執筆)和第446页(畑郁夫執筆)。另有学者认为不应忽视当事人的回避申请权,应当对法院随意驳回回避申请的做法予以限制,但如果鉴定人真的不存在可替代性,那么在理论上还是可以驳回回避申请的,参见栂·前引注〔117〕第105页,同「民事訴訟における鑑定人の忌避について」曹時43卷10号(1991)第2009页以下。

〔121〕 菊井=村松Ⅱ第561页,注釈民訴(6)第424页(太田執筆),条解第1025页。

〔122〕 注釈民訴(6)第432页(畑郁夫執筆),注解民訴(8)第40页,菊井=村松Ⅱ第568页。不过如果当事人的合意不仅仅是决定鉴定人的人选,而且还表明要服从该特定人的鉴定结论,即当事人签订了所谓的仲裁鉴定契约,因其在性质上属于证据契约的一种,因此对法院具有拘束力。关于仲裁鉴定契约,可参见豊田博昭「仲裁鑑定契約の法構造」修道法学13卷1号第89页、14卷1号第39页、2号第129页(1991~1992),飯塚重男『契約的仲裁の諸問題』(1998,有斐閣)第17页。

在审理过程中，鉴定人可以向证人和当事人本人直接发问（《民事诉讼规则》第 133 条）。鉴定人可以就鉴定的前提事实提问，这主要是为了提高鉴定内容的质量。从这一制度目的出发，应当允许鉴定人参与争点证据整理阶段的工作，以此提高该程序的运行质量[123]（不过 2003 年《民事诉讼法》修改后设置了专业委员，在制度上有重复之嫌。关于 2003 年修订的具体情形，见本书第十一讲）。鉴定报告可以采取口头或书

---

〔123〕 木川統一郎＝生田美弥子「民事鑑定書の構造」判タ849 号（1994）第 6 页，同「ドイツ鑑定法規の改正」判タ853 号（1994）第 7 页。

让鉴定人参与争点证据整理阶段，该鉴定在法律构成上属于释明处分性质的鉴定（第 151 条第 1 款第 5 项）。畔柳・前引注〔117〕第 169 页认为，作为一种释明处分应当积极倡导口头鉴定的方式。释明处分性质的鉴定源于证据调查性质的鉴定方式，因此可以准用《民事诉讼规则》第 133 条（鉴定人有权发问）；在具体的适用方式上，鉴定人可以出席争点证据整理环节的工作并提出质询（《民事诉讼规则》第 129 条之 2），也可适用电视会议系统（第 204 条）。当然，理论上可能会出现当事人在释明处分性质的鉴定之后还会提出证据调查性质的鉴定申请。参见野田宏「鑑定をめぐる実務上の二、三の問題」中野編・科学裁判第 17 页，注釈民訴（6）第 404 页（太田執筆）。当释明处分性质的鉴定人和证据调查性质的鉴定人为同一人的时候，当事人可能会觉得其专业意见于己不利，从而产生抵触感，参见東京地方裁判所建築瑕疵紛争検討委員会「建築瑕疵紛争事件のための適正かつ迅速な処理のために」判時 1710 号（2000）第 1 页以下、特别是第 7 页，前引判タ1023 号第 25 页，判タ1032 号第 14 页。

与上述情形相反，如果鉴定人就某一专业性事实主动收集资料进行事实调查的时候，当事人能否在场呢？注釈民訴（6）第 467 页（井上繁規執筆）、注解民訴（8）第 20 页认为，从法理上讲，鉴定人的这些工作并不适用当事人公开主义。但该书也同时指出，如果鉴定人在诉讼外亲自听取当事人或者第三人的陈述，此时允许对方当事人到场会提高鉴定结论的可信度。另一方面，注釈民訴（6）第 428 页（太田執筆）认为，鉴于鉴定的重要性，应当保障当事人的临场机会。木川統一郎＝生田美弥子「鑑定人の鑑定準備作業における当事者公開原則について」判タ856 号（1994）第 33 页、条解第 1024 页（松浦馨執筆）也持相同意见，应予赞同。

接下来的问题是，当鉴定人进行事实调查的时候，能否强制第三人或当事人对该行为予以配合？应当认为不得强制。鉴定人不得强行进入他人住所或对他人进行搜身。参见菊井＝村松Ⅱ第 581 页。但有些立法例，比如美国却允许强制，参见注釈民訴（6）第 467 页。这一问题在亲子鉴定中尤为突出，德国法允许该类鉴定中适用强制，参见春日偉知郎「父子関係訴訟における証明問題と鑑定強制（検証協力義務）」曹時 49 卷 2 号（1997）第 299 页，松倉耕作『血統訴訟論』（1995，一粒社）。

面的形式(第 215 条第 1 款),具体采取何种形式由审判长决定。实务上一般都采用书面形式,称为鉴定书。[124] 鉴定书只有在法院于口头辩论期日出示之后,才能成为证据资料。当事人没有权利不援用鉴定结论。[125] 作为鉴定书的一种补充形式,法院可于期日传唤鉴定人进行口头质询(2003 年修改《民事诉讼法》时在第 215 条、第 215 条之 2 对此作出了明文规定),[126] 但

---

〔124〕 鉴定书一般都分为主文和理由两部分,那么只有主文属于鉴定结论呢?还是主文和理由都属于鉴定结论呢?学说在此产生分歧。通说认为只有鉴定主文部分属于鉴定。其根据似乎在于,判决书只要表明和鉴定书主文部分相同的事实认定结论就可以了,其间并不运用法的三段论方法,因此没有鉴定理由部分的鉴定书也是合法的。参见上田第 392 页,注釈民訴(6)第 468 页(井上繁規執筆),注解民訴(8)第 71 页,条解第 1033 页(松浦馨執筆)。但应当认为两部分都属于鉴定,鉴定理由部分所揭示的事项也有可能成为证据资料。参见加藤・裁量第 246 页,注釈民訴(6)第 418 页(太田執筆),伊藤第 345 页,小室ほか・基本法コンメ2 第 187 页(信濃孝一執筆),中野 = 松浦 = 鈴木第 272 页,木川統一郎「専門部と鑑定」判タ1091 号(2002)第 16 页。

〔125〕 菊井 = 村松Ⅱ第 578 页。

不过注釈民訴(6)第 460 页(井上繁規執筆)认为,鉴定结论要成为证据资料,必须由当事人在口头辩论期日对鉴定结果进行陈述,如果双方当事人没有进行陈述,那么鉴定结论就不得成为判决的基础。参见最判 1953・5・14 民集 7 卷 5 号第 565 页,最判 1960・2・9 民集 14 卷 1 号第 84 页。但这样一来就会涉及证据调查以后法院允许当事人撤回证据调查申请的问题(参见本讲之"五、证据调查各论"之"1. 证据的提出与采信"部分)。因此应该认为不需要当事人就鉴定结论进行陈述。参见三ヶ月・全集第 367 页,西村宏一「証拠調の結果の援用」近籐 = 浅沼編『民事法の諸問題Ⅰ』(1965,判例タイムズ社)第 203 页。

〔126〕 实务中多见的情形是采用询问证人的方式。这种做法在理论上是有问题的,应该理解为鉴定人询问。参见中野・現在第 156 页,畔柳・前引注〔115〕第 195 页,加藤・裁量第 257 页,木川 = 清水・前引注〔116〕第 239 页。但实务中一般都是在鉴定人提交鉴定书的时候才支付其差旅费、日津贴和鉴定费用,如果其后还需要鉴定人出庭的话,则比照证人支付相关费用。这种做法是出于实务方便的角度,虽然可以理解,但还应当将之作为鉴定人询问较为妥当。

在鉴定人提交鉴定书以后法院能否驳回当事人就询问鉴定人提出的申请呢?较有说服力的观点是,申请属于当事人的权利,原则上不应驳回,参见中野・現在第 157 页,加藤・裁量第 255 页,木川統一郎 = 生田美弥子「鑑定人訊問と補充鑑定」判タ861 号(1995)第 7 页;另一方面,也有学者认为应当以法院的判断为主,参见注釈民訴(6)第 458 页(井上繁規執筆),该说缺乏说服力。

质询没有必要采用交叉询问的方式(第 215 条之 2 第 2 款)。由于鉴定也属于证据调查,因此如何评价或是否采信都由法院斟酌。〔127〕 对于多次鉴定的情形,最终采用何种鉴定结论也是法院的职权。法院也可以命令重新鉴定。多人进行共同鉴定也是可能的。〔128〕

根据《刑法》第 171 条的规定,虚假鉴定可处以 3 个月以上 10 年以下的有期徒刑。在民事损害赔偿责任的认定方

---

〔127〕 原则上鉴定是再现过去发生的某一事实,例外情形则比如鉴定不动产的价格、非公开发售股票的时价。而类似劳动能力的丧失则属于对将来的一种预测,与其说是一个事实问题,倒不如视为一种专业评价更为妥当。在上述情形下,虽然实定法将鉴定作为一种证据调查的方法,但法官的判定实际上针对的是法律解释的说服力的大小,而不是心证是否已经达到证明度的要求。从这一点上来看,虽然鉴定是规定在证据调查部分,但其与证据判断中严格意义上的"自由心证"还是存在一定的差别。参见本讲之"二、自由心证主义"之"5. 损害额的认定"部分。

〔128〕 实务中有很多鉴定不是由法院选任鉴定人作出来的,而是由当事人委托鉴定,并将鉴定结论整理成报告书作为书证提交到法院。虽然可以把这种鉴定称为私鉴定,但实务中一般将之视为书证,在必要的情形下也会进行证人询问,不少学者对此持肯定态度,参见加藤・裁量第 257 页、小林秀之「現代型訴訟と鑑定」争点〔新版〕第 268 页、福永清貴「私鑑定の証拠法上の取扱い」早稲田法学 73 卷 1 号(1997)第 215 页、注釈民訴(6)第 420 页(太田執筆)和第 440 页(畑執筆)。这种处理方式与辩论兼和解、陈述书等实务操作一样,是一种实务中方便,但不合法理的做法,然而这与英美法系中的专家证人却有着相类似的地方。但也有学者指出,在这种情况下,对方当事人只能就该书证的真实性提出异议,而不能就接受私鉴定委托的专业人士是否适格提出意见,对方当事人也不具有申请回避的权利,也不能就该书证记载的内容申请鉴定人询问,私鉴定的结论只能作为当事人主张的一部分。参见中野・現在第 177 页,木川統一郎「争点整理過程で提出された私鑑定書の取扱いについて」判タ1071 号(2001)第 55 页。不过中野说并不能否定私鉴定结论的证据能力,因此还不能认为实务中将之作为书证处理的方式是违法的。这种实务中方便的做法应当予以肯定,但在理论上可以采用中野说的观点。此外,关于鉴定和民事诉讼法一般原则的关系,请参见木川統一郎「訴訟原則と民事鑑定」判タ1057 号(2001)第 48 页,该论述颇具启示性。

面,需要故意或重大过失等要件;[129] 另一方面,应当支付鉴定人的差旅费、日津贴、住宿费用、实际支出费用以及鉴定费用等(《民事诉讼法费用》第18条),这些费用都属于诉讼费用。

(2)鉴定证人

第217条对鉴定证人作出了规定。所谓鉴定证人,是指因具备某种特殊的学识经验而能够对已经发生的具体事实作出准确陈述的人,适用证人询问的规定。也就是说,从其作为某一已发生事实的供述者的角度来看,其具有证人的性质,可以适用拘传;但并不存在所谓的不适格事由或回避。比如,外科医生就其负责治疗的伤者的伤势或病情接受询问,该外科医生即为鉴定证人。但如果要求该外科医生就伤者今后是否会留有后遗症等问题作出判断的话,因其属于专业人士的一种预测,该外科医生就成为鉴定人,如此同一人可身兼证人和鉴定人。虽然理论上可以如此,[130] 但在现实中,证人(鉴定证人)与鉴定人之间的差别是很微妙的。[131] 当然,即便混淆了证人询问和鉴定人这两种不同

---

〔129〕 关于鉴定人的损害赔偿责任,可参见注釈民訴(6)第407页(太田執筆),谷口安平「鑑定人の民事賠償責任」判タ487号(1983)第8页,同「訴訟思想と鑑定人の責任」法学論叢128卷4~6号(1991)第40页,春日偉知郎「鑑定人の責任」川井健編『専門家の責任』(1992,日本評論社)第267页[收于春日・論集第279页]等。春日说和上田第392页把鉴定人承担损害赔偿责任的情形作出了限定,即鉴定过失明显违反了公序良俗,且侵害当事人的法益系不当行为。笔者认为该说还有进一步探讨的余地。

〔130〕 一如本讲注解〔96〕中所述,通说认为证人是应于诉讼中就某一过去发生的事实供述自身认识的第三人(梅・前引注〔117〕第107页也对通说持赞成态度)。但也有学者对此持不同意见,即证人所形成的认识或判断是在其进入诉讼之前,并且和法院的命令不产生任何关系;而鉴定人形成的认识或判断却是在其进入诉讼以后,并且是根据法院的命令形成的。

〔131〕 菊井=村松Ⅱ第552页、第582页,注釈民訴(6)第473页(井上繁規執筆)。

的证据调查方式,也可成为责问权放弃或丧失的对象。

(3)鉴定之委托

若法院认为有必要可委托政府机关或有相应设备之法人进行鉴定。应当说,只要"具有相应设备",即使是非法人性质的研究所或类似机构,也可接受这一委托。对法人并不要求宣誓,其他规定则准用鉴定(第218条第1款),因此也适用回避。由于法院可以依职权委托,因此委托鉴定实际上是委托调查(第186条)的一种延伸。[132]

(4)推荐文献

以上论述属于讲义性质,实际上在法律人和专业人士之间,鉴定一直存在所谓大陆法型与英美法型、中立性和党派性的对立,这些问题在实务和理论上都饶有兴味。希望各位读者能够拜读一下中野贞一郎先生的「鑑定の現在問題」(中野·現在第141页以下)。

5. 书证

所谓书证,是指阅读文书上所记载的内容并将其作为

---

〔132〕 若鉴定人为自然人,笔者认为法院不可依职权委托鉴定,但从条文来看,委托鉴定系依职权为之,这是很奇怪的现象。

菊井=村松Ⅱ第586页认为,委托鉴定属于一种介于鉴定和委托调查之间的特殊证据调查方法,但其最终却可以被包含在委托调查之中。因此,对于当事人提出的鉴定申请,法院不可以委托鉴定应对之。同书第566页[反对意见参见条解第1036页(松浦馨執筆)]。笔者的观点是,从禁止职权调查证据的立法目的来看,应当控制法院随意依职权委托鉴定的行为,甚至应当将该行为作为一种补充性质限定在释明处分和重新鉴定的场合。

另一方面,中野·現在第150页以"从个人鉴定到团体鉴定"为标题,认为应当把委托鉴定作为鉴定的真正形态加以积极的利用。中野的这一观点与其认为也可以委托自然人进行鉴定的观点是一致的。但也有学者认为,从条文文义出发虽然可以将委托鉴定作为鉴定的真正形态,但其与职权调查证据的关系却不明确,参见注釈民訴(6)第475页(井上繁規執筆)等。

证据资料的一种证据调查(新堂第539页)。[133] 也就是说,作为正式用语,所谓书证是指一种证据调查的方式,而实务中则习惯性地把作为书证对象的文书本身称为书证。[134] 一般情形下我们都可以通过上下文来轻松地判断出所谓书证到底是何种含义,因此不必拘泥于用语。这里涉及的所谓文书,从定义上来看,可将之称为一种具有一定外观的、通过文字或其他符号来表现人的意思、判断、报告、感想等[135]的有形物。像鞋的寄存牌、界标等作为一种记号或者识别标志,被加工而成的有形物,虽然不属于文书,但可以作为准文书而适用书证的相关程序(第231条)进行证据调查。一般认为文书都具有证据能力,但最近较为突出的问题则是在未经

---

〔133〕 在对文书的纸质、笔迹等进行检查的时候,当然不会把文书所反映的人的意思、判断、报告、感想等作为对象,因此这种检查并非书证而是查证(勘验)。虽然如此,在调查书证的时候一般都会在调查文书内容的同时查证文书的纸质和笔迹。像比较重要的契约书,如果是写在报纸中夹带的广告纸背面的话,当然就会让人怀疑该契约书是否为正式契约。因此书证本来就含有查证的因素。但如果只是单纯地调查文书的纸质、笔迹等,而不涉及文书的内容,那么就不能称为书证,而应称为查证(勘验)。参见菊井=村松Ⅱ第589页。

简单地说,如果从文书本身获得证据资料则称为查证,而通过文书所表现的内容(制作人的意思、判断、报告、感想等)获得主要的证据资料,然后结合文书本身获得其他证据资料则称为书证。

〔134〕 也有实务家建议按照法律用语的表现来区分文书和书证,即在指称文书本身的时候称为文书,而在指称证据调查的时候则称为书证。参见倉田卓次「書証実務の反省」『民事実務と証明論』(1987,日本評論社)第161页。

但也有学者认为,习惯上把作为书证对象的文书称为书证,与作为勘验对象的文书以示区别,参看河野信夫「文書の真否」新実務民訴2第203页、特别是第205页。对此持赞同意见的有伊藤滋夫「書証に関する二、三問題(上)」判タ752号(1991)第15页,特别是第16页第一段认为,没有一个简洁的用语可以指称作为书证对象的文书,而且也没有必要在其真实的含义上使用书证这一概念。

〔135〕 以前把人的判断、记录、感想、感情、意思或欲望等都统称为“思想”,现在也有一些体系书或法条注释一类的著作沿用这一概念,而实际上所谓的“思想”是对德语词汇的误译。总之,所谓思想是对人类头脑中的信息的统称。

对方同意的情况下擅自录制的录音带是否具备证据能力，参见本讲之“二、自由心证主义”之“3. 证据调查的结果”部分。

在文书的分类上，第一，可以把文书分为公务员依职权制作的职务文书，称为公文书，除此以外的文书统称为私文书；[136] 第二，还可以把文书分为能够直接证明某一待证法律行为的处分性文书（支票、书面遗嘱、解约通知书等）以及除此以外的记载文书制作人的见闻、意见等的报道性文书（商业账簿、诊断书、日记、书信等）；第三种分类则是把文书分为原件（original）、一式多份的原件中用于送达的副本（如诉状的副本）、公证权人认定的在法律上具有与原件相同效力的正本（如判决书的正本等）、复制文书全部内容的誊本、复制文书部分内容的抄本等。此外，经公证权人认定的、与原件核对无异的誊本或抄本也叫作认证誊本或认证抄本（如经市区町村长认证的户籍誊本）。[137]

（1）形式上的证据力和实质证据力

在多数案件中文书都扮演着很重要的角色，甚至有时是具有决定性意义的证明手段。因此法律对文书的规制也是很严格的，这体现在将文书的证据力分为形式上的证据力和实质证据力。

所谓形式上的证据力，是指可以认定文书内容反映了举证的一方（证据申请人）所主张的特定人的意思、判断、报

---

〔136〕　一如后述，可以通过真正的推定规范对公文书和私文书加以区分。此外，《民事诉讼法》第 220 条第 4 项之 2 项下所指文书也叫作公务文书。

〔137〕　实务中所指誊本似乎只有经过认证才可以，未经认证的则叫作复制本。参见伊藤滋夫「書証に関する二、三問題（下）」判タ755 号（1991）第 53 页第一段。不过倉田・前引注〔134〕第 162 页则对这一做法提出了批评。

告或感想等(新堂第 541 页)。文书要具备形式上的证据力,其前提是该文书之形成系基于该特定人的意思,这叫作文书形成的真实性或文书的真实性。一般而言,真实形成的文书,其记载内容都反映了文书制作人的意思、判断、报告或感想,因此也都具备形式上的证据力;但以练习书法为目的而形成的文书,虽然是真实的,但并非反映了制作人的意思、判断、报告或感想,因此并不具备形式上的证据力。也就是说,要具备形式上的证据力,除了文书形成的真实性外,还需要该文书内容反映了文书制作人的意思、判断、报告或感想。[138] 此外,民事诉讼中所谓的形式上的证据力与刑法中的伪造文书在内容上是有差异的。刑法理论中,假借他人名义构成伪造,如果名义人和真正的文书制作人并非同一人,则该文书不得视为真实形成的文书。而在民事诉讼中,只要举证的一方主张文书是由特定人伪造而成,并查证属实,则该文书依然可以叫作由伪造的一方真实形成的文书。这种伪造文书可以作为证据用于追究相关人员的民事责任,比如追究无权代理人的责任(《民法》第 117 条)。[139]

所谓实质证据力,是指文书的记载内容能够有效地用于待证事实的证明,一般也称为证据价值、证明力。在处分性文书的场合,如果其真实性得到认定,那么就能够直接证

---

〔138〕 也有学者提出了不同的定义方法,即所谓形式上的证据力应当是指正式文书而非草案所表示出来的实际内容,参见松本·自认第 98 页。该定义似乎来自德国学者的相关讨论。

〔139〕 在判断形式上的证据力方面,“二战”前的民事诉讼法与刑法一样,都是从名义人的角度加以判断,而随着理论和实务的发展,民事诉讼法发展出了自己的标准。参见伊藤(滋)·前引注〔134〕(上)第 19 页。

明文书制作人的某一法律行为，因此其实质证据力是很高的（至于行为能力之有无、是否欠缺意思表示则属于对该行为意思的解释问题。参照新堂第542页及后引注〔141〕）。而在报道性文书的场合，其实质证据力则要受到文书制作目的、制作人人格等多种因素的影响。形式上的证据力和实质证据力是相互独立的，因此具备形式上的证据力并不一定就具备实质证据力。

在文书的形式上的证据力没有得到证明的情况下，也就是说文书没有被作为证据采用的情况下，是根本谈不上所谓的实质证据力的。有的时候可能会出现文书的一部分不具有形式上的证据力，因此对方当事人只是就该部分形成的真实性予以否认。不管怎样，我们要注意的是不要把形式上的证据力和实质证据力结合起来作出所谓综合性的判断。〔140〕 例外的情形是，如果将某一类文书其存在本身作

---

〔140〕 不过也有学者从立法论的角度提出了批评，指出如果对形式上的证据力采用全有或全无式的判断，则过于强化拟制的效力，而可能在事实认定上犯错误，参见注釈民訴(7)第174页(太田勝造執筆)。竹下守夫「裁判上の自认」民商44卷3号(1961)第447页注(1)中也认为，理论上较为妥当的做法是将形式上的证据力和实质证据力结合起来交由法官自由心证。

形式上的证据力和实质证据力的区别只存在于书证，这也是书证的重要特点。不过在其他方式的证据调查中也存在类似的作业内容。比如在证人询问中，法院要询问出庭人是否为真正的被传唤人，如果查明证人席上的人并非法院传唤之人则不能进行证据调查。现场勘验也存在类似的作业，如果法官查明勘验对象并非当事人申请的勘验场所就不能进行证据调查。上述作业类似于形式上证据力的判断。书证是要探求文书所表现的特定人的意思、判断、报告、感想等，因此如果文书内容并非表现当事人申请的特定人的意思等则不得对之进行证据调查。在证人询问或勘验等证据调查方式中，调查对象是否具备同一性是比较容易判别的，而书证的对象是文书所记载的文字或其他记号，而从文书本身是无法判断名义人和真正的文书制作人是否为同一人，所以才需要特别强调其形式上的证据力。参见河野(信)・前引注〔134〕第204页，倉田・前引注〔132〕第183页。

为证据使用,而不涉及该文书所表现的特定人的思想、判断、报告、感想等,则只要该文书确实存在就足够了,文书形成的真实性并不成为问题。比如把传单、涂鸦作为证据提出以反映当时社会的流行时尚或舆论世情即属此种情况(兼子·体系第276页,新堂第541页)。[141]

形式上的证据力的证明一般由法官的自由心证来完成,证明责任在举证的一方。不过就文书形成的真实性问题,法律设有推定规范:首先,如果从文书的方式或内容上可以认定是因公务员职务关系形成的,那么就可以推定该文书是真实的公文书(第228条第2款);其次,如果私文书上有本人或代理人的署名或印鉴,则推定为真实文书(第228条第4款)。推定范围及于文书之全部。适用推定规范的前提是必须有本人(此处省略代理人)的签名或存在加盖印鉴的行为,也就是说,签名或盖章的行为必须是基于本人的真实意思(此处的条文用语值得商榷。条文中所谓的"有"签名或印鉴实际上是指应当作出"签名的行为"或"加盖印鉴的行为"。只有签名或印鉴是不够的,因此条文用语应改为"在本人实际签名或基于本人的意思加盖印鉴的前提下适用该推定")。单从文书上加盖有本人印章这一事实,还不能断定该印鉴是出于本人的真实意思表示,还是他

〔141〕 当然这种情况究竟属于书证还是勘验并不太明显。条解第1043页(松浦馨執筆)认为属于勘验,但在这种情形下证据调查的重点是文书的内容因此还是应理解为书证较为妥当。伊藤(滋)·前引注〔134〕(中)判タ753号第15页有较详细的说明,此外这一问题与后引注〔146〕也有关系。

人未经授权擅自加盖的。[142] 针对这一问题,判例认为如果文书上的印记确实出自名义人的印鉴,则推定加盖印鉴的行为系基于印鉴本人的意思,参见最判 1964・5・12 民集 18 卷 4 号第 597 页,百選Ⅱ第 133 号案例(菅原郁夫解说)。只有先作出这一推定才能满足启动第 228 条第 4 款的要件,从而推定文书全部内容的真实性。讲学上将此一过程称为二段推定(或者双重推定)。因此,如果印记确实出自本人

---

〔142〕 这里没有采用文书由某人作成的说法,而是强调文书的作成系基于某人的意思。强调意思因素是为了明确并不需要本人亲笔记载文书内容或亲自作出加盖印鉴的行为。参见伊藤(滋)・前引注〔134〕(上)第 19 页。这里的意思不应包含超过上述内容的含义,否则在出现意思瑕疵的情形下,比如错误、诈欺、强迫,就很难保证该文书具备形式上的证据力。比如注釈民訴(7)第 17 页(吉村德重執筆)就认为这种情形下不具备形式上的证据力。

总之,文书制作过程中是否存在错误应由法官审理判断,但是将之视为形式上的证据力,还是实质证据力,应该说并没有太大的区别,不过在处分性文书的证明责任方面则另当别论。如果将之视为形式上的证据力,那么主张证明责任是在举证的一方当事人(书证申请人)。在处分性文书的场合,主张某一法律行为有效的一方通常都是举证的一方,因此主张该行为有效的一方应就错误等负担证明责任,但错误一般都是由主张法律行为无效的一方当事人负担主张证明责任的。这里之所以发生了转换,是因为形式上的证据力这一因素。在报道性文书涉及强迫等情况下(比如被迫写日记),不应将强迫之有无置于实质证据力的判断,也就是说应作为形式上的证据力加以判断。但一旦因强迫被认定而导致该文书不具备形式上的证据力的时候,当事人也无法使用其他未涉及强迫因素的文书部分(实务中可能会发生文书部分具备形式上的证据力,而另一部分不具备形式上的证据力的现象,十分复杂)。因此,还是应该在实质证据力而不是形式上的证据力方面对文书所涉及的意思表示瑕疵进行判断。参见松本・自认第 100 页,松本・证明责任第 180 页,吉岡進「民事事実認定のスピリット」田尾桃二 = 加藤新太郎共编『民事事実認定』(1999,判例タイムズ社)第 110 页,注釈民訴(6)第 144 页(佐上善和執筆),新堂第 542 页。

实务中经常混淆形式上的证据力和实质证据力的区别,即便某一文书具备形式上的证据力,也不能保证其内容是真实的(实质证据力强),比如伪造的文书也具备形式上的证据力即属此类。但实务中一般都忽视了这一点。

印鉴,则本人必须要举出反证。[143] 为了证明文书的真实性也可能会询问相关证人,对笔迹或印记也会进行比对,法院也可以命令当事人提供用于比对的文书物品,或者让当事人现场书写(第229条。这在性质上属于勘验查证)。如果当事人或代理人出于故意或重大过失就真实形成的文书无谓地争议其真实性,则法院可判处10万日元以下的罚款(第230条第1款)。因为实定法已经规定了当事人的真实

---

〔143〕 文书上的印记必须出自正式印鉴吗?三文判(一种有别于正式印鉴的、粗糙的廉价印章。——译者注)就不可以吗?有的观点认为,在印记出自三文判的情形不能推定该印记系基于本人意思加盖的,参见注釈民訴(7)第183页(太田勝造執筆);而另一派观点则认为,上述情形下依然可以作出如此推定,参见河野(信)・前引注〔134〕第218页,条解第1078页,菊井=村松Ⅱ第654页,小室ほか・基本法コンメ2第207页。应该说,一般情形下制作文书应当加盖正式印鉴。倉田・前引注〔134〕第190页认为,某些学者对最高法院的这一判例作出了过宽的解释,其妥当性值得怀疑,推定的情形应仅适用于使用正式印鉴的场合。

此外,即使印记是真实的,但如果当事人证明了如下事实,则二段推定的前提事实将被推翻。这些事实包括共用印鉴的事实、印鉴被盗用的事实、第三人可以自由使用该印鉴的事实等。参见加藤新太郎「文書成立の真正の認定」中野・古稀(上)第575页、特别是第593页。

此外,学者还对第228条所谓"推定"的性质产生了争论,即该"推定"究竟属于真正意义上的法律上的事实推定抑或属于法定的证据规则。通说认为属于法定的证据规则,参见兼子・体系第277页、法律実務講座第264页、河野(信)・前引注〔134〕第217页。如果要推翻这一推定,只须对方当事人提出的反证达到了动摇心证的程度即可。如果文书的真实性陷于真伪不明的境地,则难谓证明已达成。事实推定说认为,即使文书的真实性没有达到证明度的要求,由于证明责任已经发生了转换,因此应当认为当事人已经完成了证明任务。参见松本・证明责任第177页,坂原正夫「私文書の検真と真正の推定」民商97卷2号(1987)第218页,同3号第389页,特别是第413页,松本=上野第368页。如果前提事实(本人基于自身意思加盖印鉴)得到证明也只是完成了部分证明,如果存在反证的话,则文书整体的真实性就达不到证明度的要求,这种情况下应由哪一方当事人承担责任呢?如果考虑到处分性文书具有较强的实质证据力,那么通说的观点应当较为妥当(法院可以认定文书部分的真实性,比如在印记以下还存在附加内容的情形即可如此)。注釈民訴(7)第178页(太田勝造執筆)在结论上与通说相同,但其认为第228条不属于法定的证据规则,仅仅是降低证明度和解明度的一种规定,该说也有一定道理。

义务(参照高橋·重点講義第395页)。

现行法关于书证的规定大致如上,不过解释论上尚有若干歧见,此处试举三例:

第一,举证方是否必须主张文书反映了特定人的意思、判断、报告、感想等内容,抑或无需主张只待法院认定文书反映了特定人的意思、判断、报告、感想等即可?通说持前一观点。[144]

---

〔144〕 当然,所谓的特定人,究竟需要特定到何种程度也是一个问题。

有学者认为,形式上的证据力,"应当是在一般情况下可视为具有最低限度的实质证据力的文书",参见伊藤(滋)·前引注〔134〕(上)第22页。这一新视角的功能在于,既可以缓和对制作人特定化的要求,也可以将举证方的主张排除在确认文书真实性的要件之外,即只要文书是由特定人制作的即可,而不需要是由举证方主张的特定人。详言之,这一视角下的形式上的证据力被重新定义,即"所谓具有形式上的证据力,是指文书系由特定人(一般情形下的所谓特定是指制作人的姓名明确或可得而知其姓名,否则只限于制作人在与待证事实的关系上是必要的情形)作成,或虽非特定人,但文书内容与待证事实相关,为将其作为证据资料使用而划定的必要特定范围之人作成,且该文书之内容反映了制作人的思想"。

伊藤(滋)说所谓的缓和对制作人特定化的要求,并非指处分性文书而是报道性文书的场合(同第27页以下)。第一种类型是,A偕友人B出游,在旅行目的地与某人相识,未及知其姓名而B遭遇车祸,该第三人恰为目击者且将事故原委详细作成记录,A于该第三人处得到这一记录并作为证据提交法院。虽然该文书的制作人姓名不详,但可以确定的是该制作人系A于特定的时间地点遇到之人,从这一意义上看,制作人也是特定的。因此,也就满足了在判断文书真实性时所要求的制作人特定的条件。按照伊藤(滋)说的观点,交通事故的目击者在与待证事实的关系上处于必要的地位,因此只要明确了该文书的制作人系目击者,则文书制作人的特定性已经获得满足。第二种类型是,在因非法获得企业秘密而引起的损害赔偿诉讼中,原告公司提交了某一文书。该文书系由打字机制作完成,且标有机密字样,但没有明确制作人,文书内容为"本部门人员对原告公司负责人采用了秘密手段获悉其技术概要"。原告公司主张该文书系由被告公司技术开发部门的工作人员制作完成。原告可以证明的事实包括,该文书用纸仅限于被告公司使用、制作文书所使用的打字机与被告公司技术开发部门的打字机具有同一特征。根据上述事实可以认定该文书系由被告公司技术开发部门的工作人员作成,除此之外无法做到进一步的具体化和个别化。伊藤(滋)说认为,在这种情形下,该文书作为被告公司技术开发部门工作人员作成的文书具有形式上的证据力。待证事实是被告公司非法获得原告的企业秘密,在与该待证事实的关系上,只要明确了文书制作人的范围系被告公如果举证方主张文书系由 A 作成而申请证据调查,那么调查的对象能否是 B 作成的文书呢?申言之,若法院判断该文书的制作人并非举证方主张之人,且法院将这一情况进行了释明,举证方答复说,如果该文书系由他人作成,那么其就不申请证据调查,如果对方当事人也主张不援用该文书作为书证,法院当如何处理[参照注釈民訴(7)第 162 页(太田執筆)]?在大多数情形下,举证的一方都会重新申请就 B 作成的文书进行证据调查,或者对方当事人认为该文书于己有利而申请证据调查。但如果当事人没有作出这种反应,法院当如何处理?如果强调法官的自由心证主义,那么法官也许会认为对 B 作成的文书进行证据调查能更接近

司技术开发部门的工作人员,则这一事实对于制作人特定化的要求就是必要且充分的。第三种类型是,当事人提出某文书以证明某一宗土地的权利关系。该文书制作人系 300 年前居住于该地的村民,除此以外没有任何其他的信息。按照伊藤(滋)的观点,该文书能够特定时间和地点,因此具备形式上的证据力。至于实质证据力的强弱则是另一个问题。此外还有第四种类型,不再赘述[当然伊藤(滋)原文并未作出上述分类,类型化的说明纯粹出于笔者论述便利的考虑]。伊藤(滋)说本身也认为,即便按照通说的观点,也可能认为上述第一种和第二种情形具备了制作人特定化的要求。笔者也认为,从通说的角度应当认为第二种类型的制作人也是特定的[正如伊藤(滋)所指出的,如此一来,实务中的特定人概念就与日常观念发生了分歧,实务中至少要把其与待证事实的关系作为一种辅助性的考量因素]。加藤(新)·前引注〔143〕第 581 页也持相同观点。

笔者基本赞同应缓和对制作人特定化的要求,伊藤(滋)说十分符合审判实践,其论说之精良亦不可多见,但其过于强调了待证事实的因素,可能会模糊形式上的证据力和实质证据力的界限。从理论的简洁性要求出发,把文书与待证事实的关系置于实质证据力的范畴更为妥当。当然,伊藤(滋)说的主要观点就是追求形式上的证据力和实质证据力的相对化,因为他把"在一般情况下可视为具有最低限度的实质证据力的文书"作为具备形式上的证据力的条件。伊藤(滋)的这一观点与注〔140〕中的立法论亦有相通之处[参见注釈民訴(7)第 162 页(太田執筆)]。无论如何评价,伊藤(滋)的这一论文应为实务界之必读文献。

事实的真相，从而采取不同于通说的做法。事实上作出如此决定的法官大有人在。[145] 另一方面，如果强调辩论主义的第三命题（证据调查的对象仅限于当事人申请的范围），那么由于书证是以特定人的意思、判断、报告、感想等为对象的，所以文书究竟是反映了 A 还是 B 的意思、判断、报告、感想就很重要。如果当事人主张文书系反映 A 的意思等而提出证据申请，而不是将之作为反映 B 的意思、判断、报告、感想的文书提出证据申请，那么法院要违背当事人的这一意愿就会成为问题。通说的着眼点正在于此。应当说，两说都有一定的合理性，但通说更重视当事人的意愿，应予赞同。[146]

---

〔145〕 实务界的类似观点可参见伊藤（滋）·前引（中）753 号第 13 页，井上（泰）·后引注〔147〕，磯崎良誉「文書の形式的証拠力」判タ87 号（1959）第 101 页，池田良兼「文書の真正についての一考察」司法研修所創立一五年記念論文集上巻（1963）第 331 页，菊井 = 村松 Ⅱ 第 652 页。学者的类似观点可参见上村明広·判批·判評 148 号 = 判時 672 号（1971）第 129 页，条解第 1043 页。

〔146〕 法律実務講座第 262 页，注釈民訴（7）第 18 页（吉村徳重執筆）和第 162 页（太田勝造執筆），近藤昌昭「文書に関する二、三の問題について」伊東乾教授古稀記念論文集『民事訴訟の理論と実践』（1991，慶応通信）第 383 页，河野（信）·前引注〔134〕第 205 页注（4），伊藤第 350 页，注解民訴（8）第 105 页，加藤（新）·前引注〔143〕第 581 页和第 588 页［不过，上述引注中也有学者认为，即使不把文书制作人限定为举证方的主张范围，如果该文书与待证事实具有一定的关联性，也可以例外地将之作为证据资料来使用。在这一意义上与伊藤（滋）说是相同的］。

这一问题在某些情形下会变得更为复杂。比如法院一开始是按照举证方的主张进行证据调查，其后却发现该文书的制作人并非 A 而是 B，而此时法官已经对该文书的实质证据力进行了评价并形成了心证。原则上，如果某一文书不具备形式上的证据力，法官就必须消除就该文书形成的全部心证。理论上也认为法官是可以做到这一点的，但对法官来说，消除已经形成的心证颇有些强人所难。从另一个角度来看，辩论主义有时就是这样强人所难。与之相类似的情形是，法院原打算传唤 A 出庭接受证人询问，但后来发现实际出庭的证人是 B，在这种情况下，只要当事人没有申请对 B 进行证人询问，法官就必须消除就 B 的证言所形成的心证。

第二,与上述问题相关联,若文书实际由代理人作成,则在判断该文书是否具备形式上的证据力时,是以本人还是以代理人为文书制作人?本人说(因该说着眼于实质意义上的法律效果,因此又被称为实质说)的论据在于:在处分性文书的场合,因文书所记载之意思表示的效果归于本人,因此将文书制作人视为本人更为简洁明了;此外,在署

当辩论终结,法官开始制作判决书的时候发现文书的制作人不是 A 而是 B,这种情况也会给实务操作带来困难。如果认为法官受到举证方主张的拘束,那么正确的做法应当是重新进行辩论,法官要求举证方修正其主张,而单单为此就重开辩论是很麻烦的事情。但在理论上必须如此,否则即有可能构成对当事人的突袭裁判[注釈民訴(7)第 163 页(太田執筆)]。当然,有时举证方也会拒绝修正其主张[伊藤(滋)・前引(中)判タ753 号第 21 页]。按照通说的观点,正是在举证方拒绝修正的情形下,法官才不得对文书的实质证据力进行判断。

此外,西村宏一・続百選第 164 页认为,当作为书证提出的文书,其形式上的证据力被否定的时候,该文书之存在本身可以成为一种证据资料。从上下文来看,作者认为书证的提出不仅仅是提出制作人的意思、判断、报告、感想等(思想),同时还包含了对文书存在本身的勘验查证,因此不具备形式上的证据力的伪造文书也可以作为勘验查证而成为证据资料。法律实務講座第 256 页、第 272 页也认为,某些情形下提出的文书不属于书证而属于勘验查证,比如为了证明载有诋毁他人名誉内容的文书被公之于众的事实,当事人提出的该文书;再比如为了证明某文书系伪造而成而提出的该伪造文书。河野(信)・前引注〔134〕第 205 页注(2)以及第 208 页亦持此一观点。按照该观点,当举证方主张的文书制作人与法院认定的制作人迥异时,就可以回避应否认定该文书形式证据力的问题,而且将之作为勘验查证来使用的话,该文书就可能成为证据资料[当然西村说本身也认为,举证方主张的由 A 作成的文书也可以作为由 B 作成的文书,而成为书证的对象,此与伊藤(滋)说等采取了同一立场]。

但是对伪造文书进行的勘验查证,并不是抛开文书内容仅仅就笔迹或印记等进行调查,而是调查谁是文书真正的制作人。确实,单纯将笔迹或印记作为实际操作的对象可能更符合法院对勘验查证的理解,但比如在涉及合同书的场合,既然对合同的内容进行了调查,那么就不属于纯粹的勘验查证,而应视为书证。一如前引注〔133〕中所论,书证本身就包含了勘验查证的内容。参见伊藤(滋)・前引(中)判タ753 号第 23 页,井上(泰)・后引注〔147〕第 32 页,倉田・前引注〔134〕第 191 页,菊井＝村松Ⅱ第 591 页,近藤・前引第 393 页。否则的话,所谓伪造文书系由伪造者作成同样具有真实性的论断,其含义就被大大缩减了。

名代理(正确的说法应当是代为署名,其中亦包含代为押印)的情形下,文书上并未显示代理人的姓名或其印记,只有本人的姓名或印记,因此将之视为本人作成的文书更方便启动前述的二段推定;在文书的实际制作人不是代理人而是使者的情形下,从使者的定义来看文书的制作人应为本人,但现实中到底是使者还是代理人在很多情形下是很难准确判断的。如果采本人说,即使是代理人,文书的制作人也是本人,因此就不会为是代理人还是使者的问题所烦恼,而且还可以统一规制方法。与此不同,代理人说(因该说着眼于文书的实际制作人,因此又被称为形式说)的优势在于,当存在代理人时,代理权之存在和代理之显名是代理之要件事实。若采本人说势必湮没这一要件事实,而代理人说则不存在这一弊端。本人说更方便实务中的处理,但却湮没了代理的要件事实,这一缺陷在理论上是致命的。因此,理论上宜采代理人说。[147]

---

〔147〕　本人说的观点可参见森宏司「私文書の真正の推定とその動揺」藤原＝山口編『民事判例実務研究第五巻』(1979,判例タイムズ社)第437页,注解民訴(8)第212页等。代理人说的观点可参见河野(信)・前引注〔134〕第209页,坂原・前引注〔143〕第230页,注釈民訴(7)第165页(太田執筆)等。

井上泰人「文書の真正な成立と署名代理形式で作成された処分証書の取扱いに関する一試論」判タ939号(1997)第21页从署名代理的角度就这一问题展开了精辟的论述,乃系力作。井上(泰)说的主要观点在于,所谓文书制作人非指物理层面的实际制作人,而是该文书记载内容的意思主体(同第29页),因此在署名代理的情形下,只要明确了法律效果的归属主体即可。据此,只要能够在"名义人本人(包括使者实际完成该处分性文书的情形)或该人授权之代理人"的范围内特定文书制作人就可以了(同第35页);只要能够特定意思主体,就没有必要限定制作人是本人或代理人。

确实在很多案件中查明制作人是使者还是代理人是没有意义的,实务中能够达到如此程度的选择性特定就可以了。但在理论上使者和代理人的法律构成并不相第三,若对方当事人对举证方之主张,即文书反映了特定人的意思、判断、报告、感想等予以承认,该承认是否构成自认?即是否构成对形式上的证据力的自认?〔148〕形式上的证据力或者说文书的真实性在事实分类上属于辅助事实,而辅助事实一般是不存在证明责任问题的(高橋·重点講義第443页),因此也无所谓对辅助事实的自认。但文书的真实性虽然是辅助事实,法律却明文规定了其主张证明责任之所在,甚至设置了相应的推定规范(第228条),因此在性质上又类似于主要事实。此外,处分性文书的真实性一旦被认定,文书制作人的意思表示也就获得了证明,因此对处分性文书真实性的自认相当于对主要事实的自认。这样一来,文书的真实性就不宜理解为一般的辅助事实,而应独自考察。在这一结论下,若双方当事人对文书的真实性不

同,完全无视这种差异并不妥当(近藤·前引注〔146〕第392页也认为,在不构成无权代理的情形下,不必拘泥于制作人究竟是本人抑或代理人,并据此认为代理人说较为妥当)。如此,实务中就可能出现两种处理方式:一是当事人将本人作成作为主位主张,而将代理人作成作为预备性主张;二是在署名代理的情形下允许当事人作出选择性的特定。就目前的情形而言,前一种方式可能更容易被实务界接受。此外,若举证方只是主张文书制作人系使者,而法院查明的结果却是代理人(反之亦同),此时法官应予释明,由举证方修正其主张。如果举证方认为修正的结果于己不利而予以拒绝的话,法官可以请对方当事人提出证据申请克服这一难题。如果双方当事人既不修正主张也不提出申请,那么这种情形类似于第一个问题,法官只能放弃证据调查的打算。

〔148〕 应当要求对方当事人就每一文书的真实性表达自己的见解(菊井=村松Ⅱ第649页),但根据现行《民事诉讼规则》第145条之规定,“若否认文书成立之真实性,则必须明确其理由”,法院不必就每一文书的真实性询问对方当事人的意见,而只需从整体上确认是否存在就真实性产生争议的文书,若有,则命当事人陈述其理由。参见最高裁事務総局『条解民事訴訟規則』(1997,司法協会)第306页。这样一来,实务中成立“自认”的现象就会减少很多;但对方当事人明确作出“自认”的现象并不会消失,此时理论上如何处理就涉及上述第三个问题。

存在异议，只是对实质证据力存在争执的时候，法院是以自由心证主义和发现真实的目标为依据介入真实性问题的认定呢？还是重视当事人的意愿避免介入呢？这一问题实际上和前述第一个问题属于同一种类。按照前述的处理方式，法院应当认可该自认的效力，避免介入文书真实性的问题。但最判 1977·4·15 民集 31 卷 3 号第 371 页，百選Ⅰ第 105 号案例（飯倉一郎解说）则认为对书证真实性的自认并不拘束法院。该判决结论应值商榷。[149]

（2）书证的程序

书证（文书之证据调查程序）之申请分三种情形（新堂第 543 页）：第一，若申请人本人持有该文书，则将该文书向法院提出视为申请（第 219 条）；第二，向法院申请委托文书持有人寄送文书视为申请（第 226 条）；第三，向法院申请命令文书持有人提出该文书视为申请（第 219 条）。

上述第一种情形中，当事人在提出申请之前必须向法院

---

〔149〕　该案中的自认是否成立还是有问题的。被认为作出自认的一方当事人（被告）在观察整个诉讼形势以后主张，将空白纸张添加进涉案空白委托书中的人并非自己，因此添加纸张以后的委托书不具有真实性。但判决认为，既然被告已经承认了空白委托书的事实，那么该委托书的真实性就可以得到认定。吉田法官的意见亦是如此。法院（法庭意见）认为，可以认定被告就添加纸张以后的委托书的真实性作出了自认，但因该自认与事实不符，因此该自认对法院并不构成拘束。很明显，判决的结论对被告是有利的。笔者也认同这一结论，但该结论的理由应该是本案根本不存在所谓的自认，而不是关于文书真实性的自认并不拘束法院。参见高橋宏志·評釈·法協 96 卷 2 号（1979）第 213 页。此外，笔者在该评释中还认为，在一般性的结论上，自认之成立仅限于处分性文书的场合。松本·自认第 107 页则认为报道性文书也可。但笔者认为，报道性文书与主要事实并不产生直接关联，如果法官已经得出文书系虚假的这一心证，还要求法官将该报道性文书用于形成主要事实的心证过程，这种做法从自由心证主义的角度来看是有问题的。这可以与间接事实的自认相比照，参见高橋·重点講義第 416 页。

提交文书复印件,同时提交证据说明书,但文书记载内容明确者除外。该说明书内容应包括文书名称、制作人名称以及拟证明的内容(《民事诉讼规则》第 137 条第 1 款)。[150] 所谓文书记载内容明确者,较典型的例子包括不动产登记簿誊本、所争议之合同文本、收据等。此外,正式提出文书的时间是口头辩论期日或辩论准备程序期日,提出的对象必须是原件、正本或经认证的誊本(《民事诉讼规则》第 143 条第 1 款)。[151] 理论上

---

[150] 证据说明书的功能在于,通过起草该说明书,可以促使诉讼代理人明确证明内容从而对文书进行筛选。参见塚原朋一『新民訴法実践ノート』(1999,青林書院)第 60 页等。另有学者对实务中文书泛滥的现象提出批评,参见倉田卓次『民事実務と証明論』(1987,日本評論社)第 168 页。

准备用于证人询问和当事人询问的文书必须事先提出,但关于证人和当事人陈述可信度的证据(弹劾证据)除外(《民事诉讼规则》第 102 条)。诉讼中,当事人考虑到事先提出某一重要文书会促使对方当事人采取相应的诉讼策略,甚至会作出虚假陈述,从而压后文书提出的时间。但这种诉讼战术实际上是没有什么根据的,当事人并不会因为自己较早地出示了某一文书或其他信息而导致败诉率上升。参见小山稔「モデル訴状、答弁書の試み」判タ664 号(1988)第 19 页,特别是第 30 页第二段。1996 年修订《民事诉讼法》的时候,为了革除实务中的这一弊风,特增设了《民事诉讼规则》第 102 条。如果当事人在人证调查中提出文书的话,法院有权责令当事人说明其未于争点证据整理程序中提出该文书的理由,如果当事人辩解该文书属于弹劾证据,则法院有权斟酌该辩解之正当性。在当事人显无理由的情形下,法院可以以错过时机为由驳回该提出申请。参见塚原・前引第 59 页。

此外若文书由外语作成,则于文书证据调查时必须附加译文(《民事诉讼规则》第 138 条第 1 款)。

[151] 由于《民事诉讼规则》第 143 条之规定,实务中出现的文书一般都是经过认定的誊本,很少对原件进行证据调查。参见伊藤滋夫「書証に関する二、三の問題(下)」判タ755 号(1991)第 51 页,特别是第 65 页第一段。

实务中流行的做法是所谓"把拷贝作为原件的书证"。这是把拷贝本身作为原件进行证据调查的一种方式。《民事诉讼规则》第 143 条所谓的借助认证誊本进行证据调查,是指虽然摆在法官面前的是认证誊本而非原件,但在法律上证据调查的对象是原件。与此不同,以拷贝为原件的书证,是把拷贝本身作为原件来进行证据调查的,这属于没有法律根据而由实务创造的一种新形式。此外,如果不是认证誊本而仅仅是"借助拷贝"进行的原件证据调查是违反《民事诉讼规则》第 143 条规定的,在旧法下则是违反《民事诉讼法》第 322 条之规定的(参见最判 1960・12・9 民集 14 卷 13 号第 3020 页)。

根据大审院时代以来的判例，上述做法只有在当事人双方对原件之存在和真实性没有争议，且对方当事人对以拷贝代替原件的做法不持异议的情况才是被允许的。总之，非借助原件进行的证据调查现在有三种方式，即借助认证誊本进行的原件证据调查、借助拷贝进行的原件证据调查和以拷贝为原件的证据调查。第一种方式符合《民事诉讼规则》第143条之规定，第二种方式根据判例只有在满足一定条件的前提下才可使用，而最后一种方式是把拷贝本身作为原件来处理，虽然在名义上也是借助原件进行的证据调查（也被称为"程序上的原件"，参见倉田·前引注〔150〕第193页），但本质上并非如此。

以拷贝为原件的书证在说明形式上的证据力方面存在一定困难。因为既然把拷贝本身作为原件，那么就必须特定拷贝的制作人。传统的誊抄方式暂且不论，对于采用现代方式制作的拷贝，比如复印件，特定其制作人的意义就没有以前那么大了；而且作为证据调查，正是通过原始文书（可以称为"真原件"或原件文书）的内容，也就是制作人的意思、判断、报告、感想（所谓思想）来获得相应的证据资料的，因此明确"真原件"的制作人就十分重要。实务中也是就"真原件"的存在与真实性进行审查。这样一来，以拷贝为原件的书证，其形式上的证据力就同时面临确定拷贝本身制作人和"真原件"制作人的问题[倉田·前引注〔150〕第194页，菊井＝村松Ⅱ第641页，注解民訴(8)第203页]，这多少给人奇怪的感觉。所以实务上一般都不审查拷贝本身制作人（拷贝本身的真实性）的问题[注釈民訴(7)第38页（西野喜一執筆）]，但这样一来又违背了以拷贝本身作为原件的书证这一出发点。

为了解决这一矛盾，理论上有两种方法：第一种方法可参见注釈民訴(7)第38页（西野執筆），即把拷贝本身作为原件，其真实性仅以拷贝本身决之。"真原件"的存在及其真实性的问题可以作为程序原件拷贝的实质证据力的问题来处理，另请参见注釈民訴(7)第148页（田邊誠執筆），河野信夫「文書の真否」新実務民訴2第203页，特别是第222页，上田第395页。另一种方法是从根本上否定以拷贝为原件的书证方式，比如伊藤（滋）·前引注〔151〕第54页以下就认为，对于拷贝本身的调查不属于书证，而属于勘验查证。以文书照片为例，对该照片进行的调查应当属于勘验查证，复印件亦同。在对拷贝本身进行查证之后，再审查"真原件"（伊藤说将其称为原件文书）的存在与真实性。另有学者从前述判例有条件地承认"借助拷贝进行的原件证据调查方式"受到启发，建议采取类似的处理方式，参见近藤昌昭「文書に関する二、三の問題について」伊東乾教授古稀記念論文集『民事訴訟の理論と実践』（1991，慶応通信）第383页，特别是第398页。不过与上述方式不同的是，如果对方当事人提出异议，该证据调查方式并不因此而违法，只要文书提出方能够证明原件存在的事实，或者证明在制作拷贝的过程中没有做手脚，则该种方式依然具备形式上的证据力。按照近藤的观点，实务中较为流行的"以拷贝为原件的书证"是不合法的，合法的方式是借助拷贝对原件进行证据调查。

西野说的观点立足于维持以拷贝为原件形式，由此导致真原件形式上的证据力被实质证据力所掩盖，立法论上自不待言，从现行法的角度来看，由于现行法严格区分形式上的证据力和实质证据力，因此很难采纳西野的观点，参见前引注〔140〕。伊法官都会在口头辩论期日或辩论准备程序期日阅读该文书,从而结束书证这一证据调查程序。

上述第二种情形中,申请人可以任意委托文书持有人提出(向法院寄送)该文书,而无论持有人是否负担文书提出义务,但即使对方不予理睬也不会因此受到惩罚。当然,私人没有接受该委托的义务,而国家机关或公务员则不同,因为后者在公法上负有协助义务。[152]虽说如此,对国家机关和公务员也同样没有相应的处罚措施。一旦该文书寄送至法院就会进入调查环节。[153]不过,如果当事人可以依法

藤(滋)的观点是把对拷贝的"勘验查证"和对原件文书(真原件)的"书证"结合在一起处理,这种技术性的处理方式有些令人费解(伊藤本人也意识到类似的批评,并为其观点提出了辩护)。因此,如果追求理论上的一致性,还是应采纳近藤的观点。那么我们就面临两种选择,或者不承认所谓的"以拷贝为原件的书证",或者将之作为实务发展出来的一种不属于法定形式的特殊方式,笔者赞同后者。总之,《民事诉讼规则》第143条并不能如实地反映实务的发展,原本就应当在1996年对其一并修订。

〔152〕 1890年日本《民事诉讼法》以及德国现行法将委托寄送的对象限定为国家机关或公务员[参见注釈民訴(7)第138页(田邊誠執筆),注解民訴(8)第196页];但大正年间修改《民事诉讼法》时已经取消了这一限制,将其对象扩大为私法人或私人,理论上也可以向对方当事人提出。

如果委托寄送的文书属于受诉法院保管的其他案件的记录,或者属于受诉法院的上级法院保管的记录,实务采取了一种被称为"记录调取"的处理方式。申请人可以直接请求法院准其使用。与委托寄送不同,此时不需预交寄送费用。参见注釈民訴(7)第141页,注解民訴(8)第197页等。理论上可以解释为一种委托寄送的简便方式。

〔153〕 实务中都是先由申请人对寄送来的文书进行筛选,择其必要者送交法官查阅。参见河嶋昭「訴訟記録取寄申請と送付記録提出行為との関係(その2)」近藤=浅沼編『民事法の諸問題Ⅰ』(1965,判例タイムズ社)第259页,倉田・前引注〔150〕第166页,条解第1071页(松浦馨執筆),法律実務講座第291页。另有学者针对这种现象指出,寄送来的文书并非当然成为证据,参见小室ほか・基本法コンメ2第205页(土屋文昭執筆),菊井=村松Ⅱ第636页。

但是,当事人的委托寄送申请已经启动了证据调查程序,因此由申请人本人来甄别文书是非常奇怪的事情。伊藤第356页在论述文书提出命令的时候,也指出这

请求交付文书正本或誊本，比如户籍誊本的场合，则没有必要特意采取委托寄送的方式(第226条但书)。

上述第三种情形即文书提出命令，系针对第220条规定的负有提出义务的文书，当事人可请求法院强制持有人提出之。详见后述(3)文书提出命令中提出义务部分。

文书提出命令的申请系依据第221条之规定，而文书寄送之委托系依据学者之解释论，[154]申请书中必须记载的事项包括：文书之表示(第221条第1款第1项)、文书内容(第2项)、文书持有人(第3项)、待证事实(第4项)、文书提出义务之原因(第5项)。除此以外，如果涉及第220条第4项所谓一般义务的情形，申请书还必须载明申请文书提出命令的必要性(第221条第2款)。某些文书则被排除在使用文书提出命令的范围之外，比如登记簿誊本依据原来的登记程序即可获得，公开出版的书籍也是申请人较为容易获得的文书，这样的规定和第226条(委托寄送文书)但书的立法宗旨是相同的。之所以要求申请人必须在申请书中载明上述事项，主要是为了要求当事人提供对方反对

种甄别过程是不合法的。理论上应当如此理解。坂井芳雄「訴訟記録取寄申請と送付記録提出行為との関係(その1)」近藤＝浅沼编『民事法の諸問題Ⅰ』第248页也持相同见解。当然，法律也没有禁止申请人撤回已经提出的证据申请。参见注釈民訴(7)第141页(田邊誠執筆)。

顺便提及的是，对于受命法官或受托法官在法庭外进行的书证(第185条，《民事诉讼规则》第142条)，其证据调查笔录是否用于辩论环节均由当事人决定。这在理论上也是说不通的，参见前引注〔90〕。

〔154〕 当然，在委托寄送文书的方式中，实务中并不会严格要求申请人必须载明第221条第1款规定的诸多事项。参见菊井＝村松Ⅱ第635页。因此，第222条规定的特定文书程序在实务中也不会用于委托寄送文书的场合。

文书提出命令的理由或便于法院判断证据调查的必要性(第181条第1款)。如果欠缺上述记载事项,申请将因不合法而被驳回。

所谓文书之表示,是指文书名称、制作人名称、制作年月日、文书类别等。所谓文书内容,是指文书记载内容的概略或要点。这两项内容担负着被申请文书特定化的作用,实务中也有将表示与内容事项合二为一的做法(下称"文书的表示与内容")。不过,在所谓现代型诉讼中,比如在公害诉讼、医疗过失诉讼、产品责任诉讼中,普遍存在证据集中于一方当事人的现象,即所谓证据偏在。以产品责任诉讼为例,像产品设计图、实验报告书等文书只存在于生产者一方,消费者是不可能看到这些证据的。因此,如果还要求消费者在申请书中必须载明文书表示与内容,则有些强人所难,而一旦没有满足这些要件,该文书提出命令申请将因不合法被驳回。

因此,对文书之表示和内容这一要件应当放松要求,现行法第222条为此新增了文书特定程序。〔155〕即若明确文书之表示与内容事项面临显著困难之时,〔156〕则当事人只需明

---

〔155〕 关于立法背景及其过程,详见三木浩一「文書提出命令④——文書特定手続」新民訴大系3第178页。

〔156〕 所谓"明确文书之表示与内容事项面临显著困难",到底是指一种什么样的情形呢?如果单以困难为条件显然是不科学的,之所以向法院申请文书提出命令就是因为文书不在自己控制的范围之内,而要特定这种文书必然面临或大或小的困难。也就是说,如果申请人单以困难为由,则绝大多数的文书提出命令申请均可适用这一文书特定程序,而这样一来,申请人必定不会再为特定文书作出任何努力。这对其他人来说是不公平的。参见一問一答第261页。

另一方面,也没有必要对这一条件作出过于严格的解释。只要申请人付出的努

确“可以使文书持有人识别被申请文书的事项”[157]即可。不过申请人还必须向法院提出申请以要求文书持有人明确该文书之表示和内容,法院据此可要求文书持有人明确该等事项(第 222 条第 2 款)。如果持有人开示了这些信息,则申请人之文书提出命令申请就满足了第 221 条规定的要件,法院可向文书持有人发出提出命令。这样一来,就可以在一定程度上纠正证据偏在的现象。

但该制度却存在致命的缺陷:即使持有人未按照法院要求提供文书的相应信息,其也不会受到任何处罚。从理论上讲,第 222 条是专门解决因文书表示与内容事项不明确而导致无法特定文书的难题,如果遇到持有人拒绝开示相关信息的情形,那么文书欠缺特定性的现状并未得到任何改变,这样一来,文书提出命令之申请将被驳回。虽然立法者对该规定也作出了辩护,[158]但从结局上来看,由于没有设计相应的罚则,第 222 条在实务中的效果难免大打折

力符合一般的合理性期待而仍然无法特定文书,就可以利用这一文书特定程序。比如,申请人不清楚文书制作的过程或者并没有参与其中,只要文书处于自己的生活圈或控制范围之外就可以认为已经满足了这一条件。参见三木浩一「文書提出命令の申立ておよび審理手続」講座新民訴法Ⅱ第 59 页,特别是第 71 页。这一条件也同时意味着类似于合同书这样由当事人双方共同参与形成的文书不可以启动该文书特定程序。

〔157〕“文书持有人只要根据命令所载事项不必花费额外的时间或劳力,就可以从其他文书或系列文书中识别出所需文书或系列文书即可”(一問一答第 262 页)。提供特定文书所需信息的是文书持有人,因此只要其能够判断命令所指的文书类型即可。

〔158〕参见一問一答第 263 页。研究会新民诉第 291 页柳田幸三先生在发言中指出,如果要设计罚则的话就必须对要件作出严格规定,而这是十分困难的,所以立法当局最后被迫放弃。中野 = 松浦 = 鈴木第 276 页(春日偉知郎執筆),中野編 · 入門第 226 页也认为此种情形下应予驳回。

扣。[159] 这当属明显的立法缺陷。

---

〔159〕 1996 年修改《民事诉讼法》以后,产业界和企业界也意识到文书提出义务的范围有所扩大,因此在对方当事人提出命令申请之前就会主动地提出文书,这种现象较修改《民事诉讼法》之前有增无减。在争点和证据整理程序中,主动提出文书的现象也广泛存在于双方当事人之间以及当事人和法院之间的互动中。如果法院作出了某种说明提示,当事人就会进一步增强这一主动性。在这一互动中,当然会就文书之特定交换意见,且特定程度也自然而然地被提高了。

这样一来,第 222 条规定的文书特定程序就用于处理上述任意程序无法应对的场合,即文书持有人的对抗情绪比较激烈,那么在应用该程序时,文书持有人拒绝明确文书表示和内容事项的情形就比较多见了;而法律又没有规定相应的罚则,所以第 222 条实际上不会产生多大作用。

为了解决这一问题,学者企图从解释论的角度予以弥补。如果持有人拒绝合作,那么即使文书特定性的问题因此没有获得解决,也不妨碍文书提出命令申请的合法成立,法院可以据此发出文书提出命令(如果持有人拒绝按照提出命令行事,那么将受到第 224 条规定的制裁)。但这种做法的根据何在?有学者认为应当综合考虑多种因素,包括文书提出命令申请的内容、该文书的证据价值、文书持有人的具体情况、通过其他手段获得文书信息的可能性等,即使个别文书的特定性依然无法得到充分满足,只要持有人可以识别该文书类型,那么法院就可以发出文书提出命令。参见三木・前引注〔153〕第 205 页,三木・前引講座新民訴法Ⅱ第 76 页。大村雅彦「新民事訴訟法とアメリカ法」自由と正義 48 卷 12 号(1997)第 82 页,特别是第 90 页也持相同见解。中野・解说第 54 页认为,“如果把程序上的诚实信用原则作为文书特定程序的根据的话,那么可在综合考虑文书的性质、必要性,甚至持有人态度的基础上放宽对特定性的要求”。该说与上述观点类似。此外,研究会新民诉第 291 页鈴木正裕先生和秋山幹男先生在发言中指出,通过利用文书特定程序,文书的特定程度应当比申请时有所提高。但正如三木说自身所承认的那样,该说与条文本身(若文书未达到充分特定的程度,则申请不合法)是有正面冲突的,而且与立法者的解释也不相同。应当说,在新法出台不久的情况下,对于具有立法论性质的解释论应当持慎重态度。

另有学者认为,只要满足了可识别性的要求,法院就可以发出文书提出命令,这是该制度的本意,但考虑到持有人可能会花费大量的时间去特定命令针对的文书,所以法律才设置了文书特定程序,因此该程序是为持有人的利益设置的。如果持有人对该程序未作出回应则构成对这一利益的放弃,法院当然可以发出文书提出命令,参见研究会新民诉第 292 页伊藤眞先生的发言,伊藤第 357 页。京都シミュレーション新民事訴訟研究会「文書提出命令の申立てとその審理」判タ974 号(1998)第 4 页以下,特别是第 11 页亦持此种观点。但我们从条文结构中是无法得出这种结论的,而且也无法从立法参与者的发言中得出这一结论;并且所谓文书表示与内容之事项,即文书特定程序是专为文书持有人的利益设置的亦难免滋生疑义。实际上对于文书表示与内容事项的记载可以发挥如下几个功能:第一,使持有人明确申请所针对的文书;第二,配合第五项文书提出义务的原因事项,有助于判断是否存在提出义务;第三,配合第四项应当证明的事实等内容,可以显示该文书作为证据的关联性,有助于法官对其必要性作出判断(第 181 条第 1 款),甚至在认定与第 224 条所指文书记载内容相关的对方当事人主张的真实性方面,也可以成为判断的资料[参见注釈民訴(7)第 91 页(野村秀敏執筆),菊井 = 村松Ⅱ第 623 页,注解民訴(8)第 165 页,条解第 1064 页等]。上述第一项功能与持有人的利益相关,而其他功能则是从方便法官判断的角度出发的。因此伊藤的观点在思考的方向上可值赞同,但如果作为立法未久的解释论,则还存在若干困难。

因此又有学者提出了折衷的观点,即法院应当根据文书提出命令申请在文书特定方面达到的不同程度作出不同的判断,有些情况下可以发出提出命令,有些情况下则不得发出命令。参见研究会新民诉第 292 页竹下守夫先生的发言。该观点的具体内容是,在申请人提出文书、提出命令申请时,如果其本人申请启动文书特定程序,则法院无需对文书特定程度进行严格的审查,直接要求持有人开示相关信息即可。如果文书的特定性已经满足了法律的要求,那么文书特定程序实际上是没有启动的必要的。但即使法院认为特定性已经得到了满足,为了慎重起见,也可以要求持有人开示更多的信息以提高文书的特定程度。如此一来,虽然可能会造成程序浪费,但特定程度越高就越有可能剔除那些毫无必要的文书提出行为,而这是有利于法院和双方当事人的,法律也没有必要禁止法院的这一行为。如果持有人按照法院的要求进行了开示,则不存在任何问题,如果拒绝的话,那么法院就应重新审查文书的特定程度。这种审查由于上述的不同情形而有所不同,当法院是在没有审查文书特定程度的情况下,就要求持有人开示而又遭到拒绝的话,法院此时的审查就是第一次审查,应当本着慎重和严格的态度。如果审查的结果是文书的特定性要求已经得到了满足,那么法院就可以发出文书提出命令。当法院是在特定性要求已经得到满足,只是为了慎重起见而要求持有人开示更多的信息的情况下,由于文书的特定性已经得到了满足,法院当然也可以发出文书提出命令。上述两种情形——采用了文书特定程序和尽管持有人拒绝开示,但法院依然发出了文书提出命令——之间是不存在本质上的矛盾冲突的。田原睦夫「文書提出義務の範囲と不提出の効果」ジュリ1098 号(1996)第 61 页,特别是第 65 页认为,法院应当在综合该申请内容以及该案具体情形的基础上,既可以认为该申请体现了文书的特定性从而发出文书提出命令申请,也可以根据个案情形认为该申请欠缺文书的特定性要求从而驳回该申请,该说与竹下观点类似。新堂第 515 页也认为,所谓文书的特定程度是一个富有弹性的概念,因此如果持有人不予开示相关信息的话,法院可根据个案情形发出文书提出命令。折中说在理论上逻辑通畅,作为当下的一种解释论似乎较为妥当。

但是,如果启动了文书特定程序,那么对于对抗情绪比较激烈的持有人而言,其就获得了一个提出即时抗告的绝好理由,即法院启动文书特定程序本身就说明文书还没有满足特定性的要求。如果持有人没有开示相应信息,则这一状态并未

(3)文书提出命令

①提出义务

无论文书持有人是诉讼当事人,还是诉外第三人,只要符合第 220 条规定的要件,都有义务将所持文书提交法院。该条第 1 款至第 3 款系继受于旧法,属于限定性义务。1996 年则新增了第 4 款规定,将文书提出义务一般化。第 1 款规定的根据在于当事人于诉讼中对该文书加以引用这一诉讼上的事由,第 2 款和第 3 款规定的根据则在于实体法律关系。从立法沿革上来看,之所以规定这一限定性的义务,是为了尊重文书持有人对文书的所有权;〔160〕但从比较法的视角来看,则旧法之规定过于狭隘,遂于 1996 年新增第 4 款规

发生任何改善,假如法院罔顾这一状态依然发布文书提出命令的话,则该行为由于欠缺要件而属于违法的命令行为。对于这种棘手的局面,法院应当尽量在诉讼开始阶段就对持有人的态度进行判断,如果其对抗情绪激烈,则法院就不应再启动文书特定程序而应径行发出文书提出命令。实际上在 1996 年以前,下级审实务中就存在缓和文书特定性的要求而发出提出命令的情形。但这种做法本质上属于法院强词夺理的不良行为,明明不具备特定性,法院还声称其已经满足了特定性的要求。现行法新增第 222 条的目的也是消除这一现象,但由于没有规定相应的罚则,也不会被大量使用,结局很可能是又恢复到 1996 年之前的状态,倒也颇具讽刺意味。

关于第 222 条的详细解释,可参见高橋宏志「書証の申立——文書特定手続」吉村・古稀第 337 页。此外也有学者认为,所谓特定只是一种概括性的要求,虽与笔者观点不同,却也有一定的说服力,参见三木浩一「文書提出命令の発令手続における文書の特定」石川・古稀(下)第 109 页。

〔160〕 竹下守夫 = 野村秀敏「民事訴訟における文書提出命令」判評 204 号(判時 798 号)第 2 页,206 号(同 804 号)第 2 页(1976)。除了尊重所有权的绝对性以外,当时德国民事诉讼法的立法理由还有如下几点,即文书的不可分性(仅仅开示文书部分内容而不开示其他内容在技术上很难操作)、在当时的诉讼中缩小文书提出义务的范围并不存在任何障碍等。

关于德国法、日本 1890 年《民事诉讼法》、1926 年《民事诉讼法》的沿革,详见注釈民訴(7)第 61 页(廣尾勝彰執筆)以下。

定以扩大文书提出义务之范围。[161]

所谓文书持有人,并不仅仅局限于实际持有文书的人,也包括在社会观念上对文书具有控制力的人。因为能够将文书置于自己控制之下的人,也可以依据自己的意思将文书提交于法院,这样的人就是文书持有人。[162]

第220条是对文书提出义务的一般性规定,除此之外,尚有《商法》第35条之规定。但《商法》第35条对于商业账簿之外的文书并未设置特别要件,法院可依职权命令持有人提出,这与第220条在性质上还是有一定差异的。应当如何理解第220条与《商法》第35条之间的关系,学者提出了不同的观点。[163] 应当说这两种规定是并存的,在适用上应满足各自的要件。此外,当法院根据第220条规定之要件发布提出命令的时候,也就同时启动了第224条规定的罚则(真实拟制);而在适用《商法》第35条的时候,由于法院可以依职权命令持有人提出文书,所以在遭到拒绝的情形下

---

〔161〕 关于1996年修改之经过,可参见一問一答第245页以下,上野泰男「文書提出義務の範囲」講座新民訴法Ⅱ第33页,原強「文書提出命令①——学者から見た文書提出義務」新民訴大系3第110页,山下孝之「文書提出命令②——弁護士から見た文書提出義務」同第139页等。

〔162〕 菊井=村松Ⅱ第611页。

福冈高决1977·7·12下民集32卷9~12号第1167页认为,在SMON病诉讼中,原告采取集体行动呼吁持有诊疗记录的医疗机构不要提出相关文书,即便在这种情形下,也不能认为原告是文书的持有人。

对福冈高等法院这一决定,也有学者持不同意见,认为原告应当被视为准持有人,参见住吉博·判批·判タ367号(1978)第199页。

〔163〕 菊井=村松Ⅱ第611页等。

并不能考虑适用第220条之罚则。[164]

发布文书提出命令的条件是文书确实存在、申请人所主张之持有人实际持有该文书。申请人对此承担证明责任。

②引用文书(第220条第1款)

如果当事人在诉讼中提及某一文书且该文书在当事人自己的控制之下,则其有义务提出该文书。引用文书在定义上并不涉及第三人持有的文书。对引用文书课以提出义务的根据在于,既然当事人在诉讼中提及其所持文书,那么当然不能拒绝对方当事人要求其出示的请求。

何谓引用?宜从宽解释。只要提及文书内容即可,而没有必要要求当事人明确表示该文书是作为证据被引用的。也就是说,即使当事人没有将之作为证据援用的意思,只要为了明确或补充其主张而明确该文书之存在及其内容,该当事人也有义务提出该文书。[165] 引用并不限于口头

〔164〕 奈良次郎「商業帳簿と文書提出命令」山木戸・還暦(下)第247页,条解第1047页(松浦馨執筆),伊藤第359页注(362)。不过注解民訴(8)第159页认为,商法第35条在本质上属于民诉法关于文书提出义务的规定,因此对于拒绝提出的情形应当适用第224条真实拟制的制裁。

也有学者从自身曾经作为被告(商人)诉讼代理人的经历主张,应当积极灵活地运用商法第35条之规定,参见河野玄逸「民事訴訟における真実発見と商業帳簿の活用」木川・古稀(中)第199页,其观点颇为有趣。

〔165〕 菊井=村松Ⅱ第613页等。

但兼子一『条解民訴法上』(1955,弘文堂)第793页,法律実務講座第283页,条解第1049页(松浦馨執筆)持反对意见,主张应仅限于作为证据引用的场合。笔者认为,一方当事人将某文书作为证据加以引用的时候,从公平的角度出发,应当赋予对方当事人相应的对抗措施,即其可以申请对该文书进行证据调查,这才是第220条第1款的内容,因此限定于作为证据引用的情形也是该条本意。但识别当事人是否将某文书作为证据加以引用,有时是十分困难的(条解第1049页认为,存疑时则将之视为作为证据引用的情形,从而可以回避这一问题),但即使不是作为证据引用的文书,对方当事人也可以采用当事人照会的方式要求其开示信息,或将该文书划归第220条第2款以下之情形,也会同样被课以文书提出义务,考虑到这些因素,就没有必要将提出义务仅限于作为证据加以引用的情形。

辩论期日或辩论准备程序中口头引用的场合，虽未作出陈述，但已记载于准备书面亦属引用。〔166〕

〔166〕 1890年《民事诉讼法》第337条后段规定，即使当事人仅于准备书面中加以引用亦同。

一般认为，即使在陈述书而非准备书面中提及某一文书也属于引用之情形；但陈述书具有准备书面兼书证（文书证据）的性质（参见高橋・論考第107页），具有证据的因素。通说和判例还认为当事人于当事人询问中提及某一文书亦属引用，参见菊井＝村松Ⅱ第612页，伊藤第359页。谷口第455页甚至认为在公司作为当事人的情形下，其职员于证言中提及的文书亦属引用文书。

但这样一来，引用的情形就不仅限于主张的过程，而且扩大到了证据调查的环节，这就混淆了主张和证据调查的界限。因此不应当认为在当事人询问和陈述书中存在引用的情形。通说和判例也在努力寻求一种平衡，即将引用仅限于当事人以积极的姿态提及某一文书的情形；如果是消极的姿态，比如回答法官的释明提问时，并不属于引用。因此如果当事人在当事人询问中被迫提及某一文书，则该文书不得视为引用文书。虽说如此，但有时很难区别积极姿态和消极姿态，这就有可能导致法官恣意课以当事人文书提出义务。为了避免这一现象的发生，还是不宜将当事人在证据调查程序中提及的文书视为引用文书。当然，某一文书即使不属于第1款所指引用文书，也可能属于第2款以下，特别是第4款的一般义务文书，法院同样可以发布提出命令。这与前引注〔165〕中讨论的是否限于作为证据引用的文书属于同一类问题。但应予注意的是，在同一主张中是否作为证据引用的问题，与一方面属于主张，另一方面属于证据调查的问题是不一样的。

另一个问题是，如果自己引用的文书存在拒绝提供证言的事由，引用者可否拒绝提出该文书？从条文上来看，因存在拒绝作证事由而导致解除文书提出义务的情形仅限于第4款所指文书。但正如上述，对于引用宜从宽解释，那么为了平衡这一解释方法，此时就应当认为如果引用文书存在拒绝作证事由的话，其提出义务同样被解除。研究会新民诉第280页鈴木正裕的发言亦持此种观点。在引用者对第三人负有保密义务的情形下亦同，参见注釈民訴(7)第86页(廣尾勝彰執筆)。但亦有持不同意见的判例，参见名古屋高決1977・2・3高民集30卷1号第1页。该案中，原告请求撤销被告作出的推测性税收处分决定，被告税务署署长引用的一份文书涉及同业人员的住所、姓名、就职单位等隐蔽信息。法院认为既然被告已经主动引用该文书，则不应准用拒绝作证的相关规定，即使被告就该文书对第三人负有保密义务，也不得免除其提出义务，被告必须开示该文书的隐蔽部分。法院的这一决定有些偏激。关于推测性税收的问题，可参见坂田宏「租税訴訟と守秘義務に基づく文書提出拒絶」判タ730号(1990)第4页，佐藤彰一・判批・判評353号(判時1273号)(1988)第35页，大阪地決1986・5・28判時1209号第16页，百選Ⅱ第130号案例等。如果不涉及拒绝作证事由，而属于隐私问题的话，林屋第344页认为，如

③有权请求交付或阅览之文书(第220条第2款),亦称权利文书

举证方(文书提出命令申请人)就某文书对持有人享有交付请求权或阅览请求权的时候,持有人负有提出义务,而不论其是当事人抑或第三人。既然举证方享有实体法上的交付请求权或阅览请求权,其当然可以在诉讼中要求持有人提交该文书,举证方也可以依据该等请求权的胜诉判决申请强制执行。强制执行的结果当然也是持有人将该文书

果对诉讼中引用的日记课以提出义务的话,应当允许当事人撤回该引用行为。当然,撤回构成辩论全趣旨的内容则另当别论。

当事人撤回引用时当如何处理?菊井=村松Ⅱ第613页认为,即使当事人撤回其引用行为,作为引用文书的提出义务并不能因此而被免除。但笔者认为,此时应当注重当事人自由撤回其主张的权利。我们当然可以理解为了追求客观真实而要求当事人尽可能地提交涉案文书,但更应重视当事人的撤回自由。当然,如果撤回行为涉及第220条第4款所指文书,则另当别论。

辅助参加人在其主张中提及的文书应如何处理?辅助参加人进行诉讼活动的目的是使被参加人胜诉,因此辅助参加人就其引用的文书应当负有提出义务。该提出义务不仅限于辅助参加人持有该文书的情形,被参加人持有该文书时亦同[但条解第1048页将提出义务仅限于辅助参加人持有的情形。注解民訴(8)第146页也认为如果辅助参加人引用了被参加人持有的文书,那么被参加人和辅助参加人都不负担提出义务]。但对于拒绝提出的情形当如何处罚呢?比如辅助参加人不理会被参加人的催促拒绝提出,或者因其引用并不符合被参加人的本意从而被参加人拒绝提出,此时如果将不提出的法律效果归于作为当事人的被参加人,则对其过于苛刻。在平衡辅助参加人、被参加人和对方当事人三方的利益时,如果认为当被参加人提出的主张与辅助参加人相抵触时,被参加人并不负担提出义务的话,那么上述情形对于被参加人而言,也谈不上特别的苛刻。在前述解释论的视角下,即主张之撤回并不消灭提出义务,那么被参加人即使作出了与引用文书相抵触的主张,其提出义务也并不因此而消灭,这就对被参加人有过于苛刻之嫌了。因此,有学者认为此种情形下虽然产生提出义务,但对于拒绝提出的惩罚应仅限于对辅助参加人处以第225条第1款规定的罚款,参见菊井=村松Ⅱ第610页,注釈民訴(7)第67页,条解第1048页,伊藤第359页。辅助参加人在此类似于诉外第三人,该解释论十分巧妙,应值赞同,但反观对于作为前提的撤回情形的规置方法不是也有反省的余地吗?

提交于诉讼中。既然如此,就没有必要通过请求或强制执行,而直接采用文书提出命令来处理在程序上更为简洁,这也是第2款规定的目的。此外,还可以从另外的角度加以说明,即既然举证方对该文书享有交付请求权或阅览请求权,那么其对文书的记载内容当然也有支配的权利。〔167〕

举证方在何种情形下享有交付请求权或阅览请求权?这是一个实体法的解释问题。法律对此有明确规定的情形自不待言,通过合同约定时亦是如此。立法上的典型事例有债务人对债权人享有的债权证书返还请求权(《民法》第487条)、股东或公司债权人对于股东大会会议记录的阅览请求权(《商法》第244条第4款)、会计文件等的阅览请求权(《商法》第282条第2款)、少数股东对账簿等文件的阅览请求权(《商法》第293条之6)。至于竞业者对于账簿等文件是否享有阅览请求权等属于商法问题,应遵从商法上之解释。〔168〕

---

〔167〕 伊藤第359页等。

〔168〕 认为竞业者不享有账簿阅览请求权的判例可参见东京地判1994·3·4判時1495号第139页,神作裕之·判批·1994年度重判第104页。相反地,亦有判例承认居民依据公害防止协议可享有资料阅览誊写请求权,参见东京地八王子支判1996·2·21判タ908号第149页,人見剛·法教191号第104页;承认施主享有寺院会计账簿阅览誊写请求权的判例有东京高判1994·3·23判時1507号第133页,久保欣哉·批判·判評436号(判時1524号)第191页;承认无权利能力社团(交通事故孤儿之母会)成员享有社团会计账簿的阅览誊写请求权的判例有东京地判1999·4·26判時1691号第82页。

另有学者认为患者应享有对病历的阅览誊写请求权,参见新堂幸司「訴訟提起前におけるカルテ等の閲覧·謄写について」新堂·展開第151页。木川·重要問題(下)第619页也认为作为医疗合同的附随效力,患者享有阅览请求权。患者享有该等请求权在诉前是有意义的,起诉以后,病历就属于本书后述之利益文书或法律关系文书。另有学者对新堂的观点提出质疑,参见伊藤瑩子「診療録の医務上の取顺便提及的是,在发生诉讼担当时,交付请求权或阅览请求权的主体必须重新考虑。比如在选定当事人的情形,不要考察作为诉讼当事人的选定当事人是否对第三人享有该等权利,而是要从权利义务主体,即选定人(被诉讼担当人)的角度去考察这一问题。债权人代位诉讼和股东代表诉讼等亦是如此。〔169〕

④利益文书(第220条第3款前段)

若文书之作成系为举证方之利益,则举证方有权于诉讼中使用之,这也是利益文书提出义务的根据所在。持有人是当事人或第三人在所不问。

构成利益文书的要件包括,该文书于作成之时能够直

扱いと法律上の取扱いをめぐって」判タ294号(1973)第34页、302号(1974)第40页。关于目前对医疗记录的处理方式可参见光石忠敬「医療記録の閲覧・謄写請求の現状および問題点」ジュリ1142号(1998)第42页。

另外一个问题是,阅览、誊写请求权是否仅限于私法,抑或包含公法上的情形。在当事人可依据法令要求交付文书正本或誊本的情形下(通过信息公开即可获得的信息也包含在内),比如户籍誊本等,则没有必要利用文书提出命令(第226条但书,第221条第2款);在较为困难的情形下,也没有必要特意将公法上的情形排除在外。认为不应排除在外的观点可参见伊藤第359页,条解第1051页,小室ほか・基本法コンメ2第196页(春日偉知郎執筆);排除说的观点可参见菊井=村松Ⅱ第614页,注解民訴(8)第148页。注釈民訴(7)第72页(廣尾勝彰執筆)认为如果没有特殊情事则应当排除在外,作为解释论该说或许较为稳妥。

如果实体法不断扩大信息请求权的范围,则第2款的范围也会随之扩大。关于信息请求权参见春日・論集第71页。

〔169〕菊井=村松Ⅱ第614页。另外,作为实体法当事人概念的一个例子可参见高橋・重点講義第209页注(2)。

接证明[170]举证方的地位、权利或权限，或者是为该等事项提供了相应基础，文书之作成系以该等事项为目的。典型的利益文书包括：以举证方为继承人的书面遗嘱、举证方的合同书、证明举证方具有代理权的委托书、发票（收据）、身份证明等。利益文书所指利益并非单指举证方之利益，也可同时包括其他人的利益，比如合同书即是如此，利益文书与法律关系文书统称为共同文书。

如果文书记载内容仅与诉讼争点相关，其提出将在证据上给举证方带来有利的结果，则该文书尚难谓为利益文书。利益文书必须能够直接证明举证方的地位或权利或者为之提供相应基础，制作该文书的目的或动机中必须包含举证方的利益。因此像工资台账属于用人单位的资料，其制作并非为了明确劳动者的地位，因此对劳动者来说并不构成利益文书（大阪高决 1978・3・15 劳判 2954 号第 46 页等）。土地区划整理审议会为居民指定了临时的交换补偿用地，居民不服提起诉讼，则该审议会的议事记录对原告并不构成利益文书（东京高决 1978・5・26 判時 894 号第 66

〔170〕　在利益文书构成要件的问题上，学者有不同见解。伊藤第 361 页、木川・重要問題（下）第 620 页、条解第 1056 页认为仅以文书制作目的为要件即可；菊井＝村松Ⅱ第 615 页认为还应当包含文书记载内容本身能够直接证明举证方的地位、权利或赋予其相应的基础。应当说前一种观点很容易导致利益文书范围的扩大，比如伊藤说和木川说就认为工资台账对于劳动者来说构成利益文书；而菊井・村松说、注解民诉（8）第 150 页以下以及大多数下级审判例均对此持否定态度。自《民事诉讼法》新增第 4 款条文之后，在很多情况下就没有必要对利益文书作扩大解释，因此以直接性为条件的后一种观点较为妥当。虽然也并未因此而增加明确性，但多少会使法官的判断变得容易一些。此外，虽然工资台账对于劳动者来说并不构成利益文书，但却属于第三款后段所谓的法律关系文书，持有人同样负有提出义务。

页)。医生制作的病历对于患者构成利益文书,但对制药公司则不构成利益文书。同样地,在煤烟公害案件中病历对钢铁公司也不构成利益文书。东京高决 1984·9·17 高民集 37卷 3 号第 164 页、百選Ⅱ第 128 号案例(井上治典解说)中认为,“本案对方当事人(钢铁公司)并非医疗行为之当事人,因此本案文书(病历)并不能够直接证明其法律地位,而且病历之制作目的也并非为其权利或权限赋予相应之基础”。[171]

⑤法律关系文书(第 220 条第 3 款后段)

若文书记载了与举证方相关的法律关系,则持有人负有提出义务。由于文书记载了举证方的法律地位,那么是否提出该文书如果仅由持有人自由决定的话,显然是不妥当的,莫不如对持有人的所有权加以限制更为公平。德国和日本的立法者认为,该等文书的记载内容属于举证方和持有人共同支配之物,其与利益文书一道被称为共同文书。在此情形下,持有人可能是当事人,也可能是第三人。[172]

---

〔171〕 旧法下有很多相关的判例,亦有学者对其进行了整理分类,可参见上野泰男「文書提出義務に関する判例について」関西大学法学論集 47 卷 5 号第 112 页、6 号第 50 页、48 卷 1 号第 71 页、2 号第 293 页、49 卷 2、3 号第 213 页(1997~1999),小林秀之「文書提出命令をめぐる最近の判例の動向」判評 265 号(判時 989 号)第 6 页、266 号(同 992 号)第 9 页、267 号(同 995 号)第 2 页、268 号(同 998 号)第 2 页(1981),小林秀之「文書提出命令の利益文書・法律関係文書の意義」判タ549 号(1985)第 20 页等。相关学说可参见佐藤彰一「文書提出命令」講座民訴⑤第 271 页。

〔172〕 德国法上曾经认为,为举证方、持有人或他人之间共同的利益、目的以及使用而制作的文书属于提出义务的对象范围。所谓利益文书、法律关系文书的分类不过是对共同文书的具体化。我国 1890 年《民事诉讼法》第 336 条第 2 款也规定,“证书因其趣旨而为举证方及其对方当事人共同之时……”即便在当今日本法的解释论上依然有学者强调共同文书这一概念,参见条解第 1052 页,木川 · 重要問題(下),第 625 页。

这样一来,单为持有人一方制作的文书不属于共同文书,这也是将之作为自己使用的内部文书而免除提出义务的根据。

条文上的表述是该文书记载了举证方和持有人之间的法律关系，但在解释论上则不限于此，记载内容涉及举证方和他人之间的法律关系也无妨。[173] 因为判断是否为法律关系文书的重点在于其是否记载了举证方的法律关系，至于法律关系的另一方为持有人仅具有附随性的意义。若文书的记载内容系法律关系本身或法律关系的全部内容，则不产生任何问题，仅仅记载了法律关系构成要件的全部或部分也无妨。[174] 所谓法律关系，并不限于契约关系，不法行为亦可。制作目的和制作人也都是考虑的因素，但却不是最重要的因素。因此，就没有必要要求文书系由举证方和持有人共同参与制作而成，由持有人单独作成也可，甚至由举证方和持有人之外的第三人作成也无妨。典型的法律关系文书有契约书、房租存折、发票（收据）簿、发生买卖关系时授受的印鉴证明书、契约解除通知书等。医生制作的病历对于患者来说既属于利益文书，也属于法律关系文书，工资台账对于劳动者来说属于法律关系文书。

专供自己使用的内部文书不属于共同文书，也不属于

---

〔173〕 木川・重要問題（下），第 628 页。

〔174〕 有些学说和判例认为，应当缓和对记载内容标准的要求，只要文书记载了与法律关系相关的事项均应视为法律关系文书，这也体现了实务中扩大文书提出义务范围的意图。但由于现行《民事诉讼法》已经新增了第 4 款条文，所以没有必要对法律关系文书作出扩张性的解释。遵循条文的文义解释，即“记载法律关系构成要件之全部或一部分之文书”在现行法上是妥当的，参见上野泰男「新民事訴訟法における文書提出義務の一局面」原井・古稀第 96 页以下，特别是第 106 页。

法律关系文书。[175] 公司内部使用的请示书、议事记录等应当说属于专供自己使用的文书。这方面的判例可参见东京高决1979·3·19下民集32卷9号~12号第1391页、百選Ⅱ第129号案例。原告以河川泛滥为由提起国家赔偿诉讼并申请法院发布文书提出命令,要求县政府提出河道计划调查报告书。法院的结论是,“该报告书系由县政府于制作报告书的初始阶段委托诉外公司进行调查和制作的、用于事务处理的资料,依法令作成的文书并不负担提出义务,而且该报告书内容多为诉外公司的主观性意见,结合其他资料可以成为综合研判的对象”,“该报告书属于县政府以自用为目的而使诉外公司制作的内部文书”。法院以此驳回了原告的提出命令申请。[176]

---

〔175〕 对法律关系文书而言,内部文书免除其提出义务,这是通说和判例的观点;但伊藤第363页,木川·重要問題(下)第634页对内部文书这一概念持反对意见。

现行法在第220条第4款已经规定了专供自己利用文书这一例外,所以对第3款条文再附加一个以自己使用为目的的内部文书这一例外,就显得有些苛刻。内部文书这一概念能够起到一个防止扩大利益文书和法律关系文书范围的作用,所以在新增第4款规定的前提下,由于扩张解释的必要性已经丧失,也就没有必要承认第3款条文中存在一个内部文书的例外。然而共同文书的例外这一思考方式流行日久,虽然今后实际适用的案例会逐步减少,但还不能断言一定会就此消失。因此从理论上来看,根据个案的不同情形,设置一个内部文书的例外也还是妥当的。上野·前引注〔174〕第110页也持相同见解。正如柳田幸三先生在研究会新民诉法第273页上的发言中指出的一样,第220条是在综合了律师界、学界和经济界的主张之后形成的一个妥协性的产物,所以拘泥于条文的文义并不具有什么建设性。

〔176〕 由于现行法新增了第4款条文,所以受诉法院否定提出义务的这一结论在今天并非没有问题。

对于教材检定调查审议会制作的书面和报告书,最高法院在1996年修法之后依然承认了所谓内部文书这一概念,将之排除在法律关系文书的范围之外。虽然最高法院的这一判断是附条件的,但还是维持了旧法下所谓内部文书这一判断框架。参见高見進·判批·判評505号(判時1734号)第24页。

总之，由于旧法并未规定一般性的文书提出义务，所以判例和学说都倾向于对第3款规定的利益文书和法律关系文书作出扩张性的解释，这在当时的情形下也是不得已的做法，但在新增了第4款条文之后，对于第3款的解释就应该恢复其本来面目，〔177〕而没有必要作出扩张性解释（但由于刑事案件的相关文书并不在第4款的范围之内，所以也有观点主张通过对法律关系文书作扩张性解释加以处理）。

⑥一般义务文书

1996年修法时新增了第4款条文，即对一般义务文书法院可发布文书提出命令。该项下文书与第1款至第3款所指文书不同，并未附加引用、法律关系等限定条件，所以习惯上将第4款所指文书称为一般义务文书。由于该项规定，文书提出义务也就成了“一般性义务”。确实，如果对第4款所指文书进行证据调查的必要性得到法院的肯定，而且不存在该款列举的除外事由，那么持有人必须将该文书提交于法院，此即所谓的一般性义务。但是严格说来，所谓一般性义务对于申请人（举证方）来说只要其提出命令申请即可，除外事由的主张证明责任应该由文书持有人负担。然

〔177〕 目前的多数说认为，应当放弃对第3款规定作出的旧法解释论，将第3款的文书类型限定在其本来范围内，原来作出的扩张解释部分应交由第4款规定处理。参见上野・前引注〔161〕第51页，上野・前引注〔174〕第106页，研究会新民诉第282页上竹下守夫和青山善充的发言，西口元「証拠収集手続(1)——文書提出命令」塚原＝柳田＝圓尾＝加藤編『新民事訴訟法の理論と実務』(1997，ぎょうせい)第393页，特别是第407页，佐藤彰一「証拠収集」法時68卷11号(1996)第19页，山下・前引注〔161〕第153页等。

相反地，虽然以自己使用为目的的内部文书可以免除其作为法律关系文书所负担的提出义务，但也可能会作为第4款规定的一般文书而同样负担提出义务。以自己使用为目的的内部文书并不当然属于第4款规定的专供自己利用的文书类型。

而第 4 款的条文表述却并非如此,从该条文的结构来看,除外事由的主张证明责任是由申请人一方负担的。如果不这样规定的话,一般性义务文书都可以申请文书提出命令,那么前 3 款的规定就没有意义了。如此一来,对于一般性义务文书,其不存在除外事由的事项由申请人负担主张证明责任;另一方面,对于第 1 款至第 3 款文书如果申请人能够主张和证明该等文书反映了申请人和持有人之间的特殊关系,则法院可以发布提出命令。一般情况下,申请人要主张和证明引用或法律关系等特殊关系是较为容易的,因此申请人就会选择利用前 3 款规定而不会一味地利用第 4 款规定。由于第 4 款中的除外事由由申请人负担主张和证明责任,所以前 3 款规定涉及的文书就不会被吸收进第 4 款规定而具有了独立于该款规定的意义。[178] 因此,从严格的意义

---

〔178〕 竹下守夫「新民事訴訟法と証拠収集制度」法教 196 号(1994)第 6 页,特别是第 19 页。

不过竹下说虽然认为不存在除外事由这一事实的证明责任由申请人负担,但只要其证明达到法院认为有必要通过非公开审理程序对文书进行审查的程度即可,若用既有概念来表述的话,就是达到优势证据的程度即可。如此,当某一事实之存否属于认定技术和职业秘密不可或缺的事实时,即使其证明按照一般的标准处于真伪不明的状态,由于竹下说对该证明活动的证明度要求较低,因此法院可命持有人提出该文书(严格地讲,应当是在进行非公开审理程序之后,法院形成的心证必须达到了证明度的要求)。竹下的这一观点单从立法者明确规定除外事由的证明责任由申请人负担这一立法现实是无法顺利推导出来的。对于学界来说,本来希望立法者设置一个严格意义上的一般性义务[竹下守夫 = 野村秀敏「民事訴訟における文書提出命令(二・完)」判評 206 号(判時 804 号)(1976)第 2 页、特别是第 11 页],但由于立法的妥协导致最后条文裹足不前,因此只能通过目的论的解释方法尽量接近立法原意了。虽然新法实施不久,该解释论自有其不合理之处,但由于该说并未将证明责任转换为文书持有人负担,因此还是应当予以赞同的。该说降低证明度的根据在于立法目的将提出义务设置为一般性义务。关于除外事由的证明责任,后引注(184)中亦有涉及。

由于经济界对文书提出一般义务化的强烈反对,立法并未将该义务上升为严格意义上的一般义务,关于此点,可参见研究会新民诉第 277 页第三段柳田和铃木的发言。

上来讲,第4款规定的义务不属于一般性义务,这一观点意义很大,因此习惯上将文书提出义务称为一般性义务,进而使用一般性义务文书这一名称就有些言过其实了。但由于这一名称容易使人产生亲近感,只要我们充分意识到上述区别,也就没有必要否定这一习惯用语,而且现实中使用这一用语习惯的教材和论文也不在少数,本书亦称为一般性义务文书。

那么,在文书提出命令这一大的范围内涉及的问题就是提出义务的范围如何确定?是就每一文书设置固定的标准还是在不同的案件中设置不同的范围从而将之相对化?如果按照后一种观点,可能就会出现同一份文书在甲案中不负担文书提出义务而在乙案中负担提出义务。且后一种观点还可以再细分为两类:以案件类型来划分,比如股东代表诉讼;以个案中该文书作为证据的重要性来划分。首先,作为一个事实问题,法院可以在斟酌其作为证据的重要性或是否存在替代证据等因素后,判断提出义务的范围,这是一种相对化的处理方式。〔179〕 但是作为法律规范又该如何呢?恐怕从条文的表述形式来看,立法者的出发点在于以文书记载内容为中心来固化提出义务的范围。文书作为证据的重要性或者是否存在替代证据等并非文书提出义务范

〔179〕 本間義信「文書提出義務」吉川·追悼(下)第191页,特别是第202页指出,部分判例即采取了如此的处理方式。

不过,有的判例将文书在证明某一事实上的必要性作为证据调查的必要性问题来处理,以此与文书提出义务之有无相区分,参见大阪高判1984·11·12判タ539号第389页,百選Ⅱ补遗第36号案例。这种处理方式可以说反映了法院在该问题上所持的原则与真实想法。

围的问题,而是应该在判断是否具备第181条规定的证据调查必要性的时候加以解决,证据调查的必要性和文书提出义务的范围是两个截然不同的命题。[180] 只有在同时满足了文书提出义务(第220条)和证据调查必要性(第181条)这两个条件的前提下,法院才可以发布文书提出命令,因此明确区分必要性和提出范围与文书提出命令所具有的结构是相吻合的。此外,某一文书是否负担提出义务应就每一文书本身之性质加以确定,这就使法官或当事人的判断相对稳定,作为解释论自有其优越之处。但这样一来有时又难以满足实务之需要。文书是多种多样的。一般情况下我们不能断言某一文书一定负担提出义务,但肯定也存在这样的情况,即在特定的案件中由于某一文书属于重要证据而且也不存在替代证据,此时法官就希望持有人提出该文书,而且该文书之提出所带来的实际危害也是很小的。即使在那些认为义务范围应以文书本身性质加以固定化的学说中,一如后述(本书第155页),也允许采用相对化的处理方式,比如对于专供自己利用的文书,只要在法官不能形成心证的情况下就可以命令其提出该文书。这样一来最富建设性的思考方式也许应该是,将较为特殊的事态置于规范性的框架内,在此基础上展开解释论的相关工作(新堂第511

---

〔180〕 竹下守夫＝野村秀敏・前引注〔178〕第10页第三段亦明确指出了这一点。

另一方面,也有学者认为应当综合考虑各种因素之后再作出判断,参见小島武司・判批・判評134号(判時584号)(1970)第12页,小林・証拠第118页,小林・審理第233页。此外,松井秀樹「新民事訴訟法における文書提出命令と企業秘密」NBL604号第6页,605号第30页,606号第30页,609号第58页,611号第28页(1996～1997)的论述亦颇有助益。

页)。当然,如果在诉讼初始阶段就急于对作为证据的重要性或者是否存在替代证据的问题作出判断的话,将使我们陷入赤裸裸的利益衡量的泥潭,从而使我们对提出义务范围的判断丧失稳定性,应尽力避免。正确的做法应该是先进行定型化的固定判断,如果法官此时面临的是一些临界性质的案件从而导致相关的判断遭遇困难或者判断结论欠缺具体妥当性,此时则可对判断方式进行微调,综合衡量上述的一些事实问题的判断因素。

在一般性义务文书中,申请人较为容易得到的文书,如登记簿誊本、公开发售的书籍,虽然也在该类文书范围之内,但却不能申请文书提出命令(第221条第2款)。否则,只要具有除外事由就都必须提供了。第一类除外事由是文书记载内容属于第196条规定的拒绝作证权的对象。若该类文书的提出可能导致自身或一定范围内的亲族受到刑事追诉或导致名誉(人的社会地位或价值)受损,则不负担提出义务。[181]

---

〔181〕 这里涉及的问题是,该项除外事由是否适用于法人持有的文书?或者说法人是否享有缄默权?强化对法人的处罚是大势所趋,同时承认法人自有其名誉也是不争之事实,因此该项除外事由也适用于法人的观点还是颇有说服力的。而且在法人提出该文书有可能导致法人代表或理事受到刑事追诉,名誉可能受到损害的情形下,也应当对法人内部成员提供类似于自然人亲族的保护。

但从条文的表现形式来看,立法者并未考虑法人的情形。从立法沿革来看,该条立法背景在于保障自然人的基本人权,而从基本人权的角度恰恰可以对自然人和法人设置不同层次的保护。此外,即使认为法人在此种情形下负有提出义务,法人也可以选择拒绝提出从而忍受真实拟制的处罚(第224条)。同一种处罚对于自然人而言可能是较为苛刻的,而对法人却未必如此。

这样一来,我们可以将法人直接排除在该项除外事由的范围之外,至少可以认为该项除外事由中存在极大的空间可供法院命令法人负担提出义务,比如特定文书作为证据十分重要,不存在可替代性证据。

第二类除外事由是,文书涉及公务员职务秘密,提出该文书有可能导致公共利益受到损害或者给执行公务带来显著障碍。这是2001年新增的条款[参见深山卓也ほか「民事訴訟法の一部を改正する法律の概要」NBL719号(2001)第8页]。在当事人的命令申请涉及公务文书时,法院应就该文书是否具有上述除外事由听取该公务员所属监督机关的意见。若该机关认为存在除外事由则应说明理由(第223条第3款)。此外,若监督机关以该文书之提出有损害国家安全之虞或对维护其他公共安全和秩序——比如预防犯罪和搜查——带来障碍为由,认为存在除外事由时,只有在法院认为该意见不具备充分理由的情形下方可发布提出命令(第223条第4款)。[182] 若监督机关认为文书内容涉及第三人的技术秘密或职业秘密,法院还须听取该第三人之意见(第223条第5款),该条目的在于保护第三人利益。法院在判断是否存在上述除外事由时,还可以利用下文(⑦部分提出与非公开审理程序)提及的非公开审理程序。

第三类除外事由是,文书内容属于第197条第1款第2

---

〔182〕 上述事项均关系到重大的公共利益,因此应尊重监督机关的意见而对法院的判断权作出一定的限制。也就是说,命令申请所涉文书是否关系重大的公共利益的初次判断权归于监督机关,而法院只能享有对监督机关的判断是否妥当的第二次性的判断权。而且只有在法院认为监督机关的意见不具备充分理由的情形下才能否定监督机关的意见并发布提出命令。

尽管只是第二次性的判断权,但这毕竟比起对公务员的证人询问前进了一步。这也是因为文书提出命令与证人询问不同,法院可以通过非公开审理程序对公务秘密提供保护。参见本讲注〔97〕。

此外,舒卡曼著(长谷部恭男译)「公益を理由とする情報の不開示」法協114卷12号(1997)第1503页对该法理在英国的适用情况做了生动的描述。

项和第3项规定的拒绝作证权的对象范围。第2项所指文书涉及医生、律师等因工作关系而较多地涉及他人秘密的行业,该类文书涉及他人秘密,且文书内容表明其保密义务并未得到该他人之免除。比如医生的诊疗记录(病历)就属于这一范畴,若秘密主体(患者)本人作为原告的话,则医生的保密义务视为已免除。若文书记载了律师从委托人处获得的秘密,则该文书也成为除外文书。[183] 第3项所指文书系记载了技术秘密或职业秘密的文书。所谓技术和职业秘密,是指一旦公开将导致该技术所具有的社会价值降低,从而给后续活动造成困难,或者给该职业带来严重的负面影响导致其职业活动遭遇困难。而且我们并不能因为文书记载了若干技术和职业秘密就直接断定其具备除外事由,这种抽象的、形式主义的判断方式并不足取,法院必须从信息的种类、性质以及因该文书之提出而给持有人带来的不利

---

〔183〕 英美法对律师和委托人之间的通信秘密提供保护,律师与委托人之间的双向信息交换均享有保密特权。从保障委托人能够放心地与律师交换信息的角度来看,其与我国法第197条第1款第2项是相同的。但我国法上的拒绝作证权在文义上仅限于律师所持文书,并不及于委托人从律师处获得的文书。如果委托人从律师处获得的文书涉及技术和职业秘密、个人隐私的话,当然应予保护。除此之外,只要该等文书涉及律师在执业过程中获悉的委托人的秘密,就构成除外事由,在这种情况下也应当否定其提出义务。有学者认为,作为委托人的文书持有人可以以律师的缄默义务为由主张不存在文书提出义务,第220条第4款原本只是从记载内容的角度进行了规定,并未将之限定为律师作为文书持有人的情形。参见伊藤眞「自己使用文書としての訴訟等準備文書と文書提出義務」佐々木・追悼第415页,特别是第426页,作为现行法的解释论,该说否定了提出义务,应予赞同。

益的具体内容出发进行细致的审理判断。[184]

---

〔184〕 最决 2000・3・10 民集 54 卷 3 号第 1073 页。最高法院以原审法院并未作出具体、实质的审理判断为由撤销了原审法院驳回提出命令申请的决定并发回重审。所谓不得抽象地认为文书内容涉及技术和职业秘密即是此种情形。应当将所谓的技术和职业秘密严格地限定为真正应予保护的技术和职业秘密。

就最高法院的这一决定我们必须思考两个问题。第一个问题,关于技术和职业秘密的下级审判例[参见大阪高决 1973・7・12 下民集 24 卷 5~8 号第 455 页,百選Ⅱ第 126 号案例(町村泰貴解说),仙台高决 1993・5・12 判時 1460 号第 38 页]在这一问题上采取了比较考量的方法,即把文书公开给秘密归属主体带来的不利益以及公开带来的发现真实、促进裁判等利益(司法利益)进行比较之后再作出处理。不过,最高法院的决定并未提及司法利益这一考量因素。那么在判断技术和职业秘密的时候,最高法院对于比较考量这一判断方式到底持何种态度呢?加藤新太郎・判例研究・NBL717 号(2001)第 67 页认为最高法院对此持否定态度。也有学者指出,就理论层面而言,《民事诉讼法》设有第 197 条之明文规定,对秘密的保护问题给予了充分的重视,因此理应牺牲发现真实这一司法利益,所以比较考量说是有问题的,参见松本博之・判批・私法判例リマークス22 号(2001)第 122 页,伊藤第 332 页。也许最高法院已经考虑到下级审在这一问题上的态度(比较考量说),虽然没有明确表示反对意见,但通过决定表达了否定这一做法的倾向。不过在现实生活中,技术和职业秘密也是分等级的,所以只要并未涉及绝对秘密,依然存在通过司法利益(作为证据的重要性、可替代性证据之有无等)进行调整的空间,比较考量说自有其妥当之处。笔者对判旨的解读可能有牵强附会之嫌,但既然撤销原审决定发回重审,所以也可以将之理解为最高法院已经把是否综合衡量其他利益交由原审斟酌处理,参见町村泰貴・解説・法教 241 号(2000)第 158 页。此外也有学者认为否定比较考量说的观点是有问题的,参见田辺誠・解説・2000 年度重判第 116 页,中西正・判批・判評 507 号(判時 1740 号)(2001)第 25 页。

第二个问题是,是否应由持有人进行主张和证明?如果答案是肯定的,是否与证明责任由申请人负担的原则相矛盾?最高法院的决定认为,"对方当事人"既未主张信息的种类、性质以及开示带来的具体不利益情形,原审决定也没有对此作出具体认定。由此可见,最高法院认为对方当事人(持有人)必须就除外事由进行主张和证明。这样一来,文书提出义务就成为狭义的一般性义务了,而现行法由于经济界的反对并未将之设定为狭义的一般性义务。如果认为最高法院下定决心推动一般义务的狭义化倒也不失为一种解读的方法,但最高法院恐怕并没有这样的意图。对这一决定较为合理的解读是将之视为大致推定,参见中西・前引第 25 页。本案中,举证方主张并证明了文书制作时间是十几年以前,其上记载的事项如今已经算不上秘密。由此法院作出了大致推定,即文书并未记载技术和职业秘密。对方当事人要想推翻这一推定结论必须就相关事项进行主张和证明。最高法院的决定正是如此含义。也就是说,当申请人一方在某种概括性质的程度上主张了文书记载第四类除外事由即所谓的专供自己利用的文书(以下简称专用文书。——译者注)。[185]作为一般性的义务,如果存在证据调查的必要性,那么原则上持有人应该将文书提交于法院;但立法机关有自己的考虑,即有些文书在制作之际就不存在示于他人之打算,无论再怎么强调发现真实这一司法利益,也不应该强制持有人提出该文书,否则人们在制作文书的时候就会考虑到今后可能会被法院命令强制提出,从而对行为的自由度加以限制。参与立法的人士列举了如下一些情形,"个人日记、备忘录等""专门从团体内部处理事务的方便角度出发作成的文书,比如请示

事项不属于除外事由的范围时,文书持有人一方须就符合除外事由的具体事实进行主张。主张的具体化和实质化问题当然应由实务加以解决。研究会新民诉第277页上秋山先生在发言中也谈到了大致证明的问题,甚至对利益衡量说持否定态度的松本先生也援用了具体事实陈述义务和证据提出义务的一般理论,认为并不负担证明责任的文书持有人应就文书内容涉及技术和职业秘密的事实进行具体的主张和证明活动,参见松本·前引第125页。松本说与中西说在结论上基本一致,其前提都是持有人不负担主张证明责任。具体事实陈述义务和证据提出义务的要件包括:①负担证明责任的当事人处于该事实发生过程之外;②该当事人无法证明该事实;③对方当事人可以较为容易地对该事实作出必要的说明;④根据个案的具体情形,可以期待对方当事人作出这一说明。参见松本博之「民事訴訟における証明責任を負わない当事者の具体的事実陳述義務 = 証拠提出義務について」曹時49卷7号(1995)第1611页。前引注〔178〕持优势证据论的竹下说也是从理论上采取了降低证明度要求的做法,与上述中西说和松本说基本相同。

〔185〕 学者对此项下所指文书冠以不同的名称。很多学者沿用了旧法习惯将之称为"自己使用文书",也有学者将之称为"新自己使用文书"以示与旧法的区别[小林·后引注〔192〕判批],还有学者称之为"自己利用文书"以与"自己使用文书"相区别(松本 = 上野第375页),还有学者认为条文中有"专门"一语所以采用了"自己专用文书"的称呼[町村·前引注〔184〕解说]或"自己专使用文书"(新堂·展開第211页),等等,不一而足。本书从忠实于条文的角度出发采用了"自己专利用文书"的名称。笔者认为无论采用哪种名称均无大碍。

报告”。[186] 涉及个人隐私的手记、书信、家庭日常生活收支记录等也不负担提出义务。[187]

那么除了这些与个人隐私相关的文书以外,专用文书的范围界限到底在什么地方呢?[188] 旧法下,法院认为土地区划整理审议会的议事记录(东京高决1978·5·26下民集32卷9~12号第1284页)、河道计划调查报告书(东京高决1979·3·19下民集32卷9~12号第1391页、百選Ⅱ第129号案例)等文书属于以自己使用为目的的内部文书,所

---

〔186〕 一問一答第251页。

〔187〕 笔者曾于本讲之“二、自由心证主义”之“3.证据调查的结果”部分认为,记载个人隐私的文书与违法收集到的文书一样都不具有证据能力。如果没有证据能力,那么也不应该发布文书提出命令,立法在文书提出命令部分对此作出重复规定是否毫无意义呢?其实不然,这两处规定应当同时并存。首先,从第220条之文义来看,其仅规定了持有人专用的文书,并未规定制作人专用的文书。因此,虽然制作人可能认为该文书属于自己专用,而持有人并不认为属于自己专用,比如对于脱离了制作人控制的文书,我们在条文上无法得出其作为专用文书而不负担提出义务的结论。因此,对于这种情形下提出的文书必须以其涉及个人隐私而不具备证据能力来处理。此外,从宏观上来看,提出义务属于文书提出之前需要解决的问题,而证据能力问题可能在持有人主动提出之后才存在。因此,对于证据能力的规定和对专用文书的规定缺一不可。

研究会新民诉第286页第二段载有福田法官列举的一个案例,颇为有趣。在一起遗产继承诉讼中,双方当事人为一枚钻石戒指是否属于遗产发生争议。长女主张亡母曾在日记中记载该钻戒已赠与她,那么她能否向法院申请文书提出命令呢?由于其母已死亡,所以该日记的持有人和制作人并非同一人。对制作人而言,日记当属专用文书;而对于现在的日记持有人而言,很难说该日记也属于专用文书(福田法官的意见也是如此)。因此这个问题就只能通过判断其证据能力来解决了。山本和彦·后引注〔198〕、NBL662号第35页第一段亦持相同见解。那么该日记是否具备证据能力呢?由于纠纷发生在继承人之间,因此可以通过拟制其亡母之同意来肯定该涉案日记具备证据能力。

〔188〕 上野泰男「新民事訴訟法における文書提出義務の一局面」原井·古稀第96页,特别是第109页认为,虽然个人隐私等利益并不能上升为拒绝作证权的保护对象,但应受到专用文书范围的保护。同第120页注(31)认为,由企业负责人制作的业务笔记并不涉及值得保护的个人隐私,因此不属于专用文书。另请参见后引注〔200〕之后段。

以对于当事人的提出命令申请一律驳回。[189] 这里首先存在的问题就是旧法下所谓的以自己使用为目的的内部文书(自己使用文书)和新法规定的专用文书是否属于同一类文书?应该说,虽然两者在大多数情况下是重合的,但基本上还是属于两个不同的概念。旧法下的自己使用文书,其存在理由在于防止学界和实务界对于利益文书和法律关系文书的概念作出无休止的扩张解释,其概念界定方法也是从非属共同文书的角度出发的。但在现行法已经规定了一般性义务的前提下,就没有必要对利益文书和法律关系文书的概念作出扩张性解释,对于"专用文书"的概念界定也不必借助共同文书这一概念,而是直接从文书制作人有无向他人开示该文书的预设出发即可。作为一般性义务,文书提出义务的范围已经发生了扩张,像前述河道计划调查报告书一类的文书就不再属于新法下的专用文书范畴。[190]

---

〔189〕 上野・前引第117页注(26)对此论述颇为详细。另有学者将旧法下的自己使用文书分为三种类型,即不属于共同文书的类型、仅以不负担法令上的制作义务为判断因素的文书类型、利益衡量产物的文书类型,参见三木浩一「自己使用文書」法教221号(1999)第35页。

〔190〕 认为旧法中的自己使用文书与新法中的专用文书系属不同概念的学说可参见田原睦夫「文書提出義務の範囲と不提出の効果」ジュリ1098号(1996)第64页,竹下・前引注〔178〕法教196号第18页,西口元「証拠収集手続(1)——文書提出命令」塚原=柳田=園尾=加藤編『新民事訴訟法の理論と実務上』(1997,ぎょうせい)第407页,伊藤眞「文書提出義務と自己使用文書の意義」法協114卷12号(1997)第1444页,特别是第1450页,研究会新民诉第285页竹下的发言,新堂・展開第221页、第225页等。认为系属同一概念的学说可参见松井・前引注〔180〕NBL606号第31页,研究会新民诉第286页柳田的发言,鈴木正裕・判批・私法判例リマークス19号(1999)第136页等。此外,三木・前引注〔189〕认为旧法中的第三种类型,即作为利益衡量产物的文书与现行法专用文书的概念是相互衔接的。

2001年修法时在专用文书项下附加了一个除外情形,即"属于中央政府或地方公共团体持有之文书,且由公务员有组织地加以利用者"。该项附加规定旨在促进信息公开,对公务文书中的专用文书范围作出了进一步的限制。公务员于日常业务中处理的文书不属于专用文书,因此类似河道计划调查报告书一类的文书也被排除在专用文书的范围之外。

那么,所谓的专用文书这一概念其外延如何呢？立法者认为,企业内部使用的请示书就属于该类文书,不负担文书提出义务。[191] 在现行法下,围绕金融机构的放贷请示书是否属于专用文书这一问题,下级审法院作出了大量决定,甚至对于金融机构提起的许可抗告,最高法院也予以了支持。我们可以从最高法院作出的三个决定勾勒出其对这一问题的态度,最高法院的基本观点是,金融机构内部使用的请示书属于专用文书,不负担提出义务。第一个决定参见最决 1999・11・12 民集 53 卷 8 号第 1787 页,该案是一起借款人追究银行作为出借方责任的诉讼。最高法院认为,在一般情况下,如果从文书制作目的、记载内容等角度来看,该文书的制作目的在于专供内部人员使用,并无对外公开之预设,且一旦公之于众将给持有人带来不可忽视的重大不利益,比如个人隐私受到侵害,个人和团体的意思自由受到妨害。此时只要不存在特殊情事,则该文书属于专用文书。[192]

---

〔191〕 一問一答第 251 页。旧法下的判例也认为内部请示书属于自己使用的内部文书,而不属于法律关系文书,参见东京高决 1986・5・8 判時 1199 号第 75 页等。

〔192〕 应当如何理解最高法院的这一决定呢？有学者认为无开示之预设属于形式要件,不可忽视之不利益为实质要件,特殊情事作为调整例外情形的个别要件,参见小林秀之・判批・判評 499 号(判時 1715 号)(2000)第 29 页,村上正子「裁判例からみた文書提出拒絶権」築波法政(2001)第 57 页,特别是第 70 页和第 77 页。但也有学者指出,由于对实质要件和个别要件的内容认识不同,有可能导致该要件涉及面过宽而最终接近于利益考量说的立场,参见加藤新太郎「貸出稟議書の自己使用文書該当性」銀行法務 21 第 570 号(1999)第 7 页。小林秀之 = 塩崎勤 = 春日偉知朗 = 長谷川俊明 = 有賀熙雄「座談会稟議書を中心とした文書提出命令」判タ 1027 号第 4 页,1028 号第 32 页(2000)上的分析亦饶有兴味。

有学者认为旧法下的判例可以分为两种类型:一种是从形式上理解自己使用文书这一概念;另一种则从保护隐私等角度出发力图在本质上加以把握,参见上野泰男「文書提出義務の範囲」講座新民訴法Ⅱ第 33 页、特别是第 38 页。上野泰男・判批・私法判例リマークス21 号(2000)第 130 页认为最高法院的这一决定系采实质说。

银行的放贷请示书仅用于银行内部，是为了更为准确地形成对融资事务的意思决定而制作的，并非出于法定义务，该文书用于银行内部审查融资事项，因此其内容多为毫无保留的、坦率的意见或评价。因此，放贷请示书的制作目的在于专供银行内部使用，并无对外公开之预设，且一旦公之于众，将妨碍银行内部的自由表达意见，由此阻碍银行意思形成方面的自由度。因此，就结论而言，只要不存在特殊情事，则银行的放贷请示书属于专用文书，免除其提出义务。最高法院的第二个决定参见最决 2000・12・14 民集 54 卷 9 号第 2709 页，该案是一起信用金库会员以金库理事在未获充分担保的情形下以违反善良管理人的注意义务为由提起的会员代表诉讼（相当于股份公司的股东代表诉讼）。受上述决定的影响，最高法院认为，所谓特殊情事，是指文书提出命令的申请人在其与放贷请示书的使用关系上可以等同于信用金库的情形。金库会员对于某些文书并不具有阅览和誊写的权利，会员代表诉讼也并未赋予原告享有与信用金库同等的地位以在诉讼中利用上述文书，所以提起会员代表诉讼的会员并不具有与信用金库同等的地位。因此从原则上讲，该放贷请示书属于专用文书，并不负担提出义务。不过最高法院的町田法官对此持反对意见。〔193〕 最高法

〔193〕 町田法官认为，信用金库会员代表诉讼的实质在于发挥协同组织体内部的监视和监督功能。在该组织体内部，当贷款出现问题而准备追究相关人员责任的时候，放贷请示书将成为验证贷款决定妥当与否的基本资料，其使用是可以预见的。从信用金库会员代表诉讼的性质以及放贷请示书的功能来看，信用金库的放贷请示书当然可以用于会员代表诉讼中，由于存在上述特殊情事，放贷请示书并不属于专用文书。最高法院应当维持原决定，准予发布文书提出命令。

院的第三个决定涉及技术和职业秘密,参见最决 2000·3·10 民集 54 卷 3 号第 1073 页。最高法院认为,与技术和职业秘密一样,所谓专用文书并不是仅仅从该文书的制作目的,即有无对外公开之预设出发而言的,法院必须斟酌具体的情形加以判断,比如对照文书的具体内容来判断开示是否会给持有人带来不可忽视的重大不利益。

上述最高法院的三个决定在语气措辞以及法律评价上多少存在一些差异:第一个决定为请示书是否属于专用文书设定了一个基本的判断框架,在追究银行作为出借方的责任的诉讼中,法院最后认定放贷请示书属于专用文书。作为基本框架,学界对此持不同见解,详见后述。第二个决定则明确了特殊情事的内容,法院认定请示书在股东代表诉讼类型中属于专用文书。学者对此提出了强烈的批评。[194] 最后一个决定则明确了开示将导致重大不利益

---

〔194〕 对于最高法院的上述结论学者持不同意见。除下文第一种学说以外,绝大多数学者都认为在股东代表诉讼类型中,请示书应当负担提出义务。

除此以外,学者对于该决定的论证过程也提出了强烈的批评,因为所谓申请人与持有人可得视为同一的情形,与信用金库会员的阅览和誊写请求权之间并没有什么关系。最高法院的这一决定似乎认为可得视为同一的情形仅限于会员享有阅览和誊写请求权的场合,而如果会员享有该等权利的话,就可以依据第 2 款规定(权利文书)而不是第 4 款规定申请提出命令,因此最高法院的这一论断是毫无意义的。参见高地茂世·解説·法教 250 号(2001)第 114 页,三木浩一·解説·2000 年度重判第 118 页。总之,将所谓特殊情事限定为申请人与持有人可得视为同一之情形过于偏狭,而大多数学说认为,所谓特殊情事应当包含利益考量或与之相类似的其他情形。

最高法院的这一决定还催生了学界对于少数股东权涉及的文书与文书提出义务之间关系的讨论。账簿阅览等请求权属于少数股东权利,并非任一股东均可得行使之权利。如果满足了少数股东权的构成要件,则该权利所指向的文书就应作为权利文书而发生文书提出义务。那么,该文书能否作为第 4 款规定的一般义务文书而负担提出义务呢?如果答案是肯定的话,那么立法所意图保护的公司利益(信息秘密)

这一要素,这与前两个决定存在很大不同,可以说给专用文书的判断作出了一定限制(扩大了文书提出义务),当然该决定涉及的案件要点在于企业的技术和职业秘密,作为专用文书来讨论似乎有旁论之嫌,也许不值得特别重视。〔195〕

学说也各不相同。第一种学说认为,内部请示书属于专用文书,不负担提出义务,且不存在任何条件(中野说等)。〔196〕这与立法者的观点是一致的,可称为无条件肯定说(提出义务否定说)。

就被阉割了,因为能够阅览该文书只是少数股东的权利,股东数量并未达到一定的标准。但这恐怕可以从要件差异的角度加以说明。作为少数股东权利的阅览请求权是针对一般情形下的特权,即不以诉讼为前提,其目的也不限定在阅览方面。这样一来,如果对股东数量作出一定的要求,那么公司的利益也就得到了保护,而且这也与第 2 款下的权利文书产生了连动关系。另一方面,第 4 款所指一般义务文书是以诉讼为前提的,且其目的也仅限于法院认定某一特定的待证事实,公司利益可以通过第 181 条证据调查的必要性条款得到保护,因此任一股东提起命令申请也是可以的。证据调查的必要性与文书提出义务是两个不同框架下的制度,可以并存。参见原強「文書提出命令①——学者から見た文書提出義務」新民訴大系 3 第 110 页,特别是第 132 页,三枝一雄「開示拒絶の理由としての企業秘密」法律論叢(明治大学)68 卷 1 号第 1 页,2 号第 41 页(1995)。

〔195〕 从自然人隐私的角度来看,对外公开该文书的行为并不会给自然人带来某一特定的、具体的重大不利益,因为所谓隐私原本就是十分抽象的利益。但就个人日记而言,确实应予保护。而如果把开示将导致不可忽视的不利益这一由法院作出的判断作为考量因素的话,对于自然人隐私的保护而言,确属不周。当然,从最高法院的决定来看,隐私受到侵害本身就可以视为"不可忽视之不利益",此与笔者的意见相同。但该涉案文书非为自然人持有,而是由企业持有。也正因如此才附加了一个"不可忽视之不利益"的要件,以与自然人之情形相区别。此外,虽同为自然人,但对于由企业内部负责人作成的业务记录也许还是应该附加上述要件,即法院认定该记录之公开将导致不可忽视之不利益。参见前引注〔188〕上野的观点。此外,也有学者意识到自然人与团体在隐私问题上的差异,对抽象把握所谓"不可忽视之不利益"的做法提出质疑,参见大村雅彦・解説・1999 年度重判第 123 页。

〔196〕 中野・解説第 53 页,中野 = 松浦 = 鈴木第 278 页。该说系采立法者之见解而未附带任何其他理由,因为中野先生对于该项规定的立法过程较为熟悉。高橋・論考第 205 页原本也赞同立法者之观点,但现在已作出修正。

第二种学说认为,金融机构的放贷请示书原则上属于专用文书,不负担提出义务,但在例外情形下则产生提出义务,可称为折中说。从措辞表现上,还可以对该说作出进一步划分。其中一种观点认为,自然人或法人在其意思形成过程中作成的文书不属于文书提出义务的范围,这可以确保内心领域的沉默自由,此一自由具有宪法上的价值,而保护内心领域的自由(意思形成过程中的自由)正是专用文书的立法目的;否则将对团体内部制作和保管文书带来萎缩效应,并最终损害团体意思形成的自由性。在判断某一文书是否属于在意思形成过程中制作的文书时,可以其制作是否出于法定义务或是否存在对外公开的预设为标准。但是,当团体内部对于意思形成是否采取了适当方式这一问题形成争点的时候,请示书就具有了共同文书的品质,很难再认为其属于专用文书。此外,在发现真实这一司法利益可能作出过多牺牲的情况下,在个别场合可能也需要否定其专用文书的性质而负担提出义务(新堂说,並木说等)。[197] 其他观点认为,是否属于专用文书应就个案情形视之,在对替代证据之有无、在判断争点方面的不可或缺性、

〔197〕 新堂幸司「貸出稟議書は文書提出命令の対象となるか」新堂・展開第225页。

並木茂先生的理论依据在于沉默自由以及消极的信息提供权,该等权利系属宪法所保护之表现自由之一部分,其结论与新堂基本一致。此外,並木说认为,在股东代表等诉讼中,如果证据调查的必要性已经十分明确,那么法院就可以发布文书提出命令,结论虽与新堂说相同,但理由则有所不同,並木先生认为可以将申请人视为文书持有人本人或代为持有或与之相当之人。参见並木茂「銀行の融資稟議書は文書提出命令の対象になるか」金融法務事情1561号(1999)第38页,1562号第36页。

给企业的组织运营带来的明显障碍等诸多因素进行比较衡量后，方可作出判断。文书的专用目的并非总是优先于国民协助司法的义务，应对其作出相对化的解释，因此必须以文书内容为基础作出综合性的比较衡量。所谓专用文书这一概念属于评价性概念，用于判断文书持有人利用该文书的排他性是否足以免除文书提出的一般性义务。不管是自然人还是法人，只要在其达致最终的意思决定过程中并不存在对外公开的意思预设，那么法律就应当提供最大限度的保护。内部请示书、会议议事记录等原则上属于专用文书，但这类文书也并非不存在与其他利益进行比较衡量的余地。比如，若该文书对于判断争议事实是必要的、不可或缺的，且不存在其他合适的证据，在这种情形下，国民协助司法的义务就优先于对意思决定过程中秘密的保护，其原有的专用文书性质也应被否定。此外，若诉讼已经不仅仅局限于当事人的固有利益而涉及社会性的重大价值时，也应当强化国民协助司法的义务性，并因此否定该文书所具有的专用文书的性质。即使某一文书原本属于专用文书，但随着情况的变化也会丧失这一性质（伊藤说、長谷部说等）。〔198〕

---

〔198〕　伊藤・前引注〔190〕第1453页。伊藤对于把利益考量的做法应用于一般情形下的文书提出命令持消极态度（尤其是当文书涉及技术和职业秘密时），而是强调在专用文书的情形下运用比较衡量的做法。新堂第511页也着眼于立法中“专门”这一文义而采相同见解。虽然伊藤说和新堂说在是否将股东代表诉讼这一诉讼类型纳入考察的框架方面有所差异，但其判断框架的方向是大致相同的。

長谷部由起子教授认为自己的观点与伊藤说近似，但其观点似乎较伊藤说更具限定性色彩。長谷部教授认为，专用文书这一概念的目的在于免除那些具备证据调查必要性的文书所负担的提出义务，因此应当尽量加以限制。将于个人或团体意思第三种学说认为,金融机构的放贷请示书不属于专用文书,应负担提出义务。其中的一个观点认为,凡是请示书均不属于专用文书,应负担提出义务(松本 = 上野说);[199] 其他学说则认为除去某些特殊情形应负担提出义务,这些特殊情形包括客观上可以认定该文书无论在何种场合下都不会对外公开,而且这一不公开在规范上是正当的。那么判断是否属于专用文书应从文书本身的性质出发,在不同的案件中作出不同的判断是不正确的做法(某文书在甲案

形成过程中作成的、无对外公开之预设的文书一律视为专用文书的做法有待商榷。所谓保障个人或团体意思形成自由的理由并不能赋予文书整体不开示以正当性。当然,如果文书内容涉及个人隐私,或者对外公开将给当事人或第三人造成生命或身体方面的危险,或者存在造成显著的财产性损失的现实可能性,则因文书之开示导致的不利益已经超过其所带来的利益,此时不公开文书的做法才获得了正当性。但是,即便在这种场合也应该研究一下提出该文书其他部分内容的可能性,文书整体的不开示应当仅限于部分开示毫无意义的情形。参见長谷部由起子「内部文書の提出義務——稟議書に対する文書提出命令を否定した最高裁判決の残したもの」新堂・古稀(下)第 299 页。

在保护意思决定自由和意思形成过程的秘密方面,无论是新堂说还是伊藤说,都只是抽象地对个人与团体(法人)不加区分,一视同仁。是否应当如此呢? 团体是个人的集合体,其意思决定是以整合个体意思决定的方式来完成的,那么记载了个人意思决定阶段内容的文书,也就是所谓的记录或备忘录应当属于专用文书从而免除其提出义务。而记载了团体整合个人意思决定过程的文书,至少在团体内部属于组织内的官方文书,而超越了单纯的记录或备忘录的范畴,参见东京高决 1998・10・5 判タ988 号第 288 页,东京高决 1998・11・24 金融法務事情 1538 号第 72 页。当然,不能因为组织内部的官方文书这一性质就直接得出应当对外公开的结论,但与个人隐私相比,该文书却不是绝对地应予保护的对象,因个案情形之不同亦有相对化处理之余地,至少在某些场合应命其提出。参见村上・前引注〔192〕第 82 页,松本博之・判批・私法判例リマークス22 号(2001)第 125 页,上野泰男・判批・私法判例リマークス21 号第 133 页第二段,松本 = 上野第 379 页。顺便提及的是,新堂・展開第 226 页认为构成组织体意思形成过程的文书,其"个人性质"的专用文书色彩较为淡薄,但作者最终还是否定了这一观点。

〔199〕 松本 = 上野第 379 页,松本・前引注〔184〕判批。此外,上野・前引注〔188〕論文第 112 页认为,至少在借款人申请文书提出命令的时候,放贷请示书在原则上不属于专用文书。

件中负有提出义务,而在乙案件中则不负担相应义务,这是自相矛盾的,所谓自己利用的目的实际上并不在于文书的“专门”性质)。这样一来,能够称为专用文书的主要是一些涉及个人隐私的日记、备忘录等文书。而内部请示书并不完全具备上述的特殊情形,因此应负担提出义务。虽然该说为专用文书设定了除外条件,但该条件一般并不会发生作用,所以该说并不属于第二种学说,应当归入无条件否定说(提出义务肯定说)(山本和彦说)。〔200〕

---

〔200〕 山本和彦「稟議書に対する文書提出命令」NBL 661 号第 6 页,662 号第 30 页,特别是第 32 页(1999)。作者在论证自己观点的时候还补充了几点理由:金融机构的公共性质以及有责任加以说明;个案中金融机构如果认为提出有利则会提出放贷请示书,因此还不能断然认为在任何情形下其都没有对外公开之预设;作为组织内部的官方文书以及重要的基础资料,由于不存在其他的可替代性材料,因此客观上很难认为其属于“专门”供自己利用的文书。就结论而言,银行的放贷请示书并非专用文书,除非该文书记载了与调查该银行融资对象相关的企业秘密或第三人的企业秘密,或者该文书之提出将给银行业务之开展造成显著障碍(除外事由中的技术和职业秘密部分),否则应负担提出义务。

另请参见山本和彦「銀行の貸出稟議書に対する文書提出命令」NBL 679 号(1999)第 6 页,同「代表訴訟における貸出稟議書の提出義務」金融法務事情 1613 号(2001)第 14 页。在前一篇论文中,作者把自己的观点称为原则积极说,而把松本 = 上野説称为无条件积极说。

上野・前引注〔188〕論文第 109 页认为,无法成为拒绝作证权保护对象的个人隐私等利益可以借由专用文书这一概念获得保护。同第 120 页注(31)中认为,企业负责人作成的业务记录并未记载应予保护的隐私信息,因此不属于专用文书。虽然这样一来对专用文书的限定较为严格,但如果是企业负责人作成的个人性质的记录应当属于专用文书。业务性质与个人性质的区别是较为微妙的,但大体上可以通过有否开示于企业内部其他人员之预设这一标准加以区别。包括山本和彦说以及山本克己说在内,上野将专用文书限定为仅保护涉及个人隐私内容的观点与无条件否定说是相通的。不承认团体性质的专用文书确实也是一种见解。另一方面,第二种学说,即折中说认为团体性质的文书也属于专用文书的范畴,由该点视之,其与第三种学说在实际的结论上是不同的。笔者认为,作为一种理论的外延不应将专用文书仅限定为涉及个人隐私的文书。团体文书虽然也可能属于专用文书,但一如前引注〔198〕后段所论,在满足一定条件的前提下,团体性文书也可以对外公开,笔者的这一观点有些倾向于无条件否定说。将团体性文书一律排除在专用文书范畴之外的做法,在理论上可能过于偏激(在这一点上,山本克己说强调补充性质的观点也是有理由的)。

还有的学说虽然从表面上看属于无条件否定说,但通过借助其他理论工具,实际上会得出与第二种学说相同的结论。该说认为,专用文书的范围应限定为以保护个人隐私为目的的日记等文书,包括请示书在内的有关到团体意思形成的文书并不属于专用文书,因此应负担提出义务。也有些文书虽然不属于专用文书,但在保护持有人的必要性方面,却又与专用文书相差无几,此时应当采用恰当的解释方法将第4款除外事由中蕴含的立法精神贯彻到第221条第2款的规定之中。这样一来,以内部申请书为对象的证据调查在适用条件上就与旧法第336条(当事人询问)相同,即只有在使用其他证据方法也无法形成心证的情形下方可对其进行证据调查。在未满足这一补充性(只有在通过其他证据方法无法形成心证的条件下,方可命令持有人提出内部请示书)的一般情形下,即使当事人申请法院发布文书提出命令,法院也应当依据第221条第1款之规定予以驳回。该说从结论上与折中说阵营中的伊藤说较为接近(山本克己说)。〔201〕

应当如何看待这一问题呢?由于经济界的反对,立法者被迫作出了调整,强调内部请示书属于专用文书,不负担

---

〔201〕 山本克己「銀行の貸出稟議書と『専ら文書の所持者の利用に供するための文書』」金融法務事情1588号(2000)第13页。此外,山本克己说认为,放贷请示书在与金融机构融资对象的关系上有可能成为第3款规定的法律关系文书。该观点可评价为一种精细的解释论。

该学说的详细内容可参见平野哲郎「新民事訴訟法二二〇条をめぐる論点の整理と考察」判タ1004号(1999)第43页。此外笔者也从若干角度出发对这一问题进行了论述,主旨大体上与之相同,参见高橋宏志「自己専利用文書」石川・古稀(下)第53页。

提出义务。因此新法出台之后的判例如果否定这一立法精神,显然从解释论上是无法理解的,因为这关系到立法的“信用问题”。但抛开立法的妥协,作为一种单纯的理论,解释论应当采取怎样的姿态呢?在文书特定程序中(第222条),条文清晰地表明了立法原意,即未满足“特定”条件是就识别文书的程度而言的,但从文义解释的角度则无法认为专用文书中的内部请示书也满足这一条件。如果立法者对该问题具有明示的立法意图的话,条文表述上就应该是“日记、请示书等专供文书持有人利用的文书”,而这样的表述方法在实际的立法中也并非不可能出现,但立法恰恰没有如此。这样一来,如何解释条文的任务就应由解释论来完成,可将之理解为“在客观上”。与文书特定程序不同[参照本讲注解〔157〕],虽然新法刚刚出台,但在学说上倡导有别于立法者的解释论也是可能的,而学者的根本分歧就在于是否允许文书提出义务的相对化。山本和彦说与山本克己说认为,专用文书的概念应着眼于文书本身的特征,不承认专用文书的相对性(同一个文书在甲案件中负担提出义务而在乙案件中则不负担)。山本和彦说对诉讼类型进行了划分,比如股东代表诉讼,且其也承认同一文书在不同的诉讼类型中可能也会负担提出义务。此外,一如前述,山本克己说认为,文书提出命令具有补充性(只有在通过对其他证据方法进行调查依然无法形成心证的前提下,才能发布提出命令),该说在结论上与相对说几乎是一致的。这样一来,即使是主张应固化提出标准的学说,至少也在结论上倾向于相对化的观点了。也许我们根本就不应该拘泥于某一个固定的标准,反倒是以利益衡量为基础肯定相对性的观点更具建设性,因为该说明确了在何种情况下应优先考虑何种利益。因此,从具体结论的妥当性出发宜采伊藤说,即是否属于专用文书应就个案情形,在综合考虑多种因素(该文书在判断争点方面的不可或缺性、是否存在可替代性证据等)以后再作出判断。[202]

从笔者的上述观点出发,可以对最高法院的相关决定作出如下评价:最高法院的第一个决定确立了基本框架,即从文书的制作目的、记载内容等事项出发进行判断,如果文

---

〔202〕 鈴木正裕·前引注〔190〕判批也认为针对个案具体情形,有时也不得不命其提出文书。所谓个案情形,与可替代性证据之有无以及没有作成可替代性证据的可归责性有关。小室ほか·基本法コンメ2 第197页(春日偉知郎執筆)也认为所谓个案情形应综合考虑诸多案件事实。三木·前引注〔189〕論文以及村上·前引注〔190〕第83页亦持相同见解。如果采用最高法院第一个决定中提供的判断框架的话,上述第二个决定则对其作出了若干修正,意即将衡量诸多案情事实作为所谓特殊情事的组成部分。而且要明确区分涉及自然人隐私的文书与涉及团体意思形成过程的文书,对于后者尤其要考虑其作为证据的重要性、可替代性证据之有无以及对外公开之不利益等因素。

最高法院在2001年的一个判例中认为该涉案融资申请书存在特殊情事,从而命其提出,参见最判2001·12·7民集55卷7号第1411页。但该融资请示书现在的持有人并非文书的制作人——某信用组合,而是从该破产之信用组合手中受让债权的某资产管理回收机构。该融资请示书之对外公开不可能导致现在的持有人在内部自由表达意见方面受到什么限制,所以还是很特殊的一个案例。该文书对于制作人而言属于专用文书,而对持有人而言却并非如此。但是並木茂·判批·判評509号(判時1746号)(2001)第231页对上述决定持反对意见。

顺便提及的是,在请示书问题上还有一种折衷观点,即可命持有人仅提出客观作成的部分,而涉及金融机构负责人意见的部分不必提出,至于文书部分内容属于客观部分还是意见部分,可由法院通过非公开审理程序进行调查,指明应提出部分即可。参见小林·前引注〔192〕第205页,大村·前引注〔195〕等。这种做法确实对某些情形很有效,比如确认董事是否在申请书上盖章,因此应当允许实务中如此操作。但大多数针对请示书而提出的命令申请,都是要求持有人开示涉及负责人意见的部分。甚至有学者认为,涉及客观性事实的部分应该属于法律关系文书,而仅涉及负责人意见的部分应当属于第4款所指一般义务文书,如果该部分涉及银行的技术和职业秘密,则又涉及第三项除外事由的问题,一般而言不应作为技术和职业秘密,参见上野·前引注〔188〕第112页。

书专为内部人员使用而制作，没有对外公开之预设，且一旦公之于众将会侵犯个人隐私或阻碍个人以及团体意思形成之自由度，由此给持有人带来不可忽视之重大损失，只要没有特殊情事，则该文书属于专用文书。最高法院确立的这一基本框架与笔者的观点并无大的不同，因为其中设置了“特殊情事”这一微调装置。但笔者反对最高法院的第二个决定，该决定将“特殊情事”限定于文书提出命令之申请人与持有人可得视为同一立场之情形。笔者认为特殊情事必须包括文书在判断争点方面的不可或缺性以及是否存在可替代性证据等方面。即使抛开理论性的判断框架，在具体的结论上，也必须求之于个案的判断和微调。比如上述追究金融机构作为贷款方责任的案件，与最高法院的结论不同，笔者认为因为不存在可替代性证据，所以应当课以内部请示书提出的义务。在股东代表诉讼中，由于争执焦点在于法人内容意思形成过程的合法性，因此内部请示书也是极为重要的证据，笔者认为也应课以提出义务。

与专用文书相关，作为不应强制对外开示的文书类型，我国也应当肯定 work product 法理（诉讼准备活动成果保密法理）。[203] 该法理产生于美国法，律师和会计师在特定的诉

---

〔203〕 伊藤・前引注〔183〕第415页，村上・前引注〔192〕第79页。

关于美国的 work product 法理可参见英米判例百選〔第三版〕第136页（小林秀之執筆），高橋宏志「米国ディスカバリー法序説」法協百年論集三巻（1983，有斐閣）第527页。在美国确立该法理的判例是 Hickman vs. Tiller（音译——译者注）一案。该案涉及一起拖船沉没事故，船舶所有人委托的律师面见了事故生存者，并将见面情况作成记录以及供述书。法院认为该等文书不属于律师与委托人之间的通信保密特权的对象，而属于其外围文件。顺便提及的是，律师与委托人之间的通信保密特权虽然是一种绝对权利，但 work product 却是相对权利，两者在适用对象以及保护程度上都有所差异，至于如何理解两者之间的关系，美国人亦有争论。

讼中为了获得胜诉可能进行多种准备,比如证据收集、事实分析和诉讼战术的演练,该法理认为对于载有这些准备活动内容的文书应当免除其提出义务。但这种免除并不是绝对性的,如果没有可替代性证据或者对方当事人要想得到同样的信息必须付出极大的成本,则法院可命令文书持有人提出该文书。在这一意义上 work product 法理也具有一定的相对性。该法理的依据在于,对立的双方当事人(律师)应当通过各自独立的诉讼准备活动来充实诉讼,一方当事人的律师不应获悉对方律师相关的备战信息,否则就难免保证不出现"搭便车"的现象,从而损害诉讼的充实化目标,这是为了有效进行司法而必须予以防止的。虽然我国民事诉讼法并未采用类似于美国的当事人对抗主义(adversary system),但从实现充实诉讼的目标出发也应当同样肯定 work product 法理。[204] 如果说专用文书主要是从个人隐私的角度出发保护未准备对外公开的文书的话,那么也可以认为律师所进行的诉讼准备活动也是一种隐私,并

---

〔204〕 本讲注〔34〕中曾提及一则判例,参见东京地判 1998・5・29 判タ1004 号第 260 页。该案涉及对方当事人本人出于诉讼策略而制作的大学笔记,法院最后否定了该笔记的证据能力。从该判例中可以看到与诉讼准备活动成果保密法理相类似的观点。

此外,诉讼准备活动成果保密法理的适用对象仅限于律师等以特定诉讼为前提的活动成果。如果是日常活动形成的成果,则不属于该法理的适用对象。因此,日常活动中作成的文书是否负担提出义务要从其是否属于专用文书的角度加以判断,比如企业的索赔报告书或者事故调查报告书,应该说,在大多数情形下,都不属于专用文书而须负担提出义务。以特定诉讼为前提的实验报告等则属于上述法理的适用范围。参见研究会新民诉第 287 页第四段以下秋山的发言、竹下的发言、柳田的发言以及伊藤的发言部分。相应的判例则可参见东京地判 2000・11・29 判タ1086 号第 162 页。

将之作为诉讼准备活动成果保密法理的依据。但该法理的本质在于充实诉讼,与专用文书的依据存在若干差异。在解释论上,可以该法理为基础,将相关文书作为专用文书的一个分类(亚种)来对待。

第五类除外事由(2001 年新增条文)所指文书系与刑事诉讼相关之文书,或者是少年权益保护案件中的记录以及该类案件中押收之文书。刑事记录在民事案件中的使用涉及可否引入附带民事诉讼的问题,立法论上多有争议,但2001 年修法时将该类文书排除在提出义务的范围之外。由于该条文着眼于文书的存在形态,所以法院不会对该类文书进行逐一审查判断,因此该类文书也不属于非公开审理程序的对象。但这一规定仅仅意味着该类文书不属于文书提出命令的对象,并没有禁止刑事记录在民事案件中的提出和使用。实务中也可能会出现任意(主动)提出的现象,而且也可以期待当事人在实务中任意提出。〔205〕

⑦部分提出与非公开审理程序

一旦当事人申请法院发布文书提出命令,法院就须对证据调查的必要性以及是否存在文书提出义务进行审理。如果文书持有人就是当事人,那么在口头辩论期日进行审理即可;而如果持有人是案外第三人,则须设置特别的程序对该第三人进行审询并听取其意见(第 223 条第 2 款)。

---

〔205〕 也存在阅览和誊写犯罪行为被害人的公判记录的制度。参见伊藤眞「要綱骨子における民事的事項について」ジュリ1176 号(2000)第 48 页,山本和彦・演習・法教 242 号(2000)第 170 页。

此外,关于英国刑事记录的开示问题,参见舒卡曼・前引注〔182〕。

文书虽然是完整的,但在某些情形下,比如文书部分内容涉及保密特权,此时命令其提出文书全部内容则是不合法的,有时从证据调查的必要性出发仅审查文书部分内容即可。当法院面临这种情况时,可以将欠缺证据调查必要性的部分或者不负担提出义务的部分排除在外,而仅命令持有人提出文书的剩余部分(第223条第1款后段)。这就是1996年修法时新设的部分提出制度(旧法虽然无此规定,但实务上已经如此操作了[206])。

为了判断该部分内容是否存在第4款规定的文书提出义务,可以仅由法院查阅该文书(第223条第6款)。持有人当然知悉该文书内容,因此所谓仅由法院实际上就排除了申请人查阅该文书的可能性,这也是1996年修法时新增的内容。如果该文书部分内容确实存在第1项至第4项除外事由(不适用于第5项除外事由中的刑事记录),则法院应驳回该提出命令申请,否则即应发布文书提出命令。文书只有部分内容存在除外事由,那么应否命令其提出剩余

---

[206] 相关判例可参见最决2001·2·22判時1742号第89页。原告以有价证券报告书中存在虚假陈述内容为由要求公司和监察法人承担损害赔偿责任。原告向法院申请文书提出命令,要求监察法人提出监察报告。最高法院认为,原审法院将该监察报告中涉及贷款方姓名、公司名称、住所、职业、电话号码以及传真号码的部分排除在外,仅命该监察法人提出文书的剩余部分的做法是合法的(在放宽对文书特定程度要求的方面,该判决也具有相当的意义)。

福田先生指出,部分提出导致文书提出陷入残缺不全的状态,宛如一片树叶被虫子啃噬过一般,这是谁也不会预料到的(参见研究会新民诉第295页第四段)。但最高法院却认为这种做法并不违法。其实在福田观点的背后隐含了一种构思,即文书之提出原则上应当是整体提出,不应当轻易肯定部分提出的做法,这一构思也不是不可理解。此外,亦有判例认为持有人提出的文书,其阅览或誊写应基于法院的诉讼指挥权为之,应受到一定的限制,参见东京地决1997·7·22判時1627号第140页,该判例意味深长。

部分呢？这一问题可以通过非公开审理程序来查明。由于该制度源于美国，因此一般沿用美国法上的名称而将其称为 in camera 程序（非公开审理程序）。〔207〕

表面上看来，in camera 程序是一种设计得非常完美的程序，但在现行法上却还存在一定的问题。在日本法上，私下查阅文书的法官是受诉法院的本案法官。这样一来，即使该法官认为文书记载内容不负担提出义务，其也已经知悉了该文书的内容。如果从记载内容得出原告应当胜诉的心证，而一旦不使用该文书则原告就将面临败诉的危险（反之亦然），法官就会陷入进退两难的境地。从民事诉讼法的原则来说，此时法官应当无视该文书的记载内容（将之排除在心证之外）而作出原告败诉的判决，但事实上法官能够在这种情形下若无其事地判决原告败诉吗？虽然原则上应该如此，但一旦法官犹豫不决就会转而试行和解。在和解的过程中，法官不能透露文书的记载内容。这样一来，无论和解方案如何妥当，法官试行和解的行为对当事人而言，依然缺乏说服力。从当事人的角度来看，如果没有在和解的过程中进行合适的讨论和交涉是很难接受和解方案的。当然，如果双方当事人都同意由法官在审阅具有除外事由的文书之后提出和解方案，而不要求法官对之作出说明的话，试行和解可能较为顺利，否则和解的努力就会触礁。在该条文的立法过程中曾有学者提出建议，即应由受诉法院以外的法官负责 in camera 程序［三木・前引注〔159〕石川・

---

〔207〕 in camera 程序也可类推适用于第 220 条第 3 款所指文书类型，参见研究会新民诉第 280 页铃木的发言。对此持反对意见的观点可参见中野 = 松浦 = 鈴木第 280 页。不过，对于该项下所指文书是否存在拒绝作证权这一事实的证明责任，可以考虑由文书持有人负担，研究会新民诉第 282 页伊藤的发言亦持此种见解。

古稀(下)第139页亦持相同见解[208]]。

---

[208] 能否不审查提出义务而是审查证据调查的必要性呢?也就是说,在 in camera 程序中,如果法官查阅文书的结果是认为该文书不具有进行证据调查的必要性,从而以此为由驳回文书提出命令申请,这样做行不行呢?从原则上来说,是不允许驳回的。参见田原·前引注〔190〕第65页。第223条第6款只涉及除外事由,并未触及证据调查的必要性。对证据调查必要性的判断,如果涉及的对象是书证,则必须在阅读该文书之前完成。虽然不存在绝对完美的制度,但应当说,通过 in camera 程序对文书进行查阅之后,又以不具备证据调查的必要性为由驳回的做法是违反民事诉讼法的上述原则的。

作为一种行为规范已如上述,那么作为一种评价规范又当如何呢?命文书持有人提交不具有证据调查必要性的文书,在程序上是一种浪费行为。一如下文(4)中所述,按照判例确立的规则,当事人对于法院以不具有证据调查必要性为由驳回命令申请的决定是无法提出不服申请(即时抗告)的。也就是说,违反行为规范的驳回决定在一审中是通用的。一旦当事人对终局判决提起控诉,按照第283条之规定,驳回决定的妥当性要受到控诉审法院的审查,如果控诉审法院认为具有证据调查的必要性,那么由于控诉审属于事实审,原则上应当自行进行证据调查作出本案判决,而以具有证据调查的必要性为由发回一审重审的做法只能是例外情形。因此,通过 in camera 程序对文书进行审阅以后以不具有证据调查必要性为由驳回命令申请的做法在实务中是通用的,而且也说不上会带来多大的弊端。从上述分析可以得知,作为一种评价规范,不审查提出义务而是审查证据调查必要性的做法应当予以允许,也可能会有学者从解释论的角度主张这一做法完全合法。研究会新民诉第298页铃木的发言以下部分大有裨益。三木·前引注〔156〕講座新民訴法Ⅱ第84页也认为实务中的上述做法是合法的。

法院负责指挥 in camera 程序的运行,但如果持有人拒绝向法院开示文书又当如何呢?对此立法并没有作出相应的规定。从原则上来讲,由于法院就不存在除外事由这一事实没有形成心证,因此应当以申请人没有完成举证责任为由驳回该命令申请。但这样一来,持有人就会从其拒绝开示的行为中获利,这是很不正常的现象。正如研究会新民诉第303页竹下先生等人在发言中所指出的,可以将之视为一种证明妨碍行为,而由法院发布制裁性的提出命令。

总之,in camera 程序是一种对一方当事人不公开的程序,属于程序中的特例。如果过于积极地利用这一程序就会给一方当事人造成程序保障不力的后果,这是程序法应当警惕的地方。比如,在法院驳回当事人的命令申请以后,申请人根本无法写明即时抗告的理由,因为他根本无从得知法院是以怎样的记载内容为基础来判断文书存在除外事由的。这样一来,抗告审就不得不缩减为处理当事人提出的希望法官利用 in camera 程序进行审理的不服申请。相关判例可参见东京高决1998·7·16金商1055号第39页。因此,与其积极地利用 in camera 程序,莫不如采用一种更加聪明的做法,即所谓 Bourne index 方式(由美国人 Bourne 发明),用列表的方式要求持有人就每一除外事由填写文书记载内容的概要以及除外事由之理由。参见奥博司「文書提出命令⑤——インカメラ手続」新民訴大系3第207页。此外伊藤眞「イン·カメラ手続の光と影」新堂·古稀(下)第191页主张赋予申请人一种基于合意的临场权,该解释论可谓意味深长。

(4)不服申请

对于文书提出命令可以提出即时抗告(第223条第7款),此于解释论上有两大问题。

第一,在法院发布文书提出命令以后,持有人可以提起即时抗告。当法院以文书不负担提出义务为由驳回当事人的提出命令申请时,申请人也可以提起即时抗告;但当法院以不具有证据调查必要性为由驳回命令申请时,申请人可否提起即时抗告呢?

对于终局判决之前的中间裁判(此处即为决定),日本法原则上不允许当事人提起独立于终局判决的中间不服申请,例外情形仅限于移送决定、辅助参加决定等。至于文书提出命令,由于其也涉及是否提出文书这一重大利害关系,作为例外也允许当事人提出不服申请。这属于对文书提出命令采取的特殊处理措施。不过所谓证据调查的必要性,并不仅仅涉及文书提出命令,即并不仅仅涉及书证,而是属于包括证人询问在内的所有其他证据调查需要满足的一个要件。对于法院作出的不具有证据调查必要性的这一判断,立法并未规定可以提出不服申请,也就是说是不允许的。因为法院的这一判断属于诉讼指挥的一种方式,与中间不服申请不会产生任何联系。即使对于法院作出的具有证据调查必要性的判断,法律也不允许提出中间不服申请。这样一来,在仅涉及文书提出命令的场合下,能否允许当事人就证据调查必要性的判断提起即时抗告就会成为一个问题,这与前述(本讲“一般义务文书”一节)文书提出义务的相对性有关。最高法院并未从正面肯定提出义务的相对性,在相关判例中也明确表示对于法院以不具有证据调查必要性为由驳回的命令申请,当事人不得提起即时抗告(见最决 2000・3・10 民集 54 卷 3 号第 1073 页[209])。这一见解在学说中也属于多数说,但认为应当允许即时抗告的学说也曾占据过有力说的地位。[210]

应当如何看待这一问题呢?如果肯定文书提出义务的相对性,那么法官会考虑不存在可替代性证据这一现实而认为其不属于专用文书,从而对文书持有人发布文书提出命令。如果法官在决定书中表明了这一理由,则不服申请人(文书持有人)就可以在抗告审中针对该理由进行主张证明活动,抗告审也应当针对这一焦点进行审理;相反,如果法官认为存在可替代性证据从而驳回命令申请,则对法官的这一驳回决定,不服申请人(举证方)也会希望针对是否存在可替代性证据的问题进行主张证明活动,抗告审也没有理由加以拒绝。总之,法官在判断是否存在提出义务时所考虑到的各种因素应当成为抗告审的审理对象,那么作为该前提,当然也应当允许当事人提起不服申请。从这一角度来看,证据调查的必要性也应当成为不服申请的对象。然而,法官在判断证据调查必要性问题的时候会考虑多种

---

〔209〕 与前述涉及技术和职业秘密的判决是同一个判决,只不过是其他的判示事项。

〔210〕 多数说可参见竹下 = 野村・前引注〔178〕判評 206 号(判時 804 号)第 10 页,条解第 1066 页(松浦馨執筆),注釈民訴(7)第 104 页(野村秀敏執筆),注解民訴(8)第 181 页,伊藤第 367 页等。认为应当允许即时抗告的少数说可参见奈良次郎「商業帳簿と文書提出命令」山木戸・還暦(下)第 266 页注(2),谷口安平 = 井上治典編『新・判例コンメンタール民事訴訟法(5)』(1994,三省堂)第 213 页(小林秀之執筆)等。

因素，如果在法官可以通过其他证据获得心证的情况下，当事人为了保险起见还要求法官发布文书提出命令，则其申请显然不具有证据调查的必要性，法官应予以驳回，此时应否允许当事人提出不服申请呢？如果允许的话，则无法与证人询问等其他证据调查方式保持平衡。因此，当法官单独就证据调查的必要性作出判断时，该决定不得成为不服申请的对象；而当法官将证据调查必要性作为判断提出义务存否的一个考量因素时，则提出义务之存否的判断可以成为不服申请的对象。这种解释在理论上是较为稳妥的（新堂第511页）。〔211〕至于实务中，一审法院会不会在决定书中明确其所考虑的因素以及其是否有此意愿则是另一个问题。

第二，则是能够提起即时抗告的主体问题。最高法院在一则判例中明确表示，虽然申请人和文书持有人都可以提出不服申请，但若持有人系案外第三人时，申请人的对方当事人不得提出不服申请（见最决2000・12・14民集54卷9号第2743页〔212〕）。在这一判示的背后也许隐藏着这样的观点，即与文书提出与否有直接利害关系的仅限于申请人和该文书的持有人。这样一来，对于驳回命令申请的决定，

---

〔211〕铃木・前引注〔190〕第138页。

也有观点认为，证据调查的必要性问题只可能由一审受诉法院作出较为准确的判断，抗告审法院很难做到这一点，因此证据调查的必要性问题不应成为抗告的对象。一审法院确实可以在这一问题上作出更为准确的判断，但抗告审法院也是有充分的能力对一审的这一决定是否超出裁量权范围作出事后判断的。这种类型的事后判断，包括对于是否准许辅助参加的判断、可否裁量移送的判断等，因此还不至于对涉及文书提出命令的事后判断持否定态度。

〔212〕岡田幸宏・解説・法教250号（2001）第116页。

申请人可以提起即时抗告,而对提出命令则由文书持有人提起即时抗告。但当事人申请文书提出命令是以对该文书进行证据调查为目的的,而证据调查发生在申请人和对方当事人之间,这样一来对方当事人势必关心法院会否发布文书提出命令。如果法院认为该文书并不负担提出义务,则该文书就不会成为证据调查的对象;如果这是对方当事人所希望的,那么就应当赋予当事人通过即时抗告寻求这一可能性的途径。[213]

(5)不提出的效果

尽管法院发布了文书提出命令,但如果文书持有人未提出应如何处理呢?在持有人是当事人或案外第三人的不同情形下,立法对其规制也有所不同。

若持有人为案外第三人,则根据第 225 条第 1 款之规定,其将受到 20 万日元以下的罚款处罚,这是对该第三人

---

〔213〕 对于如何防止滥用即时抗告权,实务界的观点是尽量缩小不服申请权的主体范围。也就是说,一旦当事人提起即时抗告,一审程序事实上就会暂时中止,而这就等于赋予了不良当事人拖延诉讼进程的手段。另一方面,由对方当事人提起的理由真正成立的即时抗告也是较为少见的。此外,对于法院来说,如果抛开诉讼管理的问题,证据的增加并不是一件坏事。综合上述理由,应当对有权提起即时抗告的主体范围进行限制。但在理论上我们还必须考虑对方当事人在证据调查环节中的程序权利。

那么,能否允许对方当事人申请对文书持有人的辅助参加呢?这既涉及辅助参加在决定程序中的微妙问题,也涉及是否存在辅助参加的利益问题,似乎允许为好。这样一来,即使不赋予对方当事人即时抗告权,也可以降低其对这一权利的依赖程度。如果不允许对方当事人申请辅助参加,则会反过来增强应当为对方当事人保留其于抗告审中争执提出义务有无的渠道这一解释论的说服力。认为对方当事人应享有即时抗告权的观点可参见小室ほか・基本法コンメ2 第 202 页(高田昌宏執筆),注釈民訴(7)第 105 页(野村秀敏執筆),注解民訴(8)第 181 页等,此与委托寄送文书的方式相比则较为脆弱。

不协助司法的行为课以的处罚。虽然这一处罚标准相较旧法 10 万日元以下的罚款已经大为提高,但能否保障那些具有决定性意义的文书呈现在诉讼中还是有很大疑问的。[214]

如果持有人是诉讼的当事人,则对其采取的制裁方式是事实认定,甚至会因此决定诉讼的胜负结果,这一制裁方式是非常有力度的。按照第 224 条第 1 款的规定,法院可以将对方当事人(文书提出命令申请人)关于该文书记载内容的主张认定为真。所谓关于该文书记载内容的主张,与文书提出命令申请程序(第 221 条第 1 款第 1 项和第 2 项)中的文书表示和内容相对应,总之,就是申请人关于该文书都记载了哪些内容的主张。作为对持有人拒绝提出文书的制裁,从理论上来讲,只要该制裁的结果等同于该文书被提出之效果即可。因此将对方当事人关于该文书记载内容之主张认定为真就可以为法官事实认定的工作提供帮助,但这一理论实际上并不完备。与文书本身相比,对方当事人关于文书记载内容之主张多少会显得较为简单;与阅读文书本身相比,将当事人之主张认定为真实际上会降低证明力。书证本身兼有就该文书之纸质、笔迹等进行查证的性质(参见本讲注〔131〕),那么查证这一部分就丧失了其证明力。因此对于持有文书之当事人而言,在大多数情形下,与其提出文书还不如拒绝提出,从而接受第 224 条第 1 款真实拟制的制裁,因为后者对其在立证上更为有利。而且是否作出真实拟制的惩罚是由法官裁量决定的,因此当事人未必会

---

〔214〕 如果对方当事人积极地向第三人提供 20 万日元以换取其不提出持有之文书,则该行为属于第 224 条第 2 款规定的证明妨害。

受到这一制裁。

从这一角度来说,必须进一步强化对当事人作为文书持有人的制裁措施。第224条第3款规定,如果申请人对文书记载内容提出具体的主张面临显著困难,并且欲以该文书证明之待证事实很难通过其他证据加以证明,则法院可将该待证事实本身拟制为真。举一个简单的例子,比如医疗过错是待证事实,申请人的主张是病历上记载的医生的治疗行为可以被评价为医疗过错,那么一旦持有该病历的对方当事人拒绝提出该病历时,法院即可将存在医疗过错这一待证事实拟制为真。旧法下也存在类似的判例,比如东京高判1979・10・18判時942号第17页,百選Ⅱ第131号案例(野村秀敏執筆)。该案涉及一起自卫队飞机坠落事故,而被告(政府)拒绝提出该事故调查报告书。1996年修法时即以该案受诉法院的相应判决为基础制定了相关立法。东京高等法院的这一判例同时也得到了学界的支持,[215]第224条第3款也应当被评价为十分妥当的立法,当然其适用要件是十分严格的。[216]

---

〔215〕 竹下守夫「模索的証明と文書提出命令違反の効果」吉川・追悼(下)第182页。

此外,新堂第516页认为,该规定同时为前引注〔184〕中提及的所谓"不负担证明责任的当事人负有就具体事实陈述的义务以及证据提出义务"提供了实定法基础。被法院命令提出文书的当事人负有提出证据的义务,如果未履行这一义务,则其应受到制裁。

〔216〕 条文中所谓"可以"在此意味着法官的自由裁量。如果从其他证据调查的结果来看,对方当事人(申请人)就该待证事实的主张有牵强之感,则法院也没有必要将之拟制为真。参见研究会新民诉第309页以下福田先生之后的诸多发言,坂田宏「文書提出命令違反の効果」講座新民訴法Ⅱ第95页。

6. 勘验(查证)

(1)勘验的定义

所谓勘验,是指由法官借助其五官(五感)之作用直接就事物之性质、形状、状况等进行检查或观察,并将其从中获得的事实判断作为证据资料的一种证据调查方法(新堂第544页)。作为检查和观察对象的物体称为勘验物,从中得到的事实判断称为勘验结论。在对自然人的相貌、头发颜色、病情等进行检查和观察的时候,该自然人亦得称为勘验物。在涉及专利权等权利的诉讼中,勘验扮演着十分重要的角色。

证人询问等其他四种证据调查类型都是将他人形成之事实判断传达给法官。比如,证人询问是将证人的事实判断在法庭上传达给法官,书证也是将特定人之判断、记录、感想、感情、意思、欲望等(所谓"思想",参见本讲注〔135〕)于法庭上传达给法官。而勘验的特点在于法官实际接触对

不过正因如此,也使得某些情形之下的后续审理变得不透明,比如法官在争点和证据整理程序中发布文书提出命令,而对方当事人拒绝提出的情形。也许会有法官认为争点和证据整理阶段恰好满足了第224条第3款规定的适用要件,即申请人对文书记载内容提出具体的主张面临显著困难,并且欲以该文书证明之待证事实很难通过其他证据加以证明,但实际上这种情形是不会大量存在的。如果法官能够确定地作出真实拟制,则不应允许就该待证事实进行其他形式的证据调查,反之则必须允许。由拒绝提出文书的当事人申请的证据调查也在其允许的范围之内。如果通过其他形式的证据调查发现命令申请人就该待证事实提出的主张确属牵强,则不应作出真实拟制的判断。还有学者对此从证明责任转换的角度加以论述,颇具启示意义,参见研究会新《民事诉讼法》第308页第三段竹下先生的发言部分以下。就这一问题的结论而言,为了确保制裁的功能,即使待证事实陷于真伪不明的境地,法官也应作出对负有证明责任的命令申请人一方有利的真实拟制。当然这是否属于严格意义上的证明责任的转换另当别论,但应当采取这种类似于证明责任转换的处理方式。

象物体并直接作出事实判断。[217] 由于直接主义的极端必要性,因此实务中应努力做到由审判组织全体成员实际进行勘验。当然这只是一个努力的方向,由受命法官和受托法官进行的勘验并不因此而违法。

勘验须通过法官五官之作用,一般是通过视觉来完成的,[218] 比如土地边界之确定、房屋朽废状态之检查、事故现场之确认。当然也会利用其他感官器官,比如噪声调查时要利用听觉,恶臭检查时要利用嗅觉,食品质量检查时要利用味觉,触摸产品时要利用触觉。

勘验也不得依职权进行,而应由当事人提出申请。[219] 不过,作为释明处分的勘验属于诉讼指挥的一种,可依职权进行(第151条第1款第5项)。作为释明处分的勘验不属于证据调查,只有在当事人的主张不明确而法官为了了解其主张内容或者为了把握案情全貌明确诉讼关系时才可以进行勘验。原则上虽然如此,但作为辩论全趣旨的释明处分也可以成为证据原因。

---

〔217〕 因此在理论上可以把勘验视为最基本的证据调查方法。参见鈴木正裕「録音テープの証拠調べ」鈴木ほか・演習第107页。

当然,对于所谓最基本的这一性质判断,与对待确认诉讼原型观一样(高橋・重点講義第70页)也不能夸大其实践意义。在证据调查的诸多方法中,勘验既不是数量最多的,在实务和理论上也不是最为重要的,而书证和证人询问则是相对而言重要得多的证据调查方法。也有学者对于勘验是最基本的证据调查方法这一判断提出了批评意见,参见注釈民訴(7)第203页(加藤新太郎執筆)。

〔218〕 勘验属于非思想性证据方法。因此当对文书的纸质、笔迹等进行观察而不是对其记载内容进行调查的时候,其在证据方法上就属于勘验,因此一般以思想作为调查对象的书证也包含此一意义上的勘验。参见本讲注〔133〕。

〔219〕 虽然在原则上勘验不得依职权为之,但也有学者认为土地边界确认之诉属于例外。参见奥村正策「土地境界確定訴訟の諸問題」実務民訴4第179页,特别是第192页。

（2）勘验的程序

勘验的程序准用书证（第232条第1款）。[220] 勘验程序首先因当事人之申请而开始，申请必须载明应证明的事实和勘验的目的（第180条第1款，《民事诉讼规则》第150条）。如果需要持有人出示勘验物或者容忍法院的勘验行为，申请人还须按照文书提出命令申请的方式于申请中加以记载。如果是单纯的勘验申请而不需要出示勘验物或容忍勘验行为，比如公共道路的勘验，则法院采取默示或明示之方式作出证据决定后即可进行勘验。

由于准用书证之规定，当举证方持有勘验物时，其可主动将物品提交于法院并申请勘验。如果勘验物为对方当事人或案外第三人持有时，申请人可以采取与文书情形相同的方式，或者申请委托寄送，或者向法院申请出示勘验物或容忍勘验行为的命令。如果勘验物可以送至法庭，则申请勘验物出示命令即可；如果需要持有人容忍法官亲临现场进行勘验的行为，则须申请勘验容忍命令（新堂第517页）。在人身作为勘验物时，习惯上都是由法院发布一个传唤命

〔220〕 根据第232条第1款之规定，勘验准用大部分书证程序。不得准用的首先是第220条关于文书提出义务的规定，因为一般把勘验协助义务作为一般性义务来理解（不过新堂第518页对不准用该条规定有不同意见）。第221条也不予准用，因为申请方式可以按照第180条采用一般性规定加以处理；不准用第222条的原因在于，不需要为勘验设置一个以特定勘验物为目的的特别规定；不准用第225条（对第三人拒绝提出文书的制裁）的原因在于，第232条第2款已经规定了勘验程序中相应的制裁措施；第228条以下关于文书成立真实性的规定也不准用于勘验程序，这是因为一方面对于勘验涉及的形式上的证据力问题并没有采取严格的解释，另一方面也是因为欠缺能够推定为真的经验法则。

令,其在法律性质上与勘验物出示命令属同一种类。[221] 是否批准当事人的勘验申请属于法院的裁量事项(第 181 条第 1 款)。在委托寄送的情形下,即使持有人未予响应,也不会受到制裁。而一旦法院发布了勘验物出示命令或勘验容忍命令,只要不存在正当事由,则对方当事人或案外第三人就负担相应的义务,这些义务被称为勘验协助义务。与证人义务一样,对勘验提供协助属于承认我国主权者所负担的公法上的一般性义务(由于勘验不是以人的“思想”为对象,而是对物体之外形进行检查和观察,因此不能将之作为限定义务。此外,以人的“思想”为对象的书证都被课以一般性义务,因此将勘验理解为一般性义务并不存在什么障碍);与书证的情形相同,持有人对于勘验物出示命令或者勘验容忍命令可以提起即时抗告。如果持有人未依出示命令或容忍命令行事,也将受到制裁。也就是说,如果持有人是当事人,则法院可将举证方关于勘验物之存在和性状的主张拟制为真。在证明妨害的情形亦是如此(准用第 224 条),比如勘验物使用不能的情形。如果持有人是第三人,且其未依命令行事不具备正当事由,则可处以 20 万日元以下的罚款。在法官判断持有人是否存在免除其一般性义务的正当事由时,可参考第 220 条第 4 款关于书证的相关规定(拒绝自我归罪权、职务上知悉的秘密、技术和职业秘密等)。[222] 部分出示以及非公开审理程序也可以适用于勘验

---

〔221〕 菊井 = 村松Ⅱ第 687 页。

〔222〕 东京高等法院曾经驳回了当事人针对某新闻报道机构的录像带提出的勘验物出示命令的申请,参见东京高决 1999・12・3 判タ1026 号第 290 页。

程序。在法院对案外第三人发布命令的时候,必须对该第三人进行审询。勘验的结果应记载于笔录中。[223]

在勘验程序中,法官也须认定勘验物的同一性。也就是说,应当成为勘验对象的标的物与实际将要进行勘验的标的物是否为同一物。如果法官没有进行同一性的认定,则不得进行勘验。但与书证不同的是,勘验程序并不需要过于强调形式上的证据力问题(参见本讲注〔138〕)。[224]

勘验之时,为了得出正确的结论需要对法官的五官作用进行补充,有时法官也会欠缺勘验所必需的专业知识和经验,此时法官可以会同专业人士,使之以鉴定人的身份参与勘验工作(第 233 条)。比如在检查病人病情的时候,可以命医生为鉴定人会同检查。如果法官只是命医生检查病情而自己并未参与,则属于单纯的鉴定,与此处所讲的勘验中的鉴定有所不同。所谓勘验中的鉴定,是指法官在进行勘验的时候有鉴定人一同在场。这里的鉴定是在进行勘验的过程中发生的,因此法官可依职权命令之。

---

〔223〕 勘验笔录是记载法官的感知还是书记官的感知呢?学说有不同见解。从勘验由法官为之的角度来看,应当是前者[伊藤第 378 页,注釈民訴(7)第 243 页(加藤新太郎執筆),注解民訴(8)第 276 页,法律実務講座第 337 页];从笔录制作权限在书记官的角度来看,较倾向于后者[条解第 366 页(新堂幸司執筆)]。目前前者属于多数说。

勘验也属于证据调查,而证据调查是由法官进行的。笔录则是对其调查过程与结果进行记录。因此,勘验笔录应当记载法官经由勘验所获得的判断是顺理成章的。不过也要考虑到裁判所法第 60 条第 5 款的规定,依据该款规定,当书记官的事实判断与法官不同时,书记官也可补充自己的判断结论。

〔224〕 注釈民訴(7)第 203 页(加藤新太郎執筆)认为,在勘验中也应当有意识地对形式上的证据力和实质证据力加以区分。虽然可以强调这种意识,但不可能在条文中有所表现,也不可能在严格的意义上作出区分,这也是学说和实务的现状。

(3)勘验协助义务之违反

一如前述,协助勘验是公法上的一般性义务,因此对于勘验的相关命令必须提供协助。但这只是就观念上而言,并不意味着可以强制提供协助。

也就是说,法律并不允许对勘验标的物采取直接强制措施。比如,法院命令被告须容忍对其工厂内的机械的勘验行为,但被告大门紧闭,拒绝勘验人员进入,此时勘验人员并不能强行进入被告工厂。一如前述,对于被告的这一违反容忍义务的行为可以分情形采取不同的制裁措施:如果是当事人,则是真实拟制;如果是案外第三人,则是罚款。对于一般的情形而言,此种程度的制裁已经足矣。在文书持有人违反文书提出义务的情形下,也同样不得采取直接强制措施。

人事诉讼则另当别论。《人事诉讼法》第 19 条排除了《民事诉讼法》第 224 条(对违反文书提出命令采取真实拟制的制裁措施)之适用,这是因为人事诉讼更为重视实体真实的缘故。我们确实不能因为当事人或第三人没有对证据调查提供协助,就以高度盖然性推认对方当事人的主张或待证事实为真,因为不提供协助的动机可能多种多样。因此,从实体真实的观点来看,《人事诉讼法》并没有因为相关人员违反协助义务而适用真实拟制的规定也具有一定的合理性[参见东京高判 1982・6・30 判タ478 号第 119 页,家族法判例百選〔第五版〕第 39 号案例(窪田もとむ解説)]。但这样一来,由于拒绝证据调查而导致不负担证明责任的一方当事人胜诉的概率得到提高也是不妥当的,这里我们可以借鉴德国法上的做法。根据《德国民事诉讼法典》第372条a款之规定,只有在为了确认血缘关系而有必要进行血型检查的情形下(检查之必要性),依据科学原理,该检查结论对于明确事实关系具有约束力(解明之可能性),可以期待被检查人同意进行该项检查(容忍之期待可能性),而且不得损害被检查人的身体健康(方法之相当性),只有满足了上述要件,被检查人才负担容忍血液检查的义务。如果被检查人没有正当理由屡次拒绝检查的话,法院可以采取直接强制措施,特别是可以强行带离。不仅是诉讼当事人,案外第三人也同样负担这一义务。总之,在德国的血缘关系诉讼中,法院可以对血样之采集(勘验容忍义务)与提供(勘验物出示义务)采取直接强制措施。既然没有采用真实拟制,那么规定直接强制措施也是为了恢复平衡的一种方法。但由于我国并没有类似的明文规定,所以在课以制裁的时候需要特别慎重,直接强制在我国还只是停留在立法论的层面上。在现行法下采取间接强制措施是否可行呢?虽然对于当事人在血液检查方面未提供协助的制裁措施的效果值得商榷,仅仅是处以罚款而已,但既然立法也没有规定所谓的间接强制措施,所以不可将之视为解释论,还是应归于立法论的范畴,这种观点在我国属于有力说(参见新堂第518页)。[225] 虽然不无疑问,但在解释论上也只能如此。

---

〔225〕 春日偉知郎「親子関係訴訟における証明問題と鑑定強制」曹時49卷2号(1997)第299页。关于比较法上的详细情况可参见松倉耕作『血統訴訟論』(1995,一粒社)。

7. 新型证据

现行《民事诉讼法》是以 1877 年的《德国民事诉讼法典》为蓝本制定的,因此证据调查的方法仅局限于当时的证据方法。但随着科学技术的不断进步,出现了很多新的证据方法,比如录音带、录像带、计算机数据磁带。而如果对这些新的证据方法进行证据调查,从严格证明的角度来讲只能在法定的五种证据调查方法(证人询问、当事人询问、鉴定、书证、勘验)中展开。开发与这些新的媒介性质相匹配的独特的证据调查方法在原则上是不允许的,这就产生了所谓新型证据的证据调查问题。

首先是录音带的问题。在现行法上可以对其采取两种证据调查方法。

第一种方法是将之作为准文书进行证据调查。第 231 条规定,图纸、照片、录音带、录像带等以表示信息为目的而作成的、不属于文书的物品,准用书证一节的规定(新堂第 540 页)。这些物品在讲学上被称为准文书。与该条相对应的旧法条文是第 332 条,该条对所谓准文书作出了较为抽象的规定,即"以证徵为目的而作成之物品,非属文书者准用本节之规定"。1996 年修法时将准文书进一步明确为图纸、照片、录音带、录像带,〔226〕这在立法上是一种进步。

〔226〕 所谓文书,是具有一定外观的、通过文字或其他符号之组合来表现人的意思、判断、报告、感想等(所谓思想)的有形物(参见本讲之"五、证据调查各论"之"5. 书证"部分)。在不属于文书的物品中,按照旧法的说法就是以证徵(符号或识别标志之意)为目的作成之物品,而按照现行法的说法就是以表示信息为目的作成的物品,属于准文书的范畴。旧法下典型的准文书包括对号牌儿、行李箱之钥匙、界标、地图、设计图纸、商品之样品、鞋之寄存牌(参见菊井 = 村松Ⅱ第 667 页);鞋之寄

但既谓准用,毕竟不完全等同于书证。对于录音带进行的证据调查,因其着眼于发言者的意思、判断、报告、感想等(所谓思想),与书证相类似,所以将之作为准文书来看待,[227]与阅读文书相对应的做法是在法庭上播放录音带,听取录音内容即为证据调查。在这之前的程序,则与书证相同,申请人需要提交证据说明书,说明书必须写明标题、

存牌、对号牌儿、界标、路标、图纸、照片、商品之样品、验讫标志[参见注解民訴(8)第234页]。加藤判事认为,旧法下之准文书并不包含思想性的内容,而1996年修法时则将具有思想性内容的物品也扩大为准文书的范畴。参见加藤新太郎「新種証拠の取調べ」講座民訴法Ⅱ第243页,特别是第263页,同「新種証拠の証拠調べ」(初版,1983)加藤・裁量第210页,特别是第217页。加藤说的观点有一定道理,但文书与准文书的外延原本就不甚清晰,而且文书和准文书都需要通过书证的方式进行证据调查,因此旧法并未对之进行严格区分。近藤昌昭「文書に関する二、三の問題について」伊東乾教授古稀記念『民事訴訟の理論と実践』(1991,慶應通信)第383页,特别是第401页将准文书理解为不具有思想性内容的物品,也印证了加藤说的观点。

旧法下对于照片是否属于准文书存在争议。菊井=村松Ⅱ第668页认为,对事故现场和房屋现况的照片进行的证据调查属于勘验,但如果照片表现了思想性的内容则应将之理解为准文书。现行法按照这一标准进行分类固非不能,但原则上(也就是将调查照片的形态、画质排除在外)所有的照片,包括事故现场照片都是"以表示信息为目的作成的",都应属于准文书。另请参见加藤・前引講座新民訴法Ⅱ第263页。

录音带在旧法下是否属于准文书也存在很大的争议,学界有勘验说和书证说两种对立的观点。勘验说认为,录音带并非由文字写就,而是通过听取其声音辨明其录音内容,因此应属勘验。还有学者从勘验作为最基本的证据调查方法的角度,认为录音带属于勘验。参见鈴木正裕「録音テープの証拠調べ」鈴木ほか・演習第107页,住吉博『民事訴訟判例評釈』(1978,法学書院)第77页。书证说认为,在录音带以人的思想作为证据的时候,从对其内容的认识过程来看,与书证相类似,因此应属书证,该说目前属于多数说。这里实际上也涉及实务界尽量避免勘验的考虑,因为勘验笔录的制作过程十分麻烦。无论如何,1996年修法已经给这一争论画上了句号,录音带属于准文书的范畴。

〔227〕 对录音带的形状、材质、声音等性状进行的调查在现行法上也属于勘验,而不属于准文书。这与调查文书的形状、材质、笔迹等是一样的道理。参见宇野聡「準書証」新民訴大系3第85页以下,特别是第91页。

制作人(也应包括发言者)、证明内容(《民事诉讼规则》第137条)、录音对象、时间、场所(《民事诉讼规则》第148条),以方便法院审理录音带形式上的证据力。如果法院或对方当事人提出要求,则申请人须提供关于录音带内容的书面说明(《民事诉讼规则》第149条)。由于是内容说明,所以逐句记录并将之书面化的所谓反译书面当然是可以的,即便是内容更为简单的内容说明书也可。对录音带的证据调查方式是听取其录音内容,内容说明书只是为了方便这一调查。如果对内容说明书有不同意见,则对方当事人须提交意见书(《民事诉讼规则》第149条第3款)。

第二种方法是将翻译书面本身作为证据方法而适用书证程序,因为《民事诉讼规则》第144条有这样的表述,即“提交关于录音带内容的翻译文书并申请书证的当事人”。此时的翻译书面已经不是为了方便听取录音带内容而制作的内容说明书了,而是类似于将复制件作为原件的书证(参见本讲注〔149〕)。既为书证,当然要适用书证程序。[228] 对方当事人可以要求交付录音带的复制品。如果对方当事人在听取复制带内容之后,主张母带内容与翻译书面的记载不同,则这一问题就成为实质证据力的问题,而与形式上的证据力无关。与之可比对的是,在书证程序中,文书内容是否反映了制作人真实的意思这一问题属于实质证据力之判断(本讲注〔142〕)。第二种方法在实务中的应用最为广泛。

---

〔228〕 宇野・前引注〔227〕,加藤・前引注〔226〕講座新民訴法Ⅱ。

其次是所谓计算机数据磁带的问题,法律对此并无规定。旧法下之学说可分为勘验说、书证说、新书证说、新勘验说。[229] 1996年修法时立法者的观点是,与录音带不同,法院一般很难对数据磁带进行当庭播放,只能通过鉴定或勘验方式进行证据调查,所以未将其作为准文书来对待。[230] 这样一来,如何对该类磁带进行证据调查就交由解释论来完成了,解释论上允许的调查方法有三种:[231] 第一种方法虽然不太常用,但可以从立法者的前述说明中推知,即在数据磁带可以当庭播放的情形下,可以将之作为准文书而准用书证程序。与录音带的情形相同,申请人既要提交证据说明书和内容说明书(将磁带数据复制而成的文书即属此类),而且在当事人就磁带内容与内容说明书的同一性产生

---

〔229〕 加藤・裁量第210页。书证说的根据在于磁带是用于调查其思想内容的。勘验说认为,由于不能直接阅读磁带的记录内容,所以很难将其视为文书,只能通过勘验来调查其载体。新书证说认为,磁带属于可能文书的范畴,将其记录之数据复制、转换而形成的文书属于生成文书,其本身可以作为原件成为书证的对象,加藤新太郎判事持此观点。新勘验说(个别功能说)认为,应当通过勘验来对磁带本身及其数据进行证据调查,将其中之数据复制而成的文书本身可以作为独立的原件成为书证的对象(新书证说是将转换成书面形式的文书作为一种可能文书,而新勘验说则是将之视为独立的文书。独立的文书属于报道性文书的一种,其实质证据力较弱)。另有学者结合计算机技术对此展开了详细的论述,参见夏井高人『裁判実務とコンピュータ』(1991,日本評論社)。

现行法则倾向于新书证说,春日偉知郎「新種証拠の証拠調べ」春日・論集第55页亦持相同见解。

〔230〕 一問一答第277页。在对磁带记录的思想内容进行证据收集的时候,一般是把将其数据转换为书面形式的文书作为书证进行调查就可以了。此外,在必须对磁带本身进行证据调查的时候,只能通过鉴定和勘验来完成,因此没有必要对其作出特殊的证据调查方面的规定,而且对性质迥异的各种计算机数据记录媒体进行概括性的规定也是很困难的。

〔231〕 宇野・前引注〔227〕,加藤・前引注〔226〕講座新民訴法Ⅱ。

争议的时候,还需要通过鉴定或勘验的方式加以调查。第二种方法即针对当庭播放存在困难的情形,此时必须采用鉴定或勘验的方法。磁带的提交人必须提供用于勘验和鉴定的必要信息(比如计算机程序之开示)。第三种方法就是将计算机数据复制并转换为书面形式的文书本身作为原件进行书证调查。数据磁带此时就成为制作复制书面的资料。当复制书面与磁带内容的同一性出现问题的时候,对方当事人既可以要求提供磁带的复制品,也可以向法院申请勘验和鉴定。这事关复制书面的实质证据力的问题,属于对辅助事实的审理。大多数情形下都采用第三种调查方法,这也是学者主张的新书证说。

大阪高等法院在某一案件中曾作出如下判示:计算机数据磁带属于准文书,被法院命令提交磁带之人应提供必要的计算机程序以方便将磁带内容转化为书面形式[参见大阪高决 1978·3·6 高集 31 卷 1 号第 38 页,百選Ⅱ第 132 号案例]。但该案的受诉法院并不打算将磁带当庭播放,因此只能将之视为旧法下的判例而已。

8. 证据保全

在诉讼中的证据调查期日到来之前,可能会发生证据方法今后将无法使用或使用困难的情形,此时可采用有别于正常诉讼程序的预先证据调查程序,即所谓证据保全(第 234 条)(新堂第 499 页)。比如证人濒临死亡、来日无多,证人长期出国,文书、施工现场等行将消失。证据保全在诉前和起诉以后均可为之。起诉以后的证据保全可以不待当事人申请而由法院依职权进行(第237条)。[232]

证据保全在现行法上属于证据调查的前置,其可采用的证据调查方法并不限于证人询问、鉴定、勘验,当事人询问和书证亦包括在内。[233] 由于是证据调查,因此应当由法

---

〔232〕 这是作为职权证据调查的例外情形,不能因为事态紧急,法院就可以依职权进行证据调查,因此能够允许职权调查的情形仅限于委托调查(第186条)、委托鉴定(第218条)、勘验中的鉴定(第233条)、当事人询问(第207条)等,可依职权进行证据保全是学者解释论的产物。参见条解第1110页(松浦馨執筆),注釈民訴(7)第314页(春日偉知郎執筆)。

〔233〕 1890年《民事诉讼法》第365条将调查方法仅限于证人询问、鉴定和勘验。排除书证的理由可以从德国1877年制定民事诉讼法时的资料中寻找,据说是因为考虑文书可以用于证书真伪的确认之诉(现行日本《民事诉讼法》第134条)中。德国法现在依然将书证和当事人询问排除在证据保全的方法之外,但日本已于大正年间修法时将这一限制取消了。此外,1890年《民事诉讼法》第371条系仿自德国法,规定在取得对方当事人同意的情形下可以采取证据保全,这一规定在大正修法时也被删除了。

对于诊疗记录(病历)的证据保全是属于书证还是属于勘验呢?学者意见不一,实务中大多数是按照勘验的方法来进行的,一般是进行拍照或复印,然后将之与勘验记录装订在一起。勘验说认为,结合病历的特点来看,如果证据保全的理由是防止病历被涂改,那么只要明确了病历的目前的状况就可以为将来一旦出现涂改的情形提供充分的证据。至于阅读病历内容的工作则应当在本案诉讼中完成,证据保全只要确认文字的排列顺序就可以了,而这就属于勘验的内容。而如果将之视为书证,则一旦病历中混杂外语就须另附译文,而这在证据保全阶段是很难做到的。参见大竹たかし「提訴前の証拠保全実施上の諸問題」判タ361号(1978)第76页,特别是第79页,林圭介「証拠保全に関する研究」民訴雑誌37号(1991)第24页,特别是第32页等。病历在本案诉讼中属于书证,而在证据保全阶段应属于勘验。但这与证据保全属于正常的证据调查的前置程序这一原则之间存在矛盾。

当然,如果把文书保存期间行将届满作为保全事由,那么一旦期间届满文书就会被废弃,所以提前阅读文书内容是很有必要的,这时应对其采用书证的证据调查方法。另有学者认为,除上述情形以外,在担心文书被涂改的时候,也应采用书证而不是勘验的方法;而勘验说的观点只不过是延续了大正修法之前将书证排除在外的规定,参见注解民訴(8)第332页,小室ほか・基本法コンメ2第214页(高見進執筆)。另有学者认为,勘验说与书证说在实际效果上并不存在什么差异,因此勘验的做法也并不违法,但最为正确的做法还是书证,参见注釈民訴(7)第310页(春日偉知郎執筆),加藤新太郎=齋木教朗「診療録の証拠保全」裁判実務大系17・根本久編『医療過誤訴訟』(1991,青林書院)第470页,特别是第475页(另附译文的做法在证据保全中应当不予认可。第476页)。

官而不是书记官实施(切不可被“保全”这一用语所迷惑)。在提出申请的时候,应当于申请书中写明对方当事人的情况、应予证明的事实(待证事实)、具体的证据方法和证据保全的事由。对证据保全的事由(必须提前进行证据调查的理由)必须予以疏明(《民事诉讼规则》第153条),而应予证明的事实(待证事实)在将来的本案诉讼中是否具备真正的必要性则不必加以审查。因为只要满足紧急必要性的条件在诉前也可以进行证据保全,而在该时点很难判断什么样的事实是必要的。而且因为事态紧急,所以也不可能要求申请人就待证事实作出具体详细的说明;证据调查的必要性也不会得到事先审理。[234] 在证据调查期日当天应传唤当事人并保障其在场的权利。不过若事态紧急,则没有必要传唤当事人于期日到庭。有些情形下,比如法院对交通事故现场进行勘验的时候,对方当事人(加害人)可能会下落不明,也必须保障对方当事人的在场权利。此时法院可以为对方当事人选任特别代理人(第236条),这里的特别代理人属于法定代理人的一种分类(参见高橋·重点講義第181页)。不过是否选任特别代理人是法院的自由,因此与第35条的适用情形有所不同。由上述可知,证据保全程序

---

〔234〕 注釈民訴(7)第307页,菊井=村松Ⅱ 第726页。不过在当事人的保全申请明显不存在待证事实以及证据调查必要性的情形下,有些下级审法院则作出了驳回的决定(参见东京高决1985·8·29判時1163号第69页)。甚至还有学者认为,虽然一般情形下本案请求是否有理并不在审理的范围之内,但如果本案请求明显无理由,则应驳回其证据保全申请[参见小島武司「証拠保全」同『民事訴訟の基礎法理』(1988,有斐閣)第91页注(3)]。上述情形都是较为极端的场合,应当如此处理。

与正常的证据调查程序还是存在若干差异的。

对于法院作出的实施证据保全的决定,当事人不得提出不服申请(第238条),因为一旦允许,则为对方当事人预留了时间而有可能导致证据方法灭失。虽然不允许提出不服申请,但并不妨碍证人在证人询问环节中行使拒绝作证权等,也可以拒绝提交不负担文书提出义务的文书。包括证据调查的结果在内,证据保全的全部记录都应送交本案的管辖法院(《民事诉讼规则》第154条。此外,同法第54条还要求当事人将证据保全的实施情况记载于诉状中)。证据保全属于证据调查的前置,因此证据保全的结果在本案诉讼中具有正常的证据调查效力。[235] 这也就意味着,如果在证据保全过程中进行了证人询问,则将其视为已经在本案诉讼中进行了该程序。证人询问的笔录也不作为书证来对待。不过由于事出紧急,所以如果当事人在本案程序中申请对证人进行再询问,则法院必须允许之(第242条、第152条第2款、第249条第3款中也有类似的规定)。证据保全的费用属于诉讼费用的一部分(第241条)。

证据保全在实务中甚为重要,也存在若干问题,此处仅举两例。第一个问题是,虽然证据保全具备一定的必要性和合理性,但由于提出保全申请的当事人有在场的权利,如果保全对象是文书,则申请人可以阅读该文书,这样一来证据保全制度实际上就具有了查看对方当事人手中证据的功

---

〔235〕 由于证据保全程序是在本案程序之外进行的,因此就需要参加本案辩论的当事人以及法院参与该程序。参见注釈民訴(7)第319页,菊井 = 村松Ⅱ第733页。

能。如此,就会有人以证据开示为目的而利用该制度。应当如何看待这一问题呢?如果认为证据开示是现代民事诉讼法的应有之义,就会对以开示为目的的证据保全抱宽容态度,但学者也会因其属于立法论的观点而对之持否定态度。这一问题的提出可参见大竹たかし「提訴前の証拠保全実施上の諸問題」判タ361号(1978)第76页(大竹说,从解释论的角度,对以开示为目的的证据保全持否定态度)。

从法律论的角度来看,《民事诉讼规则》第153条规定的对证据保全事由疏明的具体性就会成为问题。比如,担心文书被涂改可以成为证据保全的事由,那么是抽象性地说明有被涂改之虞就可以了呢?还是必须主张具体的涂改危险并加以疏明呢?如果答案是前者的话,则证据保全的门槛就比较低,反过来也增强了其证据开示的功能。在这一点上,广岛地方法院就医疗过错纠纷中医生的诊疗记录(病历)曾作出如下判示,“只是抽象地提出病历有被涂改的可能性是不足为凭的,必须疏明具体的、能够使法院大致推认有被涂改之虞的事实,比如该医生有涂改病历的前科,或者尽管患者要求其说明治疗上的问题而该医生却无理拒绝,或者作出的说明前后矛盾甚至是虚假的,或者在整个治疗过程中都体现出不诚实或逃避责任的态度”[参见广岛地决1986·11·21判時1224号第76页,百選Ⅱ第136号案例(伊達聡子解説)]。(该案中,法院对病历有被涂改的可能性作出了大致推认,撤销了原决定并批准了当事人提出的证据保全申请)东京地决1998·8·27判タ983号第278页也作出了相同的判断。证据保全确实具有证据开示的功能,[236] 但如果因此而无视提前进行证据调查的必要性,仅以具有证据开示目的为保全条件的话,这从解释论上也是很难成立的。也就是说,虽然从政策角度来看,由于证据开示可以使申请人知悉自身主张的强弱,从而有助于减少贸然起诉的现象或促进和解,但仅以此为由就降低证据保全的门槛显然走得过远。作为解释论,应当以上述广岛地方法院的判旨为原则,对证据保全的必要性作出一定的要求。[237] 实务中可能也会

---

〔236〕 菊井 = 村松Ⅱ第714页也承认证据保全具有这一功能。小林・証拠第123页甚至进一步地认为应当肯定其证据开示的功能,林・前引注〔233〕第40页亦持相同见解。

关于律师如何看待对诊疗记录的证据保全,可参见畔柳達雄『医療事故訴訟の研究』(1987,日本評論社)第17页以下。此外ジュリ1142号(1998)刊出一组文章专门讨论医疗记录对患者公开的立法问题。

〔237〕 条解第1102页认为,所谓被涂改之虞不能是一般的、抽象的概念,而应辅之以某些具体事例使之实现某种程度的客观化,但在判断上应有相当的弹性空间。加藤 = 齋木・前引注〔233〕第478页上认为,除上述广岛地方法院所指出的一些理由外,申请人还应就下列事实提出主张:患者住院后或发生医疗事故以后与院方交涉的情形,导致患者对医生产生强烈不信任感以致担心其涂改病历的该医生的具体言行(大竹・前引注〔233〕第77页);甚至病历持有人以前是否作出过与涂改病历相类似性质的不正当行为,比如其社会信用程度如何,是否有过偷逃税款的行为;从病历保管的具体情形来看是否很容易作出涂改行为;从病历在本案诉讼中的重要性来看医生是否受到涂改病历的巨大诱惑等。虽然申请书或陈述书作为疏明资料并不充分,但在实务上可放宽要求。笔者对上述见解持赞成意见。太田剛彦「医療過誤訴訟における証拠保全」新・裁判実務大系1『医療過誤訴訟法』(2000,青林書院)第466页,特别是第482页也持大致相同的见解,但作者认为将患者本人或其亲属提交的陈述书作为疏明资料也是不得已的办法。

实际上从发挥证据开示功能的角度降低证据保全门槛的做法与现行法中证据保全的结构并不协调。由于现行法设置了当事人照会制度(第163条),导致诉讼理念确实发生了一定变化,即当事人不得隐瞒与事实相关的信息而应将之开示。但由于证据保全一般都发生在起诉之前,所以要求对方开示信息应当满足一定的条件,比如能够要求对方开示的案件线索、申请人请求主张的确定性、从申请人与对方当事人的实体关系来看可以认为其开示请求具备正当性的事实。但现行法对证据保

全的条件仅规定了一点,即如果不预先进行证据调查,该证据的使用在其后的本案诉讼中将变得十分困难,而案件线索或主张的确定性等并不包含在内。一如前述,从现行法解释论的角度来说,待证事实与本案请求之间的关系、证据调查的必要性等并不在证据保全的审理范围之内,因此如果把案件线索等作为证据保全的要件来处理的话明显与这一解释论相悖。那么,在我们考虑能否将上述事项作为证据保全要件构成的一部分的时候,还须顾及证据保全的典型情形,比如证人行将就木的情形,此时由于事态的紧急性和迫切性,法院根本没有时间让申请人就其主张的确定性等事项进行疏明并加以审理。只要从证据保全的整体,而不是仅仅局限于诊疗记录的特殊情形来考虑要件构成的话,将允许以开示为目的的证据保全条件纳入整个证据保全的要件构成,其弊大矣。这样一来,我们不得不说,将证据开示作为证据保全制度的一部分加以规定是很难做到的。参见伊藤第 382 页。另也有学者认为,当患者试图利用证据保全程序阅读和誊写诊疗记录的时候,需要满足一定的条件:申请人提供的资料可以令法官就患者所遭受的困苦及其请求(权利主张)信以为真,而且申请人须主张并疏明从纠纷的过程来看医生已经可以利用诊疗记录对治疗过程作出说明,参见井上治典「証拠保全」井上 = 伊藤 = 佐上第 153 页。井上治典教授亦持相同意见,参见エキサ民訴第 101 页。这一观点应当说是从立法论的角度来探讨此种情形下证据保全的要件构成。当然,井上说也清醒地认识到,其观点的适用需要有充分的时间供申请人疏明以及法院进行审理,而且如果采用后注〔238〕中林圭介先生的提案的话,就可以为法院采用文书或勘验物的方式进行审理提供充分的时间。而在发生紧急事态的情形下,比如证人濒临死亡,按照第 240 条的规定,此时都不必要求对方当事人到场,因此也不必对上述要件进行审理。

实际上针对上述问题还存在另外一种解释论,该解释论认为不应赋予证据保全制度以证据开示的功能,对诊疗记录可采用勘验的方法,将之冻结保管并不得出示于申请人,参见林屋第 354 页等。这种观点可谓是对证据"保全"最为彻底的贯彻,不过其与现行法的证据保全制度也不能实现整合。因为证据保全在性质上属于一种证据调查的前置程序,当事人当然享有在场的权利。比如,在保全过程中对证人进行询问的时候,按照现行法的证据调查方法来说,不可能只准法官进行询问而不许当事人进行询问。那么既然证人询问的时候当事人有在场权,在对诊疗记录进行勘验的时候反而不允许其在场是说不过去的。因此,上述林屋等人的观点可能一方面承认当事人有在场的权利,但另一方面则不允许当事人有权对诉讼记录进行阅读和誊写,这样实际也是对证据开示功能的一种否定。但是否应当如此彻底地将开示功能排除在证据保全制度之外呢?如果证据得到开示,既可以减少贸然起诉的情形,也可以在明确事实关系的基础上促进和解,我们可以把这些作为保全制度的次要功能而没有必要完全否定它。如果单就诊疗记录而言,对患者来说其属于利益文书和法律关系文书而负担提出义务[参见本讲之"五、证据调查各论"之"5. 书证"之"(3)文书提出命令"之"⑤法律关系文书"部分],一般的情形是由院方在诉讼中提出,因此诉前开示的话大概有滥用之嫌,但这也只是提前了文书提出的时间而已。如果在证据保全程序中不予开示的话,确实可以在一定程度上减少患者因证据不足遇到文书内容涉及个人隐私、企业的技术和职业秘密的情形，此时能否单纯以证据开示为目的进行证据保全需要法院慎重处理。[238]当然，如果仅就诊疗记录（病历）而言，放宽

而放弃起诉的现象，但现行法的理念是不允许由于一方当事人缺乏与案件事实相关的信息而使对方当事人获得胜诉，让当事人因证据不足而放弃起诉也并未被现行法所认可。因此，将开示功能完全排除在证据保全制度之外有过分之嫌。小島・前引注〔234〕第 87 页也认为，不应将开示功能作为一种制度的病理现象而完全否定之，应当承认证据保全制度具有保全和开示的双重功能。笔者也认为在满足了证据保全要件的前提下，证据开示功能可以作为一种次要功能而不必排除之（如果未满足证据保全的要件，则不得仅从证据开示功能的角度允许进行证据保全）。

在涉及诊疗记录的时候，这一危险性是大大降低了，但从证据保全制度的全盘来考虑的话，必须采取措施防止对涉及技术和职业秘密文书的开示。这属于后注〔238〕中所讨论的完善证据保全程序的问题。

此外，新堂幸司「訴訟提起前におけるカルテ等の閲覧・謄写について」新堂・展開第 151 页认为，依据《民法》第 645 条之规定，委任契约负有报告义务，因此患者要求阅读和誊写诊疗记录实际上存在实体法上的权利基础，那么通过一种较为简易的程序，比如证据保全，来加以实现也是可行的。该说的新颖之处在于援用了实体法的规定，但能否对实体法作出如此解释呢？有学者对此提出质疑，参见伊藤瑩子「診療録の医務上の取扱いと法律上の取扱いをめぐって」判タ294 号（1973）第 34 页，302 号（1974）第 40 页。关于各学说样态可详见太田剛彦・前引论文。中野貞一郎「医療過誤訴訟の手続問題」中野・現在第 110 页对医疗过错诉讼的整体情况有精辟的论述，颇有助益。作为日本法母法的德国法，面对建筑物瑕疵等案件的具体情形，正试图在证据保全程序中增加鉴定人书面鉴定这一环节，参见春日偉知郎「ドイツ民事訴訟法における『独立的証拠手続』」春日・論集第 111 页。关于法国法的相关动向可参见町村泰貴「提訴前の証拠保全の正当な利益」商学討究（小樽商大）43 卷 3 ~4 号（1994）第 331 页。日本法方面，通过 2003 年修法也已经确立了此种形式的独立证据调查方式，参见本书第十一讲。

〔238〕 林・前引注〔233〕第 37 页对诊疗记录的证据保全程序敲响了警钟，令人深思。也就是说，由于大多数诊疗记录的证据保全都是以有被涂改的危险作为理由的，因此不能给对方当事人（诊疗记录的持有人）留有涂改的时间。为此，证据保全决定的执行官向对方当事人送达决定的时间一般都是在现场（医院）勘验之前的 30 分钟到 1 小时。这种形式的证据保全属于对对方当事人的一种突然袭击，造成的后果就是由于对方当事人缺乏相应的防御权，申请人有时都可以看到不负担提出义务的诊疗记录。因此，林圭介先生提出了如下建议，即由医院在勘验物的所在地出示该勘验物，法官不是去现场进行勘验，而由书记官或事务官在现场留置该勘验

对其在适用证据保全方面的要求并不会带来多少负面影响,而且实务中也都是如此处理的。[239]

第二个问题是,如果当事人不配合证据保全决定,该如何处理?证据保全在性质上属于证据调查,因此会适用到

物并带回法院。法院择日会同当事人对勘验物进行勘验。申请人既不得出现在留置现场,也不得在正式勘验之前查看勘验物。对对方当事人而言,从留置到勘验期日还有相当长的时间,其可以认真研究一下拒绝证据保全的事由并于期日当天作出疏明。如果疏明成功的话,法院当撤销证据保全决定并归还留置物。对法院而言,其可利用这一时段对该证据的重要性、用其他证据替代的可能性等多重因素进行综合考虑,而后再决定是否进行证据保全。林圭介先生的这一建议既照顾到了对方当事人的防御权,也可以避免浪费法官的时间,可以说是一个非常精巧的构思。在涉及诊疗记录的证据保全程序中,否定其提出义务的案例并不在少数,就针对文书的证据保全的一般情形而言,由于不可避免地会触及涉及个人隐私、技术和职业秘密的内容,因此采纳林圭介先生的建议对持有人的防御权提供保障当是应然之举。可喜的是,目前在关西地区已经开始采用这一方法,相关介绍可参见東京地方裁判所民事裁判実務研究会「〈シンポジウム〉医療過誤訴訟の審理について」判タ1023号(2000)第8页。1996年修法时至少应当明确规定可以在《民事诉讼规则》中对这一方法加以确认。关于1996年修法与证据保全的问题可参见小林昭彦「証拠保全」講座新民訴法Ⅱ第325页。

对方当事人对于证据保全的决定不得提出不服申请(第238条),但在证据保全的过程中,对于法院发布的文书提出命令或勘验物出示命令,对方当事人可以就该义务提出不服申请(第223条第7款)。参见注解民訴(8)第335页,小室ほか・基本法コンメ2第216页(高見進執筆)。也就是说,对方当事人可以主张第220条第4款的拒绝事由(勘验亦得准用之)而提起即时抗告。不过由于实务中的证据保全对于对方当事人来说基本上属于突然袭击,所以根本没有机会提起即时抗告,尤其是当证据保全涉及个人隐私、技术和职业秘密的时候会成为一个很严重的问题。从这一观点来看,也应当采用林圭介先生的上述建议,该建议使保全对象处于法院的控制之下,所以对方当事人就会获得充分的时间提起即时抗告。

此外,诊疗记录的证据保全还涉及一个程序上的问题,即送达对象的选择。由于保全程序属于民事程序,所以当医院属于国立或公立性质的时候,送达对象应当是中央政府或县市町村政府,但在紧急事态下进行的证据保全中,虽将保全决定送达了中央政府(按照《法务大臣权限法》第1条之规定,当向法务大臣送达)或县政府,但很可能受送达方不会和医院取得任何联系。因此,实务中除了中央政府和地方政府外,很多法院还把医院本身也作为送达的对象。参见林・前引注〔231〕第41页,理应如此。

〔239〕 林・前引注〔233〕第26页。

与书证相关的第 224 条等规定(勘验准用第 232 条),即在当事人不服从的情形下,法官可以作出真实拟制。不过这属于本案受诉法院的权限,而不是由实际进行证据保全的法官作出的,因为事实认定是在口头辩论终结时通过法官的心证来完成的。这样一来,就会产生如下问题,即对方当事人虽然在证据保全阶段拒绝提出文书,但在本案中却主动提交,此时能否作出真实拟制呢?从理论上来说,证据保全虽然是前置的证据调查程序,但却是按照正常的证据调查程序来操作的,所以对方当事人于本案过程提交文书(书证之申请)可以视为该攻击防御方法已错过时机,在驳回之际并采用真实拟制的做法并非不可能。但从发现真实的角度来看,拒绝对方当事人在本案阶段提出的书证申请对法官来说在心理上是很难接受的。而且,有时候作为真实拟制对象的文书内容含混不清,这也会导致真实拟制之后的待证事实(第 224 条第 3 款)陷入模糊不清的境地。这样一来,即便法官想进行真实拟制的制裁,在很多情况下也很难如愿(如果是书证申请的场合也可能并不满足第 224 条第 3 款规定的要件)。〔240〕 因此,即便对方当事人不服从证据保全决定,实际上也不会受到任何制裁,这是现实情况。但如果把这一实际情况上升到立法论则会带来

〔240〕 有学者认为在对方当事人于其后的本案口头辩论期日提出文书的时候,法官不得对之进行制裁,参见高見進「証拠保全の機能」講座民訴⑤第 321 页,特别是第 335 页,同「証拠保全制度の機能」争点〔新版〕第 270 页。此外,小室ほか・基本法コンメ2 第 215 页(高見進執筆)第一段中认为课以制裁是十分困难的。

很大的问题。[241]

---

〔241〕 在诉讼费用方面进行制裁,或者在法官涉及涂改的主张证明的自由心证方面进行制裁,这在解释论的框架内都是可能的;但诉讼费用未必额度很高(除去律师报酬),而且这一制裁原则上都是在败诉的时候才作出的(第61条),那么对于虽然有败诉的心理准备但还心怀胜诉之希望的当事人来说效果并不明显(诉讼费用的负担额度一般都小于败诉以后支付的诉讼请求额度,所以对于以负担诉讼费用为代价拒绝证据保全,而又以胜诉为目标的当事人来说,这一制裁是很难起到抑制效果的)。其次,如果对方当事人在本案中提出诊疗记录,而保全申请人主张该诊疗记录已经被涂改,此时,持有人于证据保全阶段未提出该文书的事实确实可以成为法官推认涂改成立的有利事实,而且这一推认效果在现行法中也是存在的;但这一制裁最终是通过法官的自由心证来实现的,因此其作为制裁的功能反而被削弱了。关于推定规定的含义,可参见本讲注〔143〕。

从立法论的角度来说,对不服从保全决定的当事人课以罚款也是可以考虑的一种制裁措施,但这又与证据保全作为前置的证据调查程序的大原则相抵触。

第三讲　共同诉讼

导　读

共同诉讼包括必要共同诉讼和普通共同诉讼，这也许是学习和研究民事诉讼的国人最为熟悉的概念。但由于制度环境、制度构建的基础以及理论接受程度的不同，我国的共同诉讼制度与大陆法系国家，如日本、德国等的共同诉讼制度有着较大的差异，在认识上也有诸多不同，尤其是其发展形态。虽然我们现在的教科书中也有介绍和阐述，但可能是介绍者无意加工的结果。

本讲中，高桥先生对日本共同诉讼的制度构成、理论有着全面、系统、清晰的梳理和阐述，对于我们了解日本共同诉讼制度、理论和实践状况很有意义。通过文中大量的注解，读者也可以较全面地看到作者对日本学者关于必要共同诉讼的各种主要观点的梳理或概括,以及日本学者对制度发展史的考察和研究。这些阐述能够丰富和深化我们对共同诉讼,尤其是对必要共同诉讼与普通共同诉讼界分的不同的制度机理、必要共同诉讼中固有的必要共同诉讼与类似必要共同诉讼之间的差异,以及共同诉讼实际运作中的制度和程序问题的认识和理解。日本学者对共同诉讼在理论上的剖析,可以说达到了极致的程度。其中的分析方法、视角和进路值得我们学习和借鉴。在阅读和研究时,读者需要注意的是,日本共同诉讼制度的实体法基础,因为实体法规定的不同,共同诉讼的形态也就有所不同。

虽然我们也有共同诉讼制度,也有必要界分共同诉讼与普通共同诉讼,但其认识可能与日本的情形有所不同。例如,根据日本的通说和判例的观点,在实体法逻辑上应统一处理的诉讼也是普通共同诉讼,如数个被害人对同一加害人提起的损害赔偿请求,对数名连带债务人的请求,以主债务人和保证人为共同被告的诉讼,以数人为被告请求确认自己具有所有权的诉讼。但在国内,可能有不少人认为这些情形都属于必要共同诉讼,而非普通共同诉讼。这就涉及如何理解共同诉讼的必要以及何为诉讼标的共同的问题。通过阅读本讲内容我们也许能够找到答案。

类似必要共同诉讼是日本共同诉讼的特色,其理论为韩国和我国台湾地区所承继。在我国,也有大陆学者从解释论上认为同样存在类似必要共同诉讼。关于类似必要共同与必要共同诉讼的关系,类似必要共同的适用条件和规则以及相应的理论是我们应当关注的内容。

高桥先生没有在本讲中专门阐述共同诉讼中的一种亚形态——申请同时审判共同诉讼,只是在注释中关联性地提到这一制度。申请同时审判共同诉讼是日本在1996年修改民事诉讼法时新设立的一种制度。这一制度与主观预备共同诉讼的联系更为紧密,因此高桥先生在讨论主观预备合并一讲中集中讨论了这一制度,但读者在阅读本讲时,可以将申请同时审判共同诉讼与一般共同诉讼联系,并加以比较,如此便能更好地认识和理解申请同时审判共同诉讼制度。

一、共同诉讼的意义和种类

在一个诉讼程序中,涉及数个原告或数个被告的诉讼形态称为共同诉讼(新堂第663页)。[1] 同一方为数个原告或数个被告的称为共同诉讼人,以原告、被告划分则称为共同原告、共同被告。

共同诉讼使诉讼成为当事人为三人以上的复杂程序,因此在近代诉讼法之前,不论大陆法系还是英美法系,原则上是不允许的。因为在程序法规则极其严格和形式化的时代,除了一名原告、一名被告、一个诉讼标的的诉讼外,很难想象其他类型的诉讼形态。但是,在权利于实体

---

〔1〕 按照新堂的观点(新堂第678页),广义的共同诉讼还包括主观的追加合并(引入当事人)、主观的预备性合并,但本书所指共同诉讼并未包含这些内容。关于引入当事人参见本书第七讲之七,主观的预备性合并参见本书第四讲,选定当事人参见本书第五讲。

法上归属于多个主体的场合,立法不得不容许共同诉讼作为一种例外情形而存在。[2] 近代诉讼法的发展使程序更加合理化,也使共同诉讼的弊端不断减少;与此同时,共同诉讼能够将关联纠纷一并同时解决(至少事实上大多如此)的优点逐渐为人们所重视,因而立法对共同诉讼渐持宽容态度,日本《民事诉讼法》第38条也采取了如此立场。[3]

日本法上的共同诉讼可分为第39条所指各共同诉讼人彼此独立的普通共同诉讼以及第40条所指以实现诉讼资料统一和程序进行统一的必要共同诉讼两种情形。必要共同

---

〔2〕 中村英郎「必要的共同訴訟における合一確定——ことにその沿革的考察」(初出,1964年)中村・ローマ法理161页以下,岡徹「ドイツ普通法時代における共同訴訟理論の展開」民商69卷6号第945页、70卷1号第75页。在实行书面主义和法定证据主义的德国普通法诉讼中,原则上禁止主观的诉的合并(共同诉讼),但对于权利主体属于日耳曼习惯法上的综合体的情形,则不得不按例外处理之,使其成为一个诉讼团体,这就是固有的必要共同诉讼的雏形;此后,对于数人之间权利义务共同的情形,立法也承认了必要共同诉讼的类型,这也成为类似的必要共同诉讼的雏形。最初,连带债务也被视为类似的必要共同诉讼类型,但按照20世纪初期赫尔维希的学说,判决效力发生扩张的情形下才构成类似的必要共同诉讼,该学说后来成为通说。关于英美法的具体情形,目前可参见高橋宏志「必要的共同訴訟論の試み(1)」法协92卷5号(1975)第500页,特别是第516页以下。关于日本法相关条文的变迁,详见中村・前引以及德田和幸「通常共同訴訟と必要的共同訴訟」講座民訴③第227页以下,小山昇「独立当事者参加訴訟の控訴審の構造」小山・著作集第四卷第241页以下,特别是第248页。

〔3〕 第38条并非强制性规定,也就是说,即便没有满足第38条规定的要件,但只要被告没有提出异议也可以作为共同诉讼进行审理。参见新堂第678页,兼子・体系第387页等。关于第38条所指权利义务共通、同一事实或法律的原因、权利义务同一种类、事实或法律之原因属于同一种类等之间的区别,以及何种类型的诉讼相当于何种具体情形,学说判例相互之间也不一致。参见注释民诉(2)第25页(山本弘执笔)。尽管如此,根据第7条之规定,合并裁判集仅限于第38条前段,但第7条也属于任意管辖的性质,因此即使是第38条后段也可由于应诉管辖而形成共同诉讼。

诉讼又进一步分为:一定范围内的人必须共同诉讼,个人单独诉讼将以当事人不适格遭到驳回的固有必要共同诉讼,以及个人单独诉讼虽不违法,但一旦共同诉讼则要实行诉讼资料统一和程序进行统一的类似必要共同诉讼。学理上把要求一定范围内的人须共同诉讼称为“共同诉讼的必要”,把第 40 条所要求的诉讼资料统一和程序进行统一称为“合一确定的必要”(或“程序合一的必要”)。另外,普通共同诉讼还包括一种申请同时审判的共同诉讼类型(第 41 条),即对一被告之请求和对他被告之请求在法律上无法并存,在原告提出申请的情况下,法院不得分开辩论和分开判决(部分判决)。因为只有申请时才会如此处理,所以与普通共同诉讼和必要共同诉讼这种法律上的当然分类相比,无论是否存在当事人之申请,其分类的维度也是不同的。因此,从大的分类来讲,可以将之作为普通共同诉讼的一个亚种来理解。〔4〕

---

〔4〕 高見進「同時審判の申出がある共同訴訟の取扱い」新堂・古稀(上)第 673 页以下,特别是第 704 页指出:第 41 条附加了一种新的共同诉讼类型,即作为普通共同诉讼、固有的必要共同诉讼、类似必要共同诉讼的中间形态,属于一种不完整或部分的必要共同诉讼。的确,申请同时审判的共同诉讼形态负有统一推进程序的义务,因此与必要共同诉讼的部分程序要求是相同的,所谓中间形态即是如此。但因该形态仅限于原告提出申请的场合,因此并不是法律上的当然形态。在原告没有提出申请的情况下,则将之作为普通共同诉讼来审理。基于此,在分类上将其作为普通共同诉讼的亚种也许更为合适。松本・上野第 547 页明确指出,即使有共同审判的申请也依然是普通共同诉讼。伊藤第 559 页,中野 = 松浦 = 铃木第 454 页,木川 = 中村『民事訴訟法〔新版〕』(1998,青林書院)第 96 页(高田昌宏执笔),中野编・入門第 102 页,林屋第 132 页,吉村 = 竹下 = 谷口第 438 页,小山第 267 页,山本弘「多数当事者訴訟」講座新民訴法 I 第 141 页以下,特别是第 163 页也持相同见解。小室ほか・基本法コンメ1 第 91 页(福永有利执笔),徳田和幸「同時審判申出訴訟と共同訴訟人独立の原則」佐々木・追悼第 109 页中也认为,申请同时审判的共同

从共同诉讼的必要性以及合一确定的必要性出发,固有的必要共同诉讼具有共同诉讼之必要并且也须合一确定;类似必要共同诉讼则有合一确定的必要,但无共同诉讼之必要;普通共同诉讼则既无共同诉讼的必要,也无合一确定的必要。申请同时审判的共同诉讼不具有共同诉讼的必要,但如果原告提出申请,则具有部分合一确定之必要——程序进行的统一。另外,日本法中不存在有共同诉讼的必要但却没有合一确定之必要的诉讼类型。[5]应注意的是,与

诉讼,处于普通共同诉讼与必要共同诉讼的中间形态,但更接近于普通共同诉讼。笔者认为,这毕竟只是分类的问题,没有必要特别较真。关于申请同时审判的共同诉讼参见第四讲之二。随便提及的是,类似必要共同诉讼也可以个别诉讼,之所以形成共同诉讼,乃是基于复数原告的意思。在这个意义上,类似必要共同诉讼并不是法律上的要求,而是基于当事人的申请。但原告的意思在于直接形成共同诉讼,所谓合一确定只是立法赋予该类型共同诉讼的法律效果。当事人并没有相应的权利要求合一确定,因此,只能按照普通共同诉讼类型来审理,这也与申请同时审判的共同诉讼有所不同。另外,松本 = 上野第 560 页认为,在类似必要共同诉讼中虽然可以进行数量单一的个别诉讼,但当存在两个以上具有诉讼实施权的当事人进行诉讼时,就必须采取共同诉讼的形态。现行法中典型的类似必要共同诉讼是公司诉讼(撤销股东大会决议之诉等),根据《商法》第 105 条第 4 款以及准用该条而提起的复数请求在法律上要求加以合并,因此两人以上的原告起诉时,的确必须采用共同诉讼的形式。但作为类似必要共同诉讼的定义,一如兼子・体系第 385 页所指出的,"各当事人之个别诉讼均为适格,可以个别起诉或被诉,但既然共同起诉或共同被诉"则要求合一确定。也就是说,是否作为共同诉讼并没有纳入概念的规定之中。在德国的学说中也有这样的观点,即既判力扩张以及具有对世效力的判决效力扩张时,提起多个诉讼的当事人被视为同一,由于禁止二重诉讼因此其多个诉讼将被强制合并。因此,类似必要共同诉讼是以判决效力的扩张为基础而进行的强制合并。中野编・入門第 104 页亦持相同见解。但一如后述,并非所有的类似必要共同诉讼都是以判决效力的扩张作为基础的,因此认为类似必要共同诉讼是多个诉讼的强制性合并就过于勉强,也为时尚早。

〔5〕 在债权人代位诉讼中,如果认为债务人和次债务人应作为共同被告,则该诉讼大概就是有共同诉讼的必要而没有合一确定的必要的诉讼类型。因为债务人的自认并不妨碍次债务人,所以没有必要合一确定。不过,坂原・既判力第 309 页却认为应准用第 40 条的合一确定之规定。

其字面意思有所不同，德国和日本现行法中的必要共同诉讼乃是着眼于合一确定的必要性上，即使没有共同诉讼的必要也属于必要共同诉讼（类似必要共同诉讼）。[6]

	有合一确定的必要	无合一确定的必要
有共同诉讼的必要	固有的必要共同诉讼	无
无共同诉讼的必要	类似必要共同诉讼	普通共同诉讼

二、必要共同诉讼

1. 必要共同诉讼的程序规定

为了作出合一判决，第 40 条对必要共同诉讼特别规定了程序的统一和诉讼资料的统一，即规定在同一时间得到内容同一判决。

首先要求对全体共同诉讼人统一进行诉讼程序。即在共同诉讼人中，只要一人发生程序中断或中止的事由，程序之中断或中止将及于共同诉讼人全体（第 40 条第 3 款。当然，根据第 124 条第 2 款，有诉讼代理人时仍然可以进行诉讼程序）。不允许对部分共同诉讼人先行进行程序，因此部分判决是违法的，[7]也不允许分开辩论。由于对每个共同诉讼

---

〔6〕 因此，谷口第 268 页、三ヶ月・全集第 215 页认为合一确定诉讼的说法比必要共同诉讼的说法更为正确；但笔者认为由于必要共同诉讼这一用语已经约定俗成，因此没有必要加以改变。

〔7〕 由于部分判决违法，因此应发回原审并作出全部判决；不在部分判决名单内的共同诉讼人也可以对部分判决提起上诉以改正法院的错误行为。参见新堂第 673 页，兼子・体系第 394 页，松本 = 上野第 577 页，伊藤第 571 页，注釈民訴(2)第 78 页（徳田和幸執筆）。东京高判 1994・6・29 判時 1506 号第 116 页指出，当固有的必要共同诉讼中出现了两个部分判决，如果任一当事人对任一部分判决提起上诉，则案件对全体共同诉讼人发生移审之效果，判决之确定力将被遮断。不过对一个部分判决提起的上诉将导致另一个部分判决发生移审并被撤销的后果，其理由并没有那么简单，参见徳田和幸・判批・判评 436 号（判時 1524 号）(1995)第 209 页。

人的判决送达时间不同，上诉期间届满时间也不同，只要共同诉讼人中有一人的上诉期间没有届满，则全体共同诉讼人的上诉期间也依然没有届满（新堂第 673 页）；对方当事人以及法院不可能掌握判决送达的确切时间，如果上诉期间尚未届满的共同诉讼人提起上诉，法院也不能不受理，因此并不存在突然袭击。另一方面，共同诉讼人通常会就是否提起上诉一同会商，有时也会发生这样的情况，即在会商的最后一天，有上诉意愿的当事人的上诉期已经到期，也没能够说服上诉期间尚未届满的当事人提起上诉，此时以延长上诉期间的方式加以保护显得过于迂回，因此应对必要共同诉讼人之全体统一上诉期间（以最后届满者为准）。但名古屋高金泽支判 1988・10・31 高民集 41 卷 3 号第 139 页则持反对意见，认为应该对共同诉讼人适用各自不同的上诉期间，这也是目前的多数说。〔8〕

也有人认为，在类似必要共同诉讼中错误作出的部分判决，如果判决结果是共同诉讼一方胜诉，该判决之确定将导致判决效力及于全体，因此不存在上诉利益。参见注釈民訴（2）第 188 页，注釈民訴（2）第 78 页（德田和幸执笔），菊井 = 村松 Ⅰ 第 397 页。仅此而言，似乎应该赞同上述观点，关于类似必要共同诉讼中的上诉问题将留在后面讨论。

〔8〕 赞同该判决的有松本 = 上野第 577 页，三ヶ月・全集第 221 页，伊藤第 572 页，小山第 276 页，注釈民訴（2）第 80 页（德田和幸执笔）以及注釈民訴（2）第 188 页。与该判决相反，兼子・体系第 394 页则提出，判决在全体共同诉讼人的上诉期限届满之时才获得确定，因此即使本人的上诉期间届满，只要他人的上诉期间尚未届满仍可提起上诉。中野 = 松浦 = 铃木第 450 页（井上治典执笔），中村英郎『新民事訴訟法講義』（2000，成文堂）第 78 页，菊井 = 村松 Ⅰ 第 396 页，条解第 170 页（新堂幸司执笔）以及本书第九讲“控诉”部分均赞同该观点。

但一如后述，最高法院的判例表明类似必要共同诉讼中的上诉人只能是实际提起上诉的当事人，因此上诉期间应就各共同诉讼人分别计算。参见高田裕成「いわゆる類似必要的共同訴訟における共同訴訟人の地位——多数当事者訴訟における合一確定の意義」新堂・古稀（上）第 641 页以下，特别是第 659 页注（26）。

其实我们不必死板地理解统一进行程序的规定，也可以在某种程度上灵活处理（新堂第 673 页）。例如，只要一人发生了中断或中止事由则该效力也及于全体，但如果中断或中止的事由不可能在短时间内消除时，从不同请求之间合一确定的必要性出发，对于必要度较低的请求也可以由当事人先行进行程序。在允许进行单独诉讼的类似必要共同诉讼中，甚至原则上就应采用这种做法。

作为共同诉讼人的对方当事人，只要对共同诉讼人中的一人作出诉讼行为，则该行为之效力亦及于全体共同诉讼人（第 40 条第 2 款），该行为对共同诉讼人是否有利，在所不问。例如，即使共同诉讼人中只有一人在口头辩论当天出庭，对方当事人甚至可以主张未记载在准备书面上的事实（该事实可能对共同诉讼人不利）。该规定是为了方便对方当事人而制定的，但同时也有利于统一推进程序。不过该款规定并不适用于法院的诉讼行为，因此期日之传唤或送达判决书须对共同诉讼人分别为之。

其次是诉讼资料的统一，即裁判资料的统一。〔9〕如果每个人随意提出主张的话就无法避免相互矛盾的主张，也就难以作出内容同一的判决，因此，有必要人为地规制相互矛盾的诉讼行为。日本法所采用的方法是将诉讼行为划分为有利和不利，共同诉讼人中一人的诉讼行为对全体共同诉讼人

---

〔9〕 诉讼资料之统一不仅包括主张也包括证据的申请，因此与其称之为诉讼资料的统一，还不如说是裁判资料的统一更为贴切。参见伊藤第 563 页，上田第 513 页，吉村 = 竹下 = 谷口第 426 页。但即便是普通共同诉讼也同样适用证据共通原则，更不必说必要共同诉讼了，因此大多数体系书和教科书还是采用了诉讼资料之统一的说法，笔者亦从之。林屋第 117 页则将之称为“（判决的）基础资料的统一”。

有利时,即使是一个人作出的诉讼行为,其效力也及于全体共同诉讼人;而不利的诉讼行为则不产生任何法律效果,不利效果的发生必须由共同诉讼人之全体为之(第40条第1款)。即只要有一个人对抗对方当事人的主张,就等于产生全体对抗的效力,而不产生拟制自认的效力;只要共同诉讼人中有一人在期日出席,就视为全体出席,而不产生期日缺席的效力(但是,出席人的诉讼行为不能视为全体的诉讼行为,只能限定在对其他诉讼人有利的诉讼行为,如出席者的自认并不发生自认的效果)。所谓不利行为包括自认、放弃诉讼请求、认诺、和解、放弃上诉权、撤诉等,一个人的行为并不发生相应的效力,只有全体人员的行为才能产生效力。〔10〕当然,一人所为之不利行为本身虽不产生任何效力,但可以

〔10〕 诉讼资料的统一也许是以固有的必要共同诉讼为原型的,但一般都是从共同诉讼人之间处于同盟关系的角度加以说明。参见兼子·体系第392页,中野·論点Ⅰ第180页,林屋第119页,注釈民訴(2)第76页(德田和幸执笔)(被称为协同关系)。但是,从意图作出自认、放弃诉讼请求或认诺对方诉讼请求的共同诉讼人的立场来看,诉讼资料的统一等于否定了自己的诉讼行为,是对诉讼行为自由的一种制约,因此同盟或协同等措辞均不适宜。由此可见,正如高田·前引注〔8〕所指出的,第40条的规定带有"牵制"其他共同诉讼人行为的因素。也正是从这一观点出发,可以发现第40条之所以准用于共同诉讼性质的辅助参加、共同诉讼参加以及独立当事人参加也是存在一定内在联系的[新堂幸司「共同訴訟人の手続保障」新堂·訴訟物(下)第337页、第350页也持类似见解]。同时该论文也明确指出了有效解决上述制度之间矛盾的途径,该论文指出,第40条的本意是阻止他人之间的先行诉讼之败诉判决的"效力"及于自身,为此需要在必要限度内对其加以规范,那么最根本的规范不在于第1款诉讼资料的统一,而在于第3款程序进行的统一。

德国相关学说认为,共同诉讼人中的一人作出的自认虽然既不能约束其他共同诉讼人,也不能约束法院,但对作出该自认行为的共同诉讼人来说则具有不可撤回的效力,其不能实施与自认相矛盾的诉讼行为。高田·前引注〔8〕第655页对这一学说给予了很高的评价。如果把对其他共同诉讼人行为的牵制效果限制在最小范围,上述观点并无不妥。但这种限制是否有些过分了呢?我们举一个课堂教学的例子,如果未作出自认的其他共同诉讼人的辩论并不充分,而作出自认的共同诉讼人

作为辩论全趣旨加以斟酌(某个人的自认可以成为该事实存在的认定理由)。

以上规定均适用于固有的必要共同诉讼和类似必要共同诉讼,但在撤诉方面则有所不同。如果诉讼因一人而撤回,固有的必要共同诉讼的前提——须共同诉讼人之全体作为当事人——就不成立了(由于不符合当事人适格的条件,诉讼被驳回),因此,固有的必要共同诉讼不允许某一人或针对某一人撤诉;但在类似必要共同诉讼中,由于不存在共同诉讼的必要性,所以允许一人撤诉或对一人撤诉,这是目前的通说。[11]

一方有可能作出有效的积极否认,上述规范对此是持否定态度的,比较典型的事例是未作出自认的其他共同诉讼人在下一次口头辩论期日缺席。如果作出自认的共同诉讼人认为在其他争点上也可以获得胜诉从而作出自认,那么胜诉本身也是该共同诉讼人所期望的,因此没有必要排除其有效、确实的诉讼行为。正如日本的通说主张的一样,在这种情形下作出的自认对于自认人本身也不产生拘束力。当然,德国学者之所以提出如此主张还与其不承认自认具有意思要素,而只是一种观念上的告知有关(高田上述论文第 658 页),其对自认的认识不同于笔者的个人观点(高橋・重点講義第 401 页)。

由笔者的个人观点出发,也许会在诉讼请求的放弃以及认诺的问题上得出完全相反的结论。那是因为,与自认不同,诉讼请求的放弃或认诺均表明该共同诉讼人甘愿接受败诉的结果,但即便如此,难道也需要将还未发生相应效果的共同诉讼人排除在诉讼之外吗?在实际案例中很少有作出放弃或认诺的共同诉讼人继续参加诉讼,不过,如果该共同诉讼人意图实施某一诉讼行为,而且该行为也有利于其他共同诉讼人时(比如其他共同诉讼人缺席),是不是也应该承认其诉讼行为的效力呢?因为这与该共同诉讼人的权利义务有关,并且也不会给对方当事人造成不当的不利益。这样一来,法院在诉讼管理过程中就不必经常查点是否有某一共同诉讼人被排除在外,这样有利于简化管理程序。我国通说的结论虽然在逻辑上存有瑕疵,但在实践中却显示了其妥当性。

〔11〕 不过三ヶ月・全集第 227 页认为,固有的必要共同诉讼也应允许撤诉,其结果是诉之整体因当事人不适格而被驳回。该论点着眼于固有的必要共同诉讼强调每一当事人均会产生多个诉讼法律关系,与兼子理论并不相同。

最判 1994・1・25 民集 48 卷 1 号第 41 页认为,在遗产确认之诉这一固有的必要共同诉讼中,对部分被告(共同诉讼人)撤诉的做法并不合法。这一观点与通说一致。参见高田裕成・判批・私法判例リマークス10 号(1995)第 144 页,高橋宏志・解说・法教 169 号(1994)第 100 页。

另外,所谓有利行为或不利行为,能赢得胜诉的被称为有利行为,可能导致败诉的则被称为不利行为。具体而言,能够促使程序进一步展开的(否认、出席等)被视为有利行为;而导致程序就此停滞不前的(自认、和解等)就被判定为不利行为。虽然经常会出现即使作出了自认也能因其他争点而胜诉的情况(在和判决的关系上,结果并非不利),但由于自认能阻止法院就该争点进行审理,也被划分为不利行为。〔12〕

通说认为,只要共同诉讼人中的一人提起上诉,则全体共同诉讼人均成为上诉人。通说的理论基础在于,上诉可促进程序的展开因此属于有利行为,〔13〕而且从程序统一的要求来说,也不允许先行确定针对某一个人的判决。但这并不意味着没有上诉意愿的人也要成为上诉人的规定是完全正确的。从最高法院的判例中可看出以下变迁。在最判 1973 · 4 · 1 民集 37 卷 3 号第 201 页,百選Ⅱ第 166 号案例(田村洋三解说)中,依据地方自治法第 242 条第 2 款第 1 项 4 号而提起住民诉讼的 15 名原告中只有 5 人提起上诉,另外 10 人并没有提起上诉,上诉审法院仅将该 5 人作为上诉人。最高法

〔12〕 新堂 · 訴訟物(下)第 344 页中也指出,所谓有利,不仅仅指其诉讼行为的结果会引起共同诉讼人一方的胜诉,只要是为了维护自身的利益和主张而积极利用法律所规定的诉讼上的程序和手段以及对该类机会提供了保障——不管其行为结果在实质上对行为人有利还是不利——所有这些努力都应当值得尊重。因此,第 40 条中的"利益"一词应被解释为运用诉讼上获得相应保障的手段来维护自身主张的行为(参见"第六讲辅助参加"之"五、诉讼告知"部分),亦可参考新堂第 673 页。

〔13〕 小山 · 著作集 4 卷第 248 页则认为,一个共同诉讼人的上诉效力不是诉讼行为效力的扩张问题,而是导致判决确定力被遮断的问题,不应由第 40 条第 1 款来规定。当然,笔者也承认立法者意图在该款所指诉讼行为中包含上诉行为。

院依职权判断该案属于必要共同诉讼而撤销了上诉审判决发回重审。因为住民诉讼的判决效力会发生扩张,因此应将之理解为类似必要共同诉讼,这样一来,一人提起上诉,全体共同诉讼人均应成为上诉人,所以原判决未将另外 10 人列为上诉人是违法的,这与通说的结论相同。但是,木下法官则表明了反对意见,他认为:"在上诉审中只能由专门提起上诉的共同诉讼人来实施诉讼行为,没有上诉的其他共同诉讼人应被认为退出了诉讼,仅处于接受上诉判决的地位。"[14]不过,最大判 1997・4・2 民集 51 卷 4 号第 1673 页(所谓爱媛玉串料诉讼)之判旨表明,虽然同属于住民诉讼,但法院依职权变更了判例。即在类似必要共同诉讼中,如果只有部分共同诉讼人提起上诉则影响原判决的确定力,诉讼之整体发生移审至上诉审的效果,上诉审的判决效力也及于没有提起上诉的共同诉讼人;但是,对于已无意成为公益代表之共同诉讼人,违反其本意而使其继续拥有上诉人地位的做法实不妥当,未提起上诉的共同诉讼人不应成为上诉人。[15] 接着,最

---

〔14〕 井上治典「多数当事者訴訟における一部の者のみの上訴」井上・法理第 201 页,特别是第 204 页。这一观点的主要内容为,由共同诉讼人中一人提起上诉的上诉审的审理对象虽然及于诉讼请求之全体,但是没有提起上诉也没有参与上诉审程序的共同诉讼人不拥有上诉审当事人的地位,上诉人成为"缓和形式的选定当事人"(未上诉人的诉讼担当人);上诉审的诉讼费用只能由上诉人负担,上诉之撤回也只能由上诉人为之;期日之传唤以及送达也仅对上诉人进行。但在支持上诉请求而变更原判决时,判决主文中应将未上诉人列明,全体共同诉讼人成为附带被上诉人,其中也包括对对方当事人之附带上诉未提起上诉之人。未上诉人自始至终享有与上诉审辩论相关的权利。条解第 170 页(新堂幸司执笔),新堂第 673 页也支持该学说。

〔15〕 德田和幸・判批・私法判例リマークス17 号(1998)第 137 页,伊藤眞・解説・1997 年度重判第 129 页以及德田和幸「複数住民の提起した住民訴訟と上訴」原井・古稀第 405 页。

判 2000・7・7 民集 54 卷 6 号第 1767 页也在股东代表诉讼中作出过类似的判决,这说明住民诉讼和股东代表诉讼相关的判例已经较为稳定。[16]

那么,到底应怎样处理呢?上诉审诉讼费用的负担、撤回上诉,以及因非上诉人所导致的程序中断或中止事由等事项,有充足的理由可以不把非上诉人视为上诉人,不能让无上诉意愿的人负担上诉审的诉讼费用,只能由上诉人撤回上诉,即使非上诉人发生中断或中止事由也应继续程序等,这些都具有合理性;另一方面,由于非上诉人的权利义务也要受到法院的审判,因此其有权了解上诉审之系属,也应允许其参与上诉审。如果上诉人不是撤回上诉,而是撤回诉,也就是要溯及性地消灭诉讼系属以及原判决,此时不让非上诉人参与是不合理的。诉讼请求的放弃、认诺以及和解亦是如此。例如,诉讼标的为 1 亿日元的股东代表诉讼中,一审判决支持其中的 3000 万日元,部分共同诉讼人对此表示满意,没有提起上诉,而其他共同诉讼人则提起了上诉。如果上诉审的程序发展使撤诉成为最佳选择或者接受 2000 万日元的和解较为妥当,此时就不得无视愿意维持 3000 万日元一审判决的非上诉人的意思。由于附带上诉的原因,没有提起上诉的共同诉讼人也应成为附带被上诉人。总之,非上诉人的地位问题具有双重性,即有时不得将之作为上诉审当事人,

---

〔16〕 高橋宏志・判批・私法判例リマークス23 号(1998)第 116 页,同「必要的共同訴訟と上訴」小室 = 小山・還暦(中)第 43 页。

而有时应当将之作为上诉审当事人来对待。[17] 所以与其一律否认上诉人地位(一如判例所示),不如先大体承认其上诉人之地位,在后续问题上采取灵活的处理方法可能更为合理。[18] 但在实务中,时有由于非上诉人的地址发生变更而无法送达的情况发生,或者为了送达上诉审期日出庭通知书而费尽周折(当然可以适用第104条之规定)的情况,考虑到这一点,与其为了解决只有在理论上才可以讨论的撤诉难题,还不如从实务中经常发生的送达难题出发,因此判例选择的解决途径就是没有提起上诉的共同诉讼人不属于上诉审的当事人。不过在类似必要共同诉讼和固有的必要共同诉讼中则分别适用不同的规定:固有的必要共同诉讼存在当事人适格的问题,因此不得不将之作为上诉人来处理;即使是类似必要共同诉讼,在撤销股东大会决议之诉中,也可能采取与判例不同的做法,即不承认移审的效力和判决确定力被遮断的效力,而且也使得法院在多个债权人提起的债权人代位

---

〔17〕 德国的有力说认为,非上诉人虽然不能成为上诉审的当事人,但并不意味着其丧失了作为当事人的所有权利。参见高橋宏志·前引小室 = 小山·還暦(中)第44页。虽然该说极为精巧细致,但过于细致的学说并不具有实用性。

另外,一直主张将第40条规定限制在最小的必要范围内以避免程序过剩的高田·前引注〔8〕第661页注(31)高度评价了未上诉之共同诉讼人不能成为上诉审的判例。不过笔者认为,关于上诉之事实以及上诉人的某些重要的诉讼行为,应当向非上诉人告知到什么程度以及对于非上诉人的中断或中止事由是否可以不予考虑等问题,从非上诉人的程序参与权的角度来看是不能轻易忽视的。

〔18〕 实务中可以采取如下处理方法:诉讼费用由共同诉讼人中的上诉人负担;如果中断或中止的事由不能在短时间内消除,则由其余的上诉人继续进行程序。在解释上也可以认为上诉的撤回只能由上诉人为之。另请参见最判2002·10·15判時1807号第79页。

诉讼中的处理方法变得不透明。[19] 应该说,判例所采取的处理方式目前只适用于住民诉讼和股东代表诉讼。

2. 固有的必要共同诉讼

一如前述,固有的必要共同诉讼既受到合一确定之必要性(或者程序合一之必要性)的约束,亦需要共同进行诉讼(新堂第664页)。[20] 为满足当事人适格的条件,所有相关人员都要成为当事人(新堂第263页),缺乏此项诉讼要件时诉讼将被驳回。

那么,何种情况下就成为固有的必要共同诉讼呢?换言之,即何为共同诉讼之必要性呢?大致可以分为以下三类。

第一,将使他人之间的法律关系发生变动的诉讼。此时,将会发生变动的法律关系主体中的所有人都必须成为诉讼当事人(共同被告)。由于每个人的利害关系被紧密地联

---

〔19〕 也有学说认为在原告胜诉的情况下只发生片面对世效力的股东大会决议撤销之诉不属于类似必要共同诉讼。参见高橋利文「片面的対世効ある判決と共同訴訟人の一部の者の上訴」貞家退官記念『民事法と裁判上』(1995,きんざい)第178页。如果可以这样解释的话,判例中的难点就被消解了。

数个债权人代位诉讼中,原告 X_1 请求偿还自己1亿日元的债权,X_2 则主张自己7000万日元的债权。假设一审判决只支持了5000万日元的债权,X_1 没有上诉,但 X_2 为了得到7000万日元而上诉。那么此时面临的问题就是,X_1 的1亿日元的债权请求是否也产生移审的效果?如果答案是肯定的,那么 X_2 是否有权对超过7000万日元债权的部分实施诉讼行为呢?当然也会有人指出,与未上诉人 X_1 相关的请求在控诉审中不会得到审理和判决(不会作出超过原判决的控诉审判决)。参见高橋·前引注〔16〕私法判例リマークス。

〔20〕 根据兼子·体系第384页,观念上认为在固有的必要共同诉讼中当事人被一体化,整个诉讼也只有一个诉讼请求。小山昇「必要的共同訴訟」民诉学会编『民事訴訟法講座第一卷』(1954,有斐阁)第251页以下,特别是第253页也持同样观点。对此,松本=上野第563页则认为,即使在固有的必要共同诉讼中,各共同诉讼人和对方当事人之间都存在诉讼请求,只是由于请求的内容在客观上是相同的,因此看起来整体只存在一个诉讼请求。笔者认为,后者的说明显得更为合理,而且,小山昇『民事訴訟法〔新版〕』(2001,青林书院)第269页认为"这就好比全体共同诉讼人起哄式地参与到单一的诉讼请求中"。

系在一起,因此不宜个别地使其进入诉讼。[21] 由第三人提起

---

〔21〕 谷口安平「判决効の拡張と当事者適格」中田・還暦(下)第51页以第三人提起的亲子关系不存在的确认诉讼为例,作出如下解释:为了实现判决效力扩张的正当化,必须将能够进行充分防御的人作为被告。例如,在亲子关系中最重要的利害关系人是父母和子女,所以第三人要提起亲子关系不存在的确认诉讼就必须将该父母和子女作为共同被告。理由如下:第一,在仅以父母为被告的诉讼中,具有同样密切利害关系的子女自不必说,就是受判决效力约束的其他第三人都无法进行充分的诉讼以维护其利益;第二,更为重要的是,子女具有和父母同等程度的利害关系,把子女排除在外的诉讼还要对该子女产生拘束是不正当的。但这两方面互为联系,既然绝对不能被排除在案外的利害关系人(父母和子女)参加了诉讼,那么还须考虑统一确定的要求,这样一来,即使将判决效力及于当事人之外的其他人也不会有什么不正当;而且,此时原告方和被告方的区别就显得不太重要,因为作为被告的父母和子女不一定采取相同的利害关系立场,此时应将之解释为三方诉讼。笔者认为该分析妥当入微,极为精到。

附带的问题是,对共同继承人A、B,判例允许各自起诉。如果这样的话,是否意味着对是夫妻关系的A、B也可以分开起诉呢?如果仅以夫妻中的一方A作为被告,一旦撤销婚姻关系的判决确定之后,由于该诉讼属于形成诉讼,因此婚姻关系被撤销的效果亦及于并未参加诉讼的B,这样就欠缺对B的程序保障;另一方面,如果仅以共同继承人中的A为被告,那么该诉讼的既判力和执行力在法律上不及于B,一如后述,此时B是否就获得了充分的程序保障也是一个问题。但共同继承与撤销婚姻关系之间确实存在差异。

顺便提及的是,根据《人事诉讼法》第12条第2款,婚姻关系撤销之诉的被告为夫妻双方,该款后段又规定,如果夫妻中有一方死亡,可以仅以另一方为被告,此时可以认为已故一方的主张或证据提出被另一方的主张和证据提出所吸收或代替。这种思考方式也体现在《人事诉讼法》第28条(旧法第33条)的规定中。参见林通晴「『人事訴訟手続法第三三条の規定による通知に関する規則』の解説」判夕940号(1997)第4页。但是,由在世的一方代替的做法多少有些拟制的味道,如果由检察官代为主张和提出证据申请似乎在程序保障上更为合理。只是这样做在性价比上不太合算,这也是第12条第2款的规定获得正当化的理由。

另外,最判1981・6・16民集35卷4号第791页(被告为父母和儿子等三人)所载判例是一起由第三人提起的嫡出亲子关系不存在的确认诉讼,判旨将该类型的诉讼分解为父子关系和母子关系,并且认为该案属于两个不存在确认之诉的合并情形。由于这里不存在合一确定的必要性,因此父子关系和母子关系可以分开处理,其中与继承份额无关的母子关系被法院以部分判决的方式驳回了诉讼,其理由为不具有诉的利益。参见佐藤铁男・评释・法协101卷9号(1974)第1474页。该型诉讼在战前属于固有的必要共同诉讼,但由于区分嫡子、庶子和私生子的家庭制度在战后逐渐消亡,实体法也产生了相应的变化。

的主张婚姻关系无效或撤销婚姻关系的诉讼所涉及的夫妻(《人事诉讼法》第12条第2款)、解聘董事诉讼中的该董事和公司(最判2000·3·27民集52卷2号第661页)[22]等属于此类。

第二,与第一种类型相似,在数人共同管理处分或执行职务的情况下,该数名管理处分权人或者职务执行人成为共同诉讼人。有数个受托人的信托财产关系诉讼中的数个受托人、有数个破产财产管理人的破产财团诉讼中的数个财产管理人,以及由同一选定人选定的数个选定当事人(参见本书第五讲"选定当事人"部分)等属于此类。将数人作为管理处分权人或职务执行人的目的在于通过彼此之间的相互牵制来适当控制管理和处分行为,因此共同进行诉讼也符合了其制度原意,原告方和被告方都可以适用固有的必要共同诉讼。

第三,有关共同所有形态的纠纷。通说(兼子理论)将共同所有形态分为总有、合有与共有,并且根据实体法关于共有中的保存行为(《民法》第252条但书)、不可分债权和债务(《民法》第428条以下)等规定来决定是否适用固有的必要

〔22〕 在该判旨中并存两种要素,一种是由于是同一法律关系的两个当事人因而应作为被告,另外一种则是对作为解聘对象的董事应采取实质性的程序保障。因此还不能简单地归入第一种类型。参见伊藤雄司·评释·法协118卷6号(2001)第986页,松原弘信·解说·法教217号(1998)第118页等。

程序保障的问题还与公司内部纠纷中被告的适格问题有关,参见本间靖规「会社内部紛争における当事者適格について」原井·古稀第621页,中岛弘雅「法人の内部紛争における被告適格論·再論」新堂·古稀(上)第731页,吉垣実「取締役解任の訴えの被告適格について」東海法学22号(2001)第185页〔收于吉垣実『会社訴訟の研究』(2003,成文堂)第141页〕,高橋·重点講義第264页等。

共同诉讼。也就是说,对于原告方来讲,如果处于总有(入会权)和合有(民法上的合伙和遗产的共同继承)的情形,则必须共同处分或行使权利,因此应适用固有的必要共同诉讼;在共有的情形下,只须考虑其持分权无须考虑共同行使处分权,所以可以各自单独提起诉讼。对于被告方来说,由于民法上的合伙或遗产的共同继承中的债务属于各自债务,虽为合有,但并不是固有的必要共同诉讼;共有的情形亦是如此,其特色在于以实体法为依据并忠实于实体法。〔23〕

判例的态度自明治时期开始有所变化,战后则出现了尽量缩小固有的必要共同诉讼范围的趋势,〔24〕而最近则又出现了与此相反的判例,愈发显得错综复杂。虽然其出发点与通说一致,都是以实体法为依据,但由于对实体法的理解与通说不同,因此结论亦不相同。

(1)关于原告方的判例。总有的情形构成固有的必要共同诉讼,此点与通说一致。最判 1966·11·25 民集 20 卷 9

---

〔23〕 兼子·体系第 384 页,三ヶ月·全集第 218 页,山木户·判例第 80 页,伊東乾·判批·法学研究(慶応大学)38 卷 4 号(1965)第 92 页等。伊藤第 564 页也认为,固有的必要共同诉讼的成立是由作为当事人适格基础的管理处分权或者法律上的利益归属形态决定的,该观点具有浓厚的实体法属性。

顺便提及的是,注解民诉(2)第 165 页指出,兼子说等学说认为合伙债务和继承债务属于各合伙成员以及各共同继承人的个人债务,因此通常不适用固有的必要共同诉讼;但这些债务一般被认为是以合伙财产和继承财产为担保的全员合有性质的债务,其上亦重复各共有者的个人责任,因此追究前者责任时则适用固有的必要共同诉讼,而对后者则适用普通共同诉讼。关于民法上的合伙,请参见铃木重胜「『民法上の組合』の訴訟当事者資格」早稲田法学 38 卷 3·4 号(1963)第 291 页,木川·重要问题(下)第 570 页、第 591 页。

〔24〕 新堂幸司「共同訴訟人の孤立化に対する反省」新堂·訴訟物(下)第 33 页,德田和幸「通常共同訴訟と必要的共同訴訟」講座民訴③第 227 页,同「共同所有形態と訴訟形態」》中野·古稀(上)第 457 页等。

号第1921页的判旨表明,在入会权确认之诉中,全体入会权人都应成为原告,上告审以此为由依职权驳回了诉;但在事实上不可能将多达330多名的入会权人都作为共同原告,既可能会被对方当事人说服瓦解,也可能有人不愿意牵涉到法院的诉讼中。很多人批判该判例事实上等于剥夺了入会权人的起诉权。[25]

也许是受到上述批评的影响,最判1982·7·1民集36卷6号第891页,百選Ⅱ第161号案例(富樫貞夫解説)则进行了修正。该案中,290户入会权人中的285户提起诉讼要求确认以入会权为基础的使用收益权,并请求注销在入会地上设定地上权的预登记。判旨认为,基于入会权而生之使用收益权属于入会权人之个别权能,其确认事宜不属于固有的必要共同诉讼,可提起个别诉讼,故本案未将全体成员作为共同原告系为合法。但由于使用收益权与地上权预登记互不矛盾,故基于使用收益权而要求注销地上权预登记之请求应予驳回。该请求应基于入会权本身,应适用固有的必要共同诉讼,故须将全体入会权人作为共同原告。关于使用收益权的问题,与后述共有持分权类似,允许个别诉讼,而且该判决在地上权预登记的注销问题上采取了固有的必要共同诉讼的形式,以保持与上述1966年判决的协调,其解决方案不可谓不巧妙,但在理论上多少有权宜之计

---

〔25〕 与通说不同的观点可参见星野英一=五十部丰久·评释·法协84卷11号(1967)第1574页,新堂幸司「民事訴訟法理論はだれのためにあるか」新堂·民訴制度第1页以下,特别是第38页等。

的味道。[26]

其次，判例没有承认民法理论上的合有概念，而是将分割之前的共同继承财产以及民法上的合伙都归为普通共有，将合有和共有混为一谈，只是将其划分为共有权（亦称共有关系、共有体制）和共有持分权，采取了二元的处理方法。其出发点在于，共有权（共有关系）关系到全体共有人，因此全体共有人必须成为当事人并由此形成固有的必要共同诉讼，而共有持分权则属于各人的个别权利，不必采用固有的必要共同诉讼，允许个别诉讼；而且如果再从中分化出可以由每个人独立行使的实体权的话——比如共有中的保存行为和不可分债权——也不构成固有的必要共同诉讼。比如，最判1971・10・7民集25卷7号第885页，百選Ⅱ补遗第43号案例，该案原告以共有人的身份（夫妻）要求确认所有权并进行移转所有权的过户登记。判旨认为，该案诉讼标的为共有权（共有关系），故应适用固有的必要共同诉讼，原告之一人不

---

〔26〕 不过山田诚一・评释・法协103卷6号（1986）第1210页认为，该判决在实体法理论上颇为妥当。另一方面，富樫貞夫・百選Ⅱ第359页则认为，在民法理论上能否将因入会而产生的使用收益权能和管理处分权能相区分是颇有疑问的。

该判决暗示了可以将实体性权利与诉讼标的以及当事人适格相分离。在请求注销预登记的情况下，可资利用的实体权利是使用收益权和入会权本身，如果站在新诉讼标的理论的立场上，使用收益权和入会权本身只是法的观点，其诉讼标的并非不同。这样一来，即使原告只主张使用收益权，虽然可以驳回其诉讼请求，但当事人适格是没有问题的；即使只有部分入会权人主张入会权，由于入会权之主张与诉讼标的无关，因此也符合当事人适格的条件。如此一来，入会权之权利本身只能由全体入会权人加以主张，而可得主张使用收益权意味着所谓入会权和使用收益权等实体权利和当事人适格没有关系，只是主张适格层面的问题。这在该案的处理上不会造成什么不便，但从当事人适格的理论来看却是极富意义的。

得撤诉。[27] 另一方面,最判 1965·5·20 民集 19 卷 4 号第 859 页也认为,共有持分权的确认之诉不属于固有的必要共同诉讼,可以单独起诉。特定物的给付请求(最判 1967·8·25 民集 21 卷 7 号第 1740 页)以及注销登记请求(最判 1958·7·22 民集 12 卷 12 号第 1805 页)其核心在于保存行为,因而也不构成固有的必要共同诉讼,但是请求移转所有权登记的诉讼则适用固有的必要共同诉讼(最判 1971·10·7 民集 25 卷 7 号第 885 页)。移转登记请求诉讼构成固有的必要共同诉讼,而注销登记请求诉讼则不适用固有的必要共同诉讼,这是否背离了以实体权利为基本出发点的思维方式呢?[28]

---

〔27〕 对于发生在固有的必要共同诉讼中一人撤诉的问题,有的解释论认为可以将之视为退出诉讼,其前提是既然是退出诉讼那么判决效力仍及于该人。当事人当然也可以运用选定当事人的制度。参见高田裕成·判批·私法判例リマークス 10 号(1995)第 144 页,高橋宏志·解说·法教 169 号(1994)第 100 页。

〔28〕 注销登记意味着第三人的所有权登记被注销,因此即使一人为之全体共有人也一同受益;而移转登记是以实现全体共有人登记为目的,一人所为之移转登记请求,假如只要求登记该提出请求之人,则与实际情况不符,构成不当请求而害及他人的利益。1971 年最高法院的判决所引发的问题是能否允许一人撤诉,虽然与此无关,但判决的依据不在于是否属于保存行为这种抽象的性质论,而是更关注解决纠纷的实质问题。参见五十部丰久「必要的共同訴訟と二つの紛争類型」民訴雑誌 12 号(1966)第 165 页以下。霜岛甲一·続百選第 42 页也认为,该判决的措辞暂不讨论,却能发现其背后一以贯之的合理性取向。这也正如中野 = 松浦 = 铃木第 447 页(井上治典执笔)所指出的,无论是以实体法权利为依据还是不可分债务和保存行为的理论,其基本功能只是在法院以其他理由得到结论之后再加以说明罢了。

另外,如果共有人中的一人以全体人员的名义要求移转登记时,其他共有人则构成诉讼担当,该主张近似德国法的有关理论。

关于判例在这一问题上的整体态度可参见前引注〔24〕中所列文献,谷口安平 = 井上治典编『新·判例コンメンタール民事訴訟法(1)』(2003,三省堂)第 394 页(福永有利 = 町村泰贵执笔)的论述也颇有助益。另外,最判 1995·7·18 民集 49 卷 7 号第 2684 页则认为地役权之登记请求不属于固有的必要共同诉讼。水元宏典·

(2)关于被告方的判例。没有发现有关总有的被告方判例,[29]但共同继承方面的判例则有不少,判例认为此种情况下不构成固有的必要共同诉讼。最判 1968·3·15 民集 22 卷 3 号第 607 页、百選Ⅱ第 163 号案例即其典型。判旨的前半部分认为,共同继承的拆除建筑物返还土地的义务属于不可分债务,因此不构成固有的必要共同诉讼;后半部分则认为,强制执行时应取得对全体共同继承人的债务名义,而这并不需要以判决阶段的共同诉讼为必要,可以按顺序分别以之为被告提起诉讼,否则,不仅由于不能撤诉或认诺对方的诉讼请求而造成不便,而且在共同继承人不明的情况下即使缺少一名被告也将面临诉被驳回的危险。总之,若将之作为必要共同诉讼可能带来程序上的不经济和不安定。

但是,仔细推敲上述判决内容之后就会发现,该判旨仅在前半部分以实体法权利为依据,而具有决定性作用的还是

评释·法协 115 卷 1 号(2000)第 131 页对该判旨持赞同态度,宇野聡·解说·法教 186 号(1996)第 72 页以及园尾隆司·解说·判タ913 号(1996)第 218 页则持反对意见,理由是这会造成每个人对地役权内容的理解发生分歧。两种观点的区别在于,在何种程度上考虑全员起诉的可能性之大小与地役权内容分歧这种较为抽象的危险性之间的平衡。而且,最判 2002·3·25 民集 56 卷 3 号第 574 页也认为,专利权共有人中的一人提起的、有关专利撤销决定的撤销诉讼不属于固有的必要共同诉讼。

〔29〕 民法上之合伙作为被告时,由于关系到强制执行而较为棘手。由于第 29 条关于当事人能力的规定或者采用任意的诉讼担当形式,原告可以合伙或合伙事务执行人为被告提起诉讼,如果原告胜诉的话,就可以对合伙财产采取强制执行措施,这当然没有问题。问题是以此判决为依据,是否可以对合伙人的个人财产采取强制执行措施呢?合伙事务执行人是否有权就其他合伙成员的个人财产进行诉讼呢?合伙财产和合伙人个人的财产是否能明确区分?这些问题在德国也颇有争议。

后半部分基于诉讼法的考虑,[30]后半部分的逻辑是具有说服力的。另外,若对共同继承人依次起诉,如果发生被告 Y_1 和被告 Y_2 败诉,而 Y_3 胜诉的情况时,原告取得的对 Y_1 和 Y_2 的胜诉判决是没有任何意义的,反而还产生了浪费程序的问题,这也导致整个程序不完整。但是,正如判决所指出的,原以为共同继承人之全体都成了被告,谁知还漏掉了一个,必须认真考虑此种情况的解决方案。

(3)关于共有人内部纠纷的判例。这里介绍的判例时代较为久远,参见大判 1924・5・19 民集 3 卷第 211 页。该判旨认为,共有权(共有关系)内部的确认之诉构成固有的必要共同诉讼(另论),但共有人以其他共有人为被告要求确认共有持分权时则不构成固有的必要共同诉讼。也就是说,共有权和共有持分权的区别也同样适用于内部纠纷,但如果把共有持分权的问题委诸个别诉讼,就无法统一判断作为整体谁人具有持分权,即谁和谁属于共有关系。[31]

同样事关内部纠纷,大判 1908・9・25 民录 14 辑第 941 页认为,共有物分割诉讼构成固有的必要共同诉讼,共有人之全体应成为当事人;而且最判 1989・3・28 民集 43 卷 3 号

---

〔30〕 可以说该判旨充分体现了判例背后的实质内容。参照前引注〔28〕。

三ヶ月・全集第 228 页认为,对共同继承人采取强制执行需要对其全体取得债务名义,但没有必要一次性取得,可以依次起诉。从中可以看出,一次性取得固为上策,而依次诉讼则是次善之策。但正如后述,这种二元结构应该用于提高固有的必要共同诉讼的灵活性上,而不应该用于否定固有的必要共同诉讼。关于实体法的二元结构或曰柔性结构,可参见松浦馨「環境権侵害差止仮処分における当事者適格と合一確定の必要」山木户・還暦(上)第 283 页以下。

〔31〕 在民法上合伙的内部关系中,有判例认为在合伙关系之存否的诉讼中应将其他合伙成员全部作为被告。参见大判 1928・6・21 民集 7 卷第 493 页,东京高判 1964・10・28 下民集 15 卷 10 号第 2554 页。这样做是否更为妥当呢?

第167页、百選Ⅱ第164号案例认为,遗产确认之诉构成固有的必要共同诉讼。但最判1981·9·11民集第35卷6号第1013页则认为,遗嘱无效的确认之诉不构成固有的必要共同诉讼,9名共同继承人中的2人为原告,4人为被告的诉讼形态是合法的。但如果其余3人另行起诉,且获得了不同于前诉判决的判断内容时,该如何处理遗产呢?〔32〕

从入会权确认之诉中可以看出,以实体权性质为出发点的通说并不符合实际,判例的结论也存在不合理的地方,那么该如何看待这一问题呢?

应当采取的基本观点是,既不偏向实体法的逻辑也不偏向诉讼法的逻辑,而是根据诉讼标的的性质、纠纷解决的实效性、原告和被告之间利害关系的调整、当事人和当事人之

---

〔32〕 米仓明 = 高桥宏志·评释·法协100卷1号(1983)第197页。

1989年最高法院的上述判决把遗产确认作为固有的必要共同诉讼,与其说这也是从实体权利的性质演绎而来,莫不如认为这是为了使遗产分割程序能够顺利进行,因为确定遗产范围从遗产分割程序的整体来看是合理的。参见上野泰男「遺産確認の訴について」关西大学法学论集39卷6号(1990)第1539页,山本克己「遺産確認の訴えに関する若干の問題」判タ652号(1988)第20页。上野在论文中指出,在遗产确认之诉中,即使不争夺遗产的人也必须作为当事人,该诉讼毫无疑问属于固有的必要共同诉讼。应值赞同。山本克己在其论文第28页注(33)中指出,应在认真反省箭头式思维方式的基础上来活用诉讼告知制度,这一观点明显受到谷口安平「多数当事者訴訟について考える」法教86号(1987)第6页的启发。也就是说,就遗产确认之诉而言,原告只须将共同继承人中对遗产归属性产生争议的一个人作为被告即可,而对其余继承人进行诉讼告知,意即对诉讼立场不鲜明的人必须进行诉讼告知,这样一来,该继承人就取得了实体判决名义人的地位,不过其既非原告也非被告而是作为第三人的范畴;如果该继承人希望作为当事人来积极地参加诉讼的话,就准用共同诉讼参加的制度,由其自由选择原告方或者被告方。可以说这种处理方式活用了诉讼告知制度而构筑起一种处于固有的必要共同诉讼与类似必要共同诉讼的中间诉讼形态,意味深长。在诉讼告知这一点上,其与被告方为固有的必要共同诉讼没有区别,只是无须进行送达准备书面等事务了。这不禁使人想起德国法中的必要传唤制度[高橋·重点講義第279页注(73)],颇具启示意义。

外的利害关系人之间的利害关系的调整,以及程序进行状况等实体法和诉讼法两方面的观点进行综合研判(新堂第664页)。[33] 首先,从实体法角度而言,当纠纷事关与系争实体权有密切联系之人时,应尽可能同时在一个程序中统一处理,这样共同诉讼的必要性就会增加,当实体法允许各自单独行使处分权时,就应尊重实体法这一规定,因而合一确定的必要性就会降低。固有的必要共同诉讼要求同时兼备共同诉讼的必要性和合一确定的必要性,因此应在协调这两方面要求的基础上再决定是否适用固有的必要共同诉讼。

详言之,当实体法允许各自独立行使处分权时,合一确定的必要性就会降低,适用固有的必要共同诉讼的概率也会变小,但在共同诉讼较为容易实现且也有可能统一解决纠纷的情况下就应该尽量追求这一可能性,而不能轻易地倾向于个别诉讼(新堂第668页、第670页)。原因在于,允许适用个别诉讼时,那些没有成为某一诉讼当事人的人,虽然在法律上不会受到该判决效力的约束,也获得了相应的程序保障;但事实上会受到该判决的影响,这也就意味着事实上剥

---

〔33〕 新堂第668页指出,通说在判断是否构成固有的必要共同诉讼时,只是从各人的管理、处分权能等实体法上的抽象性质(共有、合有还是总有)出发,作为一种呈现出多种面目的纠纷解决方式来说并不符合实态;另一方面,除非是固有的必要共同诉讼,否则就能分别诉讼这种思考方式也未免过于钻牛角尖。林屋第125页也认为应当灵活对待固有的必要共同诉讼。

松本=上野第563页也认为,必须在一并考量实体法观点和诉讼法观点后再做决定。应当借鉴1989年最高法院关于遗产确认之诉判例的做法,综合考虑某财产存在遗产共有关系这一实体法要素,以及促进遗产分割审判程序及防止审判确定后的纠纷再起这一诉讼法要素。同书第571页认为,共有关系确认之诉作为根本解决共有物分割请求诉讼的前提问题的一种手段,其存在价值不容否定,该观点较为接近诉讼法角度。

夺了其程序保障权利。共有人中的一人在持分权确认诉讼中败诉时,其他共有人另外提起诉讼时至少在心理上会感到压力,因为前诉判决会发挥先例的功能,再起诉也很难得到胜诉判决;共同诉讼应该会提高程序保障的程度。除此之外,当某一诉讼中的当事人被第三人再次起诉时,其就会产生二重应诉的负担,法院也须重复审理,这在诉讼成本上是不划算的;甚至在判决内容相矛盾时,实体法法律关系也得不到顺利的处理。以遗嘱无效确认之诉为例,如果法院认定X和Y之间的遗嘱为有效,而X和Z之间的遗嘱无效时,共同继承人X、Y、Z三者之间的遗产应怎样处理呢(这种情况下也许还可以处理,参见高桥·重点讲义第629页)?另外,在X主张X、A共有并要求Y进行移转持分登记的纠纷中,如果认为该诉讼不构成固有的必要共同诉讼而允许对持分问题进行个别诉讼时,若X胜诉则其持分可予登记而A因为没有提起诉讼所以不能被登记,其结果就是登记簿之记载将表明X和Y形成共有。尽管X主张其与A形成共有,但登记簿上却不能如此记载,所以倒不如要求X、A进行共同诉讼来得简洁。[34]

---

〔34〕 小山昇·判批·判评160号(判时664号)(1972)第130页(收于小山·著作集第4卷第107页)。但福永有利「共同所有関係と固有必要的共同訴訟」民訴雑誌21号(1975)第1页以下,特别是第26页则提出不同意见,作者认为,X、Y这样一种形式的持分记载正确地表明了X所持的1/2的份额,因此并无不妥。是谋求登记整体形式的妥当性还是追求现在持分被登记这样一种最低限度的妥当性,体现了固有的必要共同诉讼整体理念方面的对立。

此外,关于共有登记可参见山田诚一「共有不動産の登記に関する共有者間の法律関係」石田喜久夫＝西原道雄＝高木多喜男·還暦上卷『不動産法の課題と展望』(1990,日本评论社)第147页,关于其后所体现的实体法理论可参见山田诚一「団体、共同所有、および共同債権関係」星野编集代表『民法講座別巻1』(1990,有斐阁)第285页。

也就是说,既然存在与何人协议决定共有物的管理处分的问题,那么何人之间形成共有关系就是民法上共有的重要因素,原则上应适用固有的必要共同诉讼。

通说和判例也认为采用共同诉讼的方式会取得更为明显的效果。[35] 如果在法律上明文规定时则会产生副作用,因此应反对积极适用固有的必要共同诉讼的做法,最高法院1968年的判决后半段中明确表明了上述担心。这一担心和所谓的副作用包括以下两点:

第一,在遗漏了部分关系人的情况下,由于无法满足当事人适格的条件,会导致诉被驳回这一具有严重后果的副作用,而且正如我们在1965年关于入会权确认之诉的判决中所看到的,上告审突然依职权撤销了原判,也撤销了一审判决并驳回了诉讼,这一结局对当事人是极为残酷的。这也为被告采取不正当的诉讼战术提供了途径,如被告方在事实审时故意隐瞒部分被当事人遗漏的事实,胜诉的话无所谓,而败诉时则以遗漏部分当事人为由提起上告从而推翻原判。当然,我们也不能因此就简单地拒绝适用固有的必要共同诉讼,而是应根据诉讼程序的进行情况灵活对待当事人适格的问题。也就是说,在事实审的最初阶段应尽量使有关人员成为当事人,在努力不奏效的时候可以驳回诉讼。但是,有时也会发生共同继承人并没有全部登记在户籍上的情况,尽管已经做出了努力,但如果在控诉审审结之前或上告审中才查明遗漏了部分当事人时,也应该使以前的诉讼程序不要因此

---

〔35〕 千种秀夫·解说·曹时20卷8号(1968)第1886页。

而无效。[36] 从这一角度出发也可以灵活运用实体法关于共有权和共有持分权的二元结构理论。在诉讼的初始阶段应以共有权之一体处理为目标，而在诉讼后期查明部分当事人被遗漏时，可仅满足于以持分权个别处理的结果；[37] 另外，被遗漏之当事人若主动要求采用第 52 条规定之共同诉讼参加时，上述问题之瑕疵可因此而得到解决。[38]

第二，当原告方存在共同诉讼的必要性时有人拒绝成为共同原告，此时该如何处理呢？如果固守固有的必要共同诉讼的话，因原告方中有人拒绝共同起诉，那么有起诉意愿的人就无路可走了，这显然是不合理的；但是，从反面来讲我们也不能因此而否定固有的必要共同诉讼，而要灵活应对，比如把拒绝成为原告的当事人转为被告也是较为妥当的选择（新堂第 668 页）。这样处理不是因为该当事人站在被告一

---

〔36〕 这一观点与新堂说关于形成的诉的利益较为接近，参见高橋・重点講義第 336 页。

〔37〕 最判 1965・5・20 民集 19 卷 4 号第 859 页是一起土地边界确定之诉，因欠缺部分当事人控诉审最后将该诉讼变更为持分权确认之诉。上野・前引注〔32〕论文第 1593 页认可遗产确认之诉与共有持分权确认之诉可以相互渗透，并主张当遗产确认的诉讼已经进行到某种程度时才查明遗漏了部分共同继承人，此种情形下应将诉讼变更为共有持分权确认之诉。参见高橋宏志「必要的共同訴訟の試み（三）」法協 92 卷 10 号（1975）第 1259 页以下，特别是第 1324 页。

〔38〕 一般均认为如果共同诉讼参加出现在一审阶段则该瑕疵可因此得以“治愈”，而新堂第 670 页，松本 = 上野第 563 页，条解第 169 页（新堂幸司执笔）更进一步认为，在一审胜诉的情形下，即使共同诉讼参加出现在控诉审阶段也可“治愈”该程序瑕疵。菊井 = 村松 Ⅰ 第 374 页认为，只要共同诉讼人之全体在口头辩论终结之前进入诉讼即可，而无论其是采用共同诉讼参加的方式还是采用辩论合并的方式。福冈高判 1994・10・22 判タ809 号第 209 页认为，在遗产分割审判无效的确认之诉中，虽然遗漏了部分当事人但一审依然取得了胜诉的结果，在控诉审过程中被遗漏的当事人开始申请第 52 条规定之共同诉讼参加，在当事人之间对此没有异议的情况下，一审遗漏了部分当事人之程序瑕疵可因此得以“治愈”。

方,而是因为他不能与原告方采取共同的步调因此才转列为被告,这样一来,该诉讼就成为三方诉讼的形态。判例的变迁也饶有兴味,如最判1971·12·9民集25卷9号第1457页,百選Ⅱ第161号案例,该案系确定共有土地和相邻土地边界的诉讼,15名共有人中有一人下落不明而且是被告的兄弟,法院认为,共有地边界确定之诉属于固有的必要共同诉讼,欠缺1名共有人则该诉不合法。但最判1999·11·9民集53卷8号第1421页则与此不同,虽然法院也认为共有土地的边界确定诉讼构成固有的必要共同诉讼,但却允许起诉时将拒绝共同起诉的共有人列为被告,这可以说对判例进行了实质性的改变。但也有观点认为,边界确定诉讼在本质上属于非讼案件,一般不应将其他共有人列为被告。[39] 在1996

〔39〕 关于最高法院1971年的上述判决,可参见井上·诉讼第207页,高桥宏志·评释·法协91卷5号(1974)第868页,该案原告方对未参加起诉的共有人进行了诉讼告知。中野编·入門第107页(池田辰夫执笔)也指出,对未参加共同起诉之人先进行催告,若被催告之人无正当理由不予响应的话,则催告方(原告)就取得了作为其诉讼担当人的地位。小林·プロブ第428页和第431页也谈到了诉讼告知的义务化问题。

关于1999年最高法院的判决可参见德田和幸·判批·民商123卷3号(2000)第419页,八田卓也·解説·1999重判第126页,畑瑞穗·解説·法教240号(2000)第114页等。德田提出的质疑是,如果强调该类诉讼本质上的非讼属性,那么一名共有人单独起诉,而将其余的共有人作为被告的合法性就是有疑问的,本案中将拒绝采取统一步调的共有人列为被告,这是从本案特殊的案情出发的,在边界确定之诉中要慎重对待将共有人转列为被告的做法。

将拒绝起诉的共有人列为被告,由此形成的诉讼具有怎样的结构呢?我们假定X_1、X_2、A三人为共有人或民法上之合伙成员,X_1、X_2主张提起诉讼而A不赞同。以请求拆除建筑物返还土地的诉讼为例,X_1、X_2成为原告,虽然被告Y对于X_1、X_2、A三人提出反请求要求其拆除建筑物返还土地,但本诉的被告还是Y与A——Y原本就是被告,而A则是因为拒绝共同起诉而成为次要被告。这样一来,诉讼就成为以X_1、X_2为原告、Y为本来被告、A为次要被告的三面诉讼状态,可以参照适用独立当事人参加的有关规定。但由于 X_1、X_2、A 三人与本来被告 Y 在实体法上处于矛盾对立关系，因此没有必要否定 Y 作出的自认、请求认诺等行为的效力。

在原告 X_1、X_2 与次要被告 A 之间，从传统的思考角度来说，X_1 和 X_2 可以对 A 提起拆除建筑物返还土地请求权的确认请求，但实际上并无必要强行要求原告提出此等请求，只是需要次要被告 A 作为当事人参与诉讼即可，而成为无请求之被告［参见本书第七讲"独立当事人参加"之四"独立当事人参加的审判规律"部分］，由于既判力或争点效的作用，禁止其对判决结果产生争议。原告 X_1、X_2 以诉讼担当的形式可以应对被告 Y 对 X_1、X_2、A 三人提出的反请求，这在实体法上也并无不妥。次要被告 A 则处于一种被强制采取共同诉讼参加或共同诉讼辅助参加的地位，其与本来的被告 Y 之间并不构成必要共同诉讼的共同被告。因为通过原告 X_1、X_2 的诉讼担当，就相当于次要被告 A 也对本来的被告 Y 提出了诉讼请求。次要被告 A 在该三面诉讼中既可以独立、自由地进行诉讼行为，也可以在诉讼中持续地处于缺席状态。这一观点对高橋宏志「必要的共同訴訟について」民訴雑誌 23 号 1977）第 36 页以下，特别是第 46 页的内容作出了若干修正。

以上构想与以权利和请求为中心的传统诉讼观有所不同：不是按照实体权的结构来区分原告与被告，而是不拘于原告和被告的诉讼地位，只要关系人成为当事人即可。这也是谷口・前引注〔32〕论文中所指摆脱了箭头式思维模式的旋转木马式构成（谷口安平「共同所有関係と必要的共同訴訟」争点〔新版〕第 128 页）。批评的声音也恰恰指向这一点，参见中村英郎「必要的共同訴訟」新実務民訴 3 第 3 页以下，特别是第 14 页［收于中村『民事訴訟法理論の法系的考察』（1986，成文堂）第 165 页］。

上述处理方式同样适用于 A 拒绝共同起诉且主张其没有拆除建筑物返还土地的相应请求权的情形，也适用于 A 特别忌讳以当事人名义出现在诉讼中的情形。即使在 X_1、X_2 主张与 A 共有，而拒绝共同起诉的 A 主张单独所有的情形也可以采取同样的处理方式，因为法院只需在诉讼中对 X_1、X_2、A 是否构成共有进行审理就可以了。但由于对现有证据的评价不同而对是否起诉产生争议的时候，在处理方式上稍显麻烦。比如，X_1、X_2 认为依据现有证据能够胜诉而主张提起诉讼，但 A 则认为证据不足而主张将起诉延后。这种情况下，即使把 A 作为次要被告使其参与诉讼而保障其单独提出主张和证据调查的机会也将构成对 A 的法律地位保护不周。例如，A 主张须在重要证人 2 年后回国之际再提起诉讼，这种情形下是只根据现有证据提起诉讼合适呢，还是应在 2 年后提起诉讼合适呢？这一问题须由法律人士来回答，因这属于原告方律师应发挥的作用，而非法院应发挥的作用。在这种情况下，如果 X_1、X_2 与 A 之间约定了协助义务，只有在可以认为 A 拒绝共同起诉的行为违反了该义务的情形下，意即 A 的行为已经不是妥当与否的问题而是涉及义务违反或滥用权利的时候，X_1、X_2 才可以起诉并将 A 列为被告［关于德国在这一问题上的争论可参见木川・重要问题（下）第 548 页］，如重要证人 2 年后回国这样的理由属于毫无根据的托词等为其适例。如果法院认为 A 的行为并不违法，就应考虑驳回原告的诉。但是，无论如何，受诉法院介入 X_1、X_2、A 三者之间的程度仅限于判断其行为是否违年修改民事诉讼法的过程中,如何规制拒绝共同起诉之人是一个大问题,而在立法过程中曾有这样的提案,即3/4的多数提起诉讼时,法院应对剩余之人发出参加诉讼的命令,其起诉亦为合法。但是,在最高法院的判例(参见最判1994·1·25民集48卷1号第41页)承认入会团体具有适格之原告资格以后,入会权纠纷基本上都因此得到了解决,所以立法负责人立刻失去了对上述提案的兴趣。该判例虽然可以带来实务中较为妥当的解决结果,但在理论上尚有值得推敲的地方,[40]所以不能不说很遗憾地失去了有关拒绝共同起诉人的立法机会。[41]民诉理论也因此还需要继续研究如何处理把拒绝共同起诉的人列为被告的问题。

法。另外一种情况是,若提起诉讼的只有 X_1 一人,X_2、A 拒绝起诉又当如何处理?如果 X_2、A 否认权利之成立,那么法院可认为 X_1 之起诉为合法并作出相应的实体判决;如果 X_2、A 只是袖手旁观,也应优先考虑要求判决的 X_1 之起诉。这一原理同样适用于入会权确认之诉,如入会权人总共有330名,提起诉讼的只有50名,占压倒性多数的入会权人拒绝起诉,这种情况也是如此处理,并不因为只有少数人起诉就否定之(驳回诉)。如果设定一个统一的标准,如3/4以上的多数持赞成意见方认可其起诉合法恐怕并不妥当。在共同诉讼人划分为和解派与诉讼派的时候,也应优先考虑请求实体权利裁判的一方(如果只是主张尝试诉讼中的和解则另当别论)。当然如果起诉的少数派一方蛮不讲理,法院也可以其起诉行为违反协助义务而驳回其诉,不过这种认定在实务中并不容易作出。如果只有极少数人提起诉讼,而法院又难以作出判断的时候,则以驳回诉为宜。

〔40〕 山本弘「権利能力なき社団の当事者能力と当事者適格」新堂·古稀(上)第849页,高橋·重点講義第159页。

〔41〕 关于立法过程可参见研究会新民诉第46页以下。之所以没有采纳这一提案,根据第47页竹下发言的内容,大概是因为会产生这样的问题,即提案的意思是未依照参加命令的人并不作为原告,而只有打算起诉的人才可以进行诉讼,但这些原告并不能单独享有实体法上的处分权。然而,正如其他学者在该研究会上的发言所示,尽管存在这样的问题,但在立法上不予以规定则是愚蠢的。另外,与此类似的德国法的职权传唤制度已经出现衰退的局面,具体情形可参见冈徹「ドイツ普通法時代における共同訴訟理論の展開」民商69卷6号(1974)第945页,特别是第965页。

一如上述,在灵活把握规定,排除隐患和副作用的前提下,可以较通说扩大固有的必要共同诉讼的适用范围。民法上之合伙,不管其作为原告还是被告,原则上都可以适用固有的必要共同诉讼。在共有的问题上,也应该首先考虑适用固有的必要共同诉讼,将个别诉讼作为次善之策。与此同时,也要探索对选定当事人和任意诉讼担当制度的灵活运用、诉讼代理人的一体化等简化诉讼关系的方法。〔42〕 不过与

〔42〕 关于固有的必要共同诉讼的学说一般分为忠实于实体权利的管理权说和从诉讼角度考虑的利益考量说(该用语出自福永・前引注〔24〕民诉杂志 21 号),或者可分为管理处分权说(实体说)和诉讼政策说(该用语出自松本 = 上野第 564 页)。利益考量说或诉讼政策说的开端可参见小岛武司「競争所有をめぐる紛争とその集団的処理」(初出 1972)『訴訟制度改革の理論』(1977,弘文堂)第 117 页,同・判批・民商 66 卷 6 号(1972)第 1116 页,同・判批・判评 142 号(判时 609 号)(1970)第 123 页,五十部・前引注〔28〕论文,松浦馨・判批・判评 115 号(判时 522 号)(1968)第 134 页等。

福永・前引注〔34〕论文对利益考量说进行了如下批判(第 35 页以下)。其他共有人不被作为当事人将会遭受不利益,但即使作为共同诉讼处理也无法消除这一隐患,因为不能阻止其他共同诉讼人的不利的诉讼行为;而且一旦对一人作出的判决之事实效果产生问题,则该问题不仅涉及共同所有关系,也及于数人于同一事故中受害的场合,请求确认第三人之间权利的单独诉讼也因此不被允许。另外,利益考量说对多数人诉讼所发生的不便——比如送达之烦琐、一人所生之中断事由而导致全体中断的无效率、辩论之多量化和复杂化——考虑不够。在共同所有人之中,有人不想提起诉讼,打算起诉的人对于起诉的时机也可能有不同意见,尽管如此,我们也不能认为共同所有人之间存在必须强制共同起诉的关系,完全可以按普通共同诉讼处理。虽然可能造成对方当事人二重应诉的负担,但并没有必要合一确定。即使从法院的利益出发,如通过诉讼的不经济和矛盾判决的危险来强调司法运营的效率也无法不令人产生疑问。把拒绝共同起诉的人作为被告的做法在诉讼结构上也存在不透明之处。虽然可以说这是法官的自由裁量,但对裁量无法提出不服申请,对诉讼是否妥当判断也无法提出不服申请,这正是问题所在。此外,不同的法官会作出不同的裁量,因此必须慎重。福永说本身的结论如下所述,即当民法上之合伙作为原告的时候,因共同事业而结合在一起的人们受到团体性的约束,因此应理解为固有的必要共同诉讼;但合伙事务执行人可以理解为依法进行代理的诉讼代理人,其可单独代理合伙的全体成员进行诉讼,如果有人拒绝共同起诉,可将之除名或

解散合伙或请求损害赔偿,这在现实中并不会产生多大的问题。当诉讼遗漏了部分合伙成员时,因为对合伙作出统一处理的要求并没有那么高,因此判决之效力仅及于当事人即可。即使在上级审时才查明有遗漏者,也只好牺牲统一处理的要求直接作出本案判决(第44页以下)。民法上之共有并不构成固有的必要共同诉讼。但是,在共有人共同起诉的时候则可将之作为类似必要共同诉讼处理(第54页以下)。在共同继承中,各共同继承人可基于持分权单独提起诉讼(第61页)。我们应当注意福永说对于必要共同诉讼的灵活处理,高桥·前引注〔39〕民诉杂志23号第55页则有若干不同见解。

福永说也对管理权说持批判态度。在民法上合伙的情形中,任何成员均可反对和解以及放弃权利的行为,而在必要共同诉讼中却无此权利,因此这与管理权说的前提,即与实体权利相协调的前提是矛盾的(第11页)。实体法上关于债权人之间不存在特殊的人合关系的一般性质的不可分债权的规定也不应类推适用于民法上之合伙(第13页)。即使在共有的情形下,返还请求也很难说是保存行为(第20页)。判例将共有区分为共有权(共有关系)和共有持分权两种情形,但在当事人对两者都提起诉讼的时候是否构成二重起诉呢?利用保存行为或不可分债权来说明只能证明管理权说发挥不了什么作用。其实,是否必须承认共有权(共有关系)本身就是存在疑问的(第29页以下)。另请参见福永有利「共同訴訟」鈴木ほか·演習第241页。也有学者并没有把问题集中在固有的必要共同诉讼,而是从诉讼担当的角度来讨论这一问题,参见崛野出「管理処分権に関する一考察」香川法学21卷3·4号(2002)第209页。福永说从当事人适格的一般论出发,认为只有当原告的利益已经达到了需要以独立诉讼来保护的重要程度时,才可以认为满足了当事人适格的条件。但是,固有的必要共同诉讼则是一个例外,虽然各成员与诉讼结果本来就存在重大的利害关系,但还是基于特别的理由要求全体成员共同进行诉讼。参见福永有利「当事者適格理論の再構成」山木户·還暦(上)第34页,同「当事者適格論·再論」新堂·古稀(上)第769页。

正如福永说和后引注〔43〕中的高田说所示,他们都把普通共同诉讼设定为原则,而且特别照顾当事人,尤其是原告的利益,这种倾向对于限制固有的必要共同诉讼适用范围的学说颇有意义。

顺便提及的是,学说产生分歧的理由在于:第一,在把握纠纷范围的方法上存在差异。如果重视实体法所详细规定的权利义务,如持分权,要求作出登记的意思表示的请求权,那么个体性格的差异就会趋于明显而倾向于个别诉讼;另一方面,如果仅重视共同所有权这一层次的话,那么就会要求统一解决而倾向于必要共同诉讼。谷口·前引注〔21〕第56页指出,纠纷的形态可分为当事人之间存在的显性纠纷以及包括可能成为当事人的人在内的潜在纠纷,倾向于个别诉讼的学说把前者作为"应通过诉讼解决的纠纷",而有志于实现必要共同诉讼积极化的学说则将后者视为"应通过诉讼解决的纠纷"。第二,在法律上严格区分固有的必要共同诉讼与普通共同诉讼的范围,从静态的甚至有些呆板的角度把握固有的必要共同诉讼的规定,且重视维护体系完整性的学说倾向于个别诉讼;而宽松对待固有的必要共同诉笔者的观点不同,判例几乎依然固守上述形式(判例通过承认入会团体在入会权诉讼中的原告地位,以及在边界确定诉讼中将拒绝起诉人作为被告等处理方式几乎解决了这些难题。)〔43〕

讼与普通共同诉讼的范围,强调固有的必要共同诉讼规定的灵活性追求结果的具体妥当性的学说则倾向于必要共同诉讼的积极化。福永有利・判批・民商59卷5号(1969)第802页鲜明地体现了前一种思维方式,作者认为,所谓的诉讼政策说在认定纠纷的简单与复杂方面的标准不明确,其所展现的固有的必要共同诉讼的规范也不是严格意义上的固有的必要共同诉讼。小室直人・判批・1972年度重判第110页也从前一种思维方式的角度出发认为,诉讼政策说所带来的具体妥当性虽值称道,但其所展现的诉讼形态已经不是传统理论公认的固有的必要共同诉讼,反而给人一种权宜之计的感觉。关于对不同学说分歧的分析,可参见高桥・前引注〔37〕第1315页。

〔43〕 高田裕成「いわゆる『訴訟共同の必要』についての覚書——固有必要的共同訴訟論への一視覚」三ヶ月・古稀(中)第175页对固有的必要共同诉讼积极论的观点提出批判,应值重视。

首先,高田说的前提是,日本法是以普通共同诉讼为原则的,将何人作为当事人进行诉讼是原告的权能,对其予以限制必须有某种特别的根据,决定诉讼范围的是原告(第179页)。在此基础上,对笔者等人所持积极论中所谓的"没有成为当事人的人在事实上所遭受的不利益",高田批判道,如果说这种观点是要保护非当事人,那么通过通知诉讼系属之状态以此保障其主动参加诉讼的机会就足够了。只要通知了诉讼系属的事实,那么非当事人就可以选择是参加诉讼还是止步于该诉讼之外寄希望于再诉,如果立法一律强制共同诉讼就有过度介入的嫌疑了(第187页和第194页)。对于积极论所谓的"因反复应诉给对方当事人带来的负担"这样一种观点,高田认为,若被告认为无所谓则不必驳回诉讼,而且还应该考虑到被告有将非当事人拉进诉讼的手段(第186页和第196页)。对于积极论所谓的"诉讼经济"观点,即就同一权利反复诉讼是毫无意义的,只会浪费法院的资源,高田认为,无视当事人的意愿就驳回诉,到底有没有值得作出如此处理的考虑事项?(第186页和第197页)高田最后得出的结论是,必须作为固有的必要共同诉讼来处理的纷争类型实际上并没有多少。另请参见高田裕成「多数当事者紛争の『画一的解決』と『一回的解決』」民訴雑誌35号(1989)第186页。

高田这种犀利的分析,是一种以掌握了充分的信息且具有完美的法的判断力的人为基础的理论模型,极富说服力。该说将诉讼共同之必要(固有的必要共同诉讼),即只要不满足全体利害关系人这一条件就驳回起诉视为一种过度的规范,主张应以不伴随判决效力扩张的诉讼系属通知这种柔性规则取而代之,在制度设计上确

3. 类似必要共同诉讼

就某一请求各自具有适格之当事人地位可起诉或应诉,但一旦共同起诉或共同应诉,则法律上就要求判决须就全体共同诉讼人合一确定,一并裁决其胜败,这就是类似必要共同诉讼(新堂第671页),通说把此视为判决效力(既判力、对

有可称道之处。但是,在合伙成员之一人起诉,其他成员虽然接到了诉讼系属的通知但却袖手旁观,而被告也应诉的情形下,按照高田的观点,其他合伙成员的再诉将不会受到任何限制,因为这是其他合伙成员与被告自己选择的结果,作为一种诉讼制度能如此吗?谷口安平「多数当事者紛争とデユー・プロセス」法学论丛78卷5号(1966)第1页以下,特别是第3页指出,在新诉讼标的论和争点效理论的视野下,"脱离实体法上的权利而专门基于诉讼法的考量扩大'纠纷'的客观范围,其动机在于应当如何利用国家设立的司法制度这一问题意识。从诉讼利用的方式这一观点来看,人们会得出应当以一个诉讼解决所有纠纷的结论,这一结论的基础已经超越了谋求原告方便的狭隘视野,而是基于更高层次的考虑来规范私人对裁判制度的利用方法,即不拘于原告的申请,在一次诉讼中全面解决纠纷应当是最合理的司法制度的利用方法。这其中的一个考量因素就是,无法否定被告的利益和由法院代表的公共利益的介入,因此,一直以来,专门由原告控制的司法制度的利用方式就应当发生相应的变化,必须在考虑被告及更广泛的公共利益的基础上决定司法制度的利用方式"。"这一思考方式可以说与正努力扩大客观范围的理论处于同一条线上。换言之,今日之理论正准备从原告方剥夺其某些自由,这包括根据不同的实体权来划分纠纷个数的自由,以及根据主文和理由划分的自由;接下来就有可能是剥夺每一当事人的相关自由。"谷口的观点是,如果考虑到新诉讼标的论和争点效理论,那么就应当在当事人层面上对原告恣意的自由加以限制,这种诉讼制度的合理化构想与高田说是对立的。不过从高田说的角度也可能会提出如下反驳意见,即仅以诉讼经济这样一种抽象的、仅具有逻辑可能性的观点为依据是不充分的,而应根据现实的危险性选择处理方式。当然,如果能够设计出富有实效性的诉讼系属通知制度的话,那将成为一种富有魅力的规定,因为固有的必要共同诉讼积极论也非常重视灵活性,而通知制度可以说将这一灵活性发挥到了极致。

井上治典「訴訟共同の必要」井上=伊藤=佐上第277页也提出了保障纠纷主体行动选择自由的观点,与高田说较为接近。此外,奈良次郎「共同所有関係と必要的共同訴訟」争点〔3版〕第94页提炼了判例的观点,即与其谋求一次诉讼一举解决所有纠纷,还不如多花费一些时间,通过现实纠纷当事人之间的个别性解决的方式中不断积累来寻求纠纷解决的出路,也许个别性解决方式的不断积累对于纠纷获得迅速、简易解决更为有效。此外,山本克己·前引注〔32〕判タ論文以及中野编·入門中所论之诉讼告知,与判决效力之扩张有关,其制度设计较高田说更为严苛。

世效）发生扩张的情形。[44] 以股东提起的撤销股东大会决议的诉讼为例，股东（原告）胜诉则取得对世效（《商法》第109条）。如果是这样的话，在股东 X_1 和 X_2 共同提起诉讼的场合，若 X_1 胜诉，X_2 败诉，则 X_2 受到败诉判决既判力的约束，而且也受到 X_1 胜诉判决的对世效，前一效力导致大会决议不得撤销，而后一效力则得出相反的结果，由此产生的矛盾冲突是规则本身引发的纠纷。但事实果真如此吗？[45] 首先，

---

〔44〕 兼子·体系第385页指出，若不作为必要共同诉讼，则一旦自己所受判决的直接既判力与对他人判决间接扩张的既判力就同一标的发生矛盾冲突，则将无法收拾。三ヶ月·全集第219页，条解第169页（新堂幸司执笔）亦持相同见解。根据判决效力扩张来给类似必要共同诉讼划线，源于德国的黑尔比尔的学说，参照中村英郎「必要的共同訴訟における合一確定——ことにその沿革的考察」（初出1964）中村·ローマ法理第161页以下，特别是第177页。

〔45〕 谷口安平「共有関係と共同訴訟」三ヶ月章＝中野贞一郎＝竹下守夫编『新版·民事訴訟法演習2』（1973，有斐阁）第26页，特别是第29页，同「判決効の拡張と当事者適格」中田·還暦（下）第51页以下、特别是第55页注（7）提出了疑问。该疑问与发生片面对世效的情形有关。

另一方面，不仅是支持请求的判决，在驳回诉讼请求的判决也发生效力扩张的两面对世效的情形下，类似必要共同诉讼毫无疑问有了坚实的基础。在撤销非法婚姻的诉讼中，X_1 和 X_2 都是适格的原告，在他们作为共同原告进行诉讼的时候，如果法院针对 X_1 作出了驳回请求的部分判决，在该判决获得确定后其判决效力也及于 X_2，那么 X_2 就不能再实施任何诉讼行为了，因此为了 X_2 的利益，判决必须同时作出。此外，如果同时对 X_1 作出支持其诉讼请求的判决，而对 X_2 作出驳回请求的判决，且获得确定，那么就会造成自己所得判决的既判力和共同原告之另一方所受判决的扩张效力之间发生矛盾冲突的情况，而且实体法对于支持请求与驳回请求何者优先的问题也没有相应的规定，因此矛盾冲突无法解决。因此，法院必须作出同样内容的判决。

高桥利文「片面的対世効ある判決と共同訴訟人の一部の者の上訴」贞家退官纪念『民事法と裁判（下）』（1995，きんざい）第178页以下、特别是第181页对发生片面对世效情形下的问题提出了进一步的疑问，作者认为即使作为解释论，在发生片面对世效的情形下就不属于类似必要共同诉讼。但如果以公司关系诉讼为例，此种诉讼应在何种程度上谋求程序进行的统一，应根据具体诉讼的特质以及法规的具体规定来决定。《商法》第105条第3款只是规定当此种诉讼系属于同一审级时应合并辩论及判决，而并没有要求统一进行其他诉讼程序。因此，受到败诉判决的共同原告的一部分人提起的上诉，其效力不及于未上诉之人。该学说与申请同时审判的共同诉讼具有相类似的规则，此为少数说。

让 X_1 和 X_2 分别诉讼,当撤销决议的胜诉判决先行作出且确定之时,那么根据判决的对世效,审理中的 X_2 的诉讼也应该出现支持请求的胜诉结果。这种情况下虽说在程序上没有统一进行,但实际上并不会产生判决效力的矛盾冲突。那么,在同时作出 X_1 胜诉判决和 X_2 败诉判决这样一种罕见的情形下,又该如何处理呢?或者当 X_2 的败诉判决先被作出且确定后,法院才作出 X_1 的胜诉判决,此时又当如何呢?在商法上,基于公司关系统一处理的要求,上述情形下以对世效为优先,即对全体股东来说,大会决议已经被撤销。且不论是否从诉讼法上来说明形成力优于既判力的问题,判决效的矛盾冲突就因此得以回避。这样一来,由于不会产生判决效的矛盾冲突,那么以此作为类似必要共同诉讼的基础便如同空中楼阁。不过就结论而言,在发生判决效扩张的情形下,采用类似必要共同诉讼的方式仍是妥当的。在股东(原告)胜诉时,该判决对全体股东具有约束力,因此在股东共同进行诉讼时特意作出内容相异的判决以及分别进行程序就缺乏相应的合理性。若 X_2 中途放弃请求的话,X_1 胜诉则该决议就被撤销,X_2 也要受到该判决的约束,因此在笔录中记载 X_2 放弃请求也就没有意义了,还是服从确保同时作出同一内容判决的第 40 条的规定比较合理。这样的实际考虑,便是把判决效发生扩张的情形作为类似必要共同诉讼来处理的根据。虽说程序上多少有些繁复,但因在其他时间作出不同内容的判决没有任何意

义，因此必须忍耐这一程序的“繁复性”。[46] 这样一来，数

---

〔46〕 高田裕成「いわゆる類似必要的共同訴訟における共同訴訟人の地位」新堂・古稀(上)第641页以下、特别是第667页对这一问题作出深入的分析。作者认为，即使在判决效发生片面扩张的情形也应适用类似必要共同诉讼，其正当化的理由在于：第一，在不能预料会发生较大弊害的情形下没有必要创设复杂的诉讼关系，也没有必要其后作出可能否定实质意义的判决(驳回请求)。愚见也采纳了这种观点。谷口・前引注〔45〕『新版・民事訴訟法演習2』第29页也指出，类似必要共同诉讼的目的在于即使实质上不会产生冲突也要避免错综复杂的法律关系。谷口第276页也认为，如果从避免复杂局面的出现这一角度出发，通说的观点也并非不可理解。高田论文指出的第二个正当化理由是，应着眼于先作出的判决(请求驳回)的事实效果。也就是说，先作出的驳回请求的判决(包括在效果上与此类似的放弃请求、认诺等)，对仍在诉讼系属中的当事人在事实上造成不利，因此应赋予其他共同诉讼人阻止这种情况发生的权能。高田论文似乎很重视这方面，愚见并不是要否定这种观点，但在原告起诉时就已经形成共同原告团的场合，以及根据《商法》第105条第3款因法院合并而形成类似必要共同诉讼的场合，共同诉讼人会在多大程度上意识到要去防止先出现一个驳回请求的判决呢，他们有这样的愿望吗？寻求这种牵制一般都是适格之其他当事人申请共同诉讼参加或独立当事人参加。独立当事人参加(特别是诈害防止参加)在本意上就是发挥牵制作用的制度，而共同诉讼参加的形式由于是介入了系属于他人之间的诉讼，其牵制的色彩也较为浓厚。但是，目前的理论一般都把类似必要共同诉讼理解为共同诉讼参加，因此只对后发性的参加进行特殊考察，在解释论上面临一定困难，只好把牵制这一作用作为整个类似必要共同诉讼的制度目的。高田论文从第40条的角度一体把握必要共同诉讼、共同诉讼参加以及独立当事人参加，因此更为重视牵制的意义。

不过，在没有作出反省的情形下依然将之作为类似必要共同诉讼来处理显然有些不妥(高田论文第668页亦持相同见解)。比如，自知请求欠缺理由的X_2打算放弃诉讼请求，但法院却不允许他这样做，这无异于强迫已失去维持诉讼热情的人继续作为当事人。确实，因为是类似必要共同诉讼，所以在取得对方当事人同意的前提下X_2也可以撤回诉讼(参见本讲之二“必要共同诉讼”部分)。因为有撤回诉讼的方法，所以不允许其放弃请求也并无大的弊害。但是，如果对方不同意撤诉，X_2只能作为当事人继续诉讼。这种情况下，因X_2可以一直缺席，所以也不会给X_2带来大的不便。至于因缺席而导致的负担诉讼费用的不利益，也可以与X_1进行协调。反之，当X_2发生中断、中止事由时，X_1的诉讼也陷入停滞，这对X_1造成一定的不便，但如果X_2有诉讼代理人则不会发生这种情况，而且根据新堂的观点，X_1也可以只以自身的名义再提起诉讼(参见本讲之二“必要共同诉讼”部分)。在现行法下，将X_2固定为当事人的做法确实不会带来多大的弊害；但是，如果将来把律师费编入诉讼费用而由败诉方负担的话，则必须重新考虑一直将X_2固定为当事人的做法，因为诉讼费用负担额的增加将导致X_1与X_2之间很难进行协调。这样一来，就值得研究一下允许其脱离当事人地位，从而减轻必要共同诉讼人的负担。参照本讲注〔27〕。虽然不能否定这种情况下将之作为类似必要共同诉讼来处理，但必须更为灵活地对待必要共同诉讼的相关规定。不过，X_2也可以根据现行法下的选定当事人制度达到脱离诉讼的目的(第30条第2款)。

人提起的公司设立无效之诉(《商法》第 136 条)、数人提起的撤销股东大会决议的诉讼及确认其无效的诉讼(《商法》第 247 条、第 252 条)以及与数人之间关于确定破产债权的诉讼(《破产法》第 244 条、第 250 条)都属于类似必要共同诉讼。

一般认为,除了判决效发生扩张的情形之外,产生反射效的情形也构成类似必要共同诉讼,但这应该是一种误读。

因产生反射效而被认为构成类似必要共同诉讼的有数名债权人提起的债权人代位诉讼、数名股东提起的股东代表诉讼,这些诉讼属于类似必要共同诉讼当无异议(新堂第 671 页)。以债权人代位诉讼为例,债权人 X_1 与 X_2 作为共同原告的时候,诉讼标的是债务人对次债务人的权利,因其属于同一个权利,因此应适用第 40 条之规定,即法院应同时作出同样内容的判决。按照通说的观点,债权人 X_1 得到的判决,其判决效(既判力)及于债务人,债务人得到的判决,其反射效及于该债权人(新堂第 628 页),因此数名债权人提起的债权人代位诉讼将使债权人之间受到反射效的波及,这类似于判决效发生扩张的情形,因此构成类似必要共同诉讼。〔47〕 在这种情况下,由于债务人败诉的效果及于债权人,就形成判

---

〔47〕 兼子·体系第 386 页,吉村 = 竹下 = 谷口第 432 页。

但是,虽然认为判决效及于第三人的场合构成类似必要共同诉讼,但不承认反射效这个概念的三ヶ月·全集第 219 页认为,这种情况不过属于普通共同诉讼而已。注解民诉(2)第 179 页亦持相同见解。另一方面,不承认反射效概念的伊藤第 570 页注(41)认为,在这里,被诉讼担当人所生之反射效与一般所谓的反射效是有区别的,这种情形构成类似必要共同诉讼。松本 = 上野第 561 页认为,判决效力通过债务人(被诉讼担当者)而反射到数名债权人是有疑问的,但因为有必要避免内容相异的判决效波及债务人(被诉讼担当者),因此这种情形下构成类似必要共同诉讼。

决效的不利扩张。如果是那样的话，X_1 就会希望能够阻止共同原告 X_2 败诉的判决先行确定，因而就会要求程序进行统一（参照前引注〔45〕。但是，在自己的判决与其他共同原告的判决同时获得确定的场合，自己判决的既判力要优先于反射效），这就是通说的逻辑结构。与此相类似，数名债权人提起的催收借款的诉讼（民执第 157 条）也是类似必要共同诉讼。

相关论述暂且告一段落，不过，作为反射效典型事例的以主债务人与保证人作为共同被告的诉讼却不应该成为类似必要共同诉讼（新堂第 672 页）。因为在主债务人认诺请求的前提下，即使保证人对此产生争议并获得胜诉，法律上亦不会产生什么不妥之处，所以没有合一确定的必要。因此，产生反射效的场合并不全是类似必要共同诉讼，在这一意义上，产生反射效的场合就构成类似必要共同诉讼的论述是不正确的。

然而，不承认反射效这样一个独立的"概念"，而将其作为既判力扩张情形的铃木正裕在「判决の反射的効果」判タ 261 号（1971）第 15 页认为，以主债务人与保证人作为共同被告的诉讼也发生判决效（既判力）的扩张，因此应将其解释为类似必要共同诉讼。但是，诉讼标的一方面是主债务，另一方面是保证债务，因此追求"判决"内容的一致性在实体法上没有任何必要（如前所述，债权人对主债务人胜诉，而对保证人败诉在实体法上并无任何阻碍）。如果根据铃木说而采用类似必要共同诉讼的形式，那么其合一确定的必要性也只存在于主债务存否的部分，保证债务存否的部分由保证人单独进行诉讼即可,则这种必要性就变为一种片面必要性了。[48]主债务人受到合一确定规则的约束,而保证人不受此约束,换言之,即使主债务人作出自认,只要保证人予以争辩,则该自认不发生效力。请求的认诺也是同样的。保证人提出的防御方法,除了基于保证人自身的方法,比如债权之抵销,也对主债务人有益。只要保证人出席,即使主债务人缺席也不会因此产生不利益;只要保证人上诉,即使主债务人放弃上诉权,上诉的效果也及于主债务人;保证人如果发生程序上的中断、中止事由时,主债务人的程序也相应停止。相反,无论主债务人的态度如何,保证人作出的自认、请求认诺、放弃上诉权等行为都发生相应的效力。即使主债务人发生程序上的中断、中止事由,保证人的程序也不停止;而且,作为对方当事人的原告作出的放弃请求、撤诉、上诉等行为,如果只是对主债务人或保证人一方作出,那么也只对该方当事人发生效力。法院命其分开辩论,虽不尽妥当但在理论上也并非

---

〔48〕 正如铃木自己所认为的那样,虽然保证人会受到关于主债务判决的反射效,但主债务人却不受到保证债务判决的判决效,这与以关注同种和同类请求的必要共同诉讼的旨趣大不相同,参见同・判夕261号第16页第1段。作为同类学说,中野编・入門第104页主张,应将以主债务人与保证人作为共同被告的诉讼直截了当地归入类似必要共同诉讼中。但判决内容一般不要求同一,因此还必须仔细研究后再下结论。

此外,下级审法院也采用过所谓片面的类似必要共同诉讼的形式,参见东京地判1970・9・28判时616号第87页。该案中,原告(某起交通事故中的被害人)合并提起了两个诉讼,一个是起诉加害人(责任关系),另一个则是对加害人购买保险的保险公司提起的保险金请求权(保险关系)的债权人代位诉讼。就责任保险的本质以及实体法的要求而言,对赔偿责任数额不应在加害人与保险公司之间分别判断,这反映在诉讼程序方面就形成了一种所谓片面的类似必要共同诉讼的诉讼形态,这既可以保证对赔偿责任额作出统一判断,也可以防止保险关系先于责任关系获得确定。

不可能,法院也可针对一方的请求作出部分判决。总之,诉讼资料和程序进行的统一只是对主债务而言,而保证债务则不受此约束,只是对主债务人与保证人双方共同的争点——主债务存否的部分有必要作出合一确定。〔49〕

作为少数说,铃木正裕要告诉我们的是,正如其自身论述的那样,无论何种类型的必要共同诉讼都以诉讼标的(其客体方面)的同一性为默认前提。合一确定之必要性是必要共同诉讼的基础,而这一法律上的必要性只有在诉讼标的同一的情形下才会存在。主债务与保证债务虽说有如此紧密的关系,但在实体法上被认为是不同的债务,即使站在新诉讼标的说的立场上也属于不同的诉讼标的(主体也不同)。即使认为主债务存在而保证债务不存在也无妨,但主债务不存在而保证债务存在这种情况在实体法逻辑上是不适当的。如果在诉讼法上将其另诉处理,即使站在承认反射效学说的立场上,若保证人不援用,那么就有可能得出主债务不存在而保证债务存在这样一种结论。把诉讼标的不同一的诉讼解释为必要共同诉讼,总让人觉得有些勉强,解释论上则会倒退为后述的准必要共同诉讼形态。〔50〕

新堂说甚至认为,在共同所有关系自体对外主张某一请

〔49〕 铃木 · 前引判タ261 号第 16 页第 2 段认为,保证人可以就主债务申请共同诉讼辅助参加。这一主张近似于高田前引注〔46〕论文中从事实上的不利益引出类似必要共同诉讼的结论,意义颇深。但高田论文主张,在以主债务人和保证人作为共同被告的诉讼中应禁止分开辩论(同第 670 页),这一观点与铃木说多少有些不同。

〔50〕 笔者虽然也肯定反射效的概念(高橋 · 重点講義第 636 页),但认为有些过于强调优先进行实体法判断,因此对于是否在诉讼法上赋予其较强的效果尚犹疑不决。至于主债务人与保证人之间的反射效,笔者认为应按普通共同诉讼处理为宜。

求时,即使例外地允许个别起诉,对于共同起诉或应诉之人而言,从解决纠纷的实效性观点出发应当认为法律上要求合一确定(新堂第671页)。类似必要共同诉讼中,只有成为共同诉讼人才可统一诉讼步调,因此也应要求合一确定。〔51〕

但愚见以为,假如应成为共同诉讼人的某一人由于某种原因而没有成为共同诉讼人,这一情形在控诉审即将审结的时候才查明,此时将之作为固有的必要共同诉讼也是合法的。即使在实体法的处理上使用共有的持分权,也可将之灵活地理解为固有的必要共同诉讼,因此与通说和判例不同,不是将之作为普通共同诉讼来对待。虽然适用第40条的规定也会得出相同的结论,但没有必要将其称为“类似”必要共同诉讼。〔52〕

---

〔51〕 福永有利「共同所有関係と固有必要的共同訴訟」民訴雑誌2号(1975)第1页以下、特别是第54页,条解第169页(新堂幸司执笔)也持同样观点。注释民诉(2)第90页(德田幸和执笔)也善意地指出应当为类似必要共同诉讼留有余地。

但是,松本・上野第563页却认为,在承认个别诉讼的前提下,统一判断的必要性只是逻辑的产物,仅将这种情形理解为类似必要共同诉讼是困难的。

〔52〕 新堂第670页指出,“如判例所言,允许个别起诉虽然可资赞同,但个别起诉并不应该总是合法的。……在某些情况下,将全体作为被告起诉其实并没有那么困难,而且还有可能与未参与诉讼的其他共同所有人之间发生同样的纠纷,因此应将全体作为被告来处理”。这一见解否定了将大多数成员作为共同诉讼人构成普通共同诉讼的观点。在这种情况下,由于都要适用第40条的规定,因此是将之称为类似必要共同诉讼还是固有的必要共同诉讼并没有多大不同,但如果从灵活适用固有的必要共同诉讼规则这一立场出发,似乎仍将其作为固有的必要共同诉讼更为适宜。如果将之作为固有的必要共同诉讼,那么共同诉讼人中一人撤诉或者对共同诉讼人中一人撤诉都将是不合法的,好不容易才形成共同诉讼的局面,在解释论上应尽量予以维持。但正如前引注〔46〕所指出的,也可以采用退出诉讼的制度。因为正如高田・前引注〔43〕、三ヶ月・古稀(中)第175页所指出的,固有的必要共同诉讼具有成为一种过剩规则的危险。

4. 准必要共同诉讼

与上述情况不同,共同诉讼人之请求或针对共同诉讼人之请求在重要的争点方面具有同一性,如同一事故中有若干受害人的损害赔偿请求或者针对主债务人和保证人提出的请求;甚至由于目的手段之间的关系,如果不能取得对共同被告之全体的胜诉判决则无法实现诉讼的终极目的,如在登记频繁转让的情形下对数人提出的注销登记的请求。上述情形很难说存在合一确定的必要,通说自不待言,新堂说也是如此理解。在上述情形下,如果否定当事人独立实施请求的放弃、认诺、自认等权能的话,就会在很大程度上违背实体法的原则;而且即使将之作为普通共同诉讼来处理,也可以通过适用当然的辅助参加理论和主张共通理论在很大程度上避免重复审判和矛盾裁判;有诈害之虞的场合,也可以通过适用第 47 条的独立当事人参加而形成三面诉讼(新堂第 672 页)。满足于纠纷的相对解决是民事诉讼法的基本思考方法。

判例也在发生变化,[53]现在已不再将上述情形理解为类似必要共同诉讼了。最判 1954・9・17 民集 8 卷 9 号第 1635

〔53〕 关于明治和大正时代的判例、学说,按照中村・ローマ法理第 184 页的说法,在制定 1890 年《民事诉讼法》时,大多数学说仅仅意识到必要共同诉讼就是固有的必要共同诉讼。一直到之后受德国法的影响才肯定了类似必要共同诉讼的存在,但以不动产共有名义人为被告请求移转所有权登记的诉讼、要求共有人交付共有物之诉以及请求履行不可分债务之诉都被理解为(类似)必要共同诉讼。判例(大判 1913・3・3 民录 19 辑第 119 页)也曾认为,即使是可分的共同债权,但只要数名共同债权人作为共同原告要求履行债务的话,该诉讼就构成必要共同诉讼;而采纳目前通说的观点,通过判决效的扩张来划定类似必要共同诉讼的范围的判例是从大判 1933・10・13 民集 12 卷第 2502 页开始的。

页的判例表明,[54]当登记顺次从X到Y_1然后再到Y_2发生移转之时,针对Y_1、Y_2的注销登记请求不受第40条规定(旧《民事诉讼法》第62条)的约束,一人上诉他人也不能成为上诉人。最判1961·6·6民集15卷6号第153页指出,当所有权登记顺次从X到Y然后再到A发生移转之时,该注销登记请求不构成固有的必要共同诉讼,因此仅起诉中间人Y,而没有将最终受让人A作为被告的诉讼是合法的,而且也不构成类似必要共同诉讼。最判1952·12·25民集6卷12号第1255页也认为,以主债务人和保证人为共同被告的诉讼,也不受第40条的约束,允许分开辩论。

中村英郎教授主张的准必要共同诉讼理论则对上述做法提出质疑。[55] 该理论认为,请求履行不可分债务或连带债务的诉讼在实体法上并不一定要对各共同诉讼人作出合一判决。这种情形下诉讼上的请求(诉讼标的)本身虽非同一,但是在同一基础上成立的,因此在实体法逻辑上应合一确定。将之简单地归入普通共同诉讼有些不妥,应可准用第40

---

〔54〕 高桥宏志·评释·法协99卷(1982)第790页。

〔55〕 中村英郎「特别共同訴訟理論の再構成」(初出1965)中村·ローマ法理第195页以下、特别是第207页,同「必要的共同訴訟」新实务民诉3第3页以下、特别是第24页,同『新民事訴訟法講義』(2000,成文堂)第78页。谷口第276页也认为从强化共同诉讼效用的视角出发该说应值重视。

顺便提及的是,河本喜与之『民事訴訟法提要〔改訂版〕』(1965,酒井书店)第136页也认为存在理论上应合一确定的诉讼类型。既然要同时作出判决,那么在理论上共同诉讼人之间就不应出现相互矛盾的判决,例如,对数人提起的所有权确认之诉、针对数个连带债务人的诉讼、以主债务人和保证人为共同被告的诉讼都属于这一类型,因此应适用证据共通原则和主张共通原则。该说指向普通共同诉讼和必要共同诉讼的中间形态,因此与准必要共同诉讼的创意具有一定的亲和性。

另一方面,松本·上野第562页对所谓准必要共同诉讼持否定态度。

条关于必要共同诉讼的规定。这种准必要共同诉讼还包括将主债务人和担保人作为共同被告的诉讼、真正的所有权人针对登记簿上的所有权人及其抵押权人提起的要求注销所有权和抵押权登记的诉讼等。虽然针对各共同诉讼人的请求并不相同,但因为这些请求是基于同一个法律关系而成立的,所以法院不得作出逻辑上自相矛盾的判断,如对于同一个合同所成立的连带债务,就不能对一方共同诉讼人作出连带债务不成立的判断,而对另一方又作出连带债务成立的矛盾判断。虽然判决内容也可能由于债务之免除等原因而有所不同,但就连带债务是否成立这一前提问题必须作出合一判断。因此,在逻辑上应合一确定的场合,对于其共同的前提事实关系以及法律关系(作为基础的事实关系以及法律关系)应做到诉讼资料的统一(裁判资料统一),这就要求自认只能由全体成员作出。但由于针对每一共同诉讼人之请求(诉讼标的)并不相同,因此其共同连带的程度并没有达到必要共同诉讼的程度,所以应当允许其在诉讼中拥有各自的处分权。不过,若该处分行为对其他共同诉讼人产生不利影响的时候也应受到制约。例如,共同诉讼人中之一人放弃请求或认诺时,因其他共同诉讼人将遭受事实上的不利后果,所以不能因为一人之意思而打破共同连带的约束,要放弃请求或作出认诺时必须得到其他共同诉讼人的同意;一旦得到同意,则放弃请求或认诺的行为仅对行为人发生效力,其他共同诉讼人依然系属于诉讼。与此不同,若原告对共同被告中的一人放弃请求,因其行为对其他共同被告是有利的,因此原告可以自由地对一人作出放弃的行为,而无须得到其他共同被告的同意。对于诉讼上的和解,如果其内容对其他共同诉讼人是有利的,也不需要得到同意即可作出,不利时则需要得到其他共同诉讼人的同意(一人和解后,其他共同诉讼人仍然系属于诉讼)。在上诉的情形下,只有提起上诉的人才成为上诉人,但任一共同诉讼人如果重视共同诉讼人之间因请求基础同一而产生的共同关系,并为共同诉讼人之整体考虑而提起上诉时,应予允许。

中村说的意图虽然不容否定,但与其规则的复杂程度相比,其所带来的实际效用并没有那么大,可以适用的情形也仅限于偶然成为共同诉讼的场合(中村说也意识到在当事人分别诉讼时,法院就没有办法对作为基础的共同事实关系和法律关系作出合一确定),所以对该理论持积极赞成态度的学者并不多。也许重新思考普通共同诉讼和固有的必要共同诉讼的结构以及固有的必要共同诉讼的弹性化更具建设性。[56]

---

〔56〕 在论述准必要共同诉讼理论之前,中村英郎「特別共同訴訟理論の再構成」(初出 1965)中村・ローマ法理第 204 页指出,诉讼上的请求(诉讼标的)同一时,只有在实体法上作出合一裁判是可能的,因此应将之理解为"类似"必要共同诉讼,具体情形如:以继承人、遗嘱执行人、受遗赠人为共同被告的遗嘱无效确认请求诉讼;以公司和新股购买人为共同被告的新股交易契约无效确认诉讼;以借贷双方为共同被告的借贷契约无效确认请求诉讼;针对共有人的共有物交付请求诉讼、以数人为共同被告要求确认自己享有所有权的诉讼。

但依照笔者个人观点,上述具体情形中的前四种情形,一如本讲"固有的必要共同诉讼"部分所作推论,应当属于固有的必要共同诉讼。因为类似必要共同诉讼仅要求合一确定的必要性,而按照更具弹性化的固有的必要共同诉讼理论来看,上述情形还要求共同诉讼的必要性。在 2003 年修订《民法》之前,按照通说的观点,短期借贷契约的解除诉讼属于固有的必要共同诉讼。问题在于中村列举的最后一种情形,即以数人为共同被告请求确认自己享有所有权的诉讼。通说和判例均将这种情形作为普通共同诉讼(兼子・体系第 386 页)来处理,新堂理论也持同样的观点。的

三、普通共同诉讼

既非固有的必要共同诉讼,也非类似的必要共同诉讼的共同诉讼类型就是普通共同诉讼,适用第 39 条共同诉讼人独立的原则。诉讼可以分别展开,这是共同诉讼的一种原则形态,因此被称为“普通”共同诉讼。各请求相互之间没有关联性就是普通共同诉讼,如对数名房屋租赁人提出的租金请求即是如此。此外,根据通说和判例的观点,在实体法逻辑上应统一处理的诉讼也是普通共同诉讼,如数个被害人对同一加害人提起的损害赔偿请求、对数名连带债务人的请求、以主债务人和保证人为共同被告的诉讼、以数人为被告请求确认自己具有所有权的诉讼、以买主和受让人为被告的主张买卖无效从而要求注销登记的诉讼(新堂第 673 页,本讲“准必要共同诉讼”部分)。至于基于共有持分权而由数名共有

确,如果法院认定原告对共同被告 Y_1 而言属于所有权人,而对 Y_2 而言不属于所有权人将给私法生活平添很多混乱。但因为所有权是一种财产关系,与婚姻关系所造成的混乱——比如 A、B 之间的夫妻关系对 X_1 成立而对 X_2 不成立——有着本质的区别。与涉及共有持分权的情形不同,Y_1 和 Y_2 之间并没有关于管理处分的协议行为,因此应当承认其各自的自由处分权,如 Y_2 在诉讼中可以认诺对方的诉讼请求,而 Y_1 可予以争执。笔者赞同通说和判例的观点,将这种情形作为普通共同诉讼。

按照通说、判例以及新堂理论,以连带债务人为共同被告的诉讼以及将主债务人和保证人作为共同被告的诉讼都属于普通共同诉讼。不过在这些诉讼中,共同被告之间也存在求偿关系,如果只是追求纠纷的相对解决的确会造成遗留问题。因此,部分理论主张求偿关系也发生反射效;但笔者认为,尽管如此也不存在类似共有持分权那样紧密的关系,将连带债务、主债务和保证债务作为普通共同诉讼,而将共有持分权作为固有的必要共同诉讼,这样一种界定的正当化也是相对微妙的,并不存在坚实的基础。也正因如此,重视法的安定和理论体系的通说(兼子理论)才将两种情形均归属为普通共同诉讼。另一方面,包括笔者在内,重视具体妥当性而寻求固有的必要共同诉讼理论弹性化的学说在区分两种共同诉讼类型方面也存在不明确之处。这是民事诉讼法理论既复杂也颇为深奥的部分。

持分权人共同提起诉讼是否属于普通共同诉讼,笔者持否定意见,但通说和判例则持肯定意见(参见本讲"固有的必要共同诉讼"部分)。

第39条规定的共同诉讼人独立的原则为各共同诉讼人独立进行诉讼程序提供了保障。各共同诉讼人可以不受其他共同诉讼人诉讼行为的制约而自由独立地实施诉讼行为(包含不作为),在观念上这与个别诉讼偶尔在共同的口头辩论期日共同展开的情形是一样的,因此传统学说认为,诉讼法上的普通共同诉讼不过是个别诉讼的集合而已。[57] 各共同诉讼人可以自由地独自作出自认、请求的认诺或放弃以及和解,其效果不及于其他共同诉讼人。也就是说,不存在诉讼资料统一和程序进行统一的要求,一人发生中断、中止事由也不能波及其他人,其他共同诉讼人的诉讼不会因此而中断、中止。此种情形下可以分开辩论,在诉讼延长时,可以对各共同诉讼人作出部分判决。共同诉讼人中一人上诉时,只有提起上诉的人成为上诉人,对其他共同诉讼人不发生上诉的效果。作为类似必要共同诉讼的住民诉讼和股东代表诉讼中,判例认为一人上诉也不会使其他共同诉讼人成为上诉人,包括未上诉人的请求在内,所有的请求均发生移审和暂不确定的效果(参见本讲"必要共同诉讼的程序规定"部分);而在普通共同诉讼中,其他共同诉讼人不仅不是上诉人,而

〔57〕 兼子·体系第383页认为,普通共同诉讼只存在如下关系,即当纠纷可以通过互无关系的个别诉讼得到解决的时候,偶尔通过同一个诉讼程序对之加以审判。木川統一郎「共同訴訟人独立の原則」木川·重要問題(上)第76页则强调说,普通共同诉讼不过是偶尔把多个个人对个人的诉讼置于同一个诉讼程序而已。

且移审和防止确定的效果也不及于其他共同诉讼人(诉的客观合并所适用的上诉不可分原则并不适用于作为主观合并的普通共同诉讼)。普通共同诉讼不仅产生于原告从一开始就选择共同诉讼的情形,也产生于法院合并辩论的情形(第152条,新堂683页)。普通共同诉讼不过是个别诉讼的集合而已,因此并不妨碍法院根据指挥权形成普通共同诉讼。

在诉讼法上虽受共同诉讼人独立原则的约束,但实际上要在同一期日进行审理,因此法院在事实认定和法律适用上都会一视同仁。只要诉讼展开较为正常,即不发生只有一个人作出自认等情况时,对普通共同诉讼人全体一般会作出逻辑上统一的判决。判决内容获得统一,还可以防止因重复审理所带来的低效率,这是共同诉讼的长处,也是其获得现代法承认的原因(参见本讲第一部分“共同诉讼的意义和种类”)。不过这一长处在诉讼法上还只是停留在事实层面。

但通说和判例已经不仅仅满足于普通共同诉讼事实上的长处,而是主张在普通共同诉讼中也适用证据共通原则。从共同诉讼人一人申请的证据方法中得到的证据资料也可以用于未提出申请的其他共同诉讼人相关的事实认定。这就是此处所谓的(共同诉讼人之间的)证据共通原则。[58] 笔

---

〔58〕 无论对提出申请的当事人有利还是不利,证据资料都会发生作用。也就是说,证据资料不会只有在对提出该证据申请的当事人有利的时候才被法院使用,这是“证据共通原则”的其他含义。一般的理解一如正文所示,参见新堂第478页。

证据资料成为证据原因的情形并不仅仅限于和提出申请的当事人相关的主张事实;逆言之,通过本不应由自己提出申请的证据方法而使自己所主张的事实获得认定,此与对“证据共通原则”的一般理解是相同的。又因为该原则不是在对立的当事人之间发生作用,而是作用于共同诉讼人之间,所以为区别于一般情形下的证据共通原则而将之称为“(共同诉讼人之间的)证据共通原则”。

者对此虽也持赞同态度,但要将其正当化并非易事。一如前述,传统观点认为普通共同诉讼不过是诉讼法上个别诉讼的集合。以 X 诉 Y_1、Y_2 为例,在诉讼法上可以将之视为 X 与 Y_1 之间和 X 与 Y_2 之间的两个不同的个别诉讼,如果 Y_1 申请的证据方法也可以用于与 Y_2 相关的事实认定,那么从 X 与 Y_1 之间的诉讼来看,使用当事人(X 和 Y_2)没有申请的证据方法就与辩论主义的第三命题(禁止职权证据调查)相抵触;从 X 与 Y_2 之间的诉讼来看,在结果上与职权调查证据并无不同。[59] 的确,证据共通原则脱离了普通共同诉讼不过是个别诉讼的集合这样传统认识的前提,与辩论主义也存在矛盾,这一点必须承认。尽管如此,证据共通原则的正当化是基于如下思考,即证据调查关乎同一事实,因此根据自由心证主义可以形成统一的心证。[60] 即使在间接事实的自认方面,自由心证主义也可以对抗辩论主义,所以在此发挥作用也并非不可思议,但从当事人程序保障的观点来看,仅以自

---

〔59〕 中村英郎编『民事訴訟法演習』(1994,成文堂)第 89 页(中村英郎执笔)认为,普通共同诉讼本来就是数个诉讼的合并形态,因此在其中一个诉讼中提出的资料不得原封不动地成为其他共同诉讼人的资料。

另一方面,三ヶ月・全集第 398 页对所谓的“(共同诉讼人之间的)证据共通原则”持否定意见。作者认为,法官对于与多数当事人之间或多个请求相关的事实形成共同的心证与“一般意义上的”证据共通原则并无关系。虽然在这种情形下,就同一个证据而形成共同心证的意义而言可以认为证据是共通的,但将这种现象概括为证据共通原则则违背了这一用语本来的含义。与中村说不同,三月说似乎只是不认可这一定义。

〔60〕 西村宏一「利害相反する共同訴訟人間の訴訟法律関係」岩松還暦『訴訟と裁判』(1956,有斐阁)第 239 页,特别是第 245 页认为,证据共通原则的根据在于,既然客观的历史性事实只有一个,那么根据法官的判断而视为真实的事实也只能有一个。木川・重要問題(上)第 83 页也认为,共同诉讼人独立的原则在证据领域因自由心证主义而受到较大的限制系属当然。

由心证原则为根据还是稍嫌单薄。正如兼子·体系第391页指出的，辩论和证据调查原则上应在共同的期日中进行，对各共同诉讼人而言，法院对系争事实作出认定的证据原因也是共同的，因此其认定结果也是统一的。在这一点上，可以承认共同诉讼人之间的证据共通现象，应该认为在同一期日与 Y_2 相关的事实也是重要的。Y_2 有权提出证据抗辩，也可以在证人询问中进行反询问，甚至有权促使法院启动分开辩论。应该说，如果在自由心证主义的基础上再强化这种程序保障，那么普通共同诉讼中的证据共通原则就可以实现正当化。[61]

---

〔61〕 中野＝松浦＝鈴木第451页（井上治典执笔）也指出，对于共同诉讼人之一人所提出的证据，其他共同诉讼人既然有机会参与其证据调查，那么就应适用证据共通原则；反之，如果这种审理过程没有什么实际效果，而且在本质上又对其他共同诉讼人欠缺相应的程序保障，那么就不应适用证据共通原则。

井関浩「共同訴訟人間の証拠共通の原則」実務民訴1第257页以下、特别是第263页详述如下。既然要采用辩论主义，那么在理论上就可以采用各自的诉讼资料分别作出事实认定，而且在我国从事事实认定工作的都是专业法官，因此分别作出事实认定在技术层面上应该不存在什么问题；另一方面，由于证据调查是在同一期日、同一法庭上进行的，因此法院在自由判断调查结果进行事实认定的时候，不能就唯一存在的客观历史事实而对不同的共同诉讼人作出不同的认定，如对某一人认定为真而对另一人则认定为假，这至少是不自然的。既然应当作出认定的事实只有一个，那么在自由心证主义基础上作出的认定也应该只有一个，这才较为合理。总之，这一问题涉及司法政策到底是更为重视辩论主义还是更为重视自由心证主义。接下来，作者提出了一个具体事例。Y_1 和 Y_2 为两家出租车公司，由于其出租车相互发生碰撞而导致乘客X受伤，X遂以 Y_1 和 Y_2 为共同被告要求损害赔偿。Y_1 和 Y_2 均在诉讼中抗辩说自身并不存在过失，事故原因在于对方出租车公司的过失。假如 Y_1 提出了证明 Y_2 具有过失的证据，而 Y_2 则提出了证明 Y_1 具有过失的证据，在各自证据均被采信的情况下，如果不适用证据共通原则，那么完全有可能得出这样的事实认定结论，即X、Y_1 之间的事故原因在于 Y_2 之过失，而X、Y_2 之间的事故原因则在于 Y_1 之过失，这一结论所导致的结果就是X对两被告均败诉；如果适用证据共通原则的话，那么就可以在整体上认定 Y_1 和 Y_2 都存在过失，事故原因在于该双方之过失,因此 X 将获得胜诉。法院应当在综合判断全部证据后再作出事实认定,这样的裁判制度才是合理的。在此基础上,同书第 265 页指出,通过适用证据共通原则,Y_1 的证明活动将会对 Y_2 造成影响,因此必须赋予 Y_2 相应的正当防御权,Y_2 可以对 Y_1 提出的证据的证明力提出质疑,还可以对证人进行反询问。虽然书证形式上的证据力的认定在理论上比较困难,但西村・前引注〔60〕第 253 页认为应予认定。由于应当重视 Y_2 的反驳权利,因此笔者赞同西村的见解。此外,秋山幹男ほか『コンメンタール民事訴訟法Ⅰ』(2002,日本評論社)第 367 页也指出,证据共通原则的依据在于可以灵活运用共同的证据调查这一共同诉讼制度的实效性以及适用该原则并不会给当事人造成不利益。

与此不同的是,松本 = 上野第 556 页认为,至少对于当事人而言不利的证据资料不得当然适用证据共通原则。上田第 512 页也认为,该原则的适用应当仅限于存在释明或其他共同诉讼人援用的情形以及对其他共同诉讼人不会造成突然袭击的情形。这些观点较之笔者更为消极一些。关于该原则的适用应与其他共同诉讼人的援用联系起来的观点可参见菊井 = 村松Ⅰ第 371 页,作者认为,实务中为了明确利害关系对立的共同诉讼人之间的诉讼关系,要适用该原则须明确当事人是否援用其他共同诉讼人提出的证据。但伊藤第 558 页认为,既然要在同一期日进行证据调查,那么就可以认为其他共同诉讼人有机会参与该调查,因此与当事人之援用行为挂钩的做法从自由心证主义的角度看来是不合理的。笔者在结论上也赞同伊藤的观点。不能认为法官不得通过释明来明确当事人是否援用,即使未明确援用也是可以适用该原则的,因为已经保障了当事人参与证据调查的机会。

有时也会因为合并辩论而形成普通共同诉讼,如果不进行集中证据调查的话,那么就可以就 X 与 Y_1 之间的诉讼单独进行证据调查,比如对证人 A 进行询问。其后将 X 与 Y_2 的诉讼合并到 X 与 Y_1 的诉讼中,那么以前对 A 进行的证人询问会具有怎样的效果呢?最判 1966・4・12 民集 20 卷 4 号第 560 页、百選Ⅱ第 117 号案例(小松良正解说)认为,即使合并辩论,证据调查的效果也不会发生变化。也就是说,对 A 进行的证人询问对于 Y_2 也依然具有证人询问的效果,但因此形成的事实认定结论是基于 Y_2 并未参与的证人询问,这对 Y_2 缺乏相应的程序保障,因此学者一般认为应以当事人之援用为必要。不过根据 1996 年修法后第 152 条第 2 款之规定,当初并未参与证人询问的 Y_2 只要提出申请,法院就必须再次进行证人询问。这样一来,那种认为没有当事人之援用,在先进行的证据调查就不能成为证据资料的观点就丧失了立论的基础。因为所谓能够提出"再"询问申请是以该证人询问结果依然有效为前提的。但是 Y_2 要提出"再"询问申请就必须知道曾经进行过证人询问,如果对方当事人 X 援用该询问结果,那么 Y_2 就会知晓。除此之外,Y_2 也可以通过法院向其进行是否提出"再"询问申请的释明,或者 Y_2 主动阅读诉讼记录来获知这一信息。认为通过 1996 年修法而使当事人之援用不再成其为条件的观点较具说服力(新堂第 447 页),但从对 Y_2 提供程序保障的角度来看,要想把 Y_2 并未参与进行的证人询问之结果作为与 Y_2 相关的证据资料需要对方当事人之援用的观点也并非完全没有意义,因为只要法官作出释明即可。因此在抽象的意义上来说,Y_2 已经如果认为证据共通原则已经偏离了辩论主义以及普通共同诉讼只是个别诉讼的集合这种理解，那么我们能否在这一方向上走得更远呢？新堂理论就提出了主张共通原则的观点（新堂第 675 页）。〔62〕

只要各共同诉讼人未独立地积极实施诉讼行为，那么若一人之主张对其有利也将及于其他共同诉讼人，这就是（共同诉讼人之间的）主张共通原则。〔63〕例如，共同被告中一人作出否认，而其他共同诉讼人又缺席时，否认的效果将及于缺席者，拟制自认不能成立。〔64〕当共同诉讼人各自实施诉讼行为时，如一人否认，而另一人自认，此时则根据共同诉讼人

获得了程序保障。总之，那种认为无须援用以及释明而只需 Y_2 主动阅读诉讼记录的观点在程序保障上并不充分。再询问的内容也可以涉及书证，在辩论合并之前，X 提出的文书只在与 Y_1 的关系上可认定其具有形式上的证据力；在辩论合并之后，Y_2 也应当有机会对其形式上的证据力提出质疑。实务中法院都会要求 Y_2 对该文书成立的真实性进行表态。

〔62〕　参见新堂幸司「共同訴訟人の孤立化に対する反省」新堂・訴訟物（下）第 33 页。林屋第 127 页也认为应承认主张共通原则之适用。河本・前引注〔55〕第 136 页也认为，存在一种理论上要求合一确定的诉讼类型，在该类型中应适用证据共通和主张共通原则。这种诉讼类型是指在作出同时判决时，理论上该判决不应在共同诉讼人之间形成矛盾，如对数人提起的所有权确认之诉，对数名连带债务人提起的诉讼以及以主债务人和保证人为共同被告的诉讼。

〔63〕　所谓主张共通原则，与辩论主义相关，是指法院不仅能斟酌负担主张责任的当事人提出的主张，而且可以把不负担主张责任的当事人提出的主张作为判决的基础，参见高橋・重点講義第 348 页。这也是该原则一般的含义。

但这里面临的问题是共同诉讼人之间发生主张扩张的现象，与辩论主义视野下的主张共通原则并不相同。与证据共通原则类似，应当将该原则理解为关涉共同诉讼人之间的、另有含义的主张共通原则。

〔64〕　比如，共同诉讼人 Y_1 和 Y_2 都于口头辩论期日当天出席，但 Y_1 采取了积极争辩的态度，而 Y_2 却几乎无动于衷，此时法院可以将 Y_2 的真实意思揣摩为 Y_2 以默示的态度与原告争执，这属于在该范围内对诉讼行为或者意思表示的解释问题。通说和判例亦如此主张。不过新堂说所指主张共通原则，是指在 Y_2 缺席的情况下 Y_1 作出的否认的法律效果亦及于 Y_2，这已经不仅仅是对诉讼行为和意思表示单纯的解释问题了。

独立原则,各自发生其效果;但一人否认,其他人均不作为的场合就与共同诉讼人独立的原则没有关系,该否认之有利的法律效果将及于其他毫无作为的共同诉讼人。如果不愿接受其波及的效果,那么其他共同诉讼人就可以单独实施诉讼行为,所以并不危及其实施诉讼行为的自由。因为波及的原则是有利于其他共同诉讼人,所以既无损其他共同诉讼人的利益,也不违背其真实意思。在法院释明的前提下,也可以推定为共同诉讼人实施了相同的诉讼行为。对对方当事人而言,只要有一人作出否认而发生争议,己方就需要进行充分的证明活动,因此对方当事人既不会遭受特别的不利益也不会受到突然袭击;对法院而言,只要有一人作出否认就必须进行证据调查,因此也不会遭受特别的不利益。由于判决内容是统一的,基础十分扎实,所以对整个司法制度的运营也是有利的。此外,共同诉讼人独立的原则是为了保障各共同诉讼人单独、自由地实施诉讼行为,而主张共通原则则是在各共同诉讼人没有单独、自由地实施诉讼行为时加以规范的原则,两者并不矛盾。〔65〕

---

〔65〕 新堂第675页指出,甚至在双方当事人均缺席而且共同诉讼人一方全体缺席的情形下,如果共同诉讼人之一人申请法院指定期日,那么该行为就应当对全体共同诉讼人产生阻止拟制撤诉的效果(第263条)。但是,所谓指定期日的申请并非主张,此时能否适用主张共通原则是有疑问的。应该说,此时应当在综合考量多种因素的基础上——该行为对对方当事人造成的不利益、对法院带来的利益或不利益以及统一解决纠纷所带来的好处等——再将申请指定期日的效果及于其他共同诉讼人。

通说认为,阻止拟制撤诉的效果只及于提出指定期日申请的人。如果采用当然的辅助参加的形式,那么通说的结论与新堂说是相同的;但如果只在普通共同诉讼的范畴来考虑的话,似乎通说的观点在逻辑上更为一以贯之。申请指定期日的效果如果及于其他共同诉讼人,那么这就与上诉的效果也及于其他共同诉讼人十分接近了。实际上,在一人提出指定期日的申请时,法院也可以依职权对其他共同诉讼人指定期日,这也是通说的观点。如果法院依职权指定期日的话,那么在结果上与新堂说相同,不过这种一致只是表面上的一致而已。

这种主张共通原则的目的类似于中村理论中的准必要共同诉讼和兼子一理论中的共同诉讼人之间的当然辅助参加，但与准必要共同诉讼须准用第 40 条之规定这种迂回晦涩的情形相比，适用主张共通原则更为明快。所谓当然的辅助参加（无须申请说），是指存在辅助参加利益时，即使没有辅助参加的申请，也同样可以参加诉讼，如果按照这一观点，主债务人之争辩对于缺席的保证人也发生否认的效力，这一效果与适用主张共通原则是相同的。不过，主张共通原则同样适用于不存在辅助参加利益的共同诉讼人之间，因此其范围较当然的辅助参加更广，同时在不涉及上诉行为这一点上又比当然的辅助参加要窄。[66]主张共通原则和共同诉讼人之间的当然的辅助参加不同，由于辅助参加利益的判断较为困难，因此主张共通原则在适用上较为容易；而且判例也对当然的辅助参加这一观点持否定态度（最判 1968・9・12 民集 22 卷第 1896 页、百選Ⅱ第 160 号案例〔坂原正夫解说〕）。基于这一现实，（共同诉讼人之间的）主张共通原则也有其成立的价值，应予赞同（在承认证据共通原则和主张共通原则的限度内，对于普通共同诉讼不过

---

〔66〕 不过新堂第 676 页也指出，主张共通原则和当然的辅助参加可一体适用，因此一人之上诉可以为其他共同诉讼人遮断原判决之确定，而发生移审的效果。这样一来，没有提起上诉的共同诉讼人应被作为退出诉讼来处理，因此产生的判决效力亦及于该等人。

是个别诉讼之合的传统观点应予修正）。〔67〕

---

〔67〕 但中野＝松浦＝鈴木第451页（井上治典执笔）认为，所谓主张包含着其独立的含义和功能，即设定了诉讼内当事人对论的程序和方针，至于该主张对于其他共同诉讼人是否有利，判断起来并非易事。一方当事人并未提出特定的申请或主张也是其一种行为选择，如果将该行为同化于其他采取了积极行动的当事人的诉讼行为，那么从个体的独立以及尊严来说是有问题的。基于上述理由，在原则上不应支持主张共通原则。松本＝上野第558页也从法无明文规定以及可能造成对对方当事人的突袭的角度否定了该原则。注释民訴（2）第71页（德田和幸执笔）认为从解释论的角度很难承认主张共通原则。梅本第602页指出，主张共通原则与普通共同诉讼中尊重共同诉讼人主体独立性的基础相悖，也与共同诉讼人独立的原则相抵触；而且将该原则之适用与其他共同诉讼人未作出积极的诉讼行为这一消极的意思表示相联系，这有可能导致无法实现灵活的诉讼运行，甚至有陷入恣意的诉讼审理之虞。但如果从积极谋求尽可能消弭矛盾的处理结果来说，这一原则的设想还有可取之处，法官可以通过释明权的行使来获得具体的妥当处理结果。

此外，注解民訴（2）第151页指出，只有在逻辑上要求合一确定的情形下，如果一方当事人有机会进行释明，那么可以认为其提出了与其他当事人共通的主张，只有在这种情形下方可承认主张共通原则。但不能将该原则作为普遍原则，至于因此而导致的裁判结果上的不统一也是不得已的事情。

通过法院合并辩论也可形成普通共同诉讼。如果债权人没有将对主债务人提起的诉讼和对保证人提起的诉讼合并为共同诉讼，那么若保证人于口头辩论期日缺席的话，债权人就可以因为拟制自认的效果轻而易举地取得对保证人的胜诉判决，也可据此对保证人申请强制执行。但如果法院依职权合并辩论而形成共同诉讼的话，由于要适用主张共通原则，因此即使保证人缺席也不会将之视为拟制自认，那么债权人想因此获得胜诉的途径就不存在了。诉讼的结论由于法院是否依职权合并辩论而出现截然不同的结果，这将对相关人员的权利义务关系造成极大的影响。那么法院的做法是否妥当呢？

从新堂的观点来看，由于作出了实体法上正确的、与真实情况吻合的统一判决，因此并无任何不妥。对于所谓债权人的“利益”，即因保证人缺席而轻易获得胜诉判决，确实不需要提供特殊的保护。但法院依职权就可导致诉讼结论如此不同，这从辩论主义和处分权主义的精神来看确实有欠妥当。这样的话，在法院不是作出客观合并而是形成共同诉讼的合并的时候，法院依职权合并辩论应当仅限于当事人没有表示反对的情形，这一解释论值得我们思考。不过在诉讼实务中，如果法院提示合并的可能性，那么债权人一般都会持反对意见，因此如果承认一方当事人享有这样的拒绝权，那么合并辩论就是很困难的。反之，如果把双方当事人都表示拒绝作为要件的话，那么即使债权人反对，对方当事人也可能会表示赞同，还是会实现合并辩论，那么债权人轻易胜诉的“利益”就被剥夺了。分开辩论的情形也是如此。总之，主张共通原则在理论上由于涉及当事人诉讼支配权的领域，所以会包含一些极为微妙的问题。参见高橋宏志「統一的紛争解決と弁論の併合」新堂・古稀（下）第53页。

让我们从主张共通原则的视角再回顾一下百選Ⅱ第156号案例所涉及的既判力与反射效相冲突的案件。[68] 在这一案件中，前诉的共同被告是主债务人和保证人，但因为保证人缺席而实行了分开辩论，导致了保证人败诉而主债务人胜诉这种判决分裂的矛盾问题。那么，这么分开辩论是合法的吗？通说和判例认为，由于是普通共同诉讼，因此分开辩论的做法在合法与否的问题上是合法的，至于当与不当则另当别论。从主张共通原则的角度来看，按照新堂的理论，分开辩论极为不当，但还没达到不合法的程度；按照铃木正裕的理论，即将反射效作为既判力的扩张并以此构想片面的类似必要共同诉讼，妥当与否也另当别论，但至少是不违法的；即使按照持准必要共同诉讼观点的中村理论来说，因为不要求程序进行的统一，因而分开辩论也是合法的。如此说来，分开辩论并不违法，但却产生了因分开辩论而导致的既判力与反射效相冲突的困境，因此我们不得不认为分开辩论是不妥当的。尽管如此，仅靠不实行分开辩论也无法解决实际问题。即使维持共同诉讼的形式，那么由于保证人一直缺席而没有进行辩论时，通说和判例都认为这将导致保证人一方成立拟制自认。因为保证人没有提出主张（否认），即使维持共同诉讼的形式，还是会得出保证人败诉主债务人胜诉的判决，所以，不实行分开辩论，且采用主张共通原则（还有当然的辅助参加制度），就可以保证法院对主债务人和保证人作出共同的统一判决，这就是主张共通原则的价值所在。

---

〔68〕 高橋・重点講義第649页。

以上介绍了普通共同诉讼的一些问题。由于共同诉讼的形态原则上不是必要共同诉讼而是普通共同诉讼,因此类似于公害诉讼、消费者诉讼等原告为人数众多的集团提起的所谓集团诉讼,在诉讼法上也都属于普通共同诉讼。

虽然通说和判例都主张普通共同诉讼应适用证据共通原则,并且按照有力说还应适用主张共通原则,但普通共同诉讼的基本结构只是个别诉讼的合并而已。然而按照这样的传统观点是无法妥当处理今日之集团诉讼的。比如,在事实认定方面,按照传统观点来看,对于被告(加害人)的行为与原告(受害人)损害之间的个别具体的因果关系以及每一个原告的具体损害数额必须单独、个别地作出事实认定;但在人数过百的集团诉讼中,要采取这种方式的证据调查(事实认定)的话,诉讼经年也难以结束。因此,就应当摸索一种集团性的事实认定方式,而不是就每个原告的个别因果关系作出具体的认定。最大判 1971・12・16 民集 35 卷 10 号第 1369 页、百選Ⅱ第 110 号案例(内山卫次解说)指出,原审使用陈述书和问卷调查的方式以替代对每一原告的当事人询问,并认可了其中具有极高证据价值的资料,这一做法是合法的;在对原告诉讼请求的处理方面,对抚慰金请求作出了统一的概括性请求,以避免因原告个体不同而导致的差异,这种处理方法也是合法的。第 268 条也肯定了在大规模诉讼中由受命法官(合议庭法官的一部分)进行当事人询问和证人询问的做法,也就是说,当事人寻问和证人寻问可以不由作出判决的合议庭全体法官进行,这是对直接主义的一种变通(第249条)。[69] 因此,应认识到集团诉讼中已经发生了因量变而导致质变的现象。集团诉讼也给实体法提出了新的课题,简单地将其作为普通共同诉讼的一种类型来把握已经有些不合时宜了,这也是将来重要的研究课题。[70]

四、共同诉讼的整体构造

在由普通共同诉讼、类似的必要共同诉讼、固有的必要共同诉讼构建的整个共同诉讼体系中有两个要点,即共同诉讼人的步调是否应当一致(合一确定的必要);什么人应作为共同诉讼人(诉讼共同的必要)。

---

〔69〕 作为大规模诉讼的特例,如果当事人没有提出异议,那么可以由受命法官在法院内进行证据调查(当事人询问和证人询问)(第268条);在应增加受命法官人数的情形下可以由5名法官组成合议庭(第269条第1款)。甚至因案件性质不同,法院应灵活运用进程协议期日的制度制订审理计划(《民事诉讼规则》第165条);在有多名诉讼代理人的情形下,应选任联络员(《民事诉讼规则》第166条);法院可以要求当事人提交记录案件的软盘(《民事诉讼规则》第167条)。

顺便提及的是,研究会新民诉第369页柳田先生在发言中指出,由于并非口头辩论期日,因此由受命法官实施的证据调查没有必要公开进行。该发言并未受到其他与会人员的反对。这一观点与受诉法院之外的受托法官所实施的证据调查(第185条)也是吻合的。第282页也指出,这种规定不仅仅是对直接主义,也是对公开主义以及口头主义的一种蚕食,从立法论的角度来说,这种证据调查应当在公开的场所进行。但在解释论上并不要求在公开的法庭上进行。由受命法官进行的证人询问等调查环节与受托法官的情形并不相同,要在受诉法院内进行,因此其与上述各种原则主义不同之处仅仅在于该调查并非由合议庭全体法官实施。也就是说,在解释论上可以得出应当在公开法庭进行调查的结论,但如果作此要求的话,就会降低由受命法官进行证据调查这一制度原本的机动性。因此,柳田先生的观点在解释论上还是较有说服力的。公开主义在证据调查环节是重要的,然而在争点证据整理阶段很难如此认为,这一争论在1996年修法之际就很引人注目,当时在上述证据调查环节中公开性作出了一定的让步,而且这一解释论还是较有说服力的,这不能不说也是一种讽刺吧。参见高橋・論考第58页注(15)。

〔70〕 在这一领域作出了具有开拓性理论贡献的当属谷口安平「集団訴訟における諸問題」新実務民訴3第157页。关于当事人适格的问题可参见福永有利「親類系としての『集団的利益訴訟』の法理」民訴雑誌40号(1994)第61页。

我们暂且不提集团诉讼,仅对从数人到数十人的共同诉讼加以考量。通说以上述两个要点为基础建构了一个演绎化的静态体系。普通共同诉讼既不需要合一确定,也不需要共同诉讼,而是贯彻共同诉讼人独立的原则;必要共同诉讼则有合一确定的必要,其中固有的必要共同诉讼还需要共同诉讼。只要对某案件属于固有的必要共同诉讼还是普通共同诉讼作出判断,就会自动生成以后的程序规则,这是一种演绎化的结构,但却会提高判断的安定性和法的安定性。可以说,普通共同诉讼、类似的必要共同诉讼、固有的必要共同诉讼都是封闭的子系统,这些子系统又构成了一个完美的体系。

但是,通说所营造的这种演绎化的静态体系,在处理具体案件时就十分妥当吗?实际上连判例都与通说有所不合。例如,共同所有关系的判例中,一般采取二元处理的方法,即把共有关系分为共有权和共有持分权,因个案之不同情形而留有适用固有的必要共同诉讼的余地。另一个典型的例子是,在类似必要共同诉讼类型的住民诉讼和股东代表诉讼中,共同诉讼人中没有提起上诉的人就不能成为上诉人。甚至往前追溯的话,我们还会发现两个引人注目的判例,参见最判 1956・9・28 民集 10 卷 9 号第 1213 页和最判 1963・3・12 民集 17 卷 2 号第 31 页,简单地讲,前一个案件中,所有权登记在 Y_1 和 Y_2 之间移转之后原来的所有权人要求注销该登记;后一个案件的情形类似,但 Y_1、Y_2 系共有人。两个案件的共同之处是败诉的 Y_1、Y_2 一方当事人提起了上诉,虽然 Y_1、Y_2 联名以同一上诉状提起了上诉(控诉审),但 Y_1 的上诉期间已过,而 Y_2 仍在上诉期间。第一个判例认为,按一般原则来说该案不属于必要共同诉讼,因此 Y_1 的上诉不合法,控诉审不构成共同诉讼。[71] 然而最高法院的第二个判例则维持了控诉审判决,即撤销一审判决,驳回诉讼请求。而原审对该案的处理方法则是将之作为必要共同诉讼并且将该二人均作为上诉人,由于该二人联名提出了上诉状,所以恐怕是其达成了协议而共同提起上诉的吧。如果按照判例的一般观点,这两个案件都不构成必要共同诉讼,但 1963 年的最高法院判决却将之视为必要共同诉讼,把两人都认定为上诉人。[72] 如果抛开理论,仅从该案判决的妥当性来考量的话,对于共同提起的上诉,仅以其中一人之上诉期间已过为由而分开处理并不恰当。与其分开处理,还不如在控诉审中也维持其共同诉讼的形式,因此 1963 年的最高法院在案件处理上更为恰当。该判决给我们的启示是,在摸索妥善解决纠纷的过程中,可以突破通说和判例的观点,实际上这一点也应该被民事诉讼法理论所汲取。[73]

从这一视角重新考量通说的话,可以发现其实通说本身也在对其自身封闭的各个子系统进行着局部的突破。具体表现有,在固有的必要共同诉讼中,共同诉讼人之个人不得撤诉,而在类似的必要共同诉讼中则可以。也就是说,现在

---

〔71〕 三ヶ月・判例第 115 页,中田・判例第 222 页,均持赞同态度。

〔72〕 铃木正裕・判批・民商 49 卷 5 号(1964)第 724 页,中村英郎・解说・続百選第 46 页都反对按必要共同诉讼处理的判旨。

其实,原审曾认定 Y_1 的上诉不合法而驳回,但是后来却认定该案构成必要共同诉讼,因此也将 Y_1 作为了上诉人,原审最后撤销了对 Y_1、Y_2 二人的一审判决并驳回了其诉讼请求,最高法院对此予以肯定。由此可以看出,原审为了求得更为妥当的判决结果而敢于挑战通说和判例。

〔73〕 高橋宏志「必要的共同訴訟」小山ほか・演習第 680 页。

的通说已经不再固守必要共同诉讼须合一确定的观点了,而是要将之区分为固有的必要共同诉讼和类似的必要共同诉讼。在非通说领域的学者理论中,这种变化更为引人注目。谷口安平「共有関係と共同訴訟」三ヶ月章 = 中野贞一郎 = 竹下守夫編『新版・民事訴訟法演習 2』(1983,有斐阁)第 26 页,特别是第 32 页指出,最判 1971・10・7 民集第 25 卷第 7 号第 885 页,百選补遗第 43 号案例涉及夫妻双方对子女提起的共有权确认以及移转登记的诉讼请求,最高法院认为其属于固有的必要共同诉讼因此不允许夫妻中的一方撤诉。从该判决中我们得到的启示是,虽然是否共同起诉是自由的,但一旦共同提起诉讼后就必须坚持对其一体处理,〔74〕在租地人对出租人的共同继承人请求确认其租用权的诉讼中也应作如此理解。而且井上治典「訴訟共同の必要」井上 = 伊藤 = 佐上第 277 页还指出,共同诉讼的必要和合一确定的必要在某种程度上可以相互分离。〔75〕 中村英郎教授提出的准必要的共同诉讼理论,也是在合一确定要求内部的一种分化

---

〔74〕 谷口第 275 页也持相同见解。

该判决并不违背共有权构成固有的必要共同诉讼这一判例理论。但依判例,撤诉后形成的诉讼可以理解为基于共有持分权的诉讼,因此夫妻中的一方可以撤诉,而仅由夫妻中的另一方维持诉讼。这样一来,就不难理解为什么谷口认为,是否共同起诉虽然是个人的自由,而一旦共同提起诉讼的话,就必须坚持一体处理的原则。

〔75〕 如果从合一确定之必要和共同诉讼之必要来考虑的话,正如第 40 条所示,必要共同诉讼以合一确定之必要为要件。首先从是否存在合一确定之必要性来考虑,这是德国法和日本法的思维方式,中村英郎教授所说的准必要共同诉讼也是在德国影响下这种思维发展的产物;另一方面,我们转而看看美国法,它是从有无共同诉讼之必要性的角度来加以考虑的,如果从这一观念出发来重新把握共同诉讼整体的话,就可以把共同诉讼之必要性从合一确定之必要性中适当剥离出来而单独加以考虑。参见高橋宏志「必要的共同訴訟の試み(三)」法協 92 卷 10 号(1975)第 1259 页以下、特别是第 1322 页。

然而,流动化的理解作为一种思考方式本来无可厚非,但如果思路过于灵活就会造成缺乏判断的根据以及判断缺乏稳定性的不良后果。因此,在法律论上还是应当基本承认普通共同诉讼、类似的必要共同诉讼、固有的必要共同诉讼这种判断的范式,并在此基础上展开解释论才更具有建设性。如此一来,即使我们应当采取流动化的理解方式,但由于维持了普通共同诉讼、类似的必要共同诉讼、固有的必要共同诉讼这种法律范式,解释论的框架并不会对通说和判例作出较大程度的改动。这种流动性的理解方式主要存在于对固有的必要共同诉讼作出弹性化处理的范畴,同时对法院在普通共同诉讼中的诉讼指挥也具有一定的实践意义。[78]

---

〔78〕 注解民诉第 162 页也指出,如果能够将最近的学术成果活用于普通共同诉讼中,那么作为当前的一种运用方式还是妥当的。实务家为了做到弹性化处理也煞费苦心,可参见塚原朋一「通常共同訴訟の審理をめぐる諸問題」牧山 = 山口编『民事判例実務研究第二巻』(1972,判例タイムズ社)第 174 页,太田洋「通常共同訴訟における統一的審判のための一試論」判タ831 号第 12 页。

如果从流动化的视角认为可以将合一确定的必要和共同诉讼的必要相对剥离的话,就能够假设出虽没有合一确定的必要,但有共同诉讼必要的诉讼类型。比如,登记多次发生移转情况下的注销登记请求,如果原告不取得对全体登记义务人的胜诉,就不能在登记簿上单独重新登记,因此,只要没有特别情况,就应当把所有登记义务人都列为被告;以保证人为被告的诉讼也是如此,只要没有特别情况,也应当要求把主债务人列为被告(不过存在前引注〔67〕后段所指问题)。但是,以前者的登记转让为例,由于通谋的虚伪表示导致意思表示相对无效,因此可能会出现 X 对 Y_1 胜诉,而对善意之 Y_2 败诉的情况,在此没有合一确定的必要;以后面保证人的案件为例,由于主债务人也无法阻止保证人认诺原告的诉讼请求,所以也不存在合一确定的必要性。因此,上述两例都不构成固有的必要共同诉讼。现行法上目前尚不存在不具有合一确定之必要,但却有共同诉讼之必要的诉讼类型,所以在解释论上就可将之归入普通共同诉讼,通过法院的释明:为什么不把他们作为共同被告呢?以此引导实现共同被告的局面。如果这种处理方法成为惯例的话,可能就会在没有特别实益的情况下,对于仅以一人为被告的诉讼就会以缺乏诉的利益为由加以驳回。以流动化的视角来看,这样就开辟了一条开放式的诉讼运营途径。参见高橋宏我们先不考虑流动性地把握共同诉讼体系这一思考方式作为具体的解释论其适用程度如何,单是这种微调的意识和实践就是大有裨益的。

共同诉讼是学习民事诉讼法的一大难点,建议各位拜读一下德田和幸「通常共同訴訟と必要的共同訴訟」講座民訴③第 227 页。[79]

志·評釈·法協 99 卷 5 号(1982)第 790 页。

最近的判决中也有耐人深思的问题。东京高判 1997·2·19 判时 1609 号第 116 页涉及一个典型的多次移转登记的案例。在一审后,被告中的一人由于受到缺席判决而提起上诉,控诉审认为该案应当共同审理从而撤销缺席判决,将案件发回重审。这样一来,一审中的共同诉讼就此恢复,应该说是一种没有割裂案件的恰当的处理方式。但是,正如须藤典明·解说·『平成九年度主要民事判例解説』(判タ 978 号)(1998)第 186 页所指出的那样,撤销一审的缺席判决是没有道理的。因为既然没有否定这是普通共同诉讼,那么就不能说一审分开辩论从而作出部分判决(缺席判决)的做法是违法的。但是因为出现了上诉,所以一审中的拟制自认就不成立,如此一来,一审就存在审理不尽的问题。那么出于被上诉人的审级利益,而不是缺席的上诉人的审级利益,也有可能将该案发回重审。大正年间修改《民事诉讼法》时废止了原来的缺席判决主义而转向了对席判决主义,在缺席情况下则以拟制自认制度为纽带实现这一主义。但这一做法在立法论上理应受到批判,应尽量转向可以撤销和发回重审的解释论观点。不管怎样,对于尽量维持共同诉讼的做法,应该给予上述判决很高的评价。

〔79〕 以下涉及共同诉讼的根本问题。以遗产确认之诉为例,严格地说,如果确认了原告 X 与被告 Y_1、Y_2 之间的遗产范围,那么该判决仅在原被告之间产生既判力。因为 Y_1 和 Y_2 之间没有诉讼请求,所以该判决在 Y_1 和 Y_2 之间不产生既判力,也许有空谈之嫌,这样一来,该判决之既判力无法阻止 Y_1 对 Y_2 提起与前诉判决内容迥异的遗产确认之诉。但在具体的处理上,应设法以某种判决效力阻止 Y_1 提起后诉请求。从这样的观点出发,谷口安平「多数当事者訴訟について考える」法教 86 号(1988)第 6 页指出,在多数当事人诉讼中,把原告对被告的诉讼请求作为标准的这种箭头式的思考方式会带来许多不足,较为合适的做法应当是把多数人之间的纠纷如实地反映在诉讼中,这种方式可以称为旋转木马式的构成(所谓旋转木马,是指中间有支柱,人们坐在用绳子与支柱顶端相连的马状轮子上旋转的娱乐设施,顶端作出的决定会使所有人之间的纠纷都获得圆满的解决),这一观点极富启示意义。笔者也认为,在多数当事人诉讼中肯定有必要采取这种旋转木马式的结构,这种结构并不是对人诉讼的原理,而是一种对物诉讼的构思;而且,根据这种新观点,很自然

就会得出当事人的范围不应仅局限在原告被告框架内这种结论。不拘泥于原被告这种区别的观念同样出现在判例中,如最判 1969・2・10 民集 21 卷 1 号第 112 页,该案是请求确认原告并非合资公司无限责任人的诉讼,原审东京高等法院认为,如果不把公司作为当事人就欠缺诉的利益,所以把公司列为当事人比较好;而且原告可以自由选择,即把公司作为共同原告也可以,作为共同被告也可以。此外最高法院认为,在土地边界确定之诉中,拒绝成为共同原告的共有人也可以成为被告,参见最判1999・11・9 民集 53 卷 8 号第 1421 页,虽然该案在本质上属于非讼案件,但法院并没有拘泥于原被告这种划分(参见本讲"固有的必要共同诉讼"部分)。上野泰男「独立当事者参加訴訟の審判規制」中野・古稀(上)第 477 页指出,在独立当事人参加中,Z 亦应服从 X、Y 之间的判决,从而肯定了在当事人没有提出诉讼请求的前提下判决所具有的相应效力(参见第七讲"独立当事人参加"第四部分和第五部分)。这一观点可以看作多数当事人诉讼的基础理论将要发生天翻地覆变化的预兆。

但是,实务家对多数当事人诉讼本身并没有好感。田尾桃二「紛争の一回的一挙的解決ということについて」民訴雑誌 40 号(1994)第 37 页[收于加藤新太郎編『民事訴訟審理』(2000,判例タイムズ社)第 1 页]对此有生动的描述,择其要者述之。在法院尚未决定是否对部分原告提供诉讼救助的前提下就无法终结对其他多数原告的诉状审查工作。法律文书的送达也颇费时间,法院也很难在期日前作出释明[園尾隆司『平成六年度主要民事判例解説』(判タ882 号)(1995)第 246 页也指出,在请求分割共有物的诉讼中,由于相关人员的人数过多,而造成当事人对送达工作不甚满意]。在选择期日的时候还要照顾所有的当事人及其诉讼代理人的实际情况,十分麻烦和困难;更麻烦的是,如果 100 多个原告都进入法庭,连坐的地方都不够,而且也很难让每一个当事人充分提出主张或对对方主张表明态度。例如,原告有 X_1、X_2、X_3,被告有 Y_1、Y_2、Y_3,那么 X_1 的主张是针对哪一个被告的呢?该主张和其他被告有何关系呢?对另外两个原告 X_2、X_3 又会产生什么影响呢?此外还须让当事人就要件事实充分主张,而且还要对对方的主张一一表明态度,在整理当事人提出的主张时必须清楚其所涉及的关系等,不胜烦琐;书证的表记方式也很麻烦,一般都使用甲 A 一号证、甲 B 一号证这样的表记方法;要询问的证人也会增加;判决书也变得冗长,就连盖骑封印章的工作也会因为无法进行机械式作业而加大了工作量;如果证据调查仅涉及部分当事人,那么在裁判诉讼费用的负担时也会较为困难。上述工作集中起来就会使多数当事人诉讼变得相当困难。当然,应该指出的是,从理论层面上讲,多数当事人诉讼在诉讼经济、迅速解决整个纠纷、保障判决的统一等方面存在诸多优点;但从实际操作层面上讲,又会使诉讼庞大化和复杂化,程序也变得相当烦琐。不过所谓理论上的优点在实践中表现得并没有那么突出(在通常情况下,一旦法院对一部分人作出了判决,就会为整个纠纷的解决指明方向,不断重复诉讼程序的现象并不多见),反而是多数当事人诉讼在实务层面使法院背负了物质和精神上的双重负担给实务界留下了深刻的印象。所以,不能轻视个别解决机制的单纯化、简易化的优点,主张多数当事人诉讼的学说有些过于理想主义,过于乐观,我们应该更深刻地认识到诉讼规模是存在一定限度的。

从学者的角度来讲,三木浩一「多数当事者紛争の審理ユニット」法学研究(慶應大学)70卷10号(1997)第37页以下对田尾论文的上述旨趣持基本赞成的态度,并从寻求恰当的诉讼规模的观点出发,建议缩小审理单元,其根据(要因)有以下几点:第一,应该保障公民在最大限度内得到司法救济,因此应该缩小在共同起诉方面存在一定困难的固有的必要共同诉讼的适用范围;第二,正如田尾论文中所指出的,多数当事人诉讼会造成诉讼操作层面的种种困难;第三,有时当事人会希望缩小审理单元,我们应当顺应这一要求。这一观点体现了当事人对程序过程具有支配权的理念,主张民事诉讼的当事人具有行使主动权的程序权利。当事人应该有权自律性地实现私权,这一权利应该在不受他人干涉的前提下通过程序来实现。应当顺应当事人缩小审理单元要求的观点为三木说所独有,并不见于田尾论文。三木具体是通过独立当事人参加中的两方当事人的和解以及合并审理来加以论述的。所谓合并审理,就是针对不法行为涉及一般因果关系之类的总论性争点应该合并审理(合并证据调查),而对于个别性的争点,如每一被害人具体的因果关系以及赔偿额,则应个别审理(个别证据调查)。三木说同时指出,在原告对被告提出概括性请求的情形下,多数人诉讼会使被告对单个原告的防御权面临分散和弱化的危险。关于三木学说,本书在第七讲还会再次谈及。

一方面,有主张推进多数当事人诉讼弹性化处理的诉讼哲学;另一方面,又有主张尽量分解纠纷严守两当事人对立的结构进行细化处理的诉讼哲学,这就是困难之处。但作为一门学问,不能简单地抛弃所谓的"理想主义"。虽说确如田尾论文所指,多数人诉讼给实务操作造成了诸多困难,但另一方面,没有被作为当事人看待的那些关系人也必须服从针对部分当事人作出的判决,虽然这有违他们的本意,但纠纷不是因此而得以解决了吗(如果这些非当事人知道诉讼系属的话,就不存在这一点所说的问题,因为没有参加诉讼是自己的责任。在我国的诉讼现实中,大多数关系人都知道诉讼已经系属的事实,因此从这一点上企图对立足于我国现实的田尾学说直接予以批判是很困难的)?这样的处理结果难道不是对该关系人所遭受到的事实上的不利益以及由此产生的程序保障方面的问题过于忽视了吗?高田裕成「いわゆる『訴訟共同の必要』についての覚え書」三ヶ月·古稀(中)第175页,同「いわゆる類似必要的共同訴訟における共同訴訟人の地位」新堂·古稀(上)第641页对此在理论上进行了深入的追问。三木说面临的问题主要是如何协调要求多数当事人诉讼的一方当事人和要求缩小诉讼规模的另一方当事人之间的不同要求,因此,即使这一根据并不是三木说的主要论据,然而对于要求缩小诉讼规模的当事人采取当然重视的态度依然需要作进一步的探讨。三木说似乎对多数人诉讼采取了消极评价,但能否因此也对我国现行法的独立当事人参加制度采取否定的态度呢?关于这一点,正如本书第七讲中所述,在高度发达的现代社会,各种利害关系复杂交织,因此灵活运用多数人诉讼是无法避免的。但是,作为集团诉讼的一种解决之道,三木说对于合并审理以及个别审理相互结合方面所做出的努力倒是值得重视。

第四讲　主观的预备性合并

——申请同时审判的共同诉讼

导　读

在大陆法系民事诉讼理论中，诉讼请求的合并分为客观合并和主观合并。客观合并和主观合并又可进一步分为客观预备性合并和主观预备性合并。在大陆法系国家（地区）的制度和实践中，对于诉讼的客观预备合并没有什么争议，但对于是否承认主观预备合并就存在很大争议。无论是日本、德国、韩国，还是我国台湾地区，这种争议都一直存在。另一方面，主观预备合并的优点也是十分明显的，具有很大的诱惑力。这也使人们对于主观预备合并的承认与否十分纠结。

日本试图走出这种纠结，尝试通过设立新的规范，抑制主观预备合并的缺陷，同时又能发挥主观预备合并的优点。这一新设制度就是申请同时审判共同诉讼制度。这一制度对于国内大多数学者而言可能还十分陌生。申请同时审判共同诉讼制度新设于1996年日本新《民事诉讼法》。正是基于申请同时审判共同诉讼与主观预备合并之间的内在联系,高桥先生在这一讲中集中讨论了这两个问题。在充分展示学界对主观预备合并的各种争议观点,并对分歧的焦点和原因进行了精辟的分析和概括,使我们能够很清晰地认识这些分歧的原因所在。

我国对于诉的合并的规范比较粗疏,无论是客观合并还是主观合并,都欠缺应有的规定,客观预备合并和主观预备合并更是没有相关的规定。在实践中,对于客观预备合并和主观预备合并,虽然也有当事人主张,但由于缺乏明确的制度规定,因而没有被认可,尤其是主观预备合并。由于主观预备合并已经在实践中出现,因此,我们有必要对这一问题予以重视,并在理论上进行认真的探讨,回答应当如何理性地处理,应当通过什么方式或制度设置来解决这一问题。基于此,高桥先生在本讲中的理论阐述对我们就有了重要的启发和借鉴意义。我们有必要探讨一下日本的申请同时审判共同诉讼是不是一种我们可以借鉴的做法,这一制度还存在什么样的不足。从高桥的观点来看,对于主观预备合并不能简单地加以否定,如果通过有针对性的制度设置,是能够解决或抑制主观预备合并所存在的问题。相对而言,高桥认为,申请同时审判共同制度并不是一种最佳的方案。在本讲中,对于申请同时审判共同诉讼的制度构成以及不足进行了详细的分析和说明。这些论述无疑有助于我们更好地认识和把握这一制度,为我国的诉讼合并及共同诉讼制度的完善提供借鉴。

一、主观的预备性合并

1. 问题所在

在诉讼请求发生客观合并(第136条)的情形下允许采用预备性合并的形态,[1]例如,以买卖合同的有效为前提、将支付价款的请求作为主位请求,而由于考虑到合同也有可能被认为无效,所以将返还标的物的请求作为副位(预备性)请求加以合并,这种做法当无异议。副位(预备性)请求之确立是以主位请求被认可作为解除条件的,如果主位请求被认可,则法院对副位(预备性)请求不予判决,诉讼终了;主位请求未被认可时,则法院可对副位(预备性)请求作出判决。据此,对于原告来说,无论买卖合同被认作有效还是无效,原告都可能取得胜诉,这也实现了对与实体法上的择一性关系相对应的诉讼的保障。如果由于原告并非买卖合同的当事人,或者由于价款已经支付等原因而使两个请求都被驳回则另当别论,只要没有出现这种情况,就不会出现两个请求都遭致败诉的后果。虽然法律并不禁止,当事人可以不采取这种合并形态,而就两个请求分别起诉,[2]但这样一来可能就会出现原告全面败诉的情形,如一方面认定买卖合同无效从而驳回了给付价款的请求,另一方面认

[1] 关于这一问题上的德日学说史,详见大久保邦彦「請求の客観的予備的併合の適法要件」神户学院法学26卷1号(1996)第121页。

[2] 但如果采用禁止二重起诉的扩张性解释,在主要的争点相同的情形下就会禁止另行起诉而强制合并。参见新堂第193页。

定买卖合同有效而驳回返还标的物的请求(也有可能出现全面胜诉的现象,但判决的执行却无法获得债务人的理解,从而造成实际困难)。应该说,将实体法上的择一性关系通过诉讼法上的合并形态来体现,以保障其中的一个请求获得胜诉是一种较为合理的制度。

这种预备性合并可否针对不同的当事人就是此处所谓的主观的预备性合并的问题(新堂第680页)。例如,原告与代理人签订买卖合同并向本人请求履行,如果代理人不具备代理权则原告可向其请求损害赔偿(《民法》第117条),那么此时原告可否将本人作为主位被告并将代理人作为预备性被告呢?根据《民法》第717条之规定,将地上工作物的占有人作为主位被告,将其所有者作为预备性被告也是其适例。诉之主观的预备性合并也反映了实体法上的择一性关系,从防止双方败诉的不当事态的发生来讲,其与客观的预备性合并具有相同的目的。

虽然在客体方面的预备性合并为法律所允许,但主流学说则对主观的预备性合并持否定态度,[3]其论据为:第一,并没有必要保障审判的统一性;第二,预备性被告的诉讼地位处于不安定的状态,十分不当。判例也持否定说[最判1968·3·8民集22卷3号第551页,百選Ⅱ第167号案例(宫川知法解说)],但是在后来的下级审中,法院在某些限定性条件下对此转持肯定态度,因此似乎有必要探讨一下否定说

〔3〕 中田淳一「訴えの主観的予備的併合の許否」(初出,1958)同『訴えと判決の法理』(1972,有斐阁)第47页的论述最为细致。论文结尾意味深长地指出:如果对此轻易地认可,则这一诉讼形态有可能被作为弥补在准备阶段中事前调查的粗略性的手段而被滥用。这一观点与后述井上治典「訴えの主観的予備的併合」井上·訴訟第3页的考察有关。

的依据是否妥当(此外,主观的预备性合并也可能出现在原告一方,如债权的受让方与出让方;但该合并形态对于被告方来说关系甚巨,因此以下仅从被告方的层面来考虑)。

2. 保障审判的统一

这事关否定说的第一个论据。既然按照普通共同诉讼的框架来考虑主观的预备性合并,就不可避免地会出现上诉程序各自进行的情形。如果采取与客观的预备性合并同样的结构,即该起诉行为附带解除条件的话,那么只要针对主位被告的请求被认可,判决就只能在原告与主位被告之间作出。能对此判决提起上诉者仅限于主位被告,而且移转于控诉审的请求只能是主位请求。至于预备性被告,因为没有作出与其相关的判决(如果采用后述的主观的顺位合并的构成则另当别论),因此也不能提起上诉。主位请求与预备性请求在程序上不得不分开进行。〔4〕 而且在驳回主

〔4〕 当针对主位被告的请求得到法院支持的时候,对于预备性被告提出的请求又将如何处理呢？所谓解除条件成就是在针对主位被告的判决确定之时,在此之前针对预备性被告的请求一直处于浮动的状态,也就是说,在针对主位被告的请求获得确定之前,针对预备性被告的请求一直系属于第一审。当针对主位被告的诉讼请求的胜诉判决获得确定时,针对预备性被告提出的请求就确定地消灭了。

如果针对预备性被告的请求依然系属于第一审,那么当针对主位被告的判断在控诉审中发生逆转时,控诉审将撤销认可请求的原判决,将案件发回第一审重新审理,据此,两个请求再次获得了统一判决的机会。控诉审应该如此处理(参见中村修三「訴えの主観的予備的(または選択的)併合の適否」本井巽 = 中村修三編『民事実務ノート第二巻』(1968,判例タイムズ社)第 94 页)。但是只要在普通共同诉讼的框架内考虑是否发回重审,就属于控诉审的裁量事项,并不是必然要发回重审;而且即使发回重审,该请求与针对预备性被告的请求也未必会恢复合并,因为诉讼法并没有提供这样的保障。木川统一郎「主観的予備的併合不要論」同『民事訴訟法改正問題』(1992,成文堂)第 207 页,特别是第 215 页的观点具有说服力。只要在普通共同诉讼的范围内考虑,那么保障判断统一的力度应该说是很小的。

位被告请求、认可预备性被告请求时,因其属于普通共同诉讼,并不适用上诉不可分的原则,所以原告提起上诉时,进入控诉审的只是主位被告请求,预备性被告提起上诉时,进入控诉审的只是预备性被告请求,根据控诉审的裁量,只要不合并辩论,那么这两个请求就只能适用不同的程序。总之,所谓保障统一审判,即防止原告全面败诉的保障仅存在于第一审中,一旦上诉,这种保障就消失了。因此,主观的预备性合并被批判为一种不彻底的制度。

肯定说对此则提出了不同的观点:即使仅限于第一审,保障审判的统一性也有一定的意义。〔5〕话虽如此,但其作为批判理论的力度还不够。既然要采纳肯定说,那么即使由于上诉的关系也应当力图保持判断的统一性。为此,就应该反省只在普通共同诉讼的范围内考虑这一问题的思维方式。比如,就像独立当事人参加准用第 40 条必要共同诉讼的规则(程序进行的统一,诉讼资料的统一)(第 47 条第 4 款)一样,主观的预备性合并的场合是否也可准用第 40 条呢?〔6〕由于第 47 条认可了片面的独立当事人参加,因此以

---

〔5〕 伊東·研究第 551 页。

〔6〕 以上诉的统一为根据的理论构成包括多种学说,如可以利用当然的辅助参加制度(兼子·体系第 388 页);可以直接准用关于必要共同诉讼规定的第 40 条[松浦馨「訴えの主観的予備的併合の適否」ジュリ 300 号 = 学说展望(1964)第 253 页,纳谷广美『民事訴訟法』(1997,创成社)第 441 页];可从独立当事人参加制度出发类推准用第 40 条小山昇「訴えの主観的·予備的併合」小山·著作集第 4 卷第 293 页,上村明広「主観的予備的併合」小山ほか·演習第 660 页,条解第 148 页(新堂幸司执笔),注解民诉(2)第 133 页(东孝行执笔)];主位被告的上诉而发生全体诉讼请求移审的效果与当事人的意思相吻合,所以是合理的(新堂·旧第 484 页)。笔者认为,从片面的独立当事人参加制度出发类推准用是最稳妥的做法。

三面诉讼作为准用第40条的根据已经不太可能，但可以某一请求与其他请求相互矛盾冲突作为准用第40条的根据，〔7〕因为主观的预备性合并涉及的择一性关系也导致请求处于相互矛盾的状态。这样一来，就为一人上诉而导致针对其他被告的请求也移至控诉审开辟了道路。〔8〕

---

〔7〕 研究会新民诉第78页竹下守夫的发言。

〔8〕 根据传统的解释，如果原告针对主位被告提起的请求得到法院的支持，法院就不对预备性被告作出判决。虽然一审不作出判决，但是整个案件还要移至控诉审，这就有些奇怪了。对主观的预备性合并持肯定态度的学说不仅要克服普通共同诉讼的框架，而且也必须克服这一点。该点也同样存在于客观的预备性合并的场合，在发生客观的预备性合并的时候，虽然法院对于预备性请求也没有作出判决，但同样产生移审的效果。如果这样的话，在主观的预备性合并中这也不是不可克服的困难。虽说如此，但更为根本的解决方法还是不应与客观的预备性合并保持一致的步调，在主观的预备性合并形态中，如果法院支持了针对主位被告的诉讼请求，那么对于针对预备性被告提出的请求，也应该考虑在一审中加以处理，即作出驳回诉讼请求的判决。后述的主观的顺位合并对于消解对被告造成的不利益也是极为有效的。

即使采纳准用第40条的观点，那么准用的范围如何，还是会产生争议。从上诉的角度来说，如果不准用该条的话，统一判断的目的就无法实现。但如果在审理过程中又将如何处理呢？比如，预备性被告Z对原告X的诉讼请求加以认诺，这并不会造成什么妨碍（新堂・旧第485页），因为这既未损害X的利益也未损害主位被告Y的利益。而且，像这样对准用第40条采取相对化的思考方式已经被学者在独立当事人参加制度中大力提倡了，也可以将之作为对主观的预备性合并的一种应用，参见井上治典「独立当事者参加論の位相」井上・法理第267页，中野贞一郎「独立当事者参加における二当事者の和解」中野・論点Ⅰ第172页等。那么对于预备性被告Z作出的自认又该如何处理呢？在Z因该自认而导致败诉的情形下，如果原告针对主位被告Y的诉讼请求得到法院的支持，那么肯定自认的效力就没有意义了。这可以从两个角度来说明，如果按照传统的解释，解除条件成就时，X对Z的请求即消灭，因为对Z没有作出判决所以其自认并没有什么效果；而站在主观的顺位合并的角度来看，由于主位请求已获认可，那么预备性请求当然应予驳回，所以自认也就没有任何意义。即便如此，Z之自认本身还应该被认为是合法有效的。因为其自认既未损害X的利益也未损害Y的利益，而且我们也无须过分强调法院判断的统一性（当主位请求被驳回时，Z的自认并不是没有意义的）。

那么，X对主位被告Y放弃诉讼请求或作出自认又将如何处理呢？由于Z可以在针对自己的请求范围内坚持反对的主张，因此并不会因为X的行为而直接遭受法律上的损害。但X对Y的胜诉实际上对Z是有利的，所以X放弃诉讼请求与

3. 对预备被告的不利

否定说的论据之二是对预备性被告造成不利益。首先,从预备性被告的角度来看,针对自身的请求何时才会进入审理程序是不明确的,并且由于始终受到对他人的主位请求审理的拘束,在此意义上预备性被告的诉讼地位是不安定的。也就是说,在审理针对主位被告诉讼请求的时候自己并不参加,即使参加也只是作为辅助参加人,因此预备性被告的地位具有不安定性(参照三ヶ月·全集第210页)。而且,原告对主位被告取得胜诉时,针对预备性被告的请求因此成就解除条件,无须作出任何判决,因此诉讼就会在预备性被告毫无作为甚至了无痕迹的情形下就结束了;而一旦主位被告(以前述事例中的本人为例)因丧失资力导致执行不能时,原告就有可能向预备性被告(代理人)再行提起诉讼,不过,原告在前诉中对主位被告提出的诉讼请求(有代理权)成立,而对预备性被告的请求不成立,所以再诉行为是不当的。如上所述,预备性被告被不当地置于了不利的诉讼地位。

但是,在审理针对主位被告提出的请求时,预备性被告

作出自认就会剥夺Z的上述利益。当然,Z的这一利益实际上是立足于一种推测,即如果X对Y取得胜诉就会丧失追究Z的热情,而当X对Y放弃请求时,X的攻击目标就会集中于Z,所以Z事实上的利益就会化为乌有。但是,一旦法院作出支持X对Y的请求,而驳回对Z的请求的判决,X就有可能把追究的对象由Z转向Y。如果这样的话,就应赋予Z相应的权限以阻止X放弃对Y的请求或者作出自认。也就是说,这种情况下应当可以准用第40条之规定,而且除了上诉以外的情形也可准用第40条。

但小山·著作集49卷第293页虽然基本上主张准用第40条,但也认为原告可以放弃请求或撤诉;反之,如果预备性被告对请求的认诺将导致诉讼请求的预备性关系"违背原告的意思而置之不理时",则该认诺是不被允许的。

无须出庭的观点是有问题的。原告与主位被告之间的请求和原告与预备性被告之间的请求存在择一性关系和表里关系，以前述事例而言，这一关系体现为代理权之有无，所以对于原告与主位被告之间的审理和原告与预备性被告之间的审理应当一体处理，〔9〕在此理应将两请求合并。关于有无代理权之主张证明活动，预备性被告并不处于旁观者的地位。如果原告取得对主位被告的胜诉，那么由于择一性关系，针对预备性被告提出的请求就不成立，因此作为预备性被告，就不是作为原告单纯的辅助参加人，而是应当作为不受原告约束的独立当事人进行诉讼活动（因为请求与请求之间相互矛盾、相互冲突，所以其处于与片面的独立当事人参加相似的利害状况，应当保障其作为独立的当事人进行诉讼活动）。〔10〕

---

〔9〕 中田·前引注〔3〕第60页基于否定说的观点认为，因为主位请求与副位请求处于法律上相互矛盾的关系，所以法院在诉讼指挥上如果把辩论只限于主位请求实际上是不妥当的。

〔10〕 正如中田·前引注〔3〕第60页所指出的，使主位被告Y承担责任的事实，如存在代理权的事实，对于预备性被告Z来说相当于积极地否认针对自身的诉讼请求。因为一旦该事实得到证明，对预备性被告的请求就将被驳回。如果是这样，由于涉及预备性请求，就不能阻碍预备性被告Z对此进行主张和证明；而且，因为该事实对于针对主位被告Y的诉讼请求也有意义，所以一并审理是合理的，预备性被告Z非但不能不出庭，而且还必须全力以赴地主张和证明。

但是，预备性被告Z的主张证明活动对于原告X与主位被告Y之间的请求处于什么样的地位呢？如果将之视为普通共同诉讼，并且严守两个诉讼请求互不相关的立场，那么原告X若不予引用，该主张证明活动可能就不会成为诉讼资料；如果认为预备性被告Z在与主位请求的关系上处于辅助参加人的地位，那么只要原告X实施了抵触行为其也无法成为诉讼资料。假如原告因此对主位被告败诉，由于Z之主张证明活动必须成为原告X与预备性被告Z之间的诉讼资料，原告X也将遭致对Z的败诉后果。也就是说，可能会产生原告全面败诉的结果。但这完全是原告X自己的责任，因此在规则上并不存在什么破绽。不过，作为规范存在表里关系的主其次,认为预备性被告对于原告提起的再诉将无法应对的观点也有问题。学者已经主张根据前诉的争点效或禁反言原则禁止再诉(新堂・旧第483页)。如果存在代理权的判断产生争点效,那么以不存在代理权为前提的针对预备性被告的再诉将被禁止,而且一如前述,如果预备性被告也可以在前诉中独立地进行当事人活动,那么也应该产生相应的争点效。甚至从重构主观的预备性合并的立场来看,即不采用与客观的预备性合并相平行的思考方式,而是在法院支持原告针对主位被告请求的时候,还须作出驳回其针对预备性被告的诉讼请求(不是称之为主观的预备性合并,而是主观的顺位合并)。[11]因为存在一个驳回请求的

观的预备性合并的规则,这样做合理吗?既然原告X对主位被告Y之胜诉会给预备性被告Z带来利益,因此较为妥当的处理方法应该是,预备性被告Z不受原告X的约束而自由进行诉讼活动以促使主位被告Y陷入败诉的境地。即使原告X因此而无法干涉Z的行为,但因为主观的预备性合并是由原告X提起的,所以也说不上有何不妥。

顺便提及的是,如果原告X只是对主位被告Y提起诉讼,那么相当于预备性被告的Z就具有辅助参加的利益。但不能因此认为Z只能作为辅助参加人出现在诉讼中。如果满足了诈害防止参加的要件,那当然就可以申请诈害防止参加,即使不具备相应的要件,存在表里关系的Z也没有被置于诉讼之外,而是可以置于被告的地位,因此其以独立当事人的身份参加原告与主位被告之间的请求也并非不妥。如果原告认为应当将Z置于被告的地位而拒绝其以独立当事人的身份参加诉讼的话就有失衡平了(与Z按照本意即可实现的辅助参加有所不同),因为原告援引Z的诉讼活动时,主位被告Y是无权拒绝的,其并不处于应当特别保护的诉讼地位。

此外,有些学说主张在利益冲突的情形下,共同被告相互之间可以进行证明活动。参见西村宏一「利害反する共同訴訟人間の訴訟法律関係」岩松還暦『訴訟と裁判』(1956,有斐阁)第239页,井関浩「共同訴訟人間の証拠共通の原則」実務民訴1第257页。

〔11〕 西村宏一「訴えの主観的・予備的併合」実例法学全集・民事訴訟法上卷(1963,青木书院新社)第66页,井上治典「訴えの主観的選択的併合の適否」井上・法理第181页,福永有利「複数賠償責任者と訴訟上の二、三の問題」判タ393号(1979)第163页等。

判决,所以当然禁止原告对预备性被告的再行起诉。

如果这样考虑,那么否定说所讲的预备性被告的地位不安定以及遭受不利益之类的观点应该说是杞人忧天。既然如此,就应该想办法使原告对某一方胜诉的实体法状况反映在诉讼中,因此认可主观的预备性合并不是更好吗?〔12〕1996 年

---

〔12〕 即使基于肯定说的立场,主观的预备性合并是否仅限于法律上具有择一性关系的情形呢?可否将其扩大至事实上具有择一性关系的情形呢?比如有无代理权属于法律上择一性的关系,而不法行为的加害人是 Y 还是 Z 就属于事实上的择一性关系。有时因为特定的事实关系,真正的责任人就在 Y、Z 之间。能够对 Y 或者 Z 取得胜诉实际上和法律上择一性关系的情形是相同的,此时应当允许采用主观的预备性合并形态,这就是所谓的积极说。可是,代理权之有无这种法的判断是二选一的问题,而事实关系则并非如此,除了 Y 和非 Y(而是 Z)之外,还可能存在一个真伪不明的第三种情况,所以不再是单纯的二选一的问题。无论败诉给哪一方,在法律论上都不存在问题;而且,事实上的择一性关系何时会出现并无法预料,如果考虑到主观的预备性合并应准用第 40 条之规定,那么当然就会在是否将其扩张到事实上的择一性关系犹豫不决。就目前的情况而言,还是将其限定于法律上的择一性关系更为稳妥。

在肯定说的阵营中,也有学者主张主观的预备性合并应仅限于两主体间具有实质同一性的情形(参见三ヶ月 · 双書第 246 页。中村英郎「訴えの主観的予備的併合の適否」争点〔新版〕第 132 页,菊井 = 村松 Ⅰ 第 359 页也持类似见解)。主张将这种情形作为主观的顺位合并来处理的学说也颇有影响[注释民诉(2)第 22 页(上田徹一郎执笔)]。但在否认法人人格的场合,因为两者都承担责任所以不能称之为择一性关系,缔约人是公司还是董事长个人并非法律上的择一性关系,只不过是事实上的择一性关系而已。

而且,井上 · 前引注〔3〕第 3 页,对所谓择一性法律关系的静态思考方法提出批判,主张应当从原告和预备性被告之间的现实关系、实际互动的情形加以考察。如果考察的结果发现,原告之所以未能把所有的问题集中于请求的对方当事人,是因为预备性被告自身参与了相应的法律关系或其处于分担的地位,则此时预备性被告不得不以预备的姿态来应诉,主观的预备性合并也就是合法的。佐上善和「訴えの主観的予備的併合」井上 = 伊藤 = 佐上第 263 页,小林プロブ第 418 页也持类似见解。这种观点令人耳目一新,且颇具可操作性,但类似于本人与代理人这种择一性法律关系,原则上已经具备了井上说所谓的要件[同旨参见饭塚重男「訴えの主観的予備的併合」林屋礼二 = 小岛武司編『民事訴訟法ゼミナール』(1931,有斐阁)第 319 页]。如果是这样,就可以把井上说理解为以择一性法律关系为基础而进行微调作业的理论工具。不过与笔者不同的是,当事实上的择一性关系也允许采用主观的预备性合并的时候,原告可以轻而易举地将多人拉入诉讼,此时上述的微调工作就可以发挥很大作用。

修法过程中也讨论过设置主观的预备性合并的条款,大家原本以为会成功,但遗憾的是最终未能成行。〔13〕

此外,在否定说的阵营中,也有学者认为即使不承认主观的预备性合并所具有的效用,也可以通过诉讼告知达到相同的效果(木川·前引注〔4〕第207页,据说这种观点是德国的通说)。确实,如果按照诉讼告知来处理,那么请求仅仅是针对主位被告提出来的,诉讼会因此而简明许多。但诉讼告知并无法成立债务名义,因此还可能引发二次诉讼。而且在原告是出卖人、被告是买受人且被告一方是由代理人进行交易的场合,原告当然可以对该代理人进行诉讼告知,但买方代理人不是应当协助原告一方吗?而且在占有人是被告的时候,所有人也应当协助原告。无论是代理人还是所有人虽然都可以接受诉讼告知,但如果其没有作为辅助参加人参与诉讼的时候,还要受到参加效力的制约是否就有些不近情理了呢(参见本书第六讲"辅助参加"之"诉讼告知"部分)?因此与诉讼告知不同,还是应当探讨可否进行主观的预备性合并。关于德国法的相关讨论可参见渡边武文「訴えの主観的予備的併合」新実務民訴3第27页。

〔13〕 关于判例和学说的进展,参见河野正宪「訴えの主観的予備的併合」中野·古稀(上)第507页。

为了防止预备性被告因再诉所遭受的不利益,立法过程中似乎也对作出驳回请求判决的主观的顺位合并进行了讨论;但如果对两个请求都作出判决,那么排列顺位有何意义呢?因为既然对证据调查与判决作出一体处理,顺位就没有意义了。不过在法院支持了原告针对主位被告的诉讼请求时,因为原告全面胜诉,所以就不具有控诉的利益,就此点而言也并不是完全没有意义。山本弘「多数当事者訴訟」講座新民訴法Ⅰ第161页认为在其他事例中也是有意义的(例如,如果 Y_1 自认,就可以直接对 Y_1 作出承认诉讼请求的判决,对 Y_2 作出驳回请求的判决)。其次,如前所述,当预备性被告认诺原告的诉讼请求时,应该如何规制呢?如果准用第40条就无法作出认诺了,但预备性被告的认诺既没有对原告不利,也没有对主位被告不利,所以不允许其作出认诺就有些过分。另一方面,如果允许预备性被告作出认诺,法院还要继续审理针对主位被告的诉讼请求,结果就可能造成原告对两被告同时取得胜诉,但这是预备性被告的处分行为所致,所以这一结果本身并无不妥。此外,如果预备性被告不是作出认诺而是作出自认的话也会导致预备性请求获得法院的支持,那么此时如果主位请求也获得法院支持的话,是应该驳回预备性请求,还是为了与自认的效果保持一致而认可预备性请求呢?而且一旦主位被告提起上诉,虽然预备性被告已经作出了自认,但该请求也将移转于控诉审,这就会造成对于没有诉讼意愿的预备性被告强制审理的局面;甚至还会衍生出其他问题,如两被告都缺席而成立拟制自认,此时是主观的顺位合并的前提已经不存在而支持针对两被告的诉讼请求,还是只认可对主位被告请求而驳回对预备性被告的请求呢?

依上所见,如何在条文中落实该制度确实不是一个简单的问题,所以放弃立法的做法也不是不可理解,但总归有些遗憾。

二、申请同时审判的共同诉讼

1. 与主观的预备性合并的异同

对被告 Y_1 的请求与对被告 Y_2 的请求在法律上不能并存的情况下，原告可以申请同时审判（第 41 条）。这样一来，分开辩论和部分判决（分开判决）都是不被允许的。因为对 Y_1 的请求与对 Y_2 的请求在法律上无法并存，X 在实体法上应该对其中的一方胜诉，而禁止分开辩论和部分判决就会保障同一个法官作出统一的法的判断。为了以其他形式实现主观的预备性合并的制度目的，1996 年修法时创设了这一制度，以弥补主观的预备性合并无法立法的缺憾。

一如前述，主观的预备性合并不仅仅针对法律关系上的择一性关系，还包括事实上无法并存的关系，如加害者是 Y_1 还是 Y_2 的事实认定（参见本讲注〔12〕）；而在申请同时审判的场合，条文已经排除了事实上无法并存的关系。但因为禁止分开辩论与判决的规定在效果上较弱，所以这一制度在适用的范围上要宽于主观的预备性合并。然而，这也许会造成法官在个案中的诉讼指挥受到过多束缚，作为解释论而根本无法适用，实际上法官依裁量不分开辩论和判决的做法可能被认为是比较合适的。

主观的预备性合并所欲达到的多数目的都可以通过申请同时审判的制度达到。但与主观的预备性合并比较，这一制度至少存在如下三点不同。

第一，涉及不同认识的事项。在主观的预备性合并中，同一程序内不同主张的相互矛盾性可以通过排列顺序来加以避免，而申请同时审判只是单纯地将其合并审理（单纯的共同诉讼),因此主张的矛盾性在表面上仍是存在的。亦即,原告在同一个诉讼程序中一方面对 Y_1 主张有代理权,而另一方面对 Y_2 则主张没有代理权,这可以说是原告因单一交易而对本人和代理人都提出请求,从而企图双重获利。这在诉讼法上当然是不合法的,在社会观念上也属于自私自利的行为。诉讼法也不允许原告在同一程序内根据自己的需要分开主张[比如同一当事人之间作出自认的场合,参见新堂第466页注(1),高橋・重点講義第409页]。因此,只是申请单纯合并的同时审判就存在问题,但这只是些抽象的议论。在主张择一性事实关系时,无论是预备合并的形式,还是单纯合并的形式,都是为了对某一方当事人胜诉,而不是为了双重获利,这一前提都会得到法官与双方当事人的默认。因此拘泥于合并请求的形式来讨论申请同时审判的制度其实是不具有建设性的。〔14〕

---

〔14〕 山下郁夫「『主観的予備的併合』を考える」民訴雑誌39号(1993)第217页极力主张,没有采用预备性合并而是单纯合并的做法也是合法的。虽然作者讨论的是主观的预备性合并,并没有专门针对申请同时审判的制度,但其观点很具有说服力。不过作者的观点不是认为单纯合并是最佳的做法,而只是认为它并非不合法罢了,因此是较为消极的。解除条件的观点以及不存在针对预备性请求的判决这一主观的预备性合并面临的困难都倾向于肯定单纯合并的做法。

虽有些画蛇添足,但笔者想附带说明两点。第一,山下论文也认为在客观情况下可采用预备性合并,而在主观情况下应采用单纯合并。山下认为,在发生主观合并(共同诉讼)的情况下,因为当事人与诉讼标的都不同,各自请求内部的主张不会影响其他当事人,所以不能说是矛盾的主张。然而从理论上来讲,在客观合并的情况下,诉讼标的也是不同的,我们甚至可以狡辩地说与A请求相关的主张和与B请求相关的主张是不同的。反之,即使在涉及主观的情况下,如一物二卖,原告以买受人为共同被告请求给付货款时(实际上,这种自掘坟墓式的共同诉讼是不可想象的,这只不过是教学设例而已,而且还不考虑同时履行的抗辩),此时法官会遵从共同诉讼人独立的原则,而放任这种利己主义的双重获利行为吗?总之,这种情况无论是在客观合并还是主观合并的情况下,都只是存在程度上的差别罢了。不过,在客第二，除禁止分开辩论与判决之外，立法并没有其他特殊规定，因而应适用普通共同诉讼的相关规定，但这样一来就无法保障法院作出统一的判断。因为第39条规定了共同诉讼人独立的原则，因此如果 Y_2 作出自认，就会导致 X 对于 Y_1 与 Y_2 都取得胜诉的结果（在 Y_1 与 Y_2 都作出自认的情况下，则 X 也会取得双方胜诉）。反之，若对于 Y_1 作出自认后败诉，又由于法院的判断导致对 Y_2 也败诉，即会产生双方败诉的局面。不过，作出自认是当事人行使处分权的结果，因此在本质上并无不当。况且，即使是在承认主观的预备性合并的学说当中，对于如何适用第40条也存在分

观情况下，因为存在针对同一被告的双重获利行为，所以原告的恶意比较明显；而在主观情况下，因为被告不同所以这种感觉就被稀释了，而且还要适用共同诉讼人的独立原则，更增强了这种差异感。

第二，既然适用共同诉讼人独立的原则，那么对 Y_1 的主张与对 Y_2 的主张即使相互矛盾也无妨，虽说如此，但是如果主张之间真的存在如此差异，那么将之作为共同诉讼来处理的优点就荡然无存了，分开辩论反而会更好一些（1996年修法时新增同时审判申请的制度正是为了解决这一问题）。当然，如果只有部分主张有很大差异，而其他大部分主张都是共同的话，就可以合并辩论，而且假如证人是相同的，大多数询问事项也是相同的话，就应当共同进行证据调查。在涉及择一性关系的时候，一般都会采用上述处理方式，因此分开辩论的情形应该是较为少见的。但如果大力主张在单纯合并中也允许矛盾主张，那么就有可能被别人挑出毛病。实践中这种情况之所以少见，是因为如前所述，关系人都默认此时并不考虑单纯合并，而是考虑预备性合并。

高见进「当時審判の申出がある共同訴訟」ジュリ1098号（1996）第33页指出，涉及诉讼请求时可以允许采用单纯合并，但涉及主张时，由于矛盾主张违反了诚实信用的义务（第2条），所以针对 Y_2 的主张必须是预备性的。因此，即使 Y_2 持续缺席，法院也不能作出支持两个诉讼请求的判断。小林秀之編『新民事訴訟法の解説』（1997，新日本法規出版）第84页也持同样观点。可以看出学者对于矛盾主张并不赞成，这一点颇为有趣，笔者亦有同感。但在解释论上认为针对 Y_2 的主张必须作为预备性主张，这一点因为诉讼请求的单纯合并而很难解决。这是认可没有主位主张的请求的缘故。另请参见高见进「同時審判の申出がある共同訴訟の取扱い」新堂・古稀（上）第673页。

歧,因此在保障统一判断这一点上,很难说主观的预备性合并与申请同时审判的制度之间存在明显的差异。申请同时审判的制度在保障统一判断方面的作用确实较弱,这也是立法设计的初衷。

第三,这也是最重要的一点,即上诉的规则不同。第41条第3款虽也涉及控诉审,但也不过是在出现两个上诉的情况下进行合并而已。而是否上诉,取决于当事人的自由选择。因此,如果以无代理权为由判断X对Y_1败诉而对Y_2胜诉的情况下,败诉方Y_2提起上诉,而X对Y_1就不会提出控诉;假设控诉审的判断恰与第一审相反,认定其具有代理权,那么X在控诉审中就会对Y_2败诉。这样一来,就会导致X在一审中对Y_1败诉,在控诉审中对Y_2败诉的双方败诉的结果。尽管创设了申请同时审判的制度以避免这种双方败诉的情况发生,但制度的目的并没有得到很好的贯彻。当然,这是由于X没有对Y_1提起上诉造成的。但是X对Y_1提起上诉又意味着什么呢?意味着已对Y_2胜诉而使其利益在某种程度上获得了保障的X还要被迫缴纳相当于一审1.5倍的诉讼费用进行上诉,且此时还不清楚Y_2是否提起上诉。若Y_2不上诉,X可撤回对Y_1的上诉,如果在口头辩论期日前撤回上诉,根据《民诉费用法》第9条第3款第1项的规定,可以半数返还上诉费用,那么不予返还的另一半费用对于X来说就是无用的花费。

但是,关于这一控诉审中产生的问题,(研究会新民诉第67页)铃木正裕教授在发言中认为,与客观的预备性合

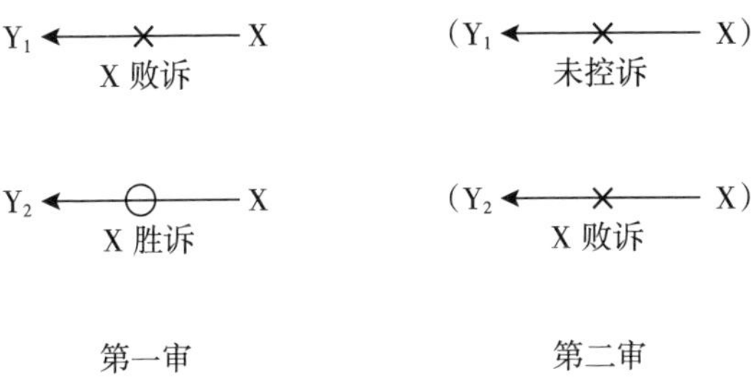

图 4－1

并的判例相同(参见最判1983·3·22 判時第 1074 号判决的第 55 页,百選Ⅱ第 187 号案例,本书第九讲之"预备性合并控诉与不服"部分),只要承认最高法院于 1983 年作出的这一判决也就不得不承认上述规定;但这种认识也不是没有疑问的。在客观的预备性合并中,主位请求被驳回,原告因副位请求获得胜诉,只有被告就副位请求提起上诉,即使控诉审作出了完全相反的法律判断,原告如果在控诉审系属过程中发现了这一苗头就有机会提起附带控诉(学说认为此时控诉审应当就提起附带控诉一事对原告作出释明)。基于上诉不可分原则,因全部诉讼请求移至控诉审而使提起附带控诉变为可能。如果原告没有提起附带控诉则属于自己的责任,最高法院在上述判例中也表明"在原告没有提起控诉和附带控诉的情况下"可以课以原告不利益。而在申请同时审判的制度中,由于在性质上属于普通共同诉讼,因此并不适用上诉不可分的原则,如果原告不上诉,那么对 Y_1 的请求就获得了确定的判决。也就是说,X 对 Y_1 提起附带控诉的余地已经不存在了。在客观的预备性合并中,对"既不控诉又不附带控诉"的原告可以课以不利益,而在申请同时审判的场合下则对“没有提起控诉(因而也无法提起附带控诉)”的原告也课以不利益,这种结论如果仅靠引用前面的判例恐怕是不适当的。

然而,在这种情况下是否也应当对没有提起上诉的原告追究责任呢?也可以说在 Y_2 上诉的时候,因为存在双方败诉的可能性,所以 X 也应对 Y_1 提起上诉。但是,Y_2 是否上诉,X 事前并不知情,也可能会发生这样的情形,即 X 在上诉期间即将届满之时才知道 Y_2 提起了上诉但此时 X 的上诉已经来不及了(为了应付这种情况,诉讼法规定了附带控诉的制度)。如果 X 自己先对 Y_1 提起上诉,也许会诱发 Y_2 的上诉。也许有人会说,X 为以防万一而提起上诉,如果 Y_2 不上诉,X 再撤回上诉仍可返还半数的上诉费用,这样不是很好吗?但这种观点在诉讼法学说上是不合规矩的。总之,与大多数肯定主观的预备性合并的学说很关注上诉的统一性不同,申请同时审判的立法却对此视而不见,这样的立法还有待进一步完善。〔15〕

如此说来,即便立法确立了申请同时审判的制度,但仍会感觉到有如犬之远吠,而且立论也止步于上诉这一限定性的领域,因此主观的预备性合并还有存在的必要,在解释

〔15〕 认为单纯合并合法的山下・前引注〔15〕中也指出,在涉及主观的择一性关系时没有适用附带控诉制度之余地,因此有必要制定关于上诉的特别规则。高田裕成「同時審判の申出がある共同訴訟」法教 192 号(1996)第 16 页也指出原告一般情形下应提出控诉。

论上似乎也应予以认可。[16]

2. 违反的效果

虽然当事人提出了同时审判的申请,但法院依然分开辩论,此时应如何处理呢?如果原告没有立即提出异议,就认为其已默示同意撤回同时审判的申请,那么分开辩论就是合法的。被告中一人发生中断或中止事由时,因为不能分开辩论,所以对全体产生中断或中止的效果(高田裕成「同時審判の申出がある共同訴訟」新民诉大系Ⅰ第172页、特别是第190页)。

当法院作出部分判决的时候又该如何处理呢?如果原告没有时间提出异议,虽然这种情况现实中很少出现,但依然不能认为原告已经默示同意撤回,因此法院的部分判决是违法的。虽然该部分判决应于上诉审中被撤销,但如果两被告都提起上诉,那么法院可以根据第41条第3款之规定进行合并审理并以此"治愈"部分判决之瑕疵,否则应撤销部分判决发回重审,重新作出全部判决。然而,在一方判决已生效的时候,在程序上就无法处理了(法院对Y_1作出部分判决,支持了X的诉讼请求,其后Y_1提起上诉。但是,对于法院作出的驳回X针对Y_2的请求的另一部分判决,X并没有提起上诉且该判决已确定生效之时,法院无法发回重审作出全部判决。应当说,放弃了上诉程序统一

〔16〕 倾向于现行法下否定主观的预备性合并的观点可参见高见·前引注〔15〕第33页,中野·解说第70页,研究会新民诉第64页的青山善充的发言以及同书第66页铃木正裕的发言。

反之,在解释论上依然倡导主观的预备性合并的观点则可参见高田·前引注〔16〕第16页,研究会新民诉第64页竹下守夫的发言。

的申请同时审判制度,并没有开启对于违法的部分判决的救济渠道,换言之,部分判决虽然违法,但也不能成为上诉的理由)。[17]

〔17〕 研究会新民诉第68页柳田幸三与竹下守夫的发言也都暗示其不能成为上诉理由。

第五讲　选定当事人

导　读

日本的选定当事人制度通常被认为是受英国代表诉讼的影响而创立的，目的是更为便捷低成本地解决涉及多数当事人之间的纠纷。选定当事人制度并不复杂，我国学界也比较熟悉。我国民事诉讼法中的诉讼代表人制度就借鉴了日本的选定当事人制度，是选定当事人制度与英美法中集团诉讼某些机理的结合。按照诉讼代表人制度的规定，在人数众多的诉讼纠纷中，当事人可以推选出代表人代为实施诉讼行为。虽然由于司法政策和司法观念方面的原因，我国的诉讼代表人制度没有得到有效实施。

日本在20世纪七八十年代对是否引进美国的集团诉讼制度展开过热烈的讨论，最终也没有在制度上设立集团诉讼制度。但为了应对现代性纠纷,日本也在选定当事人制度基础上,对多数人诉讼制度进行了改造,使之具有集团诉讼的某些功能。这一改造的结果就是诉讼外第三人选定制度。这也是我们在本讲中应当注意之处。正是因为诉讼外第三人选定制度与选定当事人制度、集团诉讼之间的联系,所以高桥先生将三者放在这一讲中加以讨论。

诉讼外第三人对选定当事人的发展主要体现在,制度规定的诉讼外第三人可以将诉讼内的当事人选定为当事人,代表自己实施诉讼行为,其诉讼的判决效力及于本诉讼外的该第三人。按照选定当事人制度的规定,授权人只能是纠纷的当事人,而非诉讼外的第三人,被选定(被授权)的人也是诉讼的当事人。有了诉讼外第三人选定制度就使没有进入诉讼的纠纷当事人(非诉讼当事人)可以接受选定人参加诉讼所带来的法律效果。如此,该制度也就具有了集团诉讼扩充主体的功能。

通过本讲我们可以比较充分地了解选定当事人制度理论和实践中讨论的问题,通过该制度与集团诉讼的联系,也可以看到日本诉讼外第三人制度与选定当事人制度的联系、制度构成、理论基础以及该制度对选定当事人的发展。

一、选定当事人

具有共同利益的多数人可以从其中选定某人作为代表人进行诉讼,被选定人将代替作出选择的人成为诉讼上的当事人(第30条)。称谓上稍嫌复杂,即把被选定的当事人叫作选定当事人,把作出选择之后退出诉讼的人叫作选定人。其属于立法本身认可的一种任意的诉讼担当形式。

由多数人构成的共同诉讼不仅使辩论变得复杂,且平添了许多送达的事务,有时甚至会发生全体当事人无法进入法庭的现象。在一人出现中止、中断的事由时,普通共同诉讼的情形虽然可以不必考虑诉讼程序的统一性,但必要共同诉讼中则将导致全体发生中止、中断的效果。[1] 如果共同原告由 30 人组成,只将其中某一人作为选定当事人,那么就可以实现共同诉讼的简单化和单纯化了,其效用显而易见;共同诉讼的简单化也可以通过全体共同诉讼人委托一位诉讼代理人(律师)来达成,这也说明选定当事人制度(任意的诉讼担当)与诉讼代理有着相近的功能。

选定当事人的要件首先是多数人的存在,这并非意味着有一个明确的数量限制,所以在理论上即使只有两个人亦可选定当事人,与两个当事人相比,共同诉讼也实现了某种程度的简单化和单纯化。其次,多数人之间必须有共同的利益,因为如果利益是分散的还要减少当事人以力图实现所谓的简单化和单纯化是说不通的。如果主要的攻击方法是共通的,而且在社会观念上被认为是与对方相对立的一个整体,就可以称得上具有共同利益(新堂第 687 页)。大正年间修法时立法者念念不忘的就是围绕入会权的诉讼。[2]

---

〔1〕 田尾桃二「紛争の一回的一挙的解決ということについて」民訴雑誌 40 号 (1994)第 37 页描述了多数当事人诉讼在实务上所产生的种种琐碎事项,令人不胜其烦。

〔2〕 选定当事人制度是在大正年间修法时新设的制度,这在母法的德国法与奥地利法中是不曾有的。池田辰夫「多数当事紛争における代表適格についての覚書」同『新世代の民事裁判』(1996,信山社)第 97 页注(7)指出,虽然该制度是不是从英国的代表诉讼受到启发尚“存在重大疑问”,但似乎还是受到了英国法的影响。参见注释民诉(1)第 444 页(德田和幸执笔)。

最后,选定当事人必须是从该多数人中选出,而不能选择其外的第三人。因为如果将第三人作为选定当事人,那么就有规避诉讼代理人只能是律师这一规则的危险。[3]

选定既可以在诉讼系属之前进行,也可以在诉讼系属之后进行。选定与代理同属重要的行为,所以要求有书面证明(《民事诉讼规则》第 15 条)。选定通常发生在原告一方,有时也会发生被告一方选定的情形。但无论如何,选定当事人都是从该多数人中产生的,而不能由对方来决定人选(原告不能从共同被告中选择适当的人作为选定当事人,如果可以的话,就会产生选出的人是对被告有利的人这样的弊端)。比如,共同原告有 30 人,那么既可以选出 A 为选定当事人,也可以选出 A、B 二人为选定当事人,从 30 人中选出的 A、B 两人的诉讼关系与存在多个破产财产管理人的情况是相同的(参见本书第三讲"固有的必要共同诉讼"部分),均构成必要共同诉讼(假如 30 人分成两派,15 人选择了 A,另外 15 人选择了 B,只要原来的诉讼不是必要共同诉讼,那么 A、B 的诉讼关系就是普通共同诉讼的关系)。是否选定当事人是当事人的自由,可以选定也可以不选定(《公害纷争处理法》第 42 条第 8 项规定,裁定委员会可以命令选定。但是在一般的民事诉讼中,当事人可以任意决定选定与否)。

---

〔3〕 委托第三人进行诉讼,不是选定当事人制度的问题,而是纯粹的任意的诉讼担当的问题,但判例对于第三人进行任意的诉讼担当持消极态度。参见高橋·重点講義第 254 页。

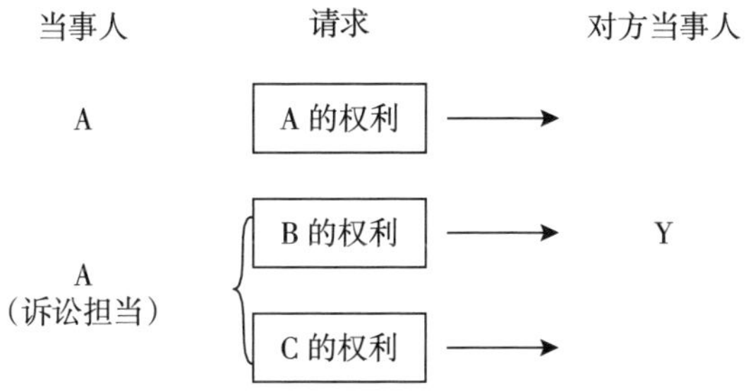

我们以 A、B、C 三人将 A 推选为选定当事人为例。此时，A 既可以委托诉讼代理人，也可以进行本人诉讼，虽然当事人只有 A 一人，但 A、B、C 三人的诉讼请求依然处于诉讼系属的状态，A 就 B、C 的诉讼请求进行诉讼担当；根据第 115 条第 1 款第 2 项的规定，判决效力也及于 B、C。这与代理有些接近，但诉讼代理人的权限受到第 55 条的限制，而根据第 55 条第 2 款的规定，诸如撤诉、请求的放弃或认诺、和解则需要本人的特别授权。但在选定当事人制度中，因为选定必须是无条件的，所以即使没有选定人的特别授权，选定当事人在诉讼法上也当然可以作出撤诉等行为（至于和解的情形可参见最判 1968・8・27 判時 534 号第 48 页）。如果从保护选定人的角度来看这种规定并非不存在问题。虽然如此，诉讼代理人并非自己的请求系属于诉讼中的当事人，在此意义上只是一个第三人，而选定当事人 A 自己的请求也在诉讼系属中。以撤诉为例，在 A 撤诉的同时 B、C 的请求也被撤回了，所以很难认为 A 背叛了 B、C 的利益。但假如 A 并没有放弃自己的请求而仅仅放弃了 B、C 的请求，那这显然是一个问题。不过，所谓的任意的诉讼担当本来就隐含这样的风险，B、C 可以随时撤回选定（法条上的表述为“取消”),并以此既保护自己的利益,也可以在其与选定当事人的内部关系中限制其作出和解等行为的权限,对于违反这一限制的选定当事人还可以请求其赔偿损失;但是选定当事人作出的和解等行为对外则是有效的(这与诉讼代理人违反了其与委托人的内部约定是相同的)。[4]

判决书中的当事人一栏虽然只载明为A,但判决对象却是A、B、C三人的诉讼请求。如果A、B、C三人的请求都是1000万日元,判决主文该如何写呢?如果概括地表述为“被告向原告支付3000万日元”,这种着眼于给付内容的写法虽然并非不合法,但从中很难看出其中包括了A、B、C三人的诉讼请求;而如果表述为“被告向A支付1000万日元,向B支付1000万日元,向C支付1000万日元”,就很难产生误解。特别是在支付金额不同的情形下,如向A、B、C分别支付1000万日元、800万日元和900万日元,这种分别表述的优点就显露无遗。当然,无论是概括性写法还是分别表述都是合法的,[5]但一般认为分别表述的写法更为妥当,应值赞同。

选定当事人A能否对整个判决申请强制执行也是一个

---

〔4〕 对于上述1968年最高法院作出的判例,村松俊夫·判时544号第140页=判评122号(1979)第42页指出,因为选定当事人不是诉讼代理人而是当事人,当然有和解的权利,如果选定人认为不合适就可以取消选定。对此山本和彦「選定当事者について」判タ第999号(1999)第60页则从受托者忠实义务的角度作了说明。应当说,这一义务也可以考虑适用于选定当事人接受委托的场合(其属于一种委任)。

〔5〕 菊井=村松Ⅰ第286页指出,“应当明示各选定人的受领额度或负担额度”,但没有做到分别表述是否就是违法的,尚不明确。后述学说,即认为选定当事人无权申请强制执行的学说则认为,没有做到分别明示的判决就是违法的。此外,平成恭子「選定当事者と給付判決の主文」判タ1049号(2001)第55页则列举了具体的判决主文例。

问题。A 对于自己的 1000 万日元申请强制执行是毋庸置疑的，但问题在于对于 B 的 1000 万日元、C 的 1000 万日元能否申请强制执行。诉讼代理人当然可以申请强制执行（第 55 条第 1 款），即使委托人对此有所限制，其也仅具有内部效力，对外则是无效的。较有影响力的学说认为，选定当事人只是获得了诉讼方面的授权，其范围并不包括强制执行阶段。[6] 实务产生的问题是，对于 A 受领金钱以后如何交付给 B、C 并没有完善的程序，因此为了保护 B、C 的利益，A 不能申请强制执行（作为诉讼代理人的律师，因为律师协会有相应的规定和惩戒措施，所以可以预期其按时足额交付金钱于委托人）。但是，根据民执第 23 条第 1 款的规定，第一个可以申请强制执行的人就是"表示有债务名义的当事人"，此即意味着选定当事人 A，根据该条文义解释，A 可以申请强制执行（因为民事执行以迅速为第一要务，因此仅考虑形式上的因素）；B、C 可以随时撤回选定，因此其利益也可得到一定程度的保障。[7]

---

〔6〕 村松俊夫『民訴雑考』（1959，日本评论社）第 27 页，注释民诉（1）第 453 页（德田和幸执笔），伊藤真「株主代表訴訟の原告株主と執行債権者適格」金融法務事情 1414 号第 6 页，1415 号第 13 页（1995）。

〔7〕 如果撤回可以起到保护选定人利益的作用，那么根据《民事诉讼规则》第 17 条之规定，选定之撤回应通知法院，则该通知行为于判决确定后作出也可，书记官则不得将执行文书交付已被撤回之选定当事人。

申请强制执行的问题与其说在选定当事人制度中较为引人注目，还不如说在股东代表诉讼的原告股东方面更成为一个问题而引起大家的关注。否定申请权的观点可参见伊藤・前引注〔6〕金融法務事情 1414 号第 6 页，1415 号第 13 页；而肯定申请权的观点可参见中野贞一郎「代表訴訟勝訴株主の地位——第三者の訴訟担当と執行担当」判タ944 号（1994）第 41 页［收于中野・論点Ⅱ第 204 页］，霜岛甲一「株主代表訴訟における強制執行の可否・方法」ジュリ1062 号（1995）第 76 页。

二、集团诉讼

选定当事人是从具有共同利益者中根据选定行为来决定的代表人。与此不同,美国法中的集团诉讼则是某人自称自己适合做代表人,在得到法院的许可后即成为代表人(新堂第262页)。消费者纠纷涉及的被害人人数众多,但个人的损害额很小,如果一一提起诉讼的话在经济上很不合算,那么就可以集中多数人的权利进行诉讼,这一优点在我国也引起了人们的重视。比如,违反独占禁止法的某一行为使消费者每人受到1万日元的损害,在区区1万日元的损害赔偿诉讼中,原告要倒贴诉讼费用,这在经济上是很不合算的;但是如果能代表10万受害人进行诉讼,标的额就有10亿日元,这在经济上就十分合算了,而且可以请到一位优秀的律师代为诉讼。在集团诉讼的情形下,并没有事先得到个人的授权,只要自己主动要求承担就可以了,至于其是否真的适合做代表人则由法院来审查。相反,代表人得到的判决,其效力也及于没有授权之人(集团的成员),不过集团的成员也可以通过申请从集团诉讼中除名的方式从判决的效力中解放出来。以上就是集团诉讼的大致规则。[8]

---

〔8〕 关于集团诉讼可参见上原敏夫「集団的救済制度の基礎的研究」一橋大学研究年报·法学研究11号(1979)第105页[收于上原『団体訴訟·クラスアクションの研究』(2001,商事法务研究会)第7页以下],谷口安平「多数当事者紛争とデュー·プロセス」法学論叢78卷5号(1964)第24页,ジュリ525号集团诉讼特集(1973)。立法论的相关论述可参见クラス·アクション立法研究会「代表当事者訴訟法試案」ジュリ672号(1978)第16页,第一東京弁護士協会研究委員会『集団代表訴訟クラスアクションの研究』(第一東京弁護士司法研究叢書5)(1996)。此外,关于集团性利益的相关理论考察,可参见福永有利「新訴訟類型としての『集団利益訴訟』の法理」民訴雑誌40号(1992)第61页,颇有助益。

为了将扩散性的利益(个人所涉金额较少,但却事关多数人的利益或者是多数人所遭受的损害)也可以付诸诉讼的形式,1996 年修法时讨论过集团诉讼的立法问题,但最终并未实现,[9] 人们对此可能会作出多种评价。然而,虽然并未实现集团诉讼的立法,但其替代方案却获得了成功,这就是以下将要论述的诉讼外第三人的选定。

三、诉讼外第三人的选定

根据第 30 条第 3 款之规定,诉外第三人可以从既有的当事人中选择选定当事人。根据第 144 条之规定,既有当事人需要将选定人的份额加入已有之诉讼请求。虽然按照以前的规定,诉外第三人在起诉之后可由法院依裁量将该诉讼与既有之诉讼合并辩论,这也可以达到同样的目的,但是诉外第三人之诉讼的受诉法院并不一定与既有诉讼的受诉法院相同,而且是否合并辩论也由法院裁量而定。因此为了消除这种可能出现的不稳定局面,现行法赋予了诉外第

从日本法的观点来看,美国的集团诉讼可以说是没有选定行为(授权)的选定当事人。由这一观点出发,小岛武司「共同所有をめぐる紛争とその集団的処理」同『訴訟制度改革の理論』(1977,弘文堂)第 117 页、特别是第 126 页认为,即使从日本法的解释论出发,也可以认为即使没有选定行为(授权)也可成为选定当事人。也就是说,当多数人成为一个具有紧密联系的团体性集合的时候,能够与该多数人保持共同的利害关系且能充分代表该多数人利益的人可以自告奋勇地成为选定当事人,这种观点将选定行为置换为代表的妥当性,不限于集团诉讼但是与其相近(范围设定为入会权人和招投标过程中未中标之人),我国诉讼法非常重视选定行为,因此在解释论上很难立刻认可这一观点。但是新堂第 668 页的见解富有启发性,可以从选定当事人的立法史中找到一些论据。

〔9〕 研究会新民诉第 50 页。

三人相应的权限。[10]

法律赋予了诉外第三人可以说是随意地将既有之当事人选定为选定当事人的诉讼法上的权限。但被选定的既有之当事人并没有义务根据第144条之规定追加诉讼请求,即使无视第三人的选定在诉讼法上也不会受到责难。也就是说,既有之当事人是否追加请求是由有别于诉讼法的双方之间的契约决定的,这实际上与第30条第1款规定的传统的选定当事人相同。即使被选定,选定当事人并不产生为了选定人而实施诉讼的义务。在传统的选定当事人制度中,如果选定发生在诉讼系属中,则诉讼请求已经系属于法院,选定当事人的诉讼行为通过诉讼担当这种形式对选定人也产生诉讼法上的效力(并且在通常情况下,选定当事人与选定者之间是联动关系),所以实施诉讼行为的义务问题并没有那么明显。如果选定当事人的行为并没有覆盖选定人而需要为了选定人的利益单独作出某一诉讼行为的话

---

〔10〕 由于选定人并非显在的当事人,而是潜在的当事人,因此,1996年的这一立法可以看作肯定了主观追加合并的情形。参见研究会新民诉第52页。关于主观追加合并,参见谷口安平「主観的追加的併合」中野・古稀(上)第531页。川嶋四郎「新たな選定当事者制度の救済構造について」法政研究(九州大学)66卷(1999)第565页,也认为该条创设了新的参加制度,并在此基础上展开了具体的解释论。

根据第303条第3款之规定,在控诉审中追加请求时,需得到对方的同意,但该规定在解释论上受到质疑。诉讼外第三人的选定实际上只限于对原告方的选定,因此控诉审中如果出现选定,一般应当是原告方已经在一审中胜诉,那么败诉的被告方一般很难同意原告一方追加诉讼请求。如果是这样,就应该对这种同意作限制性解释(即使未征得同意也可以追加请求)。参见研究会新民诉第55页。但视一审结果而决定是否在控诉审时作出选定的人实际上是见风使舵,“搭便车”却不负担任何风险,因此从排除这一现象的角度来说,控诉审中追加请求需要得到对方的同意也是有积极意义的。

(比如损害金额的计算),即使在传统理论上也认为选定人可能会蒙受损害。诉讼外第三人作出的选定,根据第144条之规定选定当事人"可以"追加诉讼请求,这种条文表现不过是进一步加以明确而已。[11]

选定人可以随时撤回选定,诉讼外第三人作出的选定也是一样的。撤回选定之后的诉讼该如何处理呢?在第30条第1款规定的传统型选定当事人制度中,选定人B、C将重新作为当事人与A构成共同诉讼。如果选定发生在系属后则没有疑问,但如果撤回选定将导致恢复到没有作出选定的状态,那么在诉讼外第三人选定的场合,选定人的身份就因撤回之行为而恢复为诉讼外第三人。因为该第三人已经提出了请求,那么就应该成为另外一个诉讼。不过更有说服力的学说认为应当构成选定人与选定当事人之间的共同诉讼。[12] 从实务的角度来看,即使将之作为与既有之当事人的共同诉讼,也可分开辩论,或者将之作为另诉处理也可合并辩论,所以没有多大的差别。但选定人之所以撤回

---

〔11〕 这与诉讼代理人的问题是一样的。诉讼法上所规制的事项仅仅是:如果A授予B诉讼代理权,则B的行为的效果就归属于A;即使B被授予诉讼代理权,也并不产生为了A而作为诉讼代理人的义务,义务是由A与B之间的诉讼委托合同约定的。

同样,选定当事人是否追加请求,是由选定人和选定当事人之间的委托合同决定的,如果违反合同约定而未予追加就应当承担损害赔偿责任。

〔12〕 认为应当另诉处理的观点可参见上野泰男「当事者関連項目について」民商110卷4=5号(1994)第663页、特别是第674页。认为应当作为共同诉讼来处理的观点,参见研究会新民诉第57页;而强调主观的追加合并的学说好像是将其作为共同诉讼来理解的。

此外,在传统的选定当事人制度中,如果选定发生在诉讼系属之前,那么笔者认为将之作为另诉处理可能在逻辑上更为连贯。

选定一般都是因为其与选定当事人在诉讼方针上产生分歧,所以将之作为另诉处理可能更为妥当。[13]

---

〔13〕 诉讼外第三人的选定,从定义上来看可以说它是集团诉讼的一种。我国现在较为关注的集团诉讼的类型是一种完成形态的集团诉讼,也就是说,如果没有除外申请,就应受判决效力的约束,但该制度在美国历史上也曾存在一种加入申请型的集团诉讼,即判决效力仅及于申请加入之人(这也被称为集团诉讼),日本现行法上的诉讼外第三人的选定则与加入申请型的集团诉讼相同。

但即使同属加入申请型,美国有邀请加入的公告,日本现行法上却没有类似的规定。因为法律并没有规定法院应进行公告,如果律师作此公告则有"揽案"的嫌疑,这可能会违反律师伦理。报社是否接受私人公告暂且不论,但在理论上是可能的,如果不能表明律师事务所的名称与住所则会大大降低其效果。因此,在诉讼法以外的方面,日本法有比不上美国法的地方。关于公告的问题,可参见尾崎敬则=清水正宪「選定当事者と広告について」判タ846号(1994)第42页,研究会新民诉第58页,日本弁護士連合会民事訴訟法改正問題委員会編『新民事訴訟法——改正のポイント』(1997,商事法務研究会。别册NBL42号)第10页。

第六讲 辅助参加

导 读

在大陆法系国家,如日本,其民事诉讼中的所谓辅助参加人大体上相当于我国民事诉讼中的无独立请求权的第三人。按照笔者的分类(辅助型和被告型),日本的辅助参加人更接近于我国无独立请求权第三人中的辅助型第三人。

作为辅助参加人,按照高桥先生的说法,只是半个当事人(相对于独立当事人参加),与诉讼标的没有关系,因此也与既判力无缘,对于该参加人不会发生既判力作用。其参加诉讼的利益在于通过辅助一方当事人,以避免该诉讼产生对己不利的间接后果。

辅助第三人既具有从属性,也具有独立性。高桥先生在本讲中,对何谓从属性和独立性进行了高度的概括和细致的分析。相较而言,在我国学界,对于辅助性的无独立请求权第三人究竟有哪些能够体现其独立性的权利,探讨得还不够深入。在日本的理论当中,明确指出辅助参加人可以代为行使被参加人私法上的权利(形成权),如撤销权、解除权、抵销权、建筑物收买权等。这些观点对我们有借鉴意义。再结合注释,我们可以进一步了解学界对从属性和独立性的探讨。解释论的任务就是如何协调这两种不同的特性。其中关于有学者主张强化辅助第三人的独立性(例如,主张辅助第三人可以就争点上诉。这一观点属于争点效理论的一部分)的观点就特别值得我们关注。

关于什么人才能作为辅助性的无独立请求权第三人这一问题是我国民事诉讼学界争议很大的问题。人们经常纠结于如何理解我国民事诉讼法中该第三人应当与案件的审理结果有利害关系。同样,在日本民事诉讼法中,也要求作为辅助参加人应当与案件审理结果有利害关系。对于应当如何理解该“利害关系”,高桥先生在文中进行了归纳和阐述,对于我们结合我国实践中的情形,正确理解辅助型的无独立请求权第三人的参加条件无疑具有积极意义。

在有辅助参加人参加的诉讼中,对辅助参加人有所谓“参加效”的问题。这也是我们应当特别关注的一个重要问题。在我国民事诉讼理论中,对此问题似乎鲜有讨论。所谓“参加效”,实质是判决理由对参加者的约束力,因为该约束力系判决理由所发生的约束力,因而不是既判力。这一法律上的效力被学者认为是一种特殊的约束力,本质上是与被辅助的当事人共同承担的一种责任。以债权人请求保证人履行保证债务的诉讼为例。虽然主债务人参加了诉讼并就主债务之不存在进行了主张证明，但主债务人和保证人一方依然败诉，此时判决产生参加效力。主债务人（辅助参加人）不得对作为被参加人的保证人再行主张主债务之不存在。这一效力的后果就是，在保证人对主债务人提起的求偿诉讼中，保证人将获得胜诉，这就实现了保证人和主债务人之间的协调。

诉讼告知制度是日本诉讼参加人制度中的一项重要且有日本特色的制度。虽然在制度上适用所有参加人的情形，但最初只是与辅助参加人有直接的关联。在诉讼中，当事人一旦按照法定方式将诉讼系属的事实告知有权参加的第三人之后，不管该第三人是否参加都将产生相应的所谓参加效力。关于诉讼告知发生这种参加效力的条件和范围，学界有不同的认识。按照大多数学说的观点，诉讼告知能够产生参加效力应仅限于告知方与被告知方存在以告知方败诉为直接原因的求偿或赔偿的实体关系的情形。在本讲中，高桥先生对学界和司法实践中人们对诉讼告知制度的认识作了详细的介绍和分析。对于我国而言，是否可以借鉴这一制度以及如何借鉴，是一个需要认真对待的问题。

一、辅助参加人之权限

1. 从属性与独立性

所谓辅助参加，是指第三人为了辅助既有的一方当事人而加入已经开始的诉讼中来。该第三人并不是具有自身独立请求的当事人,也不是被请求的当事人,而是作为与诉讼请求没有直接关系的第三人参加诉讼。因此,该第三人与既判力无缘(详见本讲第三部分“辅助参加与判决效”)。这样一来,该第三人就被称作从属性质的当事人,也就意味着其不是完整的当事人,而是“半个”当事人。[1] 典型的事例如在债权人起诉保证人的诉讼中,主债务人作为被告保证人的辅助参加人参加诉讼。说到底,该诉讼请求是债权人针对保证人的,诉讼标的是保证债务。债权人对主债务人的请求并未成为诉讼标的,因此这一部分也不会产生既判力;执行力也是针对保证人的,要想对主债务人进行强制执行必须获得其他债务名义(比如对主债务人另行起诉)。但是,如果主债务人对被告保证人提供协助并最终使其获得胜诉的话,则至少主债务人不会被保证人请求追偿债务。因此,被告保证人的胜诉对主债务人而言也是有利的,协助被告保证人对作为辅助参加人的主债务人而言也有实际意义。

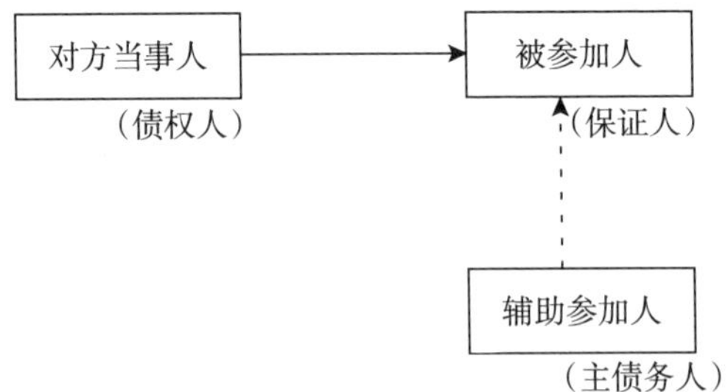

〔1〕 谷口第284页。

从属性质的当事人或者“半个”当事人的性质具体体现为规定了审查辅助参加要件(辅助参加的利益)的《民事诉讼法》第 44 条,由该条规定可知,法院只有在当事人提出异议的情况下才会对是否允许辅助参加作出决定。这也就意味着,如果当事人未表示异议,那么即便不存在辅助参加的利益也可以实际进行辅助参加,这是因为其参加行为无关痛痒。该条规定的出发点在于辅助参加人并不是完整的、独立的当事人,如果是独立的当事人则应当按照第 47 条之规定申请独立当事人参加,而且必须满足参加的要件。辅助参加人的这一“半个”当事人的性质与其地位、权限从属于被参加人是相互照应的。

另一方面,辅助参加人参与诉讼也是以自己的名义并自付费用的,其可以选任自己的诉讼代理人自不待言,而且还必须自己支付律师报酬。在出现辅助参加的情况下,法院必须向辅助参加人送达期日的传唤状,否则其开庭即不合法;而且只要存在辅助参加的利益,即便被参加人对辅助参加提出异议,第三人依然可以辅助参加。也就是说,所谓当事人异议,不仅包括对方当事人而且也包括被参加人,即使被参加人提出异议也依然存在辅助参加的可能性。这被看作尊重辅助参加方利益的表现。那么这里就存在对辅助参加人的地位和权限进行有别于被参加人的独立规范的契机。

辅助参加人的地位和权限具有上述从属性和独立性两种不同的色彩,解释论的任务就是如何协调这两种不同的特性,但学说和判例在这一问题上并不总是持一成不变的见解。关于上述内容,请各位读者务必拜读一下井上治典

「補助参加人の訴訟上の地位について」井上·法理第3页以下的论述。[2]

2. 从属性之体现

一般来说,与被参加人一样,辅助参加人也可以作出各种诉讼行为,如攻击防御方法的提出、提起上诉和再审(第45条),其效力等同于被参加人。但辅助参加人必须受到以下四种从属性的拘束:

第一,受到参加时点的诉讼状态的拘束(第45条第1款但书)。也就是说,对于被参加人于参加时点已经无法作出的自认之撤回、错过时机的攻击防御方法之提出,辅助参加人也不得作出;也不得行使已经放弃或已经丧失的责问权。这些规定自中世纪意大利法以来一直存在,亦为世所公认。[3]

第二,辅助参加人不得作出处分和变更诉讼本身的行为。由于其参加是以已经发生于他人之间的诉讼系属为前提的,该前提不容推翻;因此,辅助参加人不得撤诉、变更诉讼、提起反诉(新堂第698页)。至于请求之放弃和认诺、诉讼上之和解等行为,从其可以消灭诉讼的角度来看亦属禁止之列。[4]

---

〔2〕 据井上考证,在19世纪以前参加人的独立性占据主要地位,而随着19世纪德国历史法学的兴起,由于过于强调理论的一贯性,参加人的从属性逐渐凸显。

〔3〕 井上·法理第7页、第37页。

〔4〕 井上·法理第41页。但也没有必要将之视为绝对无效,如果得到被参加人的事先同意或事后追认,应使之为有效(同第45页),辅助参加人提起的中间确认之诉(第145条)、扩张请求之范围等为其适例。如果被参加人对上述行为提出异议则使之无效,这不会对被参加人造成保护不周。于对方当事人而言,由于其无法否决被参加人行为的效力,所以也没有必要对其提供特别的保护;对法院而言,如果其认为这将使审理陷入迟延,可以此为由驳回辅助参加人之上述申请,这对法院的保护也是很充分的。因此井上的观点应予赞同。

第三,辅助参加人不得作出与被参加人行为相抵触的行为(第45条第2款)。比如,对于被参加人作出的自认,辅助参加人不得争议之;被参加人如果放弃了上诉权,辅助参加人也不得提起所谓的"保护被参加人利益的上诉"。因为既然诉讼请求与被参加人相关,那么被参加人就诉讼战术作出的判断应优先于辅助参加人之相关判断。当行为发生抵触的时候,其代价是不产生参加效力,也不会给辅助参加人带来不利益(第46条第2项)[5](参见本讲第三部分"辅助参加与判决效")。

第四,辅助参加人不得作出对被参加人不利的行为。也就是说,辅助参加人不得作出诸如请求之放弃和认诺、和解(其中必有让步)、上诉权之放弃行为。因为这些行为将直接导致或有可能导致被参加人败诉,这与辅助参加的目的,即为协助被参加人获得胜诉而加入诉讼是相悖的;而

当然,需要得到被参加人的事先同意或事后追认,这一条件本身就稀释了该行为原来由辅助参加人作出的色彩,可以被视为被参加人自身的行为,所以也不必将之视为什么特别的例外情形。不过,必须保障被参加人有机会事后追认或提出异议这一条件也有其局限性。也就是说,当辅助参加人作出了能够直接导致诉讼消灭的行为,例如撤诉,此时被参加人是没有机会追认或提出异议的,因此也没有适用上述规范方法的机会,其规范意义在于行为效果依然存在于诉讼系属过程中的行为,如诉之追加性变更或反诉之提起。

此外,对于中间确认之诉等行为,是将之视为被参加人作出的,还是将之视为辅助参加人本人作出的呢?两者都有可能。井上说似乎赞同前者;但后者,即将辅助参加人本人作为中间确认之诉的原告这一理论构成也不是不可想象的(新堂第698页将之作为由辅助参加人提起的主观的追加性合并),此与仅限于争点的上诉理论(详见后述)有相通之处。

〔5〕 但井上认为,辅助参加人可以就事实之陈述、证据之提出作出抵触行为。因为辅助参加人参加诉讼也是将其自身利益孤注一掷,通过自己的主张证明,从而展开有利于自己的程序,并赋予其在程序中独立的权限,如对于被参加人作出的自认,辅助参加人亦可争议之。参见井上·法理第50页。

井上的观点意在强化辅助参加人的独立性,颇为引人注目,但一般说来恐怕没有必要强化到如此程度。

且,辅助参加人也不得于下次期日作出抵触行为以消灭上述行为的效力,因此还不如直接规定辅助参加人自始不得单独作出上述行为,这也可以从上述第二种从属性的角度(处分和变更诉讼本身的行为)寻求根据。〔6〕

辅助参加人同样不得单独作出自认,其根据既可以从自认属于有可能导致被参加人败诉的不利行为,因而与辅助参加之目的相悖这一观点演绎得出,也可以从撤回自认的关系方面得出。也就是说,在辅助参加人作出自认的情形下,因该自认亦拘束被参加人,因此一旦不具备撤回条件则该自认将无法撤回,但这对被参加人而言过于苛刻,因此不宜采用。如果将辅助参加人之自认归于无效的条件设定为被参加人之否认,则对因信赖辅助参加人之自认而疏于证据保全等行为的对方当事人保护不周。因此最妥当的规范方法应该是辅助参加人自始不得作出自认。〔7〕

---

〔6〕 井上・法理第42页认为,辅助参加人不得单独为请求之放弃等行为其根据在于第二种从属性,而对"不得为对被参加人不利之行为"的规则持否定态度。具体说来,井上认为辅助参加人也可以作出自认。

〔7〕 鈴木重勝「補助参加人の従属性と独立性」争点〔旧版〕第120页、特别是第123页。

与此相对,井上・法理第42页认为,在被参加人缺席的情形下,辅助参加人可以作出自认。也就是说,在被参加人缺席的情形下,如果辅助参加人不得单独作出自认的话,那么就不能提出诸如"虽然借过钱但已经偿还了"之类的抗辩,这与审理应具有的机动性相悖,是不妥当的,因为"借过钱"这一部分属于自认(所谓附限制自认,参见高橋・重点講義第425页)。但正如井上教授自己所认可的一样,这种情形可以采用假定抗辩的方式来处理。在假定抗辩的情形下,"借过钱"并不属于自认,而且法院也不受该假定之拘束可直接进入对清偿这一争点的审理。如果清偿之事实可以得到证明的话,则法院就作出驳回原告诉讼请求的判决;如果清偿之事实未得到证明,则法院必须就"借过钱"这一争点进行审理,但由于被参加人缺席,而辅助参加人对此也不予争执,所以法院可将之作为拟制自认来处理(可作出支持原告诉讼请求的判决)。参见鈴木重勝・前引第123页。但谷口第288页认为,不应限定为假定抗辩,应认可辅助参加人为自认。

当然，在现实的诉讼过程中，如果辅助参加人作出了自认等不利行为，而于同一期日出庭的被参加人虽然明知却不予理睬，此时可将之视为被参加人已经作出追认，至少以后被参加人再主张该自认无效的时候可以诚实信用原则进行应对。〔8〕因此，只要在被参加人于同一期日出庭的情形下，就不应规定辅助参加人不得作出不利的行为，只规定其不得作出与被参加人相抵触的行为即可（被参加人的不予理睬说明并无抵触）。不得作出对被参加人不利的行为这一规范，只在被参加人缺席的情形下才有意义。

3. 独立性之体现

期日出庭通知书等诉讼文书亦应送达辅助参加人，而且在从属性的范围内辅助参加人可以为一切诉讼行为，而不必一一征得被参加人的同意，这被称作辅助参加人的独立性，但还有少数学者甚至认为辅助参加人还具有独立于被参加人的地位和权限，笔者对该少数说持赞同意见。

第一，辅助参加人可以代为行使被参加人私法上的权利（形成权），如撤销权、解除权、抵销权、建筑物收买权。不过通说认为除去类似于《民法》第457条第2款规定的特殊情形，上述权利只能由作为该权利主体的被参加人行使，辅

---

〔8〕对于被参加人虽然明知辅助参加人作出了"自认"但不予理睬的情形，菊井＝村松Ⅰ第423页认为自认成立，而条解第186页（新堂幸司执笔），注解民訴(2)第227页（小室直人＝東孝行执笔），鈴木重勝・前引注〔7〕第123页认为成立拟制自认。如果认为成立拟制自认的话，那么只要被参加人于其后的期日加以否认，则不会产生自认的拘束力，但被参加人于出席的期日当天已经对辅助参加人的"自认"行为作出了默认，此时还赋予其否认自认的权利恐怕是不妥当的。笔者认为，不应将之视为拟制自认，而应是普通的自认。

助参加人不得行使之(新堂第 697 页)。

从另外一个角度来看,能否将该等权利作为辅助参加人协助被参加人获得胜诉(其中亦含有辅助参加人的利益)的有利武器呢?一如后述(本讲第二部分“辅助参加之利益”),在被参加人下落不明的情形下,如果承认辅助参加人可以推动诉讼进程,那么因被参加人下落不明而无法行使的撤销权等权利就可以由辅助参加人行使之,这在解释论上也是前后一贯的。〔9〕不过撤销权等权利之行使也可能打乱被参加人的诉讼战术部署,而抵销权之行使由于可以消灭被参加人之债权,有强制牺牲被参加人利益之嫌,对被参加人会造成更大的影响。只要被参加人及时(因其须于知悉权利被行使之后方可作出,因此在被参加人缺席的情形下,可延长至下次期日)作出抵触行为,就可以消灭辅助参加人行使形成权之效果。此虽非万全之策,但大体上可以保护被参加人的利益。〔10〕此外,一旦认可辅助参加人可以代为行使私法上之形成权,则在该限度内辅助参加人的地位接近于诉讼代理人。

第二,辅助参加人的上诉期间应单独计算(参见本书第九讲“控诉”第一部分“意义与程序”)。辅助参加人可以提起上诉(第 45 条第 1 款),在其提起上诉的同时也可辅助参

---

〔9〕 谷口第 288 页亦持相同见解。

〔10〕 鈴木重勝·前引注〔7〕第 125 页,井上·法理第 56 页,三ヶ月·全集第 238 页,谷口第 288 页,菊井 = 村松 Ⅰ 第 422 页,注解民訴(2)第 228 页,注釈民訴(2)第 151 页(池尻郁夫执笔),佐上第 284 页,中野 = 松浦 = 鈴木第 465 页等。

新堂第 697 页也认为,在辅助参加人代为行使相应权利后,若被参加人未及时作出相反行为,则法院可推认其认可该行使之效力,这一观点在本质上接近于少数说。上田第 531 页,林屋第 280 页与新堂说持相同见解。

加。也就是说，在法院作出一审判决后，于一审中未辅助参加的第三人可以在提起上诉的同时申请辅助参加（更为准确的说法应该是在辅助参加的同时提起上诉）。此时，一审法院不会将一审判决送达未参加一审的辅助参加人，因此上诉期间只存在于被参加人一方，而辅助参加人只能于被参加人的上诉期间内提起上诉。[11] 但在第三人从一审程序就进行辅助参加的情形下，由于判决也送达至该辅助参加人，因此可以单独计算其上诉期间。即使在这一点上，通说依然坚持只存在被参加人的上诉期间，不得单独计算辅助参加人的上诉期间（新堂第696页），其理由在于，如果辅助参加人可以做到被参加人已经无法做到的事情将是不可理解的。

不过，一审之辅助参加人理应预计到法院会对其送达一审判决，尽管如此，上诉期间还不是从对其之送达起算，而是从对被参加人之送达起算，这对于以自己名义并自掏腰包参加诉讼的辅助参加人来说，是否过于苛刻了呢？有时第三人参加诉讼还要遭受被参加人的异议，在这种情况下，由于辅助参加人和被参加人之间的联动并不紧密，因此被参加人也许不会将法院送达判决一事及时通知辅助参加人。[12]

---

〔11〕 鈴木重勝・前引注〔7〕第121页。

〔12〕 认为应独立计算的学说可参见井上・法理第38页，鈴木重勝・前引第121页，条解第184页（新堂幸司执笔），谷口第287页，注解民訴（2）第226页，注釈民訴（2）第145页（池尻郁夫执笔），上田第530页。

但就中断和中止而言，即使辅助参加人一方有此事由，也不能产生中断和中止的相应效果，在这一点上应与通说保持一致（谷口・第288页认为应就个案情形作不同处理）。因为诉讼请求是被参加人和对方当事人之间的事情，至少应赋予被参加人和对方当事人撤销中断和中止的权利；另一方面，当辅助参加人一方存在导致法官回避的事由时，辅助参加人和对方当事人可以援引该事由，因为辅助参加人也是可以单独作出诉讼行为的。如果被参加人一方存在导致法官回避的事由时，辅助参加人应当也可行使之。

4. 强化独立性之解释论

还有学说主张应进一步强化辅助参加人的独立性。

首先,新堂认为应赋予辅助参加人仅就争点单独提起上诉的权利[新堂第 699 页注(1)],该说系有力说。比如,债权人对保证人提起履行保证债务的请求,在主债务人辅助参加的情形下,即使作为被告的保证人放弃了对一审败诉判决的上诉权,或者主债务人撤回了曾一度提起的上诉,作为辅助参加人的主债务人依然有权就主债务之存否这一争点单独提起上诉,其目的是不浪费已经进行的关于主债务之存否的诉讼进程。这样一来,上诉审可以就主债务存否这一缩小之后的争点继续进行审理,相应的终局判断在辅助参加人与对方当事人之间以及辅助参加人和被参加人之间都会产生既判力(此为第 145 条规定之中间确认之诉)。对于被参加人来说,由于其可以使与自己相关的诉讼请求终了,所以辅助参加人之上诉并不违反第 45 条第 2 款之规定;对于对方当事人来说,如果被参加人没有放弃上诉权那么其诉讼地位还要继续维持下去,所以也不会因辅助参加人之上诉而遭受特别的不利益;对于法院来说,如果被参加人没有放弃上诉权,那么法院还须继续进行审理,因此既不会遭受特别的不利益,也不会带来审理的复杂化;对整个纠纷来说,作为诉讼标的的保证债务之争在债权人和保证人之间获得了解决,而作为其前提的主债务之存否问题也在债权人、主债务人和保证人之间获得了解决,各方投入诉讼的资源通过判决效这一方式也得到了有效的利用。[13] 新堂说的目的在于把产生于被参加人和辅助参加人之间的参加效力以及产生于辅助参加人和对方当事人之间的判决效(争点效)作为武器来提高诉讼解决纠纷的能力,在这一背景之下上述解释论之达成是水到渠成的。

关于争点效的问题,新堂原来的观点是就争点之判断的不服不得通过上诉为之(新堂第 615 页,高橋・重点講義第 553 页),但新堂在此却认可辅助参加人可以仅就争点提起上诉。那么这两者之间的关系如何呢?应当注意到的是,两者发生的具体情形是不同的,而且主体也不相同。具体来说,在前一种情形下,就争点不服之人在诉讼中获得了胜诉,其已经获得了于己有利的既判力,因此不必再允许其就争点之判断提起上诉,而且这样做的对价也不产生争点效,利害关系人的地位已经据此获得了保障;与此不同的是,在后一种情形下,被参加人已经放弃了上诉权,因此判决主文中的判断,即既判力已经对被参加人和辅助参加人构成不利,如辅助参加人就主债务之不存在所付出的努力

---

〔13〕 新堂幸司「参加的効力の拡張と補助参加人の従属性」新堂・訴訟物(上)第 227 页、特别是第 256 页。在新堂第 699 页注(1)中,只是简单地触及了限于争点的上诉问题,实际上该说并不仅限于此,它同样适用于被参加人认诺对方诉讼请求的情形。此时虽然辅助参加人还有继续诉讼的欲望,但被参加人显然阻碍了这一欲望的实现[参见新堂・訴訟物(上)第 259 页]。限于争点的诉权(中间确认之诉)一直潜存于辅助参加人一方。但该说将辅助参加人的独立性突破了上诉的范畴,作为解释论还是颇为大胆的,因为被参加人在一审中对请求的认诺也许并不会形成如此的诉讼状态。

而且,作为对辅助参加人保障其上诉机会的对价,一旦辅助参加人未提起该类上诉,则一审就争点所作出的判断同样对辅助参加人产生参加效力和争点效(新堂・訴訟物(上)第 259 页第四行),这似乎有些过分了。虽然诉讼对于解决纠纷的能力有所削弱,但不能因为辅助参加人没有行使相应的上诉权就对其实行制裁。因为诉讼首先是存在于债权人和保证人这一对既有的当事人之间的。

并未换来相应的成果,而且终局判断在整体上对其都是不利的。以主债务人作为辅助参加人为例,前一种情形下之不服是作为被告的被参加人之不服(而且在与诉讼标的的关系上是有利的),后一种情形下之不服则是辅助参加人之不服(而且整体对其都是不利的)。[14] 在这一问题上通说的观点是,由于被参加人已经放弃了上诉权,因此在辅助参加人与被参加人之间以及辅助参加人与对方当事人之间并不产生判决效(参加效力等),辅助参加人的利益在这一限度内已经获得了保障。这一观点确实可以得到理解,但如果从尊重辅助参加人意愿的角度来说,允许其提起上诉也是可以理解的。对对方当事人而言,如果胜诉的话就会获得有利的判决效,因此其被卷入上诉还不能说特别的不妥当。总之,不允许就争点效提起上诉与允许辅助参加人仅就争点提起上诉之间并不存在积极的矛盾。

其次,还有学者从其他角度主张强化辅助参加人的独立性。这一观点认为,当只有辅助参加人提起上诉的时候,应当将之视为被参加人以默示的方式委托辅助参加人为上

〔14〕 被告保证人获得胜诉的理由可能是虽然主债务存在,但保证人已经清偿,因此保证债务已经消灭。在这种情况下,辅助参加人可能会单独提出不服。但被参加人和辅助参加人一方已经获得了胜诉,因此这与前一种就争点之判断不服的情形相类似。新堂也认为这种情况下辅助参加人不得仅就争点提起上诉,因为作为被参加人的保证人一方不存在上诉的利益,当然也无所谓上诉权之放弃。

但在这种情况下可以预见到保证人今后会提起求偿之诉,作为主债务人来讲,其当然希望就一审关于主债务存在的事实认定提起上诉。虽然如此,在现行法下只能寻求其他的救济途径,大体上有两种。一种途径是作为辅助参加人的主债务人将请求确认主债务不存在的中间确认之诉进行追加合并(参见前述新堂第698页);另一种途径则是以保证人作出的清偿之抗辩与辅助参加人相抵触为由,否定其参加效力,通过其他诉讼就主债务之存否再次争执。

诉审之诉讼担当，辅助参加人享有且只能由其享有作为上诉审当事人的权利。这样一来，提起上诉的辅助参加人就可以不必征得被参加人的同意而独自撤回上诉，在被参加人一方发生诉讼中断和中止之事由时，辅助参加人也可继续推进诉讼；相反地，被参加人则不享有作为上诉审当事人的权利，因此其也不得违逆辅助参加人的意思而撤回辅助参加人提起的上诉。[15] 由于禁止不利益变更原则的作用，被参加人也不会遭受超过原判决的不利后果，因此这样处理也不会有什么妨碍。

但上述观点还是给人一种稍嫌过分之感。诉讼上之请求，是针对被参加人的，而不是针对辅助参加人的，因此，被参加人应当自始至终都可以参与上诉审程序，在未征得其同意的情形下，上诉审不得归于消灭。现在，连赞同井上说的学者也认为，如果被参加人多少参与了上诉审的辩论程序，那么在未征得其同意的情形下，辅助参加人不得撤回上诉。井上说认为被参加人不得撤回辅助参加人提起的上诉，这一观点从一审诉讼请求的指向来看也有过分之嫌；从禁止不利益变更的观点来看，如果对方当事人提起附带上诉的话，那么被参加人将得不到任何保障。莫不如采取另

---

〔15〕 井上治典「多数当事者訴訟における一部の者のみの上訴」井上・法理第 201 页、特别是第 226 页。

顺便提及的是，井上・法理第 48 页从立法论的角度出发建议增设“在征得被参加人同意的情形下，参加人可以代替被参加人而成为独立的当事人”的条文，井上并指出在德国以外的德国法系各国都有类似的规定。就立法论而言，这确实是一个很有趣的建议，但在被参加人同意这一点上，由于并未允许默示的方式，因此与上述井上教授自己的解释论观点有所不同。

外一种应对之策,即如果对方当事人提起附带上诉的话,那么即使上诉只是由辅助参加人提起的,也应当将被参加人作为附带被上诉人。对这一问题的结论就是,如果采用新堂的观点,即请求与被参加人无关(上诉审将审理范围缩小为与辅助参加人相关的争点),这样的解释论是可以成立的,而如果一方面认为请求与被参加人相关,另一方面还认可辅助参加人享有绝对的权利,这样的解释论则存在一定的问题。[16]

二、辅助参加之利益

1. 辅助参加之利益的定型化与类型

第三人在何种情形下才可以辅助参加呢?这需要满足第42条规定的要件,即"就诉讼之结果有利害关系之第三人"。

这里所谓的利害关系,首先必须是法律上的而非事实上的。因此,感情上的利害关系被排除在外,如亲友被他人起诉、自己心生怜悯意欲辅助参加的情形;经济上的利害关系也被排除在外,如被告的其他债权人担心被告一旦败诉将导致财产减少,因此准备辅助参加以帮助被告的情形。在债务人作为被告的诉讼中,一般债权人不得辅助参加。不过如果满足了《民法》第423条规定的债权人代位要件的话,一般债权人就可以辅助参加债务人的诉讼(新堂第695页)。因为在这种情形下,一般债权人的利益已经从单纯的

---

〔16〕 正如井上教授前引论文的题目一样,井上说并未仅局限于辅助参加,而是从必要共同诉讼、独立当事人参加等多数当事人诉讼的整体出发对上诉规范进行考察,从其他情形来看也许其结论是正确的。

经济利益升格为法律上的利益。〔17〕此外，所谓法律上的利害关系并不限于财产法上的利害关系，身份法亦可，甚至并不限于私法上之利害关系，公法亦可，如当事人之间权利归属的最终结果可能导致辅助参加人的行为构成贪污罪的情形。〔18〕

其次，所谓法律上的利害关系必须存在于“诉讼结果”之中。通说认为，此一“诉讼结果”是指法院对诉讼标的进行的判断，也就是判决主文中的事项。这也就意味着仅以与判决理由中的判断有利害关系为由是不具有辅助参加的利益的。在辅助参加的典型事例，即主债务人作为辅助参加人参与以保证人为被告的诉讼中，作为诉讼标的之保证债务之存否本身与作为辅助参加人的主债务人的求偿义务直接相关，因此其辅助参加的利益与诉讼标的相关（为方便起见，此处系以旧的诉讼标的论来进行说明，新的诉讼标的论亦可得出相同结论）。但按照新堂的观点，如果事关主要争点，则判决理由中的判断也具有利害关系（新堂第694页）。实际上通说（兼子理论）也并没有严格地将利害关系

---

〔17〕但是所谓法律上的利害关系或事实上的利害关系，只不过是先得出结论再寻找的理由罢了，其标签色彩较为浓厚，特别是在一些临界性的案件中很难区分。也就是说，法律上的或事实上的利害关系并不是内在于利益本身的性质，如果把它视为内在性质的话，其差异就变得相对化了。参见井上・法理第67页。

此外，木川・重要問題（上）第107页认为，在满足了债权人行使代位权要件的情形下，债权人也可以选择独立当事人参加；在满足独立当事人参加条件的情形下，通说也允许债权人选择辅助参加。参见兼子・体系第400页（八）等。

〔18〕该案例见兼子一『条解民事訴訟法（上）』（1955，弘文堂）第164页，不过其具体案情不明。新堂列举的事例为在因第三人欺诈而导致撤销合同成为问题的诉讼中，该第三人担心日后被问以欺诈罪而参加诉讼（新堂第694页），此亦为新堂说所倡导的理由中的判断。

限于判决主文中的判断。以上述贪污事例来说,兼子所考虑的具体情形如何并不清楚,但当事人之间的权利归属状态属于确认之诉的诉讼标的,而在给付之诉中则属于前提问题,该判断应当出现在判决理由中,这种情形下的辅助参加按照通说的观点也很难认为是仅限于确认之诉的。[19] 实际上,一如后述的诸多事例所示,将利害关系仅限于诉讼标的过于狭隘。[20] 当然,如果我们把诉讼的情形设定为既有的当事人只想自己进行诉讼的话,那么正如前述在辅助参加从属性和独立性的关系中有学者倾向于独立性的思考方法一样,都是站在重视参加申请人利益的立场上的,这当然也会存在反对意见。[21]

---

〔19〕 按照兼子理论,在给付之诉中,如登记诉讼,其请求权背后的所有权也是纳入诉讼标的范畴的,但一般而言,物权请求权背后的物权不应纳入诉讼标的,这还是应该属于前提问题。

〔20〕 认为应当限定在诉讼标的判断上的观点可参见兼子·体系第 399 页,三ヶ月·全集第 235 页,菊井 = 村松 I 第 403 页,注解民訴(2)第 205 页(不过该书第 209 页认为实务中应在维持通说见解的同时,以井上说的基本观点为参考就个案情形作出判断。这一观点显示其已经从通说的立场上有所后退)。

认为判决理由中的判断也行的观点可参见井上·法理第 76 页,滝川叡一「請求の主観的択一関係と共同訴訟」本井 = 中村修三『民事実務ノート第二巻』(1968,判例タイムズ社)第 108 页、特别是第 119 页注(8),条解第 177 页(新堂幸司执笔),上田第 528 页,伊藤眞「補助参加の利益再考」民訴雑誌 41 号(1995)第 1 页。

〔21〕 即使扩大了辅助参加的要件,在辅助参加人的行为与被参加人相抵触的时候,辅助参加人也不能作出实质意义上的诉讼行为。在这种情况下,由于辅助参加人并不能单独继续诉讼,因此其地位与证人实际上相差无几。特别在被参加人对辅助参加持有异议的时候,这一可能性极高。考虑到这种情况,实际上通说将辅助参加的要件限制在诉讼标的上也并非不可理解,这与通说将从属性作为辅助参加的重点也保持了内在的一贯性。

但是,如果不是作为单纯的证人而是作为辅助参加人的话,至少在监视和牵制既有当事人的行为方面还是有很大意义的;而且,让被参加人作出抵触行为还可以防止发生参加效力,这也不是没有意义的。确实,如果从通说所认可的参加类型来法院的判断与辅助参加人地位之间的利害关系,并不仅限于判决效及于参加申请人的情形。法院对于既有当事人之间的第一个诉讼所作出的判断,在与辅助参加人相关的第二个诉讼中,在理论上可以作为其前提问题者亦可。比如,主债务人败诉的判决,其判决效并不及于保证人,但在理论上保证债务是以主债务为前提的,因此保证人具有辅助参加的利益(新堂第694页)。这意味着如果法院在第一个诉讼中作出的判断能够对第二个诉讼产生事实上的影响力即可,这一事实上的影响力有时也称作判决的证明效,〔22〕第二个诉讼中的法官只要将第一个诉讼中的判断作

考虑参加效力问题的话,在后述的第二种类型中,由于第二个诉讼是在对方当事人和辅助参加人之间发生的,并不涉及参加效力的问题,因此没有必要把辅助参加的要件扩张到第二种类型。但要站在新堂的立场上,即在辅助参加人和对方当事人之间产生判决效的话,那么在第二种类型中也并没有完全丧失由被参加人作出抵触行为从而防止判决效发生的意义。因此,扩大辅助参加要件的观点也是可以自圆其说的。

顺便提及的是,注釈民訴(2)第103页(井上治典执笔)根据辅助参加人参与诉讼的程度将辅助参加进行了类型化处理,即仅仅牵制和监视被参加人诉讼行为的"静止监视型"、与被参加人共同展开诉讼活动的"平行活动型"、代替被参加人作为实质上的当事人进行诉讼活动的"独立代行型"。在上述"静止监视型"中由被参加人作出抵触行为也还存在意义。

〔22〕 肯定证明效的观点可参见井上·法理第80页,山木戸己「判決の証明効」山木戸·論集第145页。后者受前者启发,将前诉判决之提出与对方当事人是否提出反证联系起来作出了详尽的论述。

但井上说以后逐渐转向对证明效持怀疑态度,参见井上治典「補助参加の利益」争点〔新版〕第136页,注釈民訴(2)第119页(井上治典执笔)。伊藤教授则对证明效持彻底否定的态度,他认为,把在第三人并未参与的情形下得出的前诉判断作为证据提交于后诉,从而对第三人构成不利,这对第三人之程序保障有所欠缺,损害了其接受裁判的宪法权利。参见伊藤·前引注〔20〕第8页。按照伊藤的观点,所谓辅助参加的利益,其判断依据应该在于前诉对辅助参加申请人之地位所作出的判断将于诉讼外或诉讼前给该第三人造成事实上之不利益,以保证人为例,主债务人败诉的结果,将导致保证人在裁判外或者裁判上受到债权人请求履行保证债务之请

为参考即可。

这样一来,从定型化的角度来看,可以认为辅助参加之利益表现如下,“参加人之权利义务或其他法律上之地位如何系以法院就该诉讼之主要争点所作之判断为前提,故参加人之法律地位有可能因被参加人所受判决之判断而带来事实上之不利影响”(新堂第693页)。当然,实际上法院对是否准予参加之判断未必如此静态,反倒更有可能是动态的、充满弹性的。也就是说,法官须以上述利益格局为基础,继而在斟酌纠纷之性质、案件发展趋势等因素后再作出判断。具体包括:申请参加的时机;对参加提出异议的是对方当事人还是被参加人;申请参加的人数;如果准予辅助参加,那么被参加人一方的诉讼资料和证据资料是否会得到进一步充实,或者反而会造成诉讼的程序进行和资料获得更趋复杂;如果辅助参加人另行起诉,法院能否单独就案件作出判断等。将这些因素进行抽象概括就是,准予辅助参加对于该纠纷整体的解决是否有效,这里所包含的弹性因

求。从中可以看出,伊藤说并不寻求改变传统的辅助参加的范围(第19页),只是认为不应从作用于裁判内部的证明效的角度,而应当从裁判外之请求或者起诉等诉讼框架之外寻求辅助参加利益的理论根据。德国也有学者倡导不要从判决效的角度来说明这一问题,参见福本知行「ドイツ民事訴訟法における補助参加の理由をめぐる近時の議論の一断面」法学雑誌(大阪市大)49卷1号(2002)第99页。

伊藤说的观点当然有其合理之处,但其差异也只是表现在大局方面的说明。先不论是否应该禁止前诉之判决不可作为证据提交于后诉,假设是可以提出的,也没有必要把那些着眼于证据方面特征的说明不分青红皂白地加以排斥。在那些就因果关系从科学角度进行激烈争论的案件中,证明效这一现象也是确实存在的。《民事诉讼法》第338条第8项之规定也是考虑到了判决的证明效而制定的(参见本书第十讲“再审”第二部分“再审事由的规定与理解”)。

素与判断当事人是否具有确认利益时很相似（特别是在后述的第二种类型中更是如此）。[23]

判断框架大体如上，能够认定具有辅助参加利益的具体类型则可分为如下三种。

第一种类型是如果被参加人败诉将导致辅助参加人被提起求偿、损害赔偿或其他诉讼，传统上被认可的辅助参加的典型事例均属于此种类型。比如，债权人起诉保证人，而主债务人辅助参加保证人一方的情形（求偿）；主张所有权的第三人起诉买受人要求追回所有之物，负有担保责任的出卖人辅助参加买受人一方的情形（损害赔偿）。

作为第一种类型的亚型，当第一个诉讼和第二个诉讼处于先决关系时，也可申请辅助参加。[24] 比如，与上述事例相反的情形，即债权人起诉债务人的时候，保证人辅助参加主债务人一方的情形即属此类。因为主债务是保证债务的先决问题，即使从实际利益的角度来看，如果主债务人胜诉的话，那么在债权人起诉保证人的第二个诉讼中，保证人可以援用前诉判决的反射效；如果主债务人败诉的话，虽然该判决在第二个诉讼中不具有法律上的判决效，但事实上还

---

〔23〕 井上·法理第69页也指出辅助参加的利益与确认利益具有同质性，第95页则指出准予辅助参加所必需的一些条件，“第三人被对方当事人起诉的盖然性”“作为前提问题加以确定的必要性（参加人地位之不安定）”。此外，井上·前引注〔22〕争点〔新版〕第137页则归纳了判断辅助参加利益的一些基本视点，“诉讼是否能够容纳第三人在该诉讼中单独进行主张和证明的必要程度、第三人地位之不安定和不利益的现实化程度是否达到需要该第三人参与诉讼的程度，或者以该诉讼为契机是否会明显出现一个第三人必须直面的新的纠纷”。

〔24〕 木川·重要問題（上）第109页以下从通说角度（辅助参加利益之判断仅限于判决主文）对辅助参加的类型进行了详细的概括。

会对保证人构成不利。甚至在买卖关系中,当买受人不明(Y 抑或 Z)的时候,如出卖人 X 起诉 Y,此时 Z 可辅助参加 X 一方(这种情形被一般化为择一性关系。实际上和第二种类型较为接近,而利害关系则更为紧密)。如果 X 胜诉的话,则 X 今后不会再起诉 Z;如果 X 败诉的话,X 接下来就会起诉 Z,那么前诉判决在事实上则对 Z 构成了不利(如果 X 以 Y、Z 为共同被告起诉的话,则属于主观的预备性合并的事例)。〔25〕

第二种类型是申请辅助参加之人与一方当事人处于相同的地位和境遇。比如,同一起事故中有多个受害人,一人提起损害赔偿诉讼,而其他受害人辅助参加的情形(新堂第694 页)。不过在这种类型中,参加申请人的利害关系并不如第一种类型那样紧密,而且与判决主文中的判断相比,判决理由中的判断更具影响力,因此通说一般认为这种情形下不具有辅助参加的利益。不过第一个诉讼中的判断对于参加申请人的第二个诉讼会产生一定的影响,这与第一种类型是相同的,因此原则上似乎应当肯定这种类型中的辅助参加利益。〔26〕 但是,虽说利害关系是间接性的,但参加的必要性在个案中的强弱并不相同,因此与判断确认利益的一些临界事例一样,法官也需要综合前述纠纷的性质、案件的发展趋势等因素进行微调。

---

〔25〕 井上·法理第 74 页对此进行了详细的例证。木川·重要問題(上)第 117 页也认为此种情形可准予辅助参加。

〔26〕 井上·法理第 84 页以下对第二种类型的合法性进行了详细的论述。此外尚可参见高田裕成·判批·私法判例リマークス4 号(1992)第 148 页,上北武男？1976 重判(ジュリ642 号)第 126 页。

肯定第二种类型的判例可参见大决 1933・9・9 民集 12 卷第 2294 页。该案中,出纳员主张村民大会已经就向电铁会社设立停车场进行捐款一事达成了协议,并据此起诉一村民要求其交付捐款,其他村民则申请辅助参加被告一方,原审法院拒绝了该申请,而大审院则作出了相反的判断。因为如果被告败诉的话,那么接下来就会轮到参加申请人被起诉了。假设在第一个诉讼中,原告特意选择了抵抗能力较弱的村民作为被告,那么就更应该允许抵抗能力较强的其他村民申请辅助参加,因为对于其他村民而言,其在第一个诉讼中进行防御的必要性极强(关于认可原告一方辅助参加的判例,可参见福岡地决 1994・2・22 判時 1518 号第 102 页)。

另一方面,此前的判例则对该种情形下的辅助参加持否定态度,参见大决 1932・2・12 民集 11 卷第 119 页。该案系请求排除侵害原告山林特产采摘权行为的诉讼,该案中,邻地所有权人主张原告计划对邻地也要提出同样的排除请求,因此申请辅助参加被告一方。虽然邻地所有权人的境遇类似于被告,但还很难说就处于同样的处境,也就是说原告对邻地所有权人起诉的盖然性具体达到了怎样的程度还是一个问题(新堂第 694 页),与上述 1933 年判决相比这一结论也还存在疑问。[27] 此外,持否定态度的

---

〔27〕 兼子・判例第 377 页、第 379 页对 1932 年判决持赞成态度,而对 1933 年判决持反对态度,其理由在于参加申请人与一方当事人处于相同的地位和处境并不满足辅助参加利益的条件。

虽然新堂说认为处于相同的地位处境即可肯定申请人具有辅助参加的利益,不过其对 1932 年判决的态度则是相当微妙的(新堂第 694 页)。如果被参加人的诉讼活动毫无成效,或者有事实表明原告已经为起诉邻地所有权人做好了充分的准备,那么就应当肯定其辅助参加的利益。

案例尚可参见东京高决 1974·4·17 下民集 25 卷1~4号第 309 页,百選Ⅱ第 169 号案例(新堂幸司解説)。该案中,SMON 病(亚急性脊髓视神经病——译者注)患者以奎诺仿(chinoform)制剂是导致该病的原因为由向该制剂的生产和销售部门(中央政府)提起损害赔偿诉讼;因使用该制剂而成为另诉被告的医生以奎诺仿是否导致 SMON 病的原因这一因果关系是两诉的共同争点为由申请辅助参加,后被法院驳回。如果某一个法院对奎诺仿和 SMON 病之间的因果关系作出了肯定判断的话,该判断很有可能会影响其他法院,本案中的参加申请人已经来不及在自己作为被告的诉讼中展开防御,因此迫切需要在本案中展开相应的防御。一如新堂在解说上述案件时所指出的,从抗告理由来看,本诉与为便于进行相关集团诉讼证据调查而特意形成的代表诉讼相类似,因此从保障另诉被告反对询问权的角度来说也应当准予其辅助参加。虽然或许存在诸如参加申请人的人数、参加申请的时间、其与被参加人的关系这些因素,但作为一般情形下的处理方法,驳回申请还是存在若干疑问的。[28] 总之,对处于同一地位和境遇的辅助参加申请人,是否准予参加,在判断上虽然较为困难,但一般情形下似乎不应否定之。

第三种类型可称为转用型,相关判例可参见名古屋高决 1968·9·30 高民集 21 卷 4 号第 460 页。该案系金钱请

---

〔28〕 伊藤·前引注〔20〕第 18 页、第 20 页注(33)也认为在奎诺仿制剂和 SMON 病的关系上应当肯定申请人具有辅助参加的利益。

求诉讼,被告在起诉时已下落不明因此进行了公告送达,被告之妻申请辅助参加被告一方,后被法院准许。法院的理由在于《民法》第752条规定了夫妻之间的协力扶助义务,因此从夫妻共同生活的角度来看协助配偶在金钱请求诉讼中获得胜诉判决是理所当然的。此处所指利益系经济利益,依传统见解不得申请辅助参加,因此必须从该案寻找其他适当的理由。该案中被告下落不明,虽经公告送达可以继续进行诉讼,但从提高纠纷解决的质量以及增强判决内容的正当性来讲,总不如让被告之妻参加诉讼展开攻击防御效果来得明显。法院自己认为准予辅助参加是"公平对待诉讼当事人的当然结果",但从其他角度来说,假如被告并未下落不明而是积极应诉,此时被告之妻申请辅助参加,法院按理是不是也应准许呢?这是存在很大疑问的。只有当发生类似于被告下落不明这种特殊情形的时候才应准予辅助参加,这一更高层次的判断已经超越了通常情形下的辅助参加利益,此时辅助参加人的地位接近诉讼担当人或代理人。[29] 当然,作为下落不明人的财产管理人(《民法》第25条),被告之妻应诉是合情合理的,但有时候可能在时间上来不及,因此保留这种转用型辅助参加的形式可能更

---

〔29〕 对上述名古屋法院的裁决给予积极评价的观点可参见井上·法理第71页注(8)、井上治典·評釈·民商63卷1号(1970年)第167页,条解第178页(新堂幸司執筆);认为此种情形下并不具有辅助参加利益的观点可参见櫻田勝義·続百選第54页,伊藤·前引注〔20〕第20页注(33)。

此外,第三种类型的辅助参加相当于前引注〔21〕最后一段所指"独立代行型"。

为安全。[30]

上述关于辅助参加利益的论述在很多方面受到了井上教授的启发,请各位读者务必拜读一下井上治典「補助参加

---

〔30〕 第三种类型实际上并不符合法律规定的辅助参加的要件,比如法律上的利益。虽然可以从理论上把因下落不明所导致的经济上的利害关系作出优于法律上的利益的处理,但又有恣意之嫌,莫不如直接把下落不明作为辅助参加的例外情形予以肯定。条解第178页也认为,"在实际上已经无法期待丈夫进行诉讼的情形下",似有余地承认辅助参加。不过也有学者认为,这种情形可以适用第47条第1款前段规定的诈害妨止参加这一独立当事人参加的形式,不应轻易放宽辅助参加的要件。原来作为诈害妨止参加的难点在于参加人要对双方当事人都提出诉讼请求,然而这一要件已经被现行法排除了,这对上述观点是有利的。但法官对是否满足了诈害妨止参加要件的判断是很微妙的,而且诈害妨止参加和辅助参加也并不是二选一的关系。

真正的问题在于除了配偶下落不明这种情形以外,第三种类型还可以适用哪些情况。这里应当注意不要随意扩大适用范围,可以划入该类型的恐怕还有检察官作为职务上之当事人参加的诉讼。因为从充实诉讼的角度来看,与其让检察官参加诉讼还不如把诉讼委托给具有直接利害关系的第三人。在最高法院的一则判例中(参见最判1989·4·6民集43卷4号第193页),认领人死亡后,原告以检察官为被告提起认领无效之诉,该案中,原告的主张所指向的亲生父亲的直系卑属辅助参加了被告一方。不过,或许因为当事人对该辅助参加都没有提出异议,因此法院积极地准许了这一参加行为。另一方面,在东京高等法院的一则判例中(参见东京高决1982·11·22判時1067号第58页),X以检察官为被告提起其与死者A之间系亲子关系的认领之诉,同时X还以检察官为被告提起X与其户籍上所载之父母BC(亡故)之间不存在亲子关系的确认之诉,此时,死者A之妻、养子、亲生子申请辅助参加第二个诉讼中的检察官一方,法院最终否定了其辅助参加的利益。确实,即便法院确认了BC(亡故)与X之间并非亲子关系,从法律上来讲并没有认定A就是X的亲生父亲,因此按照一般的观点应当否定其具有辅助参加的利益。但是,作为实际发生的具体纠纷,如果X的亲生父亲不是A就是B,那么A的家人当然会比检察官更为热心地展开诉讼活动。井上教授在评价东京高等法院的这一决定时认为,第三人要介入他人之间的身份关系必须能够明确其可以展开有效的诉讼活动的具体内容,就一般情形而言,应当肯定此种类型的辅助参加。不过井上教授并未特别提到检察官作为被告的情形。参见井上治典·評釈·井上·訴訟第220页。

此外,福永有利「任意的訴訟担当」中田·還暦(上)第75页、特别是第84页指出,辅助参加的利益与任意的诉讼担当要件之间具有相似性,这一观点颇具深意。

の利益」(初出,1970),载于井上・法理第65页。[31]

2. 公证人申请参加的案件

东京高等法院作出过一个颇具深意的决定,参见东京高决1990・1・16判タ754号第220页,该案中,兄弟之间围绕遗产继承产生纠纷。X以其从A(X和Y之父,已亡故)处接受生前赠与为由,对Y提起某土地和建筑物的所有权确认之诉和请求移转登记手续的诉讼。对此,Y主张依据A之遗嘱公证证书其已经取得标的物之所有权,并提起交付建筑物的反诉。对涉案之公证证书,X主张系由他人冒名顶替A而作成的,应属无效,因此Y主张之遗赠不生效力。此时,制作该公证证书的公证人Z申请辅助参加Y之一方,对方当事人X则提出异议。Z的申请理由大致如下:(1)如果公证过程存在冒名顶替的情形,那么公证人Z将受到《公证人法》第74条以下条文之制裁(监督和惩戒),甚至会受到

---

〔31〕 井上教授在以后的著述中进一步展开了其观点,参见井上治典「補助参加の利益・再論」井上・訴訟第175页。井上认为,我们不应从判决这一结果来考虑第三人的地位问题,过程思考的角度更为重要,也就是说就当事人之间正在争执的事项、第三人有无利益和必要以纠纷主体的身份从自身立场出发展开主张证明活动。比如,由于勤务医生A的医疗过失导致医院Y成为被告,围绕A的治疗行为是否妥当产生争执。假如A与Y之间达成一个协议,即医生的一切责任均由医院承担,医院也不追究A的任何责任,那么A此时能否申请辅助参加？虽然日后不会出现A的责任问题,但既然医生本人的治疗行为成为焦点,那么A应当可以作为纠纷主体并通过辅助参加这一形式展开主张证明活动。相同见解另可参见井上・实践第191页,注釈民訴(2)第120页(井上执笔),井上治典「補助参加の利益」新堂ほか・演習2第321页。但如果事态发展至此,A完全可以作为证人出庭,而没有必要肯定其可以采取辅助参加的形式。不过,作为第二种类型来说,这种情形下依然具有辅助参加的利益。

此外,井上教授关于这一论题的其他著述可参见「補助参加の利益・半世紀の軌跡」判タ1047号(2001)第4页[收于井上・実践と理論第167页]。

《刑法》第156条虚假公文书作成罪的追诉,因此Z具有公法上之利害关系;(2)所谓冒名顶替之主张,侵害了公证人Z之名誉,因此Z具有伦理上之利害关系;(3)一旦公证证书被判无效,那么因信赖该证书而于Y处买受部分遗产之B,将会主张Z之职务行为违法从而请求国家赔偿,Z有被追偿之可能性;(4)A在与公证人Z的谈话中曾透露出希望将X排除在继承人的范围之外,Z则劝其不必采取如此强硬手段。如果A果真将X排除在继承人范围之外,那么X所主张的生前赠与将面临显著困难(在这种情况下很难认为A会对X为生前赠与)。因此,如果X生前赠与的主张获致承认,那么Y就会以Z违反教示义务从而请求国家赔偿。

但原审和抗告审均驳回了公证人的参加申请。抗告审的理由大致如下:首先就一般情形而言,Z所主张的具有利害关系的公证证书以及遗嘱的效力问题只存在于判决理由中,Z与诉讼标的(所有权以及基于所有权的物权请求权)之判断并不具有利害关系。"但若斟酌辅助参加制度之趣旨,一如本案所示,公证证书以及基于公证证书之遗赠之有无乃至生前赠与行为之成立与否系本案之核心争点,故仅以Z就诉讼标的本身之判断不具利害关系为由而认其欠缺辅助参加之利益难谓妥当,应进而检讨Z主张之利害关系之性质、内容以及程度再予决断。"具体到本案情形,抗告审认为:(1)既然Z已辞去公证人一职,因此不存在监督和惩戒的问题,也不存在因过失导致的虚假公文书作成罪,Z不会因为本案的关系而受到刑事追诉;(2)伦理上的问题属于感情范畴，因此不应成为辅助参加的理由；(3)B所买受之土地与本件土地并不相同，该笔土地仅与同一公证证书所生之遗赠之效力相关，因此仅具有间接的利害关系；(4)所谓一旦将X排除在继承人范围之外则其生前赠与之主张将难以成立，这只不过属于事实上的问题，并不具有法律上的因果关系，而且本案很难顾及主动寻求公证的Y今后会否起诉当时为公证人的Z。基于上述理由，抗告审认为Z不具有辅助参加的利益。

抗告审的上述决定考虑到了多种因素。首先在原则上并没有将辅助参加的利益限定为与诉讼标的之判断具有利害关系，一如前述(本节之1"辅助参加之利益的定型化与类型"部分)，这一观点是正确和妥当的。[32] 该决定旗帜鲜明地表明了这一基本态度具有相当重大的意义，而且除了利害关系的性质和内容之外还把程度列为法官针对个案情形需要判断的事项，这也颇为引人注目。

那么，对于上述决定的结论，即否定了Z之辅助参加申请又该如何评价呢？正如抗告审指出的，由于申请人已经辞去了公证人的职务所以不会出现惩戒的问题，其所声称的作为公证人的名誉受到损害也很难构成辅助参加的利

---

〔32〕 对此的详细分析可参见高田裕成・判批・私法判例リマークス4号(1992)第148页。作者指出，通说对处于同一或同类立场上的辅助参加一直采否定态度，但如果一概否定则不无疑问。虽然可以把辅助参加将导致既有当事人在诉讼效率和争点设定等方面遭受不利益作为限制辅助参加的理由，但法官完全可以通过诉讼指挥来防止这些不利益的发生，而且也可以把辅助参加人的行为限制在一定范围内。从辅助参加人给诉讼带来的全新视角、辩论的多样化以及富有实效的审理等角度来看，对辅助参加进行积极评价也是可能的。

益;B 有可能提起诉讼的土地与本案土地无关,而且 A 之废除 X 继承地位的事实与辅助参加的利益也不具有紧密的联系。但是,我们还是应该思考一下 Z 为什么要申请辅助参加,排除掉其作为公证人的惩戒问题和名誉问题,Z 所主张的公证过程不存在冒名顶替的现象以及关于 A 与 Z 之间就废除 X 继承地位的谈话等也会作为 Y 本身的主张出现在辩论过程中,因此让 Z 作为证人出庭具有极大的可能性。因为 Y 与 Z 之间关系良好,由 Z 作为证人并不存在什么障碍。但为什么 Z 还要坚持辅助参加呢?恐怕 Z 是希望以自己的名义、用自己的语言来陈述自己的理由。这样的话,要肯定其具有辅助参加的利益恐怕是比较困难的(因为 Y、Z 之间的关系既不是主债务人辅助参加保证人一方并实际代为诉讼这样紧密的关系,也不是妻子代替下落不明的丈夫进行诉讼的关系)。[33]

另一方面,Z 之辅助参加并不会给本案带来特殊的麻烦。由于出现新的争点而使既有之当事人陷入混乱的状态也并不会当然导致诉讼陷入不当迟延(由于 Y 一方增加了

---

〔33〕 不过根据井上治典教授最近的理论来看,这种情形下应当准予辅助参加。因为参加申请人 Z 的法律地位即使与辅助参加没有什么关系也无妨。参见井上・訴訟第 241 页、特别是第 250 页。

此外,本案受诉法院似乎只对 A 的笔迹进行了鉴定就得出了结论,并没有打算对公证人 Z 进行证人询问,参见井上・訴訟第 249 页。这样的话,Z 甚至 Y 希望法院倾听 Z 的呼声也是可以理解的(而且似乎也达到了目的,参见后述内容),但我们不能因此而认为类似于 Z 之地位的第三人一般都具有辅助参加的利益。

此外,最高法院在一则判例中表示,执行承诺如果存在要素错误则无效,但存在重大过失者不得主张无效,参见最判 1969・9・18 判時 573 号第 53 页。该案中,公证人辅助参加了主张执行证书有效的一方当事人;但我们并不清楚当事人是否提出了异议,因此能否将之视为肯定公证人可以辅助参加的先例尚有疑问。

强大的援军这对 X 而言当然是令人不快的事情,但并不能因此而认为 X 的诉讼步骤被打乱,使其陷入了混乱的状态)。相反,诉讼资料和证据资料会因为 Z 之辅助参加而得到进一步的丰富,因此也不妨批准 Z 之参加申请。〔34〕 将这一问题格式化就会产生两种截然对立的观点,一种是如果不存在积极的利益那么就应否定辅助参加;另一种则是如果不存在积极的不便就应肯定辅助参加。但从现行民事诉讼法的基调,即所谓的双方当事人对立主义、请求是针对当事人的并非针对辅助参加人的、纠纷的相对化解决原则等出发,还是前者更为合理。〔35〕

尽管辅助参加申请本身被否定了,但 Z 在参加申请中所陈述的主张(《辅助参加理由疏明陈述书》)却在实际的诉讼中扮演了极为重要的角色。Z 在陈述书中详细地说明了公证过程中并不存在冒名顶替的现象,A 是出于自身真实的意思表示向 Y 为赠与;A 确实考虑过废除 X 的继承地位,因此 A 不可能对 X 为生前赠与行为等。这些说明都在一定程度上左右了法官心证的方向,而且对方当事人 X 在此后的诉讼中也没有再执意主张冒名顶替等理由。〔36〕 那么,我们应当如何评价这一事态呢? 首先从 X 提出异议申请的角度来分析一下,假设 X 对 Z 之辅助参加提出异议且获得通过,这一异议在本质上是毫无意义的;如果是否准予辅助参加

---

〔34〕 高田 · 前引注〔32〕第 152 页第 2 段。

〔35〕 高田 · 前引注〔32〕第 152 页末尾指出,以上述观点来肯定辅助参加实际上与现行的辅助参加制度大异其趣。

〔36〕 井上 · 訴訟第 250 页。

在效果上没有差异,那么也没有必要驳回参加申请。当事人的异议权如此软化,在本质上已经接近准许辅助参加的实际效果,这实际上是现行法的规范内容。根据《民事诉讼法》第45条第3款之规定,即使当事人提出异议申请,辅助参加人也可以在法院作出不许参加的决定之前作出诉讼行为;根据第4款的规定,如果该诉讼行为被当事人援用即产生效力。也就是说,根据实定法的规定,虽然第三人可能最后未获参加许可,但法院可以斟酌其已经作出的诉讼行为。现行法的制度框架是重视辅助参加人的从属性,并相应放宽了参加的要件(如果没有提出异议,也就无所谓是否具备参加的利益),上述规定也可以看作这一制度框架的反映。因此,本案中Z之参加申请虽然未获准许,但其主张却改变了诉讼的发展方向,这一事态的发生实际上也在实定法的预设框架内。如果要从立法论的角度强化辅助参加人的独立性的话,那么相应地也应强化异议权的内容。[37]

---

〔37〕 股东代表诉讼中,公司一方可否辅助参加被告公司董事一方成为最近的热门话题。东京高等法院在某一信用合作社代表诉讼中准许了类似的辅助参加,参见东京高决1995·11·30判時1556号第137页,百選Ⅱアペンディクス第44号案例。

学说对此见解不一。传统的辅助参加肯定说所列举的理由有:董事败诉将导致公司信誉降低;公司的辅助参加可以丰富诉讼资料和证据资料;如果原告股东胜诉的话,公司方面会产生偿还律师费用的义务,因此公司方面具有法律上的利害关系。而否定说则认为这些不过是事实上的利害关系,仅以此肯定公司具有辅助参加的利益是很困难的,参见伊藤眞「コーポレート・ガバナンスと民事訴訟」商事法務1364号(1994)第18页,同「補助参加の利益再考」民訴雑誌41号(1995)第1页、特别是第22页,笔者对此持赞成态度。伊藤说认为,作为公司责任的根据所主张的被告董事的行为,如果是公司意思决定的结果,或者是其部分内容,那么此时公司具有辅助参加的利益。既然公司的意思决定的合法性成为争点,那么当然与公司有利害关系,这属于最为精细的辅助参加肯定说。但德田和幸「株主代表訴訟と会社の訴訟参加」曹時 48 卷 8 号(1996)第 1667 页、特别是第 1686 页指出,从与股东代表诉讼相关的规定中,很难设想公司的意思决定的合法性会成为争点,而且即使存在这样的情形,只要让公司作为独立当事人参加诉讼即可。松本 = 上野第 597 页也认为此种情形下应当适用独立当事人参加。确如德田论文中所指出的,在股东代表诉讼中,不能因为违反了善良管理人的义务草率地进行股份投资就认定董事会的投资决定是“不合法”的(至少不能从法律上请求交易对象将卖给公司的股票回收),而且在一般情况下成为争点的事实都是某一董事违反善良管理人的义务和忠实义务作出董事会决议,而不是董事会决议本身成为争点。伊藤说参考了井上治典教授的相关论述,在一起住民诉讼中,地方公共团体申请辅助参加,井上认为其参加的论据不在于地方公共团体的行为的“合法性”,而是其“正当性”,从过程思考的角度来看,第三人作为纠纷主体有进行主张证明的利益和必要,因此应肯定其辅助参加的利益(参见本讲注〔31〕),这与传统的辅助参加利益论在性质上颇不相同。参见井上治典・評釈・井上・訴訟第 229 页。因此相较伊藤说,德田的反对观点还是有道理的。

但伊藤・前引商事法務 1364 号第 25 页[注(22)]认为,《银行法》第 27 条和《保险业法》第 12 条都对公司行为违法时的行政处分作出了规定,如果意思决定的合法性得到了认可,那么就可以免除这些处分,这就是公司一方存在的具体利益。这一观点颇为引人注目,可以与新堂的理论形成对应关系。新堂认为,辅助参加的利益可以是公法上的利益,如果因欺诈成立而撤销董事会决议成为争点,那么相关人员(第三人)可能会被问以欺诈罪,因此其具有辅助参加的利益。如果受到的处罚不是刑事处罚,而是行政处分是否也具有辅助参加的利益呢?答案应当是肯定的。在上述东京地方法院作出的决定中,法院之所以允许公司(信用合作社)辅助参加,是因为法院意识到可能会出现行政法上的监督处分,比如搜查、停业、解散。因此,确实存在由于具有公法上的利益而准予辅助参加的情形(如果公司可能被处以停业的处罚,那么应肯定其辅助参加的利益,但如果仅仅是处以搜查的处分则还存在一定的争议;此外如果只是有可能受到行政处分还不够,还需要相当的盖然性,因为单以可能性为条件的话可能会被作为口实而加以利用。虽然并不清楚行政处罚在该案中的具体可能性,但除去金融机构,存在处罚盖然性的案件应该没有那么多)。

学者之所以肯定公司应当辅助参加被告董事一方,是因为可以命公司提供资料以及负担被告董事一方的律师费用(该律师受公司委托为被告提供法律服务);但也有学者指出,虽然可以对这些情况作如此细致的斟酌考虑,然而如果为此而利用辅助参加制度则有过度之嫌。因为公司应当向法院提交所有资料,不论这些资料对被告董事是否有利,一旦公司成为被告董事的辅助参加人,就只会提出对被告有利的资料;其次,公司负担被告董事的律师费用的前提是被告胜诉,在公司辅助参加之后,即使被告败诉公司也要负担这一费用。参见岩原紳作「株主代表訴訟の構造と会社の被告側への訴訟参加」竹内昭夫編『特別講義商法 I 』(1995,有斐閣)第 225 页、特别是第 239 页,该论文还重构了日本股东代表诉讼的

3. 每一争点的辅助参加(以争点为限而不固定被参加人的辅助参加)

比如,X 乘坐 Y 出租车公司的出租车,途中该出租车与 Z 公交公司的公共汽车相撞,X 因而受伤。假设 X 认为只有 Y 出租车公司负有过失而仅以 Y 为被告提起诉讼,Z 公交公司意欲辅助参加,那么它应该参加哪一方当事人呢? 实际上 Z 公司的利益是分裂的。

也就是说,在 Z 公司准备就只有 Y 出租车公司负有过失,或者 Z 公交公司虽然也有过失但小于 Y 公司之过失等事项进行主张证明活动的时候,其与 X 处于同一战线:如果 X 获得胜诉,一方面 Z 公司不会再被 X 起诉,另一方面即使 Y 出租车公司提起求偿诉讼,Z 公司也可以有效地利用前诉判决;但就 X 所遭受到的损害数额而言,数额越低越对 Z 公司有利,在这一点上 Z 公司与 Y 出租车公司又处于同一战线。如果我们能够正视这种利益格局,就不应当限定 Z 公交公司固定不变地在 X 与 Y 之间选择辅助参加的对象,而应允许 Z 就每一个争点——过失的争点辅助参加 X 一方,

---

出发点,即在对同僚的诉讼中,董事会以及监事等都很难正确地判断何为公司的利益;此外,作者还从商法的角度认为公司辅助参加被告董事一方与上述出发点难以契合。另请参照高田裕成・判批・私法判例リマークス14 号(1997)第 126 页,黒沼悦郎・判批・判評 462 号(判時 1603 号)第 196 页。尚有学者采消极说的立场,即把辅助参加的利益限于诉讼标的,参见笠井正俊「株主代表訴訟において会社が被告取締役側に補助参加することを認めた事例」ジュリ 1201 号(2001)第 86 页。

但最高法院认为当董事会之意思决定的违法性成为争点之时,公司可以辅助参加被告董事一方(参见最决 2001・1・30 民集 55 卷 1 号第 30 页)。商法第 268 条第 8 款也设置了相应的规定(监事一致同意),似乎判例和立法都对这一问题给出了答案。笔者认为,在利用传统的理论框架(公法上之利益)无法说明的时候,可以将之作为转用型辅助参加来处理。

损害数额的争点辅助参加 Y 一方。这一理论就是所谓的每一争点的辅助参加(限于争点的辅助参加)理论,[38]也称为不固定被参加人的辅助参加。

传统的辅助参加形式在理论上也可以应对上述情形,比如 Z 公交公司首先辅助参加 X 一方,就 Y 出租车公司的过失展开主张证明活动,然后再撤回其参加,重新申请对 Y 一方的辅助参加就 X 的损害数额展开主张证明活动。但这样一来,不仅程序上(申请、撤回、再申请)极为烦琐,而且在同一期日就过失与损害数额同时展开主张证明活动的时候,程序之烦琐将导致实际操作的不现实。因此,从简明和妥当的角度来看,还是采取每一争点的辅助参加形式较为可行。[39]

4. 协助对方当事人的辅助参加

一般来说,辅助参加系针对他人之间的诉讼,不能在自己的诉讼中申请辅助参加,也就是说,原告不得辅助参加被

---

〔38〕 井上治典「補助参加の利益」井上・法理第 65 页,井上将之称为“限于争点的辅助参加”,而新堂第 693 页则将之称为“每一争点的辅助参加”,从参加的内容来看似乎后者更为贴切一些,井上・訴訟第 237 页也采用了这一术语。

〔39〕 福永有利「複数の責任主体と共同訴訟」法時 49 巻 1 号(1977)第 47 页也倾向于每一争点的辅助参加形式。

不过从 Z 公交公司的地位来看,其与 X、Y 均有所不同,因此与其采用辅助参加的形式,莫不如采取三面诉讼的形式更为合理。井上・法理第 101 页也指出了这一点。

此外,井上・法理第 104 页注(9)列举了其他事例,即债权人 X 主张 Y、Z 为连带债务人,但仅以 Y 为被告提起了诉讼。在该诉讼中,Z 可以就第一次性的债务是否成立这一点辅助参加 Y 一方;而就该债务系 Y 之单独债务,自己不过是见证人而已这一点可以辅助参加 X 一方。但笔者认为,后者所谓的 Y 之单独债务很难说是 X、Y 诉讼的争点(无论是连带债务还是单独债务 X 都会取得胜诉),而且这与被参加人 X 的利益会产生冲突,因此很难说 Z、X 处于同一战线。

告一方(反之亦然)。因为辅助参加的目的是协助被参加人获得胜诉,如果肯定上述情形下的辅助参加则有违这一法理。但如果在共同诉讼中,辅助参加己方共同诉讼人是理所当然的,而且也可以辅助参加己方共同诉讼人的对方当事人一方(新堂第 692 页)。比如,某起交通事故的受害者 X 起诉肇事车辆驾驶员 Y 和 Z,一审法院支持了 X 对 Z 的诉讼请求,但驳回了对 Y 的诉讼请求。X 对 Y 未提起控诉,而败诉之被告 Z 则辅助参加 X 一方对 Y 提起了控诉。[40] 参见最判 1976・3・30 判時 814 号第 112 页,百選Ⅱ第 170 号案例。

5. 当然的辅助参加(无须申请说)

辅助参加依参加申请而为之,但也有学者主张如果从请求的相互关系出发可以认定辅助参加的利益,那么即使没有参加申请,也应当然地将之作为辅助参加来处理(新堂第 692 页),这一观点被称为"当然的辅助参加"或者"无须申请说"。其适用范围不仅涵盖共同原告之间、共同被告之间,而且如上述 4 中所举事例,也可以发生在与共同诉讼人的对方当事人之间。比如,主债务人和保证人作为共同被告受到起诉,在保证人缺席的情形下,虽然可以通过分开辩论、保证人拟制自认的方式作出原告胜诉的判决,但实务中

〔40〕 上告审中的直接争点并不是能否对共同诉讼人的对方当事人一方申请辅助参加,而是在该种情形之下是否具有辅助参加的利益。因为从通说的角度来看很难给予肯定的回答。参见上北武男・評釈・1976 重判第 126 页,同・評釈・民商 69 卷 6 号(1974)第 1082 页。但与通说采相似立场的木川統一郎「補助参加」木川・重要問題(上)第 102 页、特别是第 120 页则认为该案具备辅助参加的利益,井上治典・本件評釈・井上・法理第 363 页当然也对判旨持肯定态度。

此外,这一案件也许更应采用三面诉讼的形式,其利益格局与每一争点的辅助参加是相同的。

也有不少法官在释明的基础上命主债务人辅助参加缺席的保证人一方。这一处理方式虽然较为妥当,但一旦作出终局判决的话,法官就不可动用释明的手段而显得无能为力。因此就理论而言,应当认可当然的辅助参加这一形式。然而,判例却对此持否定态度,参见最判 1968・9・12 民集 22 卷 9 号第 1896 页,百選Ⅱ第 160 号案例(坂原正夫解说)。对于辅助参加利益之有无确实未必能够作出明确的判断,而且不待第三人申请就认可其辅助参加也可能给整理当事人主张的工作造成一定的混乱,这也是大多数学说对这一形式持否定态度的原因。〔41〕但在多数场合下,通过法官的释明让利害关系人提出申请并不会造成诉讼的混乱,而且在法官疏于释明的情形下,当然的辅助参加还可以作为一种救济的手段发挥作用。

在某些情形下,如果否定当然的辅助参加这一形式将造成案件审理结果的不公正,相关判例可参见最判 1986・9・4 判時 1217 号第 57 页,百選Ⅱ第 165 号案例。该案中,X 女与 A 男结婚,其后二人协议离婚,A 男与 Y 女再婚。在 A 男死后,X 以检察官(代替亡故之 A 男)和 Y 女为共同被告提起诉讼,X 对检察官的诉讼请求是确认 X、A 之间的协议离婚无效,继而以 X、A 之间的协议离婚无效为由主张 A、Y 之再婚属于重婚,请求撤销 A、Y 之间的婚姻。一审 X 全

---

〔41〕 否定的观点可参见三ヶ月・全集第 241 页,小山第 508 页,菊井 = 村松Ⅰ第 408 页,注解民訴(2)第 204 页等;肯定的观点则有兼子・体系第 392 页等,此外注釈民訴(2)第 108 页(井上治典执笔)认为,应当汲取肯定说的真实意图,但在理论构成上正确的做法应该是着眼于共同诉讼理论。

面胜诉(协议离婚无效,撤销再婚),Y 单独提起了控诉,检察官方面则在控诉期内未提起控诉。这样一来,一审对检察官的判决就得以确定,X、A 之间的离婚无效也得以确定。由于该案属于人事诉讼,因此判决具有对世效,那么 A 男与 Y 之间的再婚当然属于重婚,撤销其婚姻也是于法当然的事情,不容争议。也就是说,对 Y 来讲,其提起控诉是毫无意义的。Y 为了避免这一不利后果,主张该案属于必要共同诉讼,而不是普通共同诉讼,因此 Y 之控诉将导致检察官方面也成为控诉人,但控诉审和最高法院都没有支持 Y 的这一主张。上告审中的争点是该案是否属于必要共同诉讼,由于该案诉讼标的并非同一,因此这一主张很难站得住脚(参见本书第三讲“共同诉讼”第二节“必要共同诉讼”之 3.“类似必要共同诉讼”部分)。这里的问题是,在检察官方面没有就离婚无效提起上诉而只有 Y 就重婚无效提起上诉的情形下,将两者区分处理分别确定是否妥当。如果考虑到判决对世效的问题,法院的处理方法并不妥当,因为 Y 的控诉已经变得毫无意义了。虽然是否应采取当然的辅助参加并非上告审的争点,但在解释论上应予肯定。再婚配偶 Y 对协议离婚是否无效,也就是第一个婚姻是否有效存续的问题是具有辅助参加的利益的。当然由于 Y 并没有提出辅助参加的申请,所以也存在一定的过错,但仅以此一过错就把控诉毫无意义这一结果强加给 Y 则显得过于苛刻。〔42〕 虽然

〔42〕 参见堤龍彌・原判決評釈・神戸学院法学15卷4号(1985)第469页,似乎原审议论过当然的辅助参加,但最终还是被否定了。

福冈高等法院后来处理过一个与本案类似的案件(但该案中存在多次离婚、再婚的事实,案情更为复杂),对当然的辅助参加则持肯定态度,参见福岡高判 1994・3・16 判タ860号第247页,今后应将此一判决作为先例。

Y 可以辩护过失为由对律师提起赔偿请求，这也仅限于金钱赔偿，无助于从根本上解决撤销了婚姻关系这一事关 Y 之法律地位的问题。

三、辅助参加与判决效

根据第 46 条之规定，法院对涉及辅助参加的诉讼作出的裁判，除满足一定条件的某些例外情形外，“对辅助参加人亦生效力”。这一效力属于既判力还是参加效力，有过争论（新堂第 699 页），现在的通说将之作为参加效力。首先，如果判决理由中的判断不产生本条所指效力，那么其意义就大打折扣。比如，不动产的买受人 Y 被主张所有权的第三人 X 提起返还之诉，也就是所谓的追夺诉讼，出卖人 Z 辅助参加 Y 一方主张自己才是出卖之前的所有权人，在买受人和出卖人一方败诉的情形下，买受人 Y 对出卖人 Z 提起了追夺担保之诉。那么在这一后诉中，根据第 46 条之规定，出卖人 Z 不得再行主张自己是所有权人，但真正的所有权人到底是 X 还是 Z 却是前诉判决理由中的判断。如果把判决理由中的判断所生效力称为既判力的话，与一般的定义相悖（第 114 条），而且本条所指效力，其发生还须排除除外条件，若将这一附条件的效力称为既判力的话，也与一般的定义相悖。这也就是通说将之作为参加效力而不是既判力的理由。[43]

---

〔43〕 根据学者的研究，岩田一郎『民事訴訟法原論上』（1908）第 198 页等学说最初是将这一效力作为受限制的既判力来处理的，这一观点来自德国的相关争论，但是该说将参加人与被参加人之间的拘束力称为既判力，因此与传统的既判力在性质上是不同的，参见注釈民訴（2）第 156 页（本間靖規执笔）。其后该说受到批评，批评者认为，既然是既判力，那么就应当在参加人和对方当事人之间产生效力，

那么,参加效力到底是怎样的一种效力呢?在这一效力之下,辅助参加人协助被参加人获得了胜诉,那么他就应该可以保护自己的利益;或者虽然协助被参加人进行了诉讼但最终还是不幸败诉,那么就这一败诉后果,辅助参加人和被参加人应当共同承担责任。参加效力就是这种衡平原则的体现,也就是说,由辅助参加人和被参加人这一对共同战线上的战友共同负担败诉责任就是参加效力。以上述追夺诉讼为例,买受人 Y 与出卖人 Z 这一共同战线应当共同负担所有权人不是 Z 而是第三人 X 这一败诉责任,在败诉的情形下,Z 不得对 Y 继续主张自己是所有权人。因此,如果辅助参加人与被参加人并未结成共同战线,也就不产生所谓的参加效力。根据第 46 条第 1 项至第 4 项之规定,这些情形包括:根据第 45 条之规定辅助参加人不得作出诉讼行为的情形;因被参加人之妨碍,辅助参加人之诉讼行为不具有效力的情形;被参加人出于故意或过失未实施辅助参加人无权作出的诉讼行为的情形。

以债权人请求保证人履行保证债务的诉讼为例。虽然主债务人参加了诉讼并就主债务之不存在进行了主张证明,但主债务人和保证人一方依然败诉,此时判决产生参加

否则是不可思议的。加藤正治『民事訴訟法要論』(1950)第 153 页所倡导的既判力说认为,与被参加人一样,参加人在诉讼过程中也用尽了所有的攻击防御方法,因此既判力不仅应当产生于参加人和被参加人之间,也应当产生于参加人和对方当事人之间;而且立法者在大正年间修改《民事诉讼法》的时候似乎并没有认真考虑该效力的性质问题。因此,既判力抑或参加效力的争论是否对路不无疑问。

总之,最后将参加效力说推上通说地位的是雉本朗造「判決の参加的効力」(初出,1918)同『民事訴訟法の諸問題』(1955,有斐閣)第 331 页,以及兼子一「既判力と参加的効力」(初出,1942)兼子・研究 2 卷第 55 页。

效力,主债务人(辅助参加人)不得对作为被参加人的保证人再行主张主债务之不存在。这一效力的后果就是,在保证人对主债务人提起的求偿诉讼中,保证人将获得胜诉,这就实现了保证人和主债务人之间的协调(如果存在主债务人已经清偿了求偿债务的事实,当然会导致保证人败诉,但这种情形另当别论)。一如前述,主债务之存在并非判决主文中的判断,而是判决理由中的判断,但从同一战线共同负担败诉责任的角度出发,这一判断也产生拘束力。支持通说见解的判例可参见最判 1970・10・22 民集 24 卷 11 号第 1583 页,百選Ⅱ第 171 号案例。该案中,A 基于所有权请求 Y 返还某栋建筑物中的部分房间之占有并支付损害赔偿金。诉讼中,X 主张自己才是该建筑物的所有权人并辅助参加了 Y 一方(X 是 Y 的出租人),诉讼的结果是 X、Y 联军败诉,也就是法院认定 A 是系争建筑物之所有权人并支持了 A 的诉讼请求。其后出租人 X 起诉 Y,以其不支付租金为由请求支付租金和损害赔偿金。Y 在诉讼中主张本案租赁之标的物(前诉之建筑物)系由 A 所属,Y 存在要素之错误,因此租赁契约应当无效,并主张前诉判决中关于 A 是所有权人的判断应当产生参加效力。虽然一审法院未认可其援用参加效力之主张,但原审以及最高法院都支持了 Y 之主张。

参加效力与既判力有以下四点区别:第一,参加效力只在被参加人败诉时才产生,而既判力之产生与诉讼结果无关;第二,不仅判决主文中的判断可以产生参加效力,判决理由中的判断也是如此,比如追夺担保中关于所有权归属的判断;[44]第三,如果具备第46条规定的条件,则不产生参加效力,而既判力之产生一般都是无条件的;第四,参加效力不是法院职权调查的事项,而以当事人援用为必要(反对意见可参见松本・証明責任第288页)。

但具有讽刺意味的现象是,[45]就在判例渐次承认通说观点(参加效力说)的时候,却出现了批判通说的有力说,新堂说即其一。批判说对参加效力本身是持肯定态度的,问题在于第46条所指裁判之效力是否仅限于参加效力。新堂说认为还应当包括争点效以及既判力主体范围(主观范围)的扩张,[46]其论据在于,辅助参加人协助被参加人与对方当事人之间进行了实际的诉讼活动,共同形成了判决的基础,因此应当在一定范围内受到法院判断的拘束。这一拘束力在结果上就是争点效以及既判力,其不仅存在于原告(比如是对方当事人)和被告(被参加人)之间,而且只要不存在第46条规定的除外事由也对辅助参加人产生效力。

〔44〕 何种层次的判断产生参加效力是一个问题,是每一个导致所有权产生的原因事实,还是稍显抽象的所有权存否之判断呢?从共同负担败诉责任的观点来看,在较为抽象的更高层次上进行把握是较为妥当的,最高法院的判决也是如此。参见鈴木正裕・前引最判判批・民商65卷3号(1971)第419页,新堂・判例第207页,佐野裕志「補助参加と訴訟告知の効力」争点(新版)第140页等。

〔45〕 鈴木正裕・前引判批・民商・65卷3号第427页。

〔46〕 最早的批判说当属鈴木重勝「参加的効力の主観的範囲限定の根拠」中村宗雄古稀『民事訴訟の法理』(1965,敬文堂)第414页。铃木说从对方当事人的角度来观察,如果被参加人与辅助参加人在请求上属于预备性关系,则判决在辅助参加人和对方当事人之间产生拘束力。新堂取消了铃木说中的限定条件,主张在一般情形下,对方当事人和辅助参加人之间也产生判决的拘束力,参见新堂幸司「参加的効力の拡張と補助参加人の従属性」(初出,1969)新堂・訴訟物(上)第227页。

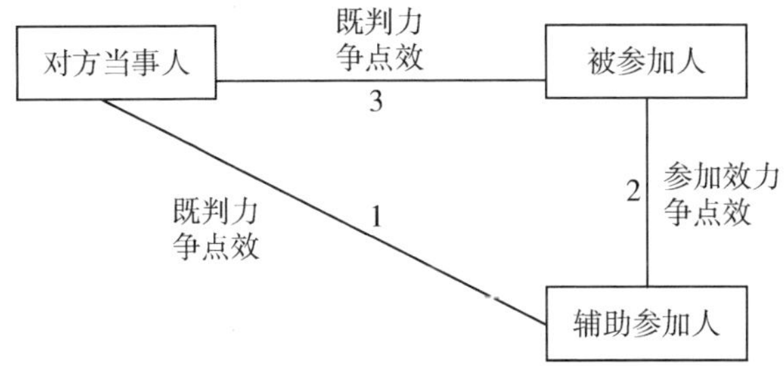

首先,判决在辅助参加人和对方当事人之间也产生拘束力,这一拘束力包括争点效和既判力。以债权人请求保证人履行保证债务的诉讼为例,假设主债务人进行了辅助参加,那么关于主债务是否存在的判断在债权人(对方当事人)和主债务人(辅助参加人)之间也产生拘束力。如果债权人胜诉的话,那么主债务人就不得再行主张主债务不存在;如果主债务人胜诉的话,那么债权人也不得再行主张主债务存在。此时,诉讼标的保证债务之存否,关于主债务之存否的判断是判决理由中的判断,这属于争点效的扩张(新堂第702页)。再以债权人请求主债务人履行主债务的诉讼为例,假设保证人进行了辅助参加,那么就主债务之存否的判断就在债权人(对方当事人)和保证人(辅助参加人)之间产生拘束力。这虽然处于第46条除外条件的规范之下,但主债务之存否既然是诉讼标的,当然属于既判力之扩张(新堂第701页)。[47]

---

〔47〕 假设债权人在对主债务人提起的诉讼中败诉,而保证人又没有辅助参加,则保证人在债权人对其提起的后诉中可以援用主债务人胜诉的判决,这称为判决的反射效(新堂第627页)。这样一来,保证人没有辅助参加的时候会产生反射效,辅助参加的时候则产生第46条除外条件之下的既判力之扩张(新堂第701页)。

当然,把这称作既判力之扩张并非没有问题。首先是第46条除外条件下所产其次,争点效之扩张不仅发生在辅助参加人和对方当事人之间,而且也发生在辅助参加人和被参加人之间。由于辅助参加人也就争点进行了攻击防御,因此其应当受到该结果之拘束,这样一来,就会产生参加效力和争点效重合的现象(新堂第702页)。如果效力完全重合的话,采用哪一种称呼都是一样的,但实际上并非如此:第一,参加效力只有在被参加人和辅助参加人一方败诉的情形下才会发生,而争点效在被参加人胜诉的情形下也会发生(新堂第

生的效力能否被称作既判力。在被参加人妨碍辅助参加人作出诉讼行为的时候,并不产生这一"既判力"。由于既判力作为一种制度性效力是绝对发生的,因此与既判力的定义并不相符,不如采用争点效的理论来说明更为妥当,因其在不能争执的情形下并不产生争点效。参照新堂·訴訟物(上)第247页注(10)。

其次,在被参加人(主债务人)和辅助参加人(保证人)始终缺席而导致败诉的教学设例中,对作为败诉的当事人(被参加人)而言,不得不产生既判力,但对始终缺席没有作出任何诉讼行为的辅助参加人而言,判决也能产生"既判力"吗?从对方当事人的角度来看,既然作出了辅助参加的决定,那么即使没有作出任何实际的诉讼行为,也应该和被参加人一样受到判决既判力的拘束;但是,对方当事人(债权人)对辅助参加人(保证人)并没有提出任何请求,保证人在前诉中也没有作出任何诉讼行为,那么为什么不可以考虑让保证人在后诉中对主债务之存否有机会产生争执呢?这样做的结果虽然不会带来纠纷的统一解决,而且可能会对保证人(辅助参加人)作出主债务不存在的判断而对主债务人(前诉被告)作出主债务存在的判断,但这并不会给实体法带来较大的混乱。一方面承认这一规范方式可能还存在很大的问题(如果主债务人辅助参加被告保证人一方的话,将导致乱象滋生),另一方面却可以防止出现既判力扩张的现象了。

这样的话,在债权人请求主债务人履行主债务的诉讼中,保证人进行辅助参加的情形下,较为妥当的说明方法是判决的效力不是既判力而是争点效,其偶尔也会在判决主文中体现出来,判决主文产生争点效未必违背学理,参见高橋·重点講義第549页注(64)。

顺便提及的是,与上述教学设例不同,在被参加人与对方当事人有过实际交锋的情形下,判决对辅助参加人也应当产生拘束力。因为对方当事人既然已经穷尽了所有的攻击防御手段,那么同一战线的辅助参加人也应当受到判决的拘束,否则就是不公正的。不过榊原·后引注〔50〕第39页对此持反对意见。

704页),比如X基于所有权请求Y返还建筑物,Z以自己是所有权人而Y是自己的承租人为由辅助参加Y一方,假设Z、Y获得胜诉,其后,Z起诉请求Y支付租金,那么Y不得再就Z之所有权产生争议,这一效力在定义上并非参加效力,因为Z、Y一方获得了胜诉;[48]第二,由于参加效力和争点效的发生根据并不相同,因此会产生效力不一致的情形,争点效只有满足了认真争执这一条件才会产生,而参加效力却是一种败诉的共同责任,因此即使没有进行认真的争执,比如部分内容由于拟制自认也会产生参加效力(新堂第703页)。[49]

一如上述,根据新堂的观点,辅助参加将产生如下效力:在辅助参加人和被参加人之间产生参加效力以及争点效;在辅助参加人和对方当事人之间产生既判力和争点效;在对方当事人和被参加人之间产生既判力和争点效。参加效力、既判力、争点效(甚至包括诚实信用原则在内),在名称、效力根据以及范围上都有着微妙的差异,这也导致判决

〔48〕 这一效力固非参加效力,但将之称为争点效是否合适也并非没有问题。由于某一方的观点(Z是所有权人)而得到某种利益的人(在返还建筑物的诉讼中,对方当事人的诉讼请求被驳回情形下之Y),为了获得其他利益(拒绝支付租金)而意图否定该方的观点(Z是所有权人)是一种自相矛盾的行为,违反了诚实信用原则,从这一角度来寻求该效力之根据的可能性更大一些,而且即使对方当事人未予争执也会发生相应的效力。竹下守夫「判決理由中の判断と信義則」山木戸・還暦(下)第72页阐述了争点效的一般性问题,还有进一步探讨的余地。另请参照高橋・重点講義第555页。

〔49〕 自认也是一样。比如保证人作为被告,而主债务人辅助参加之,其就主债务之成立共同作出了自认,准备就保证债务已获清偿这一点与对方当事人一争胜负但结果败诉,其后在保证人和主债务人之间的诉讼中,主债务人再就主债务之成立与否进行争执是不妥当的,因为其已经在前诉中作出了自认,从定义上将此称为争点效还是有些困难的。

效力更趋复杂,虽然很难算是简洁明快的理论,但现在恐怕也只能如此了。[50]

---

〔50〕 实际上从新堂说内部也可以发现其观点的变化。在最初的新堂·前引注〔46〕「参加的効力の拡張と補助参加人の従属性」(初出,1969)中,新堂还把争点效和参加效力作为同质性的效力加以论述,但在其后的体系书(初版,1974)中则将两者视为存在微妙差异的不同效力。

当事人之间并不受到判决理由中判断的拘束,为什么一出现第三人的辅助参加反而就要受到拘束呢?实际上为了回答这一问题,新堂在前引论文中过于强调当事人之间也产生争点效这一观点。从新堂在前引书第235页上的论述中也可以看到这一点,新堂指出,所谓参加效力,只不过是辅助参加人继受了被参加人本身不得向对方当事人主张的事项(争点效)。总之,新堂认为,基于共同形成判决基础的公平性要求出发,对方当事人和被参加人之间(当事人之间)的拘束力可以视为参加效力的母体,而辅助参加人和对方当事人之间所产生的效力类似于参加效力,从产生争点效理论的原理中也可以产生参加效力的理论(前引书第244页)。

对新堂的这一观点,有学者将批评的矛头指向在产生参加效力的情形下相同的事项却不负担共同责任这一点,并且指出这并不能在诉讼的当事人之间通用。参见小山昇「いわゆる争点効について」(初出,1972)小山·著作集2卷第89页、特别是第104页注(2),小山「争点効」小山·著作集2卷第317页。受到这一观点的启发,榊原豊「民訴法七〇条の裁判の効力をめぐる問題について」中京法学29卷1号(1994)第1页、特别是第21页和第36页也对新堂的观点进行了猛烈的批判:参加效力产生于共同关系人之间,而不同于产生于敌对关系人之间的争点效。这些批判当然是有道理的,因此新堂在其后的体系书(初版,1974)中放弃了利用争点效理论对两者进行统一说明的努力。

不过榊原说虽然对新堂说持批评态度,但还是赞成采用行为效理论来解释几乎是同一种类的拘束力(行为效理论是指作为统一人格的法院和当事人不得作出没有理由的矛盾行为,参见榊原·前引第45页)。其与新堂说的不同之处在于,某些情形下应当否定判决的拘束力,这些情形包括:前诉法院的审理不充分;前诉法院的法的评价出现错误;当事人疏明理由后作出了与前诉不同的陈述;发现了新证据等。也就是说,再审理的范围要宽于争点效,而拘束力的程度要弱于争点效,这与对争点效理论(意图将争点效通用于错误裁判)的批评有着共通之处,是对争点效理论的一大责难。参见高橋·重点講義第551页注(69)。但如果扩大再审理的范围有可能导致出现多个相互矛盾的判决,如果纠纷最终不能通过和解将无法获得解决,因此从裁判制度的本质来看,这一观点是否妥当是不言自明的。池田辰夫认为纠纷最终不通过裁判获得解决也无妨,新堂对此提出了严厉的批判,参见新堂幸司「正当な決着期待争点」中野·古稀(上)第1页、特别是第31页[收于新堂·展開第74页],笔者亦有同感。

四、共同诉讼性质的辅助参加

当判决效力亦及于对方当事人和第三人之间的时候，该第三人之辅助参加称作共同诉讼性质的辅助参加，参加人的地位和权限都得到了强化（新堂第706页）。由于参加人也必须服从判决效，其地位接近于当事人，因此也应当保障其诉讼活动不受到被参加人的制约。比如，在发生遗嘱执行人法定诉讼担当的情形下，其诉讼之既判力亦及于继承人（第115条第1款第2项），因此在继承人参加该诉讼的时候，就称为共同诉讼性质的辅助参加（一如前述，辅助参加将导致辅助参加人和对方当事人之间也产生判决效；但在某些情形下，即使没有辅助参加也会受到判决效力的波及，这种情形下的辅助参加就是共同诉讼性质的辅助参加）。在该第三人具有独立的适格当事人地位的时候，适用

另一方面，井上治典·判批·井上·法理第376页、特别是第381页认为，第46条所指拘束力是出于以程序保障为担保的诉讼结果的不可争议性，其与既判力有着相同的基础，该观点的立场是力图用既判力一元论来解释第46条之规定。类似的见解尚可参见吉村德重「既判力か参加的効力か」小山ほか『演習民事訴訟法（下）』（1973，青林書院）第77页，佐上善和「補助参加人に対する判決の効力」争点〔旧版〕第126页。首先，从还原既判力定义的角度来说，将附带除外条件的效力称为既判力是否合适？其次，无视制度性效力的差异而试图用既判力一元论加以说明的努力在现在看来反而可能产生混乱。不过，松本＝上野第603页采用了新的论据来论证既判力说，该观点还有待进一步研究。

此外，注釈民訴（2）第161页、第164页以及第169页（本間靖規執筆）认为，第46条所指效力仅为参加效力，剩下的问题应该通过诚实信用原则加以解释。打个比方，该观点力图采用诚实信用一元论来对第46条加以说明（正确的说法应当是参加效力和诚实信用原则的二元论）；林屋第284页以下也持相同见解。作为一种解释论，该见解固然有其坚实的一面，但也存在将过多问题委诸诚实信用原则这一一般性条款的危险，因此，作为一种理论构建，还是应该继续尝试用伸缩度较小的争点效理论加以说明的努力。理论多少带有不明快之处恐怕也是过渡期无法避免的事情。

第52条共同诉讼参加的大多数情形不具有实际意义(新堂第706页);在不具有独立的适格当事人地位的时候还是有一定效用的。

由于参加人有时会受到不利的判决效之波及,[51]因此应保障其独立的诉讼活动,此时参加人的某些从属性就被取消了,从而近似于必要共同诉讼人(第40条)。首先,共同诉讼性质的辅助参加人可以作出与被参加人行为相抵触的诉讼行为,其结果就是可以阻止被参加人作出自认等于己不利的行为且上诉期间也从送达至参加人开始单独计算,[52]如果共同诉讼性质的参加人发生中断和中止的事由,则整个诉讼程序也发生中断和中止;[53]其次,共同诉讼性质

---

〔51〕 滝川叡一「株主総会決議の効力を争う訴訟における訴訟参加」松田記念『会社と訴訟上』(1968,有斐閣)第321页将共同诉讼性质的辅助参加的要件进行了精细的划分,包括被参加人败诉之判决的效力将及于第三人(参加人);第三人(参加人)之权利和法益将因此受到侵害。前者的目的在于排除只有被参加人胜诉之判决效单方面的及于第三人的情形,也就是对第三人有利的情形。确实,如果在败诉情形下判决效不及于第三人的话,那么第三人可以自己作为原告提起诉讼(在被告看来就属于再诉),因此就没有太大必要保障该第三人进行共同诉讼性质的辅助参加。但第三人非属适格之当事人的时候并不能提起诉讼,而且在一般情形下也没有必要强制性地将被参加人胜诉时的判决效扩张排除在共同诉讼性质的辅助参加之外,不过最迫切的问题确实还是判决效对第三人发生不利扩张的情形。

〔52〕 但笔者认为,即使在单纯的辅助参加情形下,上诉期间也应当从判决送达辅助参加人之后开始单独计算,参见本讲以及第九讲相关内容。

〔53〕 但新堂第707页认为,不应当发生当然中断和中止的效果,而应该在"本诉的进行过程因排除了参加人而有诈害参加人利益"的情形下方可命程序中止。因为一旦本诉无条件地停止的话,第三人就可以无视其非属适格之当事人的法律规定;三ヶ月·全集第242页甚至认为,由于参加人非属适格之当事人,因此其中断和中止之事由并不影响本诉,本诉不应陷入停滞。

就结论而言,还是应予停止;但新堂也认为即使在必要共同诉讼的情形下,如果中断和中止之事由的消灭有可能不当拖延,则应当允许他人重开程序之请求(新堂第673页),这一观点可谓妥当。

的参加人不得作出诸如撤诉、放弃和认诺请求处分诉讼本身的行为,这也体现了其从属性的内容;最后,参加人和被参加人之间发生参加效力这一点也符合辅助参加的一般规则,而且由于共同诉讼性质的辅助参加人可以作出抵触行为,因此也就相应地减少了第46条规定的除外事由,其发生参加效力的可能性得到提高。

上述内容虽为通说见解,但其中也存在不少含混不清之处。[54] 比如,虽然共同诉讼性质的辅助参加人的诉讼地位类似于必要共同诉讼人,但在被参加人意欲作出撤诉、放弃和认诺请求、和解等诉讼处分行为的时候,辅助参加人能否予以阻止呢?或者说,共同诉讼性质的辅助参加人是否受到参加时点诉讼状态之拘束?对于这些问题,通说都没有给出明确的答案。[55]

学说在不同的方向上对此进行了探讨。其中的一个方

---

〔54〕 中野 = 松浦 = 鈴木第604页(井上治典执笔),注釈民訴(2)第153页(池尻郁夫执笔)。

〔55〕 据井上治典「共同訴訟的補助参加の形成と展開」井上·法理第109页、特别是第123页的介绍,德国的有力说是辅助参加人不得阻止被参加人的诉讼处分行为;第130页则介绍了可以阻止被参加人作出自认和认诺等行为,但不得阻止撤诉的相关德国判例;根据第132页以下的介绍,我国判例一般采取的态度是可以阻止被参加人放弃上诉权和撤回上诉的行为;至于是否受到参加时点诉讼状态拘束的问题,第122页指出德国的有力说是肯定说。笔者在这一问题上的观点是,参加人可以阻止被参加人的处分行为,并不受到参加时点诉讼状态的拘束,因为参加人是判决效波及之人。

通说在共同诉讼性质的辅助参加的要件方面也有含混之处。井上治典「補助参加の利益」井上·法理第65页、特别是第69页注(4)指出,诉讼标的物之持有人(第115条第1款第4项)并非共同诉讼性质的辅助参加人,因此不能认为判决效波及之辅助参加都是共同诉讼性质的辅助参加。确实如此,因为诉讼标的物之持有人并不具有固有的利益,因而其才受到既判力之扩张。

向是,在不涉及当事人适格问题时而具有共同诉讼性质辅助参加实际利益的情形。此时,其共同诉讼性质的辅助参加应该具有哪些内容要视法律基于没有规定适格问题的立法目的而有所不同。当立法出于便利考虑认为在实体上对当事人适格进行一定的限制并不会带来什么不妥的情况下,不具有适格当事人地位之人也可享有相当于当事人的地位和权限,比如可以阻止被参加人的诉讼处分行为。此种类型之共同诉讼性质的辅助参加人包括:检察官作为唯一适格当事人的死后认领诉讼中,死者之继承人(《人事诉讼法》第15条);另一方面,公司作为唯一适格当事人的公司诉讼中之利害关系人。[56] 在有充分的根据可以否定其适格当事人地位的情形下,就没有必要赋予被剥夺了适格当事人身份之人以相应于当事人的地位和权限,因此其也不得阻止被参加人的诉讼处分行为。比如,在破产管理人作为适格之当事人而破产人辅助参加诉讼的情形,[57] 以及自

---

〔56〕 这里的问题是,在请求撤销关于选任董事的股东大会决议的诉讼中,该选任董事与诉讼是何种关系?如果认为被选任者可以采用共同诉讼性质的辅助参加的途径,那么就与本书所介绍的见解一致。滝川·前引注〔51〕論文持该立场;如果认为被选任者应该与公司一起作为被告从而构成必要共同诉讼的话,那么就不会出现共同诉讼性质的辅助参加的问题,笔者倾向后一种见解。参见高橋·重点講義第269页。

〔57〕 一般都把破产人参加由破产财产管理人作为当事人的诉讼作为共同诉讼性质的辅助参加的事例(参见兼子·体系第407页,三ヶ月·全集第242页),但最近有学者对该种情形是否属于共同诉讼性质的辅助参加提出了有力的质疑。

我们以破产债权确定诉讼为例。由于破产人已经丧失了对破产财产的管理处分权,因此如何将破产财产分配给债权人是一个基本上与破产人无关的事项。但是,一旦破产债权被确定下来并记载于债权表的话,其就具有了与确定判决同样的效力,债权人能以之为根据在破产终结后申请对破产人的强制执行(《破产法》第287条第2款),这样一来,破产债权的确定就与破产人自身的自由财产相关,破产

愿出让权限的选定当事人。总之,应当从法律没有规定适格问题的立法目的(所谓的对立型和吸收型)出发进行类型化处理。[58]

学说采取的另一种方向是,由于通说存在的若干模糊之处,以及在制度沿革上一直过于强调普通的辅助参加类型的从属性特征,因此在特定场合下采用了共同诉讼性质的辅助参加这一形式以赋予参加人较为强势的诉讼地位,但辅助参加所具有的从属性特征本身就存在问题,而且也应该为普通的辅助参加人提供相应的保障以使其取得共同

人似乎应当可以牵制破产管理人的诉讼活动才对,但对于上述强制执行的问题,破产法已经采取了相应的对策,即在债权确定程序中,破产人可以自行提出异议。也就是说,只要破产人提出了异议,债权表上的记载内容就不再具有与确定判决相同的效力了(《破产法》第 287 条第 1 款),可以说这已经对破产人提供了充分的保护。这样考虑的话,不仅共同诉讼性质的辅助参加,就连一般的辅助参加这种救济途径都已经没有必要再为破产人保留了。斎藤秀夫 = 麻上正信編『注解破産法』(改訂第二版 1994,青林書院)第 1009 页(住吉博执笔)就持这一立场。但是,即使在立法上保障了破产人在后诉中争执的权利,若管理人在前诉中败诉的话,该判决在后诉中将很可能具有重大的意义;而且,假定分配率达到了 100%(尽管这种情形较为少见),那么剩余财产将成为破产人的财产,是否会出现剩余财产将取决于总债权人的总债权额。从上述观点来看,可以赋予破产人在确定诉讼中辅助参加的权利,虽然一般情况下不会出现管理人故意增加债权人债权额的现象,但假如出现这种情况的话,破产人也可以通过追究管理人的责任来挽回损失。这样的话,就没有必要为破产人提供共同诉讼性质的辅助参加这种能够阻止破产财产管理人诉讼活动的救济途径了,只保留普通的辅助参加形式即可。相关学说可参见德田和幸·判批·民商 66 卷 3 号(1972)第 506 页,井上治典·倒産判例百選(1976)第 124 页,井上·法理第 70 页,笔者也倾向于这一观点。总之,这种情形不属于共同诉讼性质的辅助参加的观点是站得住脚的。新堂第 706 页也没有把破产人列为共同诉讼性质的辅助参加的事例。

此外,林屋第 287 页为了把破产人辅助参加的情形排除在共同诉讼性质的辅助参加的范围之外,特意将共同诉讼性质的辅助参加的要件解释为"受到判决效力拘束的第三人应与一方当事人具有实质的共同利害关系"。

〔58〕 林田学「共同訴訟的補助参加」争点(新版)第 144 页。

诉讼性质的辅助参加人才具有的强势地位(如上诉期间应单独计算)。因此就结论而言,最关键的是应当为参加人提供怎样的地位和权限保障,这样一来,我们就应当着眼于不同情形下参加人所具有的实质利益来构建相应的理论,而共同诉讼性质的辅助参加这一中间概念就没有继续存在的必要了,[59]可将其消解于普通的辅助参加类型之中,参加人所具有的诉讼地位和权限则需要视纠纷的具体情况而定。

上述两种学说方向在是否保留共同诉讼性质的辅助参加这一概念的问题上存在分歧,但在着眼于参加人的实质利益来配置其权限的问题上却取得了一致见解。从理论的视角出发,笔者对此持赞同态度(第二种方向虽然颇具魅力,但第一种方向作为解释论显然更为稳妥),然而具体到在何种情形下应提供何种内容的权限保障却不得不有待今后的研究。

现行法基本上没有就共同诉讼性质的辅助参加作出规定(《人事诉讼法》第 15 条除外),判例则采用了通说见解对这一参加形式持肯定态度;[60]但也有个别判决让人疑惑不解,比如最判 1988・2・25 民集 42 卷 2 号第 120 页,百選Ⅱ第 173 页(櫻井孝一解説)。该案中,X 等人依据《地方自治法》第 242 条第 2 款第 1 项第 4 号之规定提起了住民诉讼,而 Z 等人虽是住民诉讼适格之原告但却先行提起监察请求,后被法院驳回,Z 等人则辅助参加 X 等人之住民诉讼。

---

〔59〕 井上・法理第 143 页以下,注釈民訴(2)第 126 页(井上治典执笔)。

〔60〕 但也有判例认为,在具有对世效的人事诉讼中(以检察官为被告的死后认领诉讼),辅助参加人不具有单独的上诉期间(参见最判 1975・7・3 判時 790 号第 59 页),这也说明判例并没有与通说见解保持一致。

一审结果是 X、Z 联盟败诉，Z 等人提起控诉而 X 等人则撤回了控诉。Z 等人认为自身之辅助参加系共同诉讼性质的辅助参加，因此 X 等人单独撤回控诉的行为无效，但原审和最高法院均驳回了这一主张。判旨认为，虽然 X 等人可以进行共同诉讼性质的辅助参加，但既然已经采取了普通形式的辅助参加，则只具有辅助参加的效力。

作为案件解决的结果，该判决是不妥当的。住民诉讼属于类似必要共同诉讼，Z 等人原本可以根据第 52 条之规定采取共同诉讼参加的方式，如果这样，当然可以阻止 X 等人撤回控诉的行为；但由于判例在住民诉讼的起诉期间这一问题上的态度较为混乱（对于在后提出同一个监察请求的住民来说，其起诉期间是从最早提起住民诉讼的住民收到监察结果的通知时开始起算，还是从其收到监察结果的通知时开始单独起算呢？虽然后者较为妥当，但高等法院的判决则采取了前一种计算方式〔61〕），因此 Z 等人没有采

---

〔61〕　在对起诉期间有所限制的时候，如果没有在该期间提起诉讼的话，就不得申请第 52 条规定的共同诉讼参加，那么在起诉期间经过以后能否进行共同诉讼性质的辅助参加呢？比如，股东 X 提起了撤销股东大会决议的诉讼，在起诉期间经过以后，股东 Z 参加该诉讼，此时能否将其参加作为共同诉讼性质的辅助参加呢？如果可以的话，那么其与共同诉讼参加几乎没有任何区别，法律对起诉期间的限制也就变得毫无意义了，因此可以认为不应准许之；另一方面，起诉期间设置的目的在于提早确定股东大会决议，因此既然股东 X 已经提起了相应的诉讼，对该起诉期间的限制也就丧失了原有的意义，即使认可其他股东的共同诉讼性质的辅助参加也不会带来什么不便，而且允许对股东 X 诉讼活动不满的其他股东通过共同诉讼性质的辅助参加参与诉讼的话，还会带来充实诉讼的效果。注解民訴(2)第 231 页、林屋第 285 页持后一立场。

该立场似乎较为妥当，但也存在如下疑问：首先，对无权起诉的股东提供如此待遇是否合适（搭他人起诉之“便车”，不用交纳诉讼费用）；其次，即使股东 X 有通谋诉讼之虞，Z 也可以通过第 47 条规定的诈害妨止参加获得保护，有无必要为其提供共同诉讼性质的辅助参加这一救济渠道？

用共同诉讼参加的形式,而是选择了辅助参加。判旨丝毫没有考虑这些案件背景,将难谓妥当的先行判决之结论强加于当事人(参加人)(该案也可以从限于争点的辅助参加的角度来考虑参加人单独提起上诉)。

即使从共同诉讼性质的辅助参加的角度进行考察,判旨将辅助参加和共同诉讼性质的辅助参加严格区分的做法也是有问题的。实务中的做法一般是并不对两者作出严格的区分,只有在产生抵触行为的时候才对该参加的性质——是否属于共同诉讼性质的辅助参加——进行判断。[62] 这样看来,本案法官完全可以在被参加人提出撤回控诉申请的时候再判断是否属于共同诉讼性质的辅助参加,而且当事人一旦采取了某种参加形态就必须维持不变吗?就不能转换参加形态吗?[63]笔者虽然也对上述判旨持否定态度,但通过该判决却也间接地证明了共同诉讼性质的辅助参加这一类型已经得到了判例的认可。

五、诉讼告知

1. 意义及效果

所谓诉讼告知,是指在诉讼系属过程中,由当事人按照法定方式将诉讼已经系属的事实通知与本案有利害关系的第三人(第 53 条,新堂第 707 页)。

接到诉讼告知的人(被告知方)是具有利害关系的第三

---

〔62〕 井上治典・判批・判評 344 号 = 判時 1243 号(1987)第 182 页,注釈民訴(2)第 122 页(井上治典执笔)。

〔63〕 井上治典「手続関与者の行動選択の違いと訴訟法法理」井上・訴訟第 94 页,同「参加『形態論』の機能とその限界」井上・法理第 307 页,高橋宏志「各種参加類型相互の関係」講座民訴③第 253 页等。

人,可以申请诉讼参加。由于立法规定的是诉讼参加,因此参加形式并不限于辅助参加(第42条),可以申请独立当事人参加(第47条)和共同诉讼参加(第52条)的第三人也可以作为被告知方。但在制度沿革史上,诉讼告知却是与辅助参加紧密结合在一起的,即使在今天,向具有辅助参加利益的第三人为告知也是诉讼告知的典型事例。接到诉讼告知后,被告知方就可以申请诉讼参加以维护自己的利益,从这一角度来讲,诉讼告知赋予了第三人参加诉讼的机会,维护了被告知方的利益。制度沿革史上也是如此。[64]

《民事诉讼法》第53条第4款规定,诉讼告知将产生参加效力,接到诉讼告知的第三人同时要受到参加效力的拘束,这一拘束与第三人在能够参加的时点实际参加诉讼的效果是一样的。比如,第三人对买受人提出追夺标的物的请求,如果买受人对出卖人为诉讼告知的话,那么即使出卖人没有参加诉讼,在买受人请求出卖人承担担保责任的后诉中,出卖人也不得主张自己对该标的物享有所有权;如果被告保证人对主债务人为诉讼告知,则保证人在其后对主债务人提起的求偿诉讼中,可以封杀主债务人的主张而获得胜诉,这样一来,诉讼告知制度就成为维护告知方利益的

---

〔64〕 佐野裕志「訴訟告知制度」民商87卷1号第30页,2号第166页(1982)对诉讼告知制度的历史进行了详细的考察。依该论文观点,在罗马法中,被第三人提起追夺诉讼的买受人向出卖人为诉讼告知属于其追究出卖人追夺担保责任的要件。如果未进行告知,则出卖人不产生追夺担保责任;在接到告知后出卖人就可以参加诉讼,因此告知制度为出卖人维护自己的利益提供了保障。这一制度目的通过德国普通法以及1877年德国民事诉讼法典的制定,逐渐转变为保障告知一方利益的制度,而且这一转变主要是受到当时法学方法论的影响而不是基于实际需要充分讨论的结果。

制度了。总之,诉讼告知既有维护被告知方利益的一面,同时也具有维护告知方利益的一面。[65]

但实定法上的诉讼告知制度却未必实现了上述二元目的。因为当事人对于可以申请独立当事人参加的第三人也可以进行诉讼告知,但独立当事人参加并不产生参加效力,也就是说,实定法本身也承认诉讼告知未必都产生参加效力,能够产生参加效力的范围要小于可以进行诉讼告知的范围(新堂第708页)。但当事人凭借“一纸”诉讼告知书就可以在后诉中产生参加效力这种强大的法的效果,这样规定是否合适已经成为一个问题。[66]

---

〔65〕 注釈民訴(2)第275页(上原敏夫执笔)也将诉讼告知的制度目的作二元区分,即将参加效力扩张至被告知方和保障被告知方参加诉讼的机会。

当然,将诉讼系属的事实通知第三人也可以通过其他渠道。比如,对像保证人和主债务人这样保持日常联系的利害关系人之间可以采用电话通知的方式,但参加效力只能在采用了诉讼告知的情形下才会发生。从这一含义来看,诉讼告知还是维护告知方利益的一种制度。而且,诉讼系属的事实不是通过电话而是通过正式的送达方式告知第三人的,这也会促使被告知方作出认真的考虑,这对于意图将该第三人卷入诉讼的当事人而言,以法院送达为媒介的诉讼告知制度就变成了一种诉讼武器。除立法规定的特别情形(如《商法》第268条第3款)外,是否为诉讼告知是告知方的自由,因此诉讼告知制度倾向于保护告知方的利益并非不可思议。这样看来,正确的说法应该是诉讼告知制度既有维护被告知方利益的一面,也有维护告知方利益的一面,也正因如此,对被告知方提供相应的程序保障就显得很重要。

〔66〕 也许有人会说,诉状虽然同为“一纸”书面却可以产生既判力,但我们应当注意,诉状和诉讼告知书在内容上是不同的。诉状将诉讼标的特定化,败诉将导致当事人丧失何种利益是一目了然的,而且在对方当事人不回应的情形下,比如缺席的情形也会产生既判力;法律要求诉讼告知书应当记载告知理由和诉讼进行的程度(第53条第3款),这里所谓的告知理由,从规范的角度理解,意味着应当明确被告知方具有怎样的参加利益,因此告知书必须提供足够的信息能够使被告知方对是否应当参加诉讼、如果不参加的话会产生怎样的不利作出判断,告知书应当记载告知方和被告知方之间将会发生的具体的法律纠纷。参见条解第222页(新堂幸司執筆),注解民訴(2)第318页,佐野裕志「第三者に対する訴訟告知」講座民訴③第275页、特别是第290页。甚至有学者认为告知书也应当载明参加效力的具体内容

因此，现在大多数学说认为，诉讼告知能够产生参加效力的情形应仅限于告知方与被告知方之间存在以告知方败诉为直接原因的求偿或赔偿的实体关系。〔67〕当存在这种实体关系的时候，被告知方熟知该实体关系，因此也有理由期待其对告知方提供协助，这在理论上可表述为“由于被告知方所处的实体地位，其应对告知方提供保护”(新堂第703页)。主债务人对保证人、出卖人对买受人等一方须对另一方提

和范围，参见注釈民訴(2)第286页(上原敏夫执笔)。但实务中有很多“告知理由”并没有做到如此明确，参见中本敏嗣「訴訟告知に関する諸問題」藤原弘道＝山口和男編『民事判例実務研究第五巻』(1989，判例タイムズ社)第405页、特别是第414页。据井上・訴訟第154页上的介绍，后述仙台高判案件中出现的诉讼告知书中的记载内容如下，“据被告C之答辩，被告知方Y有无权代理涉案土地原所有权人诉外之A而将该土地售于诉外之B的嫌疑，因此根据《民事诉讼法》第78条(现第53条)之规定，本诉讼判决将及于被告知方，特此告知”。另请参见新堂幸司＝井上治典＝佐上善和＝高田裕成『民事紛争過程の実態研究』(1983，弘文堂)第119页，因此实务中有些情况下被告知方也很难判断会产生怎样的不利益。此外，告知方也未必会败诉，甚至败诉以后也未必会提起后诉。与诉状相比，被告知方的地位是不明确和不稳定的，也缺乏必要的紧急性。由于提供了相应的程序保障，诉状对于缺席者也会产生既判力，但在诉讼告知书的场合，应该说对被告知方还没有提供完善的程序保障。

〔67〕 德田和幸「補助参加と訴訟告知」新実務民訴2第127页、特别是第134页，佐野・前引注〔66〕第284页，松本・証明責任第286页、特别是第290页，谷口第294页，吉村徳重「訴訟告知と補助参加による判決の効力」小山ほか・演習第704页，松本＝上野第606页等。

此外，大正修法之前的《民事诉讼法》规定，“在原告或被告相信一旦自己败诉，可以对第三人提出担保或赔偿的请求，或者被第三人提出类似请求的情形下”，方可为诉讼告知(法条原文系片假名，且无标点符号)。大多数观点现在又回归到此一规定的立场，佐野说甚至作出了进一步的限定，即参加效力只有在“告知方在前诉中败诉的原因成为其与被告知方后诉的直接基础，前诉败诉是提起后诉的原因”的情形下方可产生。正如注釈民訴(2)第293页(上原敏夫执笔)所指出的，对产生参加效力的要件作出严密的定型化规定是很困难的，但基本上可以确定的是，告知方与被告知方之间存在密切的实体关系，被告知方应对告知方提供协助。

关于德国方面对此一问题的探讨，可参见本間靖規「訴訟告知の機能について」木川・古稀(上)第372页。

供协助的情形为其适例,当主债务人作为被告的时候,由于保证人也具有辅助参加的利益,因此可以对其为诉讼告知,但由于保证人没有义务对主债务人提供协助,该诉讼告知对保证人并不能产生参加效力(在实体法上很难设想主债务人会对保证人提起后诉)。

申言之,如果被告知方实际进行了诉讼参加,此时的效力应当是基于该诉讼参加行为所产生的判决效,由诉讼告知所产生的参加效力应当退居其次。因实际参加所产生的判决效属于自己的责任,相较单纯的发生在诉讼外的诉讼告知所产生的责任,判决效应当具有优越的地位。〔68〕如此,在辅助参加的情形下,除了参加人与被参加人之间的参加效力外,也产生其与对方当事人之间的判决效(参见本讲前述章节),单纯的诉讼告知并不会在被告知方和对方当事人之间产生判决效。因为一旦实际作出了参加行为,就会相应地增大判决效,所以也有可能降低被告知方参加诉讼的意愿,但这也是无法避免的。

〔68〕 井上治典「訴訟告知論を考える」井上・訴訟第135页、特别是第143页认为,如果被告知方实际参加了诉讼,那么仅考虑其参加的效力即可,而没有必要考虑该诉讼告知的效力。诉讼告知的目的只是促使被告知方参加诉讼,一旦达到了这一目的,其任务也就完成了,如果保留诉讼告知的效力反而会损害被告知方选择参加哪一方当事人的自由。相同的见解另请参见德田・前引注〔67〕第140页,注釈民訴(2)第297页(上原敏夫执笔),小林・プロブ第449页。在被告知方参加告知方对方当事人的情形下,诉讼告知的效果也不复存在,仅保留其辅助参加的效果即可。

但也有学者提出反对意见,认为这样一来会赋予被告知方过大的选择权,而且会对告知方造成显著不利的后果,参见松本・証明責任第304页。不过松本说的基本观点是辅助参加人和对方当事人之间并不产生判决效,所以其前提与井上等人的学说前提不同。佐野裕志「補助参加と訴訟告知の効力」争点(新版)第140页也认为,在被告知方辅助参加对方当事人的时候,同样产生诉讼告知的效力。

2. 判例

对诉讼告知所产生的参加效力作出如上限定的契机在于仙台高等法院的一则判例,参见仙台高判 1980·1·28 高民集 33 卷 1 号第 1 页。[69] 该案中,就某宗原为 A 所有的土地,A 之继承人 X 以 C 为被告提起所有权确认和移转登记的诉讼(A、B 之间为买卖关系,其后 B 又将该宗土地出卖于 C)。X 主张 A、B 之间不存在买卖关系,而被告 C 则主张该买卖关系发生在 A 之代理人 Y 与 B 之间。于是 X 主张 Y 无代理权,而且 X 认为应当保留对无权代理人 Y 的损害赔偿请求权,遂向 Y 作出了诉讼告知;但 Y 认为自己有代理权,于是辅助参加了对方当事人 C 一方,此为前诉。前诉法院认为,虽然不能确定代理权之存在,但至少具备表见代理之要件,并以此为由驳回了 X 的诉讼请求。于是 X 以 Y 为被告提起了后诉,要求赔偿因 Y 之无权代理行为而导致的所有权丧失之损害。X 主张,前诉判决理由中已经认定了 Y 系无权代理,该判断产生诉讼告知带来的参加效力,因此 Y 在后诉中不得主张代理权之存在(参见下图)。一审虽然没有支持 X 关于参加效力之主张,但仙台高等法院则肯定了这一点。

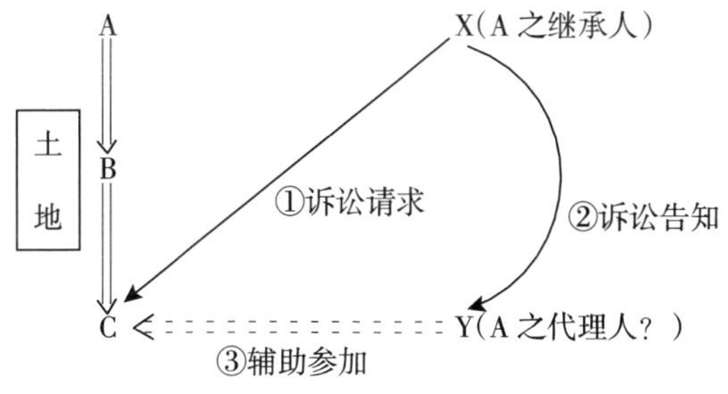

〔69〕 百選〔二版〕第 111 号案例(伊藤眞解說)。

判旨认为,诉讼告知系以告知方对被告知方取得参加效力为目的的、保护告知方利益的制度,因此在判定诉讼告知对象的时候,不应以被告知方的利益为标准,而应以告知方的主观利益为标准。

在对上述判决作出评论之前首先要解决一个前提问题,即 X 对 Y 进行的诉讼告知是否合法?也就是说,Y 是否具有辅助参加 X 一方的利益?要求认为自己有代理权的 Y 辅助参加主张其不具有代理权的 X 一方难道不有些强人所难吗?从本案所反映出来的 X 和 Y 的具体主张来看确实给人这样的感觉。〔70〕 但有些诉讼告知确实发生在当事人的主张还没有得到正式整理的诉讼阶段,因此从法律论的角度来说,在判断辅助参加利益之有无的时候,不应仅以具体主张之间的关系为基础,还应考察被告知方所处的境地。因此,就像 Y 实际提出的主张一样,其在主张有权代理的时候具有辅助参加 C 一方的利益;另一方面,也不可能排除 Y 主张自己并未参与 A、B 之间的买卖关系(或者说自己不是代理人),此时 Y 就可以和 X 组成共同战线,而且即便如此,在 X、Y 盟军败诉的时候,法院认定 Y 具有代理权,那么在 X 对 Y 提起的第二个诉讼中,X 就会要求 Y 支付其作为代理人受领的买卖价款,就抽象的法律论而言,这种情形是有可能出现的。〔71〕 因此,Y 具有辅助参加双方当事人的利益,或者

〔70〕 小山昇「参加と訴訟告知と判决効」同『民訴判例漫策』(1982,判例タイムズ社)第 269 页、特别是第 281 页认为,很难指望 Y 作为 X 的辅助参加人,去主张自己属于无权代理,因为无权代理对 Y 而言属于不利的事实,所以 Y 在申请辅助参加的时候,被参加人只能是 C。

〔71〕 松本 · 証明責任第 303 页。

逆言之,Y处于接受X、C双方诉讼告知的地位,既然有可能接到双方当事人的诉讼告知,该诉讼告知就是合法的(新堂第708页),故而可以说X对Y的诉讼告知是合法的。

那么,该诉讼告知所产生的参加效力能否及于Y呢?由于Y没有响应X的告知行为,那么能否产生相当于在能够参加的时点实际参加的参加效力呢?本案中,Y实际进行了辅助参加,因此一如前述(参见本讲"意义及效果"部分),其效力应当是实际辅助参加所产生的效力,而不是一纸告知书所产生的效力,这种处理方式在程序法上是较为合理的。〔72〕按照这种观点,由于Y辅助参加了被告C一方,因此X和Y之间的关系就可以辅助参加人Y与对方当事人X之间的判决效予以规制。Y、C共同战线就代理权之存在展开了主张证明活动,但法院认为无法认定该代理权之存在,因此该认定应当对Y产生拘束力,实际上仙台高等法院也是如此认定的。

但严格来说,前诉的认定结论并没有指出存在代理权,

---

〔72〕 当接到双方当事人的诉讼告知时,被告知方未进行诉讼参加,一般来说,此时其参加效力应发生在被告知方和基于实体关系应当提供协助的一方当事人之间,或者是不得作出抵触行为的一方当事人之间。但在本案中,由于无权代理和表见代理之间的关系,还不能用上述观点规范之,详见后述。

顺便提及的是,小山·前引民訴判例漫策第285页认为,X对Y可以为诉讼告知,但X和Y关于代理权之存否的主张是相互对立的,因此并未形成共同战线共同负担败诉责任的局面,作为诉讼告知所具有的与辅助参加不具有对应关系的独特效果,Y就无权代理的问题不得再与X争执,这一效果属于判决效。小山所设想的所谓诉讼告知所具有的与辅助参加不具有对应关系的独特效果,从对被告知方提供程序保障的观点来看是存在问题的。在实际进行了辅助参加的情形下,该参加效力就是辅助参加人(Y)和对方当事人(X)之间产生的拘束力,这在结论上可能更为妥当。

而只是成立表见代理。我们必须注意的是,就该认定结论与前诉请求(所有权确认、履行登记手续)之间的关系而言,无论是有权代理还是表见代理被告 C 都会胜诉;法院无论作出有权代理的认定还是表见代理的认定,在结果上都是一样的,因此对较为容易作出认定的事实作出判断并无大碍,只要法院认定已经具备了表见代理的要件,那么是有权代理还是无权代理对于判决来讲都是一样的,在这一意义上,法院作出的"难谓其存在代理权"的判断只不过属于旁论而已。不过,在对 Y 提起的不法行为请求的后诉中,是否存在代理权却是一个具有决定性意义的争点。总之,是否具有代理权这一事实的分量在前诉中较轻,而在后诉中则较重。那么,在分量较轻的诉讼中作出的判断却要拘束在分量较重的诉讼中作出的判断,就属于本末倒置的做法了。仙台高等法院的判决在这一点上存在很大的问题。〔73〕

---

〔73〕 井上・訴訟第 135 页,井上治典 = 高田裕成・1980 年度重判第 156 页,竹下守夫・判批・金融商事判例 604 号(1980)第 16 页,注解民訴(2)第 323 页,霜島甲一「補助参加と訴訟告知」三ヶ月 = 中野 = 竹下編『新版・民事訴訟法演習 2』(1983,有斐閣)第 1 页等。

在实体法上,表见代理制度是对不具有代理权情形下的一种救济制度;而在诉讼法上,认定表见代理并不以无权代理之成立为认定前提,即便事实上属于有权代理,法院以表见代理作出判决也没有关系,这就是所谓的要件事实论。参见伊藤滋夫「要件事実と実体法」ジュリ869 号(1986)第 114 页,高橋宏志「要件事実と訴訟法学」ジュリ881 号(1987)第 98 页,賀集唱「要件事実の機能」司法研修所論集一九九三——Ⅱ(90 号)第 30 页。

但也有学者指出,仙台高等法院对该案作如此处理,不过是以诉讼告知的效力为借口,其真实的意图在于迫使代理人 Y 返还买卖所获得的利益,从而作出和解性质的判决,学者对于诉讼告知的种种争论并没有抓住问题的实质。参见井上・訴訟第 139 页,エキサ民訴第 191 页(井上治典発言)。这一见解是十分宝贵的,但其方法论却有别于传统的判例研究。

在该判决出台以后,某些下级审判决则对第 53 条第 4 款中的效力作出了限定性的解释,参见东京高判 1985 · 6 · 25 判時 1160 号第 93 页,百選Ⅱ第 172 号案例(田中豊解説)。交通事故受害人的遗属 A 对加害人 X 提起了损害赔偿诉讼(前诉)。前诉被告 X 主张,被害人之死亡是由发生事故以后的就诊医院 Y 的医疗过失造成的,交通事故非其死亡原因,于是对 Y 进行了诉讼告知;而 Y 认为被害人死亡的原因并非医疗过失而是交通事故,因此辅助参加了原告 A 一方。前诉法院认为,被害人的死亡是由交通事故和医疗过失的竞合共同造成的,属于异时性质的共同不法行为,因此支持了 A 的诉讼请求。败诉之 X 又以医院 Y 为被告提起了求偿金请求的诉讼(后诉)。X 主张,前诉已经就医疗过失方面的竞合作出了认定,而且 X 也对 Y 进行了诉讼告知,因此就医疗过失的判断应当产生参加效力,但东京高等法院并未支持这一主张。判旨认为,异时性质的共同不法行为的行为人各自负有全额赔偿的义务,[74] 因此前诉法院关于医疗过失的判断不过属于旁论而已;而且判旨还指出,由于已经认定了全额赔偿,因此没有必要对赔偿义务人之间的分担比例作出确定,X 的诉讼告知不具有现实利益(参见该判决书括弧部分)。此外,对于 X 提出的由于 Y 辅助参加了 A 一方,因此还应存在辅助参加人与对方当事人之间的

〔74〕 也有学者认为,在发生异时性质的共同不法行为的情形下,行为人不必全额赔偿,只需支付缩减之后的赔偿额即可,该说现为有力说。参见平井宜雄『債権各論Ⅱ不法行為』(1992,弘文堂)第 212 页,幾代通 = 德本伸一『不法行為法』(1993,有斐阁)第 237 页等,该说将导致本案出现不同的结论。

判决效的主张,判旨认为,辅助参加人和被参加人分担败诉责任属于参加效力,诚实信用原则并无适用之余地,辅助参加人与对方当事人之间并不存在判决效。

判旨认为 X 的诉讼告知不存在现实利益,以及将判决效限定为参加人和被参加人之间的参加效力,是没有考虑其与对方当事人的关系,这些判断都是存在问题的,但属于旁论部分;就判决结论而言,即前诉中居于次要地位的争点并不产生诉讼告知的效力,还是应予肯定。应该说,该判决否定了仙台高等法院的判例。

不过作为一种理论构建,也有学者认为,在进行了诉讼告知的前诉以及发生在告知方与被告知方之间的后诉中,由告知方负担证明责任的争点部分不应产生诉讼告知带来的参加效力。就被告知方于后诉中负担证明责任的事实,可以期待被告知方早在前诉中展开攻防,因此诉讼告知所带来的不利效力可以及于被告知方;而就被告知方不负担证明责任的事实,是无法期待其于前诉中予以争执的,因此参加效力不应及于被告知方,否则参加效力就会导致后诉中的证明责任发生变更。这一理论同样适用于负担证明责任的告知方由于事实认定的缘故而于前诉败诉的情形,注意不是由于证明责任的缘故导致的败诉。其理由就在于,由于法官认定的事实对于作为证明责任负担者的告知方不利而导致其败诉,以及由于证明责任发挥作用而导致告知方败诉是两种不同的情形,在不同的情形下,被告知方于前诉中进行的诉讼活动在紧张度上有很大的不同,[75] 该学说可谓意味深长。从客观的

〔75〕 松本・証明責任第 299 页。

证明责任推导出进行证明活动的行为责任（应予争执的责任）本身就存在疑问，即使撇开这一问题，该学说还把参加效力带入了学界对于证明责任分配的争论，基于以上原因，目前对其表示赞同还是较为困难的，也正因如此，期望以该学说来否定仙台高等法院的判决为时尚早。[76]

---

〔76〕 松本・証明責任第 305 页指出，基于所有权而提出注销登记请求（或移转登记请求）之人应就以下事实负担证明责任：不存在自己应向他人移转登记的原因；移转所有权的法律行为无效（同第 246 页）。以该证明责任分配理论分析仙台高等法院受理的上述案件，我们就会发现，告知方在前诉和后诉中均应就上述事实负担证明责任，因此并不产生诉讼告知的效力。松本教授所提倡的这一关于证明责任分配的解释，既非通说，也非判例，只是将诉讼告知效力论卷入了有关证明责任分配的论争之中。信濃孝一「登記抹消請求と登記の推定力（上）・（下）」判時 1302 号第 8 页，1305 号第 11 页（1989）对松本的上述分配理论进行了批评，松本・証明責任第 261 页则进行了反驳。

即便对松本教授关于诉讼告知的理论，注釈民訴（2）第 293 页（上原敏夫执笔）也提出了批评（松本・証明責任第 312 页则进行了反驳）。松本教授举了一个择一性加害人的事例。原告 X 对被告 Y 和第三人 Z 享有损害赔偿请求权，原告 X 对第三人 Z 为诉讼告知，法院认定加害人系第三人 Z，因此驳回了原告对被告 Y 提出的诉讼请求。由于前诉和后诉中的证明责任都在原告 X 一方，因此松本对诉讼告知的效力（参加效力）加以否定。与此不同，木川統一郎「訴訟告知の効果」木川・重要問題（上）第 205 页则认为产生参加效力，其理由在于，X 有可能对 Y、Z 双方败诉，而诉讼告知则为 X 提供了一种规避该败诉风险的手段。

那么，前诉法院关于 Z 是加害人的认定要对 Z 产生拘束力吗？不无疑问。这里首先涉及的问题是，在 Z 接到 X 诉讼告知的时候，能否认为 Z 处于应当参加的实体法关系。虽然 Z 可以参加诉讼，但其并非处于应当参加的实体法关系，这里并不存在类似于主债务人对保证人、出卖人对买受人、代理人对本人的实体关系，因此不能仅因为 Z 受到诉讼告知就要服从判决效。当然，确如木川所指出的，X 对 Y、Z 均遭致败诉是很令人同情的，但要避免这一结局的出现并非依靠“一纸”诉讼告知书，而应当采取主观的预备性合并，将 Z 明确地列为被告，或者根据第 41 条之规定申请同时审判。其次，如果认为 Z 不会受到前诉法院关于 Z 是加害人的认定的拘束，其实这一结论也并非松本说的专利。除上述所列观点外，上原说认为，前诉的主要事实是 Y 是否为加害人，而 Z 是否为加害人只不过是否定该主要事实的间接事实，而对间接事实的认定是不产生判决效的，这一理论构成也颇具说服力（不过井上・訴訟第 149 页认为法院对间接事实的认定同样产生拘束力），上原说的理由较为充分。最判 2002・1・22 判時 1776 号第 67 页指出，产生参加效力的部分仅限于对推导判

3. 诉讼告知的实际运用与存在的问题

当事人之所以进行诉讼告知,实际上是出于多种意图和目的的。如果把以产生参加效力为目的的诉讼告知称为原型,那么出于其他意图的诉讼告知则可称为附随型。比如,有些诉讼告知的目的就在于收集和补充诉讼资料:当原被告双方手头持有的资料都略显单薄的时候,他们就会希望参与了该纠纷过程且最了解案情的第三人参加诉讼,展开积极的主张证明活动。当事人会同案件相关人员在法庭上梳理清楚事实关系,也有助于早日厘清案情,引导纠纷向全面解决的方向发展,以这种尽早、全面解决纠纷为目的的诉讼告知属于上述类型中的亚型。还有的当事人希望将纠纷扩大至第三人,以使自己摆脱目前的诉讼困境;也有的当事人担心今后被第三人追究责任,因此通过诉讼告知这一形式让第三人有机会提前参与纠纷的解决过程。[77]

诉讼告知的目的多种多样,因此在该制度的运用和规

决主文所必需的主要事实的认定以及法律判断,间接事实不产生参加效力。参见上野泰男·判批·判評 532 号(判時 1815 号)(2003)第 182 页。不过松本博之·判批·民商 127 卷 1 号(2002)第 134 页对该判旨持反对意见。

在 Z 辅助参加原告 X 一方时,又产生怎样的效果呢?笔者认为还应按照上原说的观点处理,因为 Z 是否系加害人并非前诉中不可或缺的争点。不过既然在 Z 辅助参加的情形下 X、Z 联军遭致败诉,那么对于前诉已经排除的加害人为 Y 这一事实,Z 不得再行主张。但是,如果 Z 主张加害人是 Y 之外的 W,这在理论上还是可以提出的(因为 Z 在前诉中不得提出与 X 相抵触的主张)。

〔77〕 中本·前引注〔66〕第 405 页,井上·訴訟第 135 页。

此外,上述中本论文还建议将诉讼告知限定为产生参加效力的情形。但如果认为诉讼告知还有收集和补充诉讼资料的功能,那么该建议就有些失之偏狭了。另请参见注釈民訴(2)第 276 页(上原敏夫执笔)。不过这一建议却对法院对待诉讼告知失之过宽的诉讼现实敲响了警钟,同时也是对现行制度的一种反思,因为如果只是为第三人提供参加诉讼机会就采用以送达为法定方式的诉讼告知制度有畸重之嫌。

范问题上存在不少漏洞。首先是关于诉讼告知的时间问题。对这一问题法律并没有作出相应的规定，大多数的诉讼告知发生在诉讼的早期阶段，但也有部分发生在审结之前。在案件进入了审理的最后阶段才进行诉讼告知，将导致被告知方即使参加诉讼也将无所作为，因此该诉讼告知并不能产生判决效。就立法论而言，应当对当事人可以进行诉讼告知的时间作出限制。[78]

在实务中，对于诉讼告知的申请，法院一般并不会对参加利益以及诉讼告知的合法性进行深入审查。这样处理的结果就使被告知方必须思考是否存在辅助参加的利益，同时也必须判断参加效力及于自身的可能性。法院对于告知申请的审查失之过宽的结果，就是将上述事项之判断转由被告知方负担了。有时告知的理由也含糊不清，即使是被告知方委托的律师有时也难以作出判断。当然，在条文结构以及理论上，对于参加利益之有无以及诉讼告知的合法性的判断，不是在进行诉讼告知的前诉中作出的，而是在诉

---

〔78〕 佐野裕志「第三者に対する訴訟告知」講座民訴③第 291 页建议将之交由法院的诉讼指挥权处理。但注釈民訴(2)第 278 页(上原敏夫執筆)从维护告知方利益的角度对此持反对意见。

一般认为在上告审中也可以进行诉讼告知(新堂第 708 页)，这并非没有问题。不过由于第三人也可以在上告审中申请辅助参加，因此从提供参加机会的目的来看，在上告审中进行诉讼告知也不是没有意义的。参见上田第 535 页。

此外，也可以向对方当事人寄送诉讼告知书(民诉规则第 22 条第 3 款)。有学者认为这主要是为了便于对方当事人针对日后可能出现的辅助参加做好提出异议的准备(新堂第 709 页)；但也有学者认为这实际上是为了保障对方当事人针对变更期日以方便被告知方参加诉讼的做法提出异议申请，参见佐野・前引講座民訴③第 292 页。这两种观点并不是相互排斥的，但后者提出为方便被告知方参加诉讼而变更期日的观点颇有意思。

讼告知的效力成为争点的后诉中作出的。[79] 由于被告知方有权阅读诉讼记录,因此由被告知方对告知理由进行详细的研究也可。但从告知方和被告知方之间公平的角度来看,这样做至少在立法论上还存在一些问题;[80] 而且,假如被告知方在研究的基础上认为没有参加诉讼的必要而决定不参加的话,立法并没有设置将该结论通知法院的法定方式。

比如,我们可以设想如下事例。[81] 债权人 A 要求借款方 B 清偿借款,但 B 主张自己只是中间人而拒绝还款,于是 A 向保证人 C 提起诉讼,C 为了保全自己的求偿权而向 B 为诉讼告知。在这种情况下,主张自己是中间人的 B 即使参加了诉讼也不可能进行充分的诉讼活动,因为其主张与认定 B 是主债务人的 A 以及 C 的主张都是相抵触的。在这种情况下,B 还应该参加诉讼吗?假设 B 未参加诉讼,那么由于 C 的诉讼告知而导致产生第 53 条第 4 款的参加效力,以后 B 就不可能再行主张自己不是主债务人了,这就是对现行法的解释。

当然,即使从一开始就很清楚自己的主张与 A、C 相抵触,B 也可以参加诉讼。如果在参加之后发现主张相互抵

〔79〕 也有学者认为,法院没有必要对诉讼告知的要件进行严格审查,莫不如立即向被告知方送达告知书,至于诉讼告知的要件,可以在被告知方实际参加诉讼以及当告知的效力成为后诉争点的时候再由法院进行判断。参见注解民訴(2)第319 页等。

〔80〕 中本·前引注〔66〕第 415 页、第 426 页。

〔81〕 井上治典「訴訟告知」新堂ほか·演習 2 第 326 页,井上·实践第 201 页。

触,那么就可以免除参加效力,但以作出抵触行为为目的的参加已经偏离了辅助参加的本意。在这种情况下,B 当然可以依据第 47 条提出诈害妨止参加,但这需要以起诉的方式为之,至少申请的手续费用要由参加人负担。因此,在程序设计上应该做到由被告知方就诉讼告知陈述意见,预先明确其在后诉中不受该告知行为的拘束,其实历史上存在过类似的制度。[82] 不管怎样,被告知方总要出庭,因此是采取参加的方式还是另行设计陈述意见的方式并没有多大的差异。

问题在于,因为主张相互抵触的事实已经十分清楚,因此被告知方未作出任何答复,此时当如何处理呢?新堂说认为,在没有作出任何答复的情形下,被告知方将受到参加效力的拘束;[83] 井上治典说认为,在现行法并未设置意见陈述制度的情况下,对于 B 置之不理的态度应予准许,B 在与 C 的后诉中依然可以主张自己不是主债务人。由于参加效

---

〔82〕 在诉讼制度史上,被告知方不必提出参加申请而是于期日出庭,就是否承认告知方对自己享有求偿权、是否有意辅助告知方进行诉讼等事项接受法庭询问,如果被告知方否认求偿义务而且也没有辅助告知方进行诉讼的意愿,那么诉讼告知就视为未曾发生,法庭继续进行诉讼,至于被告知方是否存在求偿义务则可以在后诉中再行争执。参见佐野裕志「プロイセン一般裁判所法(一七九三年)における参加制度」一橋研究 5 卷 1 号(1980)第 82 页、特别是第 92 页。井上・实践第 203 页提出如下建议,即在程序设计上可以由被告知方不是以参加申请的方式而是以被告知方的名义出庭陈述自己的理由,其可以表明由于诉讼告知对象错误自己无意参与诉讼的观点,并不接受该诉讼产生的任何效力。

当然,在这种程序设计框架下,只要被告知方提出主张即可,因此或许造成对被告知方过于有利的局面。注釈民訴(2)第 288 页(上原敏夫执笔)也认为这种设计存在很多问题有待解决,其实对被告知方的疏明程度作出要求也是可以的。

〔83〕 新堂幸司「参加的効力の拡張と補助参加人の従属性」新堂・訴訟物(上)第 227 页、特别是第 265 页。

力的产生只限于前诉被告 C 败诉的情形,而且 C 也实际进行了诉讼活动(当 C 未进行诉讼活动而败诉的时候,可以类推适用第 46 条第 4 项之规定,在解释上也有不产生参加效力之余地),这样的话,C 负有保证债务的事实大概在证据层面上也可以获得证明,因此未作出任何答复的 B 可以在后诉中对此进行相反的主张证明活动,如果认为这将导致 B、C 之间的平衡状态被破坏,那么就应采纳新堂的观点。但参加效力及于被告知方是有条件的,即被告知方因某种实体法律关系而有义务对告知方提供协助,如果我们重视这一条件的话,就可以认为只要被告知方主观上认为并不存在这一实体关系,则参加效力就不及于被告知方(单纯的中间人并不产生类似的协助义务,即使中间人在形式上以主债务人的名义借款,B 和 C 之间的关系依然不会发生变化)。虽然 B、C 之间的关系给人以"大祸临头各自飞"的感觉,但如果我们考虑到一些特殊情况的话,比如有时会从根本不认识的人那里接到诉讼告知书(在这种情形下,被告知方很难设想前诉被告会否败诉),井上的观点还是颇有道理的。[84]

一如上述,诉讼告知制度还存在很多问题。请各位读者务必拜读一下佐野裕志「第三者に対する訴訟告知」講座民訴③第 275 页的内容。

---

〔84〕 注釈民訴(2)第 296 页(上原敏夫执笔)。

不过,即使不产生参加效力,前诉判决还是有可能具有事实上的证明效。当然,井上本人对事实上的证明效一直持反对态度。参见井上·訴訟第 151 页。

第七讲　独立当事人参加

导　读

日本的独立当事人参加制度也是日本独创的一种当事人制度，其母法国——德国并没有对应的制度。

也许我国有不少人认为，日本法上的独立当事人参加相当于我国民事诉讼法上的有独立请求权第三人。这种认识固然不能说有错，但并不全面，因为我国民事诉讼法上的有独立请求权第三人只相当于日本法上独立当事人参加中的一种。日本独立当事人参加还有一种类型——诈害防止参加。这一类型及制度正是我们需要特别关注的。

我国的诉讼第三人制度在基本结构上是与有无独立请求权作为大类划分标准的。诈害防止参加从其参加的条件而言，似乎有些类似于我国民事诉讼法上的无独立请求权第三人。诈害防止参加是基于他人诉讼的结果将导致自己的权利受到侵害。在解释论上,我国民事诉讼法上的无独立请求权第三人参加条件——他人之间的诉讼结果与自己存在利害关系也包括这种情形。但我国的情形是其参加往往是被动参加,且也不一定是当事人(是否为当事人存有争议,有当事人、不完全当事人、有条件当事人之说),而日本的诈害防止参加的主体始终是当事人。

他人之间的诉讼结果可能导致对参加人权利的侵害,恰恰也是我国人们对虚假诉讼的担忧,因此,诈害防止参加在诉讼上,相较于无独立请求权第三人的制度可能更有利于防止虚假诉讼对第三人的侵害。如果权利或权益受到侵害的第三人没有参加他人之间的诉讼,则可以根据判决相对性原则,另行提起诉讼,寻求救济。正是基于此,对于高桥先生就独立当事人参加的论述,尤其是关于诈害防止参加的意义、条件、与其他不同类型的参加的关系、审判程序规则等方面的内容,我们就有必要予以认真关注。

在我国民事诉讼的无独立请求权第三人中,实际存在一种可能承担民事责任或义务的诉讼第三人——有理论称为"被告型第三人"。只不过这种第三人并非基于诉讼请求而被追加或引入他人之间的诉讼,而是基于法院的职权通知强制引入(基于诉讼体制的职权主义的原因)。对于这一问题国内学界也有诸多议论——该第三人是否为当事人,其诉讼地位如何,其强制引入的正当性等就是其中议论的主要问题。在本讲中,高桥先生也谈到了日本关于类似问题的议论和观点,将其称为"当事人引入理论"(我国实践中的被告型第三人有些类似于日本学者所言的当事人引入类型中的“转嫁型”)，虽然在本讲中，高桥只是较为概略地进行了阐述，但依然值得我们关注。依据日本学者的认识，此类诉讼实际构成了一个三面诉讼结构，他人之间的原诉讼以及本诉中被告对第三人的诉讼，实质上是原诉讼与引入的诉讼的合并。也有日本学者(如新堂幸司)将其归为主观的追加合并的一种类型。如果我们沿着日本当事人引入理论中的三面诉讼或主观追加合并的视角去分析我国的此种情形，也许会产生与以往不同的认识。

一、独立当事人参加的意义

现实生活中，存在因他人诉讼之判决而害及自身法律地位的情形。为了避免这一情形，应当允许该人参加到与他人之间的诉讼中，并展开自身的主张立证活动，这就是第47条规定的独立当事人参加制度。利用辅助参加制度也可能参加到他人之间的诉讼中，并展开自己的主张立证活动，但辅助参加人毕竟属于从当事人，其具有从属性，受到一定的制约，比如不能进行与被参加人相抵触的行为；而在独立当事人参加制度中，参加人可以作为与既有的两造对等的、独立的当事人展开自己的主张立证活动。

比如，X和Y均主张自己是某宗土地的所有权人。在该所有权确认诉讼已经系属的情况下，对于坚信自己才是真正的所有权人的Z来说，法院对X或Y作出的确认所有权请求的胜诉判决都是极为不利的：假如对X作出了胜诉判决，虽然该判决的效力在法律上并不及于Z，但因为X已经得到了法院的这一判决,对于Z的所有权主张来说,该判决在裁判外、裁判上都会造成不利益。因此,Z参加到X、Y之间的诉讼中,作为对等的、独立的当事人对既有的两方当事人展开主张立证活动,从而有可能阻止法院对X作出胜诉判决。这对Z来说有着重大的意义。

民事诉讼法是着眼于原告对被告这种两方当事人对峙的纷争来组织诉讼的,但正如上面这个案例(某宗土地的所有权人到底是X、Y抑或Z呢?)所展示的一样,现实生活中的纷争往往不局限于两面,也存在三面纷争,甚至四面、多面纷争也并非不可能。独立当事人参加制度就是当纷争呈现三面以上的特征时,将之整合成一个诉讼的制度,这在以两造对立为基本构造的民事诉讼法中属于例外的情形。事实上,在母法国德国,并不存在与独立当事人参加直接对应的制度,[1]德国以及日本诉讼法中的所谓纠

---

〔1〕 关于独立当事人参加制度的沿革,请参照山木戸克己「訴訟参加と訴訟承継」民訴学会編『民事訴訟法講座第二巻』(1954,有斐閣)第237页以下。第47条第1款前段的诈害妨止参加制度深受法国法的影响。另据德田和幸「訴訟参加制度の継受と変容」民訴雑誌37号(1991)第1页上所指,第47条第1款后段的权利主张参加制度,最早是于大正年间修订《民事诉讼法》时设立的,同时该制度还包含了德国旧民事诉讼法中的本人指名参加制度,日本法是以本人参加制度为媒介而引出德国法谱系的。不过,本人指名参加制度的性质是所谓的强制参加(引入第三人),而权利主张参加却已经变化为任意参加的性质了。

关于独立当事人参加制度,另请参看注釈民訴(2)第183页(河野正憲执笔)。作者对当时的立法进行了较严厉的批判,指出,制度沿革中存在多处不明确的地方,立法者把法国法系中较为典范的制度引入德国法系的诉讼程序,而这一立法政策未经充分讨论就加以实施了。

另一方面,在德国也有少数学者主张从主参加制度(旧《民事诉讼法》第60条)的解释论角度出发,构思一种类似于独立当事人参加性质的规范。参看菱田雄郷「第三者による他人間の訴訟への介入(一)」法協118卷1号(2001)第1页以下之论述,可谓意味深长。

纷相对解决的原则正在因独立当事人参加制度而发生改变。

但是,独立当事人参加毕竟属于诉讼参加,是否参加完全委诸参加人自己的判断;即使不参加,从诉讼法理论上来讲判决的效力在很多情形下也并不发生扩张,因此也就没有剥夺参加人另行起诉的权利。即使法院判定在 X 与 Y 之间 X 是所有权人,从诉讼法上来说,第三人 Z 对 Y 提起所有权确认诉讼也是毫无问题的,而且法院也很可能支持 Z 的请求。这样一来,X 和 Z 都得到了确认为所有权人的判决,那么 Z 与 X 到底谁是真正的所有权人呢?这需要由 X 和 Z 之间的诉讼来解决。Z 起初并没有作为独立当事人参加 X、Y 之间的诉讼,他也完全可以选择提起后诉这样一种方式,但是因为 X 取得了一个在先的胜诉判决,其所谓的证明效力及其他效力在裁判外以及裁判上都对 Z 构成了事实上的不利。为了避免 X 取得一个在先的胜诉判决,Z 参加到 X、Y 之间的诉讼中,由法院统一解决三者之间到底谁是所有权人的争议。这种做法对 Z 来说一般都是有利无害,而且也是一种较有效率的诉讼制度。

日本法虽然规定了这种参加到他人之间的既有诉讼从而构成三面诉讼的做法,但却不允许从一开始就形成三面诉讼。比如,在上例所示 X、Y、Z 三者之间的所有权纷争中,Z 无权从一开始就启动三面诉讼,而是只能以 X 和 Y 为共同被告提起普通共同诉讼。

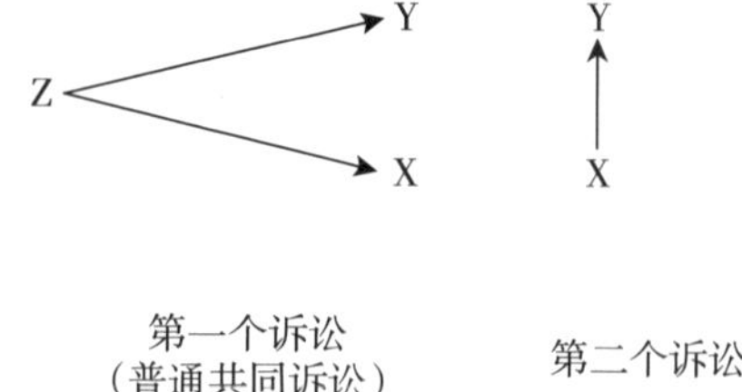

第一个诉讼
(普通共同诉讼)

第二个诉讼

在X与Y之间并无诉讼请求的情形下,Z以X和Y为共同被告的诉讼不过是二面诉讼的合并,并无准用第40条之余地。日本法只是承认以参加诉讼这种防御性的方式形成的三面诉讼,〔2〕之所以如此,是因为日本法重视的不是三面诉讼,而是消除因他人之间的判决所带来的不利益。由此种关心出发,那么只要承认参加诉讼就足够了,也就是说,如果在X和Y之间X取得一个在先的胜诉判决对Z是不利的,那么应允许Z以独立当事人参加,但是,以X和Y为被告提起共同诉讼的Z,可以得到一个在先的胜诉判决,所以对Z不会产生不利益。其后,当X与Y之间出现第二个诉讼时,Z依然可以通过独立当事人参加的制度来阻止某一方的胜诉,因此法院没有必要从一开始就谋求作出针对三方的统一判决。作为Z来讲,如果对X、Y取得一个在先的胜诉判决,那么X对Y提起后诉的现象就会减少很多,而且Z还可以理直气壮地主张自己才是所有权人。假如X依然以Y为被告起诉,此时Z作为独立当事人参加的大门也是

〔2〕 井上治典「独立当事者参加論の位相」井上·法理第267页以下、特别是第283页尖锐地批评道,虽然纷争在实体上是同一的,但却在诉讼法上将之区分成可以准用第40条和不得准用第40条的不同情形,这是不妥当的。高橋宏志「各種参加類型相互の関係」講座民訴③第253页、特别是第258页注(4)也以井上说为依据进一步展开了论述。

敞开的(由于Z可以对X、Y主张既判力,因此通过准用第40条就能够阻止X取得对Y的胜诉判决,由此产生的一个问题就是,由于Z已经取得了对X、Y的胜诉判决,其参加之诉是否还具有诉的利益?在独立当事人参加的制度中,对诉的利益、确认利益等的解释是较为宽松的,至少可以肯定其具有参加的利益。另外,Z是否必须对X、Y提出诉讼请求?这属于无请求的当事人问题,详见后述)。总之,对独立当事人参加制度的讨论一直是和三面诉讼形式联系在一起的,〔3〕虽然这一联系的理论性未必那么强,在认可片面的独立当事人参加制度的现行法下,这种联系性就更没有那么紧密了。

二、独立当事人参加的要件

1. 诈害妨止参加

独立当事人参加分为两种类型:一种类型是第47条第1款前段规定的"主张因诉讼之结果将导致权利受到侵害"的情形,叫作诈害妨止参加(也称为权利侵害妨止参加);另一种类型是第47条第1款后段规定的所谓"主张诉讼标的

---

〔3〕 关于独立当事人参加的构造,历史上曾有共同诉讼说、辅助参加性质的共同诉讼说、主参加合并诉讼说以及三个诉讼合并说等,三面诉讼说逐渐成为通说,就此学说的演变可以参照新堂第711页、注釈民訴(2)第184页(河野正憲执笔)、注解民訴(2)第246页(小室直人 · 東孝行執筆)。另外,一如井上治典 · 前引注〔2〕「独立当事者参加論の位相」同「参加『形態論』の機能と限界」井上 · 法理第307页所指,不应该以构造论或形态论作为解决问题的关键。

注釈民訴(2)第188页(河野正憲执笔)指出,诈害妨止参加并不局限于三面诉讼,从制度沿革上看,也不能认为独立当事人参加制度只是作为解决三面纠纷的制度来设计的。此外,河野正憲「当事者」塚原朋一 = 柳田幸三 = 園尾隆司 = 加藤新太郎編『新民訴法の理論と実務上』(1997,ぎょうせい)第147页以下、特别是第168页明确指出,通说表现出一种较强的倾向,就是把独立当事人参加定位成三面诉讼,并通过演绎的方法从中得出结论;但通过1996年的修订,通说的部分内容已经遭到了否定。

之全部或部分为自己之权利”的情形,叫作权利主张参加。

那么,具体来说在怎样的情形下才允许前段所谓的诈害妨止参加呢?从制度的沿革来看,当既有之当事人X和Y通谋进行诉讼,企图骗取对Z不利的判决时,Z可以参加到诉讼中来阻止当事人的合谋。历史上曾有学说把诈害妨止参加仅限定为法律上判决效力波及的范围(兼子理论),有些失之过狭。〔4〕现在的多数说是诈害意思说,该说认为,即使没有发生判决效力的扩张,但因通谋将导致事实上对第三人不利益的情形下,也应允许诈害妨止参加。〔5〕比如,

---

〔4〕 但是,兼子理论广泛地认可了判决的反射效,因此受到反射效的普通债权人可以依据第47条第1款前段的规定参加到债务人的诉讼中;另一方面,兼子理论不承认普通债权人具有辅助参加的利益(兼子·体系第400页),因此这里就产生了一种逆转现象:普通债权人不能申请效果较弱的辅助参加,却可以申请效果较强的诈害妨止参加。菊井=村松Ⅰ第439页、三ヶ月·全集第224页以及其他学说对这一结论本身也表示赞同。

但是,伊藤第594页注(96)却认为,享有扣押权的债权人另当别论,普通债权人是不能申请诈害妨止参加的。兼子理论认为独立当事人参加的范围较之辅助参加为窄,可以认为伊藤说在这一点上是忠实于兼子理论的。从结论上来说,既然存在诈害的性质,还是依通说为好。

〔5〕 学说一般分为判决效说(兼子·体系第412页、小山第497页)、利害关系说(菊井=村松Ⅰ第438页)、诈害意思说,诈害意思说是多数说。不过也有学者将诈害性诉讼进行说从诈害意思说中独立出来(上田第539页等),除上述所列三种学说以外,尚有个别利益考量说(上北武男「訴訟参加及び訴訟引受け」新民訴大系1第197页。注释民訴(2)第191页称之为纷争经过考虑说。菊井=村松Ⅰ第438页虽然没有冠名,但将之作为“第四说”)。该说就是井上治典「独立当事者参加」井上·訴訟第31页以下、特别是第35页所指的“以诉讼的胜负对第三人的何种权利或利益带来多大影响、其因果关系又是何种程度等因素为核心,其考量标准是,从该诉讼的具体经过、诉讼前以及诉讼外的纠纷经过来看,该第三人介入诉讼的具体利益以及必要性是否能得到认可?”但是,正如井上说几乎认可了上述分类一样[中野=松浦=鈴木第473页(井上治典执笔)],利害关系说、诈害意思说、诈害性诉讼进行说、利益考量说不过是从某一角度出发进行的分类,应该把它们看作同一大方向上的不同学说。松本=上野第584页也认为,利害关系的强弱应该是判断诈害性有无的一个考量因素。井上说所指该第三人为了牵制既有诉讼而必须参加的所谓必要性,换言之,即为诈害之要素,高橋宏志「各種参加類型相互の関係」講座民訴③第265页。

债权人起诉保证人,在双方通谋意图损害主债务人利益的时候,主债务人可以申请诈害妨止参加。此时,保证人败诉的判决从法律上来讲并不扩张到主债务人,主债务人也可能被保证人提起求偿诉讼,事实上还是会产生不利益,所以主债务人可以提起诈害妨止参加。主债务人原本也可以申请辅助参加,但在辅助参加中,主债务人并不能有效阻止被参加人(保证人)因通谋而作出的自认等行为,因此作为一种更强有力的手段,立法规定了第47条的独立当事人参加制度。此外,在请求注销土地所有权登记的诉讼中,若当事人有通谋之虞,从被告处取得抵押权设定登记的第三人也可申请诈害妨止参加。[6]

不过,所谓通谋,意即诈害,毕竟是内心意思,证明极为困难,应该寻求从外观即可进行判断的方法。如果从当事人进行诉讼的外在样态观察,断定其无法充分地进行诉讼活动,此时就应当允许诈害妨止参加。比如,在没有提供准备书面的情形下缺席;意图作出自认、请求之放弃或认诺等不利的诉讼行为;应该上诉而当事人意图放弃等(新堂第716页)。[7][8]

---

〔6〕 兼子理论中,未受判决效的抵押权人不能申请诈害妨止参加,兼子·判例第398页;但是,大判1937·4·16民集16卷第463页却允许抵押权人申请诈害妨止参加,该案中因被告所在不明而公告送达,从诈害意思说的角度承认诈害妨止参加并没有什么困难。

〔7〕 也有学说认为,对于在事实审临近终结之时的申请参加,应该让该第三人另行起诉,这样既便于法院的审理也保障了参加人的审级利益,此时应该否定诈害妨止参加(新堂第716页)。从防止诈害性诉讼的立法旨趣出发,此时允许诈害妨止参加还是较为妥当的。

2. 权利主张参加

后段所谓权利主张参加,是第三人针对既有当事人之间作为该诉讼标的的权利关系,主张其全部或部分属于自己而申请参加的一种制度;更准确地说,此时参加人的请求和本诉的请求在逻辑上是不可能并存的。本讲开头所举案例即其典型。[9] X 对 Y 提出了确认所有权的请求,针对该请求,Z 主张自己才是真正的所有权人而参加诉讼。权利主张参加的要件是参加人的请求和本诉的请求在逻辑上无法并存,应予注意的是,这一点比必要共同诉讼中的“合一确定”要件的含义更为广泛(只要在实体法理论上必须满足统一

在辩论终结后宣判以前,第三人申请独立当事人参加又该如何处理呢?有学者认为,只要不重新进行辩论,此时的参加申请就是不合法的[注解民訴(2)第 250 页];也有学说认为,由法官向参加人作出释明,如果参加人坚持参加申请的话,此时应该移为上诉审较为合适[注釈民訴(2)第 209 页]。不过,由于在理论构成上有少许困难(菊井 = 村松 I 第 452 页),因此伊藤第 595 页注(100)认为,作为例外情形,此时原审法院必须重新进行辩论程序。但由于参加人的诉讼请求不一定都会得到法院的认可,因此上述做法反而是有害的,从原则上讲,只要为参加人预留出了控诉这条途径也就足够了。当然在个案中,借由法官的自由裁量重开辩论也并非不可能。

〔8〕 顺便提及的是,诈害防止参加和共同诉讼性质的辅助参加之间的界限有时是变动不羁的。由于两种制度的沿革不同,因此着眼点也有差异,覆盖范围出现交叉、制度界限有时变得模糊不清也是在所难免的事情。参照井上・前引注〔3〕「参加『形態論』の機能と限界」井上・法理第 307 页、高橋・前引注〔5〕第 267 页。当然,在允许诈害防止参加的日本法制下,如果允许无请求参加(详见后述第四节),那么共同诉讼性质的辅助参加是否还有存在的必要就是一个问题。因为该制度中存在着若干模糊之处。

〔9〕 正如德田・前引注〔1〕论文等所指出的一样,在制度沿革上,诈害妨止参加属于法国法中诈害再审制度的谱系,而权利申请参加属于德国法中本人指名参加制度的谱系。但是松本 = 上野第 585 页、小室ほか・基本法コンメ1 第 115 页(上野泰男執筆)认为,信为自己之权利却被他人所主张,这本身就可以视为最大的诈害;小林・プロブ第 453 页也几乎持同样见解。由是观之,诈害妨止参加和权利主张参加在日本法中是一种连续转换的关系,井上・法理第 328 页。

性的要求,就不会形成必要共同诉讼)。即使Z以X和Y为共同被告提起确认所有权之诉,也只是普通共同诉讼,而非必要共同诉讼,不能适用第40条的规定;但如果Z参加到X和Y的诉讼中,就成为独立当事人参加,可以准用第40条。一如前述,在母法德国法中,并没有与独立当事人参加直接对应的制度,而是严守两方当事人对立这一基本构造,日本法在这一问题上则稍有偏离。另外,在实际的诉讼中,虽然同为第47条之规定,但权利主张参加要多于诈害妨止参加。

权利主张参加的要件,其判断标准是参加人的请求,只要在该标准上权利无法并存就足够了。即使本案审理的结果表明参加人的请求和本诉的请求是可以并存的,也不妨碍该要件的成立。比如,在不动产的二重买卖纠纷中,X是买受人,Y是出卖人,Z是实际的受让人。X对Y提起诉讼,要求其办理所有权转移登记手续;而Z也参加到诉讼中来,要求Y办理转移登记手续,同时对X提起所有权确认的请求,Z的参加是合法的权利主张参加。如果本案的审理结果是,法院从对抗要件的角度出发,依照实体法权利归属的相对性,分别支持了X和Z对Y的转移登记手续的要求,从表面上看,这两个权利是可以并存的,但这并不妨碍Z之权利主张参加的成立。这不是独立当事人参加的要件问题,而是本案审理的问题(新堂第720页。由于并不满足对抗要件,所以Z对X提出的确认所有权的请求将被驳回)。同一不动产的登记只能归属于买受人X或买受人Z,因此针对同一不动产提起的两个转移所有权登记的请求,从请求的内容来看,在逻辑上是不可能同时成立的。如果 X 胜诉并在先登记的话,X 就取得了针对 Z 之请求的对抗要件并最终有损 Z 的法律地位。在已有的 X 和 Y 的诉讼中 Z 确实存在实际利益,即阻止 Y 在诉讼中作出自认或认诺对方的请求,所以应当允许 Z 之权利主张参加。[10]

---

〔10〕 伊藤第 595 页认为,在该不动产二重买卖案例中,请求在法律上是可以并存的,因此不应允许权利主张参加,该说属于少数说。三木浩一「独立当事者参加における統一審判と合一確定」新堂・古稀(上)第 827 页也力主不应允许权利主张参加。伊藤说是旧的诉讼标的说,因此因买卖契约所生之转移登记的请求权是债权性质,在 X 和 Z 双方可同时成立,而且债权的相对性也使得两个请求权可以并存。但是,同为旧诉讼标的说的兼子理论却认为该案中应允许权利主张参加(兼子・体系第 414 页)。为了保护 Z 的利益,虽然伊藤说并没有明确应否允许 Z 之对 Y 一方的辅助参加,但应该认为是可以的。

关于权利主张参加有所谓新堂说定式(新堂第 716 页),"参加人之请求及以此为由之权利主张、与本诉之请求及以此为由之权利主张在逻辑上为不可并存之关系",该定式有过于宽泛之嫌。这里存在的问题是,与本诉请求的内容可以并存,只是和作为本诉请求理由的权利主张不可并存,这种情形下能允许权利主张参加吗?中野 = 松浦 = 鈴木第 474 页(井上治典执笔)认为,在 X、Y 之间的土地所有权确认请求之诉中,Z 提出确认地上权的请求(租赁权确认亦同),Z 之参加可否?若 Z 主张 X、Y 之外的第三人 A 为该宗土地之所有权人,并于 A 处取得地上权之设定,此时参加请求与本诉请求虽可并存,但作为请求理由的权利主张却无法并存,因此亦应允许 Z 之权利主张参加;小林・プロブ第 454 页也持同样见解。但这种处理是否合适呢?既有之当事人 X 即使对地上权人 Z 取得胜诉判决(Z、X 请求被法院驳回),该判决的法律效力并不能及于 Z 所主张的所有权人 A。因为 A 可以对 X 提起一个新诉,所以 X 对 Z 所为的一切诉讼防御在法律效果上均化为乌有。由是,在 X 与对方当事人 Z 和 A 之间就会产生一个公平的问题:如果参加者为所有权人 A,那么请求不可并存,此时当允许权利主张参加;如果参加者是地上权人 Z,因为 X 之所有权请求与 Z 之地上权请求可以并存,此时不应允许权利主张参加。上田第 540 页也认为这种情况下不应允许权利主张参加。

新堂第 717 页另有他例,X 以买卖无效为由对 Y 提起诉讼,要求注销登记手续,Z 是于 Y 处取得租赁权之第三人。Z 针对 X、Y 提出确认租赁权的请求,但 Z 并不能够以该请求参加到诉讼中来,原因在于,X 之注销登记手续的请求和 Z 之确认租赁权的请求在请求的内容上是可以并存的。一如上述,为了更好地理解请求的内容,我们应该参照作为该请求理由的权利主张,但作为参加的要件来说,还是以请求的内容(趣旨)为中心考虑为宜。

但是,所谓在逻辑上不可同时成立,还必须体现在各自请求所表现出来的旨趣上,最判 1994・9・27 判タ867 号第 175 页、判時 1513 号第 111 页也都表明了这一点。上面所举二重买卖的例子中,假设第三人 Z 先取得一个预登记,那么 X、Y 请求是所有权转移登记,Z、Y 请求就是预登记转为正式登记。判旨认为,本案中的请求并不以合一确定为必要,也不存在独立当事人参加的要件。判旨稍有不明确之处且我们必须注意到的是,从现行实体法的角度来看,既然 Z 已经取得一个在先的预登记,那么无论 X 胜诉或败诉对 Z 来说都是无关痛痒的;也就是说,在先的预登记具有顺位保全的效果,即使 X 在对 Y 提起的转移登记的诉讼中获胜,Z 也可以随后对 X 提起请求正式登记承诺之诉(《不动产登记法》第 105 条),而且 Z 必然胜诉。因此,取得预登记的 Z 在 X、Y 的诉讼中去牵制 X 的诉讼行为是没有意义的。假设在这个二重买卖的案例中并不存在一个预登记,那么 Z 和 X 都需要竭尽全力去阻止法院支持对方的请求。如果对方为请求获得法院的支持而率先取得登记的话,己方的利益就荡然无存了,因此,为了让 X 的请求被法院驳回,Z 就需要在诉讼中牵制 X,也就有必要申请权利主张参加。本案中,如果 X 的请求被法院驳回,Z 就省却了对 X 再提起正式登记承诺之诉,这种讼累对当事人来说还是能省则省。但是,由于预登记具有顺位保全的优先效力,即使 X 的请求未被法院驳回,也不会给 Z 带来太大的麻烦,因此没有必要允许 Z 的权利主张参加。综上,X 对 Y 提出的转移登记请求和 Z 对 Y 提出的转移登记请求在逻辑上是无法并存的;而 X 对

Y 提出的转移登记请求和 Z 对 Y 提出的预登记转为正式登记的请求,从各自请求的内容(趣旨)来看,在逻辑上是可以并存的。[11]

3. 上告审中的参加

与辅助参加一样,独立当事人参加可与上诉同时为之,也可于控诉审中为之,但可否于上告审中为之呢?最判 1969·7·15 民集 23 卷 8 号第 1532 页、百選Ⅱ 第 176 号案例认为,上告审并非事实审,不应允许独立当事人参加,但笔者以为应当允许之。由于上告审中存在撤销原判发回重审从而回到事实审的可能性,因此具有参加的实际利益。反对说认为,只要允许上告审中的辅助参加就已经足够了(三ヶ月·全集第 226 页等),但与辅助参加不同的是,在独立当事人参加中,参加人可以丝毫不用顾虑是否会发生抵触而充分发表自己的法律见解,而且还可以阻止既有之当事人放弃或撤回上告。比如,在原判决可能作废的情形下,也有必要与上告同时申请诈害妨止参加(故意的诈害诉讼无须到控诉审阶段,一般在一审中即可确定之,但法官却有可能放宽对诈害妨止参加中的诈害意思的认定,因此上告审阶段出现诈害也是不难想象的)。

不过,当法院以上告无理由而驳回上告的时候,由于上告审是法律审,对参加人的请求无法进行本案判断。独立当事人参加于此时解体,其结果与上告审中的辅助参加是

---

〔11〕 宇野聡·民商 114 卷 3 号(1996)第 541 页。不过,井上治典·判批·判評 438 号(判時 1531 号第 197 页)(1995)第 51 页[收于井上·実践と理論第 234 页]对该判旨持反对意见。

同样的，而且为了将参加人的请求作为他诉进行审理，上告审法院会将该请求移送一审法院（新堂第719页）。这表明，虽然参加申请的性质也可以随着审理过程的展开而由独立当事人参加转变为辅助参加，不过从法律论上来说确实有不当之处。但也正因如此，希望提出与既有当事人不同主张的第三人的利益也被彻底封杀了；这是否妥当，也是此处存在的问题。[12][13]

---

〔12〕 认为应当允许上告审参加的学说有，松本＝上野第582页、木川統一郎＝中村英郎編『民事訴訟法（新版）』（1998，青林書院）第109页（小松良正执笔）、上田第542页、小室・監修第246页（三谷忠之执笔）、小室ほか・基本法コンメ1第112页、注解民訴（2）第250页等。

持否定见解的学说有，伊藤第595页、小山第498页、花村治郎「上告審における独立当事者参加」同『民事上訴制度の研究』（1986，成文堂）第169页。另外，注釈民訴（2）第212页（河野正憲执笔）认为，虽然不合法，但在驳回之前发回重审的话，瑕疵即可“治愈”，应属折中说。

〔13〕 另外，还存在一个独立当事人参加是否准用辅助参加之异议权（第44条）的问题。通说认为，从法条来看并未规定可以准用第44条（第47条第4款），因此不存在异议权（兼子・体系第415页、新堂第721页、上田第542页、菊井＝村松Ⅰ第446页等）。但反对说也颇有道理［三ヶ月・全集第227页、松本＝上野第588页、小室・監修第249页、小室ほか・基本法コンメⅠ第117页、注解民訴（2）第264页］。

独立当事人参加在确立请求的时候属于诉的提起（申请的手续费与起诉相同，参见民訴費用法別表第一之第7项），该要件作为诉的合并要件属于诉讼要件之一。因此，如果申请未满足独立当事人参加的要件，从合并的角度来说，由于欠缺诉讼要件，该申请参加将被驳回。实务中似乎也有驳回诉这种处理方式（关于实务中这种暧昧不清的做法请参看菊井＝村松Ⅰ第446页），但应该理解为驳回参加（兼子・体系第415页等）。这样一来，只是参加被驳回，而诉的实质却依然存在，可以将之作为一个新诉来处理，既可以合并辩论（横滨地判1989・3・16判時1330号第69页），也可将之作为诉的主观追加合并（新堂第678页。不过判例并未承认诉的主观追加合并）来处理。驳回参加应以判决为之。这样一来，所谓异议权又有什么意义呢？如果对独立当事人参加不存在异议的话，是否就不必审查独立当事人参加要件了呢？没有一个学说作如此理解。另外，诉讼要件属于职权调查事项，即使说异议是一项权利，也不过是促使法院对诉讼要件进行审理。是否为独立当事人参加将决定参加申请人Z的诉讼行为是否准用第40条，将对主张整理产生重大影响，因此法院会把审理这一诉讼要件(独立当事人参加要件)作为最优先的事项来处理。法院在处理普通的诉讼要件时也是一样,即使是普通的诉讼要件也会最优先审理某些重要的事项,比如国际裁判管辖等。但是,国际裁判管辖等其他诉讼要件中并未见有异议权。注釈民訴(2)第215页(河野正憲执笔)认为,异议权的效力在于,如果产生异议,法院必须将之作为本案的先决条件予以处理。这样一来,没有异议权的诉讼要件与未设有异议权的其他诉讼要件是否就是相同的?对于必须将异议作为先决条件进行审理这一点,如果理解为是要求法院将之作为可能停止本案审理的妨诉抗辩来处理的话,第44条也并没有作出这样的规定(也正因如此,第45条第3款规定,于本案审理中可以为诉讼行为)。即使是一般的诉讼要件,法律也不会作出如此要求。

当然,驳回参加这一通说似乎也并不意味着在独立当事人参加要件未获满足的情形下,必须作出驳回参加的判决。新堂第721页也只是认为,如果存在争议,法院将作出允许独立当事人参加的中间判决,并未言及驳回判决。注解民訴(2)第251页明确指出,不必以参加不合法为由驳回之,应该按照诉讼行为转换法理,将之作为一个独立的诉来处理,并不需要法院积极地作出判决。伊藤第597页认为,如果参加人有意请求法院将之作为一个独立的诉进行审判的话,法院就不用作出驳回参加的判决而直接将之认定为一个新诉来处理即可;如果参加人没有这样的意思,法院就可作出驳回判决。这样一来,如果说所谓异议权就意味着必须作出驳回参加判决的话,也就意味着我们必须对此前的处理方法做出反省。即使在欠缺要件的情形下参加人同意作为新诉来处理,法院依然作出驳回参加的判决,先不管这样做的实际意义,在形式上是没有什么不正当的地方的,但是即使不采用异议权构成理论,只是从诉讼要件的一般处理方式来说,也同样可以导出驳回判决这一做法。

如上,所谓异议权在理论上实际是毫无意义的。

接下来的问题是,是否必须以口头辩论的方式对独立当事人参加要件进行审理?通说持肯定意见[兼子·体系第415页、新堂第721页、小山第501页、松本=上野第589页、佐上第289页、注解民訴(2)第265页等]。这样的话,在辩论准备程序中,法院就不能作出驳回参加申请的判决。不过这种做法是否妥当呢?对于辅助参加申请,法院可以在辩论准备程序中作出准否的裁判,对于独立当事人参加申请就不能准用这一做法吗?从理论构成上说,就不能适用第140条(法院可以不经口头辩论直接作出驳回诉的判决)吗?就其实质而言,对于独立当事人参加要件进行审查,仅需从其请求的趣旨判断即可,似乎没有必要一定要经过口头辩论程序。上野泰男「当事者関連項目について」民商110卷4·5号(1994)第687页从立法论上肯定了异议权,并且提倡通过决定程序进行审理。但是,作为现行法下的解释论来说,因为法律并未明文规定所谓决定程序,因此较为困难(小室·監修第249页)。不利用决定程序,就不能利用未经口头辩论的驳回诉之判决来处理吗?在争点、证据整理阶段和证据调查阶段相分离的现行法下,不能在辩论准备程序中予以处理而必须在口头辩论期日开始以后才能处理,这并不是机动灵活的做法。不过,因为是否准许独立当事人参加是一个重大的问题,因此才需要在口头辩论期日进行处理,这恐怕是现行法的立法者们的想法吧。

三、片面参加

在独立当事人参加中，参加人是否必须以既有之原告、被告双方为被告确定诉讼请求呢？旧法下之最判 1967・9・27民集 21 卷 7 号第 1925 页、百選Ⅱ第 174 号案例均表明，参加人须向双方提出诉讼请求，但多数学说对此持反对意见。[14] 在现实的纠纷中，参加人 Z 出于种种原因——如碍于情面不想当面提出诉讼请求，提出诉讼请求反而会使事情复杂化，难以和解——只想对一方当事人提出明确的诉讼请求。对于这样的情形，上述判例将之排除在独立当事人参加之外，只允许申请人另行起诉，然后依裁量作为合并的普通共同诉讼来处理。对于判例的这种僵化处理，多数学者持批判意见。片面参加还有一个优点就是，未被请求的一方当事人的律师即使成为参加人的律师，也并不违反《律师法》第 25 条禁止双方代理的规定。

第 47 条从正面肯定了片面参加，而且也肯定了准用第 40 条的有关规定；甚至只是从准独立当事人参加的角度对片面参加予以肯定的新堂说也认为，虽然不能准用第 40 条之规定，但应运用当然的辅助参加理论（新堂・旧第 520 页），因此可以说立法已经在很大程度上断然否定了当然的辅助参

---

〔14〕　榊原豊「民訴法七一条による片面参加と参加要件をめぐる問題について」中京法学 24 卷 1 = 2 合併号（1989）第 1 页以下、井上・前引注〔2〕第 288 页、新堂・旧第 510 页、新堂・判例第 191 页、条解第 201 页、鈴木正裕・1966・42 重判解説第 213 页、上野泰男「独立当事者参加」林屋礼二 = 小島武司編『民事訴訟法ゼミナール』（1985，有斐閣）第 334 页等。

另外，新堂幸司「民事訴訟法をめぐる学説と判例の交錯」新堂・基礎第 221 页、特别是第 228 页以最高法院的这一判决为素材对判例的模式化思考方式进行了批判，意味深长。

加理论。[15] X对Y提出了确认所有权的请求,Z也主张自己是所有权人而参与到诉讼中,由于Y、Z之间的关系良好,Z只针对X提出了确认所有权的请求。此时,为了阻止法院支持X的请求,Z或者阻止Y作出拟制自认,或者谋求判决内容在X、Y请求以及Z、X请求方面做到逻辑上的统一,为此,准用第40条的规定确实比当然的辅助参加理论更为直接。

这一问题虽然在立法上得到了解决,但在理论上还必须说明立法为何肯定准用第40条,其原因在于,通说向来认为因为出现了三个诉讼请求而形成了三面诉讼的局面,所以准用第40条的规定;可是在片面参加中,如果着眼于请求的个数就很难说是三面诉讼,因此应该另行寻找准用第40条的理论根据。虽然请求不是三个,但只要一个人的请求得到法院的支持就会在事实上损害参加人的利益,这一结果与三面诉讼并无不同之处,这应该就是准用第40条的根据。X、Y之间的确认所有权的请求和Z、X之间的确认所有权的请求互不相容,在逻辑上不可并存,如果不能准用第40条就会对Z的利益造成损害。[16] 如果X以Y、Z为共同被

---

〔15〕 认为旧法下也允许准用第40条的学说有,奈良次郎「独立当事者参加について(8)」判評130号[判時572号(1969)第100页]第2页以下特别是第108页、井上·前引注〔5〕「独立当事者参加」井上·訴訟第38页、注釈民訴(2)第203页(河野正憲執筆)等。

〔16〕 研究会新民诉第78页竹下守夫先生在发言中对此进行了明确的阐述,使用了“互不相容关系”的措辞,换一种说法也许可以是“择一性关系”。

伊藤第593页也认为,不能将片面参加理解为三面诉讼,但准用第40条的根据在于独立当事人参加制度的宗旨——双方当事人和参加人在诉讼中形成了一种互相牵制的关系,对于各自的请求法律意在寻求一种没有矛盾的判决。

正如本讲第一节“独立当事人参加的意义”中所言,日本法上的独立当事人参加制度,重视的不是三面诉讼,而是意在消除他人之间的判决对自身造成的不利益;法律规定片面参加制度不过是更明确地说明了这一点。另请参照山本弘「多数当事者訴訟」講座新民訴法Ⅰ第141页。

告提出确认所有权的请求，因为这并非不相容的关系，而是属于普通共同诉讼，所以并不能适用第40条的规定。但是，在这一普通共同诉讼中，如果Z对X提起了确认所有权的反诉，那么X对Y的请求与Z对X的请求就形成不相容的关系，从表面上来看和片面参加并无不同，但是要想准用第40条，只是单纯地提起反诉还不够，还需要Z提出片面参加的申请。也就是说，片面参加（独立当事人参加）的要件包括，请求互不相容而且参加人提出参加申请（参加的意思）。[17]

---

〔17〕　在X以Y、Z为共同被告提出确认所有权请求的情形下，Z对Y提出确认所有权之诉，法院将该诉与前诉合并，这时可否准用第40条的规定呢？按照向来的思考方式，虽然这时产生了三面诉讼现象，但并不属于独立当事人参加，因此不得准用第40条之规定（谷口第295页认为，按照向来的学说应该做此解释；也就是说，仅有各请求相互之间的关系还不够，尚须视参加的意思而定）。但在现行法下，上述情形和Z仅以Y为被告提起片面参加的情形，在请求的形式上是一致的；不同之处仅在于是否有参加的申请（参加的意思）。在纠纷的实体和诉讼的形式均归于同一的情形下，是否准用第40条仅以意思之有无决定之，这一解释论到底能维持多久呢？

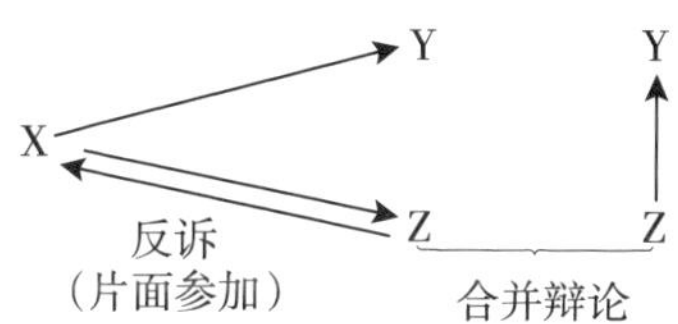

不拘泥于请求的形式或参加申请这一形式，而是直接着眼于X的地位（权利主张）和Z的地位（权利主张）来考虑是否准用第40条之规定。从正文设例以及上述设例来看，这一思考方式与允许片面参加的现行法之目标仅有一步之遥；现行法的目标与谷口安平「多数当事者訴訟について考える」法教86号（1987）第6页上的「メリーゴーランド構成」（意为“旋转木马结构”。——译者注）之间亦仅剩半步之遥。如此，将引起法解释学领域的一场地壳大变动。

尽管有如此风险，现行法还是积极认可了片面参加，这是因为考虑到这一制度在诉讼继承中的参加继承中也会发生作用。在X于Z处受让系争物时，Z、X本来对受让没有争议，此时还需要他们提出诉讼请求，这是极为不自然的。于是，在受让无争议的场合也就不存在违反《律师法》第25条的情形，当无异议。但是在此会产生另一个问题，即在第49条参加继承中出现的独立当事人参加与一般情形下的独立当事人参加是否相同？笔者以为，这两者虽然在表面上相似，其本质并不相同；即使从立法论上来说，在形式上参加继承并非独立当事人参加，而是与接受继承一样还需要得到法院的许可。因此，有学者对立法提出批判，认为法律只需在诉讼继承中规定片面参加就可以了，就其必要性而言也是如此。但是即使在一般情形下的独立当事人参加中，也存在片面参加的实例(新実務民訴 3 第 76 页以下是井上治典教授关于下民集登载判例的详细研究。在 42 个权利主张参加的案例中，片面参加占到了 7 例)，因此，对现行法似乎不必过于责难。总之在理论上，片面参加与诉讼继承有着密切的联系。

顺便提及的是，上野泰男・前引注〔13〕第 688 页建议从立法上赋予参加人没有提出诉讼请求的一方当事人对片面参加的拒绝权。片面参加人并不因为与该当事人之间的关系而负担请求被驳回的危险，因此未被提出诉讼请求的当事人也就没有理由必须自动承认参加人的片面参加；事实上也确实如此。在 X、Y 之间的所有权确认诉讼中，Z 仅以 X 为被告要求确认所有权而参加到诉讼中，如果 Z 在败诉之后又对 Y 提起所有权确认之诉，显然这个第二诉讼是不正当的。因此上野说较有说服力(另请参照上北・前引注〔5〕第 210 页)。上野说是以请求为中心提出这一建议的，如果不拘泥于诉讼请求，而是按照新堂说(判决效力应及于辅助参加中之参加人、被参加人和对方当事人，见第六讲第三节“辅助参加与判决效”部分)的理论，阻止 Z 再诉的判决效力也是能够得到肯定的。

以下是详细说明。在 X 对 Y 提起确认所有权之诉以后，Z 因为想与 Y 保持良好的关系而只以 X 为被告提出确认所有权的请求并申请片面参加。X 对 Y 的请求与 Z 对 X 的请求之间，从各自请求的内容来看属于相互抵触的关系，应当允许独立当事人参加；从判决效来看，因为 Z、Y 之间并无诉讼请求，因此 Z、Y 之间也不存在诉讼标的，也就不产生判决的既判力。如此，若 Z 其后对 Y 又提起确认所有权之诉，将如何处理？(1)在前诉之片面参加中，参加人 Z 和被告 Y 结成统一战线，共同对抗原告 X。如果 Z、Y 联军败诉，将产生类似于参加效力的判决效，因此 Z 对 Y 提起的所有权确认之诉也会遭到败诉的后果；如果 Z、Y 联军胜诉，其后 Z、Y 之间又产生对立导致 Z 对 Y 提起所有权确认之诉，此时判决的效力相当于辅助参加时的争点效(或者基于诚实信用原则)，因此 Y 将败诉，因为 Y 在前诉中承认了 Z 的所有权并与其共同对抗 X 的请求。(2)如果 Y 在前诉中主张自己是所有权人并进行了主张立证活动，又该如何处理？Y 的这一主张从形式上来看并非诉讼标的，只不过是对 X 主张的一种积极否认，但它与 Z 的主张在内容上是对立的，法院将对 X、Y、Z 三者之间各自的所有权取得事实依次进行审理。此时，判决主文将追求实体法逻辑上的统一性，而 X、Y、Z 共同参与了判决主文基础的形成过程，因此按照新堂说(判决效力应及于辅助参加中之参加人、被参加人和对方当事人，见第六讲第三节“辅助参加与判决效”部分)的观点，包含争点效在内的判决效及于 X、Y、Z 三人。利用这一理论来处理 Z、Y 之间的后诉即可(如果 Z 在前诉胜诉，将再次获胜；如果 Z 在前诉败诉，将再次败诉)。(3)如果在前诉的片面参加中，Z、Y 之间并未形成同盟关系，而且各自的主张立证活动之间也不存在任何另外,参加人在开始时提出的是片面参加,但在诉讼过程中又对另一方提出诉讼请求,从而变为双方参加,这种情况当然也是允许的。理论上对这一问题的解释一直都认为属于准独立当事人参加向独立当事人参加的转换,在取消了准独立当事人参加制度的现行法下,这是一种诉讼内特殊的事后确立请求的现象。[18] 由于存在着事后确立诉讼请求的可能性,也就是说存在着一种潜在的三面诉讼关系,因此如果既有当事人的诉讼代理人(律师)也成为参加人的诉讼代理人的话,这就违反了《律师法》第 25 条的规定(新堂第 721 页)。关键不在于片面参加这一形式,而在于利益冲突这一实质。

四、独立当事人参加的审判规则

1. 无请求之当事人

独立当事人参加的实质是起诉,也可以将之理解为参

关系,又该如何处理?既然 Z 对 Y 并未提出诉讼请求,那么也不能够要求 Y 对 Z 的请求原因事实作出承认或否认。在这种情形下,假设 Z 在前诉中取得了对 X 的胜诉判决。由于准用第 40 条的关系,X 对 Y 的请求也被法院驳回。其后,即使 Z 又对 Y 提起所有权确认之诉,法院也要对 Z、Y 之间的这一争议重新进行审理,因为 Z 和 Y 在前诉中并无关系。相反,在 Z 对 X 的请求败诉的情况下,X 对 Y 的请求可能得到法院的支持也可能被法院驳回。假设 Z、Y 之间各自的主张立证活动不存在任何关系的话,法院就要对 Z、Y 之间关于确认所有权的争议进行重新审理。当然,在前诉中取得对 Z 胜诉判决的 X 也可以参加 Z、Y 之间的后诉(因具体情形的不同,有可能是因为既判力,也有可能是因为争点效)而导致法院驳回 Z 对 Y 的请求,但这属于另一个问题。

在(3)这种情形下,Z 可以随时对 Y 提出诉讼请求,而 Y 对 Z 在前诉中的主张毫不关心,只不过是心存侥幸罢了。另外,也不能说类似(3)的这种情形在实践中较为多见。甚至由于片面参加须准用第 40 条之规定而导致法院必须作出统一的判决,因此 Y 对 Z 的主张不可能不关心。假如这样的话,就没有必要特别重视 Y 对 Z 的片面参加享有拒绝权了。不过在实务中,如果 Y 提出异议,Z 对 Y 也可以追加诉讼请求,因此承认或否认 Y 享有拒绝权并不会产生较大的差异。

〔18〕 研究会新民诉第 83 页柳田的发言。

加人提出自己的诉讼请求而参与到诉讼中。法律对于只以一方当事人为被告的片面参加的认可,也可以理解为法律允许参加人只对一方当事人提出诉讼请求。因此,参加人必须提出诉讼请求可以看作独立当事人参加的当然前提。

但是,提出诉讼请求有时也未必是一件容易的事情。在无法提出给付请求的时候,虽然也可视情况提出确认请求,但以并无争执的当事人为被告提出确认请求,就会被怀疑是否具有诉的确认利益。不过,在独立当事人参加制度中,上述情形却被认为是具有确认利益的(新堂第720页)。虽然在一般情形下这种确认请求是不合法的,但独立当事人参加制度对此进行了修正,不过这样做的结果可能会导致极不自然的诉讼请求。比如,Y(子)擅自将其父X所有的不动产过户到自己的名下,X因此对Y提出请求注销登记的诉讼,Y却下落不明,此时,从Y处取得抵押权设定登记的第三人Z提出诈害妨止参加。学者认为Z应对X提出"存在所有权纠纷的确认请求"(对Y则应提出抵押权确认请求),[19]此处所谓的"纠纷存在的确认请求"又是多么奇怪的一种诉讼请求!

诈害妨止参加的目的在于阻止因原被告通谋而导致法院作出不利于己的判决。因此在某些情形下也并不要求法院就自己的诉讼请求作出超越上述目的的判决。当债权人和保证人通谋,企图骗取法院作出保证人败诉判决的时候,

---

〔19〕 小室ほか・基本法コンメ1第116页(上野泰男執筆);谷口第297页也认为在独立当事人参加中提出确认请求是不自然的。

主债务人只要得到一个驳回原告诉讼请求的判决就已足够,因此其追加一个主债务不存在的确认请求或者保证债务不存在的确认请求就可以了。在权利主张参加中,主债务人也可以追加自己的诉讼请求。[20] 如此,在独立当事人参加制度中,参加人成为当事人,能够行使一定的权限是十分必要的,而且也不必勉强参加人提出诉讼请求;也有学者在这一意义上倡议法律应当允许所谓"无请求之当事人"的出现(井上治典「独立当事者参加論の位相」(初出·1977)井上·法理第298页)。[21]

笔者认为,从理论上应当允许所谓"无请求之当事人",至少在诈害妨止参加制度中做此考虑。不过,包括学者在

---

〔20〕 在本讲第一节"独立当事人参加的意义"所举案例中,当Z取得了以X、Y为被告的确认所有权的胜诉判决后,X以Y为被告提出确认所有权的诉讼,Z作为独立当事人参加。此时,因为Z已经得到一个胜诉判决因此没有必要再提出诉讼请求。这与一般情形下的诉的利益理论也是相互整合的。当然,这属于诈害妨止参加,并非权利主张参加,如果是权利主张参加尚须提出诉讼请求。从解释论的角度看,将无请求之当事人暂时限定为诈害妨止参加还是较为稳妥的。

〔21〕 中野=松浦=鈴木第476页(井上治典执笔)、注釈民訴(2)第203页以下(河野正憲执笔)也认为不必提出诉讼请求。新堂·演習·法学教室〈第二期〉7号(1975)第188页亦同。不过新堂第719页从思考便利的角度出发认为,在解释论上还是要求参加人提出诉讼请求为好;新堂第683页又认为,在主观追加合并中,如果参加人加入被告一方形成共同诉讼参加的话,也可以不提出诉讼请求。可见,新堂说在这一问题上也是左右摇摆的。

德田和幸「訴訟参加制度の継受と変容」民訴雑誌37号(1991)第18页指出,大正年间修订民事诉讼法的立法者们也认识到,为了达到预防诈害发生的目的,对于参加人而言,只要能够有效地阻止原告、被告的共谋就足够了,并没有必要让法院对自己的诉讼请求作出判决。这一考察意义深远,可以作为无请求当事人理论成立的有利证据。德田和幸「独立当事者参加における請求の定立」新堂·古稀(上)第705页的论述对此观点有较大发展,富启示意义。

但伊藤第596页对无请求之当事人持反对意见,作者认为当事人的地位和请求是不可分的,不过支持无请求之当事人的观点还是多数说。

内的法律界人士习惯了以诉讼请求作为基准来思考问题。因此,要求参加人提出诉讼请求,具有方便法律人思考的作用,且法院会敦促参加人提出诉讼请求,我们也没有必要将法院这一释明行为看作不合法的。但从理论上来说,在诈害妨止参加中,参加人即使没有提出诉讼请求也是合法的(虽然法院已经作出释明,但参加人依然没有提出诉讼请求,若法院以此为由驳回参加将是不合法的)。[22]

2. 审判规则

诈害妨止参加和权利主张参加的审判规则是一样的,都要准用第40条必要共同诉讼的规定。这样就能保障程序进行的统一和诉讼资料的统一,保障判决内容在三者之间不会造成实体法逻辑上的矛盾(如前述第二节"独立当事人参加的要件"之2."权利主张参加"部分),此处的含义比必要共同诉讼中的合一确定更为丰富。只要不要求合一确定就不是必要共同诉讼,如主债务人和保证人的关系,主债务人作为独立当事人参加到债权人以保证人为被告的诉讼中,此时要求判决内容在三者之间要做到实体法逻辑上的统一。

第40条的目的在于使共同诉讼人之间的步调协调一致,形成一种联合关系。在独立当事人参加中三者的关系是相互对立的,因此准用第40条的结果就在于使三方互相

〔22〕 谷口安平「多数当事者訴訟について考える」法教86号(1987)第6页以下将法律界人士惯于以诉讼请求为基准进行思考的模式称为箭头符号式思维。今后法律界人士也应该逐渐适应该论文中所倡导的「メリーゴーランド構成」(意为"旋转木马结构"——译者注)的思维模式。

牵制,不要使一方受到不利的对待(有利则无妨)。第40条的含义在此发生了变化,不再是协调对立的双方当事人中一方的诉讼行为。[23] 比如,即使被告作出自认,只要参加人对此持有异议,那么被告的这一自认在其与原告之间就不产生效力。法律不允许双方当事人在排除参加人的情形下进行交易,原告对被告放弃诉讼请求和被告认诺原告的诉讼请求都是不允许的,通过这种禁止才能保证判决在内容上的统一。三方的期日也必须是共同的,只要其中一方产生期日中断或中止的事由,则全体亦中断或中止。分开辩论或部分判决也是不允许的,一方上诉将产生全体移审的效果。不过,因为三者的关系并非如必要共同诉讼一般是合一确定的联合关系,所以上诉期间各自进行。

以上为通说。不过仔细考虑一下的话,如同在论述共同诉讼整体流动化现象时所见的(本书第三讲第四部分“共同诉讼的整体构造”),对认诺、撤诉等各种行为进行重新思考的余地也是很大的。比如,X基于所有权要求Y交付建筑物,该诉讼中,Z主张自己才是所有权人,并对X提出了

---

〔23〕 中野貞一郎「独立当事者参加訴訟における二当事者の和解」中野・論点Ⅰ第172页以下特别是第180页上的说明堪称精巧。作者认为,必要共同诉讼中的第40条就好比棒球比赛中的同盟关系,而准用于独立当事人参加的第40条就好比扑克游戏中的相互牵制关系,其结果就是形成了一种规范的格式化,即“三方当事人中之二方的诉讼行为若导致另一方之不利益,则其诉讼行为不生效力”。谷口第298页的用语是,每一方均为他方之敌。

与上述观点不同的是,高田裕成「いわゆる類似必要的共同訴訟関係における共同訴訟人の地位」新堂・古稀(上)第641页认为,独立当事人参加中的牵制关系和类似必要共同诉讼中的牵制关系在本质上是相同的。关于高田说参见本书第三讲相关部分。

确认所有权的请求,对 Y 则提出了交付建筑物的请求。在该权利主张参加中,原告 X 准备单独对 Y 放弃诉讼请求,这一放弃无论对被告 Y 还是参加人 Z 都是有利的。因此即使只有 Z 单独认可了 X 的放弃行为,该放弃亦生效力(井上·法理第 284 页、新堂第 722 页;不过在诈害妨止参加中则另当别论,因为有时放弃诉讼请求也是一种诈害行为)。在接下来的诉讼中,假设法院判定 Z 并不享有所有权,判决内容和放弃内容并不一致,但 X 也可能是抱着“这样也行了”的想法而放弃诉讼请求的,因此不一致也无妨;[24] 也应该同样

---

〔24〕 条解第 204 页、中野 = 松浦 = 鈴木第 477 页、注釈民訴(2)第 218 页(河野正憲執筆)(不过,作者认为不应当允许请求的认诺和双方的和解)。

当然,X 只对 Y 放弃诉讼请求毕竟是课堂教学中的设例。一般情况下,X 在放弃对 Y 的诉讼请求的同时也会对 Z 的诉讼请求作出认诺,是否应该认可这一认诺行为呢?应该说,这一认诺行为对 Y 是不利的,即使 Y 对 Z 胜诉,这一认诺也可能在诉讼外对 Y 造成困扰。因此,这种情形下不能作出请求的认诺。

另外,Y 并没有作为独立当事人参加 Z、X 的诉讼,可能无法阻止 X 作出认诺。但是,这已经是一个独立当事人参加的诉讼了,再要求 Y 也提出独立当事人参加申请未免有些苛刻。虽然 X 放弃了对 Y 的诉讼请求,但为了达到统一审判的目的,对 Z、X 请求和 Z、Y 请求等剩余的诉讼请求亦应准用第 40 条之规定。

不过,三木·前引·新堂·古稀(上)第 842 页以下有这样的论述。X 认为 Y 违法损坏了自己所有的数个动产,遂以 Y 为被告提起损害赔偿之诉;Z 主张其中的部分动产是自己所有,并以 Y 的不法行为为由,仅以 Y 为被告提出损害赔偿请求。这是一个片面的独立当事人参加。X 立刻承认了其中部分动产为 Z 所有,并主动从对 Y 的请求金额中扣除了相应的部分(此缩减请求的行为以 X 可单独为之为前提)。本案中,本诉请求和参加之诉的请求之间已经不存在矛盾关系,因此也不存在任一当事人牵制其他当事人的必要性。从该矛盾关系消除的那一刻起,法院就应该宣布作为独立当事人参加的诉讼法律关系已经终了,至少应该宣布不再准用第 40 条的规定,并以此为前提推进此后的审理进程。

本案中,由于独立当事人参加的基础已经不复存在,对上述建议应予赞同;即使按照诉讼标的应该是各个动产的兼子理论来考虑本案亦是如此,由于 Z 之独立当事人参加的诉讼标的已经因 X 缩减诉讼请求而消失,所以独立当事人参加之诉也就随之消失了。

认可由 Z 作出的放弃诉讼请求(不过一般的做法恐怕不是放弃请求而是 Z 撤回其参加申请)。X、Y 之间的和解只要不对 Z 产生不利情形,也应该是合法的。〔25〕Z 如果不提起上诉也是同样的道理,败诉之对 Z 不提出上诉的时候,即使 X 或 Y 提出上诉,也不产生 Z 的诉讼请求移为上诉审的效果(在后述之 3 部分亦有讨论)。如此,视不利益是否及于他人应在具体的案件中对处理方式进行微调。除此之外,因准用第 40 条的缘故,在独立当事人参加过程中,对他人

---

〔25〕 井上・法理第 285 页上所举和解案例为,X、Y 请求为交付建筑物,Z、X 请求为确认所有权,Z、Y 请求为交付建筑物,此时 X、Y 达成如下和解:Y 向 X 支付 500 万日元,X 不再对 Y 享有交付建筑物的请求权。这一和解并未损害到 Z 的利益。

对于井上说,奈良次郎「続独立当事者参加訴訟(四)」判評 245 号(判時 925 号)(1979)第 140 页、特别是第 141 页第 3 段注(1)指出,裁判上和解的成立要经过多次交涉和提案的过程,要确定和解的内容只有在和解书制作完成的时候才有可能,对这一充满变数的和解过程要判断有利还是不利在实务上是很困难的。因此,井上说很难在实务中被采用。当然,从对已成立的和解如何救济的角度出发,实务中也许存在着应按井上说进行思考的个案,但即便如此,那也是例外情形。同书第 143 页第 3 段注(1)中指出,双方当事人之间放弃或认诺诉讼请求对于另一当事人来说也构成了不利益,至少它剥夺了法院对三方当事人之间的纷争作出合一确定的机会,因此不应使其发生效力,法院至多可以将其作为辩论全趣旨用于心证的形成。

对于奈良说,中野・前引注〔23〕论文认为,该说只是针对实务作出的解释,并非从理论上反对井上说。井上治典「独立当事者参加」(初出・1982)井上・訴訟第 27 页以下特别是第 46 页也对奈良说提出了反驳:实务中难道不存在可以允许双方当事人之间个别解决争议的情形吗?单是提出这一问题本身就有其正当性的一面。但是,三木浩一・「多数当事者論争の審理ユニット」法学研究 70 卷 10 号(1997)第 65 页对奈良说持赞成态度,作者认为,由和解内容左右诉讼上和解的效果将给法院的案件管理带来较大的不安定因素。

笔者同意中野说和井上说。不过,正如奈良说所指出的,实践中有很多未经他人参与的和解对他人是不利的,这种情形即便按照井上说也难以承认其和解的效力。作为法院来说,慎重地介入双方当事人之间的和解过程是一种聪明的做法。上野泰男「独立当事者参加訴訟の審判規制」中野・古稀(上)第 501 页也指出,如果认为有效的双方和解应该得到第三人的同意,法院就应该积极地将他人引入和解过程,我们不得不承认所谓的和解交涉是不会按纠纷的是非曲直等常理来进行的。

不利的诉讼行为不得单独或于双方当事人间为之,须由全员为之,而且须在他人同意的前提下为之(即使在放弃诉讼请求或二者间的和解得到认可的情形下,对于剩余的诉讼请求——Z、X 请求以及 Z、Y 请求——必须进行统一的审判,须准用第 40 条之规定。这只是对第 40 条适用方法的些微调整,如果由此得出否定准用第 40 条的结论并非妥当)。

但是,以有利还是不利为标准对第 40 条的适用方法进行微调的见解,学者从两个方面进行了猛烈的批判。一个是上野泰男「独立当事者参加訴訟の審判規制」中野・古稀(上)第 477 页以下,特别是第 498 页的论述。比如,对于原告放弃对被告的诉讼请求,上野说采取了通说的见解,予以坚决否定。其理由在于,参加人 Z 本来是希望三方纠纷获得一次性解决,X 放弃请求就阻碍了此愿望的实现。也就是说:第一,在 X 放弃诉讼请求的时候,余下的 Z、X 和 Z、Y 的请求就无法与 X、Y 请求获得统一的判决(如 Z 胜诉),在接下来的诉讼中,由于审理内容的关系,Z 也有可能对 X 败诉,这样一来,X、Y 请求与 Z、X 请求及 Z、Y 请求之间获得统一性解决的基础就不存在了,从而伤害了寻求统一判决的参加人 Z 的意思;第二,由于是独立当事人参加,因此对于 X、Y 请求作出的判决,其效力亦及于 Z。比如,假设因 X 败诉而确定 X 不享有请求权,那么即使在 X 与 Z 之间,X 也不得主张与"请求权不存在"相矛盾的攻击防御方法;与此相对,假设在 X、Y 之间发生放弃请求,那么该放弃只在 X、Y 之间发生效力而与 Z 无关,只要主张的内容和放弃的内容不同,X 依然可以对 Z 提起后诉。因此从判决效的角度来说,请求的放弃对 Z 构成的不利益尤甚于 Z 之寻求统一判决愿望的落空。[26] 总之,上野说的着眼点不在于放弃请求的内容对 Z 有利还是不利,而是对三者间纷争进行统一解决所带来的益处,而放弃请求的做法使得这一益处荡然无存。换言之,独立当事人参加要求统一解决纠纷,对此目的的保障应予尽力维持,这也是参加人 Z 的意思。

确实,X 放弃诉讼请求的行为一旦记入笔录,Y 就可以在裁判外将之用于自己的权利主张,即便 Z 对 Y 获得了胜诉,这依然有可能成为 Z 实现权利的一大障碍。但是从法技术的层面来说,放弃请求只说明 X 的请求理由站不住脚,并不意味着法院就认可了 Y 的理由(当然,在放弃笔录中不会记载理由)。作为参加人 Z 来说,如果他参加的目的在于阻止 X 胜诉,那么 X 的放弃行为已经足够了。正如上野说所指出的,允许 X 放弃诉讼请求就无法保障法院对其与 Z、X 请求及 Z、Y 请求作出统一性判决(因为程序保障只存在于 Z、X 请求和 Z、Y 请求之间)。虽有 X 放弃诉讼请求这一

---

〔26〕 奈良次郎「続独立当事者参加訴訟(七)」判評 249 号(判時 938 号)(1979)第 148 页认为:独立当事人参加诉讼中的判决效力及于三方当事人,因此对 X、Y 请求作出的判决亦及于 Z,不能因为 X、Y 请求终究属于 X、Y 之间的事情与 Z 无关而认为与请求具有密切关系的既判力并不及于 Z;X、Y 之间判决的效力及于 Z 是建立在与争点效理论相同性质的理论基础上的。上野・前引注〔25〕之论文对此亦基本持赞成态度。

奈良说、上野说与谷口・前引「多数当事者訴訟について考える」文中的「メリーゴーランド構成」(意为"旋转木马结构"——译者注)基本为同一方向,笔者亦表赞成。不过作为现行法的解释论,这一观点能够被重视到何种程度是另一个问题,一如后述,虽然同为解释论,但结论却与上野说不同。

另外,关于片面参加中的判决效力问题,可参看上田徹一郎「片面的独立当事者参加訴訟の構造と非当事者間の判決効」民商 123 巻 3 号(2000)第 299 页。

有利事实,但如果Z主张立证活动未获成功,则应该说是Z自己的责任(相反按上野说,如果X的放弃行为无效,法院也可能作出驳回Z、X或Z、Y请求,或者支持X、Y请求的判决,这不但对Z构成不利益,X也有可能得到一个违背其意愿的判决内容。当然,上野说并非着眼于Z的个别不利益,而是从纠纷的统一性解决这一制度利益的角度出发希望保护Z的主张,立足点并不相同)。另外,如果维持独立当事人参加构造对三方当事人作出统一性判决,那么在确定了X的请求权并不存在的时候,即使是在X、Z之间,X也不能主张与确定内容相矛盾的攻击防御方法,这一批判与上述观点的出发点是相同的。如果在残存的Z、X之间的诉讼中Z获得胜诉判决,Z就可以对X保有包括争点效在内的相同的效果(X、Y之间的争点效和Z、X之间的争点效也有可能不同,但一般情形下应该是重叠的)。现行法的独立当事人参加制度没有彻底地贯彻三面诉讼的原理,而是把重点放在了阻止在X、Y之间出现对Z不利的判决上。如果说三面纠纷的一次性统一解决是我们寻求的一种价值,那么现行法也并没有过分地拘泥于统一的判决效力。

对于以有利还是不利进行微调的见解,学者还从相反的方向进行了批判。可参看三木浩一「多数当事者紛争の審理ユニット」法学研究(庆应义塾大学)70卷10号(1997)第37页以下、特别是第49页的论述。三木说的基本构思是,如果参加人可以通过参加来扩大案件审理单元的话,那么也应该赋予作为既有当事人的原告、被告以缩小审理单元的权能,如此堪称公平;从先验的角度出发维持三面诉讼是不合理的,不单如此,维持三面诉讼还违反了处分权主义,因为这并没有尊重原告、被告自主解决纠纷的意愿。三木的论述是以原告、被告之间的诉讼上和解为主题的,原告、被告在裁判外达成实体法上的和解契约是谁也无法阻止的,那么在诉讼中主张由此带来的实体法律关系的变更也是不应该加以阻止的。不过,该和解契约并不能约束非契约当事方的参加人,并不会损害参加人的利益,这样的话,就应该无条件地允许原告、被告之间达成诉讼上的和解。三木说也没有以对参加人有利还是不利进行划分,这一点和井上说是一致的,三木认为,既然诉讼上的和解并不具备类似判决的证明效力,那么也就不会对参加人造成损害。〔27〕

但是,按照三木说的逻辑,即使在一般情形下(对X、Y、Z三方同时判决)的独立当事人参加的判决中,法院分别支持了XY、ZX、ZY的诉讼请求也不会有什么不妥。因为法院支持X对Y的请求和三木所说的X、Y之间达成和解是一样的,不会对Z造成法律意义上的不利——Z分别对X、Y取得胜诉,确保了自己的利益。尽管如此,在法院支持了Z对X的诉讼请求的前提下,通说和判例都认为此时法院就不能再支持X对Y的诉讼请求,必须驳回其诉讼请求。之所以如此(在此情形下,对后诉的证明效力并不成为问题),是因为通说和判例的关注点在于,X会在裁判外利用自己得到的胜诉判决给Z造成事实上的不利益。这样的话,在X、

---

〔27〕 谷口第298页认为,在独立当事人参加中,不利的行为只对自己有效。如此一来,两方当事人之间达成的和解通常情况下就会有效;中野说对此持反对意见,并引用了三木的观点;谷口说的真实含义何在,目前还不甚清楚。

Y 之间达成的诉讼上的和解也会在法院的笔录中得到体现，因此与判决的情形是相当的(诉讼上的和解，与放弃诉讼请求一样，在法律上并不意味着法院对其内容的认可。但是，与放弃诉讼请求这种单方行为不同，法院总会在和解的过程中进行劝解和某种程度的介入，这是作为法律人的一种常识)，难道 Z 就不能对此予以阻止吗？〔28〕总之，三木说在

---

〔28〕 三木・前引注〔25〕第 51 页上提到的例子是，X、Y 就谁是 A 的合法继承人争讼，此时 Z 主张从 X 处买受了涉诉的动产而申请独立当事人参加。该例中，X、Y 之间的纠纷与 Z 所提出的纠纷之间的关系较为松散，一方纠纷的解决并不会导致另一方纠纷自动获得解决，也就是说，这是两面诉讼的复合而非三面诉讼。尽管如此，按照现行法的规定，这种情况下依然允许提出独立当事人参加。正如三木指出的那样，不能断言独立当事人参加都属于三面诉讼。

不过，在上例中如果 X、Y 之间达成和解，X 承认 Y 是继承人并且对该动产享有所有权，善后问题如何处理？按照三木的观点，这一和解对 Z 而言并不具有拘束力，这样的话，Z 应该还是可以主张以及证明该动产所有权的移转过程，即从 A 到 X、再从 X 到 Z 的过程。如果证明成功的话，尽管有 X、Y 之间的和解 Z 也可以胜诉(此处暂不涉及对抗要件的问题)，即使 X、Y 在诉讼中主张实体法律关系因和解契约而发生了变更，与 Z 也没有关系，这种情形下，即使该主张得到了法院的承认，法院分别作出驳回 X、Y 请求、支持 Z、X 请求和 Z、Y 请求的判决，也不会产生矛盾，三木说也不会有什么不妥之处；但是如果 X、Y 之间的和解内容与上述相反，即 Y 承认 X 是继承人并且对该动产享有所有权，这种情形下即使主张实体法律关系发生了变更并且法院予以认可、从而分别作出支持 X、Y，Z、X，Z、Y 的诉讼请求的判决，一如本书所述，对于这种情形下的三个诉讼请求相互之间的关系，通说认为也是不适用独立当事人参加制度的。因和解导致实体法律关系发生变更是在独立当事人参加之后的事情，即使在诉讼中加以主张，也不会在判决中得到体现。

对于德国法学来说，因其将法律上的不利益进行纯粹化的考察，所谓的独立当事人参加制度对其是相当陌生的。也就是说，独立当事人参加制度的设计初衷是从一开始就把事实上的不利益包括在内了，坚决贯彻法律上不利益理论的三木说之所以难以实现和独立当事人参加制度的亲和，也可以说是缘于该制度本身的这一性质。此外，按照三木的理论，在缩小案件审理单元之后，可以将 Z、X 请求与 Z、Y 请求作为普通共同诉讼来处理，也可以分开辩论，从而实现各自请求的诉讼程序独立化，这对法院来说，无疑是非常方便的。参加人的立场是试图阻止事实上的不利益，而且日本法对此也是相当重视的，所以三木的处理办法是否妥当，应委诸立法论的判断。

理论的彻底性方面有其敏锐之处，而且明确指出了当事人可以在裁判外缔结和解契约、却在诉讼上不能和解这两种制度之间的不和谐之处，自然有其功绩。但是，法律上的不利益和裁判上、裁判外事实上的不利益，本来在理论上就很难分得清，且日本法上的独立当事人参加制度就是以这种理论为基础构建起来的一种制度，其目的在于防止裁判上和裁判外事实上的不利益，而不是防止法律上的不利益，既然如此，如果完全按照三木的观点，在解释论上是存在若干难解之处的。[29]

---

〔29〕　三木·前引注〔25〕第63页指出，希望获得统一性判决的只有参加人，并非既有之原告、被告。从当事人的意思基础来看确实如此，如果Y真心希望获得与Z、X请求统一的判决，Y就应该作为独立当事人参加到Z、X的请求(诉讼)中。但是，一般情况下，作为Z的独立当事人参加的一种反射，对X和Y而言，其获得统一性判决已经有了制度保障，因此Y和X都没有必要申请独立当事人参加。因此，即使按照三木说，Z、X之间的和解如果对Y不利的话，其和解就应该是无效的(按照通说的观点，并不考虑是否不利，只要未经过第三方同意双方的和解就是无效的)；按照三木说的观点，因为Y并没有明确表示希望获得与Z、X之间统一的判决，因此Z、X之间的和解当然有效。

可以看出，无论是通说还是井上说，并不是单纯地重视当事人的意思，也关注了不同诉讼请求客体上的相互联系，因此这可以视为达致谷口“旋转木马结构”的一个契机。但是，作为现行法的解释论，能在多大程度上以“旋转木马结构”作为依据还是一个问题；谷口在他的论文中对此也有清醒的认识。因此，就解释论而言，在达致“旋转木马结构”之前，作出一些调整还是必要的。通过第三人的独立当事人参加来达到在该诉讼中对纠纷的统一性解决，大体上可以将此作为重点，如果有两方当事人希望脱离诉讼，由于从本质上来说并不要求合一确定，只要未对他人造成不利益可以允许其脱离诉讼。

如果参加人提出了根本不可能成立的请求而参加到诉讼中，原告、被告之间也不能进行和解。从理论上讲，在法院作出统一性判决之后是允许和解的，但却不是实际的情形。因此，在这种情形下，应当允许原告、被告排除该独立当事人参加，在此基础上可以自行和解，不分情形地一律禁止拆开已经结合在一起的三方当事人是没有必要的。参加的排除是一个很有意义的问题，这有赖于菱田雄乡副教授的研究，另可参照本讲注〔37〕后段的说明。

对这一问题的结论就是,应以有利或是不利为标准对第 40 条的适用作出微调,凡是对他人不利的诉讼行为不得单独或在两方当事人之间为之〔30〕(新堂第 722 页)。

3. 部分败诉方提起的上诉

败诉的两方当事人都提起上诉的话不会产生什么问题,全部诉讼请求均发生移审的效果;问题在于,败诉的两个人之中只有一人提起上诉,那么另一人是否成为上诉审的当事人呢?

既然独立当事人参加已经成立,是否就应该尽量予以维持呢?这属于上述问题的应用层面(参见本讲"审判规则"部分),不过在此却没有必要加以维持。可以将之还原为两方当事人诉讼的形态,败诉之参加人 Z 没有提起上诉的时候,Z 不作为上诉审的当事人(Z 的诉讼请求不发生移审的效果),这是因为曾经希望获得统一判决的参加人 Z 此

---

〔30〕 中野 · 前引注〔23〕第 172 页认为,两方当事人可以在诉讼外达成和解,并可就该和解导致的实体法律关系的变更并于诉讼上主张之。但是,由于独立当事人参加制度在于求得三方纠纷的统一性解决,因此如果诉讼终了的效力对另一人是不利的,则不应允许该效力的发生;如果并非不利则可允许和解。中野说在结论上接近于井上说。

各派学说可以在中野说的上述分析中找到各自的定位。上野说强调不应允许对另一人不利的诉讼终了效力之发生,重视纠纷的统一性解决;三木说强调可以在诉讼中主张因诉讼外和解导致实体法律关系变更。对于"不应允许对另一人不利的诉讼终了效力之发生"这一判断,笔者的解读是,不允许将法院的书面判断用于裁判外,从而对参加人造成事实上的损害。笔者的这一观点既不同于上野说(该说否定对参加人而言为有利的放弃诉讼请求的行为),也不同于三木说(该说对不利于参加人的和解亦持肯定态度),或许可以说是中庸的观点,与坚持理论彻底性的上野说和三木说相比,态度不够坚决、干脆。

时已经不再有这一愿望了。[31]

但如果是败诉的 X 或者 Y 没有提起上诉的时候，又该如何处理？也就是说，第 296 条规定的禁止不利益变更原则（从反面来说，即未提起上诉一方的利益不得因原判决的变更而扩大的原则）如何发挥作用？与此相关的问题是，上诉审中的审判（正确的说法应为判决）范围如何确定？相关判例可参见最判 1973・7・20 民集 27 卷 7 号第 863 页、百選Ⅱ第 177 号案例（霜島甲一解说）。简单地讲，Y 对 X 和 Z 为债权的二重让与，第一审认为 Z 的债权受让优先，因此作出了驳回 X、Y 请求、支持 Z、X 请求和 Z、Y 请求的判决。对一审判决，只有 X 提出了控诉（败诉的 Y 没有控诉），控诉审法院认为，在该债权二重让与中，X 的债权受让优先，因此不仅支持了 X、Y 的诉讼请求，并且对于没有提起控诉的 Y 之 Z、Y 请求也作出改判，改判的结果是驳回 Z 对 Y 之诉讼请求。其后 Z 提起上告被驳回，按照最高法院的意见，本案应该在原告、被告以及参加人三方间为合一确定之判决，即

〔31〕 铃木正裕・高裁民诉判例研究・民商 63 卷 3 号（1970）第 487 页指出，当 Z 没有提起上诉的时候，Z 的诉讼请求不发生移审的效果。另请参见井上治典「多数当事者訴訟における一部の者のみの上訴」（初出・1975）井上・法理第 201 页以下、特别是第 209 页。关于对判例的模式化思考方式进行的批判，见新堂幸司「民事訴訟法をめぐる学説と判例の交錯」新堂・基礎第 221 页以下，特别是第 228 页。

与上述观点不同，小山昇・判批（初出・1976）・小山・著作集 4 卷第 275 页对此持反对意见，认为不能剥夺附带控诉的机会，全部诉讼请求应该发生移审的效果。斎藤哲「独立当事者参加の構造」中村英郎编『民事訴訟法演習』（1994，成文堂）第 114 页也认为，应该将全部诉讼请求移至控诉审，对三方当事人再次作出没有矛盾的统一判决。没有上诉的一方也被赋予了上诉审中的程序权利，所以禁止不利益变更和禁止利益变更原则就不再成为问题。也许目前的多数说认为应该发生移审的效果，参见菊井＝村松Ⅰ第 456 页、松本＝上野第 591 页、伊藤第 599 页、条解第 204 页（新堂幸司執筆）、上田第 545 页等。但是，将之作为 Z 的个人责任来处理也是可以的。

使只有X提起控诉,一审判决中关于支持Z、Y请求的部分,其确定性亦发生遮断的效果,此外,不管Y是否在控诉审中提出控诉或附带控诉,为合一确定,控诉审法院可在必要限度内对Z作出不利变更。

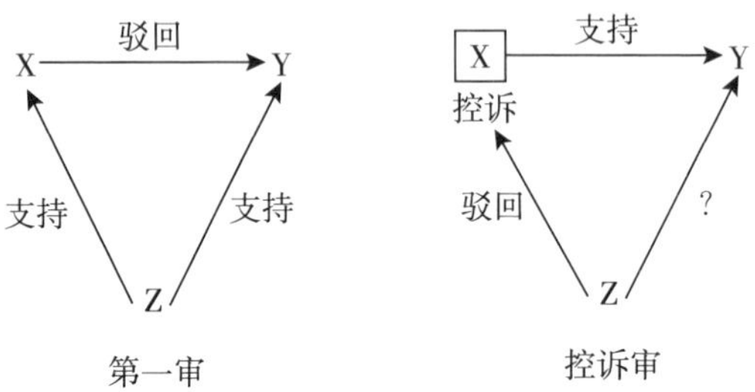

上揭案例中,尽管没有提起控诉,Y依然获得了控诉审法院就Z、Y请求作出的有利于自己的改判,这种情形属于对没有提出不服申请的一方承认了其“不服”的请求(变更原判决),因此是违反禁止利益变更这一上诉审的一般原则的,理论对此的解释是“为合一确定可于必要限度内”。确实,就本案的具体情形来看,如果不将Z、Y请求改判为“驳回”的话,就会出现法院既支持了X、Y的请求(控诉审判决),也支持了Z、Y的请求(一审判决)这种逻辑上不统一的矛盾判决。如果Z申请强制执行的话,在控诉审中胜诉的X在事实上就很难实现自己的权利,[32]而且Y也会被迫二次清偿,尽管Y的行为很恶劣,但是只要他向X或者Z进

---

〔32〕 从法理上说,由于获得了确定判决,X和Z都可以申请强制执行,并不会害及X的利益。但是由于自愿履行比强制执行具有简便等优势,假如Y先对Z清偿,就不会再对X履行了,实际上X的利益还是受到了损害。特别在本案中,Y把资金进行了供讬处理(委托管理——译者注),而请求委托资金的偿付只能由X或Z一人为之(供讬所是不会进行二次清偿的)。

行清偿也就足够了,否则对 Y 来说是很苛刻的。因此,判决的结论还是妥当的。[33] 问题在于,所谓的"为合一确定可于必要限度内"这一定型化解释是否设置了一个合理的框架呢?比如换一种情形,在一审判决中,法院驳回了 X、Y 的请求,支持了 Z、X 请求和 Z、Y 请求,即 Z 胜诉。对此判决只有 Y 提起了控诉,如果控诉审认为真实的权利人并非 Z 而是 X 的话,又该如何处理呢?针对 Y 的控诉,法院应该将 Z、Y 请求变更为驳回 Z、Y 的诉讼请求;但是 X、Y 的诉讼请求呢?与控诉审得到的心证相一致,恐怕应该变更为支持 X 对 Y 的诉讼请求,如果按照"为合一确定可于必要限度内"的要求,应该作出如此判断。这样一来,Y 的控诉就变得徒劳无功了,因为只要把支持 Z、Y 请求改判为支持 X、Y 请求,Y 的败诉地位是毫无改变的;另一方面,对于一审败诉而又没有提起控诉的 X 来说,驳回诉讼请求变更为支持诉讼请求,这无异于不劳而获,因此,对于 X、Y 请求,应当维持一审原判决。总之,由于禁止利益变更原则的关系,在独立当事人参加中统一判决的理想应当心甘情愿地作出让步。

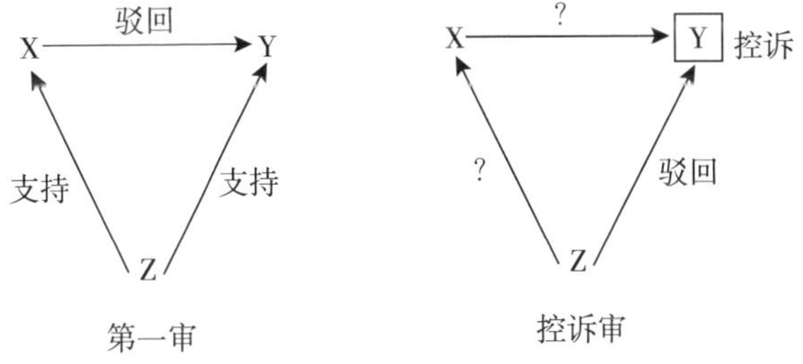

〔33〕 从实务中法院行使诉讼指挥权的角度来看,也许法院应该作出释明,敦促 Y 提起附带控诉;但这一释明有事先暗示判决内容之嫌,恐怕日本的法官们是不太愿意这么做的。

上揭案例(上图)与前述1973年的判例(上图)之间有什么不同呢?控诉人的利益不同。在1973年的判例中,提起控诉的X和Z、Y请求之间看似互不相干,实际上却有着利害关系,将支持Z、Y请求的原判决变更为驳回Z、Y请求对X来说是有利的(否则Y就须二次清偿,X要实现自己的权利实际上就会碰到障碍)。从反面也可以说,对于原判决支持Z、Y诉讼请求的部分,X实质上是不服的(实质性控诉利益),因为对自己实现权利会产生障碍。与此相对,上揭案例中,提起控诉的Y对于原审驳回X、Y诉讼请求是没有不服的,Y是想分别对XZ取得胜诉,因此对于把已经胜诉的部分变更为败诉是不具有利益的。如此一来,从理论上讲,判例所谓的"为合一确定可于必要限度内"就显得稍有不足了,应该考虑将三面诉讼中的"观念上的不服"(或者是"观念上的控诉利益")修正为实质不服(或者是"控诉利益")。[34]

---

〔34〕 井上·前引注〔31〕第209页,同·判批·井上·法理第386页。井上说被称为第三人不服说。

此外,井上说把只有一方败诉人提起上诉的情况分为以下三种基本类型进行了总结(井上·法理第221页)。

(1)当原判决支持XY诉讼请求、驳回ZX和ZY诉讼请求的时候,①只有Y提起上诉,那么驳回Z的诉讼请求的部分不产生移审的效果,该部分为确定判决;②只有Z提起上诉,当Z的诉讼请求由原审的驳回改判为支持的时候,应一并对XY的诉讼请求作出改判,即驳回其诉讼请求。

(2)当原判决分别驳回了XY、ZX以及ZY的诉讼请求的时候,①只有X提起上诉,那么驳回Z的请求部分不产生移审的效果,该部分为确定判决;②只有Z提起上诉,那么驳回XY诉讼请求的部分产生移审的效果,但不成为审判的对象。

(3)当原判决驳回了XY的诉讼请求、支持了ZX和ZY诉讼请求的时候,①只有X提起上诉,且上诉审又支持了XY的诉讼请求,如果将ZX请求由支持改为驳回的时候,应一并将ZY请求变更为驳回(不过井上对该结果尚犹疑不定,第220页),如果上诉审既没有支持X的诉讼请求,也没有支持Z的诉讼请求,那么ZX请求应当变更为驳回,但ZY请求不予变更;②只有Y提起上诉,若上诉审将ZY请求在其他的例子中,比如一审判决支持了 X、Y 的诉讼请求,驳回了 Z、X 和 Z、Y 的诉讼请求,对此只有 Z 一人提起控诉,如果控诉有理,那么连 X、Y 之间的原判决都应该变更为驳回 X、Y 的诉讼请求;如果只有 Y 一人提起控诉,在控诉有理的情形下,并没有必要将 Z、X 和 Z、Y 之间的原判决变更为支持各自的诉讼请求,这种情形就属于本讲“审判规则”部分中提到的,Z 本来就不想成为上诉审的当事人、Z 的诉讼请求也不产生移审的效果,所以也不会存在原判决变更的问题。

最后一个问题是,由于其他败诉人的上诉,自己虽未上

变更为驳回的时候,应一并将 Z、X 请求变更为驳回(对该结果恐怕也是犹疑不定),原审驳回 X、Y 诉讼请求的部分虽然发生移审的效果,但只要 X 没有提起附带控诉,就不成为审判的对象。

小山昇・判批(初出・1974)・小山・著作集 4 卷第 234 页、同「独立当事者参加訴訟の控訴審の構造」(初出・1975)小山・著作集 4 卷第 241 页以下,对于合一确定的必要限度这一定型化结论作出了限定解释,即只有在“上诉人不服的范围内”,而且不能损及判决主文中合一确定的前提下才允许予以变更,其基本的思考是希望维持上诉的基本原则,可以视为与井上说的目的相同。不过对于(1)①中的情形,即只有 Y 提起上诉的时候,小山说认为 Z 的请求应该发生移审的效果。因此,该说在设定情形、细化分类等方面还不能认为与井上说完全相同。

田中豊「独立当事者参加訴訟における一当事者の上訴」争点〔新版〕第 148 页、注釈民訴(2)第 219 页(河野正憲執筆)、上野泰男「独立当事者参加における一当事者のみの上訴」小山ほか・演習第 730 页、中野 = 松浦 = 鈴木第 478 页、小林・プロブ第 488 页等均持此种见解。宇野聡「不利益変更禁止原則の機能と限界(2・完)」民商 103 卷 4 号(1991)第 580 页以下,特别是第 588 页上的考量极为缜密(但作者的利益考量是以全部诉讼请求均发生移审为前提的,因此对于没有提起控诉的当事人依然赋予其附带控诉的机会,这一点与井上说不同)。

与上述学说不同,奈良次郎「続独立当事者参加訴訟」判评 253 号(判時 951 号)(1980)第 140 页以下认为,为了保证上诉审中也能够对三方当事人作出没有矛盾的统一判决,判例作出了极大的努力,对此努力应予支持。上田第 545 页上也认为,由于三面诉讼中合一确定的必要性,上诉审中的禁止利益变更原则应该进行相应的修正(没有提起上诉的人应被列为被上诉人)。

诉但与上诉审产生一定关系的当事人,在上诉审中是成为控诉人,还是成为被控诉人呢?实务界与学界对该问题已多有论述。比如最判1975・3・13民集29卷3号第233页认为,没有上诉的败诉方成为被上诉人。但是独立当事人参加诉讼并非如原告对被告、控诉人对被控诉人这样一种两方当事人对立的结构,而是有参加人加入的三极构造,因此将其归入控诉人对被控诉人这样一种两方对立的结构中是不合理的。不将其作为控诉人或被控诉人,而是作为"控诉审当事人"来处理的话就可以了。〔35〕应予直接考察的是上诉审的审判范围这一实质性问题,在称谓上反复纠缠是没有建设性意义的,称谓不是一个重要的问题。〔36〕

井上・前引注〔2〕「独立当事者参加論の位相」以及同・前引注〔5〕「独立当事者参加」都是关于独立当事人参加制度整体概貌的重要文献,请各位读者务必拜读。

五、退出诉讼

1. 撤诉

作为三方当事人诉讼的独立当事人参加也可以恢复为普通的两方当事人诉讼。

首先,在独立当事人参加中,原告可以撤回诉讼(余下

〔35〕 小山昇・判批・小山・著作集4卷第273页以下、特别是第285页,同第265页,菊井=村松Ⅰ第458页,注解民诉(2)第271页(小室直人=東孝行執筆),小室・監修第252页;谷口第299页也认为,意图以二面诉讼的观点来完全说明三面诉讼中的上诉是不可能的。

但是,伊藤第599页认为,可以根据上诉人和未上诉人之间有无共同关系来决定其在上诉审中的地位,理论性的说明倒是没有什么说不过去的地方。

〔36〕 井上・法理第222页,德田和幸・判批・判タ326号(1975)第66页。

的Z、X请求和Z、Y请求各自均为两方当事人诉讼，成为普通共同诉讼）。因为原告认为诉已经没有存在的必要，此时将原告依旧拘束在诉讼内是没有意义的，原告撤诉的行为不得损害对方当事人（被告）以及参加人的利益。因此法律在撤诉环节作出的制度安排就是须得到对方当事人的同意（第261条第2款）。

如此，独立当事人参加中的撤诉也须得到对方当事人（被告）的同意，但是否可以理解为也须得到参加人的同意呢？答案是肯定的（新堂第725页）。撤诉导致诉讼系属溯及性地消灭，只要没有规定禁止再诉（第262条第2款）原告还可能再次起诉。一旦原告再次起诉，参加人只能再次提起独立当事人参加，而查明原告是否再次提起了诉讼并不是一件容易的事情。总之，一旦原告感觉到独立当事人参加对其不利，为了排除参加人就有可能滥用撤诉的权利。这样一来，从独立当事人参加制度的目的（防止出现对参加人不利的判决）来看，如果原告的撤诉无须得到参加人同意的话，参加人的利益就不会得到周全的保护。[37]

〔37〕 兼子・体系第416页，注解民訴（2）第266页（小室直人＝東孝行執筆），井上治典「独立当事者参加」井上・訴訟第60页，伊藤第592页，上野泰男「独立当事者参加訴訟の審判規制」中野・古稀（上）第477页以下、特别是第488页，松本＝上野第590页，上田第546页，最判1985・3・15判時1168号第66页等。可以说通说和判例均认为撤诉须得到参加人的同意。但是，三木・前引注〔25〕第76页、花村治郎・判批・判評326号（判時1180号）（1986）第45页〔收于花村『判例民事上訴法』（1992，成文堂）第38页〕认为，只须得到被告的同意即可。

就法理而言，如果参加人Z在X撤诉后的诉讼中取得了对X和Y的胜诉判决，那么即使原告在撤诉后又提起X、Y诉讼，Z也无须担心（见本讲第一节“独立当事人参加的意义”部分）。独立当事人参加制度的着眼点并不是上述的法律上的不利益，而是事实上的不利益。

其次,参加人也可以撤回参加申请。由于参加申请具有起诉的性质,所以其撤回须经过对方当事人(原告和被告)的同意,参加申请之撤回,导致诉讼恢复为原告和被告之间的诉讼。参加人能否只对一方当事人撤回参加申请呢?既然法律承认了片面参加,那么应该认为是可以的。不过,撤回申请之后的诉讼形态除了准用第40条的片面参加型的独立当事人参加之外,还可能是普通共同诉讼的形态,而导致后者的片面撤回申请是否合法呢?比如,在撤回Z、Y请求以后,Z、X请求和原来的X、Y请求就成为普通共同诉讼,并不准用第40条,那么撤回Z、Y请求是否合法呢?承认这种行为并没有多大的实际意义,从解释论来看,既然是否申请独立当事人参加取决于参加人的意思(参见本讲第三部分"片面参加"),那么撤回参加申请之后的诉讼形态即使无

高田·前引注〔23〕第661页认为,从消除诉讼结果带来的不利益的角度出发,没有必要赋予参加人阻止原告撤诉的权利。因为独立当事人参加制度的目的就是防止出现对参加人不利的判决,而原告一旦撤诉就不会出现这样的判决;另外,就原告撤诉后再诉的可能性而言,高田进一步指出,如果原告、被告心存诈害之意,完全可以不通过撤诉后再诉的途径,而是通过隐瞒二重起诉的性质另行诉讼,就此抢先得到一个诈害性的确定判决。确实,对于心存恶意的原告、被告来说,即使在撤诉的环节予以规制,还是没有办法防止出现所谓的脱法行为。

高田说在理论上是完全站得住脚的,尽管如此,通说和判例之所以要求原告的撤诉须得到参加人的同意,理由恐怕在于,在形成独立当事人参加以后,如果诉之撤回仅仅由原被告决定之,是很难从中找出积极的价值来的。一如高田所言,没有办法完全防止原告排除了参加人而再次起诉,如果从正面认可诉之撤回可以仅由原被告决定的话,就等于眼睁睁地帮助了原告可能的脱法行为,并非上策。因此通盘考虑下来,要求原告的撤诉须得到参加人的同意还是妥当的。这一观点还可以从另一个角度加以说明,当诉讼已经接近于法院作出对己有利的统一判决而只是由于原被告决定撤诉就将这一切化为乌有,是有违参加人初衷的。谷口在论及固有的必要共同诉讼的时候提出过一种类型,即是否共同起诉是当事人的自由,但一旦共同起诉,那么直到诉讼终结均须保持一体,上述观点与谷口说恐怕有相通之处。

法准用第 40 条也应该认为是合法的(上田第 546 页只承认了此种形态)。法院有必要明确撤回参加申请的类型,立法也希望多数当事人诉讼的判决能够保持统一,因此原则上合理的做法是将之作为形成片面参加诉讼形态的参加申请之撤回。

2. 诉讼脱退

除了撤诉之外第 48 条还规定了诉讼脱退制度。以独立当事人参加为契机,本诉当事人的一方,即原告或被告,在没有必要继续进行诉讼活动的情形下,可以脱离诉讼活动。比如,X、Z 均声称自己是真正的债权人,对 Y 而言,哪一方胜诉都没有关系,只要向胜诉方履行债务即可,因此 Y 可以退出诉讼。按照第 48 条的规定,即使退出诉讼,其他当事人之间(X、Z 之间)的判决效力亦及于退出一方 Y(《德国民诉法》第 75 条和第 77 条也有类似规定,但并非完全一致)。

如何在理论上建构这种制度以及应当承认其具有何种效力(特别是判决效)是十分麻烦的问题。就上述设例而言,兼子理论(通说)认为,这构成了 Y 的附条件认诺,〔38〕即对于胜诉的 Z 或 X 一方,Y 作出了预告性质的认诺,所附条件为 Z 或 X 胜诉,一旦条件成就,就产生与该判决同一的效力;如果退出诉讼的一方是原告 X,按照兼子理论,就构成了 X 的附条件放弃或认诺,即如果 Z 对 Y 胜诉,那么 Z、X 请求就得到了认诺;如果 Z 对 Y 败诉,那么 X、Y 请求就视为放

〔38〕 兼子·判例第 418 页,认为"以参加人和对方当事人之间的胜负结果为条件,退出方对其与参加人以及与对方当事人之间的诉讼,为请求的放弃或认诺";兼子·体系第 417 页也持同一见解,"如果参加人胜诉,那么对参加人向自己提出的诉讼请求为认诺;如果对方当事人胜诉,当退出方为原告时就放弃了自己相应的诉讼请求,当退出方为被告时就认诺了对方当事人的诉讼请求"。

弃。由于该效力可以保护参加人的利益,因此退出诉讼并不需要参加人的同意(但须对方当事人的同意)。

但是,兼子理论存在三大疑点:第一,如果退出诉讼不需要参加人的同意,那么对方当事人的同意也是没有必要的;第二,兼子理论认为退出诉讼可以产生放弃诉讼请求或认诺的效力,但第 48 条已经规定了判决的效力问题,因此兼子理论与条文的文意之间无法整合;第三,最为关键的问题是,出现了既不发生放弃也不发生认诺效果的空白部分。比如,原告 X 退出诉讼,当 Z 对 Y 败诉的时候,Z、X 请求又当如何(应当是驳回 Z、X 请求,但通过 Z 放弃诉讼请求也可以达到相同的效果,并无 X 处置的余地)? 此外,若被告 Y 退出诉讼,当驳回 Z、X 诉讼请求的时候,Z、Y 请求又当如何(Z、Y 请求也应当产生与驳回相同的效果,但为此作出放弃诉讼请求的只能是 Z,而不是被告 Y)?〔39〕如果把这种空白部分视为效力欠缺的话,可以说兼子理论并不完善。〔40〕

---

〔39〕 上述第一个和第二个疑点见上野泰男·后引论文「訴訟脱退について」法学論集 42 卷 3·4 号第 975 页。空白部分见正文后述小山论文部分。至于空白部分是在何处产生的,勅使川原和彦「訴訟脱退者に対する判決の効力」争点〔第 3 版〕第 116 页上的图示颇为有益。

另外,当原告 X 退出诉讼,Z、Y 请求得到法院支持的时候,X、Y 请求的效力如何? 兼子理论对此也未予明确。注解民訴(2)第 281 页(小室直人 = 東孝行執筆)认为,应视为放弃诉讼请求。这样一来,X、Y 请求产生放弃之效果、Z、X 请求产生认诺之效果,并未产生效力的空白部分。上野·后引第 982 页指出,兼子理论用的是"请求的放弃或认诺",而没有用"请求的放弃及认诺",因此从严格的意义上讲,X、Y 请求部分的效力还是存在空白的。

〔40〕 但是,或许兼子理论认为效力的空白部分并不构成问题,其原因在于,当原告 X 退出诉讼,Z 对 Y 败诉的时候,败诉之 Z 对 X 再次提起诉讼的可能性并不大。也就是说,兼子理论是在最小的必要限度内来建构放弃或认诺的效力的,再诉的风险因其现实可能性较小而由退出诉讼的一方承担。佐上第 291 页也持同样见解。

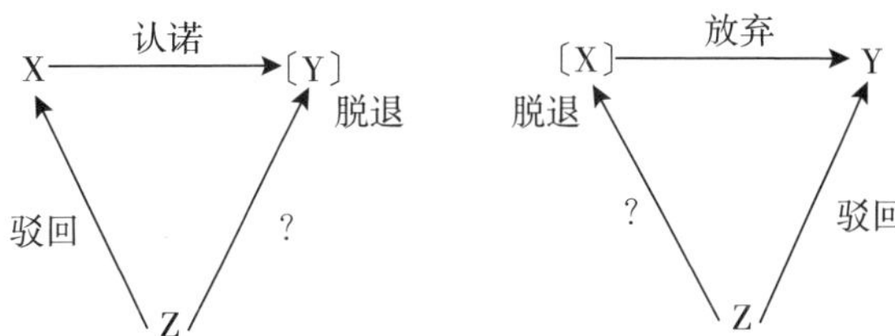

指出兼子理论空白部分的是小山昇先生。他在「民訴七一条の参加訴訟における判決の内容と効力に関する試論」(初出・1969)小山・著作集4卷第207页以下、特别是第210页指出,“对于参加人与剩余当事人之间的诉讼,其判决主文中若有须对三方为没有矛盾的合一确定事项,则该事项之判断对诉讼脱退者亦有既判力”。也就是说,从判决主文的判断出发,在能够于逻辑上加以统一的范围内,其他两方当事人针对退出诉讼一方的诉讼请求也有既判力。这一结论是建立在独立当事人参加制度的目的之上的,该目的要求法院须对三方当事人作出逻辑上统一的判决。因此,按照小山说,当被告Y退出诉讼,Z对X败诉的时候,Z、Y请求也同样产生被驳回的效力,兼子理论中的空白就被填补了;但小山说在X、Y请求的效力方面却产生了空白,因为Z败诉只能确定Z并非权利人,并不能在逻辑上得出X就是权利人的结论(也许真正的权利人是诉外第三人A)。小山说的分析细致缜密,将该领域的理论水平提高到了一个新的高度,但就其结论本身而言,追随者似乎并不太多。〔41〕

---

〔41〕 上野・前引注〔39〕第980页。另外,小山第505页的结论与本讲结论不同。其结论为,当被告Y退出诉讼,Z对X败诉的时候,Z、Y请求产生被驳回的效果,X、Y请求产生承认的效果。从退出诉讼的内容来看,应该是产生承认X、Y请求的效果,这样处理是为了与没有退出诉讼的情形保持一致的效果。

为了填补效力的空白部分,新堂·旧第521页融合了兼子说和小山说。

首先,在被告退出诉讼的情形下,当Z对X败诉的时候,应作出支持X、Y诉讼请求的判决(与认诺X、Y请求同一效力)和驳回Z、Y诉讼请求的判决;当Z对X胜诉的时候,应作出驳回X、Y诉讼请求的判决和支持Z、Y诉讼请求的判决(与认诺Z、Y请求同一效力)。其次,在原告退出诉讼的情形下,不论Z对被告Y的胜负如何,均应作出驳回X、Y诉讼请求的判决(与放弃X、Y请求同一效力)。不过,当Z败诉的理由可以说明X是权利人的时候,并不作出驳回X、Y诉讼请求的判决,而应允许原告X再行起诉。其根据在于,作为诉讼处分的一种方式,只要参加人败诉的理由并非权利归属于原告,作为原告退出诉讼的一种交换,将该退出视为原告放弃了自己的诉讼请求也是公平的。Z、X诉讼请求的处理结果应该与参加人Z和被告Y之间的判决在逻辑上是一致的(如果参加人Z胜诉那么就支持Z、X请求,如果败诉就驳回Z、X请求)。产生上述种种效果的理念基础在于,没有合法的理由不得破坏对方当事人和参加人各自的诉讼目的和参加目的,另外也须协调退出方的利益。

顺便提及的是,小山·著作集4卷第210页上指出,退出诉讼的一方,应该是既没有提出任何攻击防御方法也没有出庭的当事人。这一观点暗示了其后的井上说,颇有意思(井上·法理第257页也指出了这一点),但小山说却采取了与井上说不同的路径。小山说认为,由于退出诉讼,导致诉讼欠缺退出方的辩论资料(小山·著作集4卷第209页),判决的效力也只能依存于剩余当事人判决中的判断了(同第211页)。小山第504页上又认为,对于退出诉讼一方作出判决的基础资料,包括其在退出之前提供的资料以及对方当事人和参加人提出的资料,其观点又与井上说接近。

基于上述理念的种种退出效果，新堂说认为，所谓的脱退行为，一方面承认了诉讼系属的消灭；另一方面以自己向对方当事人放弃或认诺等诉讼上的处分行为为核心，并且该行为中亦包含了与参加人的关系，从而赋予其制度上合理的效果（指以判决在逻辑上的统一和纠纷的一次性解决为目标的效果）（新堂·旧第523页）。[42]

作为一种制度说明，新堂说固然成立，但其构成较为复杂，而且理论构造也不甚明晰。井上治典「訴訟脱退と判決」井上·法理第237页突破了这一理论，提出了如下全新的观点。首先，当被告退出诉讼的时候，只剩下了Z、X的诉讼请求，如果只把Z的请求权存否作为审判对象的话过于狭隘，因此应当设定一个与独立当事人参加相匹配的审判对象，从这一角度出发，针对被告的诉讼系属并不消灭，针对被告的诉讼请求也依然存在；但是，被告由于退出诉讼而放弃了其作为当事人的防御权，也就是说，被告脱离了其作

〔42〕 对于片面参加（准独立当事人参加）中出现的退出诉讼情形，新堂说将之作为以参加人为选定当事人的退出诉讼（第30条第2款）（新堂·旧第524页）。也就是说，作为诉讼担当，参加人继承了与退出方有关系的部分诉讼请求的诉讼状态，这与井上说较为接近，颇有意思（井上·法理第257页上也指出了这一点）。

另外，在被告退出诉讼的情形下，新堂第726页改采诉讼进行权放弃说（井上说）。但是，在原告退出诉讼的情形下，井上说以原告退出为原则将之作为原告撤诉来处理；而新堂说则认为，对于参加人对原告提出的诉讼请求应当与其对被告提出的诉讼请求作出逻辑上统一的判决，对于原告对被告提出的诉讼请求则一般应作出驳回判决，而与参加人的胜负无关。新堂说的含义是，当参加人胜诉的时候，在逻辑上原告的诉讼请求应当被驳回；当参加人败诉的时候，虽然在逻辑上不能得出原告诉讼请求成立的结论，但是由于原告与被告之间已经不存在争执，因此也应当驳回原告的诉讼请求。这样一来，退出诉讼的制度结构就发生了一些变化：在剩余当事人进行诉讼的基础上，退出诉讼的一方当事人接受对与已相关的诉讼请求作出的判决，法律将退出行为视为诉讼当事人放弃诉讼进行权的处分行为并加以承认。

为诉讼进行方的地位和负担。对于指向被告的诉讼请求作出的判断,只能依据原告和参加人的诉讼行为和诉讼资料。[43] 上述观点与在确定了选定当事人之后的选定人的退出,甚至和任意的诉讼担当之间都具有共同的基础。[44] 其次,当退出诉讼的一方是原告的时候,可分为两种类型:其一,与被告退出的情形相同,将之视为放弃防御权,但诉讼请求依然存在,这种情形多见于原告和参加人之间没有实质的利害对立关系;其二,原告感到没有必要维持针对被告的诉讼,原告退出诉讼的大多数情形即为如此,这属于诉之撤回(与退出诉讼制度并不相同)。因为是撤诉,所

---

〔43〕 井上说的观点是,在被告退出诉讼以后,如果法官依据诉讼资料达到的心证结果是对于原告和参加人的诉讼请求都无法予以支持,那么只能驳回两方当事人针对被告的诉讼请求(井上·法理第257页)。比起被告的预告性认诺(兼子理论)和追求与Z、X请求判决逻辑上的统一(小山说)来说,井上说更为重视纠纷的实际,也就有可能作出符合法官心证的判决,只要在剩余的当事人就其针对退出一方的诉讼请求无法进行充分的诉讼行为的时候,法院就可以立证不充分为由作出驳回诉讼请求的判决。退出诉讼,是在自己责任的基础上就上述可能性进行的一种赌博行为。

〔44〕 如果将被告退出诉讼的行为理解为被告只是放弃了作为当事人的防御权,而针对被告的诉讼请求还是存在的话,就会产生这样的疑问:这与被告事实上的缺席有何不同呢?井上说认为两者的效果并不完全一样(井上·法理第252页)。具体而言存在以下两点不同:其一,免除了诉讼费用的负担;其二,退出方的律师即使成为剩余当事人的诉讼代理人也并不违反禁止双方代理的原则(井上·法理第254页)。实际上,禁止双方代理应该从请求之间的关系来考虑,能否断言上述情形下并不违反该原则多少是存在一些问题的。总之,对退出的一方而言,与缺席情形相比,其所得恐怕在于“不必参加诉讼了”这样一种心理上的感受,而实际的法律效果仅限于上述情形。

对于对方当事人和法院而言,退出诉讼带来的好处要多于事实上的缺席:如果只是将之作为事实上的缺席,对方当事人还需要将准备书面、证据的复印件等送交缺席者;而如果作为放弃防御权来对待的话就不必如此了。对法院而言,在事实上缺席的情形下还必须将缺席者作为当事人来看待,退出诉讼的情形就不必如此了;对对方当事人而言,退出诉讼并不会产生不利益。因此,井上说断定,如果法律明文规定退出诉讼需要对方当事人承诺的话,这一规定是毫无意义的(井上·法理第254页)。

以X、Y请求溯及性地消灭。在参加继承的情形下，这一构成是合适的（其结果是导致当事人的更替），原告的退出导致X、Y诉讼请求消灭，但Z、X和Z、Y的请求依然存在，法院应当根据剩余当事人Z和Y之间的诉讼资料和证据资料予以裁判。

井上说肯定了所谓的“无当事人请求”，导致作为诉讼实施权人的当事人与作为判决中指定受送达人的当事人之间的背离，这一观点乍看上去有些过激，但却可以最为顺畅地说明诉讼脱退制度。[45]

如果像新堂说和井上说（不含撤诉的情形）那样，认为判决的效力对于剩余的当事人（对方当事人和参加人）而言可以合理地进行扩张，那么即使出现退出诉讼的情形也不会对剩余的当事人产生不利益，所以条文上规定退出诉讼需要对方的承诺（同意）在理论上是没有必要的（新堂・旧

---

〔45〕 新堂说与井上说的区别并不仅仅在于说明的不同，在原告脱退的情形下还会产生实际效果的差异。比如，在原告退出诉讼的情形下，按照新堂说，X、Y请求应该被驳回，但按照井上说的话，要区别对待。如果是第一种情形，要根据剩余当事人的资料加以裁判，因此理论上存在原告胜诉的可能性；如果是第二种情形，井上将之作为撤诉处理，因此X、Y请求不产生任何效果，而新堂则将X、Y请求作出驳回的处理。而且，新堂旧说认为，当驳回Z、Y请求的理由是真正的权利人为X时，原告放弃诉讼请求的行为即被撤回，在原告再诉的情形下亦应适用争点效理论，井上说认为，第二种类型属于诉之撤回，因此存在再诉的可能性，其结果与新堂相同，在第一种类型中则是作出支持X、Y诉讼请求。

注釈民訴(2)第231页（池田辰夫執筆）、林屋第272页上的观点可以看作赞成井上说或者与之接近的观点。

其后，井上・诉讼第82页上进一步发展了这一学说，将原告退出诉讼的情形类型化为撤诉、放弃诉讼请求、委托选定当事人三类，将被告退出诉讼的情形类型化为诱使原告撤诉、认诺对方的诉讼请求、放弃防御权三类。但本书还是从井上・法理中的观点。

第 523 页,新堂第 728 页);[46]此外,第 48 条对判决效力的规定也不过是对理论上当然的情形予以明文化,只是起到一种提醒的作用。但也有学者指出,能否将明文规定的事项视为没有必要或者是仅具有提醒作用的规定呢(参照谷口第 300 页)?甚至法律的这一明文规定不正说明上述解释论并非立法所预设的情形吗?这些批评意见导致讨论发生了逆转。上野泰男在其论文「訴訟脱退について」関西大学法学論集 42 卷 3・4 号(1992)第 957 页以下作出了如下论述,只有在退出一方和剩余的当事人之间不会再次产生纠纷的情形下才有必要利用诉讼脱退制度,该制度立论的出发点必须放在不会再次产生纠纷上,这与向来的学说观点是相反的。这样一来,剩余的当事人就应当有机会来判断其是否会与退出方再次发生纠纷,而是否承诺(同意)退出诉讼就是这样一种机会,如果承诺权人认为还有可能再次发生纠纷就会阻止退出方退出诉讼。因此,一定要赋予剩余的双方当事人(对方当事人和参加人)这样一种承诺的权利。此外,判决对于退出方产生的效力,只是针对纠纷再

[46] 不过,井上・诉讼第 58 页认为,在这种情形下剩余的当事人依然存在着一些利益,如与退出一方进行主张立证活动,与之进行诉讼中的论争。如果重视这些诉讼进行过程中的利益的话,单纯的以判决的效力来确保就是不够的,因此退出诉讼原则上还是需要得到对方当事人和参加人的同意,注釈民訴(2)第 232 页上也持同样见解。这里所谓的诉讼进行中的利益倒是颇有意味,但是一旦强调这一利益就有可能导致任意的诉讼担当变得不合法,所以从诉讼法理论上来说,退出诉讼不需要同意还是妥当的。

上田徹一郎「独立当事者参加」鈴木 = 上田・基本問題第 395 页、上田第 546 页认为,由于无法对退出一方提出诉之变更或者反诉,因此退出诉讼还是需要得到同意的。其实在这种情形下,退出方只是放弃了防御权,其依然是判决中的指定送达当事人,所以变更诉讼请求或者提出反诉还是可能的。

起的一种最低限度的防备，剩余当事人之间的判决扩张到退出一方，也就是在其与退出方再次发生诉讼的时候，只是意味着剩余当事人之间的判决所确定的事项成为后诉的前提；而且，退出诉讼并不导致债务名义的形成，因此也不产生相应的执行力，仅仅是发生既判力的扩张而已。〔47〕

该如何考虑上述各种观点呢？上野说以扎实可信的方法论为基础具有很强的说服力，作为现行法的解释论来说，恐怕是最为妥当的。不过，承诺（同意）在实践中到底具有怎样的意义呢？即便作出了承诺，既判力依然发生扩张，剩余当事人的利益就得到充分的保障。当然，也确如上野所说，因为执行力并不发生扩张，对方当事人或参加人必须再行起诉，他们也必须忍受由此带来的不便。对撤诉行为的同意将导致诉讼系属的消灭，不会残留任何法律上的效果，与此相比，对诉讼脱退的同意仅仅保留了裁判的既判力，因此并不具有多大的意义；另一方面，如果拒绝同意的话，虽然可以使希望退出诉讼的一方当事人继续留在诉讼程序

〔47〕 上野以如下设例进行了说明。在自称债权人的 Z、X 纠纷中，Y 退出诉讼。当 Z 胜诉的时候，一般情况下 Y 会自愿向 Z 清偿；但例外情形下 Y 拒绝清偿的时候，Z 就必须针对 Y 提起给付之诉，在该诉讼中，Z 的胜诉判决（在 Z、X 之间 Z 为债权人）就会成为前提，所以 Z 可以轻而易举地获得对 Y 的胜诉判决。在 Z、X 诉讼中败诉的 X 对 Y 再次提起诉讼的时候，Y 也可以前述 Z 的胜诉判决为前提而否定 X 的主张（X 称自己是债权人）。此外，Z、X 判决为确认判决，并不具有执行效力。如果法院以 X 是债权人为由驳回了 Z、X 诉讼请求的时候，Y 一旦拒绝履行 X 就必须再次起诉。由于 X 是债权人这一点在前诉中并不产生确定的既判力，因此 Y 可以就 X 是否为债权人进行争执。正因为如此，X 对于 Y 退出诉讼的行为是否作出承诺就具有很重大的意义。参见上野・前引注〔39〕第 993 页、小室ほか・基本法コンメ1 第 121 页（上野泰男執筆）、松本＝上野第 597 页。

另外，勅使川原・前引注〔39〕论文中的观点与上野说相近。

中,但如果该当事人缺席的话还是没有办法进行辩论(只是在胜诉的情形下可以确保判决的执行力)。此外,关于第48条对判决效力的规定只是起到一种提醒的作用,这种观点作为解释论来说,也谈不上有多大的缺点。上野说自身也认为,除了对方当事人以外,退出诉讼还需要得到参加人的承诺(同意),而这种观点也没有完全遵循条文的文义(条文只是规定了对方当事人)。这样一来,井上说虽然与条文多少有不合之处,但还应该是最有魅力的学说(请各位读者务必拜读一下井上・前引论文)。[48]

此外,因为产生执行的效力,因此有必要在判决中明确

〔48〕 立法者在大正年间修改民事诉讼法时是如何考虑的,也不无疑问。参加当时立法工作的松岡義正先生在同『新民事訴訟法註釈第二巻』(1930)第394页以下认为,除了对方当事人,也需要得到参加人的承诺,除了既判力之外判决效力也包含执行力。長島毅 = 森田豊次郎『改正民事訴訟法解釈』(1930)第85页认为,承诺是不需要的,但判决效力包含执行力,也就是说,立法者自身作出的解释并没有完全忠实于条文。关于松岡说、長島 = 森田说的内容,请参照上野・前引论文。

除了上述学说以外,桜井孝一「訴訟脱退」小山ほか・演習第714页还提出如下观点:由于退出诉讼,与退出方相关的诉讼终了,三面诉讼转为两面诉讼,但与退出方有关的诉讼请求视为向对方当事人和参加人为诉讼信托,因此判决的效力才会发生扩张。小林・プロブ第456页上亦持同样见解。但正如勅使川原・前引注〔39〕所指出的,担当者的诉讼请求与他人的诉讼请求是矛盾的,因此这种情形下的诉讼担当是自相矛盾的(如X退出诉讼,无论是Z还是Y都希望X的诉讼请求被法院驳回,因此他们对X的诉讼请求进行的诉讼担当在利益上是互相矛盾的),这种诉讼信托的观点未必是一种优秀的理论。此外,上田・前引注〔46〕鈴木 = 上田・基本問題第397页、上田第548页认为,退出诉讼的一方当事人与第115条诉讼担当规定中的被担当者或者标的物的持有者类似,虽非诉讼当事人,但也受到既判力和执行力的拘束,是实质意义上的当事人。在X对Y提出给付请求,Z对X提出确认请求(希望确认Z是真正的权利人)、Z对Y提出给付请求的独立当事人事例中,被告Y退出诉讼,在Z、X确认请求获得法院支持的情形下,Z、Y请求又如何确认以判决为基础而产生执行的效力呢(关于对产生执行效力的观点提出的质疑,请参照上野・前引注〔39〕第994页)?

债务名义。也就是应当在判决主文中写明退出方的给付义务(新堂第728页)。认为诉讼请求依然存在井上说的理论构成在对这一点的说明方面无疑是最为简洁的。

六、不同参加类型的相互关系

1. 不同参加类型的相互关系

首先整理一下关于参加制度的基本认识。参加,是诉外第三人主动加入既有的诉讼中,是否加入乃诉外第三人的自由,如果没有加入的话,那么其居于诉外第三人的地位也是合法的;与此相反,须强制性地将诉外第三人作为参加人(当事人)的制度称为强制参加,本讲后述之“七、当事人引入理论”即与此相关,比较法上虽有不同的观点,但强制参加与此处的参加(任意参加)还是不同的制度。[49]

是否参加诉讼由诉外第三人自由决定,因此参加也就是偶然性的。这样一来,因参加而使相关纠纷得以统一性的解决,虽为参加制度的优点,但也只是该制度的副产品。因此,不得将立法设置参加制度的目的理解为强制要求相关纠纷的统一性解决(如果要求相关纠纷必须获得统一性

---

〔49〕 在存在诉讼告知的情形下,有若干不同,因为诉讼告知可能产生参加性质的效力(第53条第3款),诉外第三人虽然不愿加入诉讼,但在事实上还有可能被迫参加。也就是说,诉讼告知包含强制参加的契机,还不能将之与其他的任意参加等同视之,以下的考察排除受到诉讼告知后的参加情形。

此外,关于法国的强制参加制度,请参看木川統一郎「フランス民事訴訟における参加制度」同『民事訴訟政策序説』(1968,有斐閣)第355页、安見ゆかり「フランスにおける強制参加について」龍谷法学28卷2号第219页、3号第314页(1995)等;关于美国的相关制度请参看井上治典「アメリカにおける訴訟参加制度」井上・訴訟第255页等。

我国的强制参加规定有民执第157条、人诉第15条、行诉第22条和第23条。

的解决,立法理应会作出一如固有的必要共同诉讼或者《商法》第 105 条第 3 款的规定,要求辩论的必要合并)。参加的意义必须求诸参加人一方的动机和利益。〔50〕

那么,参加人一方的动机和利益的核心又是什么呢?一般认为是参加人希望自己展开独立的辩论活动(主张立证,包括证据申请)。这样的话,当既有的一方当事人与参加人具有相同的辩论内容的时候,甚至是在参加人借助社会力量有能力控制既有当事人的辩论内容的时候(如参加诉讼对策会议、提供律师作为诉讼代理人),参加的利益和动机就不复存在了。逆言之,当诉外第三人请求诉讼参加的时候,也就意味着在既有的当事人和参加人之间存在着某种紧张乃至对立的关系,其中亦包括既有的当事人在诉讼中持消极懈怠的态度。〔51〕 在主债务人向保证人为辅助参加的情形中,由于主债务人和保证人之间存在着求偿关系,因此也存在着一种潜在的紧张关系,之所以赋予被参加人对辅助参加的异议权(第 44 条),实际上也缘于此种背景。另一方面,参加对于既有的当事人而言也带来了一定的不利益,如参加人提出了自己并不想提出的主张或证据、诉讼进程因参加而迟延。在诉讼参加的要件以及参加人的权限

〔50〕 参加制度带来的相关纠纷的统一性解决,虽为附带性的优点,但也没有必要予以严格的否定,在论述参加制度的时候,将之作为一个要素来说也没什么不妥,相关纠纷的统一性解决这一优点在考虑辅助参加的利益时还是可行的。参见本书第六讲第二节“辅助参加的利益”部分。

〔51〕 本书第六讲第二节之 2.“公证人申请参加的案件”中介绍的东京高决 1990・1・16 判タ754 号第 220 页公证人申请辅助参加的案例中,就是因为不存在紧张对立的关系,所以法院才否定了该案中的辅助参加。

方面，如何协调参加人和既有的当事人之间的不同利益，是解释论的一大课题。[52]

日本法上一共规定了五种参加类型，分别是辅助参加、共同诉讼性质的辅助参加、共同诉讼参加（第 52 条）、诈害妨止参加以及权利主张参加（如果算上片面参加的话，就是六种或七种）。所谓共同诉讼参加，是指第三人作为原告或被告的共同诉讼人加入诉讼中，其参加的结果就是原诉讼成为必要共同诉讼（新堂第 684 页）。某股东起诉要求撤销股东大会的决议，而另一股东加入原告一方，原诉讼就成为类似必要共同诉讼，此即为共同诉讼参加的典型事例。从形态论和构造论对上述五种类型加以区分的话，可以分为两类：一类是基本维持了两方当事人对立构造的参加类型，包括辅助参加、共同诉讼性质的辅助参加和共同诉讼参加；另一类是三面诉讼的参加类型，包括诈害妨止参加和权利主张参加（两者均包含片面参加的情形）。源于德国法的前三种类型与非德国法谱系的后两种类型之间，其存在的制度层面应该是不同的（三ヶ月・全集第 224 页等）。但是，

---

〔52〕 如果说参加人一方的利益和动机在于求得辩论权保障的话，那么在制度层面对此加以纯化的则是英美法上的 Amicus Curiae（法院之友）制度。强烈关注诉讼的人士原则上是可以提出书面陈述意见的，在大多数案例中，都是持公共立场的人士借助该制度表明自己的意见。我国法中虽然没有这一制度，但在立法论上还是颇有意义的。参看伊藤正巳「Amicus Curiaeについて」菊井献呈『裁判と法（上）』（1967，有斐閣）第 129 页，小島武司「裁判所の友」同『民事訴訟の新しい課題』（1965，法学書院）第 61 页，原竹裕「裁判による法創造と事実審理（三）」一橋大学研究年報・法学研究 30 号（1997）第 169 页以下、特别是第 193 页〔原竹裕『裁判による法創造と事実審理』（2000，弘文堂）收于第 163 页〕，同「弁論主義の限界と第三者情報」一橋論叢 117 卷 1 号（1997）第 79 页等。

从形态论和构造论作出的分类未必具有多大的建设性,如果换一个角度,从诉外第三人参加诉讼后的权限和功能来考察的话,则可以作出如下分类:具有从属性质的辅助参加;摆脱了从属性质、可以作出抵触的诉讼行为、牵制既有当事人的共同诉讼性质的辅助参加,共同诉讼参加以及诈害妨止参加;可以就自己提出的诉讼请求要求法院统一、合并审判的权利主张参加。诉外第三人可以在这三组不同的参加类型中选择最适合自己的类型。

那么,是否应当严格区分上述五种诉讼参加的类型呢?传统民事诉讼法学的答案是肯定的,而且一直在这一方向上进行着探索。有些学者十分重视形态论和构造论,强调不同的参加类型在要件和效果(权限和地位)上的差异(滝川先生对后述判例作出的解说即为典型)。当满足独立当事人参加要件的诉外第三人自愿选择辅助参加的时候,即使是传统民事诉讼法学也对这种情形下的辅助参加予以了认可(兼子・体系第400页等)。在这一限度之内,传统民事诉讼法学承认了不同的诉讼参加类型之间存在的重合现象。但在最近,以井上说为中心的学说更为积极地肯定了不同类型之间的重合,不再强调不同类型之间的差异,而是着眼于类型之间的连续性。因此,对于参加人在诉讼过程中将最初的辅助参加转为诈害妨止参加的行为,通说虽然没有明确地表示否定,井上说等则予以了积极的肯定(新堂第718页);同样的,如果法院驳回了独立当事人参加的申请,也可以在辅助参加的限度内予以处理。以井上说为代表的学说恐怕是今后参加理论发展的方向。[53]

通说积极主张的严格区分观点是否妥当呢？最判 1961・11・24 民集 15 卷 10 号第 2583 页、百選Ⅱ第 178 号案例(齋藤哲解説)对此作出了反思。该案中，原告要求撤销股东大会关于选任公司董事的决议，被告 Y 公司没有进行积极的防御。此时，股东 Z(由该决议选任的董事，后又辞职)申请与被告一方的共同诉讼参加。判旨认为，只有独立的适格当事人才能申请第 52 条规定的共同诉讼参加，在撤销公司股东大会决议的诉讼中，适格的被告只有公司一方，Z 并非适格的被告，因此共同诉讼参加并不合法。判旨认为只有公司才是适格的被告，这一点是有问题的(高橋・重点講義第 176 页)。不过在此想提出讨论的问题是，在法院作出这样的裁判后，Z 可以申请何种类型的参加呢？滝川先生认为，只能提出共同诉讼性质的辅助参加，不应允许独立当

---

〔53〕 井上治典「参加『形態論』の機能とその限界」井上・法理第 307 页以下、特别是第 317 页，高橋宏志「各種参加種類相互の関係」講座民訴③第 253 页以下。

比如，诉外第三人为了阻止被告对原告的诉讼请求作出认诺而准备参加诉讼，此时，参加人只要表明自己具备参加的要件，也就是能够在诉讼中为抵触行为即可。因此，参加人既可以表明判决的效力及于自身(共同诉讼性质的辅助参加、共同诉讼参加)，也可以表明原、被告具有诈害的意思(诈害妨止参加)，还可以主张自己的权利(权利主张参加)。由第三人选择对自己而言最容易证明的参加要件就可以了，而没有必要事先就确定某一种参加形态，并且不允许更改。第三人起初以辅助参加的形式参加到诉讼中，其后由于打算作出与被参加一方相抵触的诉讼行为而转换为共同诉讼性质的辅助参加，进而为了确立自己的诉讼请求又转换为权利主张参加，这种参加类型的转换应该是允许的。对于转换之前的参加形式，以撤回的方式固然清晰明了，即使没有采取明确的撤回方式，只是将之淡化为“背景”也就可以了。

关于不同参加类型的相互关系，可参看井上治典「多数当事者訴訟論の課題と展望」井上・法理第 335 页，同「訴訟参加制度の現状と課題」井上・訴訟第 186 页，本間靖規「訴訟参加の諸形態」鈴木＝上田・基本問題第 399 页的论述也颇有助益。

事人参加(参见本书第六讲第四部分“共同诉讼性质的辅助参加”);霜島先生则从判决效的角度出发倾向于独立当事人参加。〔54〕 共同诉讼性质的辅助参加与独立当事人参加(特别是可以不提出诉讼请求的诈害妨止参加)之间又有什么区别,又能让它们之间产生什么区别呢?井上说认为,在这两种类型的参加形式中,参加人都可以作出相抵触的诉讼行为,这已经足够了,没有必要在参加的名称上纠缠不清。〔55〕 笔者以为,从案情来看,诈害妨止参加本来是最为恰当的(法院应当作出如此释明),但如果参加人依然决定选择共同诉讼性质的辅助参加,法院也没有必要予以驳回。如此一来,同一情况下就有两种以上的参加类型可供参加人自由选择,这不也很好吗(参见井上治典「訴訟参加の諸形態」鈴木ほか・演習第 260 页)?

2. 债权人代位诉讼与独立当事人参加

虽与主题稍有偏离,但债权人代位诉讼却给独立当事人参加制度增添了某种特殊的色彩。在最判 1973・4・24

---

〔54〕 滝川叡一「株主総会決議の効力を争う訴訟における訴訟参加」松田記念『会社と訴訟上』(1968,有斐閣)第 321 页,霜島甲一・判批・会社判例百選〔新版〕(1970)第 115 页。

〔55〕 井上・法理第 316 页,榊原豊「独立当事者参加と共同訴訟的補助参加」法教〔第二期〕⑦(1975)第 144 页。

在规定了诈害妨止参加制度的日本法中,共同诉讼参加和共同诉讼性质的辅助参加存在的理由又是什么呢?这原本就是一大问题。关于共同诉讼参加的制度沿革,参看櫻井孝一「共同訴訟参加と当事者適格」中村宗雄古稀『民事訴訟の法理』(1965,敬文堂)第 219 页,其论述颇为出色。作者认为,对于共同诉讼参加,立法者并没有要求当事人适格。此外,最判 1988・2・25 民集 42 卷 2 号第 120 页、百選Ⅱ第 173 号案例(櫻井孝一解説)与共同诉讼性质的辅助参加相关,该判决有些莫名其妙,本书第六讲第四部分“共同诉讼性质的辅助参加”对此有所讨论。

民集27卷3号第596页、百選Ⅱ第175号案例中,原告X(债权人)提起债权人代位诉讼,债务人Z主张X并非真正的债权人而申请独立当事人参加并得到了法院的允许。按照通说,债权人在准备行使代位权的时候,只要其行使合法并通知了债务人,债务人就不能提起诉讼。因此,如果审理的结果表明债权人X代位权行使合法,则债务人Z欠缺当事人适格的要件,其诉将因不合法被法院驳回;相反,如果经审理查明X的代位权行使并不合法,则X提起的债权人代位诉讼将因不合法被法院驳回。

在债权人代位诉讼中,通说认为债务人Z可以申请共同诉讼性质的辅助参加,但这是以债务人承认债权人具有代位权为前提的。而在上述判例中,债务人Z争执的焦点在于X行使代位权的要件,即X的债权人身份,那么Z应当获得怎样的参加程序保障呢?从判旨的本质来看,如果争点在于X是否适格的当事人,则应当允许独立当事人参加。

法院的观点是,对于债务人Z来说,自称债权人的X提起的代位诉讼及其胜诉判决在事实上都侵害了自己的权利,因此Z具有予以阻止的利益,从这一角度出发,应当允许其独立当事人参加。不过,在代位诉讼中争执当事人是否适格毕竟具有特殊的色彩,对此应坦率承认,相应地,该情形下的独立当事人参加也应该认为是该制度中的一种特殊类型。也就是说,虽然独立当事人参加制度的原则要求对X、Y请求、Z、X请求和Z、Y请求作出全部判决,但上述情形却突破了这一原则,其原因在于,在X并非债权人的情形下,X将遭到驳回诉的后果,Z、X请求和Z、Y请求将得到法院的支持;在X满足债权人代位要件的情形下,法院将驳回Z、X请求,支持X、Y请求,Z、Y请求也将遭到驳回诉的结局。此外,如果在诉讼进行的过程中查明X并非适格的当事人又该如何处理?让X继续实施诉讼行为是不妥当的,或许应当作出驳回诉的部分判决,这样一来就与只能作出全部判决的审判原则相背。因此希望实务中采取如下做法:暂且将X作为当事人,但禁止其继续实施诉讼行为,为了达到一体上诉的目的作出全部判决;如果审理查明债务人Z并非适格的当事人,应当驳回Z、X请求,所以更应当作出全部判决。总之,应该将这种情形下的独立当事人参加理解为该制度中的一种特殊类型。[56]

七、当事人引入理论

所谓当事人引入理论,是指当与新的当事人相关的诉讼请求和既有之诉讼请求相互交错、并非同一方向时,法院采取三面诉讼的形式或者与之类似的其他形式合并审判的理论,也有学者将之归入主观的追加合并类型之中(新堂第682页)。如果是被告将第三人引入诉讼的话,就属于前述

---

〔56〕 福永有利·判批·民商70卷1号(1974)第130页上的分析颇有助益,其结论为,承认X和Z均为适格的当事人,各自作出本案判决,此外,即使债务人Z并非适格的当事人也应当允许独立当事人参加。

注釈民訴(2)第197页(河野正憲执笔)对判旨持反对意见。作者认为,债务人Z并未丧失起诉的权利,债务人Z应当申请共同诉讼参加(第52条)。吉村德重·判批·1973重判(ジュリ565号)第111页认为,本案欠缺独立当事人参加要件,债务人Z应当选择共同诉讼参加(不过,在代位诉讼不合法的前提下,可以提起单独诉讼或共同诉讼)。

即便债权人提起代位诉讼,债务人也并不丧失起诉的权利,从此点考虑的话,福永说和河野说是成立的,但通说和判例均认为债务人Z并非适格的当事人。因此,本书将之理解为一种特殊情形的独立当事人参加也是迫不得已的选择。

的强制参加,法律对此并没有概括性的规定,只限于学者之间的讨论,并且该理论和独立当事人的关系也不大,在此只是简单地加以介绍。

一般认为,当事人引入理论有三种基本类型。第一种类型是填补型。比如,因买卖之标的物而受他人追夺之被告,追加合并针对出卖人的担保请求(买受人将出卖人引入诉讼);在债权人对保证人提起的诉讼中,保证人追加合并针对主债务人的求偿请求(保证人将主债务人引入诉讼),为其适例。虽然被告通过对第三人为诉讼告知也几乎可以达到同样的目的,但通过引入当事人,被告还可以得到债务名义,因此相较诉讼告知更进了一步。另一方面,对于原告而言,针对被告的诉讼请求的审理被迫迟延而受有不利益,但由于既有的诉讼请求与合并的诉讼请求之间存在一定的关联性,如果被告都败诉的话,将导致重大的不利益,因此由被告追加第三人为被告也是合法的,这也是多数学说的观点。在美国和法国也有类似的制度。〔57〕

第二种类型是权利人指定型。比如,有二人自称为权利人,其中一人提起诉讼,此时,由被告主动将另一人追加为共同原告,与该二人共同争讼,这种情形与通过诉讼告知由Z提出权利主张参加相似。也有国外的立法例承认这一类型(如果采用诉讼告知的方法,第三人未必一定主张权利主张参加,而且另一自称的债权人是否有义务参加到诉讼中予以协助也还是存在问题的,所以诉讼告知带来的参加

〔57〕 井上治典·「被告による第三者の追加」(初出·1971)井上·法理第153页。关于美法两国的相关文献参照前引注〔49〕。

性质的效力能否完全奏效尚存疑问。如果立法明确采用当事人引入制度,则 Z 也可以参加到诉讼中,法院可以命其提出诉讼资料和证据资料,这对 Y 而言是有利的。《德国民事诉讼法》第 75 条规定的自称的债权人参加制度与此类似)。但就解释论而言,Y 能否提出 Z、Y 请求而将 Z 引入诉讼中呢?也就是说,被告能否代替原告提出诉讼请求呢?这也是一个非常麻烦的问题。因此,可以由 Y 针对 Z 提起债务不存在的确认之诉,一般而言,被引入诉讼成为原告的 Z 此时就会对 Y 提起反诉。在规定了片面独立当事人参加的现行法制下,此种情形可以准用关于必要共同诉讼的第 40 条规定。[58]

第三种类型是转嫁型。比如,被告因实施不法行为受到指控,被告主张真正的加害人是 Z,而将 Z 作为追加被告引入诉讼中。按照霜岛先生的观点,由 Y 确定 X、Z 诉讼请求从而将 Z 作为追加被告引入诉讼中,[59] 这一观点十分新颖,但反对的意见也很多。其理由在于,对于 Y 而言,只要主张 Z 是加害人从而求得驳回 X、Y 请求的判决就足够了,难以认为 Y 还需要特意地将 Z 作为被告引入诉讼中;在 Y 主张 Z 是加害人以后,由 X 针对 Z 提出主观的追加合并或

〔58〕 伊藤真「第三者の引込み」新実務民訴 3 第 143 页肯定了上述的两种类型。

〔59〕 霜島甲一「当事者引込みの理論」判タ261 号(1971)第 18 页赞成填补型、权利人指定型和转嫁型这三种分类。井上治典「第三者の訴訟引込み」(初出・1987)井上・訴訟第 115 页、伊藤・前引注〔58〕否定转嫁型诉讼。关于其他学说可参看注釈民訴(2)第 48 页(中西正執筆),宮川知法「主観的追加的併合」争点〔第三版〕第 100 页。

者另行起诉就可以了。

即便上述填补型和权利人指定型这两种作为被告权能的引入当事人类型获得立法的承认,甚至通过另行起诉然后法院合并辩论(第152条)的方式形成了多数当事人诉讼的格局,这种格局也与主观的追加合并情形并无区别。

第八讲　诉讼继承

导　读

诉讼进行中(准确地讲是诉讼系属中),诉讼外实体法律关系的变更,无论在哪一个国家都是客观存在的。这种变更必然导致诉讼继承的发生,因此,在诉讼法中,应该如何处置不同情形下的诉讼继承,将是人们必须面对的问题。

在日本的理论中,诉讼继承分为两类,一类是自然人死亡或法人合并发生的诉讼继承,称为“当然继承”(因为这种继承是当然要发生的);另一类是当事人将系争标的物让与第三人的情形,称为“特定继承”,也被作为狭义的诉讼继承。本讲的重点是特定继承。这也是我们应当特别关注的,因为在我国学界,对于标的转让所发生的诉讼继承问题还缺乏广泛和深入的理论讨论。

在日本理论的通说中，特定继承制度的理论基础是当事人适格理论，即系争标的发生转移之后，转让人就不再是适格的当事人。高桥先生对此提出不同的观点，认为此种情形并非当事人适格的问题，而应当是本案实体判决的问题。对这一观点的认识和把握需要读者对当事人适格理论和诉讼要件理论以及相互的关系有所了解。在这一问题上，我们可以看出新堂、高桥等日本学者对当事人适格的认识已经相当接近德国学者对当事人适格的看法。

在特定继承中，我们还应当注意的是，在制度上，日本并没有采取德国的原则——“当事人恒定主义”（在诉讼系属中即使实体权利义务发生移转，权利义务移转给诉讼外第三人后，诉讼当事人也不会因为实体权利义务的移转而发生变更），而是采取“诉讼继承主义”，再次显示了日本特色。实际上，这两种原则各有所长，亦各有所短。因此，无论是德国还是日本，在其制度的规定和实践中，都没有将其绝对化，均保留了例外情形，仅仅是一个原则，是一种对诉讼继承处理的基本取向。基于此，在本讲中，高桥先生对日本学者为弥补诉讼继承主义不足所进行的探讨——观点和对策，进行了介绍和分析。其总体思路可以看作以恒定主义之长，补诉讼继承之短。

在本讲中，高桥先生又进一步对特定继承中的两种类型——参加继承和承受继承的情形，进行阐述和比较。这些阐述涉及对参加继承和承受继承的诸多细节问题的认识和处置，这些问题的分析方法对我们亦有借鉴意义。

一、诉讼继承的含义和种类

1. 诉讼继承的含义

诉讼系属中,可能会出现因诉讼外实体法律关系的变更导致当事人丧失其纠纷主体地位的现象(关于纠纷的主体地位,详见后述"继承人的范围"部分),在这种情形下,已经丧失纠纷主体地位的当事人继续进行诉讼是不可能的,也是毫无意义的。比如,当事人死亡的情形,再如作为原告的债权人将债权让与第三人,那么纠纷就转移到了该第三人和债务人之间,而已经提起的诉讼对于该纠纷的解决已经没有意义了。如果让新的主体另行起诉的话,那么已经形成的诉讼状态就被白白浪费掉了,这是我们不希望看到的。对于上述情形,诉讼法有必要采取一些对策,这就是诉讼继承的问题,也就是说,让新产生的纠纷主体进入既有的诉讼中(新堂第732页)。

因诉讼外实体法律关系的变更而导致当事人丧失其纠纷主体地位的情形,可以大体分为两类。一类是自然人死亡或法人合并在法律上当然产生当事人继承的后果,这叫作当然继承。从条文的表述来看,现行法是将这一问题作为程序中断和继承来处理的,[1]但实际上应该是当事人继承(更替)在先,程序中断和继承在后(新堂第734页)。这一点从诉讼代理人不必履行程序中断和继承手续的规定中

---

〔1〕 中野貞一郎「訴訟承継と訴訟上の請求」中野・論点Ⅰ第149页、特别是第153页。兼子一「訴訟承継論」兼子・研究1卷第1页、特别是第78页认为,中断和继承是和诉讼继承相关的确认性程序。

就可以看出来(第 124 条第 2 款)。[2] 也就是说,在实体法上的继承人成为新的当事人以后,即使没有履行中断和继承手续,原诉讼代理人也当然成为其代理人,当事人也已经变更为实体法上的继承人,这就明确显示了当事人继承在先,程序中断和继承发生在后的事实。

第二种类型的定义容后再述,简单地讲,就是当事人将系争标的物让与第三人的情形,这属于特定继承,而非死亡、合并情形下的概括继承。比如,在请求除去地上建筑物并交付土地的诉讼中,被告将其所有的系争建筑物让与第三人,这种情形就涉及第二种类型的继承(当然继承则发生在程序中断和继承的情形中)。狭义的诉讼继承指的就是这种特定继承。

关于特定继承的立法例或者说思考的方法,其最初的形态是禁止在诉讼系属中转让标的物的,如罗马法就是如此,[3] 这样一来,由于诉讼中不会发生当事人的变更,所以诉讼关系较为简明。但是在诉讼期间无法进行交易是非常不方便的,而且会有人滥用这一规定,如借起诉的名义迫使交易中止。考虑到上述种种弊端,近代以来已开始逐渐抛弃这一做法。在母法国德国,其采用的是所谓的当事人恒

---

〔2〕 上北武男「当事者の交替」講座民訴③第 299 页、特别是第 307 页。不过,法律规定在有诉讼代理人的情形下当事人发生当然更替,这一规定是否妥当是一大问题。另请参照中野・前引注〔1〕第 154 页,八木良一「当事者の死亡による当然承継」民訴雑誌 31 号(1985)第 32 页。

〔3〕 据上野・后引注〔6〕「法定当事者変更総論(下)」判タ314 号第 46 页的介绍,罗马法严格禁止系争标的物的转让,违反者将科以罚金;而德国普通诉讼法虽也禁止转让,但已不再处以罚金。兼子・研究 1 卷第 107 页认为,德国普通诉讼法时期的学说和判例在这一问题上是有分歧的。

定主义:[4]即使在诉讼过程中发生了系争标的物转让的情形,当事人也不发生更换,由原来的当事人(出让人)继续诉讼,但判决的效力及于新的纠纷主体(受让人)。这可以从两个方面进行解释,一方面在系争标的物转让以后,为了受让人的利益,出让人成为其法定诉讼担当;另一方面从整体来看,该制度中受到判决效力拘束的继承人不是口头辩论终结之后的继承人,而是诉讼系属之后出现的继承人。与此相对,日本法在这一问题上采取的是诉讼继承主义(第 49 ~ 51 条):受让人成为新的诉讼当事人继续进行诉讼,而且还要受到此前诉讼状态的拘束,这样一来,诉讼上的当事人和实体法上的权利人就保持了一致。与造成两者分离的当事人恒定主义相比,这一制度具有一定的优越性。[5]

2. 诉讼继承的种类

狭义的诉讼继承也包括两种类型:一种类型是受让人主动继承,称为参加继承;另一种类型是出让人的对方当事人将受让人拉入诉讼,称为承受继承。法律上的规定分别见第 49 条和第 50 条,文字上较为典型的表达方式是,权利人主动地申请参加继承,而义务人则被动地接受承受继承;但从内容上来看,现行法第 51 条明确规定了无论是权利人还是义务人都有可能成为当事人。也就是说,即使让与发

〔4〕 关于德国法上的当事人恒定主义,参照兼子·研究 1 卷第 111 页、高見進「登記請求権保全の仮処分の効力」法協 93 卷 3 号第 1317 页、94 卷 3 号第 287 页(1976 ~ 1977)、日比野泰久「係争物の譲渡に関する一考察」名大法政論集 105 号第 98 页、114 号第 107 页、115 号第 305 页(1985 ~ 1987)。

〔5〕 兼子·研究 1 卷第 125 页。

生在义务人(被告)一方,受让人也有可能申请参加继承,因为诉讼状态可能对被告一方有利,法院可能作出驳回原告诉讼请求的判决;另一方面即使让与发生在权利人(原告)一方,受让人也有可能不申请参加继承,而由义务人一方向受让人提出承受继承的申请,因为诉讼状态可能对原告一方不利。提出这一观点的是兼子一先生,参见兼子・前引注〔1〕「訴訟承継論」,后成为学界通说,最判 1957・9・17 民集 11 卷 9 号第 1540 页、百選Ⅱ第 181 号案例(上田徹一郎解説)等判例也承认了这一点。

学者一般是从当事人适格的角度来寻求该制度的理论基础的。在系争标的物发生转让的情形下,当事人适格也一并发生移转,如果由出让人继续进行诉讼的话,那么该诉讼的当事人不适格将导致诉被驳回,因此应当由适格的新的当事人来继承诉讼状态。所谓因当事人不适格而导致诉被驳回的说法,从严格的意义上讲是不准确的。我们以请求给付金钱诉讼中的原告适格为例,在给付诉讼中什么样的原告才是适格的原告呢?只要他主张自己享有给付请求权就足够了(新堂第 251 页)。因此,如果他提起了金钱的给付之诉就是适格的原告。即使法院查明,因被告的清偿,原告已经丧失了债权人的地位,也只能是驳回诉讼请求而不是驳回诉;即使法院从一开始就查明了真正的债权人是原告以外的第三人,也只能是驳回诉讼请求而不是驳回诉。因此即使在债权让与之后,出让人(原诉讼的原告)在原告适格这一点上也是没有问题的。与此同时,作为受让人的第三人也是适格的原告,因此这里就发生了(适格的)原告并存的现象。作为诉讼来讲,权利的归属人是谁并不是一个当事人适格的问题,而是本案实体判决、即支持或驳回诉讼请求的问题。总之,作为出让方的原告,既然没有放弃诉讼请求,即使其对让与的事实作出自认,法院也只能以丧失债权为由驳回原告的诉讼请求,而不是以原告失格为由驳回诉。权利的归属人是谁并不是一个当事人适格的问题,而是所谓的案件适格(实体适格)的问题。诉讼继承就是这种案件适格(实体适格)发生移转的情形。〔6〕

---

〔6〕 在当事人适格的情形下驳回诉讼请求的论述,请参见高見進「訴訟承継主義の限界」争点[初版]第134页。关于案件适格(实体适格)的问题请参见高橋・重点講義第209页。

实际上,这是一个与实体法意义上的当事人和形式上的当事人概念相关的根本性问题。上野泰男「法定当事者変更総論(上)(下)」判タ313号第26页、314号第46页(1975)指出,实体法意义上的当事人概念,强调的是权利归属性含义上的案件适格(实体适格),这就在实体法上的权利人地位和诉讼法上的当事人地位之间架起了一座桥梁。一旦出现案件适格(实体适格)的移转,诉讼当事人也就自然发生更替。不过,在形式上的当事人概念中,诉讼当事人与实体法是没有任何关系的,因此纠纷的实体法律权利关系主体等于诉讼上的当事人这一关系就被切断了。从这一概念出发,是无法将案件适格(实体适格)发生移转视为诉讼当事人变更的要件的。能否用当事人适格的移转来说明当事人发生变更呢?德国的亨克尔教授对此持否定意见。因为实体法上有很多规定会导致当事人发生变更,而这些规定又是无法用当事人适格这一诉讼法上的概念来把握的,要能够解释这些规定,必须寻找其他的能够沟通实体法和诉讼法的媒介。这一新的媒介就是亨克尔教授提出的"当事人适格的基础"(诉讼实施权的基础)(松本=上野第607页把诉讼继承作为"成为诉讼实施权基础的法律地位"的转移加以说明)。

在谁成为当事人更有利于权利人得到胜诉判决从而解决纠纷这一问题上,上野说给我们的启示在于,比起当事人适格这一概念,我们更有必要深入实体法中寻找其他的概念(另请参照林田学・百選Ⅱ第400页)。应当说,这是发端于19世纪末的现代民事诉讼法学、从抛弃实体法意义上的当事人概念开始、经过形式上的当事人概念和当事人适格概念、发展到今天所面临的一大难题。对概念如何进行界定,说到底是一个理论问题,诉讼继承有没有用?是不是可能的?上野说也并没有给出答案。

二、参加继承

首先讨论参加继承。第 49 条是以第 47 条规定的独立当事人参加制度为路径来实现诉讼继承的。我们以让与的事实发生在原告 X 一方为例。在受让人 Z 以独立当事人参加的方式进入诉讼以后，出让人 X 退出诉讼，这样一来，当事人就由出让人 X 更换为受让人 Z(如果按照井上的观点，X 即使退出诉讼，其诉讼请求依然存在，只不过变为无当事人的请求，审理的结果也可能是 X 获得胜诉判决，这一观点和其他学说是不同的。当然，一般的情形是原告撤诉，此时 X、Y 诉讼请求消失，只剩下 Z、Y 请求了(参见本书第七讲第五部分“退出诉讼”)。按照现行法的规定，片面的独立当事人参加也是可以的(第 47 条第 1 款)。〔7〕但是，在 X 和 Z 之间也有可能围绕让与事实的有无产生争议，比如 X 主张不存在让与的事实而 Z 主张接受了让与。在这种情形下，对于 X 主张的诉讼标的，Z 就会认为属于自己的权利并加以主张，这就与第 47 条第 1 款后段的权利主张参加情形极为接近了。诉讼继承在此和独立当事人参加制度实现了圆满的对接，可以说体现了高超的立法技术。〔8〕

但是诉讼继承和独立当事人参加毕竟属于不同的制度，〔9〕其最大的不同在于审理的规则。从准用第 40 条以使

〔7〕 倒不如说片面参加在诉讼继承方面具有更大的意义，参见本书第七讲第三节“片面参加”部分注解〔17〕。

〔8〕 但是按照上田徹一郎・百選Ⅱ第 398 页的意见，似乎立法者当初并没有明确地意识到上述立法体现了诉讼继承主义。另请参照山木戸克己「訴訟参加と訴訟承継」民訴学会編『民事訴訟法講座第一巻』(1953，有斐阁)第 229 页。

〔9〕 兼子・研究 1 卷第 141 页，中野・論点Ⅰ第 157 页。

三方相互牵制的规定可以明显地看出,在独立当事人参加制度中,三方都具有独立的当事人权利。参加人并不继承此前的诉讼状态,倒不如说是为了冲击此前的诉讼状态而加入诉讼中的;[10]在诉讼继承制度中,受让人要继承出让人已经形成的诉讼状态,"生成中的既判力"(兼子·研究1卷第35页)也及于受让人,继承此前的诉讼状态,是对原当事人的一种保护,体现了当事人之间的公平。借用兼子·研究1卷第142页上的比喻,独立当事人参加形成的是三角形的诉讼,而诉讼继承形成的是直线诉讼。可以说是否继承此前的诉讼状态,是两种制度最大的区别。现行法规定的诉讼继承可以使用独立当事人参加制度的路径,只不过是借用了其外形而已。[11] 这样一来,即使在X和Z之间就让与的事实产生争议,只要Z承认自己是受让人而进入程序中,其所形成的诉讼状态就不是独立当事人参加,而是诉讼继承。由于Z主张的是于诉讼系属中受让了系争标的物,因此由受让人Z继承此前的诉讼状态并无不妥。既然已经继承了出让人X形成的诉讼状态,那么受让人Z通过此后

---

〔10〕 在独立当事人参加制度中,参加人是否受到参加时点的诉讼状态的拘束呢?比如,是否受到原诉讼当事人作出的自认的拘束?如果答案是肯定的,那么就有可能出现对参加人不利的统一性判决,从而丧失了独立当事人参加的意义。因此,应当认为参加人可以否定自认的拘束力。在辅助参加制度中,参加人受到参加时点的诉讼状态的拘束,但与此相对,在与被参加人的诉讼行为相抵触的情形下判决效力并不及于参加人,这是辅助参加制度中的一个安全阀。

〔11〕 1996年修订《民事诉讼法》的时候,曾有提案建议参加继承不可借用独立当事人参加的路径,而应和承受继承一样须以同意为条件。这一提案并未实现,但也说明参加继承和独立当事人参加制度的结合并不是必然的。参见上北武男「訴訟参加及び訴訟引受け」新民訴大系1第197页、特别是第203页。

的主张证明活动与出让人 X 及其对方当事人 Y 展开交锋也就足够了。〔12〕 在法官认定让与事实存在的情形下，可以通过行使释明权让出让人退出诉讼，即使其不退出诉讼，也应作为诉讼继承来处理，而不应作为权利主张参加来处理（如果让与的事实发生在诉讼系属之前，那么就成立权利主张参加）。

系争标的物的受让人 Z 能否主张诈害妨止参加呢？也就是说，受让人 Z 能否主张此前的诉讼属于诈害诉讼或通谋诉讼，以此来否定出让人 X 已经形成的诉讼状态呢（从其拘束中摆脱）？如果是诈害诉讼或通谋诉讼，也就意味着此前的诉讼不是正常状态下的诉讼，既然如此也就没有必要为对方当事人 Y 提供特别的保护。与诉讼继承类似的另外一种继承形式，即继承人在口头辩论终结后才出现（第 115 条第 1 款第 3 项），此时要想以诈害诉讼或通谋诉讼为由推翻判决的既判力是非常困难的。按照新堂的观点，是否构成诈害要从当事人进行诉讼的态度来判断，具体说来就是其外在表现（比如在没有提交书面准备的情况下连续缺席，参见本书第七讲第二节“独立当事人参加的要件”部分）。按照这一观点，一般情形下的缺席判决都构成诈害判决，并不具有既判力，这是对缺席判决的否定。另一方面，与发生在口头辩论终结后的继承不同，在诉讼系属中让与系争标的物的情形下，即使法官认定了诈害的主张从而重新开始

---

〔12〕 当然，与口头辩论终结后出现的继承人（第 115 条）一样，法律并不限制继承人提出其特有的攻击防御方法，因为从逻辑上讲，既是特有的，就是原当事人无法提出而且也没有形成相应的诉讼状态。

审理程序,这一制度弊端也不是致命的。因此,利益衡量在此并不具有决定性的意义,但由于受让人对于受让系争标的物的事实已经作出了自认,在这种情形下,应当认为属于诉讼继承,受让人 Z 应当受到此前诉讼状态的拘束,不能提出诈害妨止参加;另外单从形式上来看,受让人 Z 也不是纯粹的第三人。如果此前的诉讼真的构成诈害诉讼或通谋诉讼,受让人 Z 也可以通过向出让人 X 请求损害赔偿的方式来获得满足。〔13〕

更进一步来说,受让人 Z 没有采取诉讼继承的方式,而是以 Y 为被告另行起诉,应该说这种做法也是不能被允许的。〔14〕

---

〔13〕 上野泰男「当事者関連項目について」民商 110 卷 4、5 号(1994)第 663 页以下、特别是第 689 页注(28)中认为,继承人不得申请独立当事人参加。

一如后述,如果认为承受继承人在一定限度内可以免除来自此前诉讼状态的拘束,那么在同一范围之内应该也适用于参加继承人。理论上一般认为在参加继承中,因为继承人是主动进入诉讼的,所以就应该受到此前诉讼状态的拘束。即便如此,受让人通过运用一定的诉讼策略,即不采用参加继承的方式而是让对方提出承受继承的申请也可以达到同样的效果。中野・論点 I 第 162 页似乎也是类似的观点(在更大的范围内不受此前诉讼状态的拘束)。

上田第 556 页、伊藤第 610 页、注釈民訴(2)第 252 页(池田辰夫执笔)认为,原来的当事人作出的处分性诉讼行为,如果具有通谋或诈害的性质,就应当认定违反了诚实信用原则,从而否定其某一具体的诉讼行为的拘束力。只要搬出诚实信用原则这个一般性条款,一般在理论上不会招致异议,但从立论的基础上来看,给人的感觉似乎过于宽泛。

〔14〕 飯倉一郎「係争物譲受人の訴訟上の地位」木川・古稀(上)第 352 页以下、特别是第 359 页认为,既然设置了诉讼继承制度,就不能允许另诉。兼子・研究 1 卷第 145 页的解说更为精细,只要 Y 以 Z 为对象提出承受继承的申请并得到法院的认可,那么因为这一诉讼在先,即使受让人 Z 以 Y 为被告另行起诉(新诉),根据禁止双重起诉的原则,Z 提起的新诉也应以不合法为由被驳回。参见新堂第197 页。

三、承受继承

1. 承受继承与参加继承的异同

与参加继承是受让人积极主动地进入诉讼不同，承受继承是由原诉讼的对方当事人将受让人拉入诉讼的一种继承类型。如果出让人退出诉讼的话，当事人就由出让人变更为受让人。一般来说，如果诉讼状态有利于己，受让人就会主动采取参加继承的方式，相反，则由对方当事人提出承受继承的申请，但这只是出于当事人的动机；从法律上来说，即使诉讼状态不利于己，受让人也可以采取参加继承的方式，即使诉讼状态有利于对方当事人，也可以提出承受继承的申请。因此，从诉讼继承主义的理论视角来看，参加继承和承受继承是平行而非对立的诉讼继承类型。

但是，现行立法并未体现出这种平行性，还存在若干暧昧之处。

第一，按照第 50 条第 3 款的规定，承受继承准用第 48 条关于退出诉讼的规定，而不准用第 47 条关于独立当事人参加的规定；相反，承受继承还要准用第 41 条关于申请同时审判的规定。一般认为，可以申请同时审判的共同诉讼属于普通共同诉讼的一种类型（参见本书第三讲第一部分“共同诉讼的意义和种类”）。我们以承受继承发生在被告一方为例。

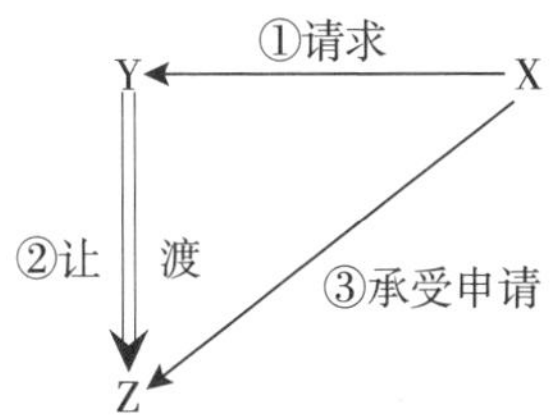

在X、Y这一原来的诉讼请求中,加入了X、Z这一新的诉讼请求,由于准用申请同时审判的规定(禁止分开辩论和部分判决),该诉讼就成为普通共同诉讼形态。从条文上看,既然是普通共同诉讼,就不得准用第40条关于必要共同诉讼的规定,过去就能否准用第40条(进而与参加继承类似,在诉讼形态上形成三方诉讼)曾经有过争论,[15]就现行立法而言,法律明确规定的是普通共同诉讼而非必要共同诉讼。但这一规定是否妥当呢?如果是普通共同诉讼,就不需要寻求诉讼资料的统一性,这样一来,当被告Y向Z为让与的时候,从理论上说X存在着对Y、Z两方胜诉或败诉的可能性。这样妥当吗?即使让与的事实发生在被告一方,受让人Z也可以参加继承的方式进入诉讼,这时由于准用第40条,诉讼资料的统一性得到保证,就不会出现X对Y、Z两方胜诉或败诉的情形了。但为什么承受继承这一方式就不可以呢?如果说对于两方胜诉或败诉的现象没有必要作出调整,那么参加继承的情形不也应当同样如此吗?

---

〔15〕 对此持肯定意见的观点可以参见,井上治典「訴訟引受けについての手続上の問題点」(初出・1981)井上・訴訟第63页、特别是第68页(其基本观点是应当根据纠纷的具体情况和诉讼进程的演变,具体情况具体分析。也就是说,其并没有否定某些场合应当准用必要共同诉讼的规定),中野貞一郎「訴訟承継と訴訟上の請求」中野・論点Ⅰ第149页、特别是第162页,注釈民訴(2)第264页(池田辰夫执笔),上北武男「当事者の交替」講座民訴③第299页、特别是第322页,三ヶ月・全集第234页等。此外,霜島甲一「当事者引込みの理論」判タ261号(1970)第18页、特别是第22页认为,承受继承和参加继承一样,都属于发生在三方之间的纠纷,应当准用第40条。

但是,菊井=松村Ⅰ第481页、注解民訴(2)第304页认为,发生承受继承的诉讼属于普通共同诉讼,不得准用第40条。

因此,就立法论而言,第 50 条第 3 款的规定是不妥当的。[16]

---

〔16〕 关于承受继承准用第 41 条所带来的问题,山本弘「多数当事者訴訟」講座新民訴 I 第 141 页、高田裕成「同時審判の申出がある共同訴訟」新民訴大系 1 第 172 页进行了尖锐的批评,应值赞同。松本 = 上野第 613 页也持同样意见。但高見進「訴訟承継と同時審判」民訴雑誌 48 号(2002)第 29 页则持不同见解。确实,在让与事实发生在被告方,原告提出承受继承申请的情形下,只存在 X、Y 请求和 X、Z 请求,YZ 之间并不存在诉讼请求,因此不构成三方诉讼的形态。但独立当事人参加却可以准用第 40 条,立法已经明确承认了片面参加这种形态,意即是否准用第 40 条并不仅仅与三方诉讼相关(参见第七讲第三部分"片面参加")。如果说非三方诉讼就不得准用第 40 条是立法观点的话,那么这一观点并没有在立法中一以贯之。即使就解释论而言,虽然从文义上很难找到准用第 40 条的依据,也应尽可能地向此一方向努力。

就结论而言,承受继承中的第三人,必须继承此前的诉讼状态。即使该第三人否认受让的事实,只要法院能够对此作出相反的认定,就可以决定的方式允许对方提出的承受继承申请。因此,应当肯定继承人具有继承诉讼状态的义务,通过准用第 40 条的规定,此后的诉讼可以形成互相牵制的诉讼关系。这样一来,就可以避免法院最后作出不统一的判断,比如认定 X、Y 之间不存在有效的让与关系而 X、Z 之间却存在有效的让与。

从相反的角度来考虑的话,在发生诉讼继承的案件中,合一确定的必要性并不是特别突出。既然是在同一个程序中进行审理,那么出现判断不统一的情况一般是因为当事人作出了处分性的诉讼行为。比如,法院以 Y 作出自认为由判决 Y 败诉、以证据调查的结论为依据判决 Z 败诉,这种判决不统一的情形固然可以推给 Y,是其个人责任造成的,这种情形也不会损害到 X 和 Z 的利益。但是,如果是 Z 作出自认,出让人 Y 就可能要承担担保责任从而损及 Y 的利益。因此,与独立当事人参加制度中出现的情形类似,何时应当准用第 40 条,须仔细审查(参见本书第七讲第四节"独立当事人参加的审判规则"部分)。

按照高見・前引民訴雑誌第 33 页的观点,X 以 Y 为被告起诉,要求除去地上建筑物并交付土地。在诉讼系属中,Y 将系争建筑物租赁给 M 使用,X 因此向 M 提出承受继承的申请。在该重叠继承的情形中,X、Y 请求和 XM 请求并非不可并存,不符合准用第 41 条的要件。因此,在重叠继承的情况下,不应当准用第 41 条。这一观点的说服力确实很强,但是所谓"准用",不正是不符合适用的要件而准其适用的含义吗?所以此种情形下准用第 41 条也并无大碍。另外,该文第 36 页认为,在免责的债务承担中,如果受让人(债务承担人)以参加继承的方式进入诉讼,其能否以独立当事人参加的身份主张自己的权利也是有问题的,但此时适用第 41 条关于申请同时审判的共同诉讼的规定则可避免这一尴尬,第 51 条关于准用第 47 条的规定也是这一含义。确实,准用独立当事人参加的有关规定并不意味着参加继承人可以阻止被告作出自认或者认诺对方的诉讼请求,但通过准用第 40 条来保障原告、被告第二,承受继承中是否需要提出具体的诉讼请求?我们以让与的事实发生在原告方,而被告 Y 提出承受继承的申请为例。

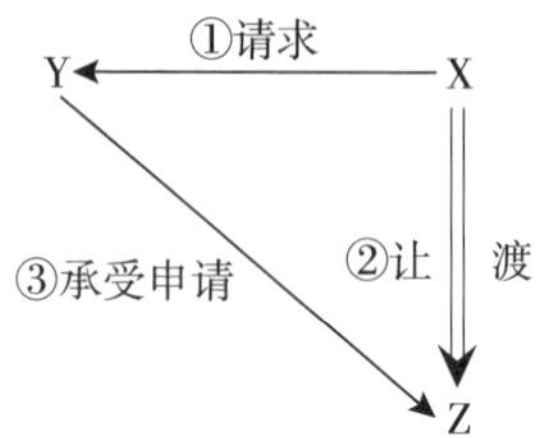

被告 Y 将受让人 Z 拉入诉讼,Z 成为原告,作为积极能动的当事人,Z 应该提出诉讼请求,但 Z 成为原告并不是出于本意,所以也有可能对诉讼持消极态度而不提出诉讼请求。如果出现这种情形,被告 Y 在提出承受继承申请的时候,就要帮助原告(Z)确定针对自己(Y)的诉讼请求,何其怪哉!另外,自己(Y)针对继承人(Z)还要提出一个"不存在的确认请求",此时被告 Y 就不是被告而变为原告了。新堂第 742 页认为"债务不存在的确认请求的申请也应当包

和参加继承人能够得到统一的审判也并不会带来更大的弊端(即使有,也可以通过对第 40 条的灵活解释加以调整)。总之,高見的观点意在将参加继承和承受继承规定的不一致之处统合在第 41 条的旗帜之下,颇具意义。山本和彦「訴訟引受けについて」判タ1071 号(2001)第 60 页、特别是第 65 页也持类似论点。

顺便提及的是,与此相关的另一问题,即双方代理或违反《律师法》第 25 条的问题。律师 A 原来是被告 Y 的诉讼代理人,其能否成为承受继承人 Z 的诉讼代理人呢?由于 YZ 之间不存在诉讼请求所以从形式上看并不构成双方代理,这种做法妥当吗?在参加继承中如果利用片面参加这一方式的话也会产生同样的问题。但这是对《律师法》第 25 条的解释问题,应该以维护委托人对律师制度的信心为出发点。这样一来,就应该从本质上而不是形式上去思考问题的答案。按照这一思考方向应该说存在着违反《律师法》第 25 条的个案情形。参照井上・訴訟第 73 页,中野 = 松浦 = 鈴木第 490 页(井上治典执笔),本书第七讲第三部分"片面参加"。

括在内",这样一来,我们今后就很难再断言原告是积极能动的当事人了。中野说认为,在所有权确认诉讼中,原告将系争标的物出让,被告提出承受继承的申请。如果说被告应当针对继承人提出诉讼请求的话,那么不仅与被告一贯的消极被动立场相矛盾,而且被告提出的所有权不存在的确认请求也不具备诉的利益;如果通过此后的审理法院认定继承不成立,那么还要对被告针对继承人的诉讼请求作出支持判决,这也是十分奇怪的。解决方法在于,在法院决定继承人进入诉讼的同时,在法律上就拟制一个继承人的诉讼请求(Z、Y 请求)。[17] 针对理论上的一贯做法,即当事人在提出承受继承申请的时候,学说总是为其设定一个确定诉讼请求(攻击防御目标)的责任,井上说主张将二者分开处理,申请的责任由被告(Y)负担,攻防目标的提出责任(确定诉讼请求)由继承人(Z)负担。[18] 应当说,这一构思十分新颖,但也存在一个问题,即应该提出的诉讼请求却没有提出,该如何处理?既然受让人 Z 没有提出攻防的目标,那么可以考虑两种方法,一种方法是驳回 Z 的诉,对于因诉

---

〔17〕 中野·論点 I 第 164 页(至于是否不具备诉的利益,支持判决是否不可理解,笔者持保留意见),另请参见高田裕成「訴訟承継·任意的当事者変更」ジュリ1028 号(1993)第 68 页。

〔18〕 井上·論点 I 第 66 页。注釈民訴(2)第 261 页(池田辰夫执笔)也认为,从诉讼继承制度的性质来看,承受继承申请人没有必要提出诉讼请求,而应该在批准该申请后,要求原告变更诉讼请求。

对于上述观点,松本 = 上野第 612 页认为依然存在着问题,为了诱使原告继承人提出诉讼请求,被告有必要提出一个消极的确认请求,一旦继承人提出请求,那么消极的确认请求就达到了目的,从而丧失诉的利益,可以说这一观点是针对拟制说而来的。

讼状态不利于己而迟迟不申请参加继承的 Z 来说,由于并不禁止其再诉的可能性,所以这种方法对其较为有利,但可能会放纵拒绝提出诉讼请求的行为;另一种方法是驳回 Z 的诉讼请求,但这又与普遍的做法有所不同,在没有提出诉讼请求的前提下一般是以命令的方式驳回其诉状(第 137 条)。新堂说和中野说在本质上并没有太大的差异,其不同之处仅仅在于,是要求继承申请人提出债务不存在的确认请求,还是直接从法律上拟制对方的诉讼请求。应该说,中野的观点更为简明一些,[19] 如果 Z 对于法律拟制的诉讼请求感到不满的话,也可以通过变更诉讼请求的方式来解决。

第三,按照第 50 条前 2 款的规定,承受继承的申请是否成立,要由法院以决定的方式作出。参加继承由于借用了独立当事人参加的形式、以起诉的方式提出,法院就应以判决的方式作出裁判(若不满足构成要件的话,则以别诉来处理。参见本书第七讲第二部分“独立当事人参加的要件”注解〔13〕)。如此立法破坏了参加继承和承受继承之间的平

〔19〕 实际上,当参加继承出现在被告一方的时候也会产生同样的问题。在被告的受让人 Z 提出参加继承的时候,身为被告的 Z 提出诉讼请求是很奇怪的事情;另一方面,如果原告 X 毫无作为的话,也不会出现针对受让人 Z 的诉讼请求(审判对象)。在这种情形下,Z 敢于受让系争标的物且又积极主动地参加到诉讼中,说其具有当事人的能动性也不过分,如果要求受让人 Z 提出一个债务不存在确认请求的话,也不会产生太大的不和谐感。在债务受让人提起的参加继承中,有些法院就要求参加人提出诉讼请求(参见広島高判 1969・4・24 下民集 20 卷 3・4 号第 247 页)。不过,在承受继承中,让与系争物是对方的行为,其进入诉讼也是被动的,所以承受继承人作为当事人的能动性要弱于参加继承的情形。

这一问题从根本上来说,是一个涉及多数当事人诉讼中诉讼请求含义的问题,也就是谷口安平「多数当事者訴訟について考える」法教 86 号(1987)第 6 页以下所说的“箭头符号式思维”和“旋转木马结构”之间的区别。

行性关系,是立法论上值得研究的课题(1996 年修法过程中,一如前引注 11 所述,曾经探讨过将是否同意参加继承的方式也改为使用决定)。但就解释论而言,不得不说这是承受继承和参加继承的区别之处。关于不服申请,学界的通说认为,对于驳回申请的决定,申请人可以提出普通抗告;而对于批准申请的决定,对方当事人却不能提出独立的不服申请,只能和终局判决一起请求上级审(第 283 条),应该说后者存在一定的问题。[20]

由于法院批准了继承申请,继承人 Z 就进入本案审理的程序中,如果其后法院认定继承或让与的事实不存在,又该如何处理呢?法院在作出决定的阶段认为让与是有效存在的,其后经过细致的审理又作出相反的认定,这种情形并非不可能。学者对此有不同的观点。有人认为应该取消前一个决定,同时作出驳回申请的决定;有人认为应该驳回继承人 Z 提出的或针对 Z 提出的诉。[21] 不过,如果考虑到已经进行了本案审理这一事实的话,最好还是能够保留解决

---

〔20〕 持通说立场的观点有注釈民訴(2)第 262 页(池田辰夫执笔)、注解民訴(2)第 303 页(小室直人 = 東孝行执笔)、菊井 = 村松 I 第 478 页、伊藤第 609 页、小室・監修第 261 页等。这与变更诉讼请求的情形是类似的(鈴木正裕「訴訟内訴え提起の要件と審理」新堂・特別講義第 238 页以下有详细的论述),既然原审已经进行了本案审理,那么上级审就不能否定承受继承的有效成立。总之,对于法院作出的批准申请的决定是不能提出不服申请的。井上・訴訟第 90 页也认为通说并无不妥。

此外,井上・訴訟第 88 页认为,一旦提出承受继承的申请,那么在法院作出决定之前,受让人是不能参加诉讼的。

〔21〕 上北・前引注〔15〕第 320 页是从当事人适格欠缺这一角度来处理的,即原则上应驳回诉。注解民訴(2)第 303 页也持驳回诉的观点。东京地判 1998・10・2 判タ1009 号第 267 页采取了驳回诉的方式,不过其案情较为特殊。

纠纷的基础,妥当的做法应该是驳回继承人 Z 提出的或针对 Z 提出的诉讼请求(新堂第 743 页)。[22] 不过,如果 X 对 Z 提出了债务不存在的确认请求的话,就应该作出支持其请求的判决,而不是驳回诉讼请求的判决,如此才可以说是本案的正确判决。[23]

2. 继承人的范围

那么,在什么情况下才能发生承受继承呢? 条件基本

---

〔22〕 田尾桃二「訴訟引受の一つの問題」判タ242 号(1970)第 66 页,鈴木正裕「訴訟内訴え提起の要件と審理」新堂・特別講義第 222 页、特别是第 264 页,中野・論点Ⅰ第 167 页,井上・訴訟第 89 页,菊井 = 村松Ⅰ第 478 页。另请参照三ヶ月章「特定物引渡訴訟における占有承継人の地位」三ヶ月・研究 1 卷第 285 页。

〔23〕 此处还涉及一些扫尾性质的问题。比如,继承发生在被告一方,当法院认定不存在继承的事实时,被告 Y 已经退出了诉讼,此时法院的做法一般是驳回 X、Z 请求同时支持 X、Y 请求,应该说大多数情形下法院的类似处理是成熟的。因为一如前述,当被告退出诉讼的时候,X、Y 请求依然存在(参见本书第七讲第五部分"退出诉讼"),所以法院作出支持 X、Y 请求的判决也是可以的。可是,在某些情况下当法院还没有足够的理由作出上述判决的时候,又该如何? 比如,已有证据证明不存在 Y 向 Z 让与的事实,但 X 是否真正的权利人尚处于真伪不明的情况,这种情况多见于发生诉讼脱退的案件中(本书第七讲第五部分"退出诉讼"注〔43〕)。由于 X 已经进行了充分的诉讼活动,所以此时驳回 X、Y 请求也是妥当的做法,应该说,这一判决也是最符合事实真相的。

此外,在参加继承中发现不存在让与的事实,该如何处理? 由于不具备参加继承的要件,应当作为另诉处理,而且还可以作出本案判决。以继承发生在原告一方为例。大多数情形下的判决都支持 X、Y 请求、驳回 Z、Y 请求。不过,上诉审也可能会导致翻盘的结果,即上诉审认为存在让与的事实(支持 Z、Y 请求)。这种情形下,如果继续维持支持 X、Y 请求的判决,就会给 Z 带来不少麻烦。为了避免这一情况的出现,应当说,只要 Z 提起上诉,X、Y 请求也应当移为上诉审(参见本书第七讲第四部分"独立当事人参加的审判规则")。从参加继承准用第 40 条的规定中也可以推导出这一结论。也就是说,在参加继承发生以后,只要开始了审理程序,就不应该对参加继承的要件再次进行审查;即使不存在发生继承的原因事实,也不必作为另诉处理,而是应将让与的有无直接作为本案的问题来考虑即可,参见鈴木・前引注〔22〕第 259 页。也正因如此,从立法论的角度来看,应该采纳 1996 年学者们提出的建议,对参加继承和承受继承适用相同的规则。

与参加继承相同,即已经发生了系争标的物的让与,这也与第 115 条规定的继承人(出现在口头辩论终结后)的条件相同。比如,原告一方将系争债权让与他人、被告一方将债务转为他人承担、所有权确认请求诉讼中的标的物被第三人取得、除去地上建筑物并交付土地的诉讼中,该建筑物被第三人取得均为典型事例。至于发生继承的样态,无论是通过买卖等任意处分行为,还是通过竞买等执行处分行为,在所不问。即使只是表面符合上述典型事例,由于纠纷扩大到了第三人,那么除了原当事人,还应该让该第三人继承诉讼。比如,在请求除去建筑物并交付土地的诉讼中,原告向从被告承租人处租赁该建筑物的第三人提出的搬离该建筑物的请求[最判1966・3・22 民集 20 卷 3 号第 484 页、百選Ⅱ第 182 号案例(林田学解说)];在请求注销所有权移转登记手续的诉讼中,原告向从被告处已经取得移转登记的第三人提出的注销登记手续的请求,都可以成为诉讼继承的对象。〔24〕 在上述情形下,原有的当事人和相关第三人一起成为当事人。也就是说,当新请求与原请求在主要争点上

〔24〕 在此,没有必要区分其请求权基础,无论是物权请求权还是债权请求权,都构成承受继承的对象。在涉及诈害行为取消权和破产法上的否认权的诉讼中,目的财产的受让人也是承受继承的对象。即使对于善意取得人,也可以提出继承申请,是否构成善意取得则属于本案问题(固有的攻击防御方法)。不过,因论者所持诉讼标的论的不同,对此也有不同观点,参见注解民訴(2)第 296 页以下、菊井 = 松村Ⅰ第 474 页以下、畑郁夫「承継参加と引受参加」小山ほか・演習第 733 页。

顺便提及的是,在请求除去建筑物并交付土地的诉讼中,从被告处受让建筑物的 Z,如果主张系争土地为自己所有,这种情形下有学说主张 Z 不得作为继承人,参见中野 = 松浦 = 鈴木・旧第 632 页(松浦馨执笔)。不过,既然已经承认受让建筑物的事实,那么就应当成为承受继承的对象,而且可以提出固有的攻击防御方法。不过另一方面,也许应该考虑到继承人的审级利益(法官依自由裁量而发回重审)。

具有共通性(攻击防御方法),而且从社会观念的角度来看,与继承人之间的纷争属于原有纠纷的派生或发展(从主张发生继承的一方来说,其请求法院驳回诉或者诉讼请求的申请所指向的诉讼标的在继承前后没有发生本质的变化),满足了这两个条件,就应当认为该承受继承成立(新堂第741页)。而且,新堂在此处使用的措辞是"纠纷主体地位的移转"而非"当事人适格的移转",应值赞同。[25]

新堂第739页(ロ)认为,与审理已经终结,即口头辩论终结后出现的继承人(第115条)不同,在诉讼继承中,是继承在前、审理程序在后,此时固然应该考虑到不能将关联性较差的纠纷带入审理程序,以免造成程序的混乱,但另一方面也应该考虑到一并审判的便利性,将关联请求纳入程序中。也就是说,与口头辩论终结后出现的继承人相比,诉讼继承中的继承人范围更广(谷口第308页也持类似见解)。

---

〔25〕 本讲第一节"诉讼继承的含义和种类"部分。

新堂幸司「訴訟当事者から登記を得た者の地位」新堂・訴訟物(下)第297页、特别是第316页认为,在某些情形下即使诉讼标的在继承前后有所不同,也应当认为诉讼继承成立。此时,在同一权利关系上的当事人适格这一含义上,继承前后的诉讼标的所指向的当事人适格并非同一。比如,在1966年最高法院的判例中,X对Y提出的除去建筑物并交付土地的请求所指向的被告适格,与对Z提出的搬离系争建筑物的请求所指向的被告适格,就很难说是同一诉讼标的上的当事人适格。因此,"当事人适格的移转"这种说法仅仅考虑到了作为诉讼标的的权利关系在继承前后完全同一的情形,因此并不恰当,采取"纠纷主体地位的移转"(1966年最高法院的判例中使用了"重叠性移转"这种说法)可能更为贴切,上述见解,应值赞同。此外,中田淳一『訴えと判決の法理』(1972,有斐阁)第154页将重叠性移转称为并存继承。

关于口头辩论终结后出现的继承人,伊藤第482页以下认为,这种情形并非纠纷主体地位这种诉讼法上地位的继承,而是诉讼标的以及与之相关的实体法上的权利关系的继承。诉讼继承中则使用当事人适格的移转这一用语(同书第607页),上述讨论固然十分精细,但在某些情形下必须考虑到解决纠纷这一诉讼法理念,所以并无排除诉讼法上的地位和用语表现的必要。

比如,在乙对甲提起的请求移转登记的诉讼中,丁从甲处取得了登记,此时,固然可以让乙针对甲丁的注销登记请求发生承受继承,但判决对丁并不发生执行力的扩张(虽然既判力发生扩张,执行力则否。新堂对执行力的扩张采所谓的权利确认说。新堂第626页)。按照新堂的上述观点,诉讼继承和口头辩论终结后出现的继承人仅仅在这一点上并非完全一致。[26]

新堂进而认为,即使同为诉讼继承,参加继承和承受继承的考虑因素也各不相同,参加继承的范围要大于承受继承。[27] 承受继承中,继承人是被强制拉入自己并未参与的诉讼状态,所以有必要重视对继承人的程序保障;而参加继承人是主动参加到诉讼中,因此直接将其纳入已经开始的程序即可。另一方面,对方当事人一直亲身参与了诉讼状态的形成,所以没有不满的理由。因此,可以把参加继承理解为从一开始就倾向于确保参加人利益的一种制度。作为抽象的理论,新堂的观点固然可以自圆其说;但作为解释论,是否应予赞同,尚有值得商榷之处。[28]

---

〔26〕 当不动产的受让和登记的时间不同的时候,承受继承从受让的时点开始起算,既判力的扩张则从登记的时点开始起算(高橋・重点講義第592页注118)。从这一例子可以看出,与既判力扩张相比,承受继承的时间跨度更大。

〔27〕 新堂・訴訟物(下)第323页。

〔28〕 新堂・訴訟物(下)第324页认为,与其将参加继承作为诉讼继承制度的一部分和承受继承相并列,倒不如将其列为诉讼参加制度可能更为合适,应当考虑到其与主观的追加合并之间的关系。霜島・前引注〔15〕判タ261号第22页第2段也认为,主动加入和强制加入的利益格局是不同的,不能将二者的范围等同,其要件也应当有所不同。新堂・判例第128页、特别是第133页认为,在涉及公司法的诉讼中,若原告股东让与股份,则公司不得作为承受继承人,但股份的受让人可以作为参加继承人。

3. 诉讼状态的继承

新堂虽然主张对参加继承和承受继承的范围予以调整,但其也肯定诉讼状态的继承。可以说,诉讼状态的继承正是诉讼继承制度的重点(中野・論点Ⅰ第161页)。

但是,是否在所有的情形下都应当肯定诉讼状态的继承呢?福永教授有一个著名的设例。简单地讲就是,土地所有权人X以建筑物所有权人Y为被告提起诉讼,要求其除去建筑物并交付土地。如果Y由于其借地权抗辩被法院裁定成立而认为无论该宗土地的所有权人是谁结果都是一样的,从而对X的所有权作出自认(权利自认),在该诉讼系属中,Y将建筑物让与Z,那么对于承受继承人Z来说,由于该让与系擅自所为,所以如果仅仅凭借Y的借地权诉讼结果将十分危险,为了获得胜诉判决,Z希望就X的所有权再

确实,在参加继承中,继承人是主动参加到诉讼中,其对继承诉讼状态应该早有心理准备,所以将参加继承成立的范围予以适当扩大不会产生什么问题,那么这里存在的问题就是概念梳理了。按照新堂的观点,虽然同为继承人,但参加继承和承受继承的范围还是有所不同,这体现了概念的相对性,参加继承因为包容了派生和关联性的纠纷,因此继承人的概念内涵已经十分弱化;与此相对,如果认为原则上继承人的概念应当体现一致性的话,那么不管是承受继承还是参加继承,其继承人的范围都应当是相同的,应该在其外延建构继承诉讼状态的诉讼参加制度。主观的追加合并也罢、任意的当事人变更也罢,一般都不会认为它们与诉讼状态的继承有什么关系,所以依靠这些概念是无法顺利建构诉讼参加制度的。

笔者一直认为参加继承和承受继承同为诉讼继承,应一体把握,此外再建构体现诉讼状态继承的诉讼参加制度,似乎较为稳妥;但是现在的民诉法理论当中并没有这种诉讼参加的概念。因此,作为一种过渡,新堂的观点还是可以接受,即参加继承的范围要大于承受继承。不过井上・訴訟第93页对新堂将参加继承、承受继承分别对待的观点持怀疑态度,这里的问题在于之所以不同对待,是因为任意参加和强制参加这一分类,仅仅以参加的动机作为区别的依据,实在是有失细致。福永有利「参加承継と引受承継」争点[新版]第152页、注釈民訴(2)第257页(池田辰夫执笔)也反对以继承原因作为分类的标准。

行争讼。Y 已经对 X 的所有权作出了自认，在这种情况下，Z 还能就 X 的所有权产生争议吗？福永认为是可以的。这里的问题就是，Y 在没有必要慎重行事的情形下作出的诉讼行为，其后果应当拘束继承人 Z 吗？〔29〕笔者的观点是，原则上应当继承诉讼状态，但在上述的类似情形下有必要作出微调。从理论构成上讲就是，重新审视当事人作出自认时的真实意思（高橋・重点講義第 404 页）。〔30〕

虽然在某些情形下存在例外，需要作出微调，但能否进而否定继承诉讼状态这一一般性的义务呢？井上治典教授认为，一方面例外情形的具体化是今后研究的课题，但更有必要在概念上区分继承诉讼的责任与承认诉讼状态的义务（参见井上・訴訟第 91 页，中野 = 松浦 = 鈴木第 490 页）。

---

〔29〕 福永有利「参加承継と引受承継」三ヶ月 = 中野 = 竹下編『新版・民事訴訟法演習 2』（1983，有斐阁）第 37 页、特别是第 47 页，中野 = 松浦 = 鈴木第 489 页。

继承人可以提出其固有的攻击防御方法，而且该方法也可以不受此前诉讼状态的拘束，这一点上没有异议。此处涉及的问题并非固有的攻防方法，而是对于原有的当事人进行的主张立证活动（攻防方法），若继承人对其所持立场存有歧见是否还要受到拘束？此处的意见是，将该主张立证活动视为固有的攻防方法来考虑。

〔30〕 上北・前引注〔2〕講座民訴③第 321 页认为，对于错误的有无这一撤回自认的要件，应从继承人的立场予以判断。如果被继承人在作出自认的时候认识到了该自认与事实不符，则从继承人的立场可将之视为错误，继承人不受该自认的拘束。这一观点意图使继承人从自认的拘束力当中解放出来，应值赞同，但存在如下不妥：一是继承人一方存在错误情形，这属于法律的拟制；二是由于该观点借助了撤回自认这一渠道，如果不能证明自认的事实与真实不符而陷入真伪不明的境地，则该自认不得撤回，从而无法达到救助继承人的目的（继承人依然要受到该自认的拘束）。不过上北的出发点可能在于，既然原则上应当继承诉讼状态，那么上述程度的保护也就足够了，至于这种保护的不彻底性，继承人也只能忍耐。笔者认为，如果系争标的物的让与属于被继承人和继承人的率性所为，则更应该保护对方当事人的利益，也许继承人过于姑息了被继承人的行为，重新看待被继承人的自认应当是符合情理的。

这一观点认为,诉讼继承的对象范围可以较大,是否应当继承诉讼状态则须就个案考虑,这也回到了概念梳理的层面上。被拉入诉讼但并不继承诉讼状态,这在学说上已经有了主观的追加合并或者任意的当事人变更理论(另外的途径是另行起诉+合并辩论)。作为诉讼法上的概念,更为妥当的做法可能是,诉讼继承自然包括对诉讼状态的继承,但在其外延则存在并不继承诉讼状态的多数当事人诉讼。〔31〕

4. 出让人的承受继承申请

承受继承中,一般的情形是由对方当事人对受让人提出继承申请,出让人(原当事人)能否对受让人提出继承申请呢?有的判例对此持肯定态度,而东京高决1979・9・28下民集30卷9~12号第443页、百選・补遗第47号案例则持否定态度;学说亦持两端。

---

〔31〕 意图否定或减轻诉讼状态继承义务的学说,其设定的前提是诉讼系属中的善意第三人。比如,在原当事人通谋的诉讼中,通过拍卖竞得系争标的物的第三人。参见注釈民訴(2)第252页(池田辰夫执笔)、中野・論点Ⅰ第162页等。

新堂第742页认为,虽然继承人没有参与形成此前的诉讼状态,但其必须承受该诉讼状态带来的不利益,其正当化的根据在于继承人已经参与了该诉讼状态所依附的实体法律关系。至于其因此所遭受的不利益,应就继承人和原当事人之间的关系加以处理。笔者认为,竞得人参与了拍卖的过程,也应当继承此前的诉讼状态,这一问题与既判力扩张到口头辩论终结后出现的继承人类似,不仅要追究原当事人的责任,而且继承人应当继承既判力以及已形成的诉讼状态(高橋・重点講義第591页注117)。福永・前引注〔29〕論文第152页认为,继承诉讼状态这一原则不因有利还是不利而发生任何变化,如果过于强调与其他参加类型之间的共通性,那么也就丧失了诉讼继承制度的独立性。上野泰男「当事者関連項目について」民商110卷4・5号(1994)第663页以下、特别是第689页注(28)认为,原则上必须承认诉讼状态的拘束力,如果否定了这一原则,也就否定了诉讼继承制度,这一观点应值赞同。上北・講座民訴③第321页的观点较为折中,他认为,如果诉讼标的(客观方面)同一,那么应当肯定对继承人的拘束力;如果诉讼标的不同,则应当允许继承人提出与被继承人(原当事人)行为相矛盾的主张。

出让人一方是否存在着必要性或者利益呢？应当说，出让人或者催促受让人申请参加继承，或者催促对方当事人提出承受继承申请就可以了。即便无人提出申请，出让人也可以通过撤诉的方式，甚至通过放弃诉讼请求或者对让与的事实作出自认的方式来达到摆脱诉讼的目的。因此，在一般情形下，出让人是不具有申请承受继承的必要性或者利益的。但是，出让人提出继承申请却与诉讼费用有着密切的联系。因为参加继承被视为起诉，当然需要缴纳诉讼费用，而承受继承申请则只需缴纳300日元的手续费就足够了（民诉费用法别表第一之第1项和第17项）。从费用的角度来考虑诉讼法上的问题显然给人以本末倒置之感，然而，让与的事实发生在对方当事人一方，自己并未参与，所以提出继承申请的费用比较低廉也是合理的。因此，不存在由出让人向受让人提出承受继承的申请利益（新堂第742页）。[32]

---

〔32〕 井上・訴訟第75页、中野・論点Ⅰ第170页注（23）、吉村德重・判批・1980重判（ジュリ743号）第149页、注解民訴（2）第300页、松本＝上野第612页。

认为出让人也可以提出继承申请的观点有，注釈民訴（2）第260页（池田辰夫执笔）（参加继承和承受继承应当都只需缴纳300日元）、上田徹一郎・判批・判評259号第31页（判時969号第169页）（但附条件）、菊井＝村松Ⅰ第479页、伊藤第609页等。霜島・前引注〔15〕判タ261号第22页第三段认为，继承未必都是基于出让人的意思，而且有时受让人也不愿意提出参加继承的申请，该观点似乎认可了出让人有权提出继承申请。

斎藤哲「訴訟参加と訴訟引受」西口編・現代裁判法大系13卷民事訴訟（1998，新日本法規）第27页、山本和彦・前引注〔16〕判タ1071号第60页认为，当诉讼状态有利于原告的时候，原告让与债权，如果受让人不愿意申请参加继承将对原告（出让人）造成损害。也就是说，受让人没有采取诉讼继承而是另行起诉的方式，一旦受让人败诉，则很可能会对出让人（前诉原告）提出债权担保请求。考虑到这一点，应当认为出让人X有权对受让人Z提出承受继承的申请。

从程序方面的规定来看,在事实审口头辩论程序终结以前均可提出承受继承申请,但于上告审中不得为之,而参加继承属于自己主动参加,所以不受此限制。承受继承具有消极被动的性质,需要发回事实审后重新提出申请(新堂第743页)。[33]

四、诉讼继承主义的界限及其对策

以上就是所谓的诉讼继承主义及其制度的具体内容。但是,日本法上的这一制度却存在着重大缺陷,即没有为对方当事人提供知晓系争标的物让与事实的手段,也就是说,在X诉Y的过程中,即使Y将系争物让与Z,X也无从得知

在此试举一教学设例予以说明。X于诉讼系属中将系争标的物让与Z,被告Y认为诉讼状态于己不利因此没有提出继承申请,而Z也认为诉讼状态于己不利因此没有提出参加继承的申请,只有X认为诉讼状态有利于己而希望Z来继承诉讼。依据现行立法,不能强制Z参加继承;是否申请参加继承是Z的自由;如果Z希望重新开始程序而选择了另行起诉也是允许的。当然,如果Y提出了继承申请的话,Z的这一自由就不存在了,但应只限于Y提出申请的情形。X提出申请是否也能达到强制继承的效果,要视X是否具有相应的利益。由于X是出让人,因此负有卖方的担保责任。X认为胜诉在即,如果Z继承诉讼的话也会获得胜诉判决,这样就可以消除担保责任产生的源头。此时,从解释论的角度可以认为X具有的回避担保责任的利益优先于Z的选择自由。但是,当买卖双方对诉讼状态出现不同判断时,不能当然优先考虑卖方的判断。从让与成立的时点开始,Z成为权利人,是继承诉讼还是另行起诉是Z的选择权,应优先考虑。同为解释论,但后者的理由更为充分,结论也更为妥当,而且,当Z选择另行起诉的时候,X通过辅助参加的方式也可以保护自身的利益(Z的抵触行为对X不产生参加的效力)。前诉中形成的有利的诉讼状态在某种程度上也可用于后诉,如将证人询问笔录作为书证在后诉中提出,将自认作为裁判外自认在后诉中提出证据申请等。如果由于X的误判导致承受继承人Z败诉的话,就剥夺了Z寻求其他方式的诉讼机会。当然,在Y提出继承申请的时候Z的上述利益也得不到保护,也没有必要予以特别保护,但这一利益也不能被X剥夺。

〔33〕 霜島・判タ261号第23页第四段反对通说的这一观点,即事实审终结之前均可提出承受继承的申请。霜島认为,应当从继承事由发生或者申请人知道该事由的发生时起,设置一个合理的申请期间,这一观点应值赞同。

这一事实。因此,X 有可能以 Y 为被告继续进行诉讼。即使 X 最终获得一个支持诉讼请求的胜诉判决,由于 Y 已经不是纠纷的主体而导致对 Y 的强制执行丧失意义(如系争物并不在 Y 的控制之下)。对 Y 的这一胜诉判决,其效力并不及于口头辩论终结前的继承人 Z,所以 X 将不得不对 Z 提起一个新的诉讼;假如 Z 又将系争物让与第三人,则 X 又必须提起第三个诉讼。总之,这种情形下的判决就变成了一张空头支票。这还不是最致命的缺陷,最致命的在于即使 X 在诉讼过程中得知让与的事实而将 Z 拉入诉讼,由于在诉讼外的让与时点和继承诉讼的时点之间还存在一个时间差,Y 在这一期间进行的诉讼行为是否也要由 Z 来继承呢?这是一个很大的问题。通说(兼子理论)的观点是,必须从发生在诉讼外的让与时点开始,重新进行诉讼。[34] 这对 X 来说,也是沉重的打击。

鉴于此,必须摸索出一套针对诉讼继承主义界限的对策(新堂第 738 页),大体上有三种对策。第一种对策是设置禁止处分的假处分或者禁止移转占有的假处分制度。这一制度可以保障当事人恒定,采用这一方法的判例有最判

---

〔34〕 兼子一「訴訟承継論」兼子·研究 1 卷第 147 页。兼子的观点是,从让与成立的时点开始,诉讼程序因继承人的原因而发生相对中断。按照这一观点,即使原当事人之间的诉讼已经终了,继承人也可以主张程序因自己的原因已经中断,从而请求从发生继承原因的时点开始重新进行诉讼。但继承人真的可以如此彻底地重开诉讼吗?连兼子本人都认为从解释论来说可能是行不通的。对方当事人可以在诉讼终了后向继承人提出承受继承的申请,至少这一观点就已经走得太远了,对方当事人应当另行起诉。

此外,高見進「訴訟承継主義の限界」争点[初版]第 134 页对不能让受让人继承让与后的诉讼状态提出质疑。作者认为除诉讼系属中的善意继承人以外,诉讼状态应予继承,该观点是后述恶意情形下的诉讼担当理论的先驱性观点。

1971・1・21 民集 25 卷 1 号第 25 页、百選Ⅱ第 183 号案例(参照邱聯恭・評釈・法協 93 卷 1 号第 125 页)。通过利用假处分制度,就可以原来的当事人为被告继续进行诉讼(被告恒定),判决的效力也及于假处分以后的受让人;受到判决效力拘束的并不是口头辩论终结后的继承人,而是假处分后的继承人。这一制度已经明文规定在《民事保全法》中(《民事保全法》第 58 条和第 62 条)。

但是,要想启动假处分制度,一般需要提供担保,这对当事人来说也是一大负担。此外,从诉讼策略上讲,一旦假处分使用不当,也可能会因此丧失与对方和解的可能性。而且,假处分的启动主体只能是原告,这导致所谓的当事人恒定实际上只是被告恒定,有违公平原则。总之,假处分制度也不是万能的。

第二种对策是在进行预告登记手续后,判决的效力及于预告登记后的继承人。这样一来,就可以继续和出让人之间的诉讼了。通过法院职权作出的预告登记(《不动产登记法》第 3 条),具有与禁止处分的假处分和禁止移转占有的假处分制度相同的功能。由于是法院依职权作出的,所以不需要担保,假处分制度中存在的这一问题就解决了。但是,最判 1970・12・10 民集 24 卷 13 号第 2004 页却否定了这种利用预告登记制度的方法。[35] 此外,预告登记制度的适用范围也较为有限,即登记原因的取消或无效能够对抗善意的第三人;从适用对象来看,与假处分制度一样,也

---

〔35〕 平井宜雄・評釈・法協 89 卷 11 号第 1616 页对该判旨持反对意见,作者认为应认可预告登记具有与禁止处分的假处分制度相同的效力。新堂・后引第 99 页认为,平井的这一观点存在问题,即与禁止处分的假处分制度一样,预告登记也具有事后撤销登记的效力,新堂赞成平井关于预告登记具有补充诉讼继承主义的功能这一观点。

只适用于被告恒定的情形。因此,我们不得不说要想在现行法上灵活利用预告登记制度还是存在若干问题的。

因此,从解释论出发就产生了第三种对策,即无论是否存在预告登记,如果受让人于诉讼系属中为恶意,则视为受让人已让出让人为诉讼担当。这一对策与部分采用当事人恒定主义几乎是一样的(如果不发生诉讼继承则判决的效力及于受让人;但如果存在诉讼继承则当事人就发生变更,因此与当事人恒定主义并不完全相同)。该对策考虑到了出让人、受让人一方(明知诉讼系属却弃之不顾)和对方当事人(不知道让与事实)之间的平衡,作为一种解释论是可行而且妥当的,〔36〕

---

〔36〕 除上述三种对策以外,尚有扩充至标的物持有人的观点,参照新堂幸司「訴訟承継主義の限界とその対策」(初出・1973)新堂・訴訟物(下)第77页;由恶意的受让人为诉讼担当的观点,参照日比野泰久「訴訟承継主義の限界について」名大法政論集120号(1989)第85页。另请参照日比野泰久「訴訟承継主義の問題点」争点[3版]第112页,高見進「訴訟承継主義の限界」争点[初版]第134页。

所谓诉讼继承主义的界限,实际上针对的情形是因对方当事人的胜诉而给继承人带来了不利判决;但条解第213页(新堂幸司执笔)主张扩张对继承人有利的前诉判决效力。也就是说,对方当事人理应是在不知让与事实的前提下,依然认为被继承人是权利义务的归属主体而继续进行诉讼的,而一旦知道了让与的事实就应该将继承人拉入诉讼,如果对方当事人依然漫不经心地继续诉讼,直到败诉之时才主张纠纷的主体地位已经发生变动,此时允许对方当事人的这一行为显然是有失公平的。虽然对方当事人不知让与的事实继续进行诉讼且最终败诉,但如果败诉后又提出让与的事实,确实显得自私自利。新堂的这一观点是一贯的,如新堂认为,如果当事人和无诉讼能力之人争讼且最终败诉(无能力方胜诉),此时当事人不得以对方无诉讼能力为由上诉或申请再审(新堂第135页)。但新堂认为,在对方当事人知晓让与事实的时候应该提出承受继承的申请,课以对方当事人这一"义务"似乎稍嫌过分。是提出继承申请,还是另行起诉,对方当事人有选择的权利。即使诉讼状态于己不利,也应该提出继承申请,这一构想在迄今为止的诉讼继承理论中是未曾有过的;逆言之,如果继承人没有申请参加继承,而利用于己有利的前诉判决,也有违诚实信用和公平的原则。新堂的观点还会产生另外一个副作用,即不知让与事实而又败诉的对方当事人,也会谎称其已知让与事实而意图逃避败诉判决。因此,从形式上而言,如果诉讼系属中发生让与的事实,一般应认定判决内容无效,通说亦持此种见解。

但依然存在两个问题:一个是恶意的证明问题;另一个是无法适用于善意的受让人。因此,只能依靠立法来最终解决这个问题,立法上对善意受让人的安排也是比较麻烦的,需要先行解决的问题可能是诉讼系属的公示制度,如以禁止移转占有的假处分为内容的公示书(木制或塑料制的公示牌等)。[37]

---

〔37〕 关于公示的必要性,日比野泰久「当事者恒定主義導入の必要性と問題点」民訴雜誌 40 号(1994)第 190 页的论述颇有助益。

第九讲　控　　诉

导　　读

“控诉”这一概念在日本法上的含义与我国通常所说的控诉有所不同，专指针对不服一审判决所提出的上诉。控诉审依然是事实审，在这一点上不同于作为法律审的第三审。高桥的《民事诉讼法重点讲义（上下两卷）》尽管是针对民事诉讼法中的重点问题进行的阐述，但还是在一定程度上具有体系性。在程序上，控诉审自然是十分重要的一环。上诉审历来不是我国学界关注的重点，在人们看来，虽然问题不少，但大都是细节或技术性问题。因此，对国外的上诉制度和理论也就相应地缺乏足够的关注。

在本讲中，除关注控诉的基本架构和体系之外，高桥的笔墨重点还在于控诉审中若干重要环节的细节方面（例如，关于控诉审中的缺席是否导致拟制自认成立的问题,与是否允许主观预备合并的上诉,是否限定上诉的争点等问题)。由于日本判例在程序处置上已有较为充分的公开,这使得学者对理论问题的阐述都源于审判实践,与审判实践结合形成学术对实践的有效切入,使其论述具有了很强的针对性。

控诉利益所涉及的问题也是我国实践中经常遇到的问题。对这一问题,虽然我们也有思考,但缺乏理论上的探讨。原因之一,是我们缺乏一个分析的概念工具,以便从这一视角或概念出发提出相应的对策和制度措施。控诉利益就是这样一个有效的分析工具和视角。通过控诉利益的衡量,就可以过滤掉一部分没有控诉利益的上诉防止上诉权的滥用。如何把握控诉利益尤其是临界点,高桥在本讲中对日本学界的认识进行了阐述和分析。

阅读和理解本讲的内容,同样需要注意其观点的制度语境。例如,本讲所论及的附带控诉问题。附带控诉的制度语境离不开日本民事诉讼法中所谓的"禁止不利变更原则"。正是因为存在禁止不利变更原则,才有附带控诉存在的意义。附带控诉是由被控诉人提起的不服申请,目的就在于打破因控诉人(上诉人)不服主张而被限定的审判范围,以便使控诉审(上诉审)法院能够作出有利于己的变更判决。在我国的上诉审中,其制度层面并不存在禁止不利变更的原则,因为禁止不利变更通常与诉讼体制的当事人主义有密切的联系。

在阅读本讲的内容时,还应当特别注意控诉中的两种裁判形式——控诉审诉讼判决和控诉审本案判决。对于国内的读者而言,容易导致误读的是“诉讼判决”中的“判决”二字。因为在我们的理论中,判决就是对实体问题的裁判。但在大陆法系民事诉讼中,因为存在诉讼要件制度,因此对诉讼要件问题的裁判也采取判决的方式,这就是诉讼判决。控诉中的诉讼判决处理的是控诉不合法的问题,即在不符合控诉要件的情形下,控诉审法院以诉讼判决驳回其控诉。对于控诉的本案实体问题的处理才使用所谓本案判决。

一、意义与程序

所谓控诉,指的是针对一审判决而向二审事实审提出的上诉(新堂第757页),是对一审判决的不服申请,意即撤销该判决的请求。提起控诉的一方称为控诉人,被提起控诉的一方称为被控诉人,但控诉人不限于原告。原告和被告、控诉人和被控诉人以及上告人和被上告人,这些概念仅表明当事人在不同审级中的地位,并不存在彼此对应的关系,同一个人在不同的审级中,可能是原告、被上诉人、上告人。

控诉,应于控诉期间内以向原法院提交书面控诉状的形式为之(第286条第1款)。

控诉期间,是自判决送达后开始起算的2周内,该期间为不变期间。因为期间从判决送达后分别进行,因此如果原被告的送达日期各不相同,那么其各自的起算日也就不同,控诉期间也有所差异。在宣判后送达前提出控诉状是合法的(第285条第1款但书)。一般并不会出现宣判前控诉的情形,但如果当事人预料会败诉而于宣判日缺席,而且在延期宣判的期间提起控诉,这种宣判前控诉是不合法的,但该瑕疵可经此后的宣判得到"治愈"(新堂第761页)。[1]另外,因控诉期间为不变期间,所以这里经常出现的问题就是第97条关于恢复诉讼行为的问题,此处就转换为控诉行为的恢复问题(新堂第342页)。

关于上诉期间,解释论上存在的问题主要涉及必要共同诉讼和辅助参加的情形,即如果在共同诉讼人之间或者被参加人和辅助参加人之间出现控诉期间不同的问题,该如何处理?首先,必要共同诉讼方面的判例可参见名古屋高金沢支判1988·10·31高民集41卷3号第139页。该案中,抵押权人依据《民法》第395条但书以出租人和承租人为共同被告提起解除租赁合同之诉(2003年修订时废止)。一审胜诉。法院对 Y_1 采取了公告送达的方式,判决自3月24日起生效,控诉期间于4月7日届满;对 Y_2 于3月23日完成送达,控诉期间于4月6日届满。Y_2 于4月7日向原法院提交控诉状,也就是说,Y_2 提交控诉状的时间是在 Y_2 期间届满后而在 Y_1 期间尚未届满之时。判旨认为,即使是固有的必要共同诉讼,控诉期间也应于各共同诉讼人分别进行,因此以不合法为由驳回了 Y_2 的控诉。

该如何考虑这一问题呢?新堂第673页认为,即使自己的上诉期间已经届满,但只要他人尚在期间内,判决就还没

〔1〕 右田堯雄「民事控訴審実務の諸問題(四)」判タ288号(1969)第15页[收于右田第74页]。关于控诉审的实质,除上述论文外,另可参照奈良次郎「控訴審における審理の実際と問題点」小室=小山·還暦(中)第105页。

有确定,因此应当允许上诉。该观点与判旨相反,但支持判旨的意见也较有说服力。[2] 笔者认为,针对必要共同诉讼的上诉期间作出特别安排(2周以上)也并非没有理由,但如果一方上诉,其他共同诉讼人也能够成为上诉人,在必要共同诉讼中,需要共同进行诉讼行为,因此上述的上诉情形可以视为合法。本案中,Y_1 和 Y_2 并没有就控诉等事项达成协议,即使存在协议也可能存在迟延控诉的情形,如只有 Y_2 在其期间届满后、Y_1 期间届满前提起控诉,这种情形下的控诉应该得到救济。[3] 对此持反对意见的学者认为,采取个案救济的方式足矣,但笔者认为一般情形下应将这种控诉视为合法(参见本书第三讲第二部分“必要共同诉讼”)。

辅助参加中上诉期间的问题在于,上诉期间的开始是仅考虑被参加人的送达呢?还是各自考虑?通说、判例以及新堂的观点(新堂第696页)都认为,如果是共同诉讼性质的辅助参加,则辅助参加人的上诉期间从对其的送达开始单独进行(新堂第707页);如果是普通的辅助参加,则辅助参加人的上诉期间仅就被参加人的上诉期间考虑之。有时因为送达的迟延,使得辅助参加人收到判决书的时候被

---

〔2〕 小山昇「必要的共同訴訟」民事訴訟法学会編『民事訴訟法講座第一巻』(1954年,有斐阁)第270页,三ヶ月·全集第221页,注解民訴(2)第187页等。花村治朗·評釈·判評385号=判時1370号(1991)第209页有较详细的说明,花村对该判旨亦表赞同。

〔3〕 与该问题虽不直接相关,但请参照高橋宏志「必要的共同訴訟」小山ほか·演習第680页,高橋宏志「必要的共同訴訟と上訴」小室=小山·還暦(中)第43页。

参加人的控诉期间已经届满,这导致辅助参加人丧失了控诉的机会,虽然有些不近人情,但从辅助参加人的从属性出发也是不得已的事情。与上述观点相反,井上主张大力强化辅助参加人的独立性,上诉期间应就各自的送达分别计算。[4] 笔者赞成井上的观点,辅助参加人是以自己的名义并缴纳了相应的诉讼费用后才进入诉讼的,应适当强化其诉讼地位,因此需要对辅助参加制度进行改造(参见本书第六讲第一部分"辅助参加人之权限")。

控诉状中除记载当事人以外,尚须载明原判决以及对此的控诉意思(第286条第2款)。这属于必要记载事项。也就是说,不服的范围(要求撤销原判决的哪些内容,全部抑或部分)以及不服的理由事实上都属于任意事项,即使出现在控诉状中,也被视为准备书面。也就是说,按照现行法的规定,控诉人可以在其后的口头辩论阶段对不服范围及其理由进行陈述,而且还可以在口头辩论终结之前予以变更。这一规定遭到了学者们强烈的批判。其理由在于,如果没有记载不服的范围,尚可推定该范围及于整个败诉部分,而如果没有载明不服理由的话,法院就无法在控诉审的最初阶段制订审理计划。就立法论而言,控诉人变更控诉范围及其理由的权利虽可保留,但应有义务提交控诉理由书,若违反此一义务则与上告一样,法院应驳回其控诉(《民事诉讼法规则》第182条规定,控诉人应于50日以内提出控诉理由书;第185条规定,被控诉人应于法院确定的相当

---

〔4〕 井上·法理第38页。

期间内提交答辩书。但该规定属于训示性规定,且没有规定制裁条款)。即使在控诉书中载明不服的范围和理由确有困难,实务中大多数律师也会在早期的准备书面中予以载明,既然实务中已经存在这样的基础,立法者就可以下决心规定提交控诉理由书的强制性义务了。不过,这一规定也许会在某种程度上限制控诉审的续审性质。

审判长对控诉状的受理审查,准用一审中诉状审查的规定(第286条)(新堂第762页)。控诉状上须贴足费用印花。如果没有明确不服的范围,则必须贴足相当于全部败诉部分的费用印花。若控诉不合法,则予以驳回。一审法院通常的做法是以决定的方式驳回控诉(第287条)。如果没有预先缴纳诉讼费用,也是如此(第291条)。与第140条的规定类似,若控诉不合法,且该瑕疵无法补正,则可直接驳回控诉,而不必经过口头辩论程序(第290条)。不过也有学说认为,如果控诉针对的是一审适用第140条驳回的诉,则控诉审法院不得采取与原审相同的处理方法,即未经口头辩论而直接驳回该控诉。〔5〕实务运用中当然以经过口头辩论为好,但从法律规定上来看,不经口头辩论直接驳回也是合法的,因此即便控诉审法院未开辩论,上告审法院也不能撤销控诉审判决(参见最判2002·12·17判タ1115号第162页上所载判例,虽然旨趣有很大不同,但该判例认为,撤销原判决作为驳回诉的前提,没有必要进行口头辩论)。

---

〔5〕 住吉博『民事訴訟論集一巻』(1970,法学書院)第382页。但右田·前引注〔1〕判タ288号第16页[右田第77页]持反对意见。

其次是关于以重复上诉不合法为由驳回二度上诉的判例。二度控诉是没有任何意义的。原则上虽然如此,但在必要共同诉讼和辅助参加中出现的重复控诉则未必都是如此,如关于诉讼费用的负担。因此,这种情形下似乎有必要承认重复控诉的合法性。〔6〕

控诉人有权撤回已经提起的控诉。因控诉的撤回,导致控诉溯及性的消灭,一审判决得以存留,待控诉期间届满,一审判决生效。在控诉审中也可以撤回诉,此举将导致起诉溯及性的消灭,一审判决也随之消灭(但是禁止此后的再诉行为,第 262 条第 2 款)。这一点和撤回控诉而一审判决并不消灭有所不同。

对于控诉之撤回可以比照撤诉来思考,但有两点不同。其一,第 292 条明文规定,在作出控诉审终局判决之前可以撤回控诉。因此,在作出终局判决以后,虽然可以撤诉,但不能撤回控诉(如果将允许撤回控诉的时点规定为控诉审判决之后,则会导致控诉人在一审判决和控诉审判决中选择有利于己的判决)。其二,撤回控诉不需要得到对方当事人(被控诉人)的同意(不准用第 261 条第 2 款的规定),即使对方当事人提起附带控诉也是如此。由于对方当事人是原审的胜诉方(即使部分败诉,但其并没有提出控诉),因此即使撤回控诉,原胜诉判决依然存在,对方当事人并不会因此遭受不利益。换言之,被控诉人因驳回控诉得到的利益,

〔6〕 上野泰男・判例紹介・民商 93 卷 2 号(1985)第 273 页,新堂幸司「共同訴訟人の手続保障」新堂・訴訟物(下)第 337 页。

并不同于被告因驳回诉讼请求得到的利益。[7]

一旦提起控诉,则产生防止原判决确定的效果和移审的效果。这一效果并不限于控诉人不服的范围,而及于原判决之全体,这称作控诉不可分原则(新堂第763页)。比如,法院将买卖价款请求和返还借款请求合并审理,一并驳回,此时,即使原告仅对驳回买卖价款请求提起控诉,驳回返还借款请求的部分也产生防止判决确定的效果,并移为控诉审。不过,控诉不可分原则仅适用于诉的客体部分,在普通共同诉讼中,一人之控诉对于其他共同诉讼人并不产生上述效果。这是共同诉讼人的独立原则所要求的(参见本书第三讲第三部分"普通共同诉讼")。

二、控诉的利益

控诉权的享有者仅限于一审当事人中因一审判决受有不利益的一方,即一审的败诉方。对于未受有不利益的一方,没有必要认可其申请不服的权利。从相反的角度看待这一不利益,就是控诉的利益。通过控诉的利益可以划定控诉的范围,无论从哪个角度看,这都是为了减轻上级审的负担。[8]

全部败诉的一方当然具有控诉的利益,即使部分败诉

---

〔7〕 原告在法院作出支持原告诉讼请求的判决之后撤诉,其后因撤诉的效力问题发生争执,那么这一争议应由原审处理,还是允许其提起控诉而由控诉审处理呢?右田·前引注〔1〕判タ288号第26页[右田第101页]认为,原告主张撤回无效,应准许其提起控诉。如果该争议由原审(第一审)处理的话,一旦法院判断撤诉无效,虽然其处于诉讼系属的状态,但由于已经作出了终局判决,一方面可能会导致法院不知如何裁判是好,另一方面当事人也不知如何提起上诉是好。因此,对于主张撤诉无效的争议,从一开始就由控诉审处理也不失为一种解决之道。

〔8〕 エキサ民訴第152页上野泰男的发言。

也是如此,在部分败诉、部分胜诉的情形下,双方当事人都具有控诉的利益。比如,在请求返还1000万日元工资的诉讼中,如果法院只认定了700万日元,那么原告就剩余的300万日元具有控诉的利益,而被告对700万日元具有控诉的利益。也就是说,原被告双方都可以提起控诉。在判决驳回诉的情形下,原告具有控诉的利益自不待言,即使被告也具有控诉的利益,理由在于,被告因该判决而无法获得一个驳回诉讼请求的既判力(新堂第759页)。如果情形相反,即法院作出了驳回原告诉讼请求的判决,那么被告能否提起控诉要求法院作出驳回诉的判决呢?通说和新堂说(新堂第759页)都认为这种情形下被告不具有控诉的利益。理由在于,驳回诉讼请求属于本案判决,较之驳回诉的诉讼判决对被告更为有利(此处采后述的形式不服说)。但是,当诉讼要件与纠纷解决程序的路径相关,如被告以仲裁作为抗辩事由要求驳回原告的诉,或者法院解决纠纷的权力被否定,或者涉及审判权的界限。在这些情形下,被告驳回诉的请求未必不具有实际的利益和需要,因此只要被告能够加以主张和证明,似乎应当肯定其具有控诉的利益。〔9〕

上述举例都较为典型,但在处理临界案件(是否具有控诉的利益模糊不清)的时候,就必须更为精准地把握何为控诉的利益。学说大体分为三种,旧实体法(实质)不服说、形式不服说、新实体法(实质)不服说。

〔9〕 伊藤眞「訴訟判決の機能と上訴の利益」名大法政論集73号(1977)第1页以及エキサ民訴第159页上野的发言。所谓利用仲裁程序的利益体现在,如纠纷可以得到相关业界专家的仲裁。另参见本书第一讲第五节“诉讼要件的效果”。

旧实体法不服说在日本由加藤正治博士所倡导。该说认为,只要控诉人通过控诉审可能得到比原判决实质上更为有利的判决,就应当认为其具有控诉的利益。其主要理由在于,控诉审是续审,为了扩张诉讼请求的范围应当允许其提起控诉。但该说几乎无法提供判断能否提起控诉的标准,因为通常情形下,控诉人之所以花费了一定的时间和金钱,总是为了能够取得某种意义上对其有利的情势。时至今日,该说的支持者已寥寥无几。[10]

形式不服说由通说和判例所采(新堂第758页亦同)。该说认为,将一审中的本案申请事项与判决主文进行比较,如果通过判决主文所得较少,则具有控诉的利益。该标准十分明确,但形式不服说本身也无法贯彻这一标准,在某些情形下必须承认若干例外。

第一种例外情形是,被告的预备性抵销抗辩被法院采纳从而作出驳回原告诉讼请求的判决。此时,被告得到了一个全部胜诉的判决,将其申请事项与判决主文相比并不存在形式上的不服,但该判决的获得却是以被告牺牲了自己的反对债权为代价的。如果并非预备性抗辩,如以无效的错误表示或取消错误的意思表示为抗辩,则不存在这种代价。因此,通说也承认在被告因预备性抵销抗辩获得胜诉的情形下,其具有控诉的利益。

第二种例外情形与人事诉讼相关。即使法院作出了驳回原告离婚请求的判决,被告依然可以为了提出离婚的反

〔10〕 住吉博『民事訴訟読本〔第二版〕続巻』(1977,法学書院)第737页。

诉而针对该判决提起控诉。如果按照形式不服说否定这种情形下的控诉,那么依据《人事诉讼法》第 25 条的规定,被告也无法以另行起诉的方式请求离婚了。考虑到这对被告过于苛刻,因此通说也例外地承认了此种情形下的控诉利益。当然,如果被告在一审过程中就提起反诉,自然不会产生这种问题,但这种强制性的要求对被告也过于严苛了。

第三种例外情形是部分请求。如果采部分请求否定论,则原告不得以另行起诉的方式要求剩余数额。假如一审法院支持了全部的诉讼请求,原告从形式上获得了全部胜诉判决,那么按照形式不服说,原告不得就剩余数额提起控诉,也不得另行起诉。这对原告而言过于苛刻,因此应允许其以剩余数额为目的而扩张请求的范围,例外地承认其控诉合法。可参照名古屋高金沢支判 1989・1・30 判時 1308 号第 125 页,百選Ⅱ第 186 号案例。

在涉及部分请求的时候采取上述的处理方式即可,但如果控诉不是以部分请求为内容而是属于请求的一般性追加变更,这种情形具有控诉的利益吗?通说未必能够作出清晰明确的判断(假如原告要求 1000 万日元,而法院违反处分权主义判决给付 1500 万日元,这种情况下判决主文并不少于本案的申请事项,因此原告不具有控诉的利益。对多余的 500 万日元,原告可以不申请强制执行。但如果判决涉及的不是量而是质的问题,则应当承认其具有控诉的利益)。

鉴于此,近年来有不少学者主张新实体法不服说。该说认为,应从控诉所获得的利益与原判决确定之后产生的判决效之间的关系,来判断是否具有控诉的利益。也就是说，如果判决效导致某些请求或主张无法得到救济，则具有控诉的利益。

按照这一判断标准，可以对上述三种例外情形作出十分巧妙的说明。提出预备性抵销抗辩的被告将受到第114条第2款既判力的约束而无法另行起诉；离婚的反诉将受到《人事诉讼法》第25条禁止另行起诉的限制；在部分请求的情形下将受到既判力的作用（笔者认为该效力应源于既判力之外的其他制度）而无法另行起诉，因此上述三种例外情形下都应允许其提起控诉。至于非属部分请求而是一般性的追加扩张诉讼请求的情形，由于判决效并不发生作用，当事人还有另行起诉的可能性，因此不应承认其具有控诉的利益。[11]

由于新实体法不服说能够巧妙地说明上述例外情形，因此其在理论上具有相当的优势。请各位务必拜读一下上野泰男「上訴の利益」一文，载新堂・特別講義第285页（不过，被告针对一审驳回诉的判决提起控诉，要求驳回原告的诉讼请求，这种情形下的控诉是否应予准许，单纯地依据新实体法不服说是无法作出说明的。因为驳回诉的确定判决，并不产生禁止被告再次起诉的效力。因此，判断是否具有控诉的利益应以形式不服说为主，新实体法不服说

〔11〕 在一般性的追加扩张诉讼请求的情形下，由于当事人可以另行起诉，法院迟早都必须对该请求加以审理。既然如此，通过控诉的方式一次性地处理纠纷不也是很好的选择吗？从程序设置的合理性来说，这种做法也许值得肯定。参见住吉・前引注〔10〕第761页。不过一如本节前述，是否具有控诉的利益须从减轻上级审负担的角度予以考虑，因此上述情形下的控诉应予否定。参照エキサ民訴第154页以下，上野論文・新堂・特別講義第294页。

为辅[12])。

除上述情形外,还可以举出其他事例来说明形式不服说和新实体法不服说理论说服力的差别,例如,针对撤销原审判决发回重审的控诉审判决提起的上告(当然这里涉及的并非控诉利益而是上告的利益)。原告针对一审判决提起控诉,要求撤销(发回重审)原判决,控诉审支持了这一请求,但其判决理由却不利于原告,这种情形下应否肯定原告的上告利益?

按照形式不服说,由于原告的要求是撤销(发回重审)而其又达到了这一目的,因此不具有上告的利益,但通说却作出了相反的判断。确实,从结论上讲应当认为其具有上告的利益,但作为通说的形式不服说却又将其作为例外情形来处理,理由未必充分。按照新实体法不服说又如何呢?按照该说的观点,撤销(发回重审)判决将产生拘束力,因而一审原告具有上告的利益。也就是说,一旦原判决被撤销,案件发回一审法院重新审理,按照《裁判所法》第 4 条的规定,发回重审的理由将产生拘束力。一审要受到上级审关于发回重审理由判断的拘束。否则,当一审和二审作出不同判断的时候,将导致案件在两个审级之间不停地循环往

---

〔12〕 关于新实体法不服说,请参见上野「判例に現れた形式的不服概念の問題点」小室＝小山・還暦(上)第 315 页,同「上訴の利益」新実務民訴 3 第 247 页,栗田隆「上訴を提起できる者」講座民訴⑦第 55 页。与此相反,林屋第 406 页认为,若采新实体法不服说将丧失明确的判断标准,因此没有必要排除形式不服说。

此外,在新实体法不服说中,第 47 条独立当事人参加制度中的第三人不服说被置于较为特殊的地位。关于第三人不服说,参见井上・法理第 209 页、第 380 页。另请参照本书第七讲第四节之“3. 部分败诉方提起的上诉”部分。

复。审级制度的目的在于案件的解决,因此从这一理念出发,上级审的判断须对下级审产生拘束力。因此,《裁判所法》第4条规定的拘束力,不仅对发回重审后的一审有效,即使在对一审判决提起的再次控诉中,对控诉审自身也产生拘束力。否则,当控诉审的判断发生变化的时候,同样会导致案件在不同的审级之间循环往复,纠纷永远无法得到解决。而且,通说和判例还认为该拘束力对于针对控诉审判决再次提起的上告审同样有效[新堂第773页(b)部分注解]。[13] 其理由同样在于,如果上告审否定了控诉审的判断而将案件发回重审,纠纷的解决将大为迟延。[14] 总之,依据新实体法不服说,由于撤销原判决发回重审的控诉审判决

---

〔13〕 最判1970・1・22民集24卷1号第1页,続百選第90号案例(花村解説),小室直人=上野泰男・判批・民商63卷4号(1971)第590页,柳川俊一・解説・曹時22卷7号(1970)第1463页,松本=上野第632页以及小室直人『上訴制度の研究』(1961,有斐阁)第234页。

如果控诉审是高等法院,上告审是最高法院,那么产生的结果就是高等法院的判断要优先于最高法院的判断。这一结果看似奇怪,实际上民事审判重视的是尽快解决纠纷,所以才会作出这样的安排。

〔14〕 如果在第一次控诉审阶段就允许当事人提起上告的话,那么即使案件发回一审法院重新审理,案件的解决只需要经过六个审级。假设当事人对二度控诉审判决不满提起上告,如果上告审对第一次控诉审发回重审的理由进行审理且作出的判断与控诉审判断不同,案件的解决就需要经过八个审级。因此,在第一次控诉审阶段就允许当事人提起上告的做法可以使案件更快解决。

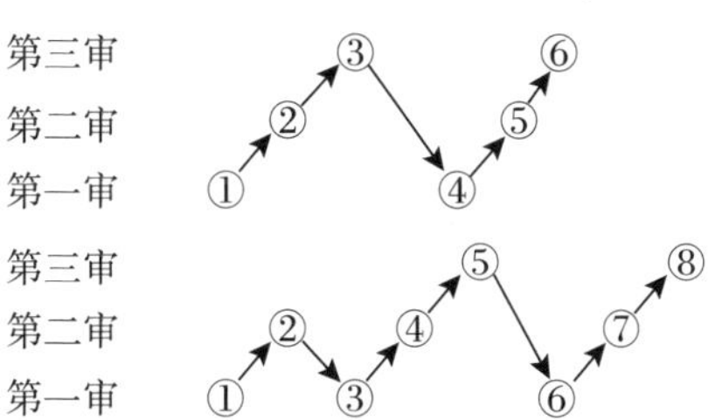

在发回重审的理由方面具有拘束力,将导致与此相反的主张无法得到救济,因此应肯定当事人具有上告的利益。[15]

当判决理由中的判断具有拘束力的时候,如依据第114条第2款关于抵销的特殊规定或者发回重审的判决具有的拘束力,应当承认当事人具有控诉或上告的利益。但对于不具有拘束力的一般性判决理由中的判断,如果当事人对此心存不满,能将这种不满作为承认其具有控诉利益的根据吗?[16]

与之相关的判例见最判1955·4·3民集10卷4号第297页,百選Ⅱ第185号案例(上野泰男解説)。该案中,X要求注销系争山林所有权的转移登记手续,法院驳回了X的全部诉讼请求。X的主张是系争山林的所有权属于出卖担保,而且被担保债权已经清偿完毕;Y主张其并非属于出卖担保而是真实存在的买卖关系。二审认为,系争山林的所有权属于出卖担保的性质,但被担保债权依然存在,遂驳回了X的全部上诉请求。从二审判决的结果而言,Y获得了胜诉判决,但Y以性质错误为由,即并非出卖担保而是真实的买卖关系提起上告。判例认为Y不具有上告的利益。

此处不探讨案件本身的处理方法(参照百選〔第二版〕第114号案例,霜島解説),就一般情形而言,应当作此处

〔15〕 上野論文·新堂·特別講義第295页。另请参照上田第564页、後藤勇「上訴の利益」小山ほか·演習第773页,虽然后者并未表明其采新实体法不服说。

〔16〕 关于争点效,参见新堂第615页。争点效并不能成为上诉的基础,相反,在无法提起上诉的情形下,也不产生争点效的效果,因此此处并未涉及争点效的问题。参见高橋·重点講義第553页。另外,谷口第485页认为这种情形极难处理。

理。也就是说,对判决主文并未表示不满,仅是对判决理由中的判断表示不服,这种情形下不具有上诉的利益。

当然,就本案的处理而言,按照现在的民事诉讼理论,法院不应驳回全部诉讼请求而应作出对待给付的判决,也就是说,应判决原告清偿被担保债权,作为交换条件被告应协助原告注销所有权转移登记。如果这样处理的话,从判决主文来看 Y 即有败诉之处,也就具有上诉的利益了。

以上是在传统理论的框架内探讨控诉利益的一般情形,与此不同,井上治典教授则提出了一些具有根本性意义的问题。〔17〕

井上首先列举了如下事例(共有 8 例,此处仅举 4 例):

〔例一〕X 对 Y 提起损害赔偿诉讼,一审法院判决给付 X 1000 万日元。X 能否提起控诉须视其是否在一审中提出了超过 1000 万日元的损害赔偿请求。如果这样的话,那么漫天要价的当事人有权上诉,而提出适当请求的当事人就无法提起上诉,这样的结果合理吗?

〔例三〕一审程序中,由于 Y 既没有提交答辩状,也没有出席口头辩论期日,因此一审法院作出了缺席判决。Y 提起控诉。在控诉审第一次口头辩论期日中,Y 只是宣读了控诉状表明其控诉的意思而已,并未陈述控诉理由,也没有对 X 的请求原因进行答辩,这种情形下 Y 是否具有控诉的利益呢?

〔例六〕被告因提出抵销的预备性抗辩而胜诉,但 Y 可

〔17〕 井上治典「従来の『控訴の利益』論批判」判タ565 号(1985)第 18 页,收于井上・手続第 171 页。另亦见于井上「上訴の利益」井上＝伊藤＝佐上第 321 页。

以要求法院以其他理由驳回原告的诉讼请求而提起控诉。如果Y在一审中对X的请求原因事实全部作出了自认,只是与X之间就抵销抗辩本身存在争议,那么Y能够以原判决因其他理由而产生误判为由提起控诉吗?

〔例八〕X以Y为被告提起交付土地之诉。一审支持了X的诉讼请求。Y虽然对原判决本身没有什么不满,但因其于原判决后取得了一块替代地,欲以此作为与X的交易对象而希望在控诉审中与X达成和解。因此,为了不使原判决确定生效而希望进入控诉审程序。Y是否具有控诉的利益?

在提出上述具体问题后,井上认为,传统理论包括新实体法不服说在内,其共同的缺陷在于,仅仅着眼于申请事项和判决的关系来考虑当事人的自我责任,但应该更加重视诉讼进行过程中反映出来的实际内容来思考自我责任的问题。因此从结论上讲,"向前看,我们就会发现,控诉审程序的性质是为了与对方当事人继续进行因诉讼展开的对话性质的程序,而且应该把重点放在当事人相互之间是否具有实施程序本身的利益上"。具体而言,应就个案情形作出判断:〔例三〕因未开示控诉理由;〔例六〕因作出自认都不具有控诉的利益;〔例八〕中的控诉是以和解为目的的,应予肯定;〔例一〕的损害赔偿诉讼中X获得胜诉,没有任何理由能够提起控诉,而且以判决数额和要求数额相比较的结果来决定是否可以提起控诉,这一方法本身就应该予以摒弃。

该如何评价井上的上述观点呢?首先,其对问题的发现和追问都是极其敏锐的,给人以恍然大悟之感,但作为诉讼法理论，一如后述，应以维持通说见解为好。

井上理论从根本上对传统理论提出了尖锐的批判：传统理论将控诉的利益与滥用控诉权、法院驳回错过时机的攻防方法等问题割裂开来，孤立地展开论述，因此丧失了理论的实效性；而且没有厘清其与本案问题之间的关系，实际的情形是，一旦开始了控诉审程序，控诉利益的问题就已经淹没在本案审理的过程中。对于井上的上述批判，笔者认为，首先，一方面，没有必要将与提起控诉相关的所有问题都纳入控诉的利益这一框架下加以讨论；另一方面，如果纳入这一框架的话，反而会造成概念的混乱。虽然滥用控诉权和控诉的利益密切相关，但将其相对性作为其他概念加以处理也是理论的一种选择。其次，诉讼要件和本案要件的关系也是涉及诉讼法体系的根本性问题，传统理论认为，诉讼要件并非本案审理的开始要件，而是本案判决的要件。只要不颠覆这一认识，〔18〕那么即使在控诉审的开始阶段无法明确判断是否具有控诉的利益，也是没有关系的。总之，传统理论是在规定了恰当的概念领域之后，才来构建整个学说体系的。打个比方，我们总是要先区分玄关、客厅、厨房等空间功能，然后才能修房建屋。过度的区分固然不可取，而过度的一体化恐怕也是不具有建设性意义的。

因此，依据传统民事诉讼理论可以对井上提出的具体

---

〔18〕 佐上善和「訴訟要件とその審理」井上＝伊藤＝佐上第203页认为，应将诉讼要件作为本案审理的开始要件予以重新建构。控诉的利益也是控诉审审理的开始要件。井上理论也持同样的意见，因此无论是〔例三〕中的未开示控诉理由还是〔例六〕中的自认，都不涉及本案审理的对象，因此也不具有控诉的利益。关于这一问题，参见本书第一讲。

问题作出如下回答：

〔例一〕的损害赔偿请求案例中,是否具有控诉的利益还是需要和 X 当初的请求数额相联系。这确实不利于提出了适当数额的当事人。但是,请求数额的多少当然是一个应该慎重考虑的问题,而且即使存在数额难以确定的情形,诉讼法上也有部分请求的制度可资利用(一如前述,法院应当允许以扩张部分请求为目的的控诉行为)。此外,在一审审理过程中,当事人也有相应的途径可以增加请求的数额。如果委托了诉讼代理人,对这一问题的研判更是代理人的职责所在,即使是本人诉讼,也可以通过法院的释明使这一问题获得某种程度的解决。

〔例三〕中,控诉人虽未开示控诉理由,但仍具有控诉的利益。不过,其控诉虽然合法,但控诉审法院为了尽早结束本案审理,一般也会立刻作出驳回控诉的裁判。其实,就立法论而言,一如前述(参见本讲第一部分"意义与程序"),可以将未提交控诉理由书与驳回控诉相联系。

〔例六〕中,被告有效地参与了一审程序,而且得到了其希望得到的判决,如果不是严格地将控诉的利益和不利的判决效力相联系,似乎没有必要允许 Y 提起控诉。但是,由于被告提交给一审的证据并不完善,除非对原告主张的请求原因事实作出积极自认,似乎已经别无他法。作出自认后,再将防守的重点放在反对债权的抵销上,待控诉审中的证据得到进一步完善以后再采取其他的防御方法,这种案例虽然较为少见,但传统理论却是允许的。上述诉讼策略和作出积极自认之间,从传统理论看来并不存在太大的距离。如此,就不能认为能以控诉的利益为由禁止 Y 在控诉审中撤回自认。从结论上来看，由于存在因第 114 条第 2 款的规定所产生的不利判决效力，Y 提起的控诉应为合法，至于其是否具备撤回自认的要件则需在其后的本案审理过程中加以审查。此外，传统理论还认为，依据第 157 条关于驳回错过时机的攻防方法的规定，控诉审法院可以禁止 Y 撤回自认。

〔例八〕中，仅以和解为目的提起的控诉不符合现行法的原则，但这并不意味着禁止当事人提起的只是在主观上以和解为目的的控诉。这与法律并不禁止以和解为真实目的的起诉是一样的道理。但是，这些控诉或起诉必须满足各自的要件，具备相应的外观。传统理论认为，只要具备相应的外观，就没有必要过分探求当事人的真实意图。本例中，由于 Y 是败诉方，因此原则上存在控诉的利益，而于控诉审中探寻和解的可能性则是 Y 的自由。

以上就是在现行法的框架下作出的回答，〔19〕但井上提出的问题确实涉及更为根本性的方面。无论怎样，依据传统理论得出的上述结论，至少暂时还是可以提供必要且充分的规范。确实，控诉的利益这一概念能够发挥作用的领域并不太大，但这种作用范围有限的概念还包括了诸如主张责任、给付之诉的利益、违法收集证据，而责难这些概念本身的做法似乎并没有什么必要。

三、控诉权的放弃、不控诉的合意

控诉权是当事人（败诉方）的权能，当然可以放弃（第

〔19〕 关于此处涉及的问题，可参看エキサ民訴第 147 页以下笔者与井上教授、上野教授的对谈。

284 条),即便提起控诉以后亦是如此。不过,如果判决的既判力及于第三人,为了给该第三人提供申请当事人参加的机会(第 47 条),则不允许放弃控诉权(新堂第 761 页)。

关于控诉权的放弃,解释论上存在两大问题。其一,通说认为,由于控诉权产生于法院作出败诉判决之后,因此当事人在宣判之前不得放弃控诉权(新堂第 761 页)。通说的这一见解是否妥当?

石川明「上訴権放棄と不上訴の合意」小室 = 小山・還暦(上)第 285 页认为,即使在宣判前也可以放弃控诉权,因为控诉权的放弃只是对某一方的不利行为,因此宣判前单方作出放弃,即使存在一些弊害,但因此获得的实际利益也是很大的。这一看法值得商榷,通说的见解应予尊重。[20]顺便提及的是,即使在宣判之前,只要双方当事人约定不得提起控诉,该控诉合意为有效,因为这并非只对一方不利。

其二,《民事诉讼规则》第 173 条第 1 款规定,控诉权的放弃应向法院为之。那么只对当事人作出的放弃控诉权的意思表示,其效力如何呢?从诉讼行为的形式性、明确性的角度出发,该放弃只能向法院为之的规定是合理的,而且这样规定的弊害也不大。但是,在向对方当事人表明放弃的意思以后,却没有向法院作出放弃的陈述,此时如果认定不存在放弃行为,是否妥当?

石川・前引认为,这种情形下的放弃有效。如果对方当事人能够证明确实存在裁判外的放弃行为,那么法院由

〔20〕 条解第 1160 页(松浦馨执笔),菊井 = 村松Ⅲ第 59 页等。

此认定放弃成立，这在理论上也并非不可能。但是一方面，裁判外作出的自认并不产生自认的效力，这已被法律明文规定；另一方面，放弃控诉权将导致败诉判决确定生效，这是比自认更为不利的诉讼行为。因此，必须认为裁判外的放弃行为有效这一结论并不存在充分的理由（裁判外的撤诉合意为有效，但放弃控诉权并非合意而是单方行为，两者不可相提并论）。逆言之，即使对方当事人由此认为，“不会再进入控诉审程序了吧”，这一期待也不值得法律提供特别的保护，而由附带控诉制度予以保障就足够了。因此，向对方当事人作出的放弃行为应当认定无效，否则只会引起程序的混乱[21]（双方当事人达成的不控诉合意，在性质上一般属于裁判外行为，但其与控诉权的放弃并不同，如果采取了书面形式则为有效）。

如果不是放弃控诉权这一单方行为，而是由双方当事人约定不得提起控诉，这一不控诉的合意在法律上既是可能的，也是有效的。原因在于，既然仲裁是一裁终局，那么诉讼也可以一审终局［但松本 = 上野第 439 页持反对意见。因为立法原意在于防止一方当事人利用其优势的社会或经济地位强迫对方当事人达成不控诉的合意，宣判前达成的不控诉合意是违法的。小室ほか・基本法コンメ3 第 9 页（松本博之执笔）亦持相同见解］。不控诉的合意需以书面为之(第 11 条第 2 款关于管辖合意的规定)。如果是在宣判后，那么当事人放弃控诉权就可以了，因此不控诉的合意

〔21〕 菊井 = 村松第 62 页。

只有在宣判前才有意义。在宣判前这一阶段,由于判决内容尚无从知晓,所以单务合意,即只有一方当事人不提起控诉的合意是不合理且不公平的,应当认定该合意无效(大判1934·2·26民集13卷第271页[22]);逆言之,即只有规定了即使双方当事人具有各自的控诉利益,但都不得提起控诉的双务合意才为有效。一旦达成不控诉的合意,一审判决在宣判时即生效。

作为不控诉合意的一种变形,当事人可以约定不得控诉但可上告,这就是飞越上告,也称跳跃上告或飞跃上告。这是考虑到有些当事人对一审的事实认定并无不满,只是对法律观点存在异议,为了尽早获得确定的结果而设置的。根据法律的明文规定(第281条第1款但书),该类合意仅限于宣判后始得为之,这是为了让当事人在看到一审关于事实认定的结论后再作出决定。此外,如果上告审法院撤销了原判决发回一审重审,那么飞越上告的合意并不及于重审后的一审判决。由于一审法院可能会作出不同的事实认定结论,因此如果想对重审后的一审判决提起飞越上告的话,还需要重新达成合意。

四、附带控诉

控诉的申请事项决定控诉审的审判范围。控诉人可以只将原判决以及诉讼标的的一部分作为控诉审的对象。比如,原告的请求金额为1000万日元,法院判决支持了700万日元,那么原告能够提起控诉的范围就是300万日元;假如

〔22〕 该判例在百選〔第二版〕中被编为第116号案例。

原告一开始提起的控诉金额是150万日元,那么原告可以在控诉审口头辩论终结之前将控诉的范围扩大到300万日元(新堂第763页。第301条关于攻防方法提出期间的限制中并未涉及附带控诉)。

控诉人可以在控诉审的过程中扩大审判对象,那么从公平的角度出发,被控诉人应该也可以将审判对象扩大到有利于己的范围。上例中,由于原告提起控诉,1000万日元的请求全部产生移审的效果,被控诉人可以要求将700万日元这一整体作为审判对象,非但如此,如果被控诉人一开始仅将其中的400万日元作为审判对象,其后还可以扩大到700万日元,这就是附带控诉(第293条)。附带控诉的目的在于打破禁止不利益变更的原则,假如控诉审法院最后认定的金额为600万日元,也并不违反禁止不利益变更的原则。

从严格定义的角度讲,所谓附带控诉,是由被控诉人提起的不服申请,其旨在扩张因控诉人不服主张而限定的审判范围,以求得控诉审法院作出有利于己的变更(原)判决(新堂第765页)。在一审法院部分支持原告请求的情形下,由于原被告双方都具有控诉的利益,因此如果双方都提起控诉就不会产生附带控诉的问题。但是,在只有一方控诉,另一方控诉期间已经经过的情形下,依然可以提起附带控诉,附带控诉在这一点上也才具有意义。也就是说,当事人预计对方大概不会提起控诉,果真如此的话,自己也就做个"和平的当事人"算了,但如果这一预期落空,对方在上诉期间届满之际提起控诉,此时为了恢复"和平当事人"的控诉权,立法设置了附带控诉制度。除此以外,有时当事人会担心对方提起的控诉会导致自己处于被动的地位,因此会先提起控诉。附带控诉制度使当事人没有必要再采取这样的诉讼战术,由此也会减少无意义的控诉。基于上述理由,当事人在自己的控诉期间已经经过或者自己已经放弃了控诉权(第 293 条)的情形下,依然可以提起附带控诉;甚至在曾经提起附带控诉后又将之撤回的情形下,当事人都可以再次提起附带控诉(最判 1963・12・27 民集 17 卷 12 号第 1838 页)。〔23〕但由于附带在对方当事人的控诉行为上,因此附带控诉在性质上并不产生移审和防止判决生效的效力。附带控诉具有的上述特征导致学者对附带控诉是否属于控诉这一问题产生了争论,特别是在不具有控诉的利益的前提下,当事人能否提起附带控诉呢?〔24〕

最判 1957・12・13 民集 11 卷 13 号第 2143 页上指出:"一审中获得全部胜诉判决的当事人(原告),于对方当事人对该判决提起控诉之时,亦可以附带控诉的方式扩张其诉讼请求。"〔25〕由于本案的当事人并未贴足费用印花,因此其是否采取了附带控诉这一形式本身都还存在问题,但无论如何,结合判例所采纳的形式不服说,我们可以得出如下结论:因获得全部胜诉而不具有控诉利益的当事人也可以提起附带控诉。而由此产生的问题就是,不具有控诉的利益

〔23〕 该判例被编为百選Ⅱ第 51 号案例。

〔24〕 参照小室直人「附帯控訴の本質」『上訴制度の研究』(1961,有斐阁)第 79 页。

〔25〕 该判例被编入百選〔第二版〕第 115 号案例。条解第 1170 页(松浦馨执笔)对该判旨持赞成见解,小山第 566 页似乎也是如此。

也可提起附带控诉,那么附带控诉就不是控诉。

多数理论认为,当事人仅仅通过附带控诉这一形式就可以变更诉讼请求(扩张请求)以及提起反诉。由于附带控诉并非控诉,因此提起附带控诉不需要具有控诉的利益,即使获得全部胜诉而不具有控诉利益的当事人,也可以通过附带控诉这一形式变更诉讼请求(扩张请求),甚至提起反诉。

与上述理论不同,上野泰男教授认为,附带控诉是否属于控诉(或与控诉是否相同),这一本质论与解释论上的诸多具体问题并不产生直接关联,从这一意义上说,本质论不具有实际价值。在上野教授看来,获得全部胜诉的当事人能否在控诉审中变更诉讼请求甚至提起反诉,并不能直接归结到附带控诉的本质论。如果从单纯的理论上进行考察的话,我们就会发现,附带控诉的本质在于恢复当事人的控诉权,虽然与控诉多少有些不同,如不受控诉期间的限制,但将附带控诉视为控诉在理论上也是顺畅的。因此,如果不具有控诉的利益就不得提起附带控诉。从上野的上述观点来看,全部胜诉的当事人不得提起附带控诉。

那么,全部胜诉的当事人就不能在控诉审阶段变更诉讼请求或提起反诉了吗?上野并不这样认为,当事人依然可以变更诉讼请求或提起反诉,而且是以各自本来的方式。也就是说,在现行法的框架下,当事人可以在控诉审中按照其原有方式变更诉讼请求或提起反诉[第 297 条(准用第 143 条),第 300 条],并没有必要采用附带控诉的形式。当然前提是要满足各自的要件,如若造成诉讼进程的拖延就不允许变更诉讼请求,在这种情形下被控诉人只能另行起诉。如此,是于控诉审程序中进行审理还是作为另诉处理,当于个案分别加以判断。笔者认为这一思路较为顺畅。

不过还存在另外一个问题。多数说之所以将变更诉讼请求和提起反诉的方式限定为附带控诉,是为了维护控诉审的审判对象是控诉申请及其变形——附带控诉申请这一大的前提。如果固守这一前提,就不能在控诉审中依其本来面目变更诉讼请求或提起反诉,必须给它们穿上附带控诉的外衣。按照多数说的这一见解,我们就不得不认为,附带控诉不是控诉,因此也不以具有控诉的利益为必要条件。

如此看来,多数说和上野说的不同之处就在于,是否坚持控诉审的审判对象是控诉申请及其变形——附带控诉这一原则了。

该如何看待这一问题呢?在母法德国法中,传统理论坚持在控诉审中限制变更诉讼请求的行为,这种限制反过来也可以使上述原则易于维持。与之不同,现行日本法对诉之变更持更为宽容的态度,因而上述原则在日本法中就难以为继。[26] 因此,从解释论的角度,日本法中控诉审的审判对象并不拘泥于上述原则,这种观点应当是具有建设性的(另请参见本讲第七节"控诉审判决的形式")。

讨论至此,笔者认为从结论上应当采纳上野的观点。

---

〔26〕 日德两国关于诉讼标的的争论亦在此呈现。德国扩大诉讼标的的范围的目的在于绕开关于诉之变更的限制,而日本的新诉讼标的论则将重点放在了判决的效力上。请参照井上正三「既判力の客観的範囲」争点〔新版〕第278页注(1)。关于诉之变更,中村英郎「控訴審における訴えの変更と反訴」『民事訴訟理論の法系的考察』(1986,成文堂)第193页上的论述颇有助益。

也就是说，在控诉审阶段出现的诉之变更或反诉，分别以其原有的方式为之即可（作为控诉审审判对象是控诉申请以及附带控诉申请这一原则的例外），而不必强求穿上附带控诉这一外衣。如此，在理论上把附带控诉作为控诉的一种方式也不会产生任何不妥之处，当然也需要具备控诉的利益。新堂第765页也认为，附带控诉亦应准用控诉的不服利益。

另请各位拜读一下上野泰男「附帯控訴と不服の要否」民訴雜誌30号（1984）第1页〔27〕上的论述。〔28〕

---

〔27〕 另请参见上野泰男「附帯上訴の本質」講座民訴⑦第171页，同「附帯控訴と上訴要件としての不服」名城法学32卷3，4号（1983）第313页，33卷1号第78页，34卷1号（1984）第161页。林屋第414页，右田堯雄「民事控訴審実務の諸問題（五）」判夕289号（1969）第9页［右田第120页］，松本＝上野第627页亦持相同见解。但是注釈民訴（8）第102页（高見進執筆）则认为，附带控诉既不产生移审效力，也不产生防止判决确定的效力，因此附带控诉并非控诉，但仍须具备控诉的利益。

〔28〕 上野教授在其一系列论文中指出，全部胜诉的一方当事人在提起附带控诉以后可以变更诉讼请求和提起反诉的观点在德国较有说服力。控诉人要想变更诉讼请求和提起反诉必须先提起控诉，且满足具备控诉的利益这一条件；逆言之，如果不具有控诉的利益，那么以变更诉讼请求为目的的控诉是不被允许的。这样一来，被控诉人要变更诉讼请求就必须经由附带控诉且须具备控诉利益这一要求就是一种平衡的结果。否则，被控诉人在可以无条件地变更诉讼请求（扩张请求）这一点上就对控诉人构成一种优势。但是，在能否提起控诉尚不明了的阶段能否允许全部胜诉的一方当事人（控诉人）提起以变更诉讼请求为目的的控诉，与控诉审系属后能否允许全部胜诉的一方当事人变更诉讼请求是两个问题，可以分开考虑。上野・前引民訴雜誌30号、木川・重要問題（下）第652页持后一立场。虽然笔者尚有若干疑惑之处，但对该观点亦持赞成态度。

其次，附带控诉因控诉的撤回而自动消灭（第193条第2款），那么被控诉人所为之诉之变更以及反诉是否也因控诉的撤回而消灭呢？栗田隆「附帯控訴の法的性質」関西大学法学論集30卷4号（1980）第464页、5号（1981）第663页认为，即使控诉被撤回，已经变更的诉讼请求和反诉应于控诉审中审理之。因为其并非附带控诉，而是具有新诉的实质，如果仅凭对方当事人（控诉人）的意思而使之消灭的话是

五、控诉审的结构

在存在一审判决的前提下,控诉审应当具有怎样的结构,这一问题在立法论上可以作出极具自由度的构想。立法上的两个极端分别是事后审制和覆审制(新堂第767页)。奥地利法采用的限制控诉主义属于事后审制的一种。[29]

所谓事后审,是指控诉审利用一审使用的诉讼资料来判断一审判决是否正当,控诉审并不使用新的诉讼资料。与之不同,在覆审制下,控诉审并不理会一审程序,而是对案件进行完全意义上的重新审理,诉讼资料也完全来自控诉审。现行刑事诉讼法的控诉审属于事后审制,而旧刑事诉讼法属于覆审制。

现行民事诉讼法中的控诉审属于事后审制与覆审制的折中,称为续审制,其审理属于一审程序的继续,在诉讼资料的使用上,既使用控诉审中新出现的诉讼资料,也使用一

不合理的。这一见解应值考虑。全部胜诉的被控诉人之所以变更诉讼请求或提起反诉,无非是要打破控诉人禁止不利益变更的如意算盘,而败诉方提起控诉就有了打草惊蛇之嫌。被控诉人所为之诉之变更或反诉因控诉的撤回而消灭,作为控诉方的一种对抗手段也未尝不可。被控诉人可以另行起诉,所以上述处理方式对其而言并不是致命性的,即使在消灭时效成立等较为极端的场合,从解释论上限制时效的援用也并非不可能。总之,如果诉之变更或反诉因控诉的撤回而消灭的话,那么使其穿上附带控诉这一外衣从说明的角度反而更为容易。不过,这样一来就需要具备控诉的利益,为了避免这一副作用,还是采取前述的观点,即附带控诉并非控诉,因此不以控诉的利益为必要。如何才能使学说更为顺畅的确只是理论上的问题,此处不作深入探讨,暂且肯定撤回控诉将导致控诉审中的诉之变更和反诉消灭。

〔29〕即使只利用一审资料来判断原判决是否正当,从严格意义上讲也还存在两种不同的形式:一种是通过考察原审的完整过程来判断原判决是否合法成立;另一种是控诉审通过斟酌原审资料形成独立心证并自行作出判断。后者属于限制控诉主义。详见小山第554页。

审中的诉讼资料(第 298 条)。但审判对象原则上限于不服申请(控诉)的范围,而且驳回一审判决的情形只限于控诉审判断不同于判决主文中的一审判断(第 302 条第 2 款),这一点具有事后审的特征。具体来说,在续审制下,控诉审法院可以利用新的诉讼资料自行审理案件,并且在结合原审资料的基础上自行就案件作出裁判,这一点具有覆审制的特征;控诉审法院在将判断结论与原判决对照之后,如果发现两者一致就驳回控诉维持原判,如果两者不一致则撤销原判,这一点又具有事后审的性质。而在撤销原判的情形下,原则上要由控诉审法院自行作出判决,这一点又具有覆审制的特征。事后审制与覆审制的区别在于,是否允许提出新的诉讼资料作为判决的基础,续审制在允许提出新的诉讼资料这一点上和覆审制具有共同之处。[30] 但控诉审在驳回错过时机的攻防方法(第 157 条)这一点上却又与事后审制相似,总之续审制是一种介乎事后审制和覆审制之间的一种制度(现行法第 301 条关于提出期限的规定,应该说较之旧法具有更为浓厚的事后审色彩)。

---

〔30〕 中田淳一「控訴審における更新権について」『訴訟及び仲裁の法理』(1953,有信堂)第 217 页,花村治郎「上訴審の審理構造」『民事上訴制度の研究』(1986,成文堂)第 1 页。中田教授指出,即使就立法论而言,续审制也优于事后审制。另有学者从体现当事人主体性的角度出发,对 1996 年修改《民事诉讼法》而导致的事后审化的倾向提出质疑,详见松尾卓憲「民事訴訟法改正問題と控訴審手続」北九州大学法政論集 20 卷 3 号(1992)第 63 页,同「控訴審手続改正のゆくえ」判タ799 号(1993)第 22 页。

关于奥地利法控诉审制度的研究,参见木川統一郎「オーストリアー民事訴訟の迅速性と経済性」『民事訴訟政策序説』(1968,有斐阁)第 141 页,同「控訴事後審制」『比較民事訴訟政策の研究』(1972,有斐阁)第 171 页,与中田教授不同,木川对奥地利的事后审制度给予了很高的评价,饶有兴味。

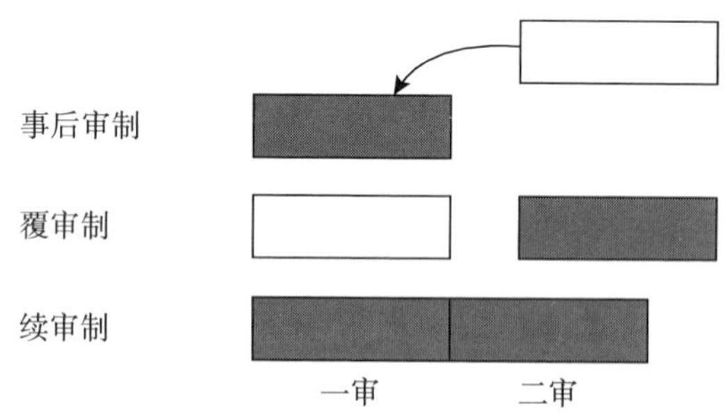

(阴影部分为控诉审可利用之诉讼资料部分)

在现行的续审法制下,通说认为将一审资料和二审资料结合在一起的制度是所谓的辩论更新(关于一审程序结论的陈述)。也就是说,为了将一审中的诉讼资料和证据调查的结果呈现在控诉审口头辩论程序中,由一方当事人就一审口头辩论的全部结论进行当庭陈述(第296条第2款)(新堂第767页)。这与第249条第2款规定的当法官出现更替情形时须更新辩论是同一立法目的。由于该更新辩论的内容是报告一审程序的全部程序结果,[31]并不允许当事人选择报告有利于己的部分,[32]因此由一方当事人进行更

---

〔31〕 判例采纳了形成行为说或折中说,即一审资料只有通过控诉审中的口头陈述才能成为控诉审的裁判资料,折中说也成为学界的通说,详见鈴木正裕·后引第430页。

但铃木自身所持观点是所谓的报告行为说,该说将口头陈述视为法官报告的替代形式,即使当事人怠于陈述,一审资料也依然成为控诉审的裁判资料。上田第570页也明确支持报告行为说。条解第1178页(松浦执笔)和小山第556页的观点是属于报告行为说还是折中说尚不明确,伊藤第631页持形成行为说,若有违反将成为绝对上告理由。

〔32〕 程序结果的陈述是不可分的,因此必须进行整体陈述,详见奈良次郎「控訴審における審理と実際の問題点」小室＝小山·還暦(中)第105页、特别是第123页,右田尧雄「民事控訴審実務の諸問題(二)」判タ285号(1973)第38页[右田第30页]。

新辩论即可,而且即便该当事人在一审程序中缺席也无妨。

不过与适用第 249 条第 2 款的情形类似,控诉审更新辩论的环节也出现了形式化的倾向,只要控诉审法院在判决书的开头注明"当事人陈述与一审判决事实摘要栏中的记载一致",就算完成了辩论的更新,而一审中的主张事实和证据调查结果要成为控诉审的裁判资料,则是由判例和实务来完成的。

正因如此,就产生了如下的问题:如果一审法院错误地将一审中当事人未曾主张的事实记录在事实摘要栏中,那么该事实经过更新辩论后能否成为控诉审的诉讼资料呢?有判例对此持肯定态度,见最判 1986・12・11 判時 1225 号第 60 页,百選Ⅱ第 189 号案例(鈴木重勝解説)。该案中,由于当事人在控诉审中并未陈述该事实,因此控诉审法院也未对其进行审理,后上告审法院将之作为判决的遗漏事项;反之,如果当事人在一审中实际主张了某一事实,而判决的事实摘要栏中却未予记载,当事人在控诉审中也没有再次进行主张,那么该事实就不能成为控诉审的诉讼资料。

上述情形说是奇怪倒也真是如此,但当事人应该会阅读一审判决的事实摘要,而且理应如此,因为这样会防止诉讼突袭,笔者如此认为并不会产生大的问题。[33] 但与主张

---

〔33〕 但鈴木正裕・石田 = 西原 = 高木還曆記念(下)『金融法の課題と展望』第 441 页认为判例的观点并不合理。特别是当涉及一审中并未提出的主张更是如此,即使认为该主张有利于己的一方当事人在控诉审中缺席,但由于对方当事人进行了结果陈述,该主张依然被认为是存在的,这种结果极不合理!诚哉斯言。右田・前引注〔32〕第 39 页[右田第 32 页]也持相同见解。

不同,证据调查的结果是不可分割的,必须一体处理,因此我们不能以某一证据方法是否记载在判决中为标准,而不得不以实际的结果为标准。也就是说,成为控诉审资料的是实际进行了的证据调查结果。[34] 这样一来,证据和主张就不能实现整合,我们不得不认为这其中存在某种不合理之处。

当然,随着最近实务习惯的某种改变,上述情形也许很难再发生了。这种改变就是判决书的新式样。也就是说,新式判决书对一审判决中的事实摘要栏部分进行了简化,只须记载事实概要即可(参照第253条第2款)。我们因此可以预计,以前的那种"当事人陈述与一审判决事实摘要栏中的记载一致"的措辞方式将难以维系。当然,我们还不能由此认为更新辩论环节(对一审程序结果的陈述)已经向着实质化的方向发展,实务界对此的摸索还在进行中(也许会转变为依照一审判决书事实及理由栏中的记载对原审口头辩论结果进行陈述的一种方式)。[35]

其次,如果没有进行结果陈述会产生何种效果呢?判例将之作为一种严重违反程序的情形来处理(违反了口头主义和直接主义),可以作为上告理由和撤销判决的理由

---

〔34〕 奈良·前引注〔32〕第129页。

〔35〕 关于新式判决书和更新辩论的关系,详见鈴木正裕ほか「ミニ・シンポジウム民事判決書の新様式について」判タ741号(1991)第1页、特别是第23页,島田礼助ほか座談会「民事判決書の新しい様式についえ」ジュリ958号(1990)第15页、特别是第34页。此外,关于新式判决书存在的问题,参见西野喜一「民事判決書の新様式について」判タ724号(1990)第22页,同「民事判決書の新様式再論」判タ733号(1990)第13页。

(该判例与第249条相关,详见最判1958·11·4民集12卷15号第3247页,百選Ⅰ第89号案例等)。但结果陈述与第249条以及关于辩论准备程序的第173条类似,实际上已经成为一种徒具形式的程序环节,让这样的程序负载过多的意义甚而成为上告的理由(即便只是上告受理申请,而依据第318条第4款的规定依然有成为上告理由的可能)是存在极大问题的。

鈴木正裕「当事者による『手続結果の陳述』」一文,载石田=西原=高木還暦下巻『金融法の課題と展望』(1990,日本評論社)从历史考察的角度对这一问题进行了深入的研究,该书第407页指出,对一审程序结果进行陈述的制度,是法官报告制度的替代品。从该制度沿革的历史可以清楚地看到,当事人亲自介入对法庭笔录以及原判决事实摘要进行调查的环节,并且在掌握案件要点和笔录内容相互关系的基础上,向受诉法院的法官进行陈述,其目的在于强化法官对笔录内容等的认识程度;与此同时,法官将通过笔录等记载内容得出的案件事实图景与当事人所描绘的事实图景进行综合,求得两者的一致,通过这种程序运作,达到充实审理、公正判决的目的。法官在结果陈述环节之前,通过阅读案件记录已经形成了自身关于案件事实关系的印象,因此没有必要从诸如口头主义、直接主义等原则出发赋予该环节如此重大的意义。即使是当事人在结果陈述中遗漏的主张,只要法院通过阅读记录已经了然于胸,就可以将之作为控诉审的诉讼资料,也就是说,我们在此应采纳报告行为说。即使没有进行结果陈述环节,也没有必要将之作为上告理由,而应该从丧失责问权的角度去考虑。[36]

笔者对报告行为说亦持赞成态度。如此一来,关于上述问题的结论就与判例产生差异,即当事人没有必要对一审结果进行完整陈述。此外,即使在一审程序中缺席的一方当事人,也当然有权进行结果陈述,这与判例的观点一致。至于当事人未在一审程序中加以主张但却记载在判决事实中、由当事人进行了"与记载相一致的陈述"的事实,只有当事人在控诉审中再次加以主张,控诉审法官方可斟酌。

上述铃木先生的论文涉及德国民事诉讼法的立法史以及当时裁判的实际情况,意味深长,请各位务必拜读。

也许是用语方面的问题,有学者提出所谓"辩论更新权"(新堂第767页)。这指的是当事人有权在控诉审中提出一审中未提出的攻击防御方法。事后审制是不承认所谓的辩论更新权的,但续审制却予以认可。应予注意的是,该权利并非进行"更新辩论"的权利。

接下来的问题与自认相关,即控诉审中的缺席是否导致拟制自认的成立(从理论上讲,该问题与一审中缺席所导致的问题是一样的,与控诉并无直接关系)。一方面有判例对此持否定态度,见最判1968·3·28民集22卷3号第707

---

〔36〕 而且铃木又指出,德国法已经恢复了法官报告制度,法国和奥地利实行的也是法官报告制度。如果说日本法官的负担过重而无法实行这一制度的话,那么从立法论而言,莫不如取消程序结果陈述环节。详见鈴木正裕·前引注〔33〕第444页。

鈴木重勝·法教102号第91页、同·百選Ⅱ第403页也认为,应当对程序结果陈述环节从当事人权利的角度进行重构,由当事人就希望控诉审法院特别予以斟酌的一审资料中的部分事实以及证据调查结果发表意见。

页，百選Ⅰ补遗第 28 号案例。该案中，X 要求 Y 继续支付购买松立木未付价款 190 万日元。一审中，Y 主张 X 曾保证木材数量为 6000 石，但实际上只有 2000 石，因此 X 的本诉是不当的，而且 Y 进一步提出反诉，要求 X 返还部分价款。一审认为，无法认定 X 曾经保证木材的数量有 6000 石，因此支持了 X 的全部诉讼请求，驳回了 Y 的反诉。二审中，控诉人（被告）Y 主张，即使 X 未曾对木材的数量（6000 石）作出保证，但其言行却使 Y 相信了这一点，并进行了交易，因此应属意思错误，买卖合同无效，此外 X 尚涉嫌欺诈，该合同亦应撤销。二审中，被控诉人（原告）X 始终缺席。二审否定了保证事实的存在，也否定了 Y 主张的意思错误和欺诈，驳回了 Y 的控诉。对于控诉人于控诉审中提出的意思错误、欺诈等新的主张是否适用第 159 条第 3 款关于拟制自认的规定。控诉审认为，X 维持本诉请求的前提是买卖合同有效成立，而且就是否曾对木材数量（6000 石）作出保证一事与 Y 产生争议，因此从整个辩论的情况判断，其对意思错误和欺诈等主张也存在争议，因此不能适用拟制自认的规定。最高法院支持控诉审的这一认定，驳回了 Y 的上告。

但另有判例对该问题持肯定态度，见最判 1957・12・17 民集 11 卷 13 号第 2195 页。该案中，被告于一审票据金额请求之诉中败诉，遂于控诉审中主张以损害赔偿债权为抵销，原告在控诉审中自始缺席，也未提交准备书面。控诉审法院在对损害赔偿的主张进行证据调查之后，认为无法确定损害数额遂排除了被告的抵销主张。不过，最高法院从控诉审辩论程序的整个情形出发认为,并没有迹象显示原告对被告的抵销主张存在争议,因此应当适用第159条关于拟制自认的规定,遂撤销了控诉审判决发回重审。最判1969·11·11判時579号第62页也认为抵销应成立拟制自认。

总之,关于控诉审中的缺席是否导致拟制自认的成立,判例的观点也是自相矛盾的。

对这一问题不能得出过于笼统的结论。学说[37]认为,如果被告提出的新的抗辩是诸如清偿、免除、意思表示欠缺,那么一旦该抗辩被法院认可原告继续维持本诉就没有任何意义了,因此既然原告仍然维持着本诉(没有撤诉或放弃诉讼请求),那么就不能认为拟制自认已经成立。与此不同,如果被告提出的新的抗辩是抵销、同时履行、留置权等,因为这些抗辩是以被告对原告的反对债权为代价的,而且不过是使债务履行暂时延期而已,并未给原告造成太大的不利益,也不会使原告继续维持本诉的做法丧失意义,因此认定缺席的原告方成立拟制自认也是可以的。

上述观点应属恰当。虽然第一种情形有对缺席的原告过于宽容的嫌疑,不过作为一种理论框架,既然原告依然维持着本诉,那么对于和原告主张形成正面抵触的抗辩,不适用拟制自认还是稳妥的做法。

---

〔37〕 菊井=村松Ⅰ第801页,条解第357页(新堂执笔),注釈民訴(3)第300页(坂原正夫执笔)。

此外,右田尧雄『民事訴訟法』(1971,嵯峨野書院)第489页认为,只有控诉审中的缺席不应适用拟制自认。该结论可能只考虑到了第一种情形。

一如前述，控诉审的对象原则上是不服申请（控诉）。因此，如果一审判决是驳回诉，那么对该判决的不服申请就成为控诉审的对象，表述形式为"撤销一审判决，将案件发回一审审理"。但这种审理并非实体审理而是对诉讼要件的审理（新堂第766页）。这样一来，虽说日本法采用的是续审制，但在这种情况下的控诉审并不进入本案审理的阶段，因此从严格的意义上讲，还是与普通的续审不同，这一点应予注意。也就是说，这种控诉审不过是限于诉讼要件的续审罢了。从解释论的角度看，在以驳回诉的判决为审理对象的控诉审中，当事人不得就本案提起诉之变更或者反诉，诉之变更或者反诉只能在案件发回一审后始得提出。〔38〕

六、控诉审的审判

1. 禁止不利益变更

控诉审，是就控诉（以及附带控诉）进行审理裁判。也就是说，在当事人提起的不服申请的范围内进行审理裁判。因此，不允许超出该范围进行裁判（禁止利益变更），也不允许在该范围以下变更原判决（禁止不利益变更）。该原则被称为上诉审中的申请拘束原则，也是第246条规定的处分权

---

〔38〕 吉井直昭「控訴審の実務処理上の諸問題」実務民訴2第275页指出，诉之变更、反诉都是不合法的。但右田・前引注〔27〕判タ289号第6页［右田第112页］认为，当事人在控诉审中变更诉讼请求或者提起反诉，其情形多种多样，因此不能认为只要原判决是驳回诉的判决，就一律不得在控诉审中变更诉讼请求或提起反诉。笔者认为右田的这一观点较有说服力，禁止变更诉讼请求和提起反诉，作为一种行为规范应予灵活掌握。有的判例也允许当事人变更诉讼请求，见最判1993・12・2判時1486号第69页。

主义在上诉审中的体现。[39]

依据上述申请拘束原则,即便控诉人在控诉审中全面败诉,也不过是得到一个驳回控诉的判决。换言之,法院不会作出一个比原判决更为不利的判决。比如,原告请求1000万日元,一审法院支持了700万日元,原告就败诉部分(300万日元)中的200万日元提起控诉。由于不服申请的范围只是这200万日元,因此即使控诉审法院认为原告的1000万日元的请求权全部成立,也不允许作出300万日元的支持判决(禁止利益变更)。相反,即使控诉审法院认为原告只有600万日元的请求权,也不能因为这已经低于不服申请的数额而撤销原判决,作出对原告更为不利的600万日元的判决(禁止不利益变更),只能驳回控诉维持原来的700万日元的判决。由于有了这样的程序保障,败诉方才能放心地提起控诉,由此才能增加纠正错误判决的机会。前述的附带控诉则可以打破这种程序保障。

---

〔39〕 宇野聡「不利益変更禁止原則の機能と限界」民商103卷3号第397页、4号第581页(1990)对申请拘束原则和禁止不利益变更原则的区别作出了精彩的表述:从立法过程来看,禁止不利益变更基本上被申请拘束原则所吸收[上野・后引注〔53〕名城法学33卷4号第22页注(28)认为,这就否定了禁止不利益变更作为概念的独立性]。但是,当法院违背上诉人的意志对其作出不利变更,作为上诉人的一种救济手段,禁止不利益变更原则还是有其发挥独立作用的领域。也就是说,禁止不利益变更的基础在于“保护上诉人”这一质朴的感性认识,因此,是对上诉人提供保护还是由其承担自己责任,要基于各种诉讼原则不同的利益考量而作出不同的价值判断。

应该说,宇野的上述观点基本上还是妥当的。不过,无论是从立法沿革还是从现实的情形来看,申请拘束原则(处分权主义)和禁止不利益变更是经常互换使用的,笔者也是如此。

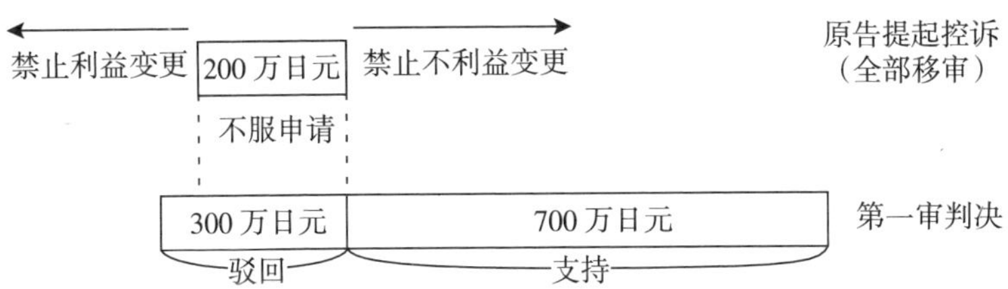

禁止不利益变更原则可能源于刑事审判上的强烈要求,但在民事审判上未必是不言自明的原则,还需要立法者的判断。在母法国德国,历史上曾经对禁止不利益变更(申请拘束原则)持否定态度。[40]

总之,可以认为现行法承认了申请拘束原则和禁止不利益变更,那么在解释论上还存在若干问题。

首先,在谈到申请拘束或不利益的时候,其标准为何?一如该类原则的基础在于处分权主义,因此只与判决主文

---

〔40〕 宇野·前引注〔39〕第401页。据说自罗马法以来采取的是上诉共通原则,法院可以作出对上诉人不利的判决。

不过,一旦从处分权主义引申出申请拘束原则,那么这就成为民事诉讼的基本原理,而不是使当事人易于上诉的政策性考量。参见賀集唱「相殺の抗弁と控訴審判の範囲」兼子一編『実例法学全集·民事訴訟法上巻』(1963,青林書院)第342页、花村治郎「不利益変更禁止の原則」染野古稀『民事訴訟法の現代的構築』(1999,勁草書房)第203页。但正如宇野·前引指出的一样,如果将禁止不利益变更原则从申请拘束原则中分离出来,那么就可以重新将禁止不利益变更原则视为具有一定灵活性的司法政策。

不过,山本(和)·基本問題第215页认为,禁止不利益变更是被上诉人没有提出申请的行为(上诉、附带上诉)而产生的拘束力。作者对申请拘束原则说一直以上诉人的申请为中心的倾向提出了批评,而将重点放在了被上诉人没有提出申请这一点上。虽然作者也是将申请拘束原则说默认为讨论的前提(这一点同样体现在独立当事人参加制度中围绕部分败诉方提起的上诉而展开的讨论中),但通过其进一步展开而加深了对该理论的理解,该观点应值赞同。不过鉴于传统理论的通说地位,本书未采纳山本的观点。此外,山本(和)·基本問題第215页似乎将宇野说误解为单纯的司法政策说,关于宇野的观点参见前注〔39〕中的介绍。

相关。也就是说,是以判决的效力为标准的。逆言之,只要判决理由中的判断不产生判决效,那么其与申请拘束原则或禁止不利益变更就不产生关系。比如,一审法院以清偿为理由驳回原告的诉讼请求,而控诉审法院也可以消灭时效为理由驳回其控诉请求(当然,本例中何者为不利益并不明显)。[41]

但是,由于这一关系,就有必要对抵销予以特殊考虑。因为按照第114条第2款之规定,关于抵销的判断是有既判力的。

第一,一审法院认为预备性抵销抗辩成立而驳回原告的诉讼请求,此时被告提起控诉(即使被告胜诉其依然有控诉的利益,参见本讲第二部分"控诉的利益")。如果控诉审认定请求债权不存在,将撤销原判驳回原告的诉讼请求(关于重新作出驳回原告诉讼请求的判决,参见本讲第七部分"控诉审判决的形式")。但是,如果控诉审认为主动债权不存在,又该如何处理呢?如果按照控诉审的认定结果可能会作出支持原告诉讼请求的判决,但这并不在控诉人(被告)申请的范围之内,因此,控诉审法院只能驳回被告的控诉(也就是说,维持一审作出的抵销抗辩成立驳回原告诉讼

〔41〕 针对一审法院以延期清偿为由驳回诉讼请求的一审判决,原告提起控诉,此时,控诉审以债权不成立或债权已过消灭时效为由驳回控诉请求就会产生问题。当然这与如何理解一审判决效力有关(参见第514页关于期限未届至的说明),如果从不影响原告再诉的角度出发,那么控诉审判决对于理由的变更对原告而言是不利的,因此不应允许。右田堯雄「民事控訴審実務の諸問題(四)」判タ288号(1973)第19页[右田第85页],条解第1190页(松浦执笔)。不过,将此一问题和"申请的范围"相联系多少会产生一些麻烦,而这种麻烦也同样存在于后述的抵销情形。

请求的原判决）。

第二，同样是一审法院认为预备性抵销抗辩成立而驳回原告的诉讼请求，此时由原告提起控诉。如果控诉审审理的结果与原告的设想不同，即请求债权本身并不存在，应当以此为由驳回原告的诉讼请求，此时又该如何处理？如果按照控诉审的认定结果，应当是撤销原判重新作出驳回原告诉讼请求的判决。但这样一来，虽然同为驳回诉讼请求的判决，但一审判决和控诉审判决的既判力范围却是各不相同的。一审判决中，请求债权不存在和主动债权不存在这两点都产生既判力（第 114 条第 2 款），与此不同，由于控诉审并未对主动债权进行审理，因此并不产生主动债权不存在这一既判力（第 114 条第 1 款）。这样一来，与主动债权不存在这一点也产生既判力的原判决相比，控诉审的判断并未封杀主动债权，这对于提起控诉的原告而言是更为不利的。因此，控诉审不能按照自己的认定结果来变更原判决，只能驳回原告的控诉请求。控诉审能够按照自己的认定结果撤销原判重新作出驳回原告诉讼请求的判决，只能是在被告也提起控诉或附带控诉而导致不服申请的范围进一步扩大的情形。

与此相关的判例有最判 1986 · 9 · 4 判時 1215 号第 47 页、百選Ⅱ第 188 号案例。该案中，X 要求 Y 偿还借款余额，对此 Y 主张说，X 在明知该等借款将用于赌博开户资金的情形下依然将钱借出，因此该等款项属于《民法》第 708 条规定的不法原因给付，即使这一主张不能成立，Y 将以自己的主动债权予以抵销。一审法院认为，该案并不适用《民法》第 708 条之规定(明知并非充分条件),被告之预备抵销抗辩成立,驳回原告的诉讼请求。X 提起控诉。二审法院关于《民法》第 708 条的判断与一审相同,但对于被告提出的抵销抗辩,二审法院认为主动债权并不存在,因此撤销了一审判决,支持了原告的全部诉讼请求。最高法院以本案借款债权依《民法》第 90 条之规定归于无效为由撤销了原判,但对抵销抗辩并未作出判断。最高法院认为,对于 X 的诉讼请求理应驳回之,但一审判决认定抵销抗辩成立而驳回了原告的诉讼请求,被告也没有提起控诉或附带控诉。因此,如果控诉审法院(最高法院代为判断的部分)撤销一审判决重新作出驳回原告诉讼请求的判决,将对提起控诉之原告构成不利益,所以只能作出驳回原告控诉请求的判决。[42]

但有学说认为,禁止不利益变更划定了控诉审的审判范围,该范围限于控诉人在原判决中败诉的部分而不涉及胜诉的部分。因此,对于以预备性抵销抗辩成立为由驳回原告诉讼请求的判决,如果只有原告提起控诉,那么控诉审的审判对象并不及于请求债权存在与否,而只限于主动债

〔42〕 更详细的介绍参见山本克己「相殺の抗弁と不利益変更禁止の原則」ジュリ879 号(1987)第 59 页。

此外,最判 1994・11・22 民集 48 卷 7 号第 1355 页、百選Ⅱ补遗第 50 号案例的判旨认为,于部分请求中提出抵销的案件中是否存在违反禁止不利益变更的情形,应在比较上级审认定的债权总额扣减主动债权之后的余额和原审支持原告部分请求的数额的基础上作出判断。判旨的这一观点姑且不论,该判决中存在诸多问题,请参照中野貞一郎・民商 113 卷 6 号(1996)第 921 页,木川統一郎 = 古田友子・判タ890 号(1995)第 22 页以及山本克己・法教 176 号(1995)第 36 页。

权存在与否。[43]

按照上述观点,如果控诉审认定主动债权不存在,那么将支持原告的控诉请求。如果控诉审审理的结果是认定主动债权和请求债权都不存在的话,按照该学说控诉审应当撤销原判,支持原告的控诉请求,因为请求债权是否存在并不在控诉审的审判范围之内,控诉审只能对主动债权是否存在进行判断。这一结论是与控诉审法官的判断内容截然相反的。因此,有学说认为,所谓的禁止不利益变更,应当是在判决主文范围内对一审判决和控诉审判断内容进行比较,只要在该范围内不导致控诉人的不利益即可,而不是划定控诉审的审判范围,因此在上述情形下,不应撤销原判支持原告的控诉请求,而应当驳回原告的控诉请求。[44] 如果从控诉申请本身来看,请求债权和主动债权的申请是各不相同的,前说可能会提出抵销具有反诉的实质,而后说也可以从形式上对此提出反驳,即此时的诉讼标的是请求债权,

〔43〕 賀集·前引注〔40〕第344页,右田·前引注〔41〕判タ288号第19页[右田第85页],同·判批·判評340号=判時1227号(1987)第187页。

从处分权主义寻求禁止不利益变更的依据,并以此划定控诉审审判范围的花村说与贺集说属于一类学说,参见花村·前引注〔40〕。

〔44〕 奈良次郎「控訴審における審理の実際と問題点」小室=小山·還暦(中)第105页、特别是第120页,菊井=村松Ⅲ第166页。

住吉博·判批·1986重判(ジュリ887号)(1987)第132页也认为,将控诉审中申请事项的限定与禁止不利益变更原则视为一种表里关系的学说已经渐趋势弱。另请参照宇野·前引注〔39〕第587页注(13)。

此外,石川明「相殺と民事訴訟法三八五条」『訴訟行為の研究』(1971,酒井書店)第131页,飯塚重男「不利益変更禁止」講座民訴⑦第191页、特别是第196页更进一步认为,被告不能于控诉审中撤回抵销抗辩以剥夺一审判决中关于主动债权不存在的既判力(或其可能性)。但这样一来,如何看待抵销抗辩在私法上的效果就成为一个问题,因此似乎应当允许被告于控诉审中撤回抵销抗辩。

而抵销不过是抗辩而已。如果提及判决效力不同这一点的话,对该申请的划分也未必是强制性的。总之,虽然有微妙之处,但支持原告控诉请求的判决与控诉审法官的判断内容是截然相反的,难谓妥当,因此后说应值赞同,即禁止不利益变更并非划定审判的范围,而只须于判决主文范围内对一审判决和控诉审判断内容进行比较即可(松本 = 上野第 633 页也是如此观点)。持前说的学者提出,要使判决内容与控诉审判断内容不发生矛盾,只须由控诉审对被告作出其是否提起附带控诉的释明即可,但这里的问题是,法院是否会作出释明呢?传统上法院是不喜欢事先将判决内容开示的,而且在法院未予释明的情形下,被告能否以违反释明义务为由提起上告呢?按照前说的观点,控诉审关于请求债权不存在的判断并未出现在控诉审判决中,因此我们无法认为被告有机会提起如上上告。

接下来的问题是,对于驳回诉这一诉讼判决只有原告提起控诉,而控诉审认为存在诉讼要件又该如何处理?原则上应该按照第 307 条之规定,撤销原判发回一审重新审理。

不过新堂第 774 页认为,在原告的诉讼请求明显不成立的情形下不应作如此处理,意即对发回原审应该有所限制。应当如何看待这一观点呢?新堂在书中提到最高法院的一个判例,见最判 1962 · 2 · 15 裁判集民事 58 号第 695 页。该案中,一审作出了驳回诉的判决,不过在判决理由中也假定,即使不驳回该诉也应驳回其诉讼请求,也就是说一审同时作出了本案判断。此时,控诉审法院不应发回重审而应作出本案判断。这一做法符合第 307 条但书的立法精神。[45]

不过一般认为,驳回请求的本案判决,其既判力与驳回诉之既判力相比,如果从再诉可能性的角度出发,对原告更为不利,因此通说和判例都认为,于此情形下,根据禁止不利益变更的原则,控诉审法院只能驳回原告的控诉,也就是说,只能使驳回诉之原判决获得确定。[46] 不过按照通说和判例的这一观点,控诉审不得展示本案判断只能使驳回诉之原判决获得确定,如此一来,原告再诉的可能性并未减少。那么对再诉作出的本案判断(驳回请求)就会使用两次程序,这从诉讼经济的角度来看是令人遗憾的。在一审已经作出本案判断的情形下(第 307 条但书),控诉审驳回原告的诉讼请求应该是可行的[山本(和)・基本問題第 230 页亦持此种观点]。

在一般情形下,即一审并未进行本案审理时当如何处理呢?应该是发回一审(第 307 条本文)。但是,如果发回审理的结果是驳回原告的诉讼请求,这对提起控诉的原告来说是否意味着不利益变更呢?逻辑上确实如此。[47] 然而

---

〔45〕 飯塚・前引注〔44〕第 209 页。第 307 条但书所指情形,包括一审已经对诉讼请求的妥当与否进行了充分的审理、当事人之间对事实关系并无争议或者原告请求本身明显不成立(欠缺合理性)等情形。中野・解説第 76 页。

〔46〕 关于对判例和学说较详细的介绍,见後藤勇「訴え却下の訴訟判決を不当とした場合の控訴審の措置」判タ427 号(1981)第 21 页。

〔47〕 这一问题同样发生在上告审法院撤销控诉审判决发回重审的情形中,此时控诉审法院能否对上告人作出与原控诉审判决相比更为不利的判决呢?比如,对于原告 1000 万日元的请求,控诉审判决只支持了其中的 600 万日元,原告提起上告,上告审法院撤销了原判发回重审。此时,如果控诉审经过审理最终认定只有 500 万日元是正当的,那么其可以作出 500 万日元的判决吗?如果答案是肯定的话,那么原告针对 600 万日元的控诉审判决提起的上告,其结果是得到了 500 万日元的新判决,上告反而导致了更大的不利益。这难道不违反禁止不利益变更原则吗?

与申请拘束原则相区别的禁止不利益变更并非绝对的要求,而应服从利益考量的结果(宇野・前引注〔39〕論文),因此驳回诉讼请求的判决是妥当的。

以上是关于申请拘束原则以及禁止不利益变更的说明,该原则尚有若干例外情形,此处列举五种:

第一,如果控诉审发现欠缺诉讼要件,应当自行作出撤销原判、驳回诉的判决。比如,一审判决部分支持了原告的诉讼请求,原告提起控诉,此时如果控诉审认定该案欠缺诉讼要件,则应自行作出驳回诉的判决。如此一来,原判中的

通说的观点是,只要控诉审重新进行了口头辩论,就可以作出500万日元的判决。换言之,控诉审中的禁止不利益变更只是与原来的一审判决发生关系,这是对申请拘束原则很自然的解释。参见吉井直昭「控訴審の実務処理上の諸問題」実務民訴2第275页、特别是第285页,小室直人「上級審の拘束的判断の範囲」『上訴制度の研究』(1961,有斐阁)第254页,菊井 = 村松Ⅲ第295页等。

与此不同的是,花村治郎「不利益変更禁止の原則」民訴雑誌34号(1988)第61页认为,根据禁止不利益变更的要求,新的控诉审不得作出低于600万日元的判决。当上告审撤销原判自行改判的时候,由于禁止不利益变更原则的作用,上告审不得作出低于600万日元的判决,而一旦发回重审就不再受该原则的拘束,这样有失平衡。此外,从处分权主义出发也是有问题的,因为这违背了原告为了求得有利判决而提起上告的本意。所谓的原判决,不仅包括一审判决还包括第一次控诉审判决。虽然花村在论文中没有明说,但由其观点我们可以得出如下推论,即对一审判决提起控诉,若控诉审撤销原判发回重审,则新的一审判决也不能作出与原一审判决相比对控诉人更为不利的判决。

应如何看待这一问题呢?从申请拘束原则出发,还是通说的意见较为妥当。但是,从原告为了求得有利判决而提起上告的本意来说,确实存在问题。这和宇野・前引注〔39〕中提到的与申请拘束原则相区别的禁止不利益变更存在的问题是一样的。应予考虑的是,控诉审重新作出了审理,因此其与第一次控诉审判决之间的关系已经相当疏远(如果在新的控诉审中出现诸如附带控诉、诉之变更、反诉情形的话,花村的观点当然另当别论),一如宇野・前引的观点,禁止不利益变更应当服从利益考量的结果,因此新控诉审的审理结论应当作优先考虑。正如法律所预先设定的一般,即使提起上诉,如果被告提起附带上诉的话,原告为了求得有利判决的本意也无法实现,因此不能把原告的意图绝对化(当然,此时上诉人也拥有一定的对抗手段,即其撤回上诉无须得到被上诉人的同意,所以情形并非完全相同)。

胜诉部分均被撤销,原告可以说是全部败诉,但从诉讼要件的公益性角度出发,控诉审可以作出如此不利益变更。从严格的意义上来说,如此处理的依据在于诉讼要件的公益性,当纠纷不属于法律意义上的争讼时,亦当如此。〔48〕

第二,违反第306条关于判决成立程序的情形。当发生诸如未依法指定、告知宣判期日(最判1952·11·18民集6卷10号第991页,百選Ⅱ补遗第53号案例)、未依据合法的判决原件违反判决成立程序的情形时,由于判决本身不得谓已成立,所以即便对控诉人造成不利益,也必须撤销全部判决(在不能驳回诉讼请求而必须撤销原判这一意义上,属于禁止不利益变更的例外。在撤销一审判决以后,控诉审自行判决的时候要受到禁止不利益变更的拘束,为避免如此情形,当发回重审)。

第三,与处分权主义无关,可由法院依职权作出的,且非本案事项而是附随事项时,控诉审法院可以作出不利益变更,如关于诉讼费用的裁判、假执行宣告。此外最判1990·7·20民集44卷5号第975页认为,针对离婚诉讼中关于离婚和财产分割一体处理的判决,若当事人提起控诉(见后述之3),则涉及财产分割的部分不适用禁止不利益变更原则。其理由在于,财产分割本来就属于非讼案件,并

〔48〕 但宇野·前引注〔44〕第209页认为,即便纠纷不属于法律意义上的争讼,只要一审判决未因当事人提起控诉而获得确定,就应当以此为依据尊重当事人的处分,服从禁止不利益变更的要求。这里的问题在于,即使获得了这样的确定判决,该判决在内容上又能产生怎样的效力呢?在这一问题上应采本书见解。另请参照宇野·前引注〔39〕第421页、第583页。

无《民事诉讼法》第246条之适用。[49]

第四,第47条独立当事人参加情形中,关于败诉方的判决部分,其虽未提起控诉,控诉审亦可变更之。参见最判1973·7·20民集27卷7号第863页,百選Ⅱ第177号案例。就学理而言,第三人不服说当值赞同,参见多数当事人诉讼部分(参见本书第七讲"独立当事人参加")。

第五,依判例见解,土地边界确定诉讼属于形式上的形成诉讼,并无禁止不利益变更适用之余地。笔者对该判例存有若干疑问,当然这与如何理解该类诉讼的性质有关。[50]

2. 预备性合并控诉与不服

关于上诉程序中各类事项之思考方法,其基础在于当事人的不服申请,已如上述。然而还存在一类颇为特殊的不服申请,即请求的预备性合并(关于预备性合并,见新堂第641页),其属于附解除条件的请求,复数的请求之间存在择一性关系。

一旦一审支持了主位请求,则并不存在关于预备性请求的判决,因为解除条件已经成就。由于原告全部胜诉,因此只有被告可以提起控诉。此时,若控诉审认定主位请求无理由,而预备性请求成立的话,则可以撤销原判决,支持

---

〔49〕 宇野·判批·リマークス6号(1993)第136页从其禁止不利益变更与处分权主义相区别的立场出发,对该判旨持反对意见。笔者也认为该判旨存在疑点。但关于诉讼费用的裁判还是不应适用禁止不利益变更原则。

另请参照岡垣学『人事訴訟手続法』(1981,第一法規)第283页。实际的情形一般是上诉审并不作出不利益变更,而是发回原审。

〔50〕 最判1963·10·15民集17卷9号第1220页,百選Ⅰ补遺第19号案例。竹下守夫·評釈·法協82卷4号第563页。

预备性请求(主位请求被驳回,因此预备性请求位次提前)。对控诉人被告来说,因其关于主位请求的控诉已经达到目的,难谓其未获得满足。由于原本并不存在一个关于预备性请求的一审判决,因此不得不考虑当事人的审级利益。但是,预备性请求与主位请求之间是择一性关系,当一审对主位请求进行审判的时候,可以视为其已经对预备性请求进行了实质审理,所以没有必要因审级利益而否定上述处理方式。[51]

当一审驳回主位请求而支持预备性请求时,原、被告均有控诉的利益。假设此时只有原告提起控诉。若控诉审支持主位请求,则可以在撤销原判的基础上自行改判(将预备性请求部分也予以撤销不会招致误解;否则原告在控诉审中得到一个支持主位请求的判决,一审中又得到一个支持预备性请求的判决,从外观上就得到了两个胜诉判决)。[52] 若控诉审认定预备性请求和主位请求均不成立,当如何处理?此时不是驳回两个诉讼请求,而是必须作出驳回控诉的判决(维持一审判决)。这就是禁止不利益变更的体现,从申请拘束原则来说,因为原告并未针对支持预备性请求的部分提出不服申请。

此时成为问题的是,当一审驳回主位请求而支持预备性请求时,只有被告提起控诉,原告既没有提起控诉也没有提起附带控诉的情形。此时,若控诉审认定预备性请求无理由,而主位请求成立,其当然可以撤销原判关于支持预备性请求的部分,并驳回原告的诉讼请求,但控诉审可否进而将原判关于驳回主位请求的部分改判为支持该请求呢?最

---

〔51〕 最判1958·10·14民集12卷14号第3091页,百選Ⅱ补遗第49号案例。

〔52〕 鈴木正裕·判批·258号=判時966号(1983)第168页。

判 1983・3・22 判時 1074 号第 55 页,百選Ⅱ第 187 号案例以及多数说都认为,虽然驳回主位请求的部分也发生移审和系属的效力,然而由于原告没有提起控诉和附带控诉,即没有声明不服,因此并不成为控诉审的审判对象,控诉审不得对其进行改判。总之,一切以不服申请为准(上诉必要说)。

与此不同,有力说认为,控诉审可以对其改判,即支持主位请求。也就是说,既然原告获得了预备性合并这种形式的程序保障,那么其应当整体把握所提出的两个请求,用不服申请这一概念将两个请求割裂开来的做法是不合理的,而且虽说是预备性请求,但原告最终还是获得了胜诉,因此要求胜诉之原告提起不服申请颇有些强人所难。另一方面,被告在一审中是败诉的,因此控诉审不是以预备请求而是以主位请求使其再次败诉(限于在数额上不会带来更为不利益的情形)倒也不违反禁止不利益变更的要求,而且法院还可以依据自身的判断作出妥当的判决。总之,有力说重视关于预备性合并的立法旨趣(上诉不必要说)。参见新堂「不服申立概念の再検討」新堂・争点効(下)第 227 页等。[53]

---

〔53〕 关于日德两国的相关文献,详见上野泰男「請求の予備的併合と上訴」名城法学 33 卷 4 号(1984)第 1 页。持上诉必要说的有:上野・前引,池田辰夫・民商 81 卷 6 号第 855 页,荒木隆男「請求の予備的併合と上訴」亜細亜法学 20 卷 1、2 号(1986)第 233 页,浅生・本文后引,飯塚・前引注〔44〕,右田・前引注〔41〕第 22 页[右田第 92 页],鈴木重信「控訴審の実務処理上の諸問題」新実務民訴 3 第 201 页,平田浩「上告審の審判の範囲」新実務民訴 3 第 222 页等。实务界多持此说。持上诉不必要说的有:新堂・本文引論文,鈴木正裕・前引注〔52〕,鈴木重勝「当事者救済としての上訴制度」講座民訴⑦第 13 页,井上治典・判批・民商 89 卷 3 号第 421 页,小室直人「上告審における調査・判断の範囲」大阪市大法学雑誌 16 卷 2 ~4 号(1970)第 304 页[收于小室『上訴・再審』(1999,信山社)第 169 页]等。此外,井上说和小室说认为被告的不服申请针对的是原判决之整体。

此外,围绕选择性合并的判例展开的争论又使这一问题更趋复杂。最判 1983・4・14 判時 1131 号第 81 页认为,当事人对甲请求和乙请求进行了选择性合并之时,即便仅被告对支持甲请求之判决提起控诉,原告未提起控诉和附带控诉,若上级审认定甲请求无理由,也可针对乙请求作出支持判决。该判旨的精神在于,在选择性合并中,未提起控诉和附带控诉的部分也可成为控诉审的审判对象。在实务中一般并不严格区分选择性合并和预备性合并,即使是无法同时成立的请求也允许当事人进行选择性合并。〔54〕 浅生重機「請求の選択的または予備的併合と上訴」民訴雜誌 28 号(1982)第 1 页有如下论述:于预备性合并中,若未有控诉及附带控诉,其不得为控诉审之审判对象;于选择性合并中,即便未有控诉及附带控诉,其亦得为审判之对象。且于请求内容同一之情形,如金钱之请求(按诉讼标的之新说,此时诉讼标的应为一个),其虽不得同时成立乃系择一性关系,原告亦得为预备性合并或选择性合并,且可于上级审中变更合并之形态。〔55〕 由是故,在预备性合并中,若原告之预

---

〔54〕 即便是可以并立之请求,实务中也允许当事人进行预备性合并,参见吉井・前引注〔38〕第 297 页,鈴木重信・前引注〔53〕第 201 页,鈴木正裕・前引注〔52〕第 174 页,右田・前引注〔41〕第 22 页[右田第 91 页]。此外,平田・前引注〔53〕第 223 页认为,实务中经常出现将本来应作选择性合并的请求作预备性合并,当事人对二者如何区分不无疑问。池田・前引注〔53〕第 859 页,榊原豊「複数請求の定立と規制」講座民訴②第 305 页、特别是第 312 页也认为不能同时成立的请求可为选择性合并。不过,不真正预备性合并这一概念在日、德两国有不同之含义,参见上野・前引注〔53〕第 4 页。

〔55〕 同引文第 19 页认为,从预备性合并变更为选择性合并的请求,也作为预备性附带控诉。认为预备性附带控诉合法的见解,见条解第 1170 页(松浦馨执笔),右田堯雄『民事訴訟法』(1978,嵯峨野書院)第 483 页。

备性请求获致承认而主位之请求遭致驳回,原告可于控诉审中将合并之形态变更为选择性合并,如此可使另一请求成为审判之对象。原告此一行为当可期待,难谓过苛。如是,若原告未为如此变更,则视其已放弃将另一请求得为审判对象之意愿,主位之请求亦不得为上级审之审判对象。

那么,该如何看待这一问题呢?首先,预备性合并与选择性合并,由于其合并内容的不同,导致审判方式的差异是很正常的。[56] 在选择性合并中,原告意在得到一个支持其申请内容的判决,因此其本来就不具有控诉的利益,不能提起控诉和附带控诉。如果从合并请求的一体性来看,另一请求当然成为审判对象倒也没有什么不妥之处。那么,能否按照前述浅生的观点,即便不能同时成立的请求也可以进行选择性合并,并进而抛弃选择性合并与预备性合并这一区分呢?当然,浅生对这一选择性合并也是作出了条件限制的,即请求的内容没有发生变化的情形,但由此产生的疑问在于,从请求的特定化要求来说,这样做是否充分?是否有袒护原告之嫌?除此之外,浅生灵活应用这两种不同的合并形态,虽然能够解决一定的问题,但也有过于玩弄技巧之嫌。[57] 虽然浅生的见解已经足以应对当前的实务问

〔56〕 伊達聡子・判批・ジュリ871号第99页也没有将选择性合并与预备性合并作为同一类合并形态。但上田第574页未对两者作出区分而采上诉不必要说。

〔57〕 浅生不是从诉讼上的请求入手,而是从争点以及事实主张的角度入手来进行论证的。但是,既然是预备性合并,也许不得不作此理解。

上野・前引注〔53〕第28页对浅生的观点进行了批判。上野指出,只有一审的对象才能成为上诉审的审判对象。上野的观点涉及了更为根本性的问题,值得思考。

题,但从理论的层面恐怕还须另寻出路(选择性合并涉及诉讼标的论的核心问题,参见高橋·重点講義第32页)。

上诉程序中各类事项之思考方法,其基础在于当事人的不服申请,因此,先从上诉必要说的角度来探讨这一问题。如果出现矛盾,就应该对不服申请这一基础作出修正。若采上诉必要说,则会产生如下问题,即是否与原告的期待相反,是否会形成诉讼突袭。果真如此的话,当法院认为预备性请求无理由,而主位请求有理由的时候,就可以考虑由法官对原告作出释明,即提示其是否提起附带控诉。若法院未作出释明,因为这一信息可以从判决中获得,因此原告可以以法院违反释明义务为由提起上告。但是,这种依靠法官行使释明权作出的调整,即使在控诉审中可以实现,在上告审中却是较为困难的。因为从上告审作为法律审的性质来说(如果上告审撤销支持预备性请求的原判决并驳回该请求,按照第319条的反对解释,应当进行口头辩论。在口头辩论过程中由上告审作出释明虽然在理论上可行,但在实务中恐怕是很少见的),实际上很难设想法官在上告审中作出释明。[58] 此外,由于上告理由书提出期限的关系,附带上告也许还要受到期限的制约。[59] 即便上告审违反了释明义务,当事人也无法获得审级的救济渠道(不能成为再审事由)。如果区分不同审级而在理论上区别对待,又可能会

〔58〕 新堂·前引争点効(下)第368页注(15),上野·前引注〔53〕第10页。

〔59〕 当然,假如预备性请求不成立的理由恰恰是主位请求成立的理由时,就可以避免期限的制约了。参见浅生·前引第26页,鈴木正裕·前引注〔52〕第173页。

波及其他领域,因此不可草率行事。讨论至此我们发现,将上诉作为必要条件而后由法官作出释明的做法并非万全之策。

那么,是否就应该赞同上诉不必要说呢?该学说的根据之一在于,要求因预备性请求而获致胜诉的原告提起控诉或附带控诉过于苛刻。事实果真如此吗?由于原告已经表明可以预备性请求求得胜诉的意向,因此确实很难指望原告会主动提起控诉。但是,在被告提起控诉的时候,很难说要求原告乘势提起附带控诉,或者干脆提起以驳回预备性请求为条件的预备性附带控诉是一件十分困难的事情。[60] 因此,所谓对于原告过于苛刻这一根据是不太充分的。那么,又该如何看待该说的另一根据,即实务中对预备性合并是作为一个整体来处理的,因此在上级审中也应贯彻这一做法呢?从预备性合并的性质来说确实如此,但这是与上诉审的审判对象是当事人的不服申请这一原则相冲突的。在这种情形下,还应该继续坚持这一根据吗?此外,对于怠于行使诉讼权利的原告来说,上诉不必要说有过于偏袒之嫌。

如此,在两种对立学说难分优劣的情形下,很自然地就产生了折中说。宇野·前引注(39)第593页以下提出如下观点:被告之不服申请,原则上仅及于原判决中容认预备性请求之一部。但若上诉审基于主位请求成立之理由,将容认预备性请求之部分改判为驳回,此时,当从当事人间之平等、纠纷之统一解决之必要性考量,将调查判断之范围扩张

---

〔60〕 这一预备性附带控诉的实质在于,主位请求和预备性请求的顺序发生颠倒,见上野·前引注〔53〕第22页,应当允许当事人提起预备性附带控诉。

至主位请求(于此限度内,采上诉不必要说)。但此一扩张须作为利益衡量之结果。值此利益衡量之际,当考虑如下要素:(1)原告为何未提起上诉?若其窘于提起上诉或附带上诉,当予以救济。(2)上述判断当视请求之顺位于原告之重要性为之。若该顺位非为重要,则较难期待原告提起附带控诉,此时当予以救济;若为重要之情形,因原告未提起附带控诉,故无救济之必要。(3)请求顺位之重要性当如何判断?其要素为给付目的之同一性或类似性。若给付之标的物为同一物,则顺位失其意义。(4)即便给付目的不同,原告之未提起附带控诉之理由亦多种多样。若原告因证明之难易等诉讼程序上之理由,而将利益分量较轻之 A 请求作为主位请求,则较难期待其提起附带控诉,此时当予以救济。(5)另一方面,亦须考虑上诉之被告利益。于被告而言,若法院容认预备性请求其受损害较小,则将主位请求改为容认之法院行为有违禁止不利益变更之原则。(6)此外,就形成矛盾关系之争点被告如何争执,亦得为判断之要素。若被告就预备性请求所展开之攻击防御系基于针对主位请求之事实主张,则法院亦可将主位请求变更为容认判决。否则,主位请求之容认当构成对被告之突袭裁判。

就具体的解决策略而言,上述折中说是较为妥当的。但折中说过于倚重利益衡量,由此导致法官自由裁量权过大,因此就解释论而言,尚有不足之处。[61] 如果是原本意义

---

〔61〕 宇野在该论文中也承认利益衡量是有其局限性的。见前引注〔39〕民商 103 卷 4 号第 603 页。

此外,笔者亦肯定法官自由裁量的作用,详见本书第三讲“必要共同诉讼”部分。但法官的自由裁量在此不仅涉及程序的处理,还直接关系到当事人的胜败,因此,是否均委诸法官的裁量还是有问题的,当然,这里涉及了裁量的程度。

上的预备性合并,即两个请求是择一性关系,只要原告还维持预备性合并,就应当采取上诉不必要说的立场。[62] 因为以不服申请(上诉和附带上诉)为准的原则,并不意味着不允许例外情形的存在。

3. 限定争点的上诉

不服申请所划定的界限,与申请事项相对应,与辩论主义无关。因此,若被告主张债务不成立或清偿,而原告因清偿败诉,即使原告提起控诉,控诉审的审理对象及判决对象也不仅仅涉及清偿,还包括债务之不成立。

上述为较普遍的思考方法,但也有学者提出,当事人能否在不服申请的框架内进一步限定争点而提起上诉呢?比如,在请求返还借款的诉讼中,被告就合同是否成立以及是否罹于消灭时效而与原告展开攻防,但最终败诉。此时,被告能否仅就消灭时效这一争点提起控诉呢?肯定这一做法的好处在于,将直接导致控诉人不满的对象限定为审理对象,既符合控诉人的利益,也可以加速法院的审理,减轻法院的负担。在损害赔偿诉讼中,当事人就可以撇开责任问题而仅就损害赔偿数额提起控诉了。

然而,通过控诉人的自认(以及权利自认)也可以达到同样的效果。如果控诉人可以随时撤回所限定的争点另当

---

〔62〕 如果按照实务中的做法,即将预备性合并作较为宽泛的理解,允许当事人将两个可以同时并存的请求作预备性合并,那么所谓互为表里的主位请求和预备性请求之间的一体性就大为削弱,这种情形下应当要求当事人于上诉时明确不服的范围。可以说,实务中坚持上诉必要说也在这一含义之上。但是,如果将预备性合并限于对立的两个请求之间的合并,那么一体性就得以维系,此时应采上诉不必要说。笔者赞同后者。

别论，但如果对该撤回作出限制的话，如需要被控诉人的同意，就与自认的效果几乎完全相同。对方作出自认也是如此。比如，原告基于所有权要求被告交付系争土地，被告提出租赁权的抗辩，原告又主张租赁权已解除，结果原告败诉。此时原告仅以租赁权是否解除为限定之争点提起上诉。假如被告准备和原告就所有权是否存在展开攻防，那么原告提起的限定争点的上诉就无法满足被告的这种要求，可以说是一种极为自私的做法。[63] 此时，我们也不得不承认对方当事人可以扩张控诉审的攻防范围。

总之，限定争点的上诉理论还存在若干疑问。就目前的情形而言，似乎还没有必要肯定这一理论，姑且存之。[64]

仅就附带处分提起的上诉与限定争点的上诉而言，虽然在表面上有若干相似之处，但实际上是不同的上诉类型。前者与判决事项相关，而不是仅仅与判决理由中的争点相关。

具体来说，离婚判决中的附带处分包括了子女的监护、财产的分割、亲权方的指定(《人事诉讼法》第 32 条)，如果当事人就离婚没有异议，而仅就财产分割部分不服，可否仅以该部分作为不服申请的对象？判例对此持肯定态度，见最判 1986・1・21 判時 1184 号第 67 页(就指定亲权方提起的上告)。由于附带处分也属于判决主文事项，因此这与仅

〔63〕 谷口第 486 页。

〔64〕 右田堯雄「控訴審判と争点の限定」民訴雜誌 23 号(1977)第 61 页[右田第 152 页]。右田在论文中并没有积极倡导限定争点的上诉理论。小室直人「上告理由提出強制」小室 = 小山・還暦(中)第 379 页认为限定争点的上诉是不合法的。

限定败诉之一部分(300 万日元中的 150 万日元)提出不服申请是相类似的情形,应为合法,也同样发生移审、防止判决确定等效果。也就是说,控诉人未申请不服的离婚判决部分,也同样产生移审和防止该部分判决确定的效果,而成为附带上诉的对象。

当然,在这种涉及《人事诉讼法》上附带处分的场合下,是否适用禁止不利益变更原则也与一般情形有所不同,相关判例见本讲前述“禁止不利益变更”部分。

有时虽然不是判决主文中的事项,但同样可以作为一种特殊的上诉类型来处理,如终局判决后法院作出了继承诉讼程序的决定(第 128 条第 2 款)。此时,应允许当事人仅就该决定提起上告。相关判例见最判 1973 · 3 · 23 民集 27 卷 2 号第 365 页,百選Ⅱ第 191 号案例(中島弘雅解説)。这一问题应当以程序中断和程序继承加以处理,之所以不得不允许该类上诉的存在,见高見 · 評釈 · 法協 92 卷 9 号第 1217 页之解释。虽同为附随性裁判,但仅就诉讼费用的裁判提起上诉却是不允许的(第 282 条)。因此,是否允许提起上诉,应就该附随性裁判的内容决定之。

七、控诉审判决的形式

首先,若控诉不合法,则应作出驳回控诉的诉讼判决。

控诉审中的本案判决,分为支持判决和驳回判决两种。一如前述,即使原判决有不当之处,由于禁止不利益变更原则(申请拘束原则)的约束,控诉审也只能作出驳回控诉的判决(见本讲之六“控诉审的审判”)。

控诉审作出的支持判决,是对控诉人不服申请的肯定,因此应当撤销原判决。一旦原判决被撤销，原审法院针对原告请求作出的“答复”也随之消失，因此这一空白必须由控诉审来填补。此时，“不服申请→控诉”这一外壳就悄然剥落，原告的诉讼请求直接成为审判的对象。控诉审的“答复”方式有自行判决、发回、移送等。

所谓自行判决，是指由控诉审对原告的诉讼请求自行作出裁判的行为。比如，原判决驳回了原告要求被告支付1000 万日元的诉讼请求，控诉审撤销了原判，并作出支持原告诉讼请求的判决。由于控诉审是事实审，因此原则上应该自行判决。在实践中也有不少判决书是将撤销和自行判决合二为一，一般是采用“将原判决变更如下”的表述方式。

发回一般适用于控诉审考虑到当事人的审级利益并认为由一审进行审理较为合适的情形，可分为必须发回和任意发回两种情形。所谓必须发回（第 307 条），是指当控诉审撤销驳回原告之诉的原判决时，必须将案件发回一审的情形。因为原判决属于诉讼判决，并非一审的本案判决，为了保障一审的本案审理必须将案件发回。在有的案件中，如一审以原告不是适格的当事人为由而将其诉驳回，但控诉审却进行了本案审理，最判 1971・2・18 判時 626 号第51 页对此作出了说明。[65] 当然，没有必要在形式上严格遵循这一点，即使是驳回诉的判决，只要控诉审进行了实质的本案审理，就不必发回重审，而可以自行判决。相关的判例

---

〔65〕 该案件收为百選〔二版〕第 113 号案例（花村治郎解説）。

见最判1983·3·31判時1075号第119页,百選Ⅱ第190号案例(栗田隆解説),这也是第307条但书明确规定的。[66]所谓任意发回(第308条),是指由法院自由裁量是否发回。既为任意,当然也可以不必发回而自行判决。

无论是哪一种发回的情形,一旦发回,其后的程序就视为原一审程序的继续。只要原审程序中的诉讼资料和证据资料没有被控诉审判决所撤销就依然具有效力,可以用于判决。原审中的中间判决只要没有被撤销,也依然具有拘束力。反之,控诉审中的诉讼资料和证据资料不能当然成为重审资料,还需要重新进行一审辩论程序。控诉审关于撤销原判发回重审的判断理由,对于发回后的一审具有拘束力(《法院法》第4条)。此外,发回重审的判决也属于终局判决,因此也可对其提起上告。

撤销原判移送管辖的处理方式适用于违反专属管辖的情形。控诉审不是将案件发回没有管辖权的原一审法院,而是直接将案件移送有管辖权的一审法院(第309条)。控诉审并不处理违反任意管辖的情形(第299条)。

对驳回原告之诉的一审判决提起控诉的时候,如果控诉审审理的结果是一审认为欠缺的某一诉讼要件是具备的,但却欠缺其他类型的诉讼要件,从结论上来说,也应该驳回原告之诉。此时,控诉审应当作出何种形式的判决呢?

---

〔66〕 鈴木正裕「訴えの利益」ジュリ500号(判例展望)(1972)第341页、特别是第346页,花村治郎「審級の利益」同『民事上訴制度の研究』(1986,成文堂)第35页。控诉审自行判决的情形一般可分为三类:依据原审依法认定的事实可以作出实体判断的情形;原审进行了假定性质的实体判断;请求明显无理由。另请参见本讲之六之1."禁止不利益变更"部分。

从表面上来看，一审驳回了原告之诉，控诉审审理的结果也是应驳回原告之诉，只是理由不同，那么按照第 302 条第 2 款之规定，只要驳回原告之控诉就可以了（关于第 302 条第 2 款之说明详见后文）。实际上不能如此。因为驳回诉的判决，其既判力限于判决认定的欠缺诉讼要件（新堂第 577 页，高橋・重点講義第 619 页）。比如，一审以原告不具备确认利益而驳回其诉，控诉审认为原告具备确认的利益但却不具有当事人能力而驳回其诉。虽然同为驳回判决，但既判力的对象却是不同的。因此，控诉审应当撤销驳回原告之诉的原判决，重新作出驳回其诉的判决。

与此相似的情形是抵销抗辩。一审以请求债权不存在为由驳回了原告的诉讼请求，若控诉审认为请求债权存在，但被告的抵销抗辩成立，此时当撤销一审判决，重新作出驳回控诉人（原告）诉讼请求的控诉审判决，因为两个判决的既判力范围是不同的（第 114 条第 1 款和第 2 款）。

当判决对象（诉讼标的）在控诉审中发生变化时，意即出现诸如部分撤诉、变更诉讼请求情形，则需要进一步考察。由于一审和控诉审的判决对象各不相同，因此判决书的书写方式也是颇为讲究的。

第一，假设当事人在控诉审中部分撤诉。此举导致撤诉部分溯及性地脱离诉讼系属，因此，关于该部分的一审判决当然失效。既为当然失效，也就没有必要采取特别的处理方式。理论上虽然可以作此考虑，但假设一审判决为支持判决，控诉审判决为驳回控诉的判决。稍一注意即可发现，控诉审的维持判决依然包括了一审关于撤诉部分的判决(该部分的撤回由当事人自己或在发生诉讼继承情形下的原当事人作出),那么当事人就有可能申请对全部诉讼请求进行强制执行,至少被告会因此产生不安(当然,实际情况很可能是当胜诉的当事人申请全部执行的时候,被告依据民执第32条之规定提出执行异议申请)。因此,在这种情形下尽管理论上可以认为没有必要,但实务中还是作出了一些具体的调整。比如,在驳回控诉的判决主文中,再次明确原告的胜诉部分,一般采用“因原告部分撤诉,一审判决发生如下变更”这种表述方法。应该说这种做法是较为稳妥的。[67] 特别是在一审判决附有假执行宣告的时候,更应如此。控诉审也可以在判决理由中明确指出这种当然失效的法律效果,但考虑到判决与强制执行的关系,最好还是在判决主文中予以明确。不过这只是一种对实务中处理方式的希望,即使判决中没有对当然失效的部分予以明确,该判决也并不违法,当然也就不会出现撤销发回等情形。因为撤回部分的诉讼请求在法律上已经当然失效了。

与上述情形相同的是控诉审中出现的诉讼请求的缩减。最判1970·12·4判時618号第35页也认为这种情况下的判决主文应当是:因上述理由,控诉审判定“一、驳回本案控诉;二、原判决作出如下变更,控诉人应支付被控诉人70万日元”。顺便提及的是,对于如何理解诉讼请求的缩减,学界也并非没有争议。判例将之作为部分撤诉来对待,而学说则将之作为放弃部分诉讼请求、变更申请事项或诉

〔67〕 菊井=村松Ⅲ第146页等。

之变更来对待(新堂第315页采部分放弃说)。但无论采何种见解,作为控诉审判决主文的表述方式,应当支持目前实务中的做法。[68]

当然,失效的问题也同样发生在预备性合并、选择性合并中,因为一旦解除条件成就,某一申请事项就当然消失。

(1)关于预备性合并的判例见最判1964·4·7民集18卷4号第520页。该案原告在一审中将请求返还借款和请求支付票据金额作为选择性合并,一审支持了返还借款的诉讼请求。二审中原告将支付票据金额作为主位请求,而将返还借款作为预备性请求,也就是说,将选择性合并变更为预备性合并,[69]二审支持了该主位请求。但控诉审判决并未言及支持返还借款请求的一审判决。

最高法院依职权判定,于预备性请求中,其解除条件为主位请求得到支持,因此既然控诉审已经认定主位请求成

---

〔68〕 中村英郎「控訴審における訴えの変更と反訴」小室＝小山・還暦(中)第79页、特别是第92页[收于中村『民事訴訟理論の法系的考察』(1986,成文堂)第193页]系采诉之变更说,但也认为实务中的处理方式较为妥当。右田堯雄「民事控訴審実務の諸問題(五)」判タ289号第7页(1973)[右田第115页]。

当然,新堂第655页对于出现诉讼请求缩减的情形,也认为应当撤销原判决,同时作出支持其剩余部分诉讼请求的判决。如此,是撤销原判决,还是不必撤销,只是提醒该缩减的部分已经当然失效,学者的见解并不一致。三ヶ月·全集第131页,青木敏行·判批·民商59卷4号(1969)第630页、特别是第634页论述的情形虽然并非诉讼请求的缩减,但也认为应当撤销原判决。在实践中,撤销原判决也好,采取较醒目的方式明示缩减部分当然失效也好,只要能够引起当事人的注意即可;就理论而言,既然在法律上已经当然失效,那么撤销原判的做法就显得有点莫名其妙,应该说后者的处理方式较为妥当。

〔69〕 能否允许当事人作出如此变更,在理论上还是一个问题。参见本讲之六之2.“预备性合并控诉与不服”部分。此外,一如高橋·重点講義第50页以下所提到的,在小山说和新堂说那里,票据债权和原因债权是同一个诉讼标的,因此并不产生请求的合并问题。此处为了讨论的便利,将之视为请求的合并。

立,那么因解除条件成就控诉审就没有必要对预备性请求进行审理裁判,而关于预备性请求的一审判决也就当然失效,因此也没有于控诉审判决书中提及的必要。〔70〕

但对于主位请求和预备性请求发生顺序互换的情形,判例亦有不同观点,见最判 1968·3·7 民集 22 卷 3 号第 529 页。该案原告于控诉审中追加了一项预备性请求,控诉审认定该预备性请求成立,由此导致控诉审和一审出现了判决主文相一致的情形。此时,控诉审不能简单地驳回原告的控诉,而应当在撤销一审判决驳回原告主位请求的基础上,用与一审判决书中相同的表述方式支持其预备性请求。从该判例中可以总结出如下规则:当一审支持主位请求,被告提起控诉的时候,若控诉审认定主位请求无理由,则必须就预备性请求作出一审判决;若控诉审认为应当支持该预备性请求,且于判决主文中采用了和一审判决相同的表述方式(如被告应向原告支付 1000 万日元),也不能简单地驳回原告的控诉,而应当在撤销一审判决的基础上重新就该预备性请求作出判决。总之,一审关于主位请求成立的判决并不当然失效,应该撤销之(而且是撤销后自行判

---

〔70〕 井上正三·判批·民商 52 卷 1 号(1965)第 61 页上的分析鞭辟入里。笔者反对最高法院的判旨,认为控诉审至少应当在判决理由中明确一审判决已失效,不过即便未予明示也不构成上告的理由。

此外,菊井 = 村松Ⅱ第 123 页、同Ⅲ 第 150 页和第 173 页,条解第 832 页(竹下守夫执笔)、第 1177 页(松浦馨执笔)认为应撤销原判决;与此不同的是,注解民訴(6)第 234 页认为控诉审应当在判决理由中明确原判失效的效果,右田·前引注〔41〕第 22 页[右田第 91 页]似乎也持同样见解。到底应当采取哪种做法,参见前引注〔68〕。

决。虽为自行判决,但也可撤销原判)。[71]

总之,是一审判决当然失效,还是应当撤销一审判决,判例的观点是较为混乱的。

但从理论上可以认为上述判例在观点上是前后一贯的。在控诉审支持主位请求的情形下,由于第一顺位的请求已经获得支持,因此法院不必对第二顺位的请求作出判断,在控诉审判决未言及支持预备性请求的一审判决的情形下,该一审判决当然失效。但在控诉审对预备性请求进行审理的情形下,由于该前提是控诉审已经驳回了第一顺位的请求,因此必须予以明示。也就是说,必须明确驳回主位请求这一事实,这样做的前提就是撤销支持主位请求的一审判决。

但是,在上述情形下,还是有可能于外观上出现主位请求和预备性请求均获支持的两个判决,这与部分撤诉的情形没有区别。这样的话,较为稳妥的做法还是在控诉审判决主文中明确当然失效的效果。当然,即便未作此明示,其也不能成为撤销发回的理由,已如前述。

(2)在选择性合并的情形下,判例采当然失效说。即若甲乙两个诉讼请求处于选择性合并的关系,当一审支持了甲请求,而控诉审支持了乙请求时,原判决中关于甲请求成立的部分当然失效。相关判例见最判 1989・9・19 判時 1328 号第 38 页,百選Ⅰ第 74 号案例。

确实,即便理论上可以采纳当然失效的观点,但在实务

〔71〕 右田・前引注〔68〕12 页[右田第 129 页]。

上最好还是采取一些适当的对策,这与部分撤诉的情形应该是一样的。[72]

最后一种特殊情形是当出现诉之变更时,尤其是出现替换性变更的情形,该如何处理?假如控诉审对于新请求的判断与一审判决对原请求的判断相同,如都作出了驳回诉讼请求的判决时,学界对此歧义较多。

在上述情形中,一审驳回了原告的诉讼请求,二审的判断亦是如此,从表面上看起来与第 302 条第 2 款的适用对象相近,似应驳回控诉即可。但对于该条的理解,通说和判例一般认为,假设一审以债务不成立为由驳回了原告的诉讼请求,控诉审认为债务已获清偿,也应该驳回请求,此时由于前后两个判决的主文判断(既判力的对象)是一致的,因此控诉审驳回控诉就可以了。在替换性诉之变更的场合,一审和二审的既判力对象是不同的。因此,单单依据第 302 条第 2 款之规定作出驳回控诉的判决尚嫌不足。通说和判例认为,控诉审对于新请求的审判是一审性质的审判,因此应当作出一审判决,意即重新作出驳回诉讼请求的判决(新堂第 655 页)。相关判例见最判 1956·12·20 民集 10 卷 12 号第 1573 页(该案一审驳回了原告的诉讼请求),最判 1957·2·28 民集 11 卷 2 号第 374 页(该案一审支持了原告的诉讼请求),百選Ⅰ第 76 号案例

---

〔72〕 戸根住夫·判批·民商 102 卷 1 号(1990)第 119 页。

菊井 = 村松Ⅲ第 153 页认为,若控诉审对于甲请求成立的一审判决不予维持转而支持乙请求,应当撤销一审判决;与此不同的是,奈良次郎「控訴審における審理の実際と問題点」小室 = 小山·還暦(中)第 123 页注(5)认为,应当在主文中明确原判决当然失效这一效果。

(河野正憲解説)。[73]

对上述通说和判例的观点目前有两种反对意见。首先是花村治郎「控訴審の裁判」小室＝小山・還暦(中)第167页、特别是185页(收于花村・前引『民事上訴制度の研究』第55页以下)的意见。该说从第302条第2款的立法背景出发认为,立法者已经考虑到了当事人在控诉审中变更诉讼请求的情形,因此对于替换性诉之变更驳回该控诉即可。从立法资料中确实可以找到支持花村说的依据,但也正如该说所指出的,当时的立法者对于诉讼标的是缺乏敏锐感的。如果以现行的诉讼标的论(旧说也可)为前提的话,当然也可以不采纳花村说的观点。

第二种反对意见是中田淳一教授针对前引1957年最高法院的判例所发表的批评意见(收于民商36卷2号第253页,中田・判例第241页)。中田说的出发点在于日本的控诉审兼具续审和事后审的性质,他认为,“控诉审之裁判,系就当事人对一审判决之不服是否正当所为之审判。因原告之请求已经一审之判决,其上已附着一审判决之外衣,故其于控诉审中乃作为间接之审判对象,于此等意义上方谓控诉审具有事后审之性格。如此,因替换性诉之变更所生之新请求,非为一审中未经审判之请求,须将之视为对一审判决不服之内核而加以主张之关系,意即于控诉审中所生替

〔73〕 相关学说见岩松三郎『民事裁判の研究』(1961,弘文堂)第72页注(10),村松俊夫『民事裁判の理論と実務』(1967,有信堂)第240页,吉井直昭「控訴審の実務処理上の諸問題」実務民訴2第275页、特别是第293页,右田・前引判タ289号第11页[右田第125页],菊井＝村松Ⅲ第149页,中野＝松浦＝鈴木第507页,小山第560页等。

换性诉之变更,原一审已就该新请求为判决,控诉与该新请求之关系,亦因此变为控诉与就该新请求所为之一审判断所生之不服关系。由是,若控诉审可达致与一审判决相同之判断,则作成驳回控诉之判决足矣。如此,前后两判决之既判力、执行力之范围难谓不无混乱之虞,但于确定该等范围之际,不得谓仅以判决主文为准,尚须视判决事实等要素。由是,此与通说及判例并无实质性之特殊差异”。[74]

确实,控诉审的审判对象是不服申请,如果突出其事后审性质,那么就可能得出上述中田的观点。但这一思考方法正如三ヶ月章·前引1956年最判判批·法协75卷5号第667页(收于三ヶ月·判例第219页)所指出的那样,将当事人在控诉审中因变更诉讼请求而出现的诉讼标的视为一审程序中已经出现的诉讼标的,这种拟制的做法过于强调技巧,莫不如干脆承认由于我国法允许当事人在控诉审中变更诉讼请求而导致控诉审的事后审性质逐渐褪色。

如果追溯立法史的话,1877年的《德国民事诉讼法》以及继受该法的1890年《日本民事诉讼法》都不允许当事人在控诉审中变更诉讼请求。[75] 在这种法制下,中田所说的事后审这一性质可以得到很好的体现和贯彻。但自1926年

---

〔74〕 兼子一「控訴審における訴の変更のあった場合の控訴判決の主文」同编『実例法学全集民事訴訟法上巻』(1963,青林書院新社)第357页也认为驳回控诉即可。对于应当重新作出与一审相同的判决主文的做法,兼子批评说,这只不过是对烦琐的理论需要的一种满足,并不具有实践意义。

〔75〕 中村英郎·前引注(68),同「訴の変更理論の再検討」中村·ローマ法理第109页;但中村个人认为,在无害于诉讼请求同一性的前提下应当允许当事人变更诉讼请求,因此这种情形下驳回控诉即可。

修改《民事诉讼法》至今，我国法上对当事人在控诉审中变更诉讼请求的做法都是允许的，因此，在现行法下，事后审的色彩逐渐消褪也是符合客观事实的说法（参见本讲之四“附带控诉”）。与其勉强采用中田的观点，莫不如采用易于为普通民众所理解的通说和判例的立场。因此（尤其是在支持诉讼请求的情形下），对于一审判决失效的事实应予特殊提示。

第十讲　再　　审

导　　读

大陆法系国家的再审体制与我国的再审体制有很大的差异。差异的主要原因，首先，在于大陆法系国家的再审制度是建立在三审终审的基础之上，我国的再审制度是建立在两审终审的基础之上，因此，导致社会对再审的需求有所不同。加之司法制度、司法环境、对审判终结性、程序安定性认识的诸多差异，因此，大陆法系国家的再审，更有条件成为非常规的特殊救济程序。其次，也是最重要的区别在于，大陆法系的再审体制是一种当事人主义体制，我国的再审体制强调国家干预。我国再审的职权主义集中体现为法院和检察院的审判监督。对案件的再审启动既可以是当事人，也可以是法院和检察院。不同的主体，对启动再审的要求也有所不同。例如,从审判监督理论的角度,对于法院和检察院启动再审并不存在像当事人申请再审那样的期间限制(包括除斥期间),也不存在诉的利益,甚至再审事由也未必能够约束法院自身。如此,这就使我国的再审之诉比大陆法系的再审之诉更为复杂。基于审判监督的理念,我国的再审更强调纠错,而非权利救济。正是由于这种理念上的差异,因此,在再审事由的构成方面也有所不同。总之,我们有必要从体制、观念的现实差异角度来认识本讲中日本的再审之诉,否则难以理解其差异性。

虽然日本的再审制度和理论与我国有很大的差异,但其制度和理论对我国制度和理论的发展也并非没有借鉴意义。例如,本讲中阐述的关于再审之诉的诉讼标的、再审之诉的补充性、再审事由的构成、本案再审的审理程序的理论对于完善和改进我国的再审制度亦有借鉴、参考的价值。

一、再审的意义与构造

1. 意义

再审,是对已确定的终局判决提出的特殊不服请求,其目的在于撤销该判决和对案件进行再次审理(新堂第808页)。它以诉讼程序存在重大瑕疵以及作为判决基础的资料存在异常缺陷为理由。由于是针对确定判决,因而没有防止判决确定的效力,而且再审案件之审理与原判决(前判决)处于同一审级,因而也没有移审的效力,这与作为普通不服申请的上诉有所不同。

由于再审没有防止判决确定的效力,所以当然也不具有停止执行的效力,因此法院有必要发布停止执行的命令(第398条第1项)。

当诉讼程序出现重大瑕疵,或者作为判决基础的资料存在不正常的缺陷时,都违背了裁判适正的理念,对当事人是残酷的,同时也损害了民众对裁判的信赖(新堂第808页),因此有必要允许当事人提出再审;[1]另一方面,既然终局判决已获确定,诉讼程序已经结束,如果不尊重已经生效的确定判决,纠纷也就无法获得解决。因为再审打破了解决纠纷的既判力,所以随便地广泛加以认同也是不妥当的。再审事由的立法论与解释论所面临的问题就是如何协调上述两种关系。刑事再审与个人的名誉与人权紧密相关,具有较为重大的社会意义;民事再审则不会吸引那么多的关注。从现行法对于民事再审提起期间的限制也可以看出两者所具有的不同社会意义(刑事再审不存在期间的限制,《刑事诉讼法》第441条)。但再审毕竟属于既判力理论的反面,在理论上也存在很多饶有兴味的疑难问题(谷口第497页也指出,再审之诉的构造非常复杂,且有许多疑难问题)。

---

〔1〕 加波真一「再審原理と再審訴訟の手続構造」北九州大学法政论集20卷2号第147页,3号第273页(1992)、特别是2号第178页(加波・再审第192页)将再审的原理总结为:"至少从结果来看,前诉判决存在如下瑕疵,即在当事人主张攻击防御方法之际,因不可归责于当事人之原因,当事人没有得到公正且充分的对论机会,或者根本就欠缺相应的前提条件。"在这一基础之上可以将再审大致分为如下两种情形:一个是在整个诉讼程序中都没有给予公正且充分的对论机会,事由之证明较为容易,法院方面存在瑕疵的情形(无效事由型);另一个是就某一特定事项没有给予公正且充分的对论机会,该证明较为困难,且主要是当事人存在瑕疵的情形(原状恢复事由型)。这一论述颇有助益。

2. 再审的诉讼标的

再审申请包括两种请求:撤销确定判决的请求和案件再次审理的请求(新堂第 808 页)。虽说再审打破了既判力,但是再审并不是仅仅要求撤销确定判决(既判力),还包括针对案件的再次审理。尽管从本质上来看,撤销仲裁裁决的请求(《仲裁法》第 44 条)、确认和解无效的请求与再审具有相似之处,但在撤销裁决和确认无效之后并没有相应的后续处理办法,再审则必须对本案(原案件)再次进行审理(第 117 条的确定判决变更之诉,在此意义上也属于再审)。再审包括两个审理阶段:是否存在再审事由的审理阶段和原案件的再次审理阶段。〔2〕现行法区分了再审事由的审理阶段和对原案件的再审理阶段,当不具备再审事由时法院以决定的方式驳回再审申请(第 345 条第 2 款);反之,则以决定的方式开始再审(第 346 条),进入本案审理(第 348 条),当事人对于决定可以提出即时抗告。

以前的通说认为,与撤销确定判决的请求和再审理的

---

〔2〕 关于再审的审理阶段,有两阶段说和三阶段说两种,后者将再审阶段分为再审的合法性(是否遵守了起诉期间的规定等)的审理、再审事由的审理、本案的再次审理三个阶段。作为一种无意识的分类,支持三阶段说的学者似乎更多一些,但这仅仅是单纯的认识问题还是包含了作为解释论的实践内容尚有许多不明之处。其中,加波有意识地将之划分为三个阶段,如果前一阶段尚未结束,那么就不能进入下一阶段,这样做是为了保护已经得到了确定判决的再审被告的利益,参见加波·前引注〔1〕3 号第 316 页(加波·再审第 258 页)。与此相对,三谷·再审第 177 页则指出,普通诉讼也没有划分为合法性(诉讼要件)的审理阶段和本案要件的审理阶段(参见本书第一讲),因此仅对再审划分为两个阶段是不合理的。对加波教授的实践性意图应予肯定,但由于涉及诉讼要件和本案要件的审理顺序的问题,因此还是应从三谷说。

请求这一两段划分相对应,再审之诉存在两个“诉讼标的”,而且撤销确定判决的请求在理论上属于诉讼上的形成之诉;[3]也有学者认为再审之诉的“诉讼标的”仅限于请求再审理的本案(原案件)的诉讼标的,[4]撤销确定判决的请求不能成为独立的诉讼标的,它不过是作为再审的合法要件而已,这一观点将再审视为与上诉特别是上告相似的程序,再审事由则与上告理由相对应,不能成为诉讼标的,再审的“诉讼标的”本身就是本案的诉讼标的。尽管再审属于特殊的不服申请,但此前的通说着重强调其“特殊”性,而上述一元说则强调其“不服申请”。这种对立一般称为诉讼标的二元论与一元论的对立,但更准确的说法应当是诉讼上的形成诉讼说与上诉类似说之间的对立。这两个学说的对立并不存在实际意义,应该说是不同理论体系之间的对立,因此都欠缺制胜的关键,但以诉讼标的二元论为基础构成的诉讼上形成之诉的理论,总让人感觉有些不妥当,上诉类似说

---

〔3〕 兼子・体系第481页,新堂第808页,中野 = 松浦 = 鈴木第541页(三谷忠之执笔),注解民诉(10)第206页,菊井 = 村松Ⅲ第365页,条解第1260页(松浦馨执笔),林屋第475页,兼子一 = 竹下守夫『民事訴訟法』(新版・1993,弘文堂)第286页等。另外,上田第59页与通说多少有些不同,其将重点放在取消原判决的请求上,并且反对后述的不同学说(一元说)。另请参见木川统一郎 = 中村英郎编『民事訴訟法』(1994,青林書院)第330页(中山幸二执笔)。

〔4〕 上村明广「再審訴訟の訴訟物構成に関する一問題」神户法学雜誌19卷1-2合刊号(1969)第87页,斎藤和夫「再審手続の訴訟物」法学研究(慶応)47卷7号第743页,8号第850页,9号第973页(1974),小山昇「再審の訴えの訴訟物」(初出,1980)小山・著作集1卷第244页,小山第609页,加波・前引注〔1〕北九州大学法政论集20卷3号〔加波・再审第278页〕,小林・プロブ第502页。另外,佐上第331页也倾向于这一观点。

似乎更为稳健一些。[5]

---

〔5〕 一如前述,再审可以划分为再审事由的审理阶段以及再审事由成立后的本案审理阶段。诉讼标的二元论是对此的真实反映。但是,如果把再审事由存否的审判,即撤销原判决的请求视为独立的诉讼标的,并将之作为诉讼上的形成诉讼,则会产生如下问题:首先,在承认再审事由存在的时候,如果将其作为独立的诉讼标的,当然应该认为应将其及时地反映在判决中,但实定法并没有如此规定,现行法并没有预先设定在认定存在再审事由的阶段时即应作出终局判决,只是要求作出再审开始的决定(第 346 条),而决定这一裁判方式与独立的诉讼标的构成并不属于对应关系。其次,根据第 348 条第 2 款之规定,如果本案的再审结果与原判决主文内容相同,则应驳回再审请求,这一处理方式与撤销原判决的请求是独立的诉讼标的的构成不相适应。存在再审事由时应该撤销原判决,但这并没有反映在判决主文中。不过最根本的问题还在于所谓的形成诉讼。如果是形成诉讼,那么只有作出撤销判决才能打破既判力的约束从而进入本案再审理的过程,在撤销判决前不得不以原判决为前提,因此也无法进行再次审理,而实定法对此只规定了决定这一裁判方式,无须采用撤销判决的方式也可以进入再审理阶段,也就是说,无须采用撤销判决的方式也可以打破既判力的约束(不存在撤销判决这一点正是加波・前引注〔1〕3号第 274 页以下〔加波・再审第 199 页〕所强调的,并借此批判通说的观点。加波认为,撤销原判决不过是因为作为再审结果当法院作出了与原判决不同判决的情况下,如果原判决还存在,就会因此而产生混乱,绝不是因为再审事由就是撤销原判决的事由),这不正意味着实定法并没有采纳形成诉讼这种观点吗?最后,如果将之视为独立的诉讼标的,那么一旦从旧诉讼标的论的角度来理解再审事由的话,如根据第 338 条第 1 款第 1 项之规定进行的再审和根据第 3 项之规定进行的再审将因此涉及不同的诉讼标的,如果同时具备相应的再审事由而进入本案再审理的情况下,那么无论是第 1 款规定的再审,还是第 3 款规定的再审在本案部分应该属于同一个请求,本案再审理部分将涉及禁止二重起诉的问题,从而引发理论上的困难[参见中野贞一郎・判批・民商 46 卷 3 号(1962)第 541 页]。假设不存在禁止二重起诉的问题,根据第 1 款规定进行的再审结果是否定原判决,而根据第 3 款规定进行的再审结果是肯定原判决,这就会产生本案判断方面相互抵触的危险,相当麻烦(参见小山・著作集 1 卷第 264 页)。不过赞成形成诉讼说的学者也可能会提出如下辩解:第一,形成诉讼属于诉讼法范畴,与实体法上的形成诉讼有所不同,因此不存在上述问题;第二,两个诉讼标的并不是并列的,而是串联合并[小山・著作集 1 卷第 267 页注(2)],德国的阶段诉讼中就有这样的例子。

再审也是不服申请,因而也存在禁止不利益变更的原则和附带再审的制度,那么,上诉类似说能否成功地对再审的构造进行整合性的说明呢?上诉,是直接对上诉人针对原判决的不服申请是否适当以及对撤销或变更原判决的请求进行的审判,这一不服主张或者基于此而变更原判决的救济要求相当于当事人的一审请求(诉讼标的)(新堂第 754 页)。根据兼子理论,上诉也属于诉讼内附随性质的形成之诉

[参见兼子一「上級審の裁判の拘束力」兼子・研究2卷第81页以下、特别是第91页。小室直人『上訴制度の研究』(1961,有斐阁)第230页也持相同见解]。总之,将上诉视为由撤销原判决的请求和本案再审理的请求构成的二元结构的兼子理论,对再审也采取了与上诉一以贯之的态度。因此,上诉类似说应该从批判关于上诉的上述观点开始,其要点主要包括撤销判决并非进入本案审理的前提条件;相反,在需要作出与原判决不同的本案判决的时候,才需要首先撤销原判决;驳回控诉的既判力的标准时应该是控诉审口头辩论终结之时,等等。因此,就本质而言,上诉审的审判对象是原来的诉讼标的,上诉在形式上确实是以不服(原判决之当否)作为审判对象的,但实质上则是在与原诉讼标的当否之关系上对原判决之当否进行的审判(上村・前引注〔4〕第100页)。因此,构成再审程序基础的,是以再审的方式遭受攻击的原程序的诉讼标的。即使将再审放在上诉中与上告类比,再审事由与上告理由也处于同样的位置。如果认定不存在上告理由则驳回上告,与此相对应的则是如果认定不存在再审事由时将驳回再审;如果上告理由成立则法院应自行判决,与此相对应的是,如果存在再审事由则进行再次审判。在上告的理论方面,将是否存在上告理由作为独立的诉讼标的至少在目前还不属于通说。即便是将不服申请直接作为上诉审审判对象来理解的新堂说也没有把撤销原判决的请求视为上诉审中独立的"诉讼标的"。这样的话,将撤销原判决的请求作为再审中独立的"诉讼标的"的观点就存在上述问题,所以未将之视为独立的"诉讼标的"的学说暂且不论是否取得了积极的成功,至少不能说有多大破绽,可以认为上诉类似说是成立的。不过在上诉制度中,当不服申请成立时控诉审法院既可以自行改判,也可以发回重审;而在不发生移审效力的再审制度中,则不存在发回重审的情形,只能继续本案的再审理,因此再审与上诉并不完全相同。再审本身是一种独立的诉(中野・前引),与处于同一程序中的不服申请(上诉)是不同的。

两种观点的内容如上所述,但这种学说的对立有多大意义呢?无论是诉讼标的二元论还是一元论,都认识到再审最基本的要素包括再审事由之存否以及本案的再审理。二元论的问题点在于所谓形成诉讼的构成,而一元论也在如何理解上诉的诉讼标的方面存在不完善之处。笔者认为,不必将上诉的审判对象过分拘泥于上诉人的不服申请,问题的实质是否与诉讼标的这个概念的用法有关呢?所谓审判的对象,是诉讼标的本来的含义,但在确认之诉等诉讼中,确认的利益虽然也是"审判"的重要对象,但没有人将这些诉讼要件称为诉讼标的。因为诉讼标的从民事诉讼的根本目的来看,是以本案为目标的(参照小山・前引)。对于这一点,条解第1261页(松浦馨执笔)认为,因为再审事由之存否在再审的审理中占了相当大的比重,所以应该将其归入诉讼标的,这种论调未必应予赞同。如果从通说的角度来看,诉讼标的概念是(一审中本案的)诉讼上的请求,那么就没有必要使用诉讼标的概念,建构再审(更何况上诉)的二阶段构造(相反还会引起混乱)。作为理论上的说明,一元论似乎更为稳妥,1996年修法时将再审开始决定进一步制度化,这可以说一元论的稳妥性得到了认可,参见松本=上野第518页,加波真一「新民事訴訟法における再審訴訟の手続構造」北九州大学法政论集 25 卷 1 号(1997)第 1 页;反对意见可参见伊藤第 659 页。即使从上诉类似说的角度出发来重新审视再审的定义,也应该将重心置于本案的再审理方面,维持本讲开头部分的定义,即"对已确定的终局判决提出的特殊不服请求,其目的在于撤销该判决和对案件再次审理",或者更进一步删除"撤销该判决"之用语。

就结论而言,一如三谷·再审第 97 页所指,以前的通说将再审作为诉讼上的形成之诉,并将其等同于实体法上的形成之诉,这是一种错误,也就是说,将不同层次的事物作为同一层次来论述是有问题的,但是,诉讼标的一元论的意义仅限于让我们认识到了通说的错误,除此之外,对于解释论上问题的解决,并没有带来划时代的贡献。再审之诉是对确定判决不服的请求,一审的请求与诉讼标的在再审中只不过披上了一件确定判决的外衣,这种理解在诉讼标的一元论和二元论中都没有发生变化。此外,也有学者将保全处分制度(临时扣押,临时处分)中的诉讼标的划分为被保全的权利和保全的必要这两部分[参见菊井 = 村松 = 西山『仮差押・仮処分』(三订版,1982,青林书院)第 42 页等],而这样的二元论现在也并不多见了[参见中野贞一郎编『民事執行・保全法概説』(1991,有斐阁)第 249 页等]。另外,坂原正夫「再審の手続構造」講座新民訴法Ⅲ第 91 页以下指出,一旦开始再审的决定获得确定,就产生使原判决既判力停止的效力。这一观点以一元论为基础,又渗透了相当于形成之诉的理解。

顺便提及的是,如果认为诉讼标的这一概念的功能在于不同事项之间的识别,即无法再予分割的基本单位的话(这也是诉讼标的论的争论之处),那么二元论和一元论的对立并不直接与此相关。一元论逻辑上必然的结果是,诉讼标的并不因每一不同的再审事由而发生分裂,即便如此,也可以将不具备再审事由而驳回再审的判决视为诉讼判决,既判力并不及于申请人所主张的再审事由范围以外(与驳回诉的判决相同)(参见中野·前引),即使没有主张知晓的再审事由,也可以理解为其已产生遮断效(上村·前引),甚至还有学说认为,规定无效事由的第 1 项以及第 3 项规定也因此经常处于失权的地位(斋藤和夫·前引注〔4〕第 856 页)。

特别附带提及的是,在判例评释类的著作中,习惯上将原告表示为 X,将被告表示为 Y,那么在再审中如何使用这种表示呢?如果忠实于再审原告这种表述的话,应将其用"X"来表示,这就反映了再审属于独立的诉讼,但从上诉类似说的观点来看,不应采用再审原告这一基准,最直接的做法应当是将本案原来诉讼中的原告用"X"表示,一如对上告人的表示方法,那么再审原告可能用"X"来表示,也可能用"Y"来表示。兼子·判例在第 11 页采用了前一种表示方法,而在第 21 页则采用了后一种表示方法,而且采用前者的表示方法近来较为多见。不过笔者认为后一种表示方法可以让人更为容易地了解当事人之间的利害关系。

3. 再审事由和诉讼标的

关于再审的“诉讼标的”也反映了诉讼标的的争论。如果将撤销原判决的请求视为独立的诉讼标的,在该前提下,根据旧诉讼标的论,第338条第1款规定的各种再审事由就易构成单独的诉讼标的;而根据新诉讼标的论,一个确定的判决构成一个诉讼标的。新堂第809页注(1)属于后者,但其认为尽到了一般注意义务而未知晓的再审事由不发生遮断的效果。这样一来,除了虽已知晓但未加以主张的再审事由的处理情形之外,旧诉讼标的论和新堂说之间就没有多大的差别了。暂且不管是否构成诉讼标的,既然知道存在某一再审事由,那么合理的做法应当是通过一个再审之诉加以解决,因此新堂说应予赞同(但是,第345条第3款将禁止再行起诉限定为同一个再审事由,第338条第1款但书部分对再审的补充性方面进行了规定,且不包括此前提起的再审之诉,从这些条文的规定来看对反对说一方更为有利。条文对旧诉讼标的论有利的情形并不限于此。关于后者的补充性,也有学者认为应限于再审的请求相互之间的关系,参见松本=上野第516页)。

此外,以新诉讼标的论为出发点的三月说(参见「訴訟物再考」三ヶ月・研究7卷第19页)在救济诉讼这一范畴下(由于处于优势地位的法主体的行为而遭受不利益之人寻求救济的诉讼形式,包括行政诉讼、执行关系诉讼、公司诉讼等)展开了所谓的二分支说(以请求和事实关系来识别诉讼标的)。事实关系不同,诉讼标的也不同,不同的再审事由属于不同的事实关系,因此构成不同的诉讼标的。但是，当当事人在同一个诉讼中主张两个以上的再审事由时，就没有必要形成两个以上的诉讼标的。再审事由仅具有以请求为基础的（有理由）事实功能，也就是说，继续维持一个诉讼标的。就结论而言，如果当事人于再审中只提出一个再审事由，那么即使明知其他再审事由之存在，也不产生被遮断的效力，遮断效力的范围因此变小，这与狭义的旧诉讼标的论相近。〔6〕与此相对，新堂第809页注(1)不承认因超越一般注意义务的范围而会导致失权，这与三月的观点属于同一方向，但新堂却对因此而提出事实关系这一概念持批评态度。显然，尽了一般注意义务却仍不知道再审事由时可以免予失权，新堂说似乎更为妥当。

4. 再审的补充性

一般认为再审具有补充性（第338条第1款但书），也就是说，在判决确定前当事人于上诉中主张了再审事由，但是被驳回以及虽然知道存在再审事由但在上诉中没有主张时，判决确定后都不允许提出再审申请。总之，普通的不服申请要优先于特别的不服申请。

就再审补充性的一般原则展开论述的判例可参见最判1964·6·26民集18卷5号第901页，百選Ⅱ第198号案例（最高法院认为，原审法院应该审理当事人在上告期间是否知道存在再审事由的事实，从而撤销原判发回重

〔6〕 三ヶ月·双書第127页亦持相同见解；斎藤·前引注〔4〕论文则以批判三月说为主要目的。三谷·再审第47页也提出如下批评，三月说认为不同的再审事由有不同的事实关系，不能以一个再审事由推测其他再审事由，但如果存在第338条第6项所指伪造文书之再审事由，难道不能由此推断出也存在同条第7项所指的伪证行为吗？

审),该论述基于的事实关系包括因诉讼代理人心神丧失而导致代理权欠缺的再审事由和上告期间经过后当事人提出的期间中断申请。此外还有判例缓和了再审的补充性,如最判1992·9·10民集46卷6号第553页,百選Ⅱ补遗第58号案例。[7] 最高法院认为,原审虽然给共同居住的妻子补充送达了判决书正本,但由于该案事关其夫信用交易,且妻子未将判决正本转交给其夫,在此种情形下,再审之补充性应限定为其夫明知判决已经送达而有机会上诉之情形,故不得认为其妻之补充送达即认其夫亦被赋予了上诉之机会。

二、再审事由的规定与理解

1. 再审事由

作为不服而提起再审事由,仅限于第338条列举的情形。如果不主张这些再审事由,那么再审申请将因不合法而被驳回;如果主张的再审事由不存在时,则通过决定这一方式驳回再审请求(第345条);如果主张的再审事由存在时,便决定开始再审(第346条)。

第338条第1款共列举了10种再审事由。其中,第1项规定的未构成判决法院(法官无资格、任命无效以及合议庭人数不足等)、第2项规定的无权参与裁判的法官参与了裁判(有回避原因的法官参与裁判等)、第3项规定的欠缺代理权(以代理人之名义进行诉讼之人没有代理权、必须有

〔7〕 高見進·判批·民商109卷2号(1993)第283页,高橋·判批·リマークス8号(1994)第148页等。

诉讼代理人但却没有代理人等)[8]与第312条第2款所规定的绝对上告理由相同。

再审事由还包括法官的职务犯罪(第4项,受贿、滥用职权等)、因对方或者第三人应受刑事制裁之行为而作出的自认或者因此造成攻击防御方法提出之妨害(第5项)、伪造证据及做伪证等(第6项、第7项)、作为判决基础的裁判或行政处分已发生变更(第8项)、判断遗漏(第9项)、既判力发生抵触(第10项)。[9]

上述事由当中,第8项所谓形成判决基础的裁判,除原判决须受到该裁判法律上的约束外,还包括援用该裁判认定之事实对同一事实作出认定或者以此为基础认定其他事实的情形,因此也包含刑事判决(刑事判决在法律上并不拘束民事法院);所谓行政处分,是指以该处分之成立与效力为前提作出判决的情形,而且该处分之撤销与变更具有溯及力,不仅包括根据行政案件诉讼中的判决撤销相关行政处分的情形,也包括行政机关作出的撤销行为。

第9项所谓判断遗漏,是指对于当事人在诉讼中合法提出的诸多攻击防御方法中能够影响判决结论的事项,法院并没有在判决理由中反映其判断结论的情形,也可以说是

---

〔8〕 关于第3项欠缺代理权之规定的历史沿革,小山昇「民事訴訟法四二〇条一項三号の系譜」小山·著作集10卷第197页作了深入的研究。

学说对于第3项再审事由有扩张解释的倾向,但最近的判例表明,董事长为自己或第三人之利益而实施了诉讼行为,即使对方当事人明知,也不能认为属于第3项规定的再审事由。参见最判1993·9·9民集47卷7号第4939页。

〔9〕 从第4项到第10项规定的内容属于后述恢复原状事由的体系,对于判决结论能够产生影响;而第4项规定的法官职务犯罪的情形相当于无效事由,对判决的结论不产生影响。见三谷·再审第20页,条解第1274页(松浦馨执笔)等。

与攻击防御方法相关的遗漏。没有表明对本案请求的判断属于裁判遗漏(第258条),并非本项规定的对象。下级审法院判决中的判断遗漏通过判决书就可以一目了然,因此可以提起上诉(如果没有提起上诉,那么根据再审的补充性将造成失权的效果),因此,本项的规定专门适用于上告审判决,不过作为例外也可适用于当事人于判决送达前达成不上诉之合意,其后发现下级审判决中出现判断遗漏的情形。

第10项所谓既判力发生抵触,由于再审补充性,如果当事人于前诉中知道确定判决之存在,也将出现失权的效果,不能要求再审。因此,虽然双方当事人在前诉中知晓确定判决之存在而都没有援用的时候,与该确定判决相抵触的后诉判决也不能作为再审的对象,后诉判决因既判力标准时的关系而具有同样的约束力(高橋・重点講義第509页)。那么对于前诉中明知这一事实应如何认定呢?既然存在前诉判决,那么只要没有特殊情形就应推定其知晓确定判决之存在,相关判例见大判1939・12・2民集18卷第1479页,[10]可以说在这种情况下是严格控制再审的(不

---

〔10〕 X对Y等人提起催收讲金(于互助会中积攒的金钱——译者注)债权之诉,一审法院驳回了请求且该判决获得确定,之后,X将此债权转让给了Z,Z再次对Y等人提起催收讲金债权之诉,一审法院支持了该诉讼请求且该判决获得确定。Y在两个诉讼中都以本人诉讼的身份出庭。第二次诉讼确定之后,Y以第10项规定的既判力抵触为由对第二次判决提起再审之诉,原审认定该再审申请合法,但大审院认为只要没有特殊情事即应视为Y于第二次诉讼中已经知道第一次判决,因而撤销了原判发回重审。

对于大审院的这一判决,一般的批评意见是,单纯地因为同一当事人之间存在相互抵触的判决,就认为当事人确定地知道抵触的存在,这种推断是没有什么道理的;相反,应当从当事人在诉讼中未加主张的事实推定其不知抵触之存在,参见兼子一・『条解民事訴訟法上』(1955,弘文堂)第993页,条解第1276页。但严格说来,

允许再审)。

2. 关于第2款规定的有罪判决等

在第4项至第7项规定的应处罚行为的再审事由中,立法在第2款中追加了两项要件,即对该行为作出过有罪的刑事裁判(包括罚金的裁判)或者因证据不足之外的其他理由而无法作出确定的刑事判决(犯人死亡、大赦、时效、因情状引起的起诉迟延等)。不过,单纯的死亡还不足以构成再审事由,从与有罪判决这一要件相权衡的角度来看,还必须有确凿的、能够导致法院作出有罪判决的证据。[11] 即使作出了有罪的刑事判决,再审法院也不受其拘束,理论上,与刑事法院不同,如果再审法院认定没有犯罪行为也可驳回再审请求。参见最判1970·10·9民集24卷11号第1492页,百選Ⅱ补遗第57号案例(不过,该案涉

该案并非发生在同一当事人之间,而且,该案属于本人诉讼,这一事实对于批判方也是有利的。不过,如果案件发生在同一当事人之间,就应当看前一个判决作出的时间长短,即使视为已经知道抵触的存在也并非有什么不可思议的。参见吉村德重「再審事由」小室=小山·還暦(下)第96页、特别是第133页注(19),菊井=村松Ⅲ第387页。新堂第810页认为,当案件不是发生在同一当事人之间的时候,也不能推定当事人在明知抵触存在的情况下没有提起上诉。

无论如何,如果再审的补充性也同样作用于既判力发生抵触的情形,那么当事人在第二次诉讼中未援用第一次诉讼的判决时,判决的抵触问题将被搁置。虽然一般认为当事人不得合意抛弃既判力(高橋·重点講義第509页),但事实上类似的脱法行为并未受到任何制裁。这一现象如果从既判力诉讼法说(国家法院间判断的统一)来看是很难被认可的,但在现行法上却无法不予肯定。因为既判力是职权调查事项,所以由法院在第二次诉讼中指出即可,如果当事人未予援用实际上也无法指望法院主动地去发现,这就会产生上述问题。不过实务中出现的这种现象并不同于在理论上将既判力排除在职权调查事项之外而全凭当事人援用。关于立法史上的变迁,参见松本=上野第513页。

〔11〕 最判1977·5·27民集31卷3号第404页,三谷·再审第125页等。

及起诉延期)。

根据通说与判例,第2款规定的有罪判决等要件属于再审的合法条件。这也可以理解为,如果仅以存在应处罚行为作为再审事由而成立再审之诉的话,再审的门槛便较低,为了防止滥诉,立法通过第2款规定来严防再审的入口。但也存在不同观点:有人主张将第1款规定的应处罚行为和第2款规定的有罪判决等合并构成再审事由,此即所谓的"合并说"[松本博之·判批·民商67卷6号(1973)第1027页,松本=上野第510页];另有学者主张将该项规定理解为能够确定行为应处罚性的特别事由,此即所谓的"再审事由具备要件说",又叫理由具备说。[12] 根据再审事由具备要件说,没有必要在提起再审之诉时就具备第2款规定的要件,只要在口头辩论终结时具备就可以了。在刑事法院作出刑事判决等裁判之前,再审法院可以中止民事再审程序的进行。之所以会出现这些不同于通说的观点,与其说是对第2款规定有不同的理解,不如说是因为考虑到第342条对期间限制的关系。如果按照合法要件说将应处罚行为本身作为再审事由,那么由于第342条第1款之规定,"自知晓再审事由起30日"就变为自知晓应处罚行为存在时起30日,而短短的30日内几乎不可能得到刑事法院作出的有罪判决。当事人从知道存在应处罚行为时起的30日内提起再审的话,由于没有满足第2款规定的有罪判决这一

---

〔12〕 小室直人「再審事由と上告理由の関係」兼子·還暦(下)第175页,[收于小室『上訴·再審』(1999,信山社)第183页],三谷·再审第190页。

合法要件,该起诉将遭致驳回;如果从作出有罪判决后才提起再审,那么就违反了“自知晓存在应处罚行为之日起30日内”这一要件,结果还是起诉被驳回,无论怎样都处于进退两难的境地。这样的话,就必须将第338条第2款的有罪判决等加入第342条的再审事由,因此就无法采纳合法要件说。但合法要件说可以摆脱这一困局,从第342条的主旨来看,所谓“从知晓再审事由开始”可以理解为从知晓第338条第2款的有罪判决等事实开始,这样就不存在问题了。判例也作如此理解,如最判1972·5·30民集26卷4号第826页等。在比较了应处罚行为与第2款的有罪判决等的重要性以后,把第2款之规定作为合法要件的通说还是较为妥当的。〔13〕

3. 再审事由和立法论

在立法史上,无论是德国民事诉讼法,还是1926年修改前的日本旧民事诉讼法都将现行法上所说的再审分为判决

---

〔13〕 也有学者从细微之处入手认为“理由具备说”更为妥当,这就涉及第398条规定的再审之诉之提起与停止执行的关系。如果未满足第338条第2款所规定的有罪判决等要件而提起再审之诉,此时能否停止执行呢?根据合法要件说,未具备第2款所规定的有罪判决要件的再审之诉是不合法的,那么就不能作出停止执行的裁决。与此相对,依据理由具备说,即使未满足第2款规定的要件,再审之诉的提起本身也是合法的,既然起诉合法,那么也可以据此作出停止执行的裁决。参见三谷·再审第136页。确实如此,不过“理由具备说”给人的印象就是专门针对这一现象所发明的玩弄技巧的学说(参照吉村·前引注〔10〕第104页),这里存在的问题不是“合法要件”还是“理由具备要件”这种理论上的对立,而是作为一种在作出刑事判决之前停止强制执行的手段问题(参照吉村·前引注〔10〕第108页)。另外,在没有找到其他更好的方法之前,理由具备要件说作为解释论还是相当方便的,对其结论应采取保留态度。

此外,吉村·前引注〔10〕第103页对所谓的合并说提出批评。

无效之诉(撤销之诉)和恢复原状之诉。[14] 其中,判决无效之诉的事由与现行法第 338 条第 1 款第 1 项至第 3 项的规定相同,恢复原状之诉的事由与第 4 项至第 8 项以及第 10 项的规定相同,此外,还包括现行法中没有规定的所谓新证书的发现。这种两分法(在判决无效之诉中,理由与结论之间的因果关系并不在考虑范围之内,恢复原状事由则不能成为上告的理由)在 1926 年修法过程中被合为一体,且追加了判断遗漏的规定(第 9 项),还删除了发现新证书的规定。[15]

1926 年修法时还删除了体现法国法传统的第 483 条,依该条规定,对于诈害判决,第三人可以准用恢复原状之诉。

但 1926 年对再审制度的重构未必是完全成功的,[16] 不

---

〔14〕 关于无效之诉和恢复原状之诉的历史,参见鈴木正裕「上告の歴史」小室 = 小山・還暦(下)第 1 页,同「上告理由としての訴訟法違反」民訴雑誌 25 号(1979)第 29 页,加波真一「ドイツ民事訴訟法における再審事由の沿革的素描」北九州大学法政論集 14 卷 3 号第 55 页,18 卷 1 号第 1 页(1986 ~ 1990)(加波・再审第 18 页),同・前引注〔1〕,同「(民事)判決無効の法理」北九州大学法政論集 21 卷 2 号第 265 页,4 号第 721 页,22 卷 2 号第 181 页(1993 ~ 1994)(加波・再审第 155 页),同「再審制度と既判力の制約(判決無効)論」铃木・古稀第 861 页,三谷・再审第 16 页,松本博之「一九世紀ドイツ普通法における民事自白法理」松本・自白第 217 页、特别是 270 页,等等。

〔15〕 虽说现行法删除了发现新证书的条文,但只是在条文表面上消失而已,该项内容实际上被第 5 项规定所吸收,即因他人之应受刑事处罚之行为而妨碍了攻击防御方法的提出。

德国法依然保留了该项条款,相关情况可参见丰田博昭「新たに発見された文書による再審の訴え」修道法学 7 卷 1 号第 37 页,2 号第 217 页(1984 ~ 1985),三谷・再审第 36 页。

〔16〕 例如,遗漏了诈害再审制度属于立法错误,而现行法解释论则承认了这一制度,参见鈴木正裕「判決の反射的効果」判タ第 261 号(1971)第 10 页。

同的国家对于再审事由的规定也不尽相同。我国法上的再审事由是否必要且充分,立法论上也有探讨的余地。关于各国法对再审事由的不同规定,参见鈴木正裕「既判力の遮断効(失権効)について」判タ674号(1988)第4页上的相关论述,不妨一读。[17]

三、再审之诉的提起

1. 管辖法院

再审之诉由作出被当事人主张存在再审事由的终局判决的法院专属管辖(第340条第1款)。如果是控诉审判决,就由控诉审法院专属管辖,而不是让一审法院重新开始审理案件。这样,当同一案件既有下级审判决又有上级审判决时,当事人可向下级审法院和上级审法院分别提起再审之诉,但存在两处限制:

第一,在控诉审作出驳回控诉请求的本案判决时,由于控诉审已经对案件进行了全面审理,因此对一审判决提起再审没有任何意义,只能对控诉审提起再审(第338条第3款)。当控诉审法院支持了控诉请求,撤销原判和自行改判时,因为一审判决因被撤销而消灭就无法作为再审的对象了,所以当事人只能对控诉审判决提出再审。对再审判决

---

〔17〕 鈴木在论文中严格区分了再审和依据其他方法进行的再次审理(比如,既判力作用范围外的再审理),加波·前引注〔14〕「(民事)判決無効の法理」(加波·再审第155页)则主张应将其作为再审理的要件一体把握,这样做的结果就是,只要存在再审事由,以他诉的形式进行的审理就得到了更为广泛的承认。

加波教授的另一篇文章也与再审相关,参见「公序良俗違反を内容とする判決の効力」北九州大学法政論集2卷4号(1993)第381页,加波教授的这一系列研究虽显冗长,但其中包含了许多值得关注的主张,让人受益良多。

当然也可以提出上诉,但从以上管辖法院的规则来看,对再审之诉没有三审级的保障。对一审判决提出再审的场合,存在一审、控诉审和上告审三个审级;但如果再审是从控诉审开始的,那么审级就只有控诉审和上告审两级;而对上告提起的再审,审级就只有一个了(如果法院认为不存在再审事由而驳回再审之诉的时候,当事人可提起即时抗告和许可抗告)。

第二,对于第338条第3款无法规范的一审判决和驳回控诉判决这样的情形,由于当事人可以针对任何一个判决提起再审,所以会造成审级不同的两个再审之诉,为了避免矛盾判断,上级法院可以合并管辖(第340条第2款),再审原告可以将不同审级的再审申请合并向上级审法院提起;如果是分别提起,那么根据此一原则(避免矛盾判断),下级审应将案件移送到上级审,由上级审法院审理两个请求。但是立法并未强制当事人合并提起或分别提起,因此也可能在不同的时间段提出(法院驳回了某一个再审之诉并获得确定以后,当事人对另一个判决提起再审),这种情况不会产生适用第340条第2款的问题。

以下谈谈表述的问题。如果再审针对的是控诉审的确定判决,可以直接对控诉审法院提起;针对一审确定判决的再审判决可以提起上诉,也同样是在控诉审中的再审审理,为了在表述上加以区别,我们称前者为控诉再审申请(控诉再审之诉),后者为再审的控诉案件,这样表述就更方便了(新堂第813页)。推而广之,对控诉再审申请提起的上告,可称为控诉再审的上告案件,以与上告再审的申请(对上告审判决提起的再审)相区别。

2. 提起诉讼的期间

再审起诉期间的限制较为复杂。该期间属于不变期间,从知道再审事由之日起的30日以内(第342条第1款),此外还确定了从判决确定开始的5年除斥期间(第342条第2款),甚至在判决确定后才出现再审事由时,法律还允许延长除斥期间的起算日(第342条第2款括号部分)。第342条第3款还规定欠缺代理权和既判力冲突既不适用不变期间也不适用除斥期间。

如上所述,原则上再审必须在判决确定后5年的除斥期间内提出。因为民事权利的状况时刻在发生变化,5年后即使有再审事由,判决也已成为既成事实,推翻此判决反而可能会引起混乱;但也有学者从立法论的角度对5年的除斥期间是否妥当提出批评,〔18〕认为10年左右更为合适。

如果再审事由发生于判决确定前,那么从判决确定之日起的5年为除斥期间(第342条第2款),如果再审事由发生于判决确定后,则从产生再审事由之时起的5年为除斥期间,起算日相应地发生变化(同条第2款括号部分)。这种情况,即判决确定后才产生再审事由的情况,是指作为第338条第1款第8项基础的判决发生变更,以及第338条第2款规定的应处罚行为被判有罪,且该判决获得确定。就

---

〔18〕 三谷·再审第48页指出,5年的除斥期间系仿自母法德国法,该规定与德国法上对应处罚行为的5年公诉时效相匹配,但是我国的公诉时效却为7年,并且根据《民法》第174条第2款之规定,判决确定后时效可延长至10年,因此5年的除斥期间就显得太短;同书第319页认为应该定为7年或10年。

后一种情况而言,同条第 2 款前段所谓有罪判决获得确定如果发生在当事人提起再审的原判决确定之前,那么申请再审的期间则是原判决确定之日起 5 年;如果有罪判决获得确定发生在原判决确定之后,则依据第 342 条第 2 款,该期间为有罪判决确定之日起的 5 年,这样较为清楚。第 338 条第 2 款后段所指情形又是怎样的呢?在嫌疑人死亡的情况下,最判 1977・5・27 民集 31 卷 3 号第 1404 页、百選Ⅱ第 200 号案例的判旨指出,“如果作出有罪的确定判决的可能性在嫌疑人死亡时已经存在”,那么再审之诉的除斥期间应按如下方式计算,即当死亡发生在判决确定之前,该期间为判决确定之日起的 5 年;如果死亡发生在判决确定之后,则该期间为死亡之日起的 5 年。至于发现了可以证明作出有罪的确定判决的可能性的证据(该案中,当事人取得了证明印章系伪造的鉴定书),则该证据被发现之日不得视为第 342 条第 2 款括号部分所指再审事由的发生之日。

中村雅麿在解说该案时对判旨持赞成态度。一如其在解说中指出的,该案中,原诉讼是在嫌疑人死后两三年才提起的,由于原告在该诉讼中主张了伪造的事实,所以本案的结论还是妥当的;但就一般情形而言,有时会对再审原告十分苛刻(当意识到再审事由时提起诉讼已经晚矣)。第 342 条第 2 款括号部分的立法趣旨在于延长除斥期间的起算日,法院的如此做法则有违背该趣旨之嫌。因此,有学者认为,当有证据能够证明某一行为应受刑罚处罚时,应将该证据具备之时作为除斥期间的起算日。[19] 但是,什么样的证据是符合条件的呢?具体认定有一定难度,而且由于除诉期间与当事人是否明知无关,因此,在理论上也存在重大难解之处。不过该说在5年的除斥期间过短这一观点上倒是应予肯定。[20]

3. 正当当事人(当事人适格)

再审原告是受到确定判决效力的约束,并且具有要求撤销该判决利益(不服利益)的人。虽然再审较为特殊,但既然是不服申请,当然也必须具备不服的利益。因此,因原判决(前诉)而败诉的当事人就是再审原告;再审被告则与之相反,是因原判决而胜诉的当事人。

辅助参加人也可以提出再审之诉(新堂第841页);和上诉情况相同,第三人也可与再审申请同时申请辅助参加

〔19〕 吉村得重「再審事由」小室＝小山・還暦(下)第96页、特别是第131页,条解第1282页(松浦馨执笔)。另请参见三谷・再审第125页。但上原敏夫・评释・法协95卷110号(1978)第1842页对判例持赞同意见。

〔20〕 最判1994・10・25判時1516号第74页,百選Ⅱ补遗第59号案例与第338条第1款但书关于再审的补充性的规定相关,该判旨认为,即使嫌疑人之死亡发生在原判决确定之前,如果关于文书伪造等的证据有可能使法院作出有罪的确定的判决,且该证据收集于原判决确定后,那么就不适用第420条第1款但书之规定,不能排斥再审之诉。

但是,从本书涉及的1977年最高法院判例的观点来看,在上述1994年最高法院裁判的这一案件中,从所谓"如果作出有罪的确定判决的可能性在嫌疑人死亡时已经存在"的理由出发,该案情形并不满足补充性的条件,因此不得提起再审。当然,所谓补充性,主要针对的是明知而未主张的情形,容易从当事人开始收集证据时起算,这种情形毕竟与除斥期间大不相同,因为除斥期间与当事人是否明知无关,所以也很难考虑到当事人开始收集证据的情形。虽然如此,着眼于证据收集层面的1994年判例,可能会改变1977年判例的逻辑观点,虽然希望只有那么一丁点。参见上野泰男・判批・判评439号(判時1534号)(1995)第210页,提龍弥・リマークス12号(1996)第128页。

(第45条第1款)。

通说认为,当判决效力涉及第三人时,第三人就撤销该判决具有固有的利益,第三人可依据第47条独立当事人参加制度提起再审要求(新堂第814页)。[21] 虽然未有不妥,但第47条规定的参加形态并不以判决效力之扩张为必要条件(参见本书第七讲第一节)。一般认为,第47条适用于事实上效力扩张的情形,此处所谓判决效力之扩张应该理解为该类参加于再审中的特殊要求。关于第三人提出的再审,除行诉法第34条、《商法》第28条第3款有明文规定外,一般情形下的诈害再审可否允许,正如本讲第二部分中所述,事关1926年修法时的诸多争论。

再审所针对的原判决(前诉)的当事人及其一般继承人具有再审当事人的资格,当无异议;特殊继承人可以最终成为再审程序的当事人也没有多大争议,但对其参与方式却见解不一。通说(兼子理论)认为,特定继承人可以与前诉当事人并列成为或代替其成为再审原告,而作为被告也可

〔21〕 但三谷·再审第332页认为,判决效力所及之第三人可以申请共同诉讼性质的辅助参加时,不应采取独立当事人参加的方式。

采取独立当事人参加的方式合适,还是共同诉讼性质的辅助参加方式合适,目前均应允许之。关于不同类型的诉讼参加方式之间的关系,可参见井上治典「参加『形態論』の機能とその限界」井上·法理第307页,高橋宏志「各種参加類型相互間の関係」講座民訴③第253页,本书第七讲第六节。

另外,关于法国法上的第三人申请再审,参见徳田和幸「フランスにおけるTierce-Oppositionの機能と判決効」同『フランス民事訴訟法の基礎理論』(1998,信山社)第196页,高田裕成「いわゆる対世効論についての一考察」法协140卷11号(1987)第1534页以下。

以与前诉当事人一起成为再审被告。[22]

但是,特定继承人并非不需要经过任何程序就可以当然成为再审当事人:如果属于再审的原告方,那么特定继承人可以在提出辅助参加(第42条)申请的同时提起再审之诉,其参加继承(第49条)须以撤销原判决为条件;如果属于再审的被告方,则对方当事人可以前手为被告,以撤销原判决为条件要求特定继承人承受继承诉讼状态(第50条)。[23] 最判1971·6·3判時634号第37页、百選Ⅱ第196号案例(石渡哲解说)的判旨认为,特定继承人可以单独成为再审原告。但正如新堂所指,该案属于再审申请被驳回的案件,相关问题尚未表现出来,参见新堂解说·百選〔二版〕(第2版)第280页(收于新堂·判例第305页)。[24] 通说和反对说的分歧主要在于,如果前诉当事人为甲乙(见图1)以及乙之特定继承人丙,假设丙不经过任何程序就可以成为再审原告,那么与乙在丙甲之间的再审之诉中并未作为当事人出现,则与乙相关的甲乙间的判决

---

〔22〕 兼子·体系第485页;但新堂第813页,中野-松浦=鈴木·旧第621页(林屋礼二执笔),小山第610页,上田第597页,菊井=村松Ⅲ第367页并没有使用"与前诉当事人并列或代其"这样的字句,仅仅论述了特定继承人可以提起再审;条解第1264页(松浦馨执笔)也没有使用"并列"一词,而只是使用了"代其起诉"的字样。

另外,关于日德学说与判例,嶋田敬介「再審の訴における正当な当事者」中田·還暦(下)第95页的论述颇有助益。

〔23〕 河本喜與之「再審の訴えの正当なる当事者」法学志林40卷12号(1938)第1442页,同『民事訴訟法提要(改訂版)』(1965,酒井书店)第406页。

〔24〕 当特定继承人出现在再审被告一方的时候,也有判例将其作为共同被告处理,参见大判1933·7·22民集12卷第2244页,福冈高判1957·12·26高民集10卷11号第654页(三谷·再审第280页)。

可否被撤销呢？在存在再审事由的情况下，乙在丙甲间的诉讼中并未成为当事人，可否由丙来继承甲乙之间的诉讼状态呢？〔25〕

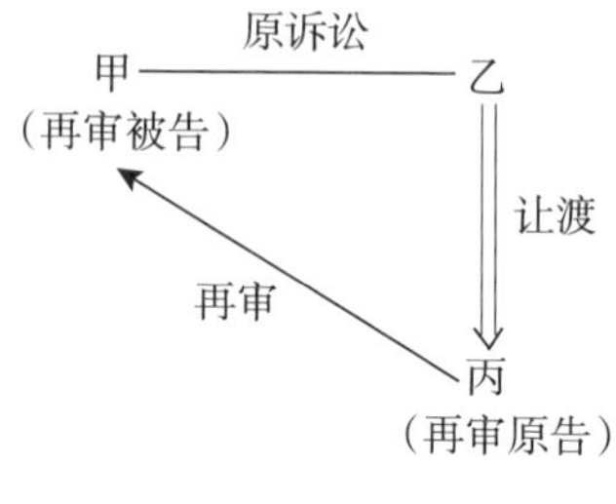

图 1

因此，新堂·前引·百選〔二版〕第 280 页，新堂第 813 页提出如下见解。丙甲间的再审之诉和普通的再审之诉不同，仅仅是判断甲乙间的原判决的效力可否扩张至丙的诉讼。也就是说，如果存在再审事由，前诉判决之撤销仅仅针对丙甲之间对丙的关系，原判决当事人甲乙间的判决则不发生任何变化。那么，由于前诉判决在对丙的关系上被撤销，判决效力的扩张遂消失，其后出现的丙甲之间的纠纷应该考虑丙的审级利益，将丙甲间的诉讼从一审开始重新审理。与此不同，当再审被告方出现特定承继人时(见图 2)，新堂说也认为假设甲将乙丙作为共同被告，若具备再审事由，则甲乙间的原判决应予撤销，甲乙的诉讼状态应由丙继

〔25〕 河本·前引注〔23〕对通说提出批评，撤销原判决后的前诉部分的诉讼费用由谁来承担呢？也就是说，出让人乙并非再审之诉的当事人，所以不能使其承担该费用；受让人丙也因为没有继承前诉，所以也没有正当的理由使其承担前诉部分的费用。

承并拘束丙。[26] 总之，新堂说认为当特定继承人出现在不同的再审当事人阵营时，应采取不同的规置方法（出现在原告一方时，仅仅是原判决的相对撤销，其再审也不是对本案的再审理）。

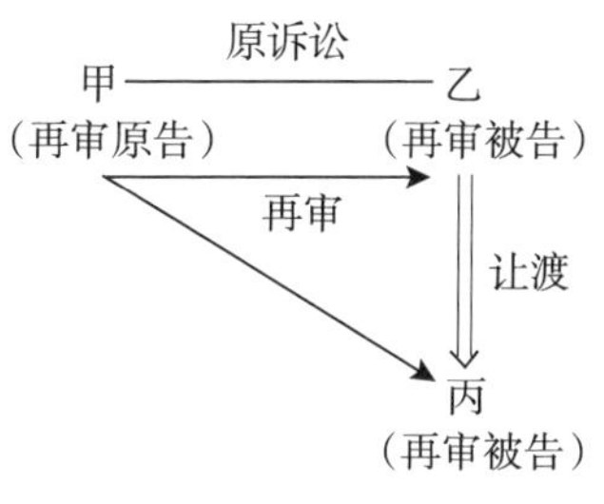

图 2

那么，我们应该如何思考呢？第一，虽然这一问题与诉讼继承相关，但并没有太大的关系。因为让渡（特定承继）发生在原诉讼（前诉）和再审之间，从再审诉讼来看，继承的事实是发生在诉讼之前的事实（见图 3）。河本说否定直接继承诉讼，主张利用辅助参加的形式使之系属于再审诉讼，上述理由也是采取这种折中方式的原因之一。如果再审法院认为原判决（前判决）存在再审事由而应被撤销时，如后所述，这将导致前诉复活并重新开始程序。由此就将前诉和再审联系在一起，而让渡的行为就发生在这两者之间，因此比照诉讼系属中出现的让渡行为而将之作为诉讼继承的

〔26〕 新堂第 814 页认为，再审被告可以是原判决当事人或者口头辩论终结后的继承人，这里使用的措辞是“或者”，而非“以及”，因此特定继承人能够单独成为再审被告。但是，在百選〔二版〕中我们看到的是可以成为共同被告，笔者将此作为新堂说的观点。不管怎样，当特定继承人出现在再审被告一方时，并没有单纯地讨论可否扩张的问题。

问题来对待也并非不合理。正因如此,它才具有双重性质。第二,再审包括要求撤销原判决和进行本案再审理两个不同的焦点和阶段,因此在要求撤销原判决这个审理对象上,作为原判决当事人的出让人(前手)参与诉讼也是合适的;从本案再审理的方面来看,也应让受让人参与相关程序,这也符合我国诉讼继承主义的精神。如此,从整个再审请求来看,出让人和受让人可以作为共同诉讼人(二人同时作为当事人符合当事人适格的要求),继承人在再审的时点上对系争物具有最为紧密的利害关系;在法院对再审事由之存否(撤销原判决)进行审理的过程中,继承人也可以进行相应的诉讼活动。通说(兼子理论)将出让人和受让人一起作为再审原告也正是这种观点的直接体现。第三,当再审法院认为应当撤销原判决后,由于要重开前诉程序,继承人应该承继此前的诉讼状态。新堂说所主张的应考虑特定继承人的审级利益确实也是一个着眼点,重开程序之后,法院也可依裁量将案件发回重审。从一审开始的审理只在必要时发回重审就可以了,不必总是考虑所谓的审级利益的保障。总之,将出让人和受让人共同成为再审的当事人,并使受让人承继诉讼状态是比较妥当的。

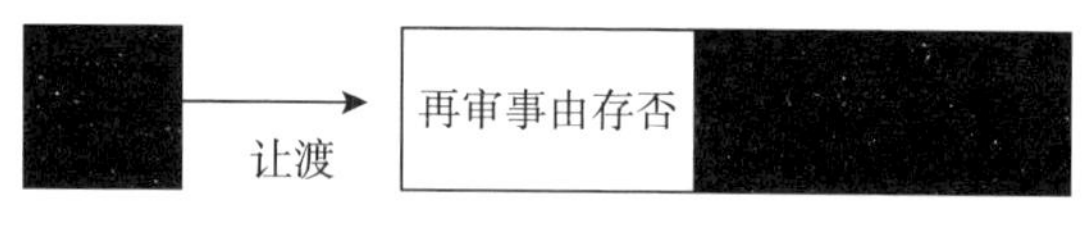

再审诉讼

图 3

如果这样考虑,那么新堂关于再审被告方的共同被告说就是妥当的。与此相对,认为再审原告方的特定继承人丙可以单独成为再审原告的新堂说,其理论构成是,只要甲乙间的前判决的效力在及于自己(丙)的范围之内被相对撤销即可,这种构成是相当巧妙的;但由于无法认同前诉和再审诉讼之间的连续性,否定诉讼状态的继承,也就不得不从一审开始重新审理。如果只是在否定判决效力扩张方面相对撤销原判决,而且所谓丙的审级利益真的存在应值重视的价值,那么当特定继承出现在再审被告方的时候,甲就应该也可以只将丙作为再审被告;而新堂说却没有这样做,导致了再审原告方和被告方之间的失衡。

为什么新堂说会导致这样的后果呢?应当引起我们注意的是,通说(兼子理论)认为,当特定继承出现在再审原告方的时候,特定继承人和原当事人并列或代替其成为再审原告,即使新堂说也不认为否定乙丙成为再审的共同原告有多大必要。[27] 乙丙既可以成为共同原告,丙也就可以单独提出诉讼。不限定为共同原告是因为丙并没有强行要求乙成为共同原告的手段,这与固有的必要共同诉讼中不能

〔27〕 但是,新堂第 813 页指出,口头辩论终结之后的继承人可以申请再审;相反,如果确定判决的当事人对现在的诉讼标的已经不具备适格条件则不能提起再审。这样看来,出让人乙就不能成为再审原告,因此与兼子说不同,出让人乙不得作为共同原告提起再审之诉。

小山第 610 页对此认为,口头辩论终结后的继承人可以提起再审,不过如果对该案件之诉讼标的不具备适格条件则不在此限,例如,口头辩论终结后的继承人已处分了请求的标的物时,则对该请求之判决不具备再审当事人之适格条件。适格之人已经不是原判决的当事人,而是转移为继承人。如果从原则上否定原判决当事人的再审当事人资格恐怕有点行之过激,因此小山的观点似乎较为稳妥,那么对于新堂第 813 页上的观点,应理解为出让人乙不能单独成为再审原告。

强行要求原告方共同起诉是一样的(参见第三讲中“固有的必要共同诉讼”部分)。这就是通说肯定受让人可以单独提出诉讼(代替出让人)以及新堂说也肯定单独提出诉讼的真正含义。但通说的这一观点会产生如下难题:为什么受让人有权代替出让人?受让人单独诉讼的结果,其效力是否及于出让人?新堂说的副作用在于无法认同受让人可以继承诉讼状态,一般都认为须从一审开始审理。这样做的结果就是为丙提供了不同的诉讼策略:如果诉讼状态的继承对其有利时(有时只要排除了伪证就对其有利),就会说服乙选择共同起诉;如果于己不利时则可以选择单独起诉。

那么河本说的观点又如何呢?通过辅助参加的形式(因为判决效力之扩张所以该参加相当于共同诉讼性质的辅助参加)构成第 49 条的参加继承,丙因此可以提起再审之诉。即使出让人乙不合作也可以提起诉讼,[28] 出让人与受让人都可以成为再审的当事人,且同时应继承诉讼状态,这就其结论而言是妥当的。但这样一来就使辅助参加和诉讼继承发生重叠,程序趋于复杂,而且受让人丙的利害关系在再审事由的审查阶段比辅助参加人更为直接,所以这种理论构成会产生一种不协调感。如此,有学者指出,与在诉

---

〔28〕 斎藤秀雄编『注解民事訴訟法(7)』(1981,第一法规,旧版)第 90 页(佐佐木平五郎执笔)指出,河本说认为受让人丙可以辅助参加,但如果出让人乙撤回再审,受让人丙无法阻止其撤诉行为,这种结果是不妥当的,所以,应当认为受让人丙可以直接提起再审(不应采纳辅助参加说)。但笔者认为,作为口头辩论终结后的继承人,受让人丙要受到既判力的制约,因此不应仅仅理解为可以申请辅助参加,而是应当从共同诉讼性质的辅助参加来考量,这样一来,其就有权作出抵触行为从而阻止出让人撤回再审。参见本书第六讲第四部分内容。

讼系属中的状态相同，受让人应当在诉讼继承的同时提起再审之诉，这样的观点作为一种理论吸引了人们的目光。[29]按照这一观点，受让人丙可以利用第 47 条的独立当事者参加的途径（第 49 条）对出让人乙和对方当事人甲提起再审之诉。当然，出让人乙也可以退出诉讼（第 48 条）。该理论可以充分体现两种效果：首先，让前诉的两个当事人甲乙成为再审当事人，受到再审之判决效的拘束；其次，在本案再审理的过程中，受让人丙可以承继诉讼状态。当然确实不存在诉讼系属的状态，但一如前述，如果法院审理的结果是存在再审事由，那么前诉就可以复活重开。因此，可以将之视为一种以再审事由存在为条件的潜在的诉讼系属，而且，从开始就利用诉讼继承程序还可以使继承人丙在再审事由的审理阶段单独进行有别于出让人的诉讼活动，这也具有积极的意义。虽然选择诉讼继承的途径在程序上有厚重之嫌，但笔者目前还是支持这一学说。[30]

---

〔29〕 三谷·再审第 43 页，注解民诉（10）第 209 页。另外，诉讼继承准用说与通说关于出让人和受让人可以作为共同被告的观点并没有太大的差异。

〔30〕 那么，按照通说（兼子理论）的观点，是否应当排除出让人乙和受让人丙同时起诉的情形呢？如果认为诉讼继承准用说是最好的学说，由于出让人乙和受让人丙作为共同原告，其两者之间没有诉讼请求，因此应加以否定和排除。如果认为让出让人和受让人都成为再审当事人以及继承诉讼状态是一种目标的话，就没有必要拘泥于其参与诉讼的具体结构了；如果认为诉讼继承程序较为厚重而不必予以强求的话，那么也可以采用共同原告的方式。

另外，出让人乙和受让人丙之间若没有纠纷的话，让丙对乙提出诉讼请求就与实际情形相违背了。这样的话，在采用诉讼继承程序的基础上，由受让人丙申请片面参加可能就是合适的选择，即丙只对对方当事人甲提出诉讼请求而对出让人乙并不提出诉讼请求。

4. 与第三人自身相关的再审事由

受判决效拘束的第三人是否为适格的再审原告？这一问题曾经在案件中导致正面的争论，这就是笔者曾在当事人适格理论部分(参见高橋・重点講義第277页)介绍过的最判1989・11・10民集43卷10号第1085页，百選Ⅱ第197号案例。该案中，X(前诉原告，再审被告)以检察官为被告提起死后认知之诉(《人事诉讼法》第12条第3款)，此为前诉。检察官方面只是提出简单的答辩书并没有出席口头辩论期日。前诉法院在第二次口头辩论期日对X申请的二位证人进行证据调查后即作出原告胜诉的判决，当事人没有提出上诉，判决获得确定。X所主张的其生父之子女Z等人(再审原告)，后来知悉该判决之存在，遂主张类推适用第338条第1款第3项(欠缺代理权)之规定，将前诉当事人——检察官和X——作为被告提起再审之诉。再审的一审法院认为Z等人具有再审原告的资格，但是否定了对第3项规定的类推适用而驳回了再审请求。控诉审法院则撤销了原判决(肯定再审)，发回重审(因该案发生于旧法时代，所以诉讼构造不同)，其理由为，认知判决之确定发生在Z等不知情的情况下，且Z等人可以成为共同诉讼性质的辅助参加人，因此该判决违反了《宪法》第32条(接受裁判的权利)，此外，控诉审法院还认为可以类推适用《行政诉讼法》第34条规定的第三人再审制度。最高法院则干脆撤销了原判决和一审判决，驳回了Z等人提起的再审之诉，理由是Z等人不具备再审原告的资格。最高法院认为，再审之诉的原告有一个前提，即可就确定判决之本案作出诉讼行为，而认知诉讼中被原告主张之生父的子女并不是该类诉讼之适格当事人,原告胜诉之判决的效力虽然及于子女,而且即便子女因不可归责于己的理由没能参加诉讼,也不得因此认为原告的胜诉判决是违法的;该子女也不能当然成为适格之再审原告,应当保证其有机会申请辅助参加自不待言,但即便检察官方面没有赋予其辅助参加的机会,也不得因此认为检察官的诉讼行为存在瑕疵,《行政诉讼法》第 34 条所规制的法律关系与此不同,不得类推适用于没有规定特别参加制度的《人事诉讼法》,虽然《行政诉讼法》第 22 条规定了相关制度。

不过正如笔者在上一节所述,受到判决效拘束的 Z 等人可以以独立当事人参加的渠道提起再审之诉(也可以在申请共同诉讼性质的辅助参加的同时提起再审),但是在采用这种方法的时候,再审事由应就原诉讼当事人——检察官和 X——决之。对检察官和 X 而言,原判决并没有任何瑕疵。因此,如果认为 Z 等人可以提起再审,那么就必须从 Z 等人自身寻找再审事由。从《人事诉讼法》和《民事诉讼法》第 338 条的规定来看,判旨所言不虚。对 Z 等人来说,在其不知情的情况下居然多出一个法律上的"兄弟",这一利害关系理应在法律上得到充分的救济,从理论上讲,应沿着承认 Z 等人具备再审原告的资格的方向考虑,学者所作的判例评释基本上亦是如此。[31] 作为理论构成,在《宪法》第 32 条的精神指导下,可以类推适用《行政诉讼法》第 34 条关于第三人再审的规定,而作为民事诉讼中的理论构成,

---

〔31〕 鈴木正裕・判批・リマークス2 号(1990)第 128 页,本间靖规・判批・民商 102 卷 6 号第 808 页等。

类推适用第3项(欠缺代理权)规定也是可以的。

从立法论的角度来看,与再审自身相比,更富建设性的做法是在原诉讼中赋予Z等人参加程序的机会。这与重构当事人适格理论相关,正如高橋・重点講義第273页所述,应当通知不具备当事人资格的人参与诉讼。无论如何,通过1996年修法时新增《人事诉讼程序法》第33条,这一问题在实务中已经基本获得了解决(高橋宏志「人事訴訟における手続保障」講座新民訴法Ⅲ第349页),2003年修法时则在《人事诉讼法》第28条规定了通知制度,第15条规定了强制参加制度。

四、再审的审判

再审诉状除须满足一般的诉状条件外,与上告理由一样,必须载明再审事由之主张(第343条),也可过后加以变更(第334条)。由于诉状的提出,该再审事由将产生遵守起诉期间的法律效力。新堂说认为,在追加其他再审事由的场合,是否遵守了起诉期间应以追加之时为基准(新堂第815页)。[32] 再审之审判只要不违反其性质,可准用该审级之诉讼程序的规定(第341条)。

如果再审合法,那么审理的逻辑顺序应当是首先对其所主张的再审事由进行审理。这种情形(是否构成形成诉

---

〔32〕 三ヶ月章「訴訟物再考」三ヶ月・研究7卷第19页、特别是第78页指出,既然当事人已经在起诉期间内以一个再审事由提起了再审之诉,那么其他再审事由的追加就不受起诉期间的制约了,这一制约只有在提起一个新的诉讼的情况下才发生作用,对于已经提起的诉讼中发生的事由追加不起作用。笔者认为,如果没有起诉期间的制约,那么就以第157条规定的错过时机的攻击防御方法为由予以驳回。

这样做也是有一定道理的,如当事人以事由A提起再审,其虽然也知道存在再审事由B,但却漫不经心地过了30天以后又主张再审事由B,那么一般来说对该事由予以救济的必要性并不大。

讼暂且不论,但涉及是否撤销确定判决)因关系到诉讼法的基本使命,即纠纷解决的实效性和实现正义之间的协调,所以不应受到当事人意思的左右,应采用职权探知主义(新堂第816页)。[33] 因此,放弃与认诺、和解、自认都不具有法律效力;否则,对于当事人彼此都不满意的判决,若一方当事人提起再审,另一方当事人对再审事由作出自认,则与当事人合意否定既判力相差无几。当事人可以撤回再审申请,再审法院也不能审理当事人主张范围之外的再审事由(新堂第816页)。[34] 无论如何,因为适用职权探知主义,所以无论是上告再审还是再审的上告案件,上告审也要对再审事由进行事实审理。[35]

---

〔33〕 通说见解可参见兼子·体系第488页,三ヶ月·双書第548页,小山第618页,条解第1259页,上田第599页(三谷·再审第179页)。

但也有学者认为涉及第6项和第7项的证据问题让当事人举证就可以了,没必要进行职权证据调查,参见菊井=村松Ⅲ第394页。

〔34〕 三谷·再审第52页,条解第1259页亦持相同见解。

如果不把每一个再审事由都作为"诉讼标的"的话(参见本讲第一部分),当事人主张的是A事由,法院依职权调查的是B事由,这就违反了辩论主义,但没有违反处分权主义,因此由法院作出释明当然也是可以的。

但是,再审法院不得审理当事人主张范围之外的再审事由(非属职权调查事项),这种规定与再审事由之存否适用职权探知主义的理解,在某些地方是不协调的。如果说与诉讼法的基本使命相关的事项不得被当事人的意思所左右,那么法院也应当可以对未加主张的再审事由进行调查,特别是第1项和第2项关于法院构成的再审事由更应如此。参见斎藤和夫「再審手続の訴訟物(二)」法学研究47卷8号(1974)第886页,即使法院可依职权进行调查,但如果当事人撤诉的话,一切就结束了。

〔35〕 在上告再审中,再审事由之存否只能由上告审法院审理,由于再审事由之存否适用职权探知主义,上告审法院不得不进行事实审理。在再审的上告案件中,下级审法院也会进行事实审理,但由于再审事由事关公益,适用职权探知主义、准用职权调查事项的规定,因此上告审法院对于再审事由也要进行事实审理。但由于立法要求减轻上告审法院的负担,所以由上告审法院自己进行事实审理是一种例外情形,原则上妥当的做法是发回重审。参见条解第1270页。

由于上告审也可以对再审事由之存否进行事实审理,因此,判断再审事由之存否的标准与一般情形下有所不同,即不是在事实审的口头辩论终结时,而是还包括上告审。照此逻辑,对于再审的上告案件,如果再审事由之具备或发现再审事由之存在发生在上告理由书提出期间之后,那么就应延长该期间并对该事由加以审理[新堂第816页注(1)]。但最高法院的判例对此持反对意见,参见最判1968·8·29民集22卷8号第1740页,百選Ⅱ第199号案例。该案中,原诉讼(前诉)为X(前诉原告、再审原告)对Y提起的请求确认地上权等权利的案件,该案至上告阶段都是X败诉。X以判断遗漏和伪证为由对控诉审判决提起再审,就伪证一项,因其欠缺第338条第2款所规定的有罪判决等要件而被驳回,X提起上告。在上告理由书提出期间经过之后,伪证的有罪判决获得确定。于是,再审原告X又提出上告理由补充书对该理由加以主张,最高法院未理会其上告理由补充书而驳回了上告(该案法官对此有反对意见)。但正如反对意见所指出的那样,法院应该采纳其上告理由补充书。[36] 无论如何,该案并未到此结束,被驳回上告的X,又改向福冈高等法院提起控诉再审的请求,该起诉发生在最高法院作出驳回上告之控诉再审的判决之日起30天以内。福冈高等法院认为,该再审请求并未在X知道伪证的有罪判决确定之日起的30天以内提出,因此以其再审请求不合法为由予以驳回。果不其然(新堂第817页),最高

〔36〕 新堂·判例第248页,井上治典·続百選第226页,但小山第617页似乎持反对意见。

法院在其后的判例中又作出了相反的判断,参见最判 1970·10·1 民集 24 卷 11 号第 1483 页。最高法院认为,再审原告在上告理由补充书中所主张的攻击防御方法有可能改变法院的相关判断之时,再审原告对此点的知悉相当于第 342 条第 1 款所指起诉期间内知晓再审事由之存在,因此其所提起的再审之诉为适法。不过,最恰当的办法可能是在最初的控诉再审的上告审中就对有罪判决之确定的事实进行斟酌(新堂第 817 页)。

如果不存在再审事由,法院应作出驳回再审请求的决定;相反,则应进入本案再审理的阶段,该阶段中当事人可提起即时抗告。

本案之辩论属于前诉的再开和继续。那么,与上诉的情形相同,法院应当在当事人提起的再审或者附带再审所划定的针对原判决之不服申请的限度内进行审判(第 348 条第 1 款)。再审被告从自己的立场出发可以主张再审事由,即提起"再审之反诉"(如果原告撤回再审,那么附带再审就随之消灭了,但是再审之反诉并不因此而消灭)。此前的诉讼程序只要不存在再审事由的瑕疵,就能维持其法律效力(这点可与发回重审的情形加以比较)。例如,以伪造文书作为再审事由时,该伪造之文书应予排除,但之外的诉讼状态依然有效。话虽如此,如果再审事由涉及第 338 条第 1 款第 1 项到第 3 项所规定的判决无效事项时,因其性质特殊,一般情况下不得维持此前的诉讼状态之效力而应进行全面的再次审理(例如,如果应回避的法官始终参与原诉讼,那么本案的再审理就要从头开始)。无论如何,由于再审理属于前诉的再开和继续,只要再审法院是事实审,那么当事人就可以提出新的攻击防御方法。[37] 可以提出口头辩论终结后产生的事由,而且还必须提出,否则一旦败诉,该新事由就会被既判力所遮断(新堂第 817 页)。

本案再审理的结果就是作出终局判决。有时虽然存在再审事由,但原判决关于本案的判断结果还是正当的,此时应驳回再审请求(第 348 条第 2 款);有时应回避的法官也会作出内容正当的判决。[38] 当再审属于事实审而又作出驳

---

〔37〕 加波真一「再審原理と再審訴訟の手続構造(二・完)」北九州大学法政论集 20 卷第 3 号(1992)第 273 页,特别是第 319 页(加波 · 再审第 266 页)对允许提出新的攻击防御方法的通说观点进行了批判,作者认为,再审理的事项应仅限于由于存在再审事由的瑕疵而导致既判力消失的事项(要件事实),其他事项依然存在既判力,不得进行再审理。例如,在以赠与为由主张取得所有权的所有权确认诉讼中,由于赠与合同系伪造而进行再审理时,应当重新进行与赠与相关的主张立证活动,但不允许当事人提出以继承为由取得所有权的主张。该主张应该在前诉中提出,如果未提出,因前诉判决既判力的作用,该主张因被遮断而不允许进行再审理。当然,口头辩论终结后的新事由处于既判力作用范围之外,可以加以主张。与加波的上述观点不同,三谷 · 再审第 54 页主张应适用第 157 条关于错过时机的攻击防御方法之提出的规定,但操作的结果是一样的。

上述问题涉及既判力与再审的根本关系,加波理论中关于既判力部分消失的观点,并没有将既判力与诉讼标的联系起来,而是更接近于将既判力与要件事实以及争点联系起来的观点。按照加波理论,确定与再审事由相关的争点很重要,如果当事人在排除了伪造的文书重新梳理自己的法律观点之后发现应当主张其他的要件事实,那么加波理论实际上也允许对该新的主张进行审理,不过有些时候并不太容易区分哪些新主张应予审理,哪些新主张不应审理。这样一来,还是三谷说在理论和实践层面更为妥当。

〔38〕 三谷 · 再审第 200 页指出,从立法沿革来看,第 348 条第 2 款仅适用于口头辩论终结后实体法上没有发生变动的情形。如果实体法发生变化,但新判决的结果却与原判决保持一致时,不应适用第 348 条第 2 款,而应在撤销原判决后再作出具有相同内容的判决。参见菊井 = 村松Ⅲ第 407 页。

按照这一观点,虽然再审可以就再审事由之存否形成一个明确的外观,但在实体法未发生变化的情形下,也可以将既判力的标准时后移,这样的话,对第 348 条第 2 款的适用情形就不必作出区分了。

回再审请求的判决时，由于对本案进行了再审理，所以既判力的标准时应该移为新的时点（再审程序口头辩论终结时），因为原判决没有获得维持（至该判决标准时之前）（新堂第 817 页）。[39] 如果结论与原判决不一致，就应作出符合该结论的判决，或者是把支持请求改为驳回请求，或者与之相反。在上级审判决的再审中，可以自由决定是否发回重审。

---

〔39〕 新堂·旧第 591 页，条解第 1285 页指出，应当先对驳回再审请求的判决理由进行审查，如果原判决得以维持是因为原判决标准时以后发生的事由，那么新判决的标准时应当相应后移。

按照上述限定说，标准时发生移动只是在因为发生于口头辩论终结后的新事由而使原判决在结果上是正当的情形，而如果驳回再审请求并不是因为新事由，标准时就不发生移动。这种观点实际上是有问题的，如存在回避原因的法官作出的判决，如果内容是正当的，那么再审应当作出驳回再审请求的判决，而此时标准时也应当发生移动；否则，可能会与当事人没有提出口头辩论终结后发生的新事由时将导致失权的后果这一前述观点产生矛盾。因为在当事人没有提出新事由时，该事由不会在驳回判决的理由中得到体现，而按照上述各说的限定观点，由于新事由在既判力范围之外，也就不会造成失权的后果。因此，就结论而言，只要本案进行了再审理，既判力的标准时一般就应发生后移。参见上田第 600 页，林屋第 479 页，松本 = 上野第 517 页，伊藤第 668 页，木川 = 中村編『民事訴訟法』(1994，青林書院）第 338 页（中山幸二执笔）。

第十一讲 2003年《民事诉讼法》之修改

导 读

本讲中，高橋先生对2003年日本《民事诉讼法》再次修改的主要内容以及修改的背景进行了阐述。

以司法制度改革为大背景，日本于1996年对《民事诉讼法》进行了“世纪性”大修改。在几年之后，日本再次对《民事诉讼法》进行了修改，本次修改同样是日本司法制度改革的继续。在一般民事诉讼程序方面，日本2003年的这次修改依然突出了提高审判的实效性和诉讼效率这两个目标追求。无论是预告通知制度，专业委员会制度的设置，还是小额诉讼适用数额标准的提高等，都是为了使审理变得更加充实、高效。

日本与其他西方国家的民事诉讼一样，

面临的主要矛盾主要是社会对纠纷解决效率和实效的不满。日本民事诉讼一直存在成本高、效率低、周期长的问题。始于20世纪末的司法制度改革的主要目的就是要根本解决这些问题。这与我国民事诉讼所面临的矛盾有些不同。在我国,民事审判公正度的提升是改革的主要目标之一。因此,民事诉讼程序的进一步细化和完善是民事诉讼法修改的主要任务。我国和日本民事诉讼制度改革因为发展阶段不同而有所不同。这一点需要我们在认识日本民事诉讼制度时特别注意。

本讲中,高橋所提到的2003年日本《民事诉讼法》中若干制度的修改,也值得我们予以关注,其中一些新制度的设置对我国民事诉讼法的完善和发展也具有借鉴意义。例如,新法中新设的预告通知制度。按照这一制度,原告可以在起诉前将“请求要点”和“纠纷要点”以通知的方式告知对方。这样一来,就可以将日本原来的诉后照会(日本《民事诉讼法》专门规定了“照会制度”。)提前到诉前进行,以便当事人收集证据,进行诉讼资料的准备。在预告通知以后,当事人就可以向法院作出证据收集的处分行为,如委托送达文书、委托调查、专家意见陈述以及执行官调查现状等。当然,如何合理适用该制度也还有诸多细节问题需要解决。除此之外,专业委员会制度、计划审理制度、专利案件管辖的专属化和人事诉讼程序法中的修改也都值得我们关注。高橋先生还特别提到,《人事诉讼法》是“一座埋藏了无数珍宝的宝山”,还需要人们去“开采”,去研究其中的诸多问题。日本尚且如此,对于人事诉讼研究才刚起步的我国而言更是如此。

一、2003 年修改概貌

本讲将简单地介绍一下 2003 年修改《民事诉讼法》的情况。

现行《民事诉讼法》曾于 1996 年进行了大规模的修订(使用“修订”这个词是否合适,多有争议,但本书不予深入考察),自 1998 年开始施行。本次修改草案于 2003 年由第 156 届国会审议通过,作为司法制度改革的一个环节,本次修改的目的是进一步充实以及加速程序的进行。

促成此次修改固然有多种动机。本届国会也审议通过了「裁判の迅速化に関する法律」(《裁判迅速化法》——译者注),该法要求一审案件须在两年内审结,但从笔者的角度来看,断不可认为本次修改是受到上述法案的影响而特别以审判的迅速化为目标。[1] 本次修改的主要内容有:课以法官有计划地推进诉讼进程的义务(第 147 条第 2 款);规范审理计划并可以驳回违反该计划的攻击防御方法(第 147 条第 3 款)。但是,如果需要尽早制订审理计划,那么诉讼代理人就必须尽早熟悉案情。为此,修改后的《民事诉讼法》特别设置了起诉预告通知制度,当事人在起诉前为了收集证据也可以作出一定的处分(第 132 条第 2 款以下);另

---

〔1〕 座谈会「民事訴訟法の改正に向けて」ジュリ1229 号(2002)第 129 页以下、特别是第 131 页笔者的发言。笔者在发言中认为,《民事诉讼法》经过 1996 年的修订,其运行的情况如何,就目前而言,还无法作出准确的判断,在这种情形下,司法制度改革审议会在其意见书中就要求把审理期间缩短为原来的一半,有操之过急之嫌。

法時 74 卷 11 号(2002)曾就本次修改制作特辑,NBL740 号第 33 页、741 号第 38 页(2002)也全文登载了日本民事诉讼法学会临时大会的报告。此外,伊藤眞「専門訴訟の行方」判タ1124 号(2003)第 4 页上的论述亦有助益。

外,如委托送达文书、委托调查、专家意见陈述、由执行官负责的标的物的现状调查均可于诉前为之。审理较为迟滞的案件主要集中在医疗过错和建筑质量案件,这些案件一般都需要专业知识,因此修改后的《民事诉讼法》规定法院内设"专家委员"一职,以此来提高争点证据整理程序的效率(第92条第2款以下)。智慧财产权案件由东京地方法院和大阪地方法院集中管辖,将该类案件的控诉审全部集中到东京高等法院(第6条),从充实和加速程序进行的角度可以较为容易地理解这一改革措施。将"决定"引入简易法院,从而取代和解这种方式(第275条第2款),以及将小额诉讼的标的额上限调整为60万日元(第368条),种种改革都可以看作面向上述目标做出的努力。此外,简易法院受理案件的标的额上限也从原来的90万日元调整为140万日元(《裁判所法》第33条)。

以下就上述内容作一简单的分析。

二、证据法——诉前证据收集、鉴定及其他

设X欲以Y为被告提起诉讼,则X可向Y作出欲起诉的书面通知(法条称为"预告通知")。由此,在起诉前的4个月以内X均可以要求委托送达当事人照会和其他文书、委托调查、征询专家的陈述意见、由执行官进行的现场调查等(第132条第2款以下);针对X的预告通知,Y可以提出记载答辩要点的书面答复,与此同时,还可以要求委托送达当事人照会和其他文书等(第132条第3款),上述改革措施都可以视为对诉前证据收集手段的扩充。在笔者看来,除了证据之外,法律还应当规定一般性信息的收集方法,不过此次修改只是停留在了证据收集的阶段。[2]

书面的预告通知必须记载以下内容:欲提起的诉讼请求的"要点"以及"纠纷要点"。由于这并不同于"诉讼请求的内容及其原因"(第133条第2款),因此同诉状相比,通知的内容要概括得多。但是,应当概括到何种程度,还须依赖今后的司法实践和学者的解释。这里存在一对紧张关系,即如果通知的精细程度越来越接近于诉状的话,固然有利于对对方的保护,但也丧失了诉前这一阶段的意义。

总之,一旦发出预告通知,便会产生如下后果。

第一,为了准备起诉时的诉讼主张和相关证明,可以就一些必要事项照会对方要求其进行书面答复,这样一来,诉后的当事人照会(第163条)就有可能提前到诉前来进行。法律禁止的照会内容包括对方的个人隐私、商业秘密等,这一规定较诉后当事人照会有所扩张,可能是考虑到诉前这一因素而作出的限制。但是,与诉后当事人照会相比,其实质并未发生变化(从解释论的角度来看,应当对诉后当事人照会有所限制)。[3] 就笔者所接触的律师而言,使用诉前照会这一方式的人并不在少数,而使用诉后照会的就很少。据说原因在于与诉后照会相比,起诉以后采取要求法院行使释明权这一方式可能更为迅捷。如此,由于法院不可能在诉前进行释明,因此诉前照会的方式就会派上用场。此

---

〔2〕 前引注〔1〕ジュリ1229号第154页。高橋宏志「米国デイスカバリ一序説」法協百年論集第三卷(1983,有斐阁)第527页。

〔3〕 关于当事人照会的内容,参见本书第二讲"证据调查"第四节"信息收集的手段"。

外，律师经常在诉前使用“内容证明邮便”这种邮政服务方式，事实上已经起到了在律师之间进行信息交换的作用，如果这种方式被诉前当事人照会制度吸收，那么可能会进一步提高其利用率。

诉前当事人照会的使用主体并不限于律师，这一点曾在立法过程中引起争论。如果只允许作为诉讼代理人的律师而不允许当事人本人使用这一制度的话，那么在诉讼法理论上是很难找到其正当性依据的；但如果仿效《律师法》第 23 条第 2 款规定的律师会照会制度，在律师法中对此加以限制性规定也是可能的，然而这一建议并未被立法采纳。这样一来，如何限制那些热衷于诉讼的人滥用这一制度，立法并未作出相应的规定，让人感到遗憾。与后述的委托送达文书等制度不同，法院不会对诉前当事人照会进行事前审查，因此这一制度就存在被某些人滥用的可能，这将给照会的对方当事人带来很大的麻烦。与此相反，如果立法对此作出限制性规定，即只有律师才能使用诉前照会这一方式，那么就会带来如下的积极效果：打算起诉的一方自不必说，可能成为被告的一方也会尽早把案件委托给律师处理，如同律师商议如何答复照会、是否应当向对方发出起诉预告通知，这样一来，律师就很容易介入双方当事人之间，也只有如此，才有可能在代理律师之间进行诉前交涉、争点整理以及和解等工作。但是此次修改却使这一可能性落空了。本次立法的目的在于进一步充实和加快诉讼进程，然而却没有对预告通知的主体资格作出限制，可以说是“画了龙而未点睛”。

第二,在预告通知以后,当事人就可以向法院作出证据收集的处分行为,如委托送达文书(第 226 条)、委托调查(第 186 条)、专家意见陈述以及执行官调查现状(第 132 条第 4 款),但这样做的条件是,对于那些应当成为起诉时证明活动的必要证据,申请人自行收集存在极大的困难,且须得到法院的认可。考虑到这一条件针对的是诉前阶段,因此多少有一些苛刻。尽管如此,通过委托送达文书的方式,那些原来在起诉以后才能获得法院认可的信息现在在诉前就可以得到了;过去连律师会照会都无法办到的事情现在也可以办到了,如银行存款名义、存款余额信息的查询。专家意见陈述制度是从德国的独立证据调查制度脱胎而来,应当说是一种简易的鉴定方式。[4] 在德国法中,如果进行了独立证据调查,那么在起诉以后就不能再申请鉴定了,而日本的专家意见陈述制度却没有如此限制,这是两者最大的区别之处。逆言之,立法并未将专家意见陈述制度作为鉴定的替代制度来设计。据说在德国,独立证据调查制度的应用多见于建筑质量纠纷和交通事故中,类似的情形在日本也会出现,但在专家意见严重对立的医疗过错诉讼中,在诉前使用该制度的可能性就微乎其微了。由执行官进行现状调查的制度来源于法国法上的专家验证制度,作为勘验的替代性制度也会发挥其应有的作用。[5]

---

〔4〕 春日·論集第 111 页。

〔5〕 关于诉前证据收集的处分行为,第 132 条第 5 款规定了管辖法院、第 132 条第 9 款规定了费用的负担问题,即由申请人负担,而不是列入诉讼费用由败诉方负担,这一规定也与现行的诉讼费用法相一致,该法规定,一方当事人收集证据产生的费用不计入诉讼费用。但这一问题也值得将来进一步研究。

利用上述各种制度，当事人在诉前就可以收集证据了。这样一来，诉状的记载就会更为准确，争点和证据整理程序也会更充实，其结果就是进一步缩短了起诉后的审理期间。

除了诉前阶段，起诉以后的证据调查制度也作出了一些修改。首先，在质询鉴定人的环节，废除了原先的交叉询问制，改采法官询问在先（第 215 条第 2 款），当事人或律师询问在后的方式，之所以如此，除了有加快诉讼进程的考量之外，最根本的目的在于法院为鉴定人提供保护，使其免受来自律师的“侮辱诽谤”；其次，在辩论准备程序中，受命法官也可以对书证进行调查（第 171 条），如此一来，合议庭法官即使不审查书证也可以作出判决了。事实上，对于重要的书证合议庭法官不予审查的现象是极为罕见的，立法过程中也对此作出了说明，但就规范而言，合议庭法官即使不审查书证也不违法。这一修改意味着对证据直接主义的背离，但比如受托法官进行证据调查的规定（第 185 条和第 195 条）、大规模诉讼中的特殊规定（第 268 条）也都背离了证据直接主义，既然有此立法先例，此次修改也不过是在此基础上又前进了半步而已。

三、专家的参与——专业委员制度的创设

在法院就争点或证据整理以及与诉讼进行相关的必要事项进行协商之际，为了明确诉讼关系或者保障诉讼程序的顺利进行而认为确有必要的时候，在听取当事人意见的基础上，可以以决定的方式吸收专业委员参与诉讼程序，以听取其专业的意见说明（第 92 条第 2 款）。这是为了充实

和加速那些需要专业知识的案件审理进程而创设的一种"王牌"制度。专业委员的介入阶段并不仅仅限于争点证据的整理程序,还包括证据调查期日以及和解期日,参与方式也可以是电话会议系统。

在那些需要专业知识的案件中,专业委员的参与能够进一步充实和加速诉讼的进程,这是毫无疑问的。在涉及智慧财产权或租税关系的案件中,当事人对于法院调查官(《裁判所法》第57条)进行的调查活动并不知情,因此也无法提出任何异议,这招致了当事人的不满,此外,当事人还会心生疑虑:调查官的判断结论难道不会得到优先考虑吗?在对上述现象进行反思之后,法律规定专业委员的说明应采取书面形式,如果是口头形式,也必须于期日当着当事人的面进行,这些措施都是为了保证当事人能够及时掌握专业委员的发言内容。这一透明化的设计无疑是应当得到赞赏的,但是还不能彻底消除当事人的疑虑,如调查官从法官室或走廊等私下会谈的场合获得的心证是否会影响法官。为此,在立法过程中,围绕专业委员参与诉讼程序的条件,即是以"听取当事人意见"还是以"征得当事人同意"产生了很大的争议。立法妥协的结果是,在争点证据整理程序和证据调查期日的环节中,专业委员的参与以"听取意见"为要件;而在证据调查期日进行的质询与和解期日的环节中,则以"征得同意"为要件。

专业委员的人数可以为1人以上(第92条第5款);立法也规定了专业委员除斥和申请回避的情形(第92条第6款);如果双方当事人都提出申请的话,法院必须作出取消某专业委员参与案件审理的决定(第92条第4款),这一规定同样适用于辩论准备程序(第172条),不过并没有听到实际使用的例子。双方当事人在这一问题上达成一致的意见恐怕较为少见,因为在某一方当事人看来,专业委员的意见对其是有利的。

对于专业委员制度的创设,医疗过错诉讼中的原告方(患者)表达了极为强烈的反对意见:首先,该类诉讼中的专业委员当然都会与医界有着千丝万缕的联系,这样一来,他们就会把医生的观点和人情等掺杂进法官的判断之中,这可能给被告一方造成特殊的优待;其次,在聘请了专业委员的前提下,法官会认为鉴定就没有必要了,而对原告方提出的鉴定申请持消极态度。〔6〕 上述担心是否会成为现实,还要看今后的司法实践。〔7〕

四、有计划地审理

为了实现公正、迅速的案件审理目标,法院和当事人必须有计划地推进诉讼进程(第147条第2款)。以这条原则

---

〔6〕 前引注〔1〕ジュリ1229号第177页林先生在发言中指出,由于专业委员的参与,有必要进行鉴定的事项进一步得到了集中,此时才会涉及鉴定人。笔者也认为,专业委员和鉴定人的功能是不一样的,应当充分发挥他们各自的作用。本来也应当如此。

〔7〕 现在实务中的做法是把事实上的争点证据整理工作委托给调停委员,专业委员制度的创设可以使这一做法更加合理和透明。不过法律对某些具体情形并没有作出规定,如调停委员可以到现场去查看建筑质量问题,那么专门委员能不能离开法院出现场呢?既然法律没有作出禁止性的规定,就应当认为是可以的(参照民诉规则第34条第6款)。那么出现场的时候是不是需要会同双方当事人呢?法律也没有作出规定;从常识上讲应当如此,但是否如此还要看实务的应用。法律上唯一对当事人做到透明化的,就是专门委员提供的意见应当是书面的或者于期日当天口头为之,除此之外都要看实务中是如何应用的了。

性的规定为基础,立法引入了更为具体的计划审理制度(第147条第3款)。

也就是说,当案情复杂或者由于其他原因,为了实现审理的公正和迅速而确有必要的情形下,在与双方当事人协商的基础上,法院必须制订相应的审理计划。该计划的内容必须包括进行争点和证据整理的期间、询问证人以及当事人本人的期间、口头辩论的终结以及宣判的预计日期;当然也可以包括其他内容,如在听取当事人意见的基础上,审判长可以规定就特定事项提出攻击防御方法的期间(第156条第2款)。审理计划的变更也是可能的。如果审理计划已经对特定事项的攻击防御方法的提出期间作出了相应规定,那么对于当事人在期间经过以后才提出的攻击防御方法,法院可区别具体情形作出判断;对于可能严重妨碍诉讼按照既定的审理计划进行的,法院可以依当事人申请或依职权作出驳回的决定,并不以故意或重大过失为主观要件,这与第157条的规定(法院可以驳回错过提出时机的攻击防御方法)有所不同,但如果当事人具有充分的理由,则不予驳回(第157条第2款)。

总之,对于在审理计划规定范围之外的攻击防御方法,此次立法强化了其失权效果;1996年修法时并未规定攻击防御方法的失权效果,而只规定了当事人的诘问权(第167条)。不过,本次立法条文中存在的晦涩之处倒是体现了立法过程中的意见对立。可以说,在法院和律师会之间,立法的意见摇摆不定。尽管如此,在制订审理计划的时候,法官会面临当事人提出的两年之内审结的压力,而这也会从内心中激发法官坚决贯彻审理计划的热情。立法只是规定在与当事人协商的基础上制订审理计划,既然是在“协商的基础上”,那么即使没有达成一致性的意见也并不妨碍审理计划的制订。本次立法可以说是对日本的法官、律师的能力和智识的一种考验。

五、特许案件管辖的专属化

涉及特许权的诉讼,除简易审理的案件之外,东日本案件的一审法院是东京地方法院,西日本案件的一审法院是大阪地方法院。如此,该类案件的控诉审法院就专属于东京高等法院了(第6条)。本次立法在加速诉讼进程方面可以说已经达到了极致,大阪地方法院的控诉案件专属东京高等法院管辖,这从诉讼法理论的角度很难理解。只有以其他的理由,即本次立法是为将来创设特许法院埋下的伏笔才能获得学界的认可。此外,审理特许权案件的合议庭,不论是地方法院还是高等法院,都可以采取5人合议的形式(第269条第2款)。

与实用新型设计权等相关的诉讼出现了竞合管辖,即东日本的案件由东京地方法院管辖,西日本的案件由大阪地方法院管辖(第6条第2款),这可以说是智慧财产权立国这一方针的体现。

六、人事诉讼程序法的修改

除了《民事诉讼法》之外,人事诉讼程序法也作出了一些修改。

首先是法典名称改为《人事诉讼法》。考虑到本法是1898年制定的,可以说本次立法是迟到的修改。

本次修改的主要内容包括将人事诉讼案件的管辖法院由地方法院调整为家庭法院;扩充了家裁调查官制度;引进了参与员制度;程序的非公开审理;离婚诉讼中可以和解;法律条文的平假名化等。

考虑到《人事诉讼法》是《民事诉讼法》的应用,此处并不打算对本次修改的具体内容予以介绍。能够在民事诉讼理论上引起兴趣的,首先是成年被监护人的诉讼能力问题。成年被监护人也具有所谓的残存能力,这是原则。此外,在人事诉讼案件中,本人的意见十分重要,因此成年被监护人也就应当具有相应的诉讼能力,在这一问题上并不适用《民事诉讼法》第 31 条的规定(《人事诉讼法》第 13 条)。从该条规定来看,立法意图是承认成年被监护人的诉讼能力,但要判断成年被监护人有没有能力进行某一诉讼行为则十分困难(法庭不可能聘请常驻医师),学说上是认为没有诉讼能力的。〔8〕

其次是规定了强制参加。这以死后认领诉讼为其典型,在以检察官为被告的人事诉讼中,因诉讼结果可能危及自身继承权的第三人,可以以辅助参加的方式参加诉讼是毫无疑问的,但即使没有主动加入诉讼中,法院也可以强制参加(《人事诉讼法》第 15 条)。这一立法将以前只是躲在检察官身后的利害关系人推到了诉讼的前台,在理论上具有重大意义。此外,不管是辅助参加人还是强制参加人,均

〔8〕 新堂第 131 页、高橋・重点講義第 168 页。残存能力与行为能力相关,而与诉讼能力无关。虽然从第 28 条的规定中很难得出这一结论,但这种解释也并非不可能。

须负担诉讼费用(《人事诉讼法》第 16 条)。

现行法规定的职权探知仅限于维持婚姻关系,具有片面性,此次立法也对此进行了修改(《人事诉讼法》第 20 条)。此外,在离婚诉讼中,通说认为不允许诉讼上的和解,实务中也是如此操作的;但实务中较为简便的做法是,如果双方都同意离婚,那么就要求当事人提出协议离婚申请,同时撤回离婚之诉。不过这种做法的缺陷在于,一方面颇费周章,另一方面如果一方当事人在提出申请之前反悔的话就无法离婚了。为此,立法从正面肯定了诉讼上的和解,而且在不需要认诺和附带处分的时候也可和解(《人事诉讼法》第 37 条)。从实务上来说,本次立法简洁易行,但在判决离婚和协议离婚的相互关系上,可能会给理论带来一些混乱。

最后是关于停止公开审理(不公开审理)的规定。类似规定见于《宪法》第 82 条。如果当事人或者证人"就与自己重大的私生活秘密相关的事项",在公开的法庭上"进行的陈述将明显给其今后的社会生活带来极大不便,从而未能进行充分的陈述,而且因该陈述的欠缺将导致法官无法根据其他证据就其身份关系的形成或存否作出准确的判断",此时法官可以停止当事人询问和证人询问环节的公开进行(《人事诉讼法》第 22 条)。由于此项规定与宪法相关,因此,如何从理论上对其进行说明和定位,恐怕会产生一定的争论。

学习《人事诉讼法》可以透视到《民事诉讼法》。从某种意义上来讲,对于民诉的学习来说,《人事诉讼法》是“一座埋藏了无数珍宝的山”,但作为讲义,并没有太多的余力去“攀登这座宝山”,只能作如上简单的梳理。〔9〕

〔9〕 关于本次《人事诉讼法》的修改,参见ジュリ1230号(2002),前引注〔1〕法時74卷11号亦有特辑。

图书在版编目（CIP）数据

民事诉讼法重点讲义：导读版 /（日）高桥宏志著；张卫平，许可译；张卫平导读. ——北京：法律出版社，2021（2024.4重印）

ISBN 978-7-5197-5319-1

Ⅰ.①民… Ⅱ.①高… ②张… ③许… Ⅲ.①民事诉讼法-基本知识-日本 Ⅳ.①D931.351

中国版本图书馆CIP数据核字(2021)第019650号

民事诉讼法重点讲义（导读版）
MINSHISUSONGFA ZHONGDIAN JIANGYI (DAODU BAN)

作　　者：［日］高桥宏志
译　　者：张卫平　许　可
导　　读：张卫平
责任编辑：黄琳佳
装帧设计：贾丹丹
出版发行：法律出版社
编辑统筹：学术·对外出版分社
责任校对：张翼羽
责任印制：胡晓雅　宋万春
经　　销：新华书店
开　　本：A5
印　　张：19.5
字　　数：399千
版　　本：2021年3月第1版
印　　次：2024年4月第2次印刷
印　　刷：天津嘉恒印务有限公司
书　　号：ISBN 978-7-5197-5319-1
定　　价：88.00元

销售电话：010-83938349　客服电话：010-83938350　咨询电话：010-63939796
地　　址：北京市丰台区莲花池西里7号(100073)
网　　址：www.lawpress.com.cn
投稿邮箱：info@lawpress.com.cn
举报盗版邮箱：jbwq@lawpress.com.cn
凡购买本社图书，如有印装错误，我社负责退换。电话：010-83938349